Alwin Binder

Faustische Welt

Alwin Binder

FAUSTISCHE WELT

Interpretation von Goethes *Faust*
in dialogischer Form

Urfaust – Faust-Fragment – Faust I

Dritte Auflage

Denn bei den alten lieben Toten
Braucht man Erklärung, will man Noten;
Die Neuen glaubt man blank zu verstehn;
Doch ohne Dolmetsch wird's auch nicht gehn.
(Goethe)

LIT

Umschlagbild: Faust. Skulptur von Rainer G. Schumacher

Bibliografische Information Der Deutschen Bibliothek
Die Deutsche Bibliothek verzeichnet diese Publikation in der Deutschen Nationalbibliografie; detaillierte bibliografische Daten sind im Internet über http://dnb.ddb.de abrufbar.

1. und 2. Auflage 2002
3., durchgesehene und verbesserte Auflage 2003

Grevener Str./Fresnostr. 2 48159 Münster
Tel. 0251–23 50 91 Fax 0251–23 19 72
e-Mail: lit@lit-verlag.de http://www.lit-verlag.de

Für Regine

Inhaltsverzeichnis

„Faust. Der Tragödie Erster Teil"

Vorwort

Das Interesse vor allem am ersten Teil von Goethes „Faust" ist seit seinem Erscheinen auch deshalb nicht erloschen, weil Goethe mit der Welt Fausts zugleich die moderne Welt gestaltet hat. In einem poetischen Experiment analysierte er die faustische Ideologie und ließ sie gewissermaßen mit den gesellschaftlichen und technischen Möglichkeiten der kommenden Zeit ‚reagieren'. Vieles von dem, was für Goethes zeitgenössisches Publikum Prophezeiung war, ist für das heutige Publikum Wirklichkeit.

Wer Goethes „Faust" verstehen will, wird wohl zunächst zu einem Kommentar greifen. Jedoch sind die wissenschaftlich fundierten Faust-Kommentare sehr umfangreich geworden. Es ist schwer, aus ihrer Materialfülle jeweils den Sinn zu finden, der nicht nur eine einzelne Stelle, sondern zugleich das ganze Werk erhellt. Eine weitere Möglichkeit, sich dem Verständnis dieses Kunstwerks zu nähern, ist die Zuhilfenahme einer Interpretation. Im Unterschied zum Kommentar versucht sie, Einzelbeobachtungen in einen übergreifenden Sinnzusammenhang zu bringen. Sie läßt ihren Leser nicht mit einer Fülle von Fakten allein, sondern bietet ihm Argumente, die er am Text auf ihre Stichhaltigkeit überprüfen kann.

Für meine Interpretation habe ich die Form des Dialogs gewählt, weil er die Beschäftigung mit diesem schwierigen Gegenstand erleichtert. Es gibt aber noch weitere Gründe, in dialogischer Form zu interpretieren. Goethe selbst hat gesagt, daß über seine Dichtung eigentlich gesprochen werden müsse. Und in den Anmerkungen zu „Diderots Versuch über die Malerei" sagt er: „[...] und jeder einseitige Vortrag, er sei noch so vollständig, noch so methodisch gefaßt, kommt uns traurig und steif vor. Daher mag es kommen: Der Mensch ist kein lehrendes, er ist ein lebendes, handelndes und wirkendes Wesen. Nur in Wirkung und Gegenwirkung erfreuen wir uns!" Der Autor eines Dialogs, in dem die Gesprächspartner gleichwertig sind, ist genötigt, nicht nur ‚offen' zu schreiben, sondern auch ‚offen' zu denken, weil dogmatisch vorgetragene Gedanken jedes Gespräch ersticken. Die Aussagen dieses Buches laden ein, mitzudenken; nie ist etwas so formuliert, daß es andere Möglichkeiten ganz ausschließt. Ich habe mich bemüht, verständlich zu schreiben, ohne jedoch das wissenschaftliche Niveau zu verlassen.

Es wäre auch denkbar gewesen, die Dialogpartner nicht über Szenen, sondern über Themen diskutieren zu lassen. Aber dies setzte voraus, daß Leser und Leserinnen den ganzen Text ständig parat hätten. Die Konzentration auf Szenen dagegen verlangt nur, zum jeweiligen Dialog die betreffende Szene zu lesen. Auf diese Weise kann man sich mit dem Text auch ‚portionsweise' beschäftigen. Hinzu kommt, daß ich innerhalb einer Szene eher auf Details eingehen kann; denn wenn man die literarischen Feinheiten nicht beachtet, gehen wichtige Aspekte dieses Werks verloren.

Daß sich meine Interpretation nicht nur auf den 1806 vollendeten und 1808 erschienenen „Faust I" bezieht, sondern sich an den Entstehungsstufen orientiert, hat folgende Gründe: Das Werk ist im Verlaufe von dreißig Jahren entstanden, die vielleicht zu den wichtigsten der deutschen Geschichte gehören. In dieser Zeit kündigt sich die Ablösung vom Feudalsystem und der Übergang zur bürgerlichen Gesellschaft an, und dies wird von bedeutenden Menschen reflektiert. In den Jahren zwischen 1770 und 1806 werden einflußreiche Werke veröffentlicht bzw. konzipiert, beispielsweise das gesamte kritische Werk Kants und das gesamte - vor- und nachrevolutionäre - Werk Schillers. Freiheit und Humanität sind die beherrschenden Themen dieser Zeit, und sie sind auch die Themen von Goethes „Faust". Nach der Französischen Revolution haben sie eine andere Bedeutung als zu deren Beginn. Das erlaubt es meiner Überzeugung nach nicht, „Faust I" so zu betrachten, als ob die geschichtlichen Bezüge der Entstehung inzwischen bedeutungslos seien. Goethe hat die Widersprüche, die sich aus der Entstehung ergeben, nicht ‚eingeebnet', sondern ließ sie hart aneinander grenzen. So, als hätte er sagen wollen: ‚Betrachtet dieses Werk nicht als Einheit, sondern als Gebilde, dessen Entstehungsstufen Teile seiner Bedeutung sind.' Diese Betrachtung läßt nachvollziehen, wie schnell Goethe auf den Ausbruch der Französischen Revolution poetisch reagiert hat, das heißt, wie innerlich vorbereitet er darauf bereits gewesen sein mußte.

Auch der ‚Zugang' zu diesem Werk wird leichter, wenn man den Entstehungsstufen folgt. Der um 1774 entstandene „Ur-Faust" ist ‚einfacher' geschrieben, und seine Interpretation ermöglicht es Lesern und Leserinnen, in die „Faust"-Thematik und -Problematik ‚hineinzuwachsen'. Auf dieser Grundlage wird einsichtig, warum Goethe dem „Ur-Faust" durch ‚Kommentarszenen', die nicht unmittelbar zur Handlung gehören, ‚höhere' Bedeutung gab. So fügte er 1790, als das Werk unter dem Titel „Faust - Ein Fragment" zum erstenmal veröffentlicht wurde, die Szenen „Hexenküche" und „Wald und Höhle" ein. Das „Faust-

Fragment" wurde, obgleich ihm wichtige Teile noch fehlen, bereits als großes Werk diskutiert, und man spekulierte darüber, wie die Handlung zu ergänzen wäre. Als Goethe um 1800 das Drama vollendete, hatte er also ein Publikum vor Augen, das Handlung und Thematik des „Faust-Fragments" kannte und wußte, was Faust und damit das von ihm repräsentierte bürgerliche Bewußtsein bewirkt. Unter solcher Voraussetzung wird beispielsweise die Ironie des „Prolog im Himmel" besser erkennbar, als wenn man diese Szene als Anfang eines völlig neuen und abgeschlossenen Dramas begreift.

Die Beschäftigung mit den Entstehungsstufen des Werks ermöglicht außerdem, Zwischenreflexionen einzuschalten, die einerseits abschließen und andererseits auf die noch offenstehenden Probleme vorbereiten.

Die dritte Auflage wurde durchgesehen und verbessert.

* * *

Diese Interpretation - und andere Veröffentlichungen auch - hätte ich ohne das kritische und konstruktive Mit-Denken und Mit-Arbeiten meiner Frau so nicht schreiben können. In Dankbarkeit ist ihr dieses Buch gewidmet.

Hinweise

Diese Interpretation setzt voraus, daß Leser und Leserinnen den Text kennen, auf den sich der jeweilige Dialog bezieht. Den Zitaten aus diesem Textabschnitt sind keine Verszahlen nachgestellt, wie es bei allen anderen Zitaten aus dem „Faust" geschieht. Den Verszahlen aus dem „Ur-Faust" steht ein „U" voran.

Die Zitate aus dem „Ur-Faust" werden unverändert nach der Reclam-Ausgabe wiedergegeben, die sich streng an die 1887 aufgefundene Handschrift hält. Dadurch bleibt gegenwärtig, daß der „Ur-Faust" zu Goethes Zeiten nie im Druck erschienen war; auch vermittelt diese Textgestalt unmittelbar etwas vom jungen Goethe und von der Zeit des „Sturm und Drang", in der dieser erste Entwurf des „Faust"-Dramas entstanden ist.

Der Text des „Faust-Fragments" ist - bis auf geringe Ausnahmen - mit den entsprechenden Stellen in „Faust I" *(Faust. Der Tragödie erster Teil)* identisch, so daß auch die Verse des „Faust-Fragments" aus „Faust I" zitiert werden.

Die Zitate aus „Faust I" entstammen Band 14 der Weimarer Ausgabe; die Rechtschreibung wurde unter Wahrung des Lautstandes modernisiert. Zitate aus Goethes „Faust" sind *kursiv* wiedergegeben, nur die Namen der sprechenden Figuren sind in KAPITÄLCHEN gesetzt.

Andere Zitate wurden ebenfalls behutsam modernisiert. Hervorhebungen innerhalb der Zitate, die von den Autoren stammen, werden *kursiv* wiedergegeben.

Alles **Fettgedruckte**, innerhalb und außerhalb von Zitaten, bezeichnet meine eigenen Hervorhebungen.

Dialog I: Vor-Gespräch

A. Ist es wahr, daß Goethe zu seinem „Faust" von Lessing angeregt wurde?

B. Goethe soll schon in früher Jugend das „Puppenspiel vom Doktor Faust" gesehen haben, so daß er sich unter dem Namen ‚Faust' etwas vorstellen konnte, was mit dem traditionellen Fauststoff zu tun hatte. Aber ich glaube auch, daß der entscheidende Impuls von Lessing ausging. Dieser veröffentlichte 1759 in den „Briefen, die neueste Literatur betreffend" eine kleine Szene, die angeblich „Einer von meinen Freunden"[1] verfaßt haben soll, in der Lessing aber selbst zeigt, wie er sich vorstellt, daß Faust unter Geistern der Hölle sich einen auswählt.

A. Eine vergleichbare Szene kommt doch in Goethes „Faust" nicht vor. Wie kann davon ein ‚Impuls' ausgehen?

B. Bei Lessing steht: „Sie wünschen ein deutsches Stück, das lauter solche Szenen hätte? Ich auch!"[2] Damit rief er die Dichter Deutschlands indirekt auf, einen „Faust" zu schreiben, und auch der junge Goethe konnte sich, als er dies später las, angesprochen und herausgefordert fühlen. Außerdem schreibt Lessing: „Und wie verliebt war Deutschland, und ist es zum Teil noch, in seinen *Doktor Faust*."[3] Da Goethe wahrscheinlich schon früh abstrakte Aussagen in lebendige, vorstellbare Bilder und Szenen verwandelte, hat er vermutlich das verliebte „Deutschland" sofort als ein deutsches Mädchen gedacht, das sich in den „Doktor Faust" verliebt, und diesem Mädchen statt „Deutschland" den deutschen Namen „Margarete" gegeben.

A. Ist das nicht weit hergeholt? MARGARETE ist doch keine steife Allegorie, sondern eine durch und durch lebendige, ganz unverwechselbare Gestalt.

B. Für mich ist diese Möglichkeit zunächst nur eine Antwort auf die Frage, wie der junge Goethe auf die Idee verfallen konnte, seinen FAUST mit einer jungen Frau zusammen zu bringen, die sich in ihn verliebt. Denn in der „Historia von D. Johann Fausten" von 1587 steht davon nichts, es ist Goethes eigene Erfindung und Zutat.

A. Es stimmt, daß Goethe den Wissenschaftler FAUST so gezeigt hat, als ob ihm vor allem Liebe fehle und durch seine Verbindung mit MEPHISTOPHELES dieser Wunsch geweckt und erfüllt werde. Und es leuchtet mir auch ein, daß es ein schlecht durchdachtes Drama wäre, wenn in der ersten Hälfte hochwissenschaftlich über Welt und Mensch gesprochen wird und dieser ganze Aufwand in der zweiten Hälfte mit einer zwar ergreifenden, aber sonst unbedeutenden Liebesgeschichte endete, die mit dem ersten Teil nichts zu tun hätte.

B. In einer Zeit, die unter anderem als Epoche der Empfindsamkeit bezeichnet wird und in der immer mehr Menschen beanspruchen, selbstverantwortliche, nicht mehr ihren adeligen Herren untergeordnete Individuen zu sein, ist auf der Bühne auch eine scheinbar private Liebesgeschichte hoch bedeutend. FAUST verführt MARGARETE durch die forsche Art, wie er auftritt, und durch seine Redegewandtheit. Es war vorauszusehen, daß man mit diesen Fähigkeiten in einer bürgerlich-demokratischen Gesellschaft, wie sie auf die Adelsherrschaft folgen sollte, politische Macht erlangen kann. Deshalb läßt sich MARGARETE auch als eine Figur sehen, die beispielhaft zeigt, wie ein ungebildetes, noch nicht ‚aufgeklärtes' Volk durch solche faustischen Eigenschaften ‚verführt' und vielleicht unglücklicher wird, als es vorher war.

A. Jedenfalls erscheint durch deine Bemerkungen MARGARETE als eine interessantere Figur. Ich habe bisher nur mit ihr gefühlt und sehe jetzt, daß ich auch über sie nachdenken kann und daß es von gesellschaftlicher Bedeutung ist, wie diese ‚Liebesgeschichte' verläuft. Könnte man sagen, die Gretchen-Tragödie sei damals aktueller gewesen und habe sich leichter auf die Gegenwart der Zeitgenossen beziehen lassen als die Wissenschaftssatire?

B. Ohne Zweifel, und nicht zuletzt deshalb, weil es dort fast nur mit ‚rechten Dingen' zugeht. Es ist genial, daß Goethe zu dieser Liebesgeschichte die Kindsmörderin Susanna Margaretha Brandt in den Sinn kam, die kurz vor Goethes Beschäftigung mit dem „Faust" in Frankfurt verurteilt und hingerichtet worden war. Mich hat immer fasziniert, daß der junge Goethe nicht an ein gigantisches Unternehmen gedacht hat, das FAUST mit Hilfe MEPHISTOS zuwege bringt, sondern an die simple, aber dennoch bedeutende Verführung eines unschuldigen Mädchens, das verlassen wird und verzweifelt sein Kind umbringt.

A. Immerhin sind am Ende des Dramas vier Menschen tot.

B. Aber das passiert auch ohne Teufelspakt. Man könnte fast sagen, durch diesen Entwurf des „Faust"-Dramas hat Goethe etwas, das Menschen jederzeit tun konnten, als ‚Teuflisches' gekennzeichnet. Von Anfang an scheint es seine Absicht gewesen zu sein, keinem Zuschauer den Gedanken zu erlauben, daß das, was auf der Bühne geschieht, ihn nicht betreffe.

A. Ich verstehe nicht, warum er dazu Faust und Teufel brauchte. Die Gretchen-Tragödie könnte als gewöhnliche Handlung in einer gewöhnlichen Garnisonsstadt spielen. Durch das Teufelswerk ist die Handlung weniger glaubwürdig.

B. Aber sie ist dadurch auch bedeutender. Ich vermute, Goethe fühlte oder wußte, daß bei allem, was in der Welt passiert, die Vorstellungen von Gott und Teufel beteiligt sind und daß man diese Vorstellungen auf die Bühne bringen muß, will man das begreifen, was täglich irgendwo geschieht.

A. Dann ist es wohl auch für die Gretchen-Handlung von Bedeutung, daß FAUST kein Offizier, sondern ein Wissenschaftler ist.

B. Auch hier kann ich nur vermuten, daß der junge Goethe gespürt hat, wie das wissenschaftliche Denken, das von der Wissenschaft als sicher ausgegebene Weltbild, Auswirkungen hat auf Glück und Leid der unscheinbarsten Menschen, und daß er dies mit seinem Drama zeigen wollte.

A. Wenn der „Faust"-Stoff so günstig ist, um aktuelle Themen bis in ihre letzten Ursachen zu durchleuchten, dann muß Goethe für Lessings Tip bis an sein Ende dankbar gewesen sein.

B. Vielleicht hat er ihn eher für diesen Hinweis verflucht. Denn Lessing sagt nichts darüber, wie man im 18. Jahrhundert glaubwürdig und damit wirkungsvoll einen Stoff behandeln soll, in dem ein ‚Teufel' auftritt.

A. Warum ist das ein Problem?

B. Die „Historia von D. Johann Fausten" - das sogenannte ‚Volksbuch' -, das Puppenspiel, das „Faust"-Drama von Christopher Marlowe, sie gehen von einem Weltbild aus, in dem sich Gott und Teufel gegenüber stehen und versuchen, Menschen auf ihre Seite zu ziehen. Gott belohnt seine Getreuen durch ein schönes ewiges Leben, wogegen der Teufel seine Anhänger im diesseitigen Leben belohnen muß, da sie nach dem Tode bei ihm und mit ihm in der Hölle bestraft werden. Um aber dies zu ermöglichen, muß Gott dem Teufel erlauben, auf Erden Wunder zu wirken und damit in den natürlichen Ablauf des Geschehens einzugreifen. Gott und Teufel können nach Belieben die Naturgesetze umgehen und auch die Handlungen von Menschen so lenken, daß es ihren Günstlingen zugute kommt. Wie sollen Menschen, die für sich selbst verantwortlich sein und das, was in der Welt geschieht, wissenschaftlich erklären wollen, hinnehmen, daß ihnen jederzeit ein guter oder böser Geist dazwischen fahren kann?

A. Du willst damit sagen, daß es für einen Autor, der nicht hinter den Erkenntnissen seiner Zeit zurückbleiben wollte, fast unmöglich war, ein „Faust"-Drama zu schreiben. Damit hängt dann wohl zusammen, daß Goethe allein für den ersten Teil des „Faust" über dreißig Jahre brauchte, um das Verhältnis von FAUST und MEPHISTOPHELES zu klären. Aber warum hat er die Finger nicht ganz von dem so unmöglichen Stoff gelassen?

B. Der Stoff enthielt für einen Dichter auch ungeahnte Möglichkeiten, die moderne Welt zu gestalten. Denn sobald er sich an ein Publikum wenden konnte, das nicht mehr an den Teufel glaubt und für das eine Teufelsfigur nur noch ironisch an den Teufel erinnert, erweiterte eine solche Figur die Grenzen des Theaters. Jetzt war es möglich, den Menschen auf eine neue Art einen Spiegel vorzuhalten und zugleich eine Welt auf die Bühne und damit ‚ins Spiel' zu bringen, die erst in einer späteren Zeit zu erwarten war.

A. Auch dort, wo das Publikum noch an Macht und Einfluß eines Teufels glaubt und in der Angst vor Hölle und ewiger Verdammnis lebt und handelt, hat eine ironisch gestaltete Teufelsfigur für einen Dichter, der aufklärend wirken will, ihre Vorzüge. Durch sie kann er den Glauben an den Teufel verunsichern und Menschen anregen, sich ihres eigenen Verstandes zu bedienen, wie Kant später sagen wird.

B. Wenn es einem solchen Dichter gelingt, seinen Zeitgenossen zu verdeutlichen, daß das Böse nicht durch den Teufel in die Welt kommt und keinen höheren Sinn hat, dann werden sie die Verursacher des Bösen in dieser Welt suchen und sie hier zur Verantwortung ziehen.

A. Hinzu kommt, daß in einer Welt, in der die Fürsten von Gottes Gnaden an der Macht sind, ein Pakt mit dem Teufel immer gesehen werden kann als ein Bündnis mit den Gegnern des herrschenden Feudalsystems.

B. Außerdem ist eine solche teuflische Figur für einen Autor von Vorteil, weil sie ihrem Wesen nach fast unbegrenztes Wissen hat und somit immer weiß, was die anderen Figuren denken und empfinden. Das ermöglicht sehr radikale und sehr ironische Dialoge.

A. Läßt sich nicht auch die Wundertätigkeit des alten Teufels für ein modernes Drama ausnützen? Ein ironisch gedachter Teufel auf der Bühne kann das als verwirklicht vorwegnehmen, was die Wissenschaft des modernen Menschen erst leisten soll. Wie hat sich denn Lessing den modernen Teufel gedacht?

B. Bei Lessing will Faust „den schnellsten Geist der Hölle zu seiner Bedienung"[4]. Demnach wäre für seinen Faust Geschwindigkeit das Heilmittel für alles, was ihm an seiner Welt nicht gefällt.

A. Wir am Ende des 20. Jahrhunderts, wo dieser Wunsch sich auf damals unvorstellbare Weise verwirklicht hat, wissen ja, wie dadurch eine ganze Welt verändert und vielleicht zerstört werden kann. Die moderne Computer-Technologie läßt sich verstehen als Lichtgeschwindigkeit auf kleinstem Raum.

B. Lessing mußte nun ein Gleichnis für eine noch unvorstellbarere Geschwindigkeit finden, denn was immer seinen Teufeln an Gleichnissen einfällt, für Faust ist selbst die Lichtgeschwindigkeit nur Schnekkentempo.

A. Einen zu befriedigen, der nicht genau weiß, was er will, ist schwer. Dieser ungenügsame Unendlichkeitsdrang ist also schon bei Lessing vorgegeben. Wie hat sich Lessing nun geholfen?

B. Der siebte und letzte Geist antwortet auf die Frage, wie schnell er sei: „Nicht mehr und nicht weniger, als der Übergang vom Guten zum Bösen. -" Darauf sagt Faust: „Ha! du bist mein Teufel! So schnell als der Übergang vom Guten zum Bösen! - Ja, der ist schnell; schneller ist nichts als der! - Weg von hier, ihr Schnecken des Orkus! Weg! - Als der Übergang zum Bösen! Ich habe es erfahren, wie schnell er ist! Ich habe es erfahren! usw. - -"[5]

A. Lessing verschiebt also die Vergleichsebene vom physikalischen Bereich, wohin Geschwindigkeit als Bewegung im Raum eigentlich gehört, in den moralischen Bereich, wo es wenig Sinn hat, von Geschwindigkeit zu sprechen.

B. Vermutlich ist es mehr als eine effektvolle Wendung. Wenn ich bedenke, daß nach der alten Theologie Gott in jeden Menschen das Gewissen eingebaut hat, um diesen Übergang zu bremsen, dann weiß entweder Faust nicht, welch langsamen Diener er sich eingehandelt hat, und ist hier schon der Betrogene, oder …

A. … er hat ein Interesse daran, die Grenze zwischen Gut und Böse zu verwischen. Der berühmte Satz MEPHISTOS, er sei *Ein Teil von jener Kraft, Die stets das Böse will und stets das Gute schafft* (1335 f.), scheint bei Lessing schon vorgebildet zu sein …

B. … allerdings mit der Konsequenz, daß der Satz auch umgekehrt stimmen müßte. Für den Lessingschen Faust wäre es also das Ziel, mit Hilfe der (Höchst-)Geschwindigkeit, der Eigenschaft, überall zugleich sein und dadurch alles relativieren zu können, die Welt, oder genauer: die Handlungen in dieser Welt, zu ‚de-moralisieren'.

A. Vielleicht hat den jungen Goethe auch dieser Aspekt fasziniert und ihn ermuntert, trotz aller Schwierigkeiten, die in einer modernen Behandlung dieses alten Stoffes vorgegeben sind, es nicht nur mit einem gott-, sondern auch ‚teufellosen' Teufel zu versuchen.

B. Bisher habe ich den ersten Teil des „Faust" als Einheit gesehen und mich nur für das interessiert, was Goethe schließlich als endgültig ausgegeben hat. Ich könnte mir aber denken, daß man das Drama besser versteht, wenn man seiner Entwicklung folgt und sich auf die Entstehungsstufen des Werks konzentriert. Dann sehen wir, wie Goethe sich dem Faust-Stoff nähert und wie er im Laufe der Jahre unter dem Einfluß der zeitgenössischen Geschichte den „Ur-Faust" ‚modernisiert'.

A. Der „Ur-Faust" wurde doch von Goethe nie veröffentlicht?

B. Nein, er war zwar um 1775 geschrieben, wurde jedoch erst rund fünfzig Jahre nach Goethes Tod zufällig aufgefunden. Aber bis auf eine kleine Szene vor der Gretchen-Handlung und alle Szenen nach der „Dom"-Szene ist der „Ur-Faust" - mit einigen Veränderungen - in „Faust. Ein Fragment" enthalten, das Goethe 1790 veröffentlicht hat. Die Schlußszenen des „Ur-Faust" erscheinen dann in „Faust. Der Tragödie erster Teil", der 1806 vollendet war, aber wegen der Kriegswirren erst 1808 ausgeliefert werden konnte. Ich zeichne die Abfolge der Szenen tabellarisch auf (S. 20).

A. So laß uns über diese Entwicklung des Werks sprechen.

B. Das bedeutet, daß wir uns allen drei Entwicklungsphasen zuwenden müssen. Nur so können wir die Widersprüche verstehen, die dieses Werk enthält, aber auch erkennen, wie Goethe nach und nach die Handlung des „Ur-Faust" erweitert hat, um die Bedeutung des Dramas zu erhöhen.

A. Mich interessiert nun auch die Frage, ob - und wie - es Goethe schließlich gelang, das Verhältnis von FAUST und MEPHISTOPHELES so zu gestalten, daß es einem modernen Menschenbild nicht widerspricht.

B. Nehmen wir uns also die Szene „Nacht" im „Ur-Faust" vor.

A. Aber in welcher Textfassung?

B. Da das „Faust-Fragment" von Goethe nur geringfügig verändert wurde, brauchen wir für dieses keine eigene Ausgabe. Den „Ur-Faust" jedoch sollten wir in einer textgetreuen Ausgabe so lesen, wie er in der einzigen erhaltenen Abschrift überliefert ist. Dieses zeitgenössische Dokument kann fast für ein von Goethe geschriebenes Manuskript gelten.

A. Mich irritiert es, wenn Rechtschreibung und Zeichensetzung ‚falsch' sind.

B. So sehr es das Lesen erleichtert, wenn man einen historischen Text behutsam modernisiert, so gewiß ist auch, daß ihm etwas von seiner Eigenart genommen wird. Ich denke, der „Ur-Faust" ist lebendiger und unmittelbarer, wenn er nicht unseren Schreibgewohnheiten entspricht, sondern uns daran erinnert, daß er aus einer anderen Zeit stammt.

A. „Gretgen" zu sagen würde mich sehr stören!

B. „Gretgen" wird gesprochen wie ‚Gretchen', an das hessische g für ch gewöhnt man sich schnell. Heute noch ist es normal, in Wörtern wie ‚beleidigt', ‚freudig', ‚König' usw. g wie ch zu sprechen. Ich halte es für verdienstvoll, daß die Reclam-Ausgabe des „Ur-Faust" nicht modernisiert wurde.

Szenenfolge in „Urfaust", „Faust-Fragment" und „Faust I"

„Ur-Faust"		„Faust-Fragment"*		„Faust I"	
				Zueignung	1-32
				Vorspiel auf dem Theater	-242
				Prolog im Himmel	-353
Nacht	U 1-249	Nacht	354-605	Nacht (I) Nacht (II)	-605 -806
				Vor dem Tor	-1177
				Studierzimmer I	-1529
[Studierzimmer]	U -444	[Studierzimmer]	1770-1867 -2050 -2072	Studierzimmer II	-1769 -1867 -2050 -2072
Auerbachs Keller	(Prosa)	Auerbachs Keller	-2336	Auerbachs Keller	-2336
Land Strase	U 453-456				
		Hexenküche	-2604	Hexenküche	-2604
Strase	U -529	Straße	-2677	Straße	-2677
Abend	U -656	Abend	-2804	Abend	-2804
Allee	U -718	Spaziergang	-2864	Spaziergang	-2864
Nachbarinn Haus	U -878	Der Nachbarin Haus	-3024	Der Nachbarin Haus	-3024
[Straße]	U -924	Straße	-3072	Straße	-3072
Garten	U -1053	Garten	-3203	Garten	-3203
Ein Gartenhäusgen	U -1065	Ein Gartenhäuschen	-3216	Ein Gartenhäuschen	-3216
				*Wald und Höhle***	-3373
Gretgens Stube	U -1105	Gretchens Stube	3374-3413	Gretchens Stube	-3413
Marthens Garten	U -1235	Marthens Garten	-3543	Marthens Garten	-3543
Am Brunnen	U -1277	Am Brunnen	-3586	Am Brunnen	-3586
		Wald und Höhle	3217-3373		
Zwinger	U -1310	Zwinger	3587-3619	Zwinger	-3619
Dom	U -1371	*Dom*	3776-3834		
Nacht. Vor Gretgens Haus	U -1404 U -1435***			Nacht. Straße v. Gretchens Tür	-3775
				Dom	-3384
				Walpurgisnacht	-4222
				Walpurgisnachtstraum	-4398
[Trüber Tag. Feld]	(Prosa)			Trüber Tag. Feld	(Prosa)
Nacht. Offen Feld	U 1436-41			Nacht, offenes Feld	4399-4404
Kerker	(Prosa)			Kerker	-4612

* Zählung nach „Faust I"

** Kursiv gesetzte Szenen wechseln die Stelle

*** Diese Verse sind übernommen in „Wald und Höhle" (3345-73)

Dialog 2: *Nacht* (U 1-76)

A. Kann man sagen, daß der erste Teil des „Ur-Faust" als satirische Analyse der zeitgenössischen Wissenschaft gesehen werden kann, in der die Situation von Professoren, Magistern und Studenten abgehandelt wird?

B. Sicher. Aber zugleich geht es um die Inhalte der Wissenschaft, um ihren Zuständigkeitsbereich und um die Methoden, mit denen sich wissenschaftliche Ziele verwirklichen lassen.

A. Es scheint die sogenannte *Nacht* des Mittelalters zu sein, in die der junge Goethe seinen *unruhig auf seinem Sessel am Pulten* sitzenden FAUST plaziert.

B. Das *hochgewölbte gothische Zimmer* deutet ebenfalls darauf hin. Aber FAUST ist in diesem Weltbild beunruhigt. Und so unruhig, wie er ist, ist teilweise auch seine in Knittelversen ausgedrückte Sprache. Diese Unruhe und Unsicherheit scheint er zu erläutern, indem er zuerst seine Geschichte als Wissenschaftler, dann seine gegenwärtige Situation und schließlich das mitteilt, was er vorhat.

A. FAUST stellt sich als Universalgelehrten dar, als Spitze und Inbegriff dessen, was die Universität an Gelehrsamkeit vermitteln kann. Er beansprucht also Kompetenz, wenn er sagt, er sehe, *daß wir nichts wissen können*. Daß ein einziger Mensch das gesamte Wissen seiner Zeit beherrschen soll, kommt mir unglaubwürdig vor.

B. Es soll solche Menschen, wie zum Beispiel Leibniz, gegeben haben. Dennoch stimme ich dir zu. Diese Übertreibung ist wohl gedacht als Zeichen dafür, daß FAUST keinen Menschen darstellt, den man im wirklichen Leben finden könnte, sondern eine künstlich gemachte Gestalt, mit deren Hilfe ein Bewußtsein, ein Kenntnisstand, Interessenzusammenhänge und dergleichen auf die Bühne gestellt werden, so daß das Publikum über sie nachdenken kann.

A. Dann wäre FAUST ja nur so etwas wie die Versinnlichung von abstrakten Ideen.

B. Ich denke, das ‚nur' ist hier überflüssig. Denn das ist der wichtige Unterschied zwischen abstrakter, theoretischer Abhandlung von Ideen, von Weltbildern, von Systemen der Moral usw. und deren poetischer Darstellung. In der Theorie lassen sich Hindernisse ‚ausräumen', indem man sie mißachtet oder die eigenen Vorstellungen nicht so weit durchdenkt, bis sie mit anderen Interessen in Konflikt kommen. Wenn ich aber versuche, eine Idee durch eine menschliche Figur darzustellen und sie damit auf ihre Übertragbarkeit in die menschliche Gesellschaft überprüfe und auf die Folgen, die sie für das menschliche Zusammenleben haben wird, kann ich ihren Widerständen nicht mehr ausweichen, sondern muß auch diese in die Gestaltung einbeziehen. Sonst wird es keine wahre, glaubwürdige Handlung geben.

A. Erst dann zeigt sich demnach, was Ideen wert sind und zu wessen Lasten sie sich in gesellschaftliche Wirklichkeit übertragen lassen.

B. Mir imponiert an Goethe, daß er schon als junger Mensch diesen Unterschied erkannt hat und bei allem Interesse an den theoretischen und politischen Fragen seiner Zeit sich erst beruhigen konnte, wenn er sie konkret, und das heißt eben ‚poetisch', durchdacht und ‚versinnlicht' hatte.

A. Wenn du damit meinst, der Philosoph denke Wahrheit abstrakt, der Poet aber konkret, dann leuchtet mir das ein. - Was hat nun diese Faust-Figur eines am 18. Jahrhundert interessierten Dichters noch mit dem Mittelalter zu tun?

B. Du könntest auch fragen, was wir noch mit dem Mittelalter zu tun haben! Weit verbreitet stehen Kirchen in unserer Welt, die im Mittelalter gebaut wurden und also auch zu Goethes Zeiten dort standen. Sind es nicht mittelalterliche Vorstellungen, die sich in ihnen äußern? So wie mittelalterliche und neuzeitliche Gebäude nebeneinander stehen, so sieht es mit den Gedankengebäuden in unseren Köpfen aus. FAUSTS Bewußtsein ist - wie das Bewußtsein eines jeden Menschen - angefüllt mit Geschichte, selbst wenn er davon nichts wüßte. Darauf weist die Raumbezeichnung hin.

A. Dann könnte eine Frage dieses Dramas sein, ob es dem modernen Menschen gelingt, sich davon zu befreien. Es ist fast grotesk, wenn FAUST, der am Sinn der herrschenden, mittelalterlich geprägten Wissenschaft zweifelt, sagt, daß ihn *keine Skrupel noch Zweifel plagen.* Ich verstehe nicht, wie derjenige, den *Skrupel und Zweifel plagen*, *Freud* empfinden und sich einbilden kann, *was rechts zu wissen.*

B. Dies sehe ich so, daß FAUST seinen Kollegen unterstellt, wegen ihrer Furcht vor *Höll* und *Teufel* hätten sie *Skrupel*, ihre Tätigkeit kritisch zu betrachten, und sie verdankten nur dieser Furcht ihre - von FAUST aus gesehen - trügerische *Freud* und Sicherheit.

A. Also wäre das Besondere an FAUST, daß er keine *Skrupel* hat, an *Höll*, Welt und damit wohl auch am ‚Himmel' zu zweifeln ...

B. ... und daß er nicht hinnehmen will, von einer außerirdischen

Instanz - und von denen, die sich auf solche Instanzen berufen - in seinem Denken gehindert zu sein. Dadurch wird es möglich, auszuprobieren, was es mit *Höll* und *Teufel* auf sich hat. Daß FAUST sich mit einer solchen Einstellung ins Abseits stellt, braucht nicht zu verwundern.

A. Wenn FAUST demnach eine völlig emanzipierte Wissenschaft vertritt, warum ‚ergibt' er sich dann der *Magie*, einem so obskuren Mittel?

B. FAUSTS Skepsis geht so weit, daß er der menschlichen Erkenntnisfähigkeit und Erkenntnismöglichkeit nur zutraut, immer an einen Punkt zu kommen, wo sich das Wissen als falsch oder wenigstens als ‚nur vorläufig richtig' erweist. Man braucht in dem Satz *Und seh daß wir nichts wissen können* das Adverb *nichts* nur groß zu schreiben, dann sieht man, von welcher Art nihilistischer Skepsis der Erkenntnisstand ist, von dem die Thematik dieses Dramas ausgeht. FAUST könnte sich nun - fatalistisch - mit dem begnügen, was ihm in begrenztem Rahmen möglich ist. Aber FAUST ist so gemacht, daß er neben der Fähigkeit zu kalter, rücksichtsloser Diagnose den ‚brennenden' Drang im *Herzen* hat, gegen seine Erkenntnis, *nichts wissen* zu *können*, die Grenze zu jenem Nichts zu überschreiten.

A. Du meinst, er wende seinen Grundsatz, *daß wir nichts wissen können*, auf diesen Satz selbst an, und das würde dann etwa heißen, ‚vielleicht ist auch dieser Satz falsch und wir können dem Nichts doch etwas abgewinnen …

B. … wenn wir es richtig anstellen und alle verfügbaren Möglichkeiten auch in der Wissenschaft nützen'. Ich sehe das nun so, daß FAUST diese verfügbaren und noch nicht richtig genutzten Möglichkeiten unter dem Sammelbegriff *Magie* zusammenfaßt.

A. Was ist durch die neue Methode gewonnen?

B. Das sieht man vielleicht genauer, wenn man sich verdeutlicht, was ihm am gegenwärtigen Zustand der Wissenschaft mißfällt.

A. Darüber sagt er nicht sehr viel: Er möchte seine *Schüler* nicht mehr *Herauf herab und queer und krum* an *der Nas herum* führen. Daß er - wenn man an Galileo Galilei denkt, mit guten Gründen - seine Weisheit für sich behält, hat mit seinem Selbstbewußtsein, seiner Würde, aber wenig mit der Wissenschaft zu tun.

B. Daß er seine *Schüler* zehn Jahre an der Nase herumführte, muß nicht heißen, dies sei bewußt geschehen, vielleicht hat er dies jetzt erst entdeckt. Wenn er aber nicht sagen darf, was er weiß, dann ist dies eine Eigenschaft der Institution Universität und müßte also geändert werden. Dahinter steht die Forderung nach Meinungsfreiheit in der

Wissenschaft, die zum Beispiel auch Kant einige Jahre später, als Goethe dies geschrieben hat, sehr deutlich - selbst im Fach der Theologie - vertreten wird. Das Herauf- und Herabführen scheint auf die wissenschaftlichen Methoden der Induktion und der Deduktion anzuspielen.

A. Das leuchtet mir ein. Allerdings ist mir nicht klar, was er gegen die Methode der Induktion haben sollte, die doch von der Beobachtung eines konkreten Gegenstandes ausgeht und nicht, wie die Deduktion, von abstrakten Allgemeinbegriffen auf das Besondere schließt.

B. Vielleicht steckt das Problem im *queer und krum*, und zwar in dem Sinne, daß FAUST die Ergebnisse der Induktion verwirren mußte, um an der Universität existieren zu können.

A. Trotz solcher Vorsicht wäre es ihm weder in materieller - *Gut noch Geld* - noch ideeller - *Ehr und Herrlichkeit* - Hinsicht gelungen, eine angesehene soziale Stellung und überhaupt ein menschenwürdiges Dasein - *Es mögt kein Hund so länger leben* - zu erreichen.

B. Ein weiterer wichtiger Punkt in FAUSTS Kritik an der Universität ist wohl, daß sie für ihn keine progressive gesellschaftliche Wirkung hat, da sie die *Menschen* nicht ‚bessert', zu keinem neuen Weltverständnis ‚bekehrt' und somit das gesellschaftliche Bewußtsein nicht verändert.

A. FAUST will demnach das neue Wissen oder zumindest die Konsequenzen dieses Wissens unter die *Menschen* bringen und damit der Universität ihre elitäre Sonderstellung nehmen. Ist dieser Wunsch nach ‚Volks-Aufklärung' nicht bürgerlich?

B. Alles, was der Stärkung des Individuums und damit der Schwächung der Adelsherrschaft dient, ist bürgerlich. Ob man allerdings gleich von Volks-Aufklärung sprechen muß, mag dahingestellt bleiben.

A. Ein ausgesprochen ‚bürgerliches' Anliegen steckt auch in dem Satz: *Bild mir nicht ein was rechts zu wissen.* Von einem Rechtsgelehrten gesprochen hat diese Aussage ein besonderes Gewicht. Sie könnte neben anderem auch andeuten, daß in der Adelsherrschaft die Menschen weitgehend rechtlos sind.

B. FAUST würde dann von der *Juristerei* erwarten, daß sie das Recht auf einer neuen, und das heißt eben ‚bürgerlichen' Grundlage untersucht und lehrt, so daß man nicht nur vom Handeltreiben und Erben, sondern auch vom Politischen *was rechts* wissen kann.

A. Dürfen wir über FAUST so sprechen, als sei er ein Zeitgenosse Goethes und kein Mann der Renaissance?

B. Ich glaube nicht, daß Goethe die Probleme der Menschen mitteilen wollte, die 200 Jahre tot waren, es sei denn, die Probleme wären geblieben. Für Goethe scheint der alte „Faust"-Stoff eine Art Gewand zu sein, in dessen Hülle er das darzustellen versucht, was ihm selbst *schier das Herz* verbrennt. - Was setzt nun FAUST der negativen Bilanz seiner Existenz entgegen?

A. Mir ist aufgefallen, daß FAUST vor allem unmittelbare Erkenntnis will. Vermittlung sieht er in den historischen Überresten, im *angeraucht Papier* usw., in der verdinglichten Tradition, die er mit *Rauch und Moder* und *Tiergeripp und Todtenbein* abqualifiziert. Er will nicht vom Vorhandenen auf etwas bisher Unbekanntes schließen, deshalb will er auch nicht die Methode der Induktion.

B. Wenn man in dem Satz *Wo selbst das liebe Himmels Licht Trüb durch gemahlte Scheiben bricht* eine Erklärung dafür sieht, dann scheint er zu beklagen, daß das Mittel das verändert, was vermittelt werden soll. Für ihn ist es nicht mehr das *liebe Himmels Licht*, wenn es durch *gemahlte* Glasscheiben gebrochen ist. Das berührt sich mit FAUSTS Wunsch *Und thu nicht mehr in Worten kramen*: Wenn ich mit Worten wie ein ‚Krämer' handeln und hantieren kann, dann sind sie verdinglicht. Sie sind nicht weniger überliefert und verknöchert als *Tiergeripp und Todtenbein.*

A. Ich weiß nicht, was für den Menschen noch zu erkennen bleibt, wenn man die Erkenntniskritik so weit treibt. FAUST dürfte keinem Wort mehr trauen, weil jedes Wort das, was es bezeichnen soll, so verändert wie die *gemahlten Scheiben* das *Himmels Licht.* Konsequenterweise müßte er auf die Sprache ganz verzichten.

B. Das würde heißen, daß er alles nur anschauen und als Angeschautes in sich bewahren will. ‚Anschauung' wäre dann die von ihm gewünschte und von dir vorher so bezeichnete unmittelbare Erkenntnis.

A. Als erstes will er auf solche Weise erfahren, *was die Welt Im innersten zusammenhält.* Das hört sich an, als ob es ihm um die Schwerkraft ginge.

B. Ganz falsch kann das nicht sein, denn FAUST wünscht sich - wahrscheinlich als Folge einer solchen Erkenntnis -, *Um Bergeshöhl mit Geistern schweben.* Aber grundsätzlich will er den Aufbau der gesamten Materie durchschauen und für sich gebrauchen. Er gibt damit das Wissenschaftsprogramm für zukünftige Generationen vor, denn zu erkennen, *was die Welt Im innersten zusammenhält* ist - ausgesprochen oder unausgesprochen - das Ziel jeder Naturwissenschaft.

A. Aber doch wohl erst, wenn man den Wunsch *Schau alle Würkungskrafft und Saamen* hinzunimmt. An einer bloß mechanisch beschreibbaren Natur scheint FAUST nicht interessiert zu sein, da er von *all der lebenden Natur* spricht. Die Frage ist nun, ob FAUST zufrieden wäre, wenn er wüßte, welche Kräfte Veränderung und neues Leben hervorbringen, oder ob er solche Erkenntnisschau benützen wollte, um am Bau der Welt ein wenig zu ‚drehen'.

B. Daß er sich von solcher Erkenntnis neue Wirkungen erhofft, liegt nahe, sonst wäre der Wunsch, sozusagen hinter der für normale Menschen sichtbaren Natur *mit Geistern* zu schweben, wenig sinnvoll. Und daß er sich *gesund baden* will, weist doch auf eine Erneuerung, wenn nicht gar auf eine Verbesserung seiner Natur hin. FAUST ist nicht frei von dem Wunsch nach *Ehr und Herrlichkeit der Welt*; und das zeigt, wie gefährlich er durch ‚Wissen als Macht' sein könnte.

A. Welche Bedeutung hat in diesem Zusammenhang der Mond, der die Szenerie beleuchtet und in dessen ungebrochenem, *lieben Licht*e FAUST sich bewegen will? Auf der einen Seite will FAUST nichts mehr von Vermittlung wissen, und auf der anderen bevorzugt er das Mondlicht, von dem man längst weiß, daß es durch Reflexion am Mond vermitteltes Sonnenlicht ist.

B. Vielleicht sollten wir beachten, daß der Mond hier weniger als physikalisches Gebilde gesehen wird, sondern als *Freund*, der ein *liebes Licht* ausstrahlt. So gesehen stünde er für eine ‚Welt-Anschauung', die der Ideologie entgegengesetzt wäre, die sich mit dem unmittelbaren Sonnenlicht vergleicht, nämlich der ‚Aufklärung'.

A. Das würde heißen, daß FAUST sich nicht nur vom ‚finsteren Mittelalter' abgrenzt, sondern auch von der frühen Aufklärung und der von ihren Vertretern propagierten Überzeugung, alles klar formulieren und dem Verstand zugänglich machen zu können. Was setzt er dieser Aufklärung denn entgegen?

B. Wenn ich dafür ein Wort FAUSTS verwenden sollte, würde ich *Dämmer* wählen. Denn Dämmerung ist so etwas wie die Gleichzeitigkeit, die Verschmelzung von Tag und Nacht, von Verstand und Gefühl; in der Dämmerung sind die Umrisse unsicher, es werden andere Zuordnungen möglich, der Sehsinn muß durch andere Sinne korrigiert werden. Man kann vielleicht sagen, *Dämmer* stehe für eine ganzheitlichere Erkenntnis.

A. Dann darf man wohl nicht übersehen, daß FAUST sich nicht nur im *lieben Lichte* des Mondes bewegen, sondern sich auch in seinem *Thau gesund* baden möchte. Er verknüpft dadurch Licht und Wasser, als ob die Kondensation des Wassers durch das Mondlicht geschähe, wahrscheinlich, um wieder auszudrücken, daß es ihm auf eine lebendige, den ganzen Menschen und die ganze Natur einbeziehende Methode ankommt.

B. Mit deiner Beobachtung stimmt überein, daß FAUST nichts von *trocknem Sinnen* wissen will, weil so keine Unterweisung durch die *Natur* möglich sei und keine *Seelenkrafft* aufgehe. - Ist es uns gelungen, die Methode der *Magie* zu verdeutlichen?

A. Mir scheint das, was FAUST will, nicht ganz widerspruchsfrei zu sein, aber das ist wohl bei einem so neuen und von niemandem erprobten Erkenntnisansatz nicht anders möglich.

B. Ich glaube auch, daß diese Unbestimmtheit das Unfaßbare seiner Absicht ausdrückt. Vielleicht ist es nicht falsch, wenn wir sagen, FAUST wolle kein *trocknes Sinnen*, also kein von sinnlicher Erfahrung isoliertes Denken, sondern am liebsten unmittelbare Belehrung durch die *Natur*. Da er selbst auch Teil der Natur ist, scheint für ihn denkbar zu sein, daß sein eigener ‚Natur-Geist' sich mit anderen *Geistern* der Natur auszutauschen vermag. Die Formel für die von ihm so bezeichnete *Seelenkrafft* heißt: *Wie spricht ein Geist zum andern Geist.*

A. In diesem Sinne wäre dann *Magie* unmittelbare In-spiration (lat. spiritus = Geist) durch die Natur.

B. So sind wir beim Genie des „Sturm und Drang" angelangt. Es muß sich nun zeigen, wie weit FAUST mit dieser Art von *Magie* kommt. Denn sie wird auf der Bühne einer Kritik unterzogen. -

A. Weißt du, wie der Anfang und damit die Thematik von Goethes „Faust" sich von seinen Vorgängern unterscheidet? Ist es tatsächlich eine ganz neue Problematik geworden?

B. Das sieht man wohl am besten, wenn man diesen Anfang zum Beispiel mit dem Anfang des „Faust" von Christopher Marlowe vergleicht, der etwa 1590 entstanden ist. Was dessen Faust betrifft, so erläutert er zunächst, warum ihm Philosophie, Medizin, Juristerei und Theologie nichts bedeuten - zum Beispiel sagt er in bezug auf die Medizin: „Könnt'st du dem Menschen ew'ges Leben spenden, Die Toten wieder aus den Gräbern wecken, Dann wäre diese Kunst noch etwas wert."

A. Das wäre doch eine echt ‚faustische' Aufgabe!

B. Ja, es ist das Programm der modernen Medizin. Aber Marlowes Faust scheint diese Kunst nicht ausüben zu wollen, sondern wäre schon glücklich, wenn er die Totenbeschwörung beherrschte: „Die Metaphysika der Zauberei, Die Nekromantenbücher, die sind himmlisch! Die Linien, Kreise, Lettern, Charaktere, Die sind's, wonach am meisten mich verlangt." Und als dieser Faust begründet, warum ihm die Magie das „Herz entzückt", nennt er - verglichen mit Goethes FAUST - verhältnismäßig unbedeutende Ziele. Er stellt sich vor, daß ihm die Geister „Gold", „Perlen", „edle Früchte" verschaffen, und fast nebenbei sollen sie ihm auch „neue Weisheit" lesen. Daran schließt sich an:

> Ganz Deutschland sollen sie mit Erz umwallen,
> Den schönen Rhein um Wittenberg mir leiten;
> Sie soll'n mit Geist die hohen Schulen füllen,
> Daß die Studenten reich damit sich schmücken -
> Soldaten werb' ich mit dem Geld der Geister,
> Den Prinz von Parma jag' ich aus dem Lande
> Und herrsch' als ein'ger König aller Reiche.[6]

Demgegenüber geht es dem FAUST des jungen Goethe weniger um äußerlichen Genuß und weltliche Macht, als vielmehr um einen wesentlichen Zugriff auf und in die Natur, und da muß - überspitzt gesagt - die *Natur*, falls sie FAUST ***unterweist***, wirklich aufpassen, daß sie ihm nicht mehr verrät, als ihr lieb sein kann.

Dialog 3: *Nacht*
(U 65-168)

A. Mir ist aufgefallen, daß FAUST bei seinem Programm ‚zurück zur lebenden Natur' so spricht, als ob das, was er seither getan hat, nicht nur natur-, sondern auch gottwidrig gewesen sei, sonst könnte er kaum sagen: *Statt all der lebenden Natur Da Gott die Menschen schuf hinein Umgiebt in Rauch und Moder nur Dich Tiergeripp und Todtenbein* (U 61-64).

B. Es ist wirklich seltsam, daß einer, dessen Namen für einen Teufelsbündler steht, gleich zu Beginn des Dramas so gezeigt wird, als wolle er von jetzt an tun, was Gott gewollt hat, so daß die Lehre an den Universitäten erscheint, als habe sie sich von dem Weg, den Gott ihr zugedacht hat, verirrt.

A. Wissen wir, von welchem *Gott* er spricht?

B. Zunächst könnte man meinen, die *lebende Natur Da Gott die Menschen schuf hinein* (U 61 f.), sei das Paradies. Da sich FAUST jedoch von der *Theologie*, die er *leider auch studirt* (U 3 f.) hat, abwendet, kann es kaum der Gott der Kirche sein, auf den er sich beruft. Es ist eher ein Gott, der nicht durch biblische Offenbarung und Kirchenlehrer, sondern unmittelbar durch das ‚Buch der Natur' zum Menschen spricht. So ein Gott ist für die, die von sich behaupten, an Gottes Stelle zu sprechen, schnell vom Teufel. -

A. Ist es nicht seltsam, daß FAUST *hinaus in's weite Land* fliehen und von *all dem Wissensqualm entladen* (U 43) sein will, aber doch am *Pulten* sitzen bleibt und in eines seiner angestaubten *Bücher* schaut? Ist das ein Lapsus?

B. Wir können nicht an jeder beliebigen Stelle sagen: ‚Hier hat Goethe einen Fehler gemacht, wir lesen das ganz anders.' Es sieht so aus, daß FAUST, schon bevor er mit Hilfe von *Nostradamus* etwas erkennen will, wenn nicht als lächerliche, so doch als widersprüchliche Figur gezeigt wird, die nicht recht weiß, was sie sagt und tut.

A. Warum nennt FAUST als Erkenntnisziele *der Sterne Lauf*? Der ist doch seit Kopernikus bekannt.

B. Damit triffst du einen wunden Punkt jeder „Faust"-Interpretation. Die FAUST-Figur spricht manchmal, als lebte sie zweihundert Jahre früher, und im selben Atemzug kann sie etwas sagen, das erst zu Goethes Zeit möglich ist. Ich denke, wir helfen uns damit, daß wir im ersten Fall FAUST so nehmen, als ob er eine frühere Vorstellung zitiere. Überdies ist die Erkenntnis des Universums ein unendliches Ziel.

A. Wenn man *der Sterne Lauf* als Anspielung auf Kopernikus versteht, dann kann dies daran erinnern, daß ein neues Weltbild nicht nur den Himmel, sondern auch die Erde betrifft. Und das gilt entsprechend für jede Wissenschaft. Kopernikus brauchte übrigens keinen Blick in die Natur zu werfen, um die Widersprüche aufzulösen, in die die Astronomie durch ihre richtigen Beobachtungen gekommen war. Er brauchte nur die *Seelenkrafft,* das Ungeheure zu denken, daß sich nicht der Himmel um die Erde dreht, sondern die Erde um sich selbst.

B. Und dennoch ist das Ergebnis seiner Theorie ‚naturgemäßer' als das seiner Vorgänger. ‚Theorie' heißt wörtlich ‚das Zuschauen, die Betrachtung'; in diesem Sinne gehörte auch das Bilden von Theorien dazu, wenn FAUST *alle Würkungskrafft und Saamen* ***schauen*** (U 30) will. Schon Jesus hat die Idee seines Reiches mit Samen verglichen (Lk 8,11). Der Samen, den Kopernikus ausgesät hat, war jedenfalls in seiner Wirkung revolutionär.

A. Willst du damit sagen, die FAUST-Figur schlüpfe hier in die Rolle des Kopernikus?

B. Teilweise tut sie dies sicher. Deshalb kann FAUST mit den Lehren der Magier Agrippa von Nettesheim, Paracelsus, Welling und Swedenborg, auf die seine Verse sich wohl beziehen, nichts mehr anfangen.

A. Vielleicht läßt FAUSTS Verhalten erkennen, was er an den alten Welt- und Gottesbildern kritisiert. Zunächst beschreibt er, wie *das Zeichen des Makrokosmus*, also des gesamten Universums, auf ihn wirkt.

B. Ja, wir erfahren mehr über ihn als über das, was er sieht. Was er sagt, könnte jemand sagen, der sich neu verliebt, allerdings nur in ein Bild. Und wie so jemand seine eigenen Sehnsüchte auf einen anderen Menschen projiziert und, ohne es zu merken, in sich selbst verliebt ist, sieht FAUST nicht *die würkende Natur*, also deren *Würkungskrafft* (U 31), vor seiner *Seele liegen*, sondern nur seine eigene Illusion.

A. Muß man es wirklich für gering achten, daß FAUST aus dem Zustand inneren *Tobens* in der *Freude* übergeht?

B. Hier geht es weniger um subjektives Empfinden, sondern eher darum, daß FAUST aufgrund eines begrenzten Zeichens fragen kann, ob er *ein Gott* sei. Diese Frage enthält das Ziel alles faustischen Strebens.

A. Für ihn sollen Anschauung und Wirklichkeit identisch sein. Göttliche Erkenntnis hängt nur davon ab, ob *Sinn* und *Herz* des Betrachters offen bzw. lebend sind: *„Die Geister Welt ist nicht verschlossen Dein Sinn ist zu, dein Herz ist todt!"* Solche Sätze des *Weisen* sprechen ihm aus der Seele.

B. Wir können jedenfalls sagen, daß dieser Bericht FAUSTS über seinen inneren Zustand auch die Fähigkeit des Menschen zeigt, von ihm selbst erzeugte Illusionen so zu nehmen, als ob sie Wirklichkeit wären, und dementsprechend darauf zu reagieren.

A. Das hieße, es wird vorgeführt, wie schwierig es ist, sich auf das eigene Empfinden zu verlassen: Die eigene Natur erscheint nicht nur in sinnlicher, sondern auch in intellektueller Hinsicht als verführbar und läßt sich somit kaum als untrügliches Instrument wahrer Erkenntnis gebrauchen.

B. Deine Schlußfolgerung wird dadurch unterstützt, daß FAUST berichtet, *Ich schau [...] Die würkende Natur vor meiner Seele liegen*, bevor er *das Zeichen des Makrokosmus* überhaupt *beschaut* hat. Als er das tut, bricht seine Illusion zusammen. Sobald FAUST außer sich blickt, sieht er eine doppelte Diskrepanz: Dieses Zeichen ‚enthüllt' weder die *Kräfte der Natur*, noch kann ein auf ein Blatt Papier gedrucktes Bild für das All Gültigkeit haben.

A. Warum nicht? Newton konnte mit einer Rechnung beweisen, daß im Weltall die gleichen Kräfte wie auf der Erde wirken, und Kopernikus hätte die rätselhaften Schleifen der Planeten auf einem Zettelchen Papier auflösen können. Ich weiß nicht, ob wir das, was sich für FAUST als *ein Schauspiel*, als Fiktion erweist, als solche übernehmen müssen. Vielleicht wird gezeigt, daß er hier etwas falsch macht.

B. Die Beschreibung des Zeichens ist eine deutliche Anspielung auf Johannes Keplers „Harmonia Mundi", seine ‚Weltharmonie'. Vielleicht bringt uns diese Beziehung weiter.

A. Kepler hat mich immer fasziniert. Schon als junger Mensch wollte er herausfinden, nach welchem Gedanken Gott das All gebildet habe. Und diesem Ziel widmete er sein ganzes Leben. In seinem letzten Werk, eben der „Harmonia Mundi", stellt er dar, daß die harmonischen Verhältnisse der Töne mit denen geometrischer Figuren übereinstimmen, aber auch mit den Verhältnissen der Planetenbahnen in unserem Sonnensystem. Es ist also bewiesen, daß sich mit einer Theorie, die das Weltall in Einklang mit der Erde und dem Menschen bringen will, auch brauchbare Erkenntnisse gewinnen lassen.

B. Was macht dann FAUST deiner Meinung nach hier falsch?

A. Er will, wie wir schon von Anfang an gesehen haben, keine Vermittlung. Der Gedanke, ein ganzes Leben damit zu verbringen, das *Schau-Spiel*, die ‚Vision' eines Weltbildes als Wirklichkeit zu beweisen, scheint außerhalb seiner Vorstellungen zu sein.

B. Dann ist FAUSTS Passivität an seinem Mißerfolg beteiligt. Er will wie ein Kind sein, will an den *Brüsten* der Mutter *Natur* wie *Himmel und Erde* hängen, ohne doch Himmel und Erde zu sein. Vielleicht verweist dieses Bild darauf, wie ‚kindisch' sich FAUST hier verhält …

A. … und wie lächerlich jemand wäre, der noch daran glaubte, mit ein paar sprachlichen Tricks lasse sich die Natur beherrschen, und das, was man sich erträume, sei ungeprüft die Wirklichkeit.

B. Ich habe den Eindruck, daß diese Möglichkeit mit dieser Szene knapp und bündig zu den Akten der Geschichte gelegt wird.

A. Aber schon in der *Erdgeist*-Szene läßt sich FAUST erneut auf ein *Zeichen* ein und beschreibt wiederum, was die Betrachtung des *Zeichens* in ihm auslöst. Hat sich überhaupt etwas geändert?

B. Zumindest bewirkt dieses *Zeichen* etwas. Es wird der innere Zustand FAUSTS gezeigt, der die Erscheinung des *Erdgeistes* ermöglicht. Während die Betrachtung des *Zeichens des Makrokosmus* anfangs beruhigend auf ihn wirkte, geht von diesem *Erdgeist*-Zeichen eine furiose Wirkung aus.

A. FAUST unterstellt dem *Geist der Erde* wegen seines Namens, daß er ihm näher sei, das heißt doch wohl, daß er etwas von ihm habe, und vielleicht sogar, daß auch der *Erdgeist* etwas von FAUST hat.

B. Ja, *Geist* und Mensch scheinen durch die Beschränkung auf die *Erde* verbunden zu sein, so daß es für FAUST möglich wird, konkreter zu werden. Ich weiß nicht, ob man sagen kann, FAUST habe die Erkenntnis der Welt-Zusammenhänge bereits aufgegeben und begnüge sich damit, zu erfahren, was die Erde zusammenhält.

A. Es fällt mir schwer, zu akzeptieren, daß FAUST es mit seinen fast lächerlichen Übertreibungen schafft, diesen *Geist*, was immer er sein soll, in Bewegung zu bringen. Ein Männchen, das die Erde nur abstrakt vom Zimmer aus kennt, fühlt *Muth, All Erden weh und all ihr Glück zu tragen.* Kann man das ernst nehmen?

B. Der Verlauf der Szene legt nahe, dies zu tun. Nehmen wir an, es handle sich nur um eine auf die Bühne projizierte Halluzination FAUSTS. Auch dann müssen wir fragen, warum FAUST von sich sagt, er glühe *wie vom neuen Wein.* Dieser Vergleich bezieht sich auf die Gärung, den Reifeprozeß des Weins. Wenn FAUST sich damit identifiziert, dann ist es stimmig, daß er Übertreibungen ausschäumt, um sich schließlich in einen reinen und - wie das ‚geisthaltige' Getränk *Wein* - in einen *Geist*-reichen Zustand zu verwandeln. - Was fällt dir zum Namen *Erdgeist* ein?

A. Dieser Name verweist zunächst auf Geister, die von den drei anderen Elementen abgeleitet sind: Luft-, Wasser- und Feuergeist. Der *Erdgeist* scheint pars pro toto zu sein für das, was alle Elementar-Geister zusammen bedeuten.

B. Dafür spricht, daß der GEIST *in der Flamme* erscheint, vom *Meer* redet, in dem er sich bewegt, und zu FAUST sagt: *Du hast [...] An meiner Sphäre lang gesogen*, wodurch er sich als Luftgeist zu erkennen gibt. Nach alter Vorstellung sind es die Elemente, die die Welt zusammenhalten und aus denen alles besteht.

A. Dann wäre es die Natur, die zur ‚Erscheinung kommt'. Widerspricht dem nicht *Geist* als zweiter Teil des Namens?

B. Wir brauchen bei ‚Natur' nicht nur an ‚Materie' zu denken. Für Spinoza zum Beispiel waren Gott und Natur eins. Goethe konnte als verhältnismäßig moderner Mensch der siebziger Jahre die Natur so sehen, als ob sie auch Geist sei. Das Genie, das wörtlich ebenfalls ‚Geist' bedeutet, wurde als Gabe der Natur begriffen.

A. Warum endet die Erscheinung mit einer Katastrophe? Macht FAUST wirklich etwas falsch?

B. Richtig scheint zu sein, daß FAUST sich kompromißlos und mit letztem Risiko darauf konzentriert, den *Geist* zu bewegen, sich ihm zu *enthüllen,* sich nicht als *Erde*, nicht materiell, sondern als *Geist* zu zeigen. FAUST spricht hier wie jemand, der glaubt, daß die Verbindung von Materie und Geist lose und vorübergehend sei.

A. Ja, man kann die Szene so sehen, als ob sie nur da wäre, um diese Vorstellung zu korrigieren. Die erste Korrektur wird nicht FAUST, sondern dem Zuschauer mitgeteilt: *Der* GEIST *erscheint in der Flamme, in wiederlicher Gestallt.* Sehe ich richtig, daß *wiederlich* hier nicht ‚ekelhaft', sondern so etwas wie ‚abstoßend' bedeutet?

B. Das macht uns aufmerksam, daß dieser *Geist* in Wirklichkeit als GEIST - vor seinen Repliken steht immer nur GEIST - nicht angeschaut werden kann, und dementsprechend erschrickt FAUST, wendet sich ab und behält diese abgekehrte Haltung bei, bis der *Erdgeist* verschwindet. Darauf weist der *Erdgeist* hin, wenn er ihn als *weggekrümmten Wurm* bezeichnet.

A. Das alles würde heißen, daß FAUST von diesem *Erdgeist* nichts sieht. Ist es nicht vernichtend, wenn dieser sagt: *Welch erbärmlich Grauen Faßt Übermenschen dich!* Das ist doch höhnische Ironie.

B. Da es FAUST gelungen ist, den *Erdgeist* zur Erscheinung zu bringen, ist *Übermensch* in dieser Hinsicht vermutlich nicht nur Ironie. Die Vorstellung, daß FAUST in die Natur eingreifen und vielleicht aus dieser den *Geist* austreiben könnte, so daß nichts übrig bliebe als Materie, scheint den *Erdgeist* aufgeschreckt und angeregt zu haben, FAUST eine Lektion in Sachen Erkenntnis zu erteilen.

A. Wenn ich richtig sehe, kritisiert der *Erdgeist* vor allem, daß FAUST die Schwerkraft überwinden und sich dadurch von der Erde lösen will. Dies scheint überhaupt der *Geist*-Begriff FAUSTS zu sein, denn dort, wo der *Erdgeist* sich selbst definiert, ist nichts davon zu hören, daß er sich von der Erde weghebt.

B. Im Gegenteil sagt er ausdrücklich ***In** Lebensfluthen, **im** Tathensturm.* Er verwendet zwei Bilder, um sich zu erläutern. Einmal das Bild des Ozeans, den der Sturm in Bewegung bringt, und zweitens das Bild des Webens. Da der Sturm - zum Beispiel an Pfingsten - traditionsgemäß den Geist symbolisiert, stehen die *Lebensfluthen* wohl für die Erde.

A. Wahrscheinlich muß man sich beide Bereiche zusammen denken, wenn man wissen will, was der *Erdgeist* bedeuten könnte.

B. Mich irritiert dabei der *Tathensturm.* Wenn man voraussetzt, daß die Welt durch die Taten eines Gottes geschaffen worden ist, läßt sich diese Welt mit allen ihren Bewegungen - zum Beispiel mit den damals schon bekannten Eruptionen im Universum - als *Tathen* bezeichnen. Da der *Erdgeist* jedoch ausdrücklich auf den Raum begrenzt ist, den der Mensch für Taten zur Verfügung hat, glaube ich eher, daß es sich um *Tathen* handelt, die der Mensch vollbringt oder an denen er wenigstens beteiligt ist.

A. Der *Erdgeist* - auch als Gegenbegriff zu ‚Himmelsgeist' - wäre dann zu denken als ein Prinzip, das die Gattung Mensch dazu bewegt, über Generationen hinweg die Erde durch Taten, also durch bewußte Handlungen, zu verändern. Kann man sagen, daß das ‚Produkt' aus Erde und Geist ‚Kultur' ist?

B. Das würde gut zum Bild des Webens passen, das aus einem ursprünglichen, aber technisch entwickelten Bereich der Kultur stammt. Der *Erdgeist* scheint - wie ein Weber die Fäden - die *ewgen* Naturkräfte, also die unveränderlichen Naturgesetze so zu steuern, daß daraus Geschichte wird.

A. Dann versinnbildlichte der *Erdgeist* zugleich die menschliche Freiheit, die man als Fähigkeit bezeichnen kann, etwas, das da ist, nach eigenen Vorstellungen zu verändern. Und die Bewußtheit der Veränderung ist das, was man im weitesten Sinne *Zeit* nennt.

B. So wäre vor allem die Kulturgeschichte *der Gottheit lebendiges Kleid.* Ich schlage vor, unter *Gottheit* keinen Gott, sondern eben die Natur zu verstehen.

A. Gott und Natur brauchen sich, wie wir vorher gesagt haben, nach den pantheistischen Vorstellungen Spinozas, nicht zu unterscheiden. Aber irgend etwas sträubt sich in mir, in dem vom Menschen oder durch den Menschen Geschaffenen das *Kleid* der Natur zu sehen.

B. Das kommt daher, weil wir uns unter Natur eher etwas Materielles und Mechanisches vorstellen als eine ‚Mutter', die dafür sorgt, daß alle ihre Geschöpfe sich ihrem Wesen entsprechend ent-wickeln und aus-bilden. Wenn es zum Wesen, zur ‚Natur' des Menschen gehört, frei zu sein und Geschichte zu bewirken, vielleicht sogar, humane Geschichte zu bewirken, warum sollte dann die Natur mit allem nichts zu tun haben, was den Menschen vom Tier unterscheidet? Warum sollte es sie nicht ‚kleiden', ein solches Geschöpf geboren und erzogen zu haben?

A. Wenn man deinen Ausführungen folgt, wirkt der *Erdgeist* vor allem im Menschen, um der Natur ihr *lebendiges*, das heißt, veränderliches *Kleid* zu weben, und zwar - weil hier Freiheit mit im Spiel ist - so, daß eine ‚Mutter Natur' davon selbst überrascht sein könnte.

B. Unter diesem Gesichtspunkt bekommt der Befehl *Enthülle dich* eine weitere Bedeutung. Überspitzt formuliert ließe sich sagen, FAUST sei in einem radikalen Sinne dabei, der Mutter Natur das *lebendige Kleid* vom Leibe zu reißen, um sich ihrer *Brüste* zu bemächtigen. Das Erscheinen des *Erdgeists* kommt mir - aus heutiger Sicht - so vor, als ob die *lebende Natur* (U 61) einen letzten Versuch machte, den ehrfurchtslos, um nicht zu sagen ‚schamlos' anstürmenden neuen, ‚bürgerlichen' Menschen in seine Grenzen zu weisen.

A. Deine Gedanken wären für mich einleuchtender, wenn FAUST von dem, was du sagst, selbst etwas verstanden hätte. Er sagt jedoch: *Der du die weite Welt umschweiffst [...] wie nah fühl ich mich dir.* Ist das nicht etwas ganz anderes?

B. Ich möchte nicht unbedingt recht behalten. Das, was du einwendest, ist für mich deshalb nicht so wichtig, weil ich davon ausgehe, daß ein Stück nicht für die Figuren, die darin auftreten, sondern für das Publikum geschrieben ist. Das kann darüber nachdenken, warum eine Figur nicht soviel sieht, wie das Publikum sehen kann. Bis zu unserem heutigen Gespräch habe ich selbst geglaubt, die *Erdgeist*-Szene thematisiere vor allem, was der Mensch zu erkennen vermag und was nicht. Ich war froh, als ich zum erstenmal verstanden hatte, daß der Begriff, den sich FAUST - anschauungslos, abstrakt - vom *Erdgeist* macht, dem widerspricht, wie der GEIST sich selbst darstellt. Denn da wird, wie wir gesehen haben, nicht vom Welt-um-schweifen, vom Sich-abheben von der Erde, sondern vom In-der-Welt-sein gesprochen. Daraus habe ich geschlossen, FAUST greife beim Versuch, den *Erdgeist* zu bestimmen, deshalb daneben, weil sich sein *Geist* nicht auf die konkrete lebendige

Welt, sondern auf etwas Abstraktes richtet, das außerhalb der erfahrbaren Welt liegt. Ich dachte, es werde gezeigt, daß es unmöglich ist, etwas begrifflich zu fassen, also mit dem Verstande zu begreifen, das man nicht mit den Sinnen wahrgenommen hat.

A. Das scheint eher mit dem Text übereinzustimmen. Warum sollte es falsch sein, wenn man sagt, die Selbstbeschreibung des *Erdgeists* gehe an FAUST vorbei und richte sich an das Publikum, um diesem zu zeigen, daß selbst ein *Uebermensch*, wenn man ihm ein Weltprinzip vor Augen stellt, diese Anschauung nicht zu begreifen vermag?

B. Ich will versuchen, dir zu erklären, warum mich das nicht mehr ganz befriedigt. Ein FAUST - das heißt: die moderne Menschheit -, der nur im Sinn hat, die *weite Welt* zu *umschweiffen*, bedroht die ‚tellus', die Mutter Erde, und den von ihr vorgeschickten *Erdgeist* kaum. Deshalb glaube ich jetzt, daß dem Publikum zwar gezeigt wird, wie lächerlich FAUST ist, wenn er, der so gut wie nichts vom *Erdgeist* wahrnimmt, diesen begrifflich fassen will, daß aber das, was der *Erdgeist* FAUST antwortet, ebenfalls nicht mit der - auf der Bühne dargestellten - Wirklichkeit übereinstimmt, weil FAUST in dieser Szene nicht dem *Geist* gleicht, der *die weite Welt umschweifft.*

A. Dann wären die unmittelbar an FAUST gerichteten Schlußsätze ein Versuch, diesen über sich selbst zu täuschen.

B. Jedenfalls sind wir als Publikum nicht gezwungen, dem *Erdgeist* mehr zu glauben als FAUST.

A. Ich habe noch nicht verstanden, warum du sagst, FAUST sei in dieser Szene anders, als der *Erdgeist* ihn charakterisiert.

B. Weil FAUST im selben Bildbereich wie der *Erdgeist* spricht:

> *Ich fühle Muth mich in die Welt zu wagen*
> *All Erden weh und all ihr Glück zu tragen*
> *Mit Stürmen mich herum zu schlagen*
> *Und in des Schiffbruchs Knirschen nicht zu zagen.*

Der das sagt, gleicht nicht dem *Geist*, der *die weite Welt umschweifft*, sondern schickt sich an, durch *Tathensturm* in die *Lebensfluthen* so einzuwirken, daß es der ‚Mutter Erde' und ihrem ‚Weber-Meister' angst und bange werden kann.

A. Haben wir nicht gesagt, das Prinzip, das der *Erdgeist* darstellt, werde durch die menschliche Kultur verwirklicht? Dann kann FAUST, wenn er sich in die *Welt* wagt, dem nicht ganz widersprechen.

B. Wenn ich mich in die Situation des *Erdgeists* denke, dann fühle ich mich von der Radikalität und Rücksichtslosigkeit der Absichten FAUSTS bedroht. Es kommt mir als ein ganz ohnmächtiger Versuch vor, daß der *Erdgeist* FAUST lächerlich macht und ihn abkanzelt.

A. Ich habe mit der Selbstbeschreibung des *Erdgeists* in anderer Hinsicht Schwierigkeiten:

In Lebensfluthen im Tathensturm
Wall ich auf und ab
Webe hin und her
Geburt und Grab,
Ein ewges Meer
Ein wechselnd Leben!
So schaff ich am sausenden Webstul der Zeit
Und würke der Gottheit lebendiges Kleid.

Der *Erdgeist* spricht hier nicht mehr wie FAUST, er verläßt ihre gemeinsame Sprache, die sich in den geteilten Versen 130 und 133 zeigt, er singt mehr, als daß er spricht.

B. Du hast recht. Er äußert sich in einer Art poetischer Sprache.

A. Was könnte das bedeuten?

B. Wenn der GEIST, der seine Aussagen im Griff hat, innerhalb der allgemeinen Verssprache dieses Dramas auf quasi erhöhte Weise in poetischer Sprache redet, dann könnte dies andeuten, daß der *Erdgeist* hier als ‚Dichter' spricht.

A. Das ist für mich zwar ein überraschender Schluß, aber nachvollziehbar, weil das Weben als altes Gleichnis für Dichten gilt. Lateinisch heißt Weber ‚Textor', und das, was er produziert, sind ‚texta', also Texte. Aber was sollte der *Erdgeist* mit dem Dichter gemein haben?

B. Man müßte sich erinnern, daß der Genie-Kult des 18. Jahrhunderts auf der Vorstellung beruht, die Natur spreche durch das Genie, oder umgekehrt, das Genie spreche durch die Natur. Und ein auf das Sprechen eingeschränktes Genie ist ein Dichter, ein Poet.

A. Das Wort ‚Poet' kommt von griechisch ‚poein' und heißt ‚machen', ‚tun', ‚schaffen', ‚vollbringen' und dergleichen. Das würde gut zum *Tathensturm* passen. Dennoch weiß ich nicht, wie man verstehen sollte, daß das Dichtergenie Kultur und Geschichte schafft.

B. Könntest du zustimmen, daß das, was zum Beispiel eine Epoche kennzeichnet, etwas mit dem Bewußtsein zu tun hat, das die Menschen dieser Epoche haben?

A. Ja, wenn zu Kultur und deren Geschichte nicht auch das gehörte, was in technischer Hinsicht geschaffen wird.

B. Auch die naturwissenschaftlichen Erkenntnisse waren nicht zu jeder Zeit möglich, obgleich viele davon technisch möglich gewesen wären. Die Fragen, die der Naturwissenschaftler stellt, haben auch mit dem zu tun, wovon die Menschen seiner Zeit sich bedroht fühlen und was sie sich erhoffen. Das Bewußtsein geht den Fragen voraus.

A. Dann wäre der Begriff des Dichters, von dem du sprichst, sehr weit gefaßt. Aber was sollte dies alles für das Verhältnis von *Erdgeist* und FAUST bedeuten?

B. Der *Erdgeist* stünde FAUST gegenüber als personifiziertes Genie, durch welches die *Gottheit* Natur ihr wahres, also naturgemäßes Kleid wirkt. Dieses *würke* ist hier zweideutig, es heißt ‚weben' und zugleich ‚bewirken'. Die unverhältnismäßig schroffe Art, mit der der *Erdgeist* FAUST abkanzelt, drückte aus, daß der *Erdgeist* sich bedroht fühlt und in FAUST einen Menschen sieht, dem die poetische Vermittlung der Kultur gleichgültig ist.

A. Dann hätten wir in der Konfrontation von *Erdgeist* und FAUST die Konfrontation einer natürlichen Kultur und einer Kultur, die die Natur gewissermaßen an sich reißt und die Freiheit, die die *Gottheit* Natur dem Menschen gab, dazu benützt, um sie gegen die Natur selbst zu richten.

B. Ja, diese Szene markierte die Grenze zur Neuzeit, wo der moderne Mensch sich nicht nur von Gott, sondern auch von einer göttlich gedachten Natur emanzipiert. FAUST *glüht* deshalb *wie vom neuen Wein*, weil er sich des *Zeichens des Erdgeistes* gewissermaßen bemächtigt und - seinem unbändigen Drang entsprechend - den *sausenden Webstul der Zeit* so bedienen wird, daß er ausschließlich seine Bedürfnisse befriedigt, ob es der Natur und ihrem *Erdgeist* paßt oder nicht.

A. Die Szene ist so gemacht, daß der *Erdgeist* die Sympathien des Publikums auf sich zieht. Du selbst hast dich mit ihm identifiziert.

B. Das drückt aus, daß mit dem *Erdgeist* auch das Publikum - genau gesehen selbstverständlich nur das Publikum - bedroht ist. Aber FAUST ist nicht nur ein ‚Bösewicht'; man könnte sagen, er wird von seiner Natur, der Natur radikaler Freiheit, getrieben, so daß er mit sich identisch ist, wenn er sagt: *Ich fühle ganz mein Herz dir hingegeben! Du musst! du musst! Und kostet es mein Leben.* Sobald dieses faustische Prinzip sich durchsetzt, werden die, die für den *Erdgeist* sprechen und für die der *Erdgeist* in dieser Szene spricht, immer in der Rolle der Verteidiger sein.

A. Überschätzt du FAUST nicht? Schließlich stürzt er zusammen. Er fühlt sich *zu nichte* gemacht. Was sollte von ihm zu befürchten sein?

B. Ich gebe zu, daß FAUST am Ende der Szene ziemlich verwirrt und außerdem komisch ist, wenn er, der von der Erscheinung des *Erdgeists* nichts gesehen hat, von einer *Fülle der Gesichte* spricht. Sobald ich jedoch *Gesichte* als ‚Visionen' begreife und auf die beiden Verse anwende: *Ich Ebenbild der Gottheit! Und nicht einmal dir!*, dann liegt er vielleicht doch nicht so am Boden, wie es zu sein scheint.

A. Wie meinst du das?

B. Sein *Ich Ebenbild der Gottheit* wirkt zwar ironisch und das *nicht einmal dir!* bezieht sich zunächst auf den Abstand zwischen *Gottheit* und *Erdgeist*, aber in dem geringschätzigen *nicht einmal dir* läßt sich auch eine Hybris gegenüber dem *Erdgeist* vernehmen, die für diesen bedrohlich sein kann.

A. Wir haben bisher kaum erwähnt, daß *der* GEIST *in der Flamme* erscheint.

B. Das zumindest kann als konkreter Inhalt der *Fülle der Gesichte* aufgefaßt werden. Denn welche Bedeutung Feuer und Glut für die Ausbeutung der vormals ‚Mutter' genannten Natur haben werden, brauche ich nicht ausführlich zu erklären.

Dialog 4: *Nacht* (U 165-248)

A. Wenn ich mich in FAUST versetze, kann ich verstehen, daß er nach dem *Erdgeist*-Erlebnis nicht gestört werden, sondern erst wieder zu sich selbst kommen will. Aber auf meinem Sitzplatz im Publikum fühle ich mich bevormundet, sobald mir eine Figur, bevor ich sie sehe und kenne, so abwertend angekündigt wird wie WAGNER.

B. Wird er nicht zugleich aufgewertet, wenn FAUST sagt: *O Todt! [...] Nun werd ich tiefer tief zu nichte*? Auch wenn FAUST, wie meistens, übertreibt, sieht er in WAGNER einen ernstzunehmenden Gegner.

A. Es ist nicht nur FAUST, der WAGNER heruntersetzt, sondern auch der Autor, der in der Regieanweisung über WAGNER sagt: *im Schlafrock und der Nachtmütze, eine Lampe in der Hand. Faust wendet sich unwillig.* Jedenfalls ist es sehr komisch, wenn in die nach dem blendenden Licht des *Erdgeistes* um so dunklere Nacht eine *Nachtmütze* mit einer *Lampe in der Hand* etwas Licht bringt.

B. Es ist nur so lange komisch, wie man sich nicht klar macht, daß in der geschichtlichen Wirklichkeit sich die sogenannte Nacht des Mittelalters nicht mit einem Mal, wie beim Sonnenaufgang, ‚aufklären' läßt. Ich schlage vor, wir versuchen zunächst, zugunsten von WAGNER zu sprechen, und dann fragen wir, was davon haltbar ist, wenn wir FAUSTS Gegenmeinung dazu nehmen. -

A. WAGNER weiß, daß Wissen sich nur verbreiten läßt, wenn es so vermittelt wird, daß andere Menschen es verstehen. Die von ihm verwendeten Begriffe *deklamiren*, *Ueberredung* und *Vortrag* verweisen auf die Kunst der Rhetorik und der Pädagogik. Spielt das nicht an auf die reformpädagogische Bewegung im Anschluß an Rousseaus „Emile"?

B. Doch. Und nun sieh dir an, wie FAUST damit umgeht, wie er, der die Rhetorik herabsetzt, mit rhetorischen Raffinessen sich WAGNER gegenüber aufspielt. Dabei denke ich zum Beispiel an die Metaphern und rhetorischen Fragen, oder wie er WAGNER das Wort im Mund umdreht, so daß es zu keinem Gespräch kommen kann. Wenn WAGNER sagt, *Ein Kommödiant könnt einen Pfarrer lehren*, dann heißt das, ein Pfarrer solle nicht nur an das denken, was er sagt, sondern - wie ein Schauspieler - auch an die, die seine Predigt anhören müssen. Dies ist das mindeste, was man erwarten darf - und was macht FAUST?

A. Er sagt: *Ja wenn der Pfarrer ein Commödiant ist.* Redet er nur an

WAGNER vorbei, oder steckt ein Sinn dahinter?

B. Was *ein Commödiant* sagt, kommt nicht aus seinem Herzen, sondern aus seiner Rolle, und FAUST macht nun, wenn man *wohl zu Zeiten* ironisch nimmt, Pfarrern allgemein den Vorwurf, sie redeten, was ihnen vorgeschrieben wird, ohne daß es ihre eigene Herzens-Sache sei.

A. Hat dann FAUST mit seiner Kritik an WAGNER nicht recht?

B. Er hat nur recht unter FAUSTS Voraussetzung, daß derjenige, dem etwas *aus der Seele dringt*, den sein Gefühl treibt, sich andern mitzuteilen und in ihnen sein eigenes Gefühl zu erzeugen, *mit urkräftigem Behagen Die Herzen aller Hörer zwingt*. Er selbst ist dafür kein Beweis, denn er steht in der Welt **seiner** Hörer, zum Beispiel seiner Kollegen, isoliert. Seine Antworten laufen auf die Entschuldigung hinaus, wer *Herz zu Herzen* schafft, sein *volles Herz* mitteilt, werde, weil er dadurch den *Pöbel* gefährlich in Bewegung bringt, *von ie gekreuzigt und verbrannt.*

A. Wobei man wohl an Sokrates, Jesus, Giordano Bruno, Johannes Hus usw. zu denken hat. Was ist an dieser Erkenntnis falsch?

B. Nehmen wir an, alles sei richtig, dann heißt FAUSTS Rede, man könnte sich zwar unmittelbar mitteilen, falls man ernsthaft etwas zu sagen hat, aber das wäre lebensgefährlich, deshalb läßt man es besser sein. Dies hört sich eigenartig an für jemand, der - in einem Monolog, also dort, wo er unverstellt *von Herzen* sprechen kann - mitgeteilt hat, daß er sich *weder vor Höll noch Teufel* (U 16) fürchtet.

A. Dann wäre aus FAUSTS Voraussetzung zu folgern: Diejenigen, die etwas zu sagen haben, sind still, weil sie sich zwar *weder vor Höll noch Teufel*, aber vor dem Gekreuzigt- und Verbranntwerden fürchten, und das hieße, es geschieht gar nichts, oder man muß das, was man zu sagen hat, indirekt, verschleiernd, irritierend, rätselhaft, zum Nachdenken und Nachfühlen anregend, aussprechen.

B. Womit wir bei der Rhetorik sind, die FAUST versucht, lächerlich zu machen.

A. Du kannst mich nicht überzeugen, daß WAGNER der richtige Mann dafür wäre, *die Welt* zu *guten Dingen Durch Ueberredung hinzubringen.*

B. Beide sind nicht die richtigen Männer für das, was sie sagen. Jedem fehlt etwas vom andern. Bevor FAUST sich mit MEPHISTOPHELES verbündet, wird hier eine Möglichkeit angedeutet, die zu einem freundlicheren Umgang mit der Natur hätte führen können und doch nicht ausgeschlossen hätte, die Natur zu erforschen und zu erkennen. In „Faust II" wird diesem *troknen Schwärmer* gewissermaßen Abbitte geleistet, indem es ihm ohne MEPHISTOPHELES und ohne *Magie* zu gelingen scheint, das höchste Ziel der Wissenschaft zu erreichen, nämlich in der

Retorte einen Menschen zu erzeugen und wenigstens in dieser Hinsicht ‚wie Gott' zu sein.

A. Daß FAUST lächerlich wird, wenn er das wissenschaftliche Instrumentarium der Quellenkunde, also die Methodik des Historikers, als sinnlos wegzuwischen sucht, gebe ich zu. Er selbst könnte nicht auf Jesus, Johannes Hus usw. anspielen und damit seine Erfolglosigkeit begründen, wenn er nicht aus der Überlieferung wüßte, *wie vor uns ein weiser Mann gedacht*. Die historisch exakte Arbeit an den *Quellen* ist die Voraussetzung dafür, daß *die Zeiten der Vergangenheit* **kein** *Buch mit sieben Siegeln* bleiben.

B. Zunächst klingt es überzeugend, wenn FAUST gegen das *gros Ergözzen Sich in den Geist der Zeiten zu versezzen* angeht. Aber was kannst du von vergangenen *Zeiten* erfahren, wenn dir einer nur das erzählt, was ihm *aus eigner Seele quillt*? Denn es gibt wohl kaum eine *Seele*, in der keine Vorstellungen von der *Vergangenheit* der Menschheit wirksam sind. Und wenn diese Vorstellungen nicht auf *Quellen* beruhen, also Geschichte sind, dann sind sie - manipulierbare - Mythen.

A. Ich bewundere, wie prägnant der junge Goethe das vielleicht wichtigste Problem der Geschichtswissenschaft formuliert hat:

Was ihr den Geist der Zeiten heisst
Das ist im Grund der Herren eigner Geist,
In dem die Zeiten sich bespiegeln.

Es ist schlechterdings unmöglich, daß der Betrachter vergangener *Zeiten* diese nicht durch die ‚Brille' seiner eigenen Zeit sieht und daß er dadurch seine Erkenntnisse nicht ‚verfälscht'.

B. Aber daraus folgt nicht, es lasse sich über die Vergangenheit nichts sagen, sondern man kann die Bedingungen, unter denen Erkennen möglich ist, bedenken und in die Ergebnisse der Geschichtsforschung einbeziehen. FAUST jedoch ist in dieser Szene gegen alles, er kritisiert destruktiv und widerspräche selbst dann, wenn WAGNER sagte, Wasser fließe den Berg hinunter.

A. Er widerspricht jedoch mit wunderbaren Formulierungen. Und auf eine solche Behauptung könnte er mit Goethes Worten antworten: „Des Menschen Seele Gleicht dem Wasser: Vom Himmel kommt es, Zum Himmel steigt es [...]."[7]- Ist dieser „Faust"-Text nicht auch für uns ein *Spiegel*, in dem wir nur das sehen, was uns interessiert?

B. Wir können nicht davon absehen, daß wir das Werk eines weltbekannten Dichters lesen und daß „Faust" mindestens hundert Jahre lang von den Gebildeten Deutschlands verinnerlicht wurde und somit unsere Geschichte und unser eigenes Denken beeinflußt hat. Daß ich vorher von einem ‚freundlicheren Umgang mit der Natur' sprach, hat zunächst mehr mit unserer Umweltzerstörung als mit Goethe zu tun, aber **unsere** Sicht kann uns auch helfen, in einem Text eine Aussage zu erkennen, die objektiv dasteht, aber seither unbeachtet blieb. Wir machen uns vielleicht zu wenig klar, daß es **die** Geschichte nicht gibt, sondern Geschichte nur das sein kann, was einzelne Menschen über die Vergangenheit wissen und darüber denken. Deshalb ist Geschichte immer vermittelt durch den jeweiligen Menschen, für den Vergangenheit Geschichte ist.

A. Dennoch scheint mir falsch zu sein, wenn wir den *weisen Mann* Goethe so lesen, als ob wir ihn zwar durch unsere Erkenntnisinteressen vermittelt, aber sonst unmittelbar verstünden, obgleich die *Quelle*, über die wir sprechen, schon 250 Jahre fließt.

B. Wir haben es hier deshalb nicht ganz so nötig, wie WAGNER *zu den Quellen* zu steigen, weil das Problem, über das FAUST spricht, das radikal formulierte Problem einer Wissenschaft ist, die in deutschen Landen noch kaum existierte, als Goethe es seiner FAUST-Figur in den Mund legte. In FAUSTS Anfangsmonolog kommt keine Historik vor. Wir sind hier tatsächlich an der Quelle der Fragen, die im 19. und 20. Jahrhundert als Auseinandersetzung zwischen Historismus und Hermeneutik erörtert worden sind.

A. Mir ist aufgefallen, daß Goethe die Stelle *Und Freundschafft, Liebe, Brüderschafft, Trägt die sich nicht von selber vor* später geändert und stattdessen geschrieben hat:

> *Es trägt Verstand und rechter Sinn*
> *Mit wenig Kunst sich selber vor.* (550 f.)

B. Diese Szene wurde zu Beginn der Französischen Revolution veröffentlicht, und da könnte er sich in einer Situation gesehen haben, wie FAUST sie mit seinem *Hat man von ie gekreuzigt und verbrannt* beschreibt.

A. Du meinst, *Freundschafft, Liebe, Brüderschafft* erinnere zu sehr an ‚Freiheit, Gleichheit, Brüderlichkeit'?

B. Ja, er hat auch *Er thut als wär er ein Fürsten Sohn* (U 526) aus dem „Ur-Faust" gestrichen, denn inzwischen war Goethe selbst zwar kein *Fürsten Sohn*, aber doch der Freund eines Fürsten und von diesem abhängig geworden. Daran kann man also sehen, daß der junge Goethe, wenigstens teilweise, seine eigene spätere Lage thematisiert hat: Die geschichtliche Situation hatte die Bedeutung seiner früheren Aussagen politisch verschärft.

A. Für uns wird dadurch deutlicher, daß *Freundschafft, Liebe, Brüderschafft* eine politische, zumindest eine gesellschaftliche Aussage ist, so daß FAUST weniger destruktiv, als vielmehr resigniert wäre; denn diese Begriffe scheinen ein Ziel zu beschreiben, das er als Wissenschaftler erreichen wollte.

B. Herz, Freundschaft, Liebe sind in Goethes Werk zentrale Begriffe geblieben, und zwar immer auch in gesellschaftlicher Hinsicht. Etwa im „Vorspiel auf dem Theater", wo von *Lieb' und Freundschaft* (65), *Ein jeder sieht, was er im Herzen trägt* (179) und *beherzt* (228) die Rede ist. Auch die Thematik der Verse *Wenns euch nicht aus der Seele dringt Und mit urkräftigen Behagen Die Herzen aller Hörer zwingt* nimmt Goethe in folgenden Zeilen des THEATERDICHTERS - ebenfalls mit dem Reimwort *dringt* - wieder auf:

> *Wodurch bewegt er alle Herzen? [...]*
> *Ist es der Einklang nicht, der aus dem Busen dringt*
> *Und in sein Herz die Welt zurücke schlingt?* (138-41)

A. Willst du damit sagen, daß sich der Autor des „Faust" in fünfundzwanzig Jahren nicht geändert hat?

B. Im Gegenteil. Jetzt sagt das nicht FAUST, sondern ein Dichter, und es ist bezeichnend, daß an dieser Stelle das Reimwort *zwingt* durch das vieldeutige *schlingt* ersetzt worden ist. Kein Mensch zwingt hier einen andern Menschen, sondern wenn das Reimwort *zwingt* kommt, handelt die *Natur* (142 f.), der notwendiges Handeln, wie wir in der *Erdgeist*-Szene gesehen haben, wohl ansteht.

A. Indem wir diese Stellen aufeinander beziehen, sehen wir erst die Gewalt, die in FAUSTS Reden enthalten ist.

B. Beide, WAGNER und FAUST, möchten die Menschen verändern, der eine möchte *sie zu guten Dingen Durch Ueberredung* bringen, und der andere würde, falls er könnte, weniger durch Sprache, vielleicht durch Handlungen, *die Herzen aller Hörer zwingen*, weil er glaubt, was **ihm** *ernst* ist, muß es auch für andere sein. Von beiden hören wir nichts darüber, was die wollen, die überredet bzw. gezwungen werden sollen.

A. So gesehen kommt mir FAUST wie Robespierre vor.

B. FAUST hat hier gewiß etwas von der ‚Tyrannei der Vernunft'. Er stellt hier schon das Bewußtsein des radikalen Individuums dar, das -

mit den ‚besten' Absichten - sein Bewußtsein allen andern aufzwingen will. Ich könnte auch sagen, er vertritt bereits hier, bevor MEPHISTOPHELES erscheint, das ‚bürgerliche Subjekt'.

A. Was meinst du mit diesem Begriff?

B. Ich meine damit keine wirklichen Menschen, sondern eine Idee, nach der sich Menschen richten, ohne immer davon zu wissen. Und zu dieser Idee gehört, daß jeder einzelne Mensch von Natur aus ursprünglich frei ist und alles tun kann, was er will. Als Folge davon ist jeder, um sich selbst zu behaupten, bestrebt, die anderen Individuen zu unterdrükken. Der einzelne kann nur sicher sein, wenn er entweder allein übrigbleibt oder alle anderen beherrscht. Aus diesem ‚Krieg aller gegen alle', wo ‚der Mensch für den anderen Menschen ein Wolf ist', wie Hobbes sagt, wo einer dem anderen mißtraut, können die Menschen nur herauskommen, indem sie einen Sozialvertrag schließen, um sich gegenseitig voreinander zu schützen. Aber auf das ‚bürgerliche Subjekt', auf diese Idee, sind alle bürgerlichen Einrichtungen, auch unsere, bezogen, und daß dieses Subjekt nicht immer zu bändigen war, beweisen nicht nur Robespierre und Napoleon, sondern auch die Tyrannen des 20. Jahrhunderts.

A. Und du glaubst, daß FAUST dieses ‚bürgerliche Subjekt' verkörpert, obgleich er die Menschen doch *bessern* und *bekehren* (U 20) wollte?

B. Niemand, auch wenn dieser Mensch nur eine erdachte Figur auf der Bühne ist, kann eine Idee ausschließlich verkörpern, weil in echten Menschen nicht nur eine einzige Idee wirkt. Daher die Zerrissenheit ‚wahr' gestalteter Figuren.

A. *Zwei Seelen wohnen, ach, in meiner Brust* ... (1112)

B. Auch Schillers Wallenstein ist eine solche Figur. - Wenn das, wozu wir durch unser Gespräch gekommen sind, einigermaßen stimmt, dann ist nicht auszuschließen, daß FAUST nicht nur das ‚bürgerliche' Interesse darstellt, der Natur die Schleier wegzureißen, sondern zugleich die Möglichkeit, die eigene Individualität anderen (*allen Hörern*) aufzuzwingen, was von ihm beschönigend mit *Herz zu Herzen schaffen* bezeichnet ist. In diesem Sinne wäre er der potentielle Repräsentant eines für die menschliche Gesellschaft gefährlichen ‚bürgerlichen Subjekts', das im Namen des Individuums alles Individuelle bedroht.

A. Vielleicht ermöglicht gerade dies, daß MEPHISTOPHELES in der nächsten Szene auftritt.

Dialog 5: *Nacht*
(U 249-444)

A. Lohnt es sich, über die STUDENT-Szene zu sprechen? Steht nicht alles klar und unmißverständlich da?

B. Du meinst, daß man sieht, wie ein strebsamer, das Gute wollender junger Mensch zur Universität kommt, wie er sich anpassen muß und schließlich das fraglos anerkennt, was er nicht versteht.

A. Ja, denn MEPHISTOPHELES beschreibt in verkürzter, aber verständlicher Form den Prozeß der Verdummung, den der STUDENT durchmachen wird.

B. Kann man nicht sagen, daß FAUSTS mehr abstrakte Kritik an der Universität jetzt konkreter ausgeführt wird?

A. Mir scheinen die Kritikpunkte eher zufällig und nicht fundiert oder doch verhältnismäßig leicht korrigierbar zu sein - es wird zum Beispiel neben guten immer langweilige und schlecht vorbereitete Professoren geben - , und ich kann gut nachempfinden, daß Goethe bei der ersten Veröffentlichung der Szene im „Faust-Fragment" einiges weggestrichen hat.

B. Dann laß uns auf wesentliche Punkte achten. Wenn Lehrende und Lernende unmittelbar voneinander abhängig sind, ist wissenschaftliches Arbeiten in einem etwas freieren Sinn nicht möglich. Hinter dieser Kritik steht also die Forderung nach einer grundsätzlichen Reform der Universität, so daß kein Professor mehr selbstherrlich einen Studenten, der ihm nützt und sich auch noch an seinem *Speichel* letzt, wie Gottvater zu seiner *Rechten sezzen* kann.

A. Wesentlicher, als ich es vorhin gesehen habe, ist dann wohl auch, daß ein Student, der sich anpassen und sich führen lassen muß, es schwer hat, zu einem selbstverantwortlichen, in diesem Sinne ‚aufgeklärten' Menschen zu werden.

B. Die Kritik an der Methode der Wissenschaft scheint mir fast noch wichtiger zu sein:

Zwar ists mit der Gedanken Fabrick
Wie mit einem Weber Meisterstück,
Wo ein Tritt tausend Fäden regt
Die Schifflein rüber hinüber schiessen
Die Fäden ungesehen fliessen.

Ein Schlag tausend Verbindungen schlägt.
Der Philosoph der tritt herein
Und beweist euch es müßt so seyn.
Das erst wär so, das zweyte so
Und drum das dritt und virte so.
Und wenn das erst und zweyt nicht wär
Das dritt und viert wär nimmermehr.
Das preisen die Schüler aller Orten
Sind aber keine Weber worden.
Wer will was lebigs erkennen und beschreiben,
Muß erst den Geist herauser treiben,
Dann hat er die Theil in seiner Hand,
Fehlt leider nur das geistlich Band.

A. Ich kann nicht nachempfinden, was du an MEPHISTOS Kritik der Logik ernst nimmst. Er macht alles lächerlich, was zu wissenschaftlichen Fortschritten geführt hat. Erst seit jede - scheinbare - Kleinigkeit darauf untersucht wird, was die Bedingungen für *das dritt* und *virte* sind, ist es möglich, gesicherte Aussagen über die Natur zu machen. Dieser MEPHISTOPHELES redet hier eher wie FAUST, als daß er, wie man es von einer neu auftretenden und einer so freien Figur erwarten könnte, eine neue Sichtweise aufzeigte.

B. Für mich verweist MEPHISTOPHELES auf eine neue wissenschaftliche Sichtweise, indem er die alte Methode, zu *reduziren* und zu *klassifiziren*, satirisch parodiert. Er spielt etwa an auf die Syllogismen, die logischen Schlußfolgerungen von der Art: ‚Alle Menschen sind sterblich; Sokrates ist ein Mensch; und aus diesen Prämissen ist zu schließen: Sokrates ist sterblich.' Dies ist der einfachste Fall, aber es ist eine Wissenschaft für sich, alle Möglichkeiten der Prämissen und die dazugehörenden Konklusionen zu beherrschen. Und es kommt nicht viel mehr dabei heraus, als was man vorher schon wußte. Wenn A = B und B = C, dann auch A = C; das ist doch Schnickschnack.

A. Mir ist nicht klar, was MEPHISTOPHELES der Logik entgegensetzt. Es soll eine Methode sein, die den *Geist* aus dem Erkannten nicht heraustreibt und dadurch *was lebigs* erhält. Was kann damit gemeint sein?

B. Ihm schwebt so etwas vor wie ein ‚*Collegium* **ana**-*Logikum*'. Stell dir ein ‚Gewebe' vor, in dem kein Faden mit dem anderen verflochten ist, dann hast du zwar das gleiche Material wie bei einem richtigen Gewebe, aber es fällt auseinander, mögen die einzelnen Fäden noch so gut gesponnen sein. Betrachtet man dies als ein Modell für Denken und

Erkennen, dann gibt es im *Collegium Logikum* nur lineares Denken, nur Reihen oder Ketten von Ursache und Wirkung oder von Ober- und Unterbegriffen, aber es wird nicht gefragt, was die einzelnen Gedankenstränge miteinander verbindet.

A. Der Geist wäre demnach das Verbindende; aber wie läßt sich logisch Zwingendes geistreich verknüpfen?

B. Ich denke, wie schon angedeutet, durch die **Analogie**, das heißt durch das Aufsuchen und Auffinden verborgener Beziehungen. Ich will versuchen, das Gemeinte an einem Beispiel zu erläutern. Die Geschichte der Architektur zeigt, für sich genommen, daß in der Barockzeit Gebäude sehr oft mit Voluten, also ‚Schnecken', geschmückt werden. Die Geschichte der Mathematik zeigt, ebenfalls für sich genommen, daß etwa zur selben Zeit von Newton und Leibniz die Unendlichkeitsrechnung (Differential- und Integralrechnung) erfunden wird. Beide Tatsachen haben unmittelbar nichts miteinander zu tun. Wenn man sie aber aufeinander bezieht, dann läßt sich erkennen, daß in beiden Erscheinungen der Gedanke lebt, das Unendliche nicht als unendliche Vergrößerung, sondern als unendliche Verkleinerung zu begreifen und sich seiner dadurch zu bemächtigen. So wie bei der Infinitesimalrechnung sich zwei Punkte unendlich annähern, ohne sich jemals zu errei-chen, läßt sich die Spiralbewegung der Volute ins Innere unendlich fortgesetzt denken.[8]

A. Das wäre also der **eine** *Schlag*, der *tausend Verbindungen schlägt.* Du willst wohl sagen, daß diese Methode es erlaubt, das herauszufinden, was als leitendes Prinzip verschiedenste Menschen und ihre verschiedensten Tätigkeiten verbindet.

B. Wodurch aber gezeigt ist, daß diese Verschiedenheiten mehr die Oberfläche als das Wesentliche betreffen.

A. Das *Kreuz und Queer* MEPHISTOS ist dann aber etwas anderes als FAUSTS Einsicht, er ziehe seine Studenten *queer und krum [...] an der Nas herum* (U 9 f.).

B. Ja. MEPHISTOPHELES parodiert FAUST und redet dabei so, wie FAUST weder denken noch reden würde. MEPHISTOS Plädoyer für die Methode der Analogie ist eigentlich ein Plädoyer für eine poetische Sprache, die den Gegenstand, den sie beschreibt, sein läßt, was er für sich ist, und dem Adressaten das Angebot macht, selbständig zu denken und dabei Zusammenhänge aufzudecken, die das lineare, logische Denken nicht erfassen kann.

A. Was ließe sich dem Bild des Linearen entgegensetzen?

B. MEPHISTOPHELES bietet das Bild des Geflochtenen, des Gewebten an, und ich finde, es ist ein brauchbares Bild für ein Denken in Analogien, zu denen auch Vergleiche und Metaphern gehören. Wenn man nach einer geometrischen Gegenfigur sucht, dann kommt man zum Kreis, zum ‚Zirkel'.

A. Es erscheint mir etwas eigenartig, um nicht zu sagen komisch, daß ausgerechnet MEPHISTOPHELES diesen freundlichen Umgang mit Mensch und Welt vertreten soll. Wäre von ihm nicht das Gegenteil zu erwarten?

B. Ist es nicht interessant, daß er unseren Vorurteilen widerspricht? Schon beim ersten Auftritt MEPHISTOS bemerken wir, wie diese Figur benützt wird, um Rollen zu spielen, die auch dann noch mehrdeutig bleiben, wenn sie, wie in diesem Falle, verhältnismäßig festgelegt erscheinen.

A. Wir haben schon in unserem ersten Gespräch gesehen, was Goethe durch diese Figur gewinnt, nun scheint ein weiterer Vorteil zu sein, daß er sie beliebig als eigenes Sprachrohr verwenden kann.

B. Was MEPHISTOPHELES sagt, ist **immer** etwas anderes als das, was Goethe sagt, auch wenn sie dieselben Sätze sprächen. Aber da diese Figur in sich nicht so einheitlich sein muß wie ein auf der Bühne gespielter Mensch, kann sie ohne Widerspruch unterschiedliche Positionen vertreten und sich zugleich von diesen Positionen ironisch distanzieren. Das trifft etwa zu auf MEPHISTOS Aussagen über die *Metaphisick*.

A. Mir kommt es so vor, als ob dies auf die *Erdgeist*-Szene anspiele und FAUST als derjenige gezeigt werde, dem für das, was in sein *Hirn nicht passt*, stets *Ein prächtig Wort zu Diensten steht*. Er spricht dort von *Fülle der Gesichte* (U 167), wo er nichts gesehen hat.

B. Schon vor Kants „Kritik der reinen Vernunft" und der darin dargestellten Kritik der Metaphysik zeigt der junge Goethe, daß der Umfang von Begriffen leer ist, wenn ihr Inhalt keiner Anschauung entspricht, also dem, was des *Menschen Hirn* wahrnehmen kann.

A. Könnte man nicht umgekehrt sagen, daß die ‚prächtigen Worte', die für die Gegenstände der Metaphysik *zu Diensten* stehen, nur das bezeichnen können, was sie im ‚Diesseits' bedeuten, und folglich alle Aussagen über *Höll noch Teufel* (U 16) sowie ‚Gott und Himmel' nur Irdisch-Weltliches, aber nichts Metaphysisches bezeichnen?

B. Ich denke auch, daß dies hier zum Ausdruck kommt. Und daraus folgt, daß mit der Thematisierung der *Metaphisick* MEPHISTOPHELES sich auch selbst thematisiert und andeutet, daß alles, was er sagt und tut, sich nur auf Menschenleben und Menschenerfahrung beziehen kann.

A. Wahrscheinlich deshalb sagt er: *Bin des Professor Tons nun satt,*

Will wieder einmal den Teufel spielen. Das läßt sich als Hinweis nehmen, daß MEPHISTOPHELES **immer** nur den Teufel **spielt**.

B. Und da auch der *Teufel* nach dem, was wir eben gesagt haben, nur Menschendenken sein kann, ist der gespielte Teufel MEPHISTOS ein raffiniertes Instrument, mit dem sich die menschliche Natur bis in geheime Wünsche, Ängste und Hoffnungen ausleuchten läßt.

A. Dann spielt MEPHISTOPHELES wohl eine Rolle in der Rolle?

B. Die Rolle, die er in seiner Rolle spielt, sind Vorstellungen des Publikums. Und so kann er auch immer mit deren Erwartungshaltung spielen. Das tut er zum Beispiel, wenn er sich als Antwort auf die fast gebetsartige Anrede: *O Herr helft dass meiner Seel Am guten Wesen nimmer fehl,* kratzt. Wenn das Publikum nicht weiß, welche Rolle hier gespielt wird, lacht niemand an dieser Stelle.

A. Ist denn der MEPHISTOPHELES, der den *Teufel* spielt, anders als der, der den *Professor* spielt? Ich sehe keinen Unterschied. Alles, was er sagt, könnte von einem ‚normalen' Menschen gesprochen sein; er tut nichts, was man traditionsgemäß ‚teuflisch' nennen könnte.

B. Dennoch konnte er den STUDENTEN ‚verführen'.

A. Dieser STUDENT soll *ein Mediziner werden*, und MEPHISTOPHELES verführt ihn zum Studium der Medizin.

B. Aber doch ein wenig anders, als daß man sagen könnte, er bestärke den Menschen in dem, was dieser will.

A. Vielleicht ‚verführt' er ihn dazu, das gleiche Ziel auf einem anderen Weg oder, was dasselbe ist, mit einer anderen Methode zu erreichen; Methode (griech. „metá hodós") heißt wörtlich etwa: ‚Der Weg zu etwas hin.'

B. Das könnte deshalb ein wichtiger Aspekt sein, weil in der Wissenschaft ein anderer Weg oft auch zu einem anderen Ergebnis führt. Ich habe außerdem den Eindruck, daß MEPHISTOPHELES jetzt ironischer spricht. Zum Beispiel, indem er die Universität als Einrichtung darstellt, wo man sich bloß Ansehen und Autorität verschafft, um damit Empfindungen und Sehnsüchte anderer Menschen so zu ‚manipulieren', daß die Befriedigung eigener Leidenschaften dabei herausspringt. Manipulieren heißt wörtlich ‚Handhaben', und darauf ist mit *nach allen Siebensachen* **tappen**, *das Pülslein* **drücken** und *um die schlanke Hüfte* **fassen** deutlich angespielt. Man könnte auch sagen, er spricht als ‚gespielter Teufel' rätselhafter, irritierender, also zum Nachdenken herausfordernd.

A. Denkst du dabei an die Sentenzen, mit denen er seine Aussagen begründet? Wenn ich richtig zähle, sind es in nur fünfunddreißig Versen drei, mit dem Bibelspruch sogar vier. Mir kommt ein Satz wie *Ein ieder lernt nur was er lernen kann* trivial vor und *der den Augenblick ergreift, Das ist der rechte Mann* nicht viel weniger. Damit ließe sich erst etwas anfangen, wenn man wüßte, welches der **rechte** *Augenblick* ist.

B. Diese Sprücheklopferei ist wirklich eigenartig, aber es gehört wohl zu dieser Rolle. MEPHISTOPHELES scheint das gewöhnliche Geschwätz und die gewöhnlichen Erziehungsreden zu zitieren, um dem Publikum zu zeigen, was von dessen eigenen Sentenzen zu halten ist. Denn der wirkliche Adressat von MEPHISTOS Reden ist nicht der STUDENT, weil der nicht verstehen kann, wovon MEPHISTOPHELES spricht, sondern viel ausgeprägter, als dies bei anderen Figuren möglich ist, das Publikum, mit dem er sich gewissermaßen über die Bühnengrenze weg augenzwinkernd verständigt.

A. Er würde dann das, was er und andere Figuren sagen, immer zugleich kommentieren.

B. Man muß bei ihm auch ständig damit rechnen, daß er aus der Rolle fällt. - Hältst du *Grau, theurer Freund, ist alle Theorie Und grün des Lebens goldner Baum* auch für trivial?

A. Es ist wenigstens nicht platt ausgedrückt. Aber die Abwertung ***aller*** *Theorie* gegenüber dem farbigen Leben wäre überzeugender, wenn die Lebenserfahrung damit übereinstimmte. Die Wissenschaft als Stätte der Theorie ist doch aus dem Ungenügen an einem Leben, das so geht, *Wie's Gott gefällt,* entstanden, und deshalb glaube ich, daß dieser Satz nicht weniger ironisch wirkt als die anderen und der angehende STUDENT der richtige Adressat ist, dem man so etwas auftischen kann.

B. Bisher habe ich diesen Ausspruch auf FAUST und WAGNER bezogen, deren eigene Vergangenheit und deren eigene Möglichkeiten der STUDENT ja darstellt. Und selbst dort, wo es an der Theoriebildung und Theorievermittlung nichts auszusetzen gibt, wird ein Theoretiker MEPHISTOS Spruch von tiefstem Herzen zustimmen, soweit er bedeutet, daß man bei abstrakten Beschäftigungen das konkrete Leben versäumt. Und wer nicht zustimmt, ist jemand wie WAGNER, den die trockene Theorie selbst ausgetrocknet hat. Irritierend und rätselhaft für mich ist aber nun der *goldne Baum.*

A. Reicht es nicht, darin eine schöne Formulierung für den höchsten Lebensgenuß zu sehen, zu dem neben Triebbefriedung auch Reichtum und gesellschaftliches Ansehen gehört?

B. Ich finde, oder besser: ich fühle, daß dieser ‚triviale' Satz viel Inhumanes enthält, ohne deutlich sagen zu können, weshalb. Der *goldne* ***Baum*** erinnert mich an den Baum schlechthin, den „Baum der Erkenntnis", und der ***goldne*** *Baum* an das „goldene Kalb". Wo Gold das Maß aller Dinge, auch der Natur, und erst recht der Menschen ist, bleibt für Menschlichkeit nicht viel Raum. Obgleich ich Gold - anders als graue Theorie - in die Hand nehmen kann, bleibt sein Wert abstrakt, und was ein *grünes* Leben sein sollte und könnte, ist schließlich ein totes.

A. Dann käme es vielleicht deinem Gefühl entgegen, wenn man in diesem Spruch die Formulierung der geheimsten Wünsche des STUDENTEN sähe, durch Manipulation, durch Verdinglichung anderer Menschen alles genießen zu können, was das *Leben* an natürlichen wie gesellschaftlichen Genüssen bereithält.

B. Vielleicht braucht man nicht zu sagen, daß dies seine geheimsten Wünsche sind, aber als Möglichkeiten sind sie in ihm da, sonst wäre er nicht davon beeindruckt. Und vielleicht gehört auch dies zum Wesen der Rolle MEPHISTOS, daß er versucht, rücksichtslos, oder etwas milder ausgedrückt: neutral, gefühllos das auszureizen, was den Menschen möglich ist.

A. Könnte man dann sagen, MEPHISTOPHELES verführe die Menschen zu ihren Möglichkeiten?

B. So denke ich. Und damit ergibt sich eine Beziehung - *ein geistlich Band* - zwischen dem *Baum*, dem ***Stamm**buch* und der *Schlange*, die am ersten und eigentlichen *Baum des Lebens* die ‚Stamm-Menschen' verführt hat, aber nicht durch den Lobpreis der Äpfel, sondern durch das Versprechen: *Eritis sicut Deus scientis bonum et malum.*

A. Das müßte dann auch eine Verführung zu Möglichkeiten ihres Wesens gewesen sein.

B. Zunächst war es die Verführung zur Freiheit, und diese Möglichkeit **mußten** sie ausprobieren, wenn sie wissen wollten, ob sie etwas anderes als Tiere sind. Aber was ist an dem Satz: ‚Ihr werdet sein wie Gott, nämlich wissen, was das Gute und das Böse ist', so verführerisch?

A. Du meinst, ‚was ich nicht weiß, macht mich nicht heiß', wäre eine praktikablere Lebensregel. Vielleicht ist es die Verführung zu einer radikalen Freiheit, die keinerlei Bevormundung verträgt und schließlich so weit gehen kann, **selbst** zu bestimmen, was das Gute und das Böse sein soll.

B. Wir sollten das vorläufig so stehen lassen. Für mich ist dieses Zitat aus der Bibel auch deshalb wichtig, weil es zum einen bestätigt, daß Zitieren zur Rolle MEPHISTOS gehört, und zwar Zitieren aus dem ‚Kulturgut' des Publikums, für das er seine Rolle spielt und dem er dessen eigene Grundsätze vor Augen und Ohren führen kann; zum anderen deshalb, weil dieser Satz die Grundlage aller Verführungen und Handlungen zu sein scheint, die in diesem Drama auf die Bühne gebracht werden. Wir werden sehen, wie weit wir kommen, wenn wir ihn in deinem Sinne als Verführung zu radikaler Emanzipation von jeder Art Einschränkung begreifen.

A. Unter solchem Gesichtspunkt klingt es wie Hohn, wenn in dieser modernen, gleichsam nochmals vollzogenen Verführung von *bonum et malum* die Rede ist.

B. Aber dieser ‚Hohn' drückt zugleich aus, daß die Möglichkeiten des Menschen das Gute einschließen. Der *Stammbuch*-Satz MEPHISTOS spielt auch auf FAUST an, der sich in der *Erdgeist*-Szene als *Ebenbild der Gottheit* (U 163) bezeichnet und dabei kaum nur an den beschränkten Adam vor dem Sündenfall gedacht hat.

A. Vielleicht gehörte zu dem im „Ur-Faust" nur ‚virtuell' geschlossenen Vertrag, daß MEPHISTOPHELES FAUST geeignete Wege anbieten soll, um das Ziel der *Gottähnlichkeit* zu erreichen. Diese Szene ist als Einführung MEPHISTOS nicht weniger wichtig denn als Satire auf die Universität.

B. Daß MEPHISTOPHELES mit der Professoren-*Perrücke* FAUSTS auftritt, ist für mich ein Hinweis, daß er aus keiner Hölle, sondern aus dem Kopf des Wissenschaftlers FAUST kommt und das deutlicher und unverblümter ausspricht, was in dessen Bewußtsein noch unausgegoren vor sich geht.

A. Dem entspricht die Redegewandtheit MEPHISTOS, der nie ins Stocken kommt und dem zu jeder Gelegenheit *ein prächtig Wort zu Diensten steht*. Wem MEPHISTOPHELES *zu Diensten steht*, dem dürfte es an Worten nicht mangeln.

B. Es ist beindruckend, wieviel Goethe schon bei der ersten Annäherung an diese Figur, weitgehend frei von biblischen Vorgaben, über sie zur Anschauung gebracht hat, denn immerhin fehlen, gemessen an der endgültigen Fassung, noch 545 Verse, in denen sich MEPHISTOPHELES definieren kann.

Dialog 6: *Auerbachs Keller* (U 445-452; Zeile 1-216)

B. „Auerbachs Keller" scheint mir eine der schwerstverständlichen Szenen im ganzen „Faust", aber besonders im „Ur-Faust" zu sein.

A. Ich denke, nachdem zuerst die Lehrenden, dann der angehende STUDENT gezeigt wurden, sehen wir nun die Wirkung der Wissenschaft auf die Studenten. Es kommt hier die Kehrseite des Wissenschaftsbegriffs zur Anschauung, indem man sieht, wie diejenigen, die sich ‚tagtäglich' mit abstrakten Begriffen beschäftigen, sich *Nacht nächtlich* Sauferei, *Dummheit, Sauerey* und platte Späße wünschen, kein Interesse an der politischen Situation haben und auf magische Gaukeleien hereinfallen, weil ihr Verstand zu wenig an der Wirklichkeit geschult ist. Was ist daran schwer verständlich?

B. Schwer verständlich ist alles, was übrig bleibt. Und selbst das, was du sagst, ist nicht sicher, da es sich nicht ausschließlich um Studenten handeln muß. Der ALTEN hat immerhin eine *Frauen* zu Hause. Ist es nicht seltsam, daß diese Szene an einem Ort spielt, der jedermann zugänglich ist, also mitten in der Wirklichkeit? Warum treten gerade in „Auerbachs Keller in Leipzig" FAUST und MEPHISTOPHELES zum erstenmal in der Öffentlichkeit gemeinsam auf?

A. In „Auerbachs Keller" sollen Wandgemälde gewesen sein, auf denen FAUST mit Studenten zecht bzw. auf einem Fasse reitet. Das war Goethe aus seiner Studentenzeit in Leipzig bekannt.

B. Das würde heißen, er wollte bei seinem ersten Versuch, die Beziehung seiner beiden Hauptfiguren zu gestalten, nichts Neues erfinden, sondern das nachspielen, was in den Vorstellungen konkreter Menschen an einem konkreten Ort zumindest einmal da war. Demnach scheint Goethe darauf zu bestehen, daß das, was er auf der Bühne spielen läßt, keine Phantasterei, sondern Wirklichkeit ist.

A. Das kommt mir eigenartig vor für eine Szene, in der unglaubliche Dinge passieren.

B. Mir auch. Nehmen wir an, Goethe habe überprüft, wie sich seine Zeitgenossen zu dem verhalten, was auf den Wandgemälden dargestellt ist …

A. … dann würden die Zeitgenossen durch die *Gesellen* repräsentiert. *Gesellen* hätte in diesem Zusammenhang auch eine ‚gesellschaftliche' Dimension; als Studenten gehören sie zur Elite der Gesellschaft.

B. Daß diese ‚bedeutenden' *Gesellen* nach wie vor zechen, scheint nichts Besonderes zu sein, aber daß ***sauffen, Dummheit*** und ***Sauerey*** Maßstäbe sind, an denen sich die Qualität des Zusammenseins zeigt, ist schon etwas irritierend. Vor allem SIEBEL ist mit seinem ***und drein gesoffen drein gekrischen*** herausgestellt.

A. Er ist auch der, welcher zuerst den *Teufel* im Munde führt und sein *Drey Teufel* auffällig wiederholt. Wenn also ein ‚Teufel' auftritt, dann kommt er ‚wie gerufen'.

B. Das erste *Drey Teufel* soll eine Diskussion abbrechen, die zu der Erkenntnis hätte führen können, warum sie sich nicht wie Menschen, sondern wie Tiere verhalten.

A. Und SIEBELS zweites *Drey Teufel* ersetzt ebenfalls die Möglichkeit, sich über etwas klar zu werden, in diesem Fall darüber, warum er für sein *Liebgen* kein ‚Lieber' ist. Willst du sagen, im Bewußtsein solcher Menschen hält der *Teufel* die Stellen besetzt, wo selbstverantwortliche Menschen denken würden?

B. Ich schließe es jedenfalls nicht aus. Vielleicht kann man das *Drey Teufel!* auch als Anrufung des *Teufels* verstehen.

A. Aber warum dann ***Drey*** *Teufel*?

B. Könnte das nicht eine Anspielung auf die **Drei**faltigkeit sein? Deren andere Seite wären die *Drey Teufel.* Wenn du dir einen vollkommenen, guten und lieben Gott denkst, dessen Welt aber nicht ganz zu ihm paßt, dann **brauchst** du einen passenden, entsprechenden Teufel, der alles, was dir nicht gefällt, zu verantworten hat …

A. … und der dir hilft und dich schützt, falls du etwas tun willst, was dem guten, aber etwas trägen Gott nicht paßt. Hieße das, daß die Emanzipation vom *Teufel* zugleich die Emanzipation vom dazu passenden Gott sein müßte?

B. Es wäre eine denkbare Folgerung. Dieser SIEBEL jedenfalls hat nicht nur *Drey Teufel* im Kopf, sondern auch den *Blocksberg,* vermutlich den Brocken im Harz, auf dem sich in der Walpurgisnacht Teufel und Hexen versammeln sollen. Warum sollte einer, der an Teufel glaubt und an Hexen, die auf dem Besen reiten, nicht auch glauben, daß einer in Teufels Namen auf dem Fasse reitet?

A. Bei SIEBEL ist noch interessant, daß er, als er sich auf FAUSTS Zaubereien einläßt, sagt: ***Ich will nur sehn wo das hinaus läufft,*** und bei ihm ***fließt's*** dann hinaus und wird zur *Flamme.* In etwas anderem Sinn, als er es meint, sieht er das, was er sehen will. Zumindest was SIEBEL betrifft, könnten wir also sagen, FAUSTS und MEPHISTOS Auftritt stelle bloß dar oder locke bloß hervor, was in diesem Bewußtsein bereits etabliert ist.

B. Wie sich am Schluß der Szene zeigt, gilt das für die anderen nicht minder. - Ist es nicht beängstigend, mit welcher Brutalität dieser SIEBEL sich an seinem *Liebgen* rächen will, weil sie nicht bereit ist, sich von ihm verdinglichen zu lassen? Er kann nicht akzeptieren, daß diese Frau selbst darüber entscheidet, wen sie liebt. *Keinen Grus, sag ich als die Fenster eingeschmissen!* ist eine Aufforderung zur Gewalt und nicht weit von der Aufforderung zur Vergewaltigung entfernt.

A. Dann hat das darauf folgende *Lied* mit diesem Liebesbegriff SIEBELS wohl etwas zu tun?

B. Darauf deutet schon sein Name hin, der die Buchstaben von *Lieb* und *Leibe* enthält. Liebe wird hier nicht mit etwas Lebendigem, das wieder Leben hervorbringt, verglichen, sondern mit *Gift.* Sie ist dargestellt als etwas Tierisches, Zerstörerisches, Mörderisches. SIEBEL, der der *Köchin* als der Verursacherin der Liebespein im Liede ebenfalls *Rattenpulver* wünscht, meint damit in Wirklichkeit sein *Liebgen.*

A. Genau in dem Augenblick, wo sich diese Gesellschaft als ein Haufen gefühlloser, abergläubischer, egoistischer Barbaren entlarvt, treten FAUST und MEPHISTOPHELES auf. Man könnte MEPHISTOS Ratschlag: *Merks! den Teufel vermuthen die Kerls nie so nah er ihnen immer ist*, als Hinweis verstehen, sie vermuteten ihn deshalb nicht, weil *er ihnen immer so nah ist*, daß sie selbst die ‚Teufel' sind. -

B. Was sagst du dazu, wie Goethe dieses Paar in sein Drama einführt?

A. Es sieht so aus, als ob MEPHISTOPHELES erst ausprobieren müßte, was FAUST *gefällt.* Dadurch scheinen beide etwas beschränkt zu sein: FAUST weiß nicht, was er will, und MEPHISTOPHELES, von dem man meinen sollte, daß er alles durchschaut, weiß es auch nicht. Auch dadurch sind sie der Gesellschaft nahe, in der sie sich befinden. FAUST ist so vernebelt, daß er nicht merkt, wie man ihn foppt, wogegen MEPHISTOPHELES ihm zeigt, wie man mit solcher Situation fertig wird. MEPHISTOPHELES ist also, was Redegewandtheit betrifft, der Beweglichere.

B. Man könnte auch sagen, er scheint **für**, oder genauer: **statt** FAUST zu sprechen. Wo der *keine Stimme* hat, singt MEPHISTOPHELES.

A. Mit seinem Flohlied trifft MEPHISTOPHELES den Nerv seines Publikums. Es enthält auch eine Art Liebesgeschichte.

B. Aber vor allem ist es ein *politisch Lied*, dem jetzt nichtsahnend die zujauchzen, die vorher von einem *garstig Lied* gesprochen hatten. Daß hier die Willkür des Absolutismus und das sinnlose Dasein der Hofschranzen gegeißelt wird, ist leicht zu erkennen, aber was kann MEPHISTOPHELES damit in „Auerbachs Keller" bezwecken?

A. Wenn MEPHISTOS Zuhörer über diese Geschichte lachen, dann identifizieren sie sich mit dem *Floh* und *seinen Geschwistern* und freuen sich darüber, daß die Willkür des *Königs* sich gegen die herrschende Schicht wendet. Sie wünschen sich einen *König*, der das tut …

B. … und merken dabei nicht, daß sie selbst in der politischen Situation derjenigen sind, die sich nicht wehren dürfen, wenn sie von oben willkürlich *gestochen und genagt* werden.

A. Grundsätzlich scheinen sie nichts gegen das herrschende System zu haben und wären wohl zufrieden, wenn **sie** die Privilegien hätten.

B. MEPHISTOPHELES stellt - so gesehen - mit diesem Liede dar, wie man Menschen, die das Vorurteil haben, daß die Herrschenden Unrecht tun, psychologisch im Interesse der Herrschenden korrigiert. Durch Jauchzen und Gelächter wird eine Bindung zum *König* hergestellt, und diese Bindung wird durch die anzüglichen Verse - *Wir knicken und erstikken Doch gleich wenn einer sticht* - psychologisch noch verstärkt.

A. Du meinst, MEPHISTOPHELES parodiere, wie man dafür sorgt, daß diejenigen, die im Absolutismus willkürlich ‚gepiesackt' werden, sich nicht dagegen auflehnen. Dieses Lied wäre ein Musterbeispiel für eine Propaganda, die Revolution verhindert. Allerdings weiß ich nicht, warum das hier wichtig wäre. Denn ich habe bisher nicht bemerkt, daß FAUST einen Umsturz des Gesellschaftssystems wünschte, einmal abgesehen von Andeutungen in den Versen: *Die wenigen die was davon erkannt [...] Dem Pöbel ihr Gefühl ihr Schauen offenbarten Hat man von ie gekreuzigt und verbrannt* (U 237-40).

B. Das eben macht diese Szene so schwierig, daß sie nicht gut zu den anderen paßt. Es würde mich nicht verwundern, wenn dies die erste Szene wäre, mit der sich Goethe am Faust-Stoff versucht hat, denn - neben dem Eingangsmonolog - ist sie den Vorgaben der alten Faust-Sage am nächsten.

A. Der alte Faust-Stoff schließt politisches Handeln nicht aus! Vielleicht wollte Goethe ausprobieren, ob eine revolutionäre Thematik in diesem Drama darstellbar wäre.

B. Die Reaktionen auf das Flohlied und auf den Zauber machten dann deutlich, daß mit solchen *lustigen Gesellen* keine revolutionären Aktionen und kein Staat zu machen sind. Wer in den Spiegel dieses Liedes sieht und dabei sich nicht selbst als willkürlich Unterdrückter erkennt, der ist im Absolutismus zufrieden.

A. Mit diesem Lied zeigte also MEPHISTOPHELES seinem ‚Herrn', daß in solcher Gesellschaft und mit solchen beschränkten Menschen nichts Großes zu bewirken ist.

B. Ich denke eher, die ganze Szene war für Goethe ein Versuch, um auszuloten, wie weit der Stoff der Faust-Sage sich für einen modernen „Faust" gebrauchen läßt. Daß FAUST sich unmittelbar in den zeitgenössischen Themen, wie beispielsweise innerhalb des Problems *Das liebe heilge römsche Reich Wie hälts nur noch zusammen*, bewegen könnte, ist mit diesem Versuch wohl erledigt.

A. Wenn die Vorgaben aus dem Faust-Stoff nach dieser Szene wohl nicht mehr zu gebrauchen waren und „Faust" dennoch ein Drama sein sollte, das die zentralen und wesentlichen zeitgenössischen Probleme ins Bewußtsein hebt, wodurch konnten sie dann ersetzt werden?

B. Diese Vorgaben zu ersetzen und das Wesen des Faust-Stoffes dennoch nicht zu zerstören, scheint für den jungen Goethe noch unlösbar gewesen zu sein.

A. Trotzdem interessiert mich, warum er den Weinzauber in diese Szene eingebaut hat. Das Weinlokal reicht mir als Erklärung nicht aus.

B. Das Unmögliche, das FAUST verspricht, kann der beschränkteste Zecher als Zauberei erkennen; deshalb müßte es von den *lustigen Gesellen* rundweg abgelehnt werden.

A. Ließe sich nicht umgekehrt sagen, weil sie sicher waren, daß das Versprochene nicht möglich ist, konnten sie sich auf den Zauber einlassen, der sich unter solcher Voraussetzung als Jux entpuppen mußte? Sie wären also nur neugierig, mit welchem Trick FAUST das Rätsel auflösen wird.

B. Der Verlauf macht deutlich, daß sie diese Festigkeit in Sachen Natur nicht haben. Wie gering ihr Selbstbewußtsein ist, zeigen schon die vielen Befehle FAUSTS, durch die sie sich kommandieren lassen. Und daß es dem ALTEN *unheimlich wird* und er sagt, *Der hat den Teufel*, hindert ihn nicht, weiter zu machen. Den *Teufel vermuthen die Kerls* also schon, *so nah er ihnen immer ist*, nur sind sie moralisch nicht gefestigt genug, um sich selbstverantwortlich von ihm zu lösen.

A. Warum wenden sie sich nicht an Gott und treiben den Teufel aus, wie Jesus die beiden Dämonen in eine Schweineherde getrieben hat? (Mt 8,32) Auf diese Möglichkeit ist doch durch das *Uns ist gar kannibalisch wohl Als wie fünfhundert Säuen* ausdrücklich angespielt.

B. Wahrscheinlich deshalb, weil sie selbst, wie der Gesang zeigt, die Dämonen sind, jederzeit bereit und jederzeit dazu ausgerüstet, andere zu erstechen. Für SIEBEL, der *Teufel* und Hexenzauber im Munde führt, ist *Gott* nicht mehr als ein guter Bekannter, vor dem man wie vor der *Frauen* des ALTEN leichthin *verantworten* kann, wenn ein anderer ein

Gläschen über den Durst trinkt. Mit einem solch gemütlichen *Gott* im Bewußtsein läßt sich der Zauberei nicht widerstehen.

A. Die *lustigen Gesellen* sind bereit, sich verführen zu lassen und *ein Unglük* zu riskieren, und wenn das *Unglük* eintrifft, eine überirdische böse Macht dafür verantwortlich zu machen.

B. Sie sehen Dinge, die objektiv falsch sind, zum Beispiel, daß FAUST auf einem Fasse hinausgeritten sei. Das ist ebenso unmöglich wie der Weinzauber oder, wenn daran geglaubt wird, ebenso wahr wie der Weinzauber, nur daß die ‚Magie' im zweiten Fall allein durch die Sprache erzeugt worden ist.

A. Ist es nicht eine Zumutung, einem aufgeklärten Publikum eine solche Zaubergeschichte aufzu-‚tischen'?

B. Es ist denkbar, daß dem Publikum mit dieser Szene ein Spiegel vorgehalten wird wie den *Gesellen* mit dem Flohlied. Die Kombination von Tisch und Wein ruft schließlich Szenen hervor, von denen man annehmen kann, daß sie in jedem Menschen jener Zeit abrufbar waren.

A. Du denkst an das Abendmahl und die Hochzeit von Kanaa.

B. Daß Wasser in Wein und Wein in Blut verwandelt wird - ist das nicht mindestens ebenso seltsam wie der Wein, der in Auerbachs Keller aus einem Holztisch fließt? Und dennoch wird es geglaubt.

A. Aber mit dem Unterschied, daß Gottes Sohn die Wunder wirkt. Wenn ich dich richtig verstehe, dann meinst du, so wie die *lustigen Gesellen* durch MEPHISTOS Lieder und FAUSTS Zauber gereizt würden, ihr Bewußtsein zu offenbaren, so werde durch die Anspielungen auf die Bibelstellen (Jh 2; Mt 26) das Publikum gereizt, darüber nachzudenken, wie weit es selbst der ‚Magie' verfallen ist.

B. Ja. Denn die von MEPHISTOPHELES gespielten Zauberkunststücke treiben das wahre Bewußtsein der lustigen Zecher hervor. Diese Inszenierung innerhalb der Szene zeigt, was die ganze Szene beim Publikum bewirken soll, nämlich dessen Bewußtsein zu aktivieren und zur Disposition zu stellen. Vielleicht ist dies sogar der Hauptzweck des gesamten Dramas.

*

A. Kannst du aus diesem ersten Teil des „Ur-Faust" so etwas wie ein Fazit ziehen?

B. Das widerspräche sicher dem Wesen der Poesie, wie sie Goethe der frühen, rationalen Aufklärung entgegensetzt. Und dennoch bin ich versucht, diese Wissenschaftssatire auf eine Stelle aus Kants „Kritik der reinen Vernunft" zu beziehen, auf die ich schon einmal angespielt habe (Dialog 5), die aber erst 1781, also nachdem der „Ur-Faust" geschrieben war, veröffentlicht wurde: „Gedanken ohne Inhalt sind leer, Anschauungen ohne Begriffe sind blind. Daher ist es ebenso notwendig, seine Begriffe sinnlich zu machen (d. i. ihnen den Gegenstand in der Anschauung beizufügen), als seine Anschauungen sich verständlich zu machen (d. i. sie unter Begriffe zu bringen). Beide Vermögen oder Fähigkeiten können auch ihre Funktionen nicht vertauschen. Der Verstand vermag nichts anzuschauen, und die Sinne nichts zu denken. Nur daraus, daß sie sich vereinigen, kann Erkenntnis entspringen."[9] Anfangs beklagt FAUST, daß er durch Wissenschaft nichts erkennen kann. Warum dies so ist, erläutert MEPHISTOPHELES in der STUDENT-Szene, als er Gegenstand und Methode dieser Wissenschaft kritisiert, daß sie nämlich alles abstrakt behandle, sich der Grenzen ihrer Möglichkeiten nicht bewußt sei, daß das leere Wort, die leere Begrifflichkeit dominiere; und solche leere Begrifflichkeit („Gedanken ohne Inhalt") führt nach Kant zu keiner Erkenntnis.

A. Und nun fällt FAUST, wie wir gesehen haben, ins andere Extrem. Aus Enttäuschung darüber, daß der Verstand „nichts anzuschauen" vermag, will er **nur** mit Hilfe der Anschauung erkennen: ***Schau*** *alle Würkungskrafft und Saamen* (U 31).

B. Die *Erdgeist*-Szene kann also gesehen werden als Inszenierung des Satzes: „Anschauungen ohne Begriffe sind blind", sobald man den *Erdgeist* nämlich auffaßt als die personifizierte Anschauung, die FAUST blendet („blind") und für die er keine Begriffe hat, um sie zu erkennen und festzuhalten.

A. So bekommt FAUSTS Satz *Der du die weite Welt umschweiffst* (U 157), durch die Folie dieser Kantschen Grundsätze betrachtet, noch den Sinn, daß FAUST deshalb daneben greift, weil er sich nicht an die Bedingungen hält, die Erfahrung erst möglich machen.

B. Ja, weil er nicht anerkennt, daß Anschauung und Verstand zusammenwirken müssen, wenn etwas erkannt werden soll.

A. Hat Kant nicht aufgrund der Stelle, die du vorhin zitiert hast, alle Gottesbeweise als unmöglich erklärt?

B. Doch, und mit den Gottesbeweisen logischerweise auch die Teufelsbeweise.

Dialog 7: *Land Strase* (U 453-456)

A. Hier sind FAUST und MEPHISTOPHELES nun unter sich:

Land Strase
Ein Kreuz am Weege, rechts auf dem Hügel ein altes
Schloß, in der Ferne ein Bauerhüttgen
FAUST Was giebts Mephisto hast du Eil?
Was schlägst vorm Kreuz die Augen nieder?
MEPH: Ich weis es wohl es ist ein Vorurtheil,
Allein genung mir ists einmal zuwieder.

Kannst du dieser kurzen Szene Bedeutung abgewinnen?

B. Da nur wenige Worte gesprochen werden, sollte man meinen, sie müßten sehr bedeutend sein. Immerhin tragen sie eine ganze Szene. Denn diese Szene sieht nicht aus, als ob sie ein Fragment wäre.

A. Auch wenn MEPHISTOPHELES nichts von *Vorurtheil* sagte, könnte man sehen, daß er durch sein Handeln ein Vorurteil bestätigt oder mit einem Vorurteil spielt, das der Faust-Stoff nahelegt.

B. Das Vorurteil wäre: MEPHISTOPHELES ist ein Teufel, und Teufel haben vor dem Kreuz Angst, weil ihre Macht von Jesus durch seinen Tod am Kreuz besiegt worden ist und sie mit Kreuz und Kreuzeszeichen ausgetrieben werden können. Doch wenn MEPHISTOPHELES sagt, *es ist ein Vorurtheil*, bedeutet es dann nicht, diese Ansicht sei falsch?

A. Sagt jemand, eine Ansicht über ihn sei ein Vorurteil, dann fühlt er sich falsch beurteilt und wehrt sich dagegen. Aber obgleich sich MEPHISTOPHELES so äußert, widerspricht er dieser Auffassung, wenn er zugleich sagt, das *Kreuz* sei ihm *zuwieder*, und sich beeilt, daran vorbei zu kommen.

B. Dies ist dann kein Widerspruch, wenn MEPHISTOPHELES ausdrücken will, daß sein Widerwillen nichts mit diesem *Vorurtheil* zu tun hat. Das *Kreuz* müßte ihm aus anderen Gründen *zuwieder* sein.

A. Wenn wir diese Szene als erneuten Versuch Goethes sähen, sich mit seinen Lesern über die Rolle MEPHISTOS zu verständigen, dann hätten wir eine Figur, die weiß, was man über sie im voraus denkt, und die solche Vorurteile zu bestätigen scheint, aber aus Gründen, die mit dem Vorurteil unmittelbar nichts zu tun haben.

B. Das würde heißen, daß MEPHISTOPHELES nicht nur ironisch die Vorstellungen und mit den Vorstellungen spielt, die das Publikum von ihm hat, damit es die eigenen Vorurteile erkennt, sondern daß er diese Vorurteile in Zusammenhänge bringt, die dem Publikum nicht so geläufig wie die Vorurteile sind.

A. Wie soll man sich das denken? Diese fast wortlose Szene gibt dafür nicht viel her.

B. Dann laß uns **die** Worte betrachten, die die stummen ‚Figuren' der Szene beschreiben: *Land Strase. Ein Kreuz am Weege, rechts auf dem Hügel ein altes Schloß, in der Ferne ein Bauerhüttgen.* Wenn die Staffage der Landschaft so deutlich charakterisiert ist, wird das wohl bedeutend sein.

A. Eine Landstraße verbindet Menschen miteinander und ermöglicht den Handel unter ihnen, falls sie nicht durch Grenz- und Zollschranken durchschnitten wird. Sie hat etwas Kosmopolitisches; nicht ohne Grund sagt man, alle Wege führen nach Rom.

B. In unserem Fall verbindet sie auch die Wissenschaftssatire und die Gretchen-Szenen miteinander. Vielleicht drückt das nicht nur aus, daß diese Teile etwas miteinander zu tun haben, sondern auch, daß die öffentliche Straße der Ort ist, wo sich FAUST und MEPHISTOPHELES als Paar bewegen.

A. Jedenfalls erfährt man nie, daß sie in irgendeinem Haus zu Hause sind. Bewegen, vielleicht auch Fortschreiten, scheint zu ihrem Wesen zu gehören, das sie gemeinsam verkörpern.

B. Haben *Kreuz, auf dem Hügel ein altes Schloß* und *ein Bauerhüttgen* etwas miteinander zu tun?

A. Ja, und zwar unmittelbar: Es ist der Adel, der über das Land herrscht, dies aber nur kann, weil er von der Kirche gestützt wird, die die - geistigen - Bewegungen und damit die Erziehung im Lande unter Kontrolle hat und ihm das Attribut „von Gottes Gnaden" zugesteht. Diese beiden ersten Stände werden von den Menschen der *Bauerhüttgen* am Leben erhalten, die für sie arbeiten, ohne selbst viel davon zu haben. Sie tun dies nicht nur, weil der Adel über sie Gewalt hat, sondern vor allem deshalb, weil es der Kirche gelungen ist, ihrem armseligen Dasein einen höheren Sinn zu geben.

B. Das Bürgertum scheint in dieser Landschaft ganz zu fehlen. Kann man sagen, daß es vor allem die Kirche ist, die dem Bürgertum im Wege steht, wenn es darum geht, die Macht der alten Schlösser zu brechen?

A. Zweifellos. Wer die Herzen der kleinen Leute beherrscht, beherrscht das ganze Land.

B. Spräche dann MEPHISTOPHELES nicht dem Bürgertum, das die politische Macht haben will, aus dem Munde, wenn ihm das Kreuz zuwider ist?

A. Es ließe sich so sehen. MEPHISTOPHELES verkörperte die Interessen dieses Bürgertums, und das könnte die Lösung unseres Problems mit dem *Vorurtheil* sein.

B. Jedenfalls wäre der Widerspruch, der uns irritiert hat, beseitigt.

A. Wir könnten sogar sagen, die Szene mache deutlich, welchen Interessen das über Teufel vorhandene Vorurteil des Publikums nützt.

B. Falls MEPHISTOPHELES FAUST überzeugt hat, daß seine Wünsche zu erfüllen sind, wenn das Bürgertum das Land beherrscht und dadurch freier Austausch von Gedanken, Erkenntnissen und Gütern möglich wird, dann ist die erste Aufgabe, die es zu lösen gilt, die Menschen in den *Bauerhüttgen*, also die sogenannten kleinen Leute, aus den Bindungen der Kirche zu lösen.

A. So gesehen bekäme die Gretchen-Handlung einen von mir nicht erwarteten Sinn. Es gälte in diesen Szenen durchzuspielen, ob es möglich ist, einen Kirche und Obrigkeit treu ergebenen Menschen so zu beeinflussen, daß er sich aus den alten Verwurzelungen löst und sich denen anvertraut, die ihm das Glück auf Erden versprechen. MARGARETHE wäre dann die Verkörperung des kleinbäuerischen und kleinbürgerlichen Bewußtseins in deutschen Landen.

B. Und zugleich gälte es durchzuspielen, welche Folgen es für diese Menschen hat, wenn es gelingt, sie so zu manipulieren, daß sie sich mehr oder weniger unbewußt dem Widerwillen MEPHISTOS gegen die Macht und die Beeinflussungen der Kirche anschließen.

A. Die alte Fabel, daß Faust vom Teufel verführt wird und sich entscheiden muß zwischen einem gottgefälligen Leben, das erst im Jenseits honoriert wird, und einem Glück auf dieser Erde, das ewige Strafe nach sich zieht, wäre nun übertragen auf MARGARETHE …

B. … und FAUST als der vormals Verführte wäre nun selbst der Verführer. Was ist dadurch gewonnen?

A. Wir hätten es mit einer Verführung in der Verführung zu tun, die dazu ‚führt', daß der Preis, der für die Abwendung von den Versprechungen der Kirche zu bezahlen oder für die Hinwendung zur bürgerlichen Ideologie zu gewinnen ist, bereits im Diesseits abgerechnet wird. Denn FAUST kann nicht im Jenseits bestrafen oder lohnen.

B. Ob FAUST seine Interessen verwirklichen kann, die Welt, oder genaue: die Natur zu erkennen und sie den eigenen Wünschen entsprechend auszunützen oder zu verändern, scheint nun davon abzuhängen, wie stark MARGARETHE dem kirchlichen Einflußbereich verhaftet ist.

A. Die sexuelle Verführung MARGARETHES wäre also nicht das eigentliche faustische Ziel, sondern stünde für die wichtigere gesellschaftliche Verführung der Menschen, die von MARGARETHE in diesem Stück vertreten werden.

B. Nehmen wir an, wir hätten diese kleine Szene richtig gedeutet, dann bliebe immer noch die Frage, ob die Faust-Figur so entworfen ist, daß sie durchschaut, in welchen Interessenzusammenhängen sie agiert.

A. Wenn FAUST in diesem Sinne wirklich durchschaute, was er tut, dann wäre MEPHISTOPHELES überflüssig. Er muß unbewußt, oder genauer: unmittelbar verführen, wenn er in der Welt des Dramas als Person und für das Publikum als Figur glaubhaft wirken soll.

B. Entsprechend dem Satz FAUSTS: *Doch werdet ihr nie Herz zu Herzen schaffen, Wenn es Euch nicht von Herzen geht.* (U 191 f.) Wenn wir folglich in MEPHISTOPHELES den ‚Manager' der (groß-)bürgerlichen Interessen sehen, dann benutzte er eine psychologische Seite der menschlichen Natur, um die Bedingungen zu schaffen, unter denen die Natur im großen ausgebeutet werden kann. MEPHISTOPHELES wäre - wenigstens teilweise - so etwas wie die nach außen auf die Bühne projizierte regulative Idee, die FAUSTS Handlungen im Innern steuert.

A. Ich bin neugierig, wie weit wir mit diesen Vorgaben - oder sollen wir sagen: Vorurteilen - kommen. Die vor die eigentliche Gretchen-Handlung gesetzte Szene wäre dann eine Art Brille, die dazu dient, FAUST und MEPHISTOPHELES gezielt auf die Finger zu schauen.

B. In unserem ersten Gespräch haben wir gesehen, daß Lessings Faust an einem Geist interessiert ist, der ihm schneller als jeder andere dienen kann. An diese Verherrlichung der Geschwindigkeit erinnert mich die Frage FAUSTS: *Was giebts Mephisto hast du* ***Eil?*** Kann diese Frage, wenn man sie ein wenig aus dem szenischen Zusammenhang löst, nicht heißen: ‚Verfügst du über Geschwindigkeit?'

A. Und wenn man sie wieder in die Bedeutung der Szene, wie wir sie gesehen haben, einbaut, dann könnte sie andeuten, daß mit Hilfe der Geschwindigkeit, also mit Hilfe der der Natur abgerungenen Technik, das durch das *Kreuz* symbolisierte ideologische Hindernis des Bürgertums, wenn nicht beseitigt, so doch umgangen werden soll.

B. Es gibt nicht nur eine Geschwindigkeit der Technik, sondern auch eine des Tuns. Beide scheinen in der Gretchen-Handlung benötigt zu werden.

Dialog 8: *Strase* (U 457-529)

B. Von der „Land Strase" sehen wir uns auf eine „Strase" in einem Ort versetzt, so daß man meinen kann, FAUST und MEPHISTOPHELES wollten unmittelbar und bei nächster Gelegenheit verwirklichen, was jene Szene andeutungsweise nahelegt. MARGARETHE bewegt sich auf der *Strase* und FAUST tritt ihr in den Weg. Ihr Lebenslauf wird aufgehalten und - wie sich erweisen wird - in eine andere Richtung gedrängt.

A. FAUST ist als der gezeigt, der in MARGARETHES Leben die Führung übernehmen will und zu diesem Zweck eine bedrohliche Situation herbeiphantasiert, die seines Schutzes bedarf.

B. Geradezu unverschämt scheint mir zu sein, wie FAUST auf taktische Weise MARGARETHE zweifach überhöht: Er idealisiert sie zu einer schönen Frau, die dadurch Begehrlichkeit weckt und bedroht ist, und er verwandelt sie in eine adelige Dame, denn nur unverheiratete adelige Frauen hatten ein Recht auf die Anrede *Fräulein*.

A. Du könntest sogar von einer dreifachen Überhöhung sprechen, da FAUSTS Selbsterniedrigung, seine Demutshaltung, die er durch die Frage *darf ichs wagen* erreicht, wie eine zusätzliche Überhöhung wirkt.

B. Und wenn du beachtest, daß beide Verse mit *Mein* beginnen und dadurch *schönes Fräulein* mit *Arm* parallel gesetzt wird, dann siehst du, daß FAUST es von vornherein auf den Besitz dieser Person abgesehen hat, man könnte vielleicht sagen, daß er sie schon als Besitz behandelt, bevor er sie anspricht.

A. Er läßt seinen Worten auch Taten folgen, sonst müßte sich MARGARETHE nicht von ihm *losmachen*.

B. Schon hier kann man sehen, daß FAUST weiß, aus welcher Standesschicht die Angeredete stammt, andernfalls würde er die Erlaubnis abwarten, bevor er sie berührt. Auch kann man davon ausgehen, daß MARGARETHE nicht angezogen ist wie eine adelige Dame.

A. Ich nehme an, daß die stilisierte und erhöhte Ausdrucksweise, die sich scharf abhebt von der Art, wie FAUST in der vorherigen Szene mit MEPHISTOPHELES gesprochen hat, ebenfalls zu der Taktik gehört, mit der MARGARETHE aus ihrer Bahn gedrängt werden soll. - Was läßt sich damit bei MARGARETHE bezwecken, außer ihr so zu schmeicheln, daß sie sich ästhetisch und gesellschaftlich erhöht fühlen kann?

B. Vielleicht spricht FAUST nicht nur MARGARETHES Eitelkeit an, sondern mobilisiert in ihr auch eine Art Ressentiment gegen höhere und bessere Schichten, die dafür sorgen, daß diejenigen, die nicht zu ihnen gehören, nicht nur *ohngeleit* nach Hause gehen können, sondern *ohngeleit* gehen müssen, weil sie eines solchen Schutzes nicht würdig sind.

A. Ich denke darüber nach, ob das fehlende ‚Ich' in MARGARETHES Antwort für oder gegen ihr Selbstbewußtsein spricht.

B. Daß sie, wie FAUST gleich danach sagt, so *kurz angebunden* ist, zeigt sie meines Erachtens eher als selbständige Persönlichkeit. Sie ist FAUST in dieser Szene überhaupt dadurch ‚ebenbürtig', daß sie ihm sprachlich Paroli bietet und dazu weniger Silben und Wörter braucht als er. Spiegelt man diese kleine Szene an der vorausgegangenen, dann ist MARGARETHE als Figur nicht nur mit FAUST, sondern auch mit MEPHISTOPHELES auf eine Ebene gestellt, da sie so knapp, aber auch so ausführlich genug wie dieser auf FAUSTS Frage antwortet.

A. Es scheint für Goethe wichtig gewesen zu sein, sich zu vergewissern, daß seine Figur MARGARETHE dialogfähig ist, denn wenn FAUST als Figur nicht unglaubwürdig werden soll, dann darf der universalgelehrte *Docktor* (U 7) nicht sprechen wie ein beliebiger Handwerksgeselle.

B. In den ersten Sätzen steckt eine so ungewöhnliche Energie, daß sie ausreicht, die kommenden Aktivitäten auszulösen und das gegenseitige Interesse wachzuhalten. Denn es dauert 464 Verse, die einen Zeitraum von etwa vier Tagen beschreiben, bis FAUST und MARGARETHE sich wieder begegnen, obgleich für beide nichts anderes wichtig ist.

A. Dann bin ich neugierig, was FAUST in seinem Monolog von dieser Energie verrät. Daß er vorher MARGARETHE *schön* nannte, scheint seinem Empfinden entsprungen zu sein, so daß nur die zweite Hälfte seiner Anrede *schönes Fräulein* Taktik gewesen war: *ein herrlich schönes Kind*, das gleich darauf als *Dirne* bezeichnet wird, kann nicht adelig sein.

B. Von unserem im letzten Gespräch formulierten Standpunkt aus erscheint mir wichtig, daß es bei FAUST ‚gefunkt' hat und damit auf seiner Seite die Bedingungen für eine erotisch-psychologische Beeinflussung MARGARETHES erfüllt sind. Und indem FAUST bemerkt, MARGARETHE sei *sitt und tugendreich*, signalisiert er, sie sei die geeignete Versuchsperson, um herauszufinden, ob man sie und ihresgleichen aus ihrem Moralsystem lösen und in ein neues Weltbild mit neuen Wertsetzungen einbinden kann.

A. Ich möchte noch etwas fragen zu der Art, wie wir über die Szene sprechen: Weiß FAUST das, was du eben gesagt hast?

B. Gut, daß du das fragst, damit nicht auch wir aneinander vorbei reden. Ich denke darüber so: Bevor ein Dichter ein Drama schreibt, ist er über irgendein gesellschaftliches Problem beunruhigt und möchte es klären oder wenigstens so thematisieren und formulieren, daß es mitteilbar und diskutierbar wird. Wenn er glaubt, dafür sei Literatur das geeignete Medium, dann muß er prüfen, innerhalb welcher literarischen Gattung sich das Problem am besten verdeutlichen läßt. Entscheidet er sich für die Gattung des Dramas, dann heißt dies zum einen, daß sich das Problem in Rede und Gegenrede gestalten lassen muß, und zum anderen, daß die Entfaltung des Problems einem Publikum zur Beurteilung vorgespielt wird; ein solches als ‚öffentlich' gedachtes Publikum ist etwas anderes als ein privater Roman- oder Lyrikleser. Er muß dann - wie ein Romanautor auch - klären, wie die verschiedenen Seiten der Problematik auf einzelne Personen oder Gruppierungen von Personen zu verteilen sind, mit welchen Räumen die Problematik symbolisiert wird, durch welche Konflikte er Figuren zum Reden bringt, damit eine Handlung in Gang kommt, usw. In einem Stück wie dem „Faust" ist das Publikum gefordert, solche Zuordnungen aus dem Werk zu erkennen. Jede Beobachtung ist zu befragen, ob sie in einem übergeordneten Zusammenhang ‚bedeutend' sein kann.

A. Wir hätten im „Faust"-Drama zunächst einen Bereich, der unmittelbar die Handlung betrifft. Dazu gehörte zum Beispiel, daß FAUST ‚Feuer fängt', weil ihm MARGARETHE *so sitt und tugendreich Und etwas schnippisch doch zugleich* vorkommt.

B. Für uns beide jedoch, die wir einiges von der Geschichte FAUSTS und seinen Zielen kennen und daraus - vorläufig - geschlossen haben, es gehe jetzt um das Experiment, unter welchen Bedingungen und mit welchen Folgen die kleinen, aber entscheidenden Menschen der Feudalgesellschaft sich dieser entfremden ließen, haben *sitt- und tugendreich* und die nachgeschobene Information MEPHISTOS, *Es ist ein gar unschuldig Ding Das eben für nichts zur Beichte ging*, eine andere, erweiterte Bedeutung als für einen verliebten FAUST oder für einen Mann, der sich eine ehrsame Ehefrau sucht.

A. FAUST geht mit MEPHISTOPHELES so um, daß man deutlich sieht, von wem ihre Aktivitäten ausgehen. Beachte die vielen Befehle, die er MEPHISTOPHELES gibt: *du must, lass er, schaff mir, führ mich, schaff mir, sorg du.*

B. Und alles soll schnell gehen. Die uns schon bekannte Geschwindigkeit ist also auch in dieser Szene zu beobachten. FAUST verlangt von MEPHISTOPHELES vor allem mehr ‚Leistung', ‚Dienst-Leistung', während er selbst *kurz und gut* zu sprechen scheint und ihm auch an MARGARETHE imponiert, daß *sie kurz angebunden war.* Auf die Geschwindigkeit spielt MEPHISTOPHELES ausdrücklich an, wenn er sagt, *mit dem schönen Kind Geht[s] einvor allmal nicht* ***geschwind***, und FAUSTS ‚deutsche Art', *so* ***grade*** *zu geniessen*, mit seinem *Wollen wir keinen Augenblick verliehren* parodiert.

A. Es fällt mir auf, daß MEPHISTOPHELES FAUST fast immer mit *Ihr* anredet, während FAUST ihn duzt oder ihn wie einen Untergebenen mit *er* anspricht. Dieses ‚Herrschaftsgefälle' geht so weit, daß FAUST ihm droht, das Arbeitsverhältnis zu lösen, falls er FAUSTS Aufträge nicht rechtzeitig auszuführen vermag.

B. Ich glaube, an dieser letzten Stelle können wir wieder sehen, daß MEPHISTOPHELES nur teilweise den dienenden Geist der Faust-Sage spielt. Denn nach den alten Vorstellungen kann FAUST MEPHISTOPHELES nicht wegen unzureichender Dienstleistungen entlassen, sondern ist durch eine quasi im Jenseits geschlossene Abmachung unwiderruflich an ihn gebunden.

A. Das würde heißen, MEPHISTOPHELES sei aus der alten Sage herausgelöst und mit FAUST durch einen wie auf dem freien Markt geschlossenen Arbeitsvertrag verbunden; MEPHISTOPHELES wird später drohen, FAUST zu verlassen (vgl. 3257-60). Aus dem Teufelspakt um FAUSTS Seele wäre ein weltlicher Kontrakt um MEPHISTOS Dienste geworden. *Teufel* scheint nur noch eine Berufsbezeichnung zu sein.

B. Dann laß uns versuchen, das Berufsbild des *Teufels* aus dieser Szene zu entwickeln. Würdest du sagen, daß FAUST etwas Menschenunmögliches von ihm verlangt?

A. Keineswegs. FAUST sagt selbst, daß er es auch könnte, wenn er Zeit genug hätte. MEPHISTOPHELES ist nicht unsichtbar, er ist nicht allwissend, sondern muß wie ein Detektiv *hart am* (Beicht-)*Stul* herbeischleichen, wenn er etwas vom Beichtgeheimnis erfahren will.

B. Und das in einem Raum, wo es nicht an *Kreuzen* fehlt! Dann wäre MEPHISTOPHELES nur listenreicher als ‚normale' Menschen.

A. FAUSTS Lieblingsbefehl heißt *schaffen*, aber er meint damit nicht ‚schöpferisch tätig sein', sondern bloß, etwas Vorhandenes herbeischaffen: *die Dirne*, oder, wenn das nicht geht, wenigstens Gegenstände, die diese *Dirne* berührt hat: *ein Halstuch* oder *ein Strumpfband*. Hinzu kommt, *für ein Geschenk* zu sorgen und FAUST an den *Ruheplatz* des *schönen Kindes* zu führen.

B. *Teufel* wäre dann ein anderes Wort für ‚Kuppler'?

A. Der alte Begriff des Teufels setzt Menschen voraus, die unsterbliche Seelen haben und - wenigstens vor Gott - so unverwechselbare Persönlichkeiten sind, daß dieser einzeln über sie Gericht halten muß. Menschen zu verkuppeln bedeutet dagegen, sie zu Gebrauchsgegenständen zu machen, die nach Äußerlichkeiten zu bewerten sind. So fragt FAUST weder, wer das *herrlich schöne Kind* ist, noch wie sie heißt, sondern spricht schon in dieser ersten Szene von ihr als *Kind, Dirne, süses iunges Blut, Geschöpfgen, Püppgen, Engel* oder *Engelsschatz*.

B. MEPHISTOPHELES paßt sich FAUSTS Befehlen an und redet wie ein Kuppler, indem er MARGARETHE *unschuldig* ***Ding*** und - FAUSTS Formulierung nachäffend - *schönes Kind* nennt. Schönsein, Jungsein und Unschuldigsein wären demnach hier Qualitätsmerkmale eines ver**ding**lichten Menschen.

A. Zu sehen ist das auch, wo FAUST das *schöne Kind* nach seinem Alter taxiert und MEPHISTOPHELES FAUSTS Gretchenbild mit Hilfe bekannter Blumengleichnisse beschreibt und dabei auf den Blumennamen MARGARETHE anspielt.

B. Das *sitt und tugendreich* ist unter diesem Blickwinkel nur die Vergewisserung, daß das Mädchen noch nicht defloriert ist.

A. Alles, was wir an Un-Menschlichem, Inhumanem über FAUST sagen, geht von diesem selbst aus; MEPHISTOPHELES ist nur das Werkzeug, das die *Dirne* möglichst schnell herbeischaffen muß. Selbst die *List*, die angewendet werden soll, legt FAUST selber fest, indem er ein *Geschenk für sie* verlangt. MEPHISTOS *Ueber die hab ich keine Gewalt* kann als Hinweis aufgefaßt werden, daß es hier auch dann mit ‚rechten', also irdischen Dingen zugeht, wenn etwas Ungewöhnliches geschehen sollte.

B. Unter diesen Vorgaben bekommt FAUSTS Auftrag einen Nebensinn, der zugleich FAUSTS Handeln kommentiert: ‚Du mußt mir die *Dirne*, also dieses junge Mädchen, zu einer *Dirne*, im Sinne einer Hure, machen.'

A. Später wird ihr Bruder behaupten, daß dieser Auftrag erledigt wurde (vgl. 3730 f.).

B. Vielleicht werden wir sehen, daß MEPHISTOPHELES wie der „Besen" funktioniert und FAUST daneben steht wie der „Zauberlehrling", der das „Wort vergessen" hat, und MEPHISTOPHELES auch dann noch seine Befehle ausführt, wenn FAUST es nicht mehr will. Doch benimmt sich MEPHISTOPHELES in dieser Szene nicht nur wie ein Arbeitnehmer, der tut, was man ihn heißt, sondern weist seinen Herrn auch auf die moralische Qualität und die Folgen seiner Aufträge hin.

A. Ja, MEPHISTOPHELES zwingt FAUST, ausdrücklich zu sagen, daß er *mit dem Gesez in Frieden* gelassen sein möchte, welches das begehrte *Kind* davor schützen könnte, als bloßer Gegenstand benutzt zu werden. Mit seinem *Ueber die hab* ***ich*** *keine* ***Gewalt*** scheint MEPHISTOPHELES anzudeuten, daß **er** mit einer solchen ‚Vergewaltigung' nichts zu tun hat.

B. Zu MEPHISTOS Rolle gehört also nicht nur, auszuführen, was FAUST will, sondern zugleich, die Wahrheit ans Licht zu bringen, falls FAUST sie hinter seinen Worten verbirgt und sich möglicherweise der Verantwortung für das, was er tut, entziehen will.

A. In diesem Zusammenhang ist dann wohl zu sehen, daß MEPHISTOPHELES sich zweimal auffällig über FAUSTS Sprechen äußert: ***Sprichst*** *ey wie der Hans Lüderlich* und ***Ihr sprecht*** *schon fast wie ein Franzos.* Man könnte meinen, er wolle dem Publikum nachdrücklich empfehlen, auf FAUSTS Sprache zu achten.

B. Sehr scharf wird sein kritischer Kommentar dort, wo er FAUST verspricht, er könne sich in *ihrem Dunst kreis satt [...]* ***weiden*** und ihn so mit einem Tier auf die gleiche Stufe stellt.

A. Dagegen nimmt es sich seltsam aus, daß MEPHISTOPHELES am Schluß der Szene dem Publikum ungeschminkt mitteilt, wie er FAUST beurteilt: *Er thut, als wär er ein Fürsten Sohn.* FAUST wird durch diese Bemerkungen zwischen zwei Extreme eingespannt, deren Sinn ich noch nicht zu erkennen vermag.

B. Vielleicht hilft uns, wenn wir die Stellen suchen, wo FAUST am ehesten wie *ein Fürsten Sohn thut.*

A. Eine solche Stelle wäre: *Lass er mich mit dem Gesez in Frieden.* Für einen absolutistischen Herrscher, wie es beispielsweise der König von Frankreich, aber auch der Herzog von Württemberg damals noch waren, galten keine Gesetze. Das würde heißen, FAUST breche wie ein Despot, der mit seinen ‚Untertanen' machen kann, was er will, in MARGARETHES Welt ein.

B. Mit seiner Charakterisierung FAUSTS scheint MEPHISTOPHELES zu sagen: ‚Seht, er benützt mich, um auch den geringen Schutz, den die Menschen im Feudalsystem haben konnten, zu zerstören.' Durch den Tiervergleich wird dieser Aspekt noch verstärkt. Denn MEPHISTOS ***satt weiden*** bezieht sich auf FAUSTS *Hab Apetit auch ohne das.* Die Metaphern beleuchten FAUST so, daß er als Beispiel gesehen werden kann für den von Hobbes formulierten Grundsatz: ‚Der Mensch verhält sich zum Mit-Menschen wie der Wolf (zum Schaf).' („Homo homini lupus.")

A. Und du denkst, MEPHISTOPHELES charakterisiere FAUST als diesen ‚Wolf', der darauf wartet, das ‚Schaf' MARGARETHE zu zerfleischen.

B. Ja, und ich sehe - etwas abstrakter gedacht - die Anspielung auf Hobbes als Warnung, daß der Sturz der *Prinzen* noch keine humane Gesellschaft garantiert, sondern die bürgerlichen Wortführer sich die alten Privilegien des Adels sichern könnten. Es ist also begründet, wenn MEPHISTOPHELES den liebeshungrigen FAUST mit einem *Fürsten Sohn* vergleicht und damit zeigt, daß schon die erste Begegnung mit MARGARETHE auch politisch zu sehen ist.

A. Dann wäre das ‚Berufsbild' des *Teufels* als ‚Kuppler' noch zu erweitern. FAUST befiehlt ihm - modern ausgedrückt -, Gesetzesbruch zu organisieren.

B. Er geht dabei nicht zimperlich vor, sondern verlangt Hausfriedensbruch und Diebstahl, wobei nicht nur MARGARETHES Eigentum, sondern auch ein *Geschenk für sie* **gestohlen** werden muß.

A. Desto rätselhafter ist mir der Hinweis auf *Luzifer* und dessen *Prinzen*, die ihn zahlungsunfähig machen könnten, so daß sein ‚Fürstentum' *eine Commission kriegen*, das heißt, zwangsverwaltet werden müßte.

B. Auf etwas komplizierte Weise deutet MEPHISTOPHELES an, daß FAUSTS herrschaftliches und verschwenderisches Begehren nicht nur mit dem *Luzifers* als des ‚Fürsten dieser Welt' verwandt ist, sondern daß FAUST beginnt, *Luzifer* und damit alles, was man sich bisher unter dem ‚Reich des Bösen' vorstellen konnte, zu übertreffen. In dem *vermünzen* ist die Bedeutung des Geldes in diesem faustischen Reiche angedeutet.

A. Mit den - auf Schöpfung und Paradies anspielenden - Worten *Hätt ich nur sieben Tage Ruh, Braucht keinen Teufel nicht dazu So ein Geschöpfgen zu verführen* identifiziert sich FAUST fast selbst mit einem *Teufel.* Er würdigt hier nicht nur MARGARETHE, die nicht weniger als FAUST ein *Ebenbild der Gottheit* (U 163) ist, zu einem *Geschöpfgen* herunter, sondern identifiziert sich auch mit der *Schlange* (U 443), die Eva *verführen* will.

B. So werden FAUST und MEPHISTOPHELES über dessen *Muhme* (U 443) miteinander ‚verwandt'. Aber je mehr FAUST in die Nähe *Luzifers* gerückt wird, desto höher steigt MARGARETHE als FAUSTS Widerpart. Sie hat hier etwas von dem in der Bibel genannten „Weib", das in „Feindschaft" zur „Schlange" gesetzt ist. (1 Mo 3,15) Die unscheinbare MARGARETHE hätte die Schöpfung Gottes zu verteidigen.

A. Tatsächlich umschreibt MEPHISTOPHELES sie mit Hilfe von Kriegsmetaphern: *Mit Sturm ist da nichts einzunehmen Wir müssen uns zur List bequemen.* Sie wird verglichen mit einer Festung, die nicht einnehmbar ist, solange es mit rechten Dingen zugeht.

B. Bewehrt ist sie nicht nur durch gesetzliche Bestimmungen, sondern auch durch ihre Unschuld, durch ihre makellose Identität mit den Geboten der Kirche, also durch ihre ‚Sitt- und Tugendreinheit'.

A. Als wir anfingen, über diese Szene zu sprechen, hätte ich nicht gedacht, daß sich FAUST fast in einen *Teufel* und MARGARETHE in eine Burg verwandelt, die sich mit gottgefälligen Waffen verteidigt.

Dialog 9: *Abend. Ein kleines reinliches Zimmer* (U 530-604)

A. Hat MARGARETHES ‚Gretchenfrisur' mit dem zu tun, was sie beim Frisieren sagt? Wenn man bedenkt, daß diese Frisur einen akkuraten Scheitel erfordert und keinem Haar eine Stelle erlaubt, die ihm nicht zugewiesen ist, dann sieht man, daß MARGARETHE zu dem *kleinen reinlichen Zimmer* paßt, in dem sie sich bewegt.

B. Und wenn wir das *kleine Zimmer* als Gleichnis nehmen für die Welt, in der MARGARETHE lebt, also für das Kleinbürgerliche, dann sieht es so aus, als ob das Reinliche das Kleine aufwiegen müsse …

A. … etwa in dem Sinne: ‚Wir sind zwar arm und können uns mit den Großen nicht messen, aber dafür sind wir tugendhaft und lassen uns nicht gehen.' Widerspricht dem jedoch nicht, daß MARGARETHE, falls sie etwas hätte, davon *was gäbe*, nur um zu wissen, wer dieser *Herr*, den wir schon kennen, *gewesen ist*?

B. Ein wenig schon:

Ich gäb was drum wenn ich nur wüsst
Wer heut der Herr gewesen ist.
Er sah gewiss recht wacker aus
Und ist aus einem edlen Haus
Das konnt ich ihn an der Stirne lesen.
Er wär auch sonst nicht so keck gewesen.

Was sie als *gewiss* bezeichnet, ist in Wirklichkeit ungewiß und drückt das aus, was sie gerne bestätigt wissen möchte, ob *der Herr* nämlich, wie sie es wünscht, *aus einem edlen Haus*, also ein Mann von Adel *gewesen ist.*

A. Deshalb gibt sie sich so schnell zufrieden mit den Beweisen, die ihr dafür einfallen: *recht wackres* Aussehen und *Keck*-sein genügen ihr, um das zu bestätigen, was sie *ihm an der Stirne lesen* konnte. Sind das typische Eigenschaften eines Mannes aus *edlem Haus*?

B. Sie verwendet hier, wenn man *Herr* hinzu nimmt, drei Begriffe, die auf eigenartige Weise vieldeutig sind. *Herr* bezeichnete vor allem einen adeligen Herrn, aber schon zu Goethes Zeit löste sich diese Einschränkung auf. Und die beiden Begriffe *wacker* und *keck* bedeuteten kaum mehr ‚wach' und ‚lebhaft', sondern so viel wie ‚tätig, rüstig', bzw. ‚mutig, kühn'; im Grimm steht zu „keck": „eine Kühnheit, die über die

Erwartung oder über alles Maß hinausgeht", „ein kecker Bursche ist mindestens ein dreister, manchmal aber fast mit stärkerem sittlichen Tadel als dreist"[10]. MARGARETHE nimmt solche Eigenschaften als Indizien für den Adel, die zugleich die Merkmale des neuen Bürgers sind, der sich anschickt, durch Unternehmungsgeist, Ausdauer, kühnen Mut, sich dreist über sittlichen Tadel wegsetzend, Herr der Welt zu werden.

A. Aber davon kann MARGARETHE kaum etwas wissen!

B. Wie schon bei ihren ersten Versen wird auch hier durch die Art ihres Sprechens angedeutet, daß sie mehr darstellt, als die Figur MARGARETHE wissen kann. - Hast du bemerkt, daß MARGARETHES Monolog eine auffällige Alliteration durchzieht: ***w**as* - ***w**enn* - ***w**üßt* - ***W**er* - *ge**w**esen* - *ge**w**iß* - ***w**acker* - ***w**är* - *ge**w**esen*? Schon diese Stilisierung macht MARGARETHE bedeutender, als sie zunächst erscheint. Es ist eine folgenreiche Fehldeutung, FAUST für einen adeligen Herrn zu halten, zumal ihr dieser *Herr* bis zu ihrem Ende nie sagt, wer er ist, obgleich ihm MARGARETHE *drum* mehr als nur *was,* nämlich sich selbst, gibt.

A. Sie orientiert sich nur an Standesmerkmalen und spricht von nichts Persönlichem, keiner Augenfarbe, keinem Lächeln.

B. Ja, sie scheint auffällig auf den ***Herrn***, nicht auf den **Menschen** FAUST fixiert zu sein.

A. Haben wir damit die Stelle gefunden, wo die ‚Festung' MARGARETHE mit *List* (U 510) genommen werden kann? Mir fällt auf, wie überheblich und komisch es im ‚wirklichen' Leben wäre, wenn ein Mädchen, das fast noch ein Kind ist, es als *keck* bezeichnete, daß ein gestandener *Herr* sie auf der Straße anspricht. Woher nimmt sie das Bewußtsein für ihren Wert?

B. Dieser Wert kann kaum etwas anderes sein als die sittliche Ordnung, in der MARGARETHE sich bewegt. Mit dieser Ordnung scheint sie innerlich übereinzustimmen.

A. Aber gleichzeitig gefällt ihr der, der diese Ordnung *keck* zu überspringen scheint und dadurch „sittlichen Tadel" verdient. Ist damit gesagt, daß sie selbst nicht *sitt und tugendreich* (U 563) sein will, weil sie sich in ihrer *kleinen*, aber *reinen* Welt unterdrückt fühlt? Sehnt sie sich selbst danach, etwas ‚Keckes' zu unternehmen?

B. Es sieht so aus. Jedoch sucht sich MARGARETHE - ‚unbewußt' - dafür einen ‚Partner', von dem sie glaubt, daß er - als Angehöriger des Adelsstandes - sich nicht an die sittliche Ordnung halten müsse.

A. Man könnte dann sagen, wenn MARGARETHE sich mit einem Adeligen ‚einläßt', verstößt sie gegen diese Ordnung fast gar nicht.

B. Dies gehört zur Anziehungskraft FAUSTS, jedoch nicht nur aus der Sicht MARGARETHES. Für ihn als Verkörperung des neuen Bürgers ist der Adel eine Maske, die ihm hilft, seine Ziele zu erreichen.

A. Vielleicht können wir auch sagen, FAUST löst aus dem Begriff des Adels dessen Freiheit, um nicht zu sagen, dessen Willkür für sich heraus, ohne die soziale Verpflichtung gegenüber den Untertanen und die Verantwortung gegenüber einem Gott zu übernehmen, von dessen Gnade der Adel seine Vorrechte ableitet. -

B. In der Bibel wird vor Dieben gewarnt, die einbrechen und „irdische Schätze" stehlen (Mt 6,19). Hier **bringen** nun die Einbrecher einen irdischen Schatz, wohl deshalb, damit sie - unausgesprochen - einen ‚himmlischen', nämlich MARGARETHES Geborgenheit in ihrer Kirche, stehlen können.

A. Ich finde es mehr als „dreist", wie sich FAUST in MARGARETHES Zimmer breit macht, wie wenig er den Privat-Raum MARGARETHES achtet und wie er sich darin einrichtet. Daß FAUST, der fremde Eindringling, sein Selbstgespräch mit *Willkommen* beginnt, als ob er hier zu Hause wäre, zeigt, wie be-sitz-ergreifend sein Bewußtsein ist, und dementsprechend ***wirft*** er sich in den *ledernen Sessel.* So hat auch das, was er von MARGARETHE sagt, nichts mit ihr zu tun.

B. FAUST überträgt das von ihm selbst empfundene *Gefühl* der *Ordnung* und der *Fülle* auf MARGARETHES *Geist,* dem er diese Eigenschaften *der Füll und Ordnung* zuweist. Er **selbst** ist still, um dann - *nach einigem* ***Still****schweigen* - zu sagen: *Wie athmet rings Gefühl der* ***Stille****.* Es ist der eigene Atem, das eigene *Gefühl,* das er aus sich herausstellt und dann so aufnimmt, als sei es MARGARETHES.

A. Man könnte auch sagen, er produziert eigene Empfindungen, um sie auf einen fremden Menschen zu projizieren und dann als objektive Wirklichkeit zu genießen.

B. Es wird damit gezeigt, daß die Substanz dieser Selbstausweitung FAUSTS schwärmerisches Fühlen ist. Wo FAUST sagt: ***Armseelger*** *FAUST, ich kenne dich nicht mehr,* wäre ihm zu antworten: ‚Du bist derjenige, der zuvor gesagt hat: *In dieser* ***Armut*** *[...] welche* ***Seeligkeit****.* Aus deiner Arm-Seligkeit hast du das Luftgebilde hervorgezaubert. Du erzeugst den *Zauberdufft,* der dich *umgiebt.*' Ein solcher FAUST fühlt nur sich selbst. Und das heißt doch wohl, er liebt auch nur sich selbst, wenn er glaubt zu lieben.

A. Mir kommt vieles von dem, was FAUST hier sagt, bekannt vor. Schon *Willkommen süsser* ***Dämmerschein*** *Der du dies Heiligthum durch****webst****! Ergreif mein Herz, du süse Liebespein Die du vom* ***Tau*** *der Hoffnung schmachtend lebest!* ist ähnlich wie *O sähst du voller* ***Mondenschein****, Zum lez-*

ten mal auf meine Pein [...] Ach könnt ich doch [...] in deinem ***Dämmer weben****, [...] In deinem* ***Thau*** *gesund mich baden!* (U 33-44), und so geht das weiter. *Schmachtend, rings, Gefühl der Stille, Kerker*, das alles habe ich so oder ähnlich schon in der Szene „Nacht" gehört (vgl. U 106; 53; 82; 45).

B. Und ***Ich fühl*** *o Mädchen deinen* ***Geist*** *Der Füll und Ordnung* ***um mich säußeln*** sowie *Was* ***faßt mich*** *für ein Wonnegraus* spielen an auf die Beschwörung des *Makrokosmos* und die *Erdgeist*-Szene, wo FAUST entsprechend sagt: *Ha welche Wonne fließt in diesem Blick Auf einmal mir durch alle meine Sinnen* (U 77 f.), oder: *Es weht Ein Schauer vom Gewölb herab Und* ***faßt mich*** *an.* ***Ich fühls*** *du* ***schwebst um mich*** *Erflehter* ***Geist****!* (U 119-21) Dies sind Hinweise, daß FAUST durch MEPHISTOPHELES nicht grundsätzlich verändert wurde, sondern auch in den Gretchen-Szenen der FAUST der Wissenschafts-Szenen ist.

A. Du meinst, FAUSTS Bewußtsein erscheine einmal als wissenschaftliches, und einmal als zwischenmenschliches, gesellschaftliches Bewußtsein.

B. Ja. Was in der Gretchen-Tragödie geschieht, scheint die praktische Folge dessen zu sein, was FAUST von Anfang an wollte, ohne dabei an eine MARGARETHE und ihre Welt zu denken.

A. Müßte dann nicht das, was FAUST hier sagt und tut, auch das erläutern, was er früher gesagt und getan hat?

B. Es ist möglich. Wir könnten es beispielsweise überprüfen an dem emotionalen Satz: *In diesem Kerker welche Seeligkeit!*

A. Diese Aussage kommt mir übertrieben vor: Das *reinliche Zimmer*, so wie es durch FAUSTS ‚Verklärung' durchscheint, ist weder ein *Kerker*, noch enthält es *Seeligkeit*.

B. Das würde heißen: FAUST nimmt entweder seine Wörter nicht ernst, oder er weiß nicht, wovon er redet. In einer Zeit, wo in absolutistisch regierten deutschen Landen jeder zu jeder Zeit in einen Kerker geworfen und ohne Gerichtsverfahren zu Tode gefoltert werden konnte, kann es als Gleichgültigkeit oder Gedankenlosigkeit empfunden werden, wenn FAUST sein *hochgewölbtes enges gothisches Zimmer* als *Kerker* und *dumpfes Mauerloch* (U 45 f.) bezeichnet.

A. Und diese Ungenauigkeit wiederholt er: So, wie er im *gothischen Zimmer* gedacht hat, das Kerkerdasein sei der Grund, daß *ein unerklärter Schmerz* ihm ***alle*** *Lebensregung hemmt* (U 59 f.), staffiert er umgekehrt, aber nicht weniger übertrieben, in MARGARETHES *Zimmer* den angeblichen *Kerker* mit *Seeligkeit* aus.

B. Goethe zeigt zuerst, daß FAUST für zwei verschiedene Räume dieselbe Metapher benützt, was schon für sich allein auf einen ungenauen Sprachgebrauch hinweist, und stellt dann als letzte Szene des Dramas die eigentliche Bedeutung von „Kerker" auf die Bühne. Dieser Raum stimmt mit seiner Bezeichnung überein.

A. Demnach sind Metaphern und dergleichen nicht bloße Verzierungen der Sprache, sondern können Wirklichkeit werden.

B. Vielleicht müßten wir sagen, sie können nicht nur Wirklichkeit werden, sondern neigen dazu, Wirklichkeit zu werden. Goethe läßt sein Publikum sehen, wohin der sorglose Gebrauch der Sprache führt.

A. Die Personifikationen in FAUSTS Rede sind nicht weniger auffällig als seine Übertreibungen. Ich denke an *Dämmerschein, Liebespein, Gefühl der Stille usw., (Sessel), Geist, Natur*, vielleicht auch *Druck der Lufft.*

B. Personifikationen sind Überbleibsel aus den Zeiten, als die Menschen in den Gegenständen der Natur nicht Dinge, sondern Götter sahen, also aus dem Mythos. Wo in der Kunst etwas Natürliches vergöttlicht ist, kann man immer fragen, ob hier nicht auf mythische Bewußtseins-Strukturen hingewiesen wird. Nicht-mythisches Denken dagegen wäre geschichtliches Denken, wo versucht wird, Wirkliches auf erkennbare Ursachen zurückzuführen, sich nicht von Göttern bestimmen zu lassen, sondern sich selbst zu bestimmen und dadurch auch selbst für das eigene Handeln verantwortlich zu sein. FAUST fragt nicht selbstverantwortlich: ‚Warum habe ich mich entschieden, hierher zu kommen?', sondern mythisch: *Und du! Was hat dich hergeführt?*

A. So wird es auch bezeichnend sein, daß der personifizierende FAUST zugleich *Gretgen* vergöttlicht: Zuerst nennt er ihre *Hand* ***Götter**gleich,* dann ist MARGARETHE ein *eingebohrner* ***Engel***, und schließlich ein ***Götter****bild,* das die *Natur* auf einzigartige Weise gebildet und sich entwickeln lassen hat.

B. Daran siehst du, daß er nicht nur MARGARETHE, sondern auch die *Natur* mythisiert. Auf das Mythische in FAUSTS Bewußtsein ist aber auch hingewiesen durch die Begriffe *Heiligthum* und *Frevel.* Das Gefühl des *Frevels* vermag sofort in Gewalt gegen das *Heiligthum* umzuschlagen, wenn sich das Heilige als Täuschung erweist.

A. Demnach kann ein Mensch desto tiefer erniedrigt werden, je mehr er vergöttlicht wurde, falls er dem nicht entspricht, was man von ihm erwartet hat. Die mythische Erhöhung eines Menschen wäre also eine Art von Gewalt, die man ihm antut.

B. Es scheint Goethe wichtig zu sein, immer wieder darauf hinzuweisen, daß das, was in der Gretchen-Handlung passiert, sich schon vorher im Denken FAUSTS ‚abgespielt' hat.

A. In dieser kontemplativen Szene, in der sich FAUST geistig ausbreiten, sein Denken und Fühlen gewissermaßen ‚verräumlichen' kann, läßt sich erkennen, daß FAUST nicht mit sich selbst einig ist; ihm scheint das Bewußtsein seiner Selbst zu fehlen.

B. Deutlich ist die Gespaltenheit FAUSTS gezeigt in folgender Versgruppierung mit ihrem Wechsel von Du und Ich:

*Und **du**! Was hat **dich** hergeführt?*
*Wie innig fühl **ich mich** gerührt!*
*Was willst **du** hie? Was wird das Herz **dir** schweer?*
*Armseelger Faust **ich** kenne **dich** nicht mehr.*

A. Das ***ich*** scheint überrascht zu sein, daß es nicht nur **derjenige** *Faust* ist, der sich *weder vor Höll noch Teufel* (U 16) fürchtet und sich aus *Nacht* und Macht mittelalterlichen, oder vielleicht besser: mythischen Denkens emanzipieren will.

B. Jedoch führt dies zu keiner Erkenntnis, die Folgen für FAUSTS Handeln und auch für sein Bild von MARGARETHE hätte, sondern nur zu einem kläglichen *Ich weis nicht soll ich?*

A. Nun verstehe ich besser, warum der labile FAUST einen Stabilisator braucht, der seine Interessen auch dann verfolgt, wenn FAUST *volle Stunden säumen* möchte oder mutlos wird.

B. Diese Funktion MEPHISTOS zeigt sich, als er die Beschaulichkeit FAUSTS beendet. Sowohl in der Regieanweisung wie in FAUSTS Worten wurde das Adverb *rings* verwendet und damit angedeutet, daß der ‚Kreis' die adäquate Figur ist, auf die sich eine solche ‚Raum-Zeit' abstrahieren läßt. Mit seinem *Gesch**wind*** bringt MEPHISTOPHELES nicht nur den in diesem Wort lautlich enthaltenen frischen ‚Wind' in MARGARETHES *Zimmer*, sondern überführt die Kreislinie wieder in die Gerade, die ***Geschwind***-igkeit ermöglicht und FAUSTS ‚Drang' begünstigt, *so **grade** zu geniessen.*

A. Das wird verstärkt, indem MEPHISTOPHELES nochmals sagt: *Nur fort **geschwind*** und gleich darauf auch *Nur fort* wiederholt. Dieses *Nur fort geschwind* scheint die Parole zu sein, unter der das ‚Unternehmen Margarethe' gelingen soll. Sie erinnert an den bürgerlichen Begriff des ‚Fortschritts', der bis in unsere heutige Zeit das Heilmittel für fast alle Probleme sein soll.

B. In FAUSTS Interesse handelt MEPHISTOPHELES auch, als er *Sachen* bringt, *um eine Fürstin zu gewinnen.* Denn dies gehört zur Strategie FAUSTS, MARGARETHE zu erhöhen, um sie als *schönes Fräulein* (U 457) zu verunsichern und so aus ihrer Welt zu lösen. MEPHISTOS *Ich schwör euch ihr ver-*

gehn die Sinnen kündigt hier schon an, was im „Dom" wörtlich in Erfüllung gehen wird.

A. Verstehst du, warum MEPHISTOPHELES ***Zwar*** *Kind ist Kind* usw. sagt, aber dem kein ‚Aber' folgt?

B. Das ‚Aber' steht davor; sinngemäß sagt er: ‚Zwar Kind ist Kind und Spiel ist Spiel, aber es sind dennoch Sachen darin, um eine **Fürstin** zu gewinnen.' Mit *Fürstin* knüpft er an den *Fürsten Sohn* am Ende der vorigen Szene an.

A. Würde das heißen: Um ein Mädchen wie MARGARETHE zu verführen, braucht man so wenig wie bei jeder anderen jungen Frau fürstlichen Schmuck, MARGARETHE jedoch bedeutet mehr als ein einzelnes Mädchen aus kleinbürgerlichem Haus? Was bedeutet sie dann aber in diesem Zusammenhang?

B. Wenn sie Kleinbürger und Kleinbauern verkörpert, die aus ihrem Gesellschaftssystem gelöst werden sollen, dann könnte MEPHISTOS Bemerkung andeuten, man müsse diese durch materielle Anreize sozial verführen, indem man etwa dem Adel von seinem Reichtum nimmt.

A. Dies würde erklären, warum MEPHISTOPHELES fragt: *Meynt ihr vielleicht den Schaz zu wahren?* Er befürchtet, FAUST als Vertreter des neuen Bürgers könne *den Schaz* zweckentfremden, um als Neureicher in den Kreis der alten Herrscher aufgenommen zu werden.

B. Dann würde FAUST entgegen seinem Auftrag handeln, MEPHISTOPHELES habe *für ein Geschenk für* ***sie*** zu sorgen (U 525). Es könnte sein, daß MEPHISTOS *Ich hoff nicht daß Ihr geizig seyd* auch heißt, es komme jetzt nicht darauf an, Schätze zu vergraben, sondern sie in das zu investieren, was erreicht werden soll.

A. Am Ende des ‚Einbruchs' in MARGARETHES *Zimmer* kommt es mir vor, als habe FAUST die Führung an MEPHISTOPHELES abgegeben. Wie könnte er sonst *Ich weis nicht soll ich?* fragen?

B. Schon in der nächsten Szene ist es wieder FAUST, der befiehlt.

Dialog 10: *Abend. Ein kleines reinliches Zimmer* (U 605-656)

A. Wenn es einen leibhaftigen Teufel gäbe und er in ihrem Zimmer gewesen wäre, könnte MARGARETHE sich kaum anders äußern, als sie es bei ihrer Rückkehr tut. Wird dadurch nicht alles hinfällig, was wir bisher vor allem zu MEPHISTOPHELES gesagt haben?

B. Auch wo es mit irdischen Dingen zugeht, kann die Luft in einem *kleinen Zimmer* verbraucht sein, wenn sich jemand bei geschlossenem *Fenster* darin aufgehalten und sich so echauffiert und ‚ausgebreitet' hat, wie wir es in der vorangegangenen Episode gesehen haben. Dennoch ist das, was du beobachtet hast, so offensichtlich, daß es kaum bedeutungslos sein kann.

A. Du meinst, hier werde eine alte Teufelsvorstellung zitiert?

B. Ja. Und ich denke, daß sich das Publikum dabei ertappen soll, wie es fast automatisch bereit ist, MARGARETHES Empfinden mit MEPHISTOPHELES zu verknüpfen und FAUST dabei außer acht zu lassen.

A. Dies braucht nicht zu verwundern, denn nicht FAUST, sondern MEPHISTOPHELES hat etwas im *Schrein* zurückgelassen.

B. Daß nicht nur MARGARETHE, wie MEPHISTOPHELES gesagt hat, einen *Dunst kreis* (U 523) hat, sondern auch FAUST, sehen wir vielleicht besser, wenn wir uns die Wörter anschauen, die MARGARETHE spricht. MARGARETHES ***dumpfig*** erinnert an FAUSTS ***dumpfes** Mauerloch* (U 46); *Mir läuft ein **Schauer** am ganzen Leib* an *Es weht Ein **Schauer** vom Gewölb herab* (U 119 f.); und das ***furchtsam** Weib* an *ein **furchtsam** weggekrümmter Wurm* (U 146), als den der *Erdgeist* FAUST bezeichnet hatte.

A. Das ist allerdings frappierend. Nur liegen die Zitate etwas weit zurück.

B. Wir finden auch nähergelegene: *so **warm** nicht draus* bezieht sich auf *Hier lag das Kind, mit **warmem** Leben* (U 564), aber vor allem das ***Ich weiß nicht** wie* ist eine deutliche Anspielung auf FAUSTS ***Ich weis nicht** soll ich* (U 590). MARGARETHE wird so gezeigt, daß sie nicht von MEPHISTOPHELES, sondern von FAUST beunruhigt ist, auch wenn sie davon nichts weiß und wahrscheinlich die Ursache auf MEPHISTOPHELES schöbe, falls sie von dem Besuch der beiden Herren wüßte. Es ist also auch an dieser Stelle wichtig, daß wir mehr wissen als die handelnden Figuren.

A. Eigenartigerweise spricht MEPHISTOPHELES vom *süssen iungen Kind* (U 598), MARGARETHE dagegen von sich als einem *Weib*.

B. Der Begriff „Kind" ist im 18. Jahrhundert so geläufig für Mädchen, Geliebte und die eigene Frau, daß wir in diesem Gebrauch keine Argumente finden können. Mir scheint wichtiger, *Weib* auf FAUSTS *Ist über vierzehn Jahr doch alt* (U 479) zu beziehen; im Grimm steht, daß Weib „stets das gereifte Wesen weiblichen Geschlechts"[11] bezeichnet.

A. Damit wäre klargestellt, daß MARGARETHE eine körperlich erwachsene Frau ist ...

B. ... oder zumindest, daß sie das sein möchte und sich so fühlt. Was sie sein möchte, singt sie vermutlich auch im Lied vom *König in Tule*:

Es war ein König in Tule
Einen goldnen Bächer er hett
Empfangen von seiner Bule
Auf ihrem Todtesbett.

Der Becher war ihm lieber
Trank draus bey iedem Schmaus.
Die Augen gingen ihm über
So offt er trank daraus.

Und als es kam zu sterben
Zählt' er sein Städt und Reich
Gönnt alles seinen Erben
Den Becher nicht zugleich.

Er sas beym Königs Mahle
Die Ritter um ihn her
Auf hohem Väter Saale
Dort auf dem Schloss am Meer.

Dort stand der alte Zecher
Trank lezte Lebens glut
Und warf den heilgen Becher
Hinunter in die Flut.

Er sah ihn stürzen, trincken,
Und sinken tief ins Meer
Die Augen thäten ihn sinken
Trank nie einen Tropfen mehr.

A. Auch für mich ist dies kein zufälliges Lied, schon weil sich MARGARETHE beim Singen *auszieht* und dadurch angedeutet wird, daß sie etwas von ihrem Inneren preisgibt; aber ein solch unmittelbarer Bezug ist mir nicht aufgefallen.

B. Dieses Lied handelt von einer Herrschaftsgeschichte und einer Liebesgeschichte; im *König* sind beide verbunden. Die Liebe ist so fest, daß der *goldne Bächer*, der sie symbolisiert, dem *König lieber war*, und das heißt wohl, lieber als alles andere.

A. Da der *König* weint, wenn er aus dem *Becher* trinkt, wogegen ihn das althergebrachte Königreich innerlich nicht zu berühren scheint, steht der *goldne Bächer* vor allem für eine Gefühlsbeziehung. Und das Treue symbolisierende *golden* wird schließlich durch *heilig* überhöht. Das ist eine schöne sentimentale Geschichte, die alle singen könnten, die auf treue Liebe hoffen. Insofern stimme ich dir nun zu, daß MARGARETHE mit diesem Lied ausdrückt, was sie sich wünscht.

B. *Bule* ist zwar ein ständeübergreifender Begriff, aber es liegt nahe, daß er in diesem Lied eine nicht standesgemäße Geliebte bezeichnet, sonst hätte der *König* die über alles geliebte Frau zur Königin und Mutter der *Erben* machen können. Sobald sich MARGARETHE mit dieser Geliebten und den *König* mit FAUST identifiziert, eröffnen sich für sie neue Perspektiven.

A. Sie könnte sich - unbewußt - sagen, wenn so etwas denkbar ist, und mag es in noch so weiten Fernen gewesen sein, dann wäre es vielleicht auch in ihrem Leben möglich, die Standesgrenzen zu unterlaufen und eine treue Liebe zu dem in ihren Augen adeligen FAUST zu verwirklichen.

B. Hinzu kommt, daß die Sängerin dieses Liebesliedes zugleich ein *politisch Lied* („Auerbachs Keller", Z. 10) singt. Nehmen wir an, die von MARGARETHE verkörperte Gesellschaftsschicht habe sich dieses Lied ausgedacht, dann ist wichtig, daß die Liebesbeziehung zugleich als eine Naturbeziehung erscheint, vor allem ausgedrückt durch die Emotion des *Königs* und durch das *Meer*, das *Städt*, *Reich*, *Erben* und *Ritter* entgegengesetzt ist.

A. Und dadurch wird indirekt die Herrschaft des Feudaladels kritisiert, weil nicht treue Liebe, sondern die Aufrechterhaltung einer über Generationen vererbten Dynastie das höchste Gut ist, dem sich die Menschen einschließlich des Herrschers unterzuordnen haben.

B. Es äußert sich in diesem Lied also - unbewußt - ein Bewußtsein, das sich der herrschenden Schicht überlegen fühlen kann, auch deshalb, weil die *Bule* so besungen wird, daß sie liebenswerter als alles ist. Mir ist noch aufgefallen, daß in diesem Lied keine Kirche vorkommt, die im eigenen Interesse das Verhältnis zwischen *König* und *Bule* verteufeln müßte.

A. Daran gemessen ist der ***heil'ge*** *Becher* geradezu ein Frevel. Das würde heißen, daß MARGARETHES Stand schon vor FAUST und MEPHISTOPHELES nicht mehr ganz so fest im herrschenden System verankert ist, wie es Kirche und König gerne hätten.

B. Ja, in ihrem Liede ist MARGARETHE kein so *furchtsam Weib* wie in ihrer Rede, und sie ist besser auf das Gold im *Schmuckkästgen* vorbereitet, als sie selber weiß.

A. Kann MARGARETHE ein armes Kleinbürgermädchen sein, wenn sie in Erwägung zieht, daß ihre *Mutter* gegen Pfand Geld ausleiht?

B. Ein Kleinbürger, der ein Gewerbe treibt, kann einem anderen gegen Pfand etwas leihen, ohne gleich zum aufstrebenden Großbürgertum oder überhaupt zu den ‚Reichen' zu gehören.

A. Ich habe nicht bedacht, daß MARGARETHE zunächst über das *Kästgen* redet, ohne seinen Inhalt zu kennen. Und was sie dann sieht, geht ja über alle ihre Erwartung hinaus. Darauf hätte ihre *Mutter* niemals ‚leihen' können.

B. Und dennoch scheint es, als ob FAUST sie nicht ohne Folgen als *Fräulein* angeredet habe, denn sie handelt so, wie er es erwartet: Den *Schmuck* bezieht sie unmittelbar auf eine *Edelfrau*, und gleich kommt ihr in den Sinn, sich selbst an die Stelle dieser *Edelfrau* zu denken.

A. Du meinst ihr *Wem mag die Herrlichkeit gehören?* enthalte die Möglichkeit, an sie selbst könne der *Schmuck* adressiert sein.

B. Ich schließe es nicht aus. Ein klein wenig bricht auch MARGARETHE das Recht, wenn sie das - mögliche - *Pfand* öffnet und die fremden Gegenstände benützt. Immerhin könnte dabei etwas zerbrechen.

A. Vielleicht zeigt sich die Wirkung FAUSTS noch mehr in dem Wunsch: *Wenn nur die Ohrring meine wären!* Dann könnte sie dem Herrn *aus einem edlen Haus* (U 533) gleichwertig wie eine *Edelfrau* gegenübertreten. Worin eigentlich ist die Macht von *Schmuck* aus *einem edlen* Metall begründet? Es kann doch nicht nur die Seltenheit des Metalls sein.

B. Zur Seltenheit kommt, daß Gold sich kunstreich verarbeiten läßt, daß es glänzt und schön und beständig ist; schon sehr kleine Mengen sind sehr kostbar.

A. Deshalb ist es möglich, daß sich eine Frau mit einem Vermögen schmücken kann. Aber dennoch hat Gold, wenn es nicht als Heilmittel verwendet wird, keinen Gebrauchswert.

B. Allerdings mit dem Unterschied, daß es sich in viele Gebrauchswerte verwandeln läßt. Alles, was käuflich ist, ist im Gold enthalten, Macht über andere Menschen nicht weniger als Triebbefriedigung. Auch jede Art von Arbeit läßt sich in Gold ausdrücken und aufwiegen.

A. Dann bleibt nicht viel übrig, das dem Gold widersteht.

B. Es bleibt das übrig, was man als Individuum, als Persönlichkeit bezeichnet, mit allen Eigenschaften, die einen Menschen achtens- und liebenswert machen.

A. In MARGARETHES Lied ist die Liebe durch *Gold* symbolisiert.

B. Vermutlich deshalb, weil das unverwüstliche *Gold* für Treue steht. Aber die wesentlichen Kennzeichen der Liebe haben mit der Persönlichkeit des *Königs* zu tun, und weil sich seine Gefühlsbindung an die *Bule* nicht verdinglichen läßt, wird der *goldne Bächer* zum *heilgen Bächer* und dorthin geworfen, wo er weder Gebrauchs- noch Tauschwert hat.

A. Könnte man demnach sagen, daß MARGARETHE sich verdinglicht, wenn sie wünscht, daß *die Ohrring* ihre wären?

B. Sie wünscht, sich aufzuwerten, ihren sozialen Mangel gegenüber FAUST zu kompensieren, ohne dafür irgendwas getan zu haben; der Wert, den sie sich mit den Ohrringen verschafft, hat nichts mit ihr zu tun, er kann sekundenschnell abgenommen und auf einen anderen Menschen übertragen werden. Wo ihr Wert und Ansehen mit dem Wert des Schmucks gleichgesetzt wird, wird sie zweifellos verdinglicht. Und wenn sie das selbst tut, verdinglicht sie sich selbst.

A. Dir ist sicher aufgefallen, wie ‚schön' es gemacht ist, daß sich MARGARETHE im Spiegel als *Edelfrau* geschmückt gegenübertritt und selber als *schönes Fräulein* (U 457) in der Rolle dieser *Edelfrau* zum Kleinbürgermädchen MARGARETHE spricht.

B. Das Kunstvolle dieser kleinen Szene ist noch dadurch gesteigert, daß MARGARETHES Bewußtsein selbst wie ein *Spiegel* wirkt, das die Eindrücke zurückwirft, die es vom Adel erhalten hat. Was wir erfahren, ist nicht die Meinung des höheren Standes über die *Armen*, sondern nur das, was MARGARETHE darüber denkt.

A. Und das erscheint wie ein großer Minderwertigkeitskomplex. MARGARETHE fällt als Wert, den sie der Verdinglichung entgegensetzen könnte, nur *Schönheit* und *iunges Blut* ein, also Eigenschaften, die ebenfalls äußerlich sind oder nicht lange vorhalten. Sie verinnerlicht ihr eigenes Vorurteil, daß *schön und gut* nichts gelte.

B. Ja, das Schöne und Gute ist für sie nicht das Wahre. Und dabei ist es doch das Gutsein, demgegenüber das *Gold* als Wert verblaßt, weil Gutsein und Menschen zu verdinglichen sich widersprechen.

A. MARGARETHE fehlt wohl die innere Festigkeit, mit der sie der Versuchung durch das *Gold* widerstehen könnte, das für sie die Annäherung an, wenn nicht gar den Übergang in eine andere Klasse bedeutet. Die Magie des *Goldes*, falls man das überhaupt sagen kann, wäre also der soziale Aufstieg, den es verheißt.

B. Ich glaube eher, daß MARGARETHE sich vom *Gold* verführen läßt, weil sie sich von ihm einen Selbstwert verspricht in einer Gesellschaft, die ihre Mitglieder durch strengste Verhaltensvorschriften daran hindert, autonom und selbstverantwortlich zu handeln und zu fühlen. Dementsprechend sagt MARGARETHE bei der ersten Unsicherheit: *Ich wollt, die Mutter käm nach Haus.*

A. Es läßt sich vielleicht sagen, im Lied vom *König in Thule* versichere sich MARGARETHE unbewußt, daß Standesunterschiede nicht in der Person begründet sind. Denn sonst könnte der *König* - noch in der Erinnerung - die *Bule* nicht mehr lieben als alles andere. Und vor dem *Spiegel* überzeugt sie sich, daß auch sie, die nur die natürlichen Gaben *Schönheit* und *iunges Blut* besitzt, eine *Edelfrau* sein könnte.

B. Aber gleichzeitig kann sie dem Lied auch entnehmen, daß die *Bule* eines *Königs*, wenn sie geachtet sein will, wenigstens so viel besitzen sollte, daß sie ihm auf ihrem *Todtesbett* einen *goldnen Bächer* geben kann. Auch von daher ist ihr Verhalten gesteuert und wird die Taktik begünstigen, die FAUST und MEPHISTOPHELES verfolgen.

A. Die beiden könnten zufrieden sein, wenn sie, wie wir, wüßten, welche Gefühle und Wünsche sie bei MARGARETHE ausgelöst haben. Wenn diese den Stand verkörpert, den FAUST und MEPHISTOPHELES erschüttern wollen, dann haben wir in dieser Szene in die Seele dieses Standes geschaut …

B. … und gesehen, daß er, wenn überhaupt, deshalb zu ködern und zu angeln ist, weil ihm die Mündigkeit fehlt, für sich selbst zu sprechen und zu handeln.

A. Vermutlich wird FAUST, soweit er den neuen Bürger vertritt, sich wenig darum kümmern, daß MARGARETHE kein *Gold* hat, denn für ihn müßte *iunges Blut* im Sinne von Jugend und Arbeitskraft von viel größerem Interesse sein, wenn die Erde neu geschaffen werden soll.

B. Falls es ihm gelingt, Kleinbauern- und Kleinbürgertum zu entwurzeln, wird ihm dieser Stand das ‚Menschenmaterial' liefern, das er braucht, um *ein Gott* (U 86) zu sein.

A. Nach so viel Innenleben in MARGARETHES *kleinem reinlichen Zimmer* freue ich mich auf eine Szene in frischer Luft.

Dialog 11: *Allee*
(U 657-718)

A. Kannst du dir denken, was FAUST denkt, wenn er *in Gedanken* die *Allee auf und ab* geht? Das heißt doch wohl, er ist mit sich selbst beschäftigt und nimmt nicht wahr, was um ihn vorgeht.

B. So weit wir unterrichtet sind, kann er darüber nachdenken, welche Folgen es hat, wenn die von ihm vertretene Idee verwirklicht wird; wie weit er schon gegangen ist, indem er in ein fremdes Haus eindrang; warum er unsicher wurde, ob er das ‚Unternehmen' weiter führen soll; und vor allem, was er nach seinem ‚Schwächeanfall', seinem *Ich weis nicht soll ich?* (U 590), zu tun gedenkt.

A. Wenn MEPHISTOPHELES über FAUST ebenso denkt wie du und wenn wir voraussetzen, daß er wie der „Besen" das tut, was FAUST ihm aufgetragen hat, dann muß er vor allem dafür sorgen, daß FAUST sich wieder mit Herz und Verstand in dieses ‚Unternehmen' einbringt und das ‚Experiment' vorantreibt. Mir kommt aber MEPHISTOPHELES zu Beginn der Szene so komisch vor, daß ich wenig mit ihm anfangen kann.

B. Was ist an ihm komisch?

A. MEPHISTOPHELES flucht in Superlativen wegen einer Sache, die wohl kaum anders verlaufen konnte und die sich, wie man am Ende der Szene sieht, leicht korrigieren läßt. Denn MEPHISTOPHELES konnte nicht erwarten, daß MARGARETHE und ihre *Mutter* das *Geschmeide* ohne weiteres behalten. Und tatsächlich ist es für MEPHISTOPHELES, anders, als er zu FAUST sagt, *Kinderspiel*, einen neuen *Schmuck* herbeizuschaffen.

B. Komisch ist dann auch, daß MEPHISTOPHELES flucht und zugleich über sein Fluchen nachdenkt.

A. Wenn ein *Teufel* so flucht, ist das grotesk, weil ihm von Gott nichts mehr passieren kann.

B. Das ganze Theater - die ‚Verkleidung', wie FAUST unbewußt erkennt - würde ihm vorgespielt, damit er sieht oder fühlt, daß er der absolut freie Mensch ist, den sogar MEPHISTOPHELES beneidet, weil der sich nicht, wie FAUST, *dem Teufel übergeben* kann.

A. Mir ist aufgefallen, daß FAUST als ‚Prototyp' des Menschen, der wie Gott sein will, dieses Streben mit *Luzifer* (U 527) gemeinsam hat, so daß auch der Erzteufel, wie man ihn sich vorstellt, mit FAUSTS Interessen mehr oder weniger übereinstimmt. Ein luziferischer FAUST macht die Erde zur Hölle.

B. Als *Luzifer* wäre FAUSTS Rolle, MEPHISTOPHELES zu befehlen. - Aber weil wir schon bei den seltsamen Verkehrungen dieser Szene sind: MEPHISTOPHELES regt sich - scheinbar - über etwas auf, worüber Gott sich aufregen müßte. Denn wenn *König* und *Kirch* korrupt sind, dann ist es Sache Gottes, darüber zu fluchen, aber MEPHISTOPHELES in der Rolle des *Teufels* müßte sich darüber freuen.

A. Ich glaube, MEPHISTOPHELES spielt diese seltsame, durch die Handlung der Szene nicht verständliche Komödie, damit FAUST ihn für jemand hält, bei dem Verstand und Sinne (*Gesicht*) *verschoben*, also ‚verrückt' sind. Denn dann ist FAUST eher bereit, diesen ‚Narren' nicht über sich bestimmen zu lassen, sondern selbst die Strategie auszugeben, nach der das ‚Unternehmen' zu einem Ziel gebracht werden soll.

B. Und sobald das Publikum erkennt, daß MEPHISTOS Selbstdarstellung ironisch ist, versteht es, daß es für FAUST keinen Grund gibt, nun plötzlich *Skrupel* (U 15) zu haben. Für einen absolut freien Menschen wäre ein solcher Grund nur sein moralisches Selbst-Bewußtsein. Wie wir jedoch zu Beginn der Gretchen-Handlung gesehen haben, ist FAUST moralisch nicht so gebildet und gefestigt, daß er dem hemmungslosen Gebrauch der Freiheit viel entgegensetzen könnte.

A. Es kommt MEPHISTOPHELES also darauf an, um im Bühnenbild dieser Szene zu bleiben, den in der „Allee" - später ist diese Szene „Spaziergang" überschrieben - wie seine Gedanken *auf und ab gehenden* FAUST wieder auf die „Strase" zu bringen, also seinen Gedanken wieder die bekannte Richtung zu geben. - Findest du es nicht eigenartig, daß man die Geschichte des ersten Schmucks nur aus zweiter Hand erfährt? Ist es ‚wirklich' passiert, was MEPHISTOPHELES erzählt, oder ist es nur auf FAUST berechnet?

B. Ich denke, es ist für die Handlung wichtig, daß FAUST eine Geschichte erfährt, in die er eingreifen kann, und die erfährt er nicht, wenn wir ‚original' sehen, wie MARGARETHE, *Mutter* und *Pfaffe* sich unterhalten. Gleichzeitig sollen wir erfahren, wie FAUST mit dieser Geschichte umgeht, und auch, wie der Schmuck MARGARETHE verändert hat.

A. Für *ein gar unschuldig Ding Das eben für nichts zur Beichte ging* (U 476 f.) verhält sie sich *Mutter* und *Kirch* gegenüber bereits ziemlich distanziert. Die Anziehungskraft des Goldes und des höheren Standes ist schon größer als die von *Himmels Mann[a]* und *himmlischem Lohn*. Mit der Beschreibung *schiefes Maul* paßt MEPHISTOPHELES MARGARETHE seinen eigenen Grimassen an.

B. Auch MARGARETHES Art zu argumentieren ist reichlich sophistisch, falls wir MEPHISTOPHELES glauben können. ‚Einem geschenkten

Gaul schaut man nicht ins Maul.' Dieses Sprichwort sagt, man schaut ein Geschenk nicht auf Fehler an. Sie dreht das um und fragt bei einem kostbaren Geschenk nicht danach, ob das Recht verletzt sein könnte.

A. Hinzu kommt, daß sie voraussetzt, es handle sich um ein Geschenk. Es könnte zum Beispiel eine Falle sein, um sie des Diebstahls, wenn nicht gar wegen Zauberei und Hexerei anzuklagen. Sie folgt ihrem Gefühl und Wunsch, daß der *Herr* aus *einem edlem Haus* (U 531-33) ihr persönlich den *Schmuck* zum ‚Geschenk' gemacht hat.

B. Noch eine andere ungewöhnliche Rechtsauffassung trägt sie vor: Gesetzt den Fall, es handelt sich um *ungerechtes*, also ‚gottloses' *Gut*, dann ist nicht der *gottlos*, der dieses Gut verschenkt. Das wäre so, als ob man sagte, das Diebesgut muß bestraft werden, nicht der Dieb.

A. Und daß sie den Einbruch in Wohnung, *Zimmer* und *Schrein* als *fein gebracht hierher* verharmlost, zeigt deutlich, wie wenig FAUST und MEPHISTOPHELES zu tun noch übrig bleibt.

B. Es zeigt zugleich, wie wenig die herrschenden Institutionen die Beherrschten von ihrer Autorität überzeugen ...

A. ... oder wie gut die Beherrschten wahrnehmen, was die Herrschenden tun, und es nachahmen, wenn es sich machen läßt. Denn soviel durchschaut auch *Margretlein*, daß den *Schmuck* selber zu behalten nicht *gottloser* ist, als wenn ihn die *Kirch einstreicht*. Und FAUST nimmt die Kirche als rein weltliche Einrichtung, die nicht anders handelt, als es *allgemeiner Brauch* ist.

B. FAUST entschuldigt auf diese Weise im nachhinein und im voraus sein unrechtes Handeln. In dieser Gesellschaft scheinen es nur die Einfältigen, wie MARGARETHES *Mutter*, noch nicht bemerkt zu haben, wie man sie ausnimmt. Aber MARGARETHE beweist, wie schnell solche Leute dazulernen können.

A. Der Privatdetektiv MEPHISTOPHELES hat inzwischen auch MARGARETHES Namen ausspioniert. Die Namen von FAUST und MARGARETHE irritieren mich: Nach der Faust-Sage heißt FAUST Johannes. Dem entspräche *der grose Hans* (U 579). Und zu Hans paßte Grete. FAUST aber läßt sich von MARGARETHE - wie man bald erfahren wird - *Heinrich* (U 1106) nennen.

B. Wenn FAUST Heinrich und nicht Johannes heißt, dann deutet das darauf hin, daß dieser FAUST nichts oder nur zur Hälfte etwas mit dem alten Johannes Faust gemein hat. Heißt er aber ‚in Wirklichkeit' Johannes, dann verleugnet er gegenüber MARGARETHE seine Identität, wie er ihr nicht verrät, daß er kein *Herr aus einem edlen Haus* (U 533) ist.

A. Mit MARGARETHE ist die Sache nicht viel einfacher. MEPHISTO-

PHELES nennt MARGARETHE bei dem Namen, den das (Lese-)Publikum genannt bekommt. In dieser Hinsicht ist seine Angabe korrekt. FAUST dagegen nimmt eine Verkleinerungs- oder Koseform nicht von MARGARETHE, sondern von Grete. „Grete" ist mehrdeutig und kann nicht nur die „dumme Grete" bedeuten, sondern ist nach dem Grimm auch eine Bezeichnung für Frau, besonders für die Bauersfrau, außerdem wird eine „putzsüchtige, hoffärtige Frauensperson" Grete genannt; im älteren Alemannischen meinte man mit Grete ein „leichtfertiges, sittenloses Mädchen in allen Abstufungen"[12], und es ist nicht auszuschließen, daß Goethe bei seinem Besuch in der Schweiz den Namen in dieser Bedeutung gehört hat.

B. Ein Publikum, das solche Bedeutungen kennt, reagiert auf FAUSTS *Und Gretgen?* anders als jemand, der bei *Gretgen* nur an ein unschuldiges, armes Mädchen denkt.

A. Und auch MEPHISTOS anschließende Verse werden beziehungsreicher:

Sitzt nun unruhvoll
Weis weder was sie will noch soll
Denkt ans Geschmeide Tag und Nacht,
Noch mehr an den ders ihr gebracht.

B. „Hans und Grete" - nach dem Grimm Bezeichnung für ein „verliebtes Paar"- scheinen also besser zueinander zu passen, als wir zunächst gesehen haben. Was MEPHISTOPHELES den Zuschauern durch das *Weis weder was sie will noch soll* mitteilt, paßt genau zu FAUSTS *Ich weis nicht soll ich?* (U 590).

A. MEPHISTOS Mitteilung kann aber auch dazu dienen, FAUST zu schmeicheln und ihn innerlich so für MARGARETHE zu interessieren, daß sein Reden *von Herzen geht* (U 192) .

B. Jedenfalls gelingt es MEPHISTOPHELES, FAUST wieder zu sich selbst zu bringen, so daß er wie früher befiehlt, Geschwindigkeit verlangt und MEPHISTOPHELES anweist, die von diesem bereits ausspionierte *Nachbrinn* (U 520) als taktisches Mittel einzusetzen.

A. Siehst du einen Sinn darin, daß MEPHISTOPHELES mit *O ia, dem Herrn* und *Ja gnädger Herr* FAUST verspottet?

B. Es könnte sein, daß MEPHISTOPHELES schon hier FAUSTS Handeln für das Publikum kommentiert, und nicht erst mit den letzten drei Versen der Szene. Das *Kinderspiel* ist eine Anspielung auf seine Sentenz: *Zwar Kind ist Kind und Spiel ist Spiel* (U 589), und deutet wohl an, daß

FAUST jetzt MEPHISTOS Argumentation übernommen hat, indem er keine Bedenken mehr zeigt, *einen neuen Schmuck* in den Schrein zu stellen. Und *gnädger Herr* erinnert das Publikum, daß FAUST sich aus taktischen Gründen wie ein Adeliger gibt.

A. Dafür muß er entsprechend gekleidet sein, sonst könnte ihn MARGARETHE nicht für einen *Herrn aus einem edlen Haus* halten.

B. Es ist auch möglich, daß MEPHISTOPHELES mit seinem *Ja gnädger Herr, von Herzen gerne* MARGARETHE im voraus imitiert und FAUST - und dem Publikum - dessen eigenes Ziel vorspielt.

A. Wir müssen wohl annehmen, daß die letzten drei Verse der Szene trotz der Übertreibungen nicht nur bezwecken, das Publikum zum Lachen zu bringen:

So ein verliebter Tohr verpufft
Euch Sonne Mond und alle Sterne
Zum Zeitvertreib dem Liebgen in die Lufft.

B. Gerade die Übertreibungen lassen vermuten, daß MEPHISTOPHELES Bedeutendes sagt. Am wenigsten übertrieben wäre, diese Himmelskörper als Metaphern für die Adelsherrschaft zu verstehen, denn FAUST muß diese Herrschaft vernichten, wenn er den neuen Bürger verkörpert.

A. Du denkst dabei wohl an Ludwig XIV., der sich **Sonnen**könig nannte und dessen Herrschaftssystem sich auch unter Ludwig XVI. nicht grundsätzlich geändert hatte.

B. Ja, an diese überhebliche Metaphorik absolutistischer Herrscher habe ich gedacht. Nähme man aber *Sonne Mond und alle Sterne* nicht bildlich, sondern als Teile, die das Ganze bedeuten, stünde FAUST für die Möglichkeit, das Universum, also - wenn man es auf Gott bezieht - die Schöpfung, zu zerstören.

A. Für den Menschen, der erkennen will, *was die Welt Im innersten zusammenhält* (U 29 f.) und gleichzeitig die Schwerkraft, also das, was das Universum zusammenhält, überwinden will, wäre das die Folge. Für uns im Atomzeitalter hört sich das nicht mehr so komisch an, wie es im 18. Jahrhundert geklungen haben muß. Schon vor dem bürgerlichen Zeitalter formuliert MEPHISTOPHELES dessen mögliche Konsequenzen.

B. Noch bedeutender scheint mir der von MEPHISTOPHELES angegebene Zweck zu sein: *Zum Zeitvertreib dem Liebgen* handelt der ***verliebte** Tohr* FAUST. Schon der ***arme** Tohr* am Anfang des Dramas ist zu fürchten, wenn man sich vorstellt, daß er die Erkenntnis der Urkräfte der Welt ohne *Skrupel* (U 15) anwendet. Aber wenn ein *verliebter Tohr* über

Erkenntnisse verfügt, dann bestimmen irrationale Impulse, unkontrollierte Leidenschaften über den Gebrauch des Wissens, und für Menschen, die dadurch willkürlich zerstört werden, verpuffen *Sonne Mond und alle Sterne* auch.

A. Vielleicht spielt MEPHISTOPHELES deshalb *von Herzen gerne* die Rolle des dienenden *Teufels*, weil FAUST auf eine neue, wirkungsvollere Weise gegen Gott und seine Schöpfung antritt. Während der alte *Luzifer* (U 527) nur versucht, die Menschen Gott abspenstig zu machen, will FAUST das Universum **analysieren**, um daraus die Energie zu gewinnen, es zu *verpuffen*.

B. MEPHISTOS Aufgabe wäre es dann, im Interesse FAUSTS dafür zu sorgen, daß dessen moralische Entwicklung hinter seinen wissenschaftlichen Erkenntnissen zurückbleibt. Unaufgeklärten, unmündigen Menschen ‚alle Macht der Erde' zu geben, wäre das Erfolgsrezept eines so gedachten *Teufels*.

A. Wenn man das so sehen kann, dann haben die Gretchen-Partien auch den Sinn, diese gefährliche Verbindung von Wissenschaft und Leidenschaft ‚durch-zu-spielen'.

B. Viel wird also davon abhängen, ob FAUST verantwortungsvoll zu lieben vermag und ob aus dem verdinglichten *Liebgen* für ihn eine achtenswerte Persönlichkeit wird.

Dialog 12: *Nachbarinn Haus* (U 719-878)

A. Auch MARTHE redet - wie schon MARGARETHE - in einem kleinen Monolog von einem Mann; allerdings weiß sie, wovon sie redet. Aber ihre Verse dienen bloß einem Effekt. Sie spricht so viel vom *lieben Mann* und von *herzlich lieben*, damit der Kontrast zwischen ihrer Trauer und dem Wunsch nach dem *Todtenschein* desto größer wird und das Publikum um so mehr lacht.

B. Wenn das Publikum hier lacht, dann können wir vermuten, daß die Verse mehr bedeuten, als man zunächst ahnt. Lachen kann Ausdruck einer Erkenntnis sein. An dieser Stelle ließe sich lachend erkennen, daß nicht MARTHE lächerlich ist, sondern die Gesellschaft, in der sie lebt. Denn diese macht es ihr unmöglich, ungestraft *herzlich lieben* zu können, wenn sie nicht wieder verheiratet ist.

A. Diesen gesellschaftlichen Aspekt thematisiert MARTHE später deutlicher, wo sie auf die *Ordnung* verweist. Denn die erwartet, daß man ihren Mann *todt im Wochenblättgen lesen* kann, bevor sie eine neue Liebesbeziehung duldet.

B. Dadurch käme das problematische Mißverhältnis zum Vorschein, daß Liebe und Gesetz, Vertrauen und Mißtrauen, die sich streng genommen widersprechen, in ihrer wie in der Gesellschaft des Publikums verquickt sind. Es kann für das Leben der Betroffenen schlimme Folgen haben, wenn die gesetzlichen Vorschriften der *Ordnung* nicht mit den Wünschen der Liebenden oder der Sich-nicht-mehr-Liebenden harmonieren.

A. Dann wird hier ein Thema angeschlagen, das in den restlichen Gretchen-Szenen mehr oder weniger immer mitschwingt. Wie es MARTHE gegangen ist, könnte es MARGARETHE auch gehen.

B. MARTHE ist sicher eine Möglichkeit von MARGARETHES Zukunft, die sie anschaulich vor sich hat und die es vielleicht verständlicher macht, warum es ihr vor der Zukunft in ihrem Stande graut. Dieser Zusammenhang ist subtil ausgedrückt durch die Namengebung: MARGARETHE enthält den Namen MARTHE als Begrenzungen: MARgareTHE.

A. Und tatsächlich scheint MARTHES *Garten* und damit der „Nachbarinn Haus" am Rande der Gesellschaft zu liegen, sonst ließe sich dort kaum ungesehen auf und ab spazieren.

B. Daß MARGARETHE sich schon vor der Begegnung mit FAUST

von dieser *Nachbarinn* angezogen fühlt, könnte auch andeuten, *Frau Marthes* Leben sei ihr - unbewußt - immer noch lieber als das, welches ihre *Mutter* führt.

A. Als mögliches Vor-Bild MARGARETHES wird MARTHE bedeutender. Sie wirkt wie ein Spiegel, in dem MARGARETHE - und noch mehr das Publikum - sieht, was auf sie zukommen kann und wie wenig sie sich individuell zu entfalten vermag, wenn sie durch Gesetze, Kirche und öffentliche Meinung eingeschränkt ist. Laß uns sehen, wie die beiden miteinander umgehen.

B. MARGARETHE weiß, daß und warum sie die *Sachen herrlich ganz und gar* weder *auf der Gassen* noch *in der Kirch* zeigen darf. Und MARTHE weiß es auch. Sie verführt MARGARETHE, sich von der Autorität *Mutter* mit allem, was an *Kirch* und *König* (U 693; 696) dazu gehört, abzuwenden und sie, *Frau Marthe,* als neue Autorität zu nehmen.

A. Warum sprichst du von ‚verführen'? MARGARETHE ist es doch selbst, die das zweite Kästchen nicht mehr der *Mutter* zeigt, sondern zu *Frau Marthe* trägt. Dadurch macht sie selbst MARTHE zur neuen Autorität. Oder nicht?

B. Du hast recht. Sie braucht dazu nicht verführt zu werden. Und so ist es folgerichtig, daß MARTHE nichts an Ansehen einbüßt, wenn sie sagt: *Die Mutter siehts wohl nicht man macht ihr auch was vor.* Das alles zeigt, wie unselbständig MARGARETHE innerlich ist, so daß sie sich von einer Autorität nur lösen kann, indem sie sich einer neuen unterwirft.

A. In MARGARETHE wirkt ein vehementer Drang, sich durch Äußerlichkeiten darzustellen und mehr zu scheinen als zu sein. Dies ist auch angedeutet durch MARTHES *die Perle dann in's Ohr*, denn MARGARETHE bedeutet ‚Perle'.

B. Auf dieses innere Vakuum, das MARGARETHE durch Äußerliches ersetzen will, haben FAUST und MEPHISTOPHELES es von Anfang an abgesehen. Im kostbaren *Schmuck* wird der höhere Stand für sie sicht- und faßbar, und ganz in diesem Sinne folgert MEPHISTOPHELES von *Schmuck und Schmeid* auf den *gar vornehmen Besuch.*

A. Und MARTHE hat ihre Rolle als Gegen- und Parallelfigur MEPHISTOS in dieser Posse, die MARGARETHE vorgespielt werden soll, schnell begriffen und sagt, worauf es MEPHISTOPHELES im Einklang mit FAUST ankommt: *Denk Kind um alles in der Welt! Der Herr dich für ein* ***Freulein*** *hält,* nur daß diesmal nicht FAUST, sondern MEPHISTOPHELES der *Herr* ist. Hier zeigt sich, warum MEPHISTOPHELES *Frau Marthe* loben kann als *ein Weib wie auserlesen, Zum Kuppler und Zigeunerwesen* (U 883 f.).

B. Noch hat sich MARGARETHE oder wurde sie von Frau MARTHE

nicht ganz von der *Mutter* befreit. Man sieht es daran, daß MARGARETHE in diesem Augenblick ersehnten Glücks, öffentlich als das gelten zu dürfen, was sie durch den *Schmuck* bloß zu sein scheint, sich zu dem bekennt, was ihr die ‚*Edelfrau*' mit ihrer eigenen Stimme aus dem *Spiegel* gesagt hatte: daß sie nichts sei als *ein armes iunges Blut* (U 650-56).

A. Aber genau das nützt MEPHISTOPHELES aus, indem er ihren gesellschaftlichen Wert nicht von angehängten Äußerlichkeiten, sondern vom *Wesen* ableitet, das in MARGARETHES *Blick so scharf* erscheine.

B. Ich glaube, wenn man als Zuschauer hier nicht die Distanz verlöre und innerlich nicht empört wäre, wie mit diesem - von MEPHISTOPHELES ein paar Verse weiter *vor sich* als *Du guts unschuldigs Kind!* bezeichneten - Menschen umgegangen wird, man würde sich ausschütten vor Lachen, daß MEPHISTOPHELES ihr außergewöhnliches *Wesen* ausgerechnet von **dem** *Blick* ableitet, mit dem sie von ihm sagt: *Ach Gott, der Herr ist gar zu gut.*

A. In dieser Szene machen sie sich beide uneingeschränkte Komplimente, was freilich am *Lauf der Welt* (U 1054), wie ihn MEPHISTOPHELES hier in Bewegung setzt, kaum etwas ändern wird.

B. Ja, nicht nur MARTHE, sondern auch MEPHISTOPHELES hat sich in dieser Szene als moralische Instanz an den Platz der *Mutter* gedrängt. Das ist auch außersprachlich dargestellt, denn MEPHISTOPHELES klopft dort, wo MARGARETHE erwartet, es sei die *Mutter.*

A. Dieses Klopfen klingt wie ein schlechtes Gewissen. Es scheint - wenigstens vorläufig - das letzte Mal zu sein, daß MARGARETHES ‚Über-Ich' sich als *Mutter* regt.

B. Auch das zweimalige *Ach Gott*, das ebenfalls ein An- oder Ausruf ihres Gewissens sein könnte, hilft ihr nicht; Gott hätte sie, falls es ihn gäbe, wie ihn die Kirche lehrt, entgegen der Vaterunser-Bitte in schwere Versuchung geführt. Es ist möglich, daß schon das - gegen das Versmaß betonte und dadurch zusätzlich hervorgehobene - *Gott verzeihs* am Anfang der Szene, mit der die Handlung in das Umfeld MARTHES wechselt, ein Signal ist, daß jetzt FAUSTS Kampf gegen den Gott der kleinen Leute beginnt.

A. Ich kann noch nicht ganz fassen, daß MARGARETHES Glaube an Gott und an die christliche Religion das Bollwerk sein soll, dessen Fall den Siegeszug des neuen Bürgers FAUST erst ermöglicht.

B. Sobald wir voraussetzen, daß nicht Gott, sondern die **Vorstellung** von Gott (und Teufel) die Macht begründet, welche Menschen ‚in Gottes Namen' über andere Menschen haben, hängt diese Macht vom Glauben derjenigen ab, die unterdrückt oder benutzt werden, und weniger von denen, die von dieser Macht leben. Deshalb ist das kleinbürgerliche *Gretgen* eine geeignete Hauptfigur in diesem Drama. -

A. Mir ist aufgefallen, daß die Formulierung: *Geht da stracks in die Welt hinein*, für sich genommen ein faustisches Programm ist. Ist Herr *Schwerdlein* ebenfalls eine vorausdeutende Möglichkeit?

B. Wenn wir das für wahr nehmen, was MEPHISTOPHELES MARTHE vorflunkert, dann zeigen sich einige Parallelen zu FAUST: Ausbruch aus einem beengten, lieblosen Zustand; Weltfahrt; Raub eines Schatzes, der um sinnlichen, irdischen Glückes willen *verpufft* (U 716) wird.

A. Mir scheint wichtiger zu sein, daß MEPHISTOPHELES diese Geschichte MARGARETHE erzählt und MARTHE ihm dabei wie in einem abgekarteten Spiel hilft. Es soll ihr gezeigt werden, wie es mit Eheglück und ewiger Treue bestellt sein kann, damit sie leichter bereit ist, sich mit einem *Galan* einzulassen ...

B. ... und zum andern, daß sie sich selbst zerstört, wenn sie sich durch einen *Schatz* betören und gewissermaßen kaufen läßt. Das wird bestärkt, indem MEPHISTOPHELES mit seiner Formulierung *Ein* ***schönes Fräulein*** *nahm sich seiner an* MARGARETHE nicht nur signalisiert, daß er zu FAUST gehört und weiß, wie sie von ihm angesprochen wurde, sondern ihr ungeschminkt verdeutlicht, daß sie in die Lage dieses *Fräuleins* kommen kann.

A. Das würde heißen, daß MARGARETHE gewarnt wird, ehe sie FAUSTS Reden hört, und damit zugleich, wieviel sie bewußt riskiert, als sie ihm glaubt.

B. MARGARETHE wird schon durch die Reden, die sie unmittelbar gar nicht betreffen, in eine fast ausweglose Situation gebracht. Beachte ihre Einreden, mit denen sie MEPHISTOS Abenteuerstory kommentiert.

A. Wie kleine Kinder im Puppentheater verwechselt sie Spiel und Wirklichkeit: *Ach liebe Frau verzweifelt nicht!* Und gleich darauf: *Ich mögte drum mein tag nicht lieben.*

B. Dieser zweite Einwurf aber zeigt, daß sie über das Erzählte nachdenkt und Folgerungen für ihren eigenen Leb-*tag* zieht. Und endlich schließt sie von Herrn und Frau *Schwerdleins* Leben auf das aller Menschen: *Ach daß die Menschen so unglücklich sind.*

A. Das ist für MEPHISTOPHELES das Stichwort, sie erneut zu isolieren, indem er andeutet, sie könne die - *werth*-volle - Ausnahme sein: *Ihr wäret werth gleich in die Eh zu treten Ihr seyd ein liebenswürdig Kind.*

B. Das schmeichelt ihr so, daß sie nur **das** für *jezt* verneint, was sie verneinen soll, nämlich die *Eh* als einzige Möglichkeit, *ein liebenswürdig Kind* sein zu dürfen: *Ach nein, das geht jezt noch nicht an.* Und prompt bekommt sie die Antwort, die sie selber provoziert:

> *Ists nicht ein Mann seys derweil ein Galan.*
> *Ist eine der grösten Himmelsgaben*
> *So ein lieb Ding im Arm zu haben.*

A. Sie geht schon fast konform mit MARTHES eigenen Wünschen. Wie weit sie schon ‚gegangen' ist, zeigt sich daran, wie weit MEPHISTOPHELES unwidersprochen gehen darf, als er MARGARETHE gegenüber die für ihre Religion unzüchtige, außereheliche, gottlose freie Liebe als *eine der grösten Himmelsgaben* bezeichnet und sie so über das Sakrament der Ehe stellt.

B. Auch dem Publikum wird einiges zugemutet, und wenn es christlich ist, kann es nur deshalb ruhig bleiben, weil man von einem *Teufel* eh nichts anderes erwarten kann; aber für MARGARETHE ist MEPHISTOPHELES ein *Herr*, der *gar zu gut* ist.

A. Dabei geht es nur mit irdischen Dingen zu. Von MEPHISTOPHELES kann das Publikum lernen, mit welch einfachen Mitteln es in seiner Welt möglich ist, aus dem *gar* ***unschuldig Ding*** *Das eben für nichts zur Beichte ging* und über das er zunächst *keine Gewalt* hatte (U 476-78), ein ***lieb Ding*** zu machen, das schon einiges zu beichten hätte, wenn es das noch täte. Statt sich auf die Gebote ihrer Kirche zu berufen und sich gegen MEPHISTOS Zumutungen zu verwahren, weiß die hilflose MARGARETHE nichts anderes zu entgegnen als: *Das ist des Landes nicht der Brauch.*

B. Ein solches Argument wird durch MEPHISTOS Entgegnung entkräftet: *Brauch oder nicht! es giebt sich auch.* Er kann hier schon sicher sein, daß die *List* (U 510) gelingt und sich dieses *Ding* später ‚geben' wird.

A. MEPHISTOS *Wie steht es denn mit ihrem Herzen?* und MARGARETHES Antwort *Was meint der Herr damit?* begründen vielleicht, warum diese *List* gelingt. Denn bisher scheint niemand nach *ihrem Herzen*, also nach ihrer Persönlichkeit gefragt und sie als Individuum bestärkt zu haben. Es ist fast unmöglich, daß sie in sittlich-moralischer Hinsicht einen eigenen Standpunkt hat.

B. Daß MEPHISTOPHELES diese Frage stellt, zeigt vor allem den Zeitgenossen, daß sie den verteufeln, der einen Menschen ernst nimmt und ihm zugesteht, ein eigenes *Herz* zu haben, das nicht mit *Kirch* und *König* und *des Landes Brauch* besetzt ist. So gesehen bekommt MEPHISTOS *Du guts unschuldig Kind!* den Nebensinn, daß es nicht MARGARETHES Schuld ist, wenn ihr so mitgespielt wurde und so mitgespielt werden kann, und vielleicht auch, daß sie als ***guts*** *Kind* die Anlage hätte, selber über Gut und Böse zu entscheiden.

A. Kommt diese Anlage zum Vorschein, wenn sie sagt: *Müst vor solch Herren schamroth werden*?

B. Die Anlage vielleicht schon, aber zugleich auch, wie verkümmert diese Anlage ist, sonst dürfte sie nicht hinnehmen, daß MEPHISTOPHELES, nachdem er vom *schönen Fräulein* in *Napel* gesprochen hat, diese Bezeichnung weiterhin auf sie anwendet, sondern müßte sich *alle Höflichkeit* des *feinen Gesellen* verbitten. Sie ist überwältigt von der Vorstellung, daß solch ein in ihren Augen wirklich *vornehmer Besuch* sich ihr zuwenden könnte.

A. Dann drückte die Schamröte, die sie befürchtet, nur ihre Minderwertigkeitskomplexe aus?

B. Da sie nach MEPHISTOS Anspielung ziemlich sicher weiß, wer der *feine Geselle* ist, mag die Empfindung dazu kommen, sich bei FAUSTS Anrede *Schönes Fräulein* nicht so demütig benommen zu haben, wie es ihr standesgemäß zusteht. Eher könnten wir also sagen, daß die Erwiderung, mit der sie FAUSTS erstem Verführungsversuch widerstanden hat, etwas von einer sittlichen Anlage zeigt, die in der Persönlichkeit MARGARETHES begründet ist.

A. Mit seinem *Vor keinem König der Erden* belehrt MEPHISTOPHELES sie, daß alle Menschen - nicht erst vor Gott, sondern schon hier - auf *Erden* gleich sind. Das ist doch ganz bürgerlich gedacht.

B. Dabei ist freilich unmenschlich, daß weder MEPHISTOPHELES noch FAUST irgendein Interesse daran zeigen, MARGARETHE allen Menschen gleichzustellen. Die Idee der Gleichheit erscheint hier eher als ein Instrument des neuen Bürgers, um sich damit Macht über die unverschuldet unmündigen Menschen zu verschaffen.

A. Der Schuß eines so gefährlich geladenen Instruments kann auch nach hinten losgehen.

B. Gewiß, aber vorläufig hat MEPHISTOPHELES noch die ihm von FAUST gestellte Aufgabe, FAUST selbst aus seinen alten Moralvorstellungen zu befreien, weil den mehr *Skrupel* und *Zweifel plagen* (U 15), als er selbst weiß.

A. Am Schluß dieser Szene verfügt MEPHISTOPHELES über FAUST, ohne sich darum zu kümmern, ob der sich *vor den Richter stellen* lassen will, und MARTHE sagt ungefragt an MARGARETHES Stelle:

> *Da hintern Haus in meinem Garten,*
> *Wollen* ***wir*** *der Herrn heut Abend warten.*

B. Und bei beiden ist die Energie, die sie treibt, aus ihren beengten Verhältnissen herauszukommen, so groß, daß sie es ertragen, wenn so demütigend über sie bestimmt wird; in dieser Hinsicht passen sie gut zusammen.

A. Bevor sie sich erneut treffen, muß MEPHISTOPHELES doch noch - sozusagen im langfristigen Interesse FAUSTS - einige Widerstände gegen diese ‚Fremdbestimmung' beseitigen. Im „Ur-Faust" geschieht dies ohne Szenenbezeichnung, aber es ist wohl anzunehmen, daß sie sich auch hier auf der „Strase" treffen.

B. Dafür spricht, daß die Szene „Nachbarinn Haus" mit *alle ab* schließt.

Dialog 13: [*Strase*]
(U 879-924)

A. Die drei ersten Verse dieser Straßen-Szene erinnern mich an Lessings „Emilia Galotti", denn MEPHISTOPHELES kommt mir vor wie Marinelli.

B. Mit dem Unterschied, daß FAUST kein Prinz ist, sondern nur tut wie ein *Fürsten Sohn* (U 526). Der Prinz hat ein Herrschaftsgebäude, während FAUST nichts zu haben scheint als seine Ungeduld und den Willen, daß *es* vorangeht auf der „Strase". Und dabei ist nicht einmal sicher, ob er diesen Willen noch hat.

A. Du meinst, dieser Wille könnte sich verselbständigt haben? Die Fragen *Wills fördern wills bald gehn?* ließen sich so verstehen. Das doppelte ‚will es' ist eine seltsame Formulierung, denn gewöhnlich gehört der Wille zu einem Subjekt, das sich für eine Handlung entscheidet.

B Der Wille ist dann die Energie, die hilft, die Handlung zu verwirklichen. Hier aber sieht es so aus, als ob der Wille - wie der beim „Besen" aus dem „Zauberlehrling" - sich vom Subjekt gelöst hätte, so daß das Subjekt fragen kann, wie es mit seinem eigenen Willen steht.

A. Das würde heißen, daß FAUST nicht nach einem beliebigen *es* fragt, sondern nach MEPHISTOPHELES als der Personifizierung dieses Willens, also in dem Sinne: ‚Kommst du, als mein Wille, mit dieser Sache voran?'

B. Das wäre das nächstliegende. Aber MEPHISTOPHELES ist nur eine - mehr oder weniger abstrakte - Hilfskonstruktion, die sich kaum unmittelbar auf ‚leibhaftige' Menschen übertragen läßt. Deshalb könnte ich mit dieser Stelle mehr anfangen, wenn sich das *es* auf MARGARETHE oder MARTHE beziehen ließe, also in dem Sinne: ‚Haben sie meinen Willen zu dem ihrigen gemacht? Fördern sie mein Interesse?' Hältst du es für möglich, diese Stelle so zu sehen?

A. Gewiß. Denn wenn wir unter diesem Blickwinkel die Gretchen-Szenen betrachten, dann ist MEPHISTOPHELES weniger der personifizierte Wille, als vielmehr das personifizierte ‚Virus', das andere Menschen veranlaßt, FAUSTS Willen zu übernehmen. Denn MARGARETHE und MARTHE handeln nun so, wie FAUST es will.

B. Dabei bleibt offen, ob nicht schon FAUST mit seiner ersten Anrede MARGARETHE mit diesem ‚Virus' infiziert hat und der von MEPHISTOPHELES herbeigeschaffte *Schmuck* seine Ausbreitung nur begünstigte. Dein nicht ganz zeitgenössischer Vergleich hilft uns jedenfalls, den Zusammenhang zwischen Wissenschafts- und Gretchen-Handlung in einer neuen Variante zu beschreiben.

A. Es ginge in den Gretchen-Szenen nicht nur darum, ob es denen, die daran interessiert sind, die bürgerliche Ideologie zu verwirklichen, gelingen könnte, Kleinbürger und Kleinbauern aus ihren alten Bindungen zu lösen, sondern diese Frage hieße nun genauer: Gehört es zur Natur der Menschen, daß sie sich infizieren lassen, nach *Gottähnlichkeit* (U 444) zu streben oder wenigstens dabei mitzuwirken?

B. MEPHISTOS Versprechen *In kurzer Zeit ist Gretgen euer* lautete dann übersetzt: ‚In kurzer Zeit ist Gretchen - nicht nur ideologisch, sondern tatkräftig - auf eurer Seite.' Wir hätten es mit einer besonderen, neuen, wenn du willst: ‚bürgerlichen' Art von Verdinglichung zu tun. Es würde der Wille mobilisiert oder gestärkt, sich aus der Bevormundung durch *Kirch* und *König* (U 693; 696) zu befreien und sich für die Idee der Freiheit zu begeistern, aber so, daß das Streben nach irdischem Glück manipulierbar bleibt und sich gegen die Strebenden selbst richten kann.

A. Bevor FAUST und MARGARETHE sich zum zweiten Mal treffen, wird FAUST nochmals allein ‚unter die Lupe' genommen. Daß dabei bürgerliche Leistungs-Ideologie thematisiert wird, ist durch die Signalwörter *fördern*, *bald gehn* und *kurze Zeit* deutlich angezeigt.

B. Auch *Feuer* kannst du zu diesen Signalwörtern rechnen, weil im Feuer die technische Energie, sozusagen der ‚Wille' der Materie steckt, den der neue Bürger ‚wecken' und für sich ‚glühen' lassen will.

A. Die Redewendung *find ich Euch im Feuer* heißt aber zunächst: ‚find ich euch leidenschaftlich erregt'.

B. Sicher. Wenn MEPHISTOPHELES sagt, er finde FAUST *im Feuer*, dann kommt mir das so vor, als ob FAUST wie bei einem chemischen Experiment in einem durch Feuer erhitzten Reagenzglas wäre, so daß man nur einen anderen Stoff dazu schütten muß, um zu sehen, wie die beiden aufeinander ‚reagieren'. Was sagst du dazu, wie FAUST auf das ‚Reagens' *Nachbaar Marthe* als *Weib wie auserlesen, Zum Kuppler und Zigeunerwesen* in seinem erhitzten Reagenzglas anspricht?

A. Ich bin entsetzt darüber, welche inhumane Leere sich hier zeigt. Wenn ihm eine Kupplerin, also die Vermittlerin verdinglichter Sexualbeziehungen, *lieb sein* kann, dann zucke ich in Zukunft jedesmal zusammen, sobald er das Wort ‚lieben' in den Mund nimmt.

B. MEPHISTOPHELES wertet das ‚Ergebnis' gleich aus, indem er seinerseits auf FAUSTS Liebe zur Liebes-Vermittlerin mit der Folgerung ‚reagiert', daß sie ihren Preis habe: *Eine Gunst ist werth der andern Gunst.*

A. Das hört sich an wie ein Programm. Aber es scheint nicht das gleiche zu sein wie ‚eine Hand wäscht die andere'.

B. Im Unterschied zur tatkräftigen ‚Hand'-lung ist *Gunst* eher ein Geschenk und läßt sich nicht aufwiegen. Aber MEPHISTOPHELES legt FAUSTS Antwort folgerichtig so aus, daß nun der ‚Wert' jeder zwischenmenschlichen Regung berechnet und diese nicht nur austauschbar, sondern auch bezahlbar werden soll.

A. Dieses Sprichwort *Eine Gunst ist werth der andern Gunst* kommt mir vor wie eine Waage, wobei *ist werth der* die Stelle wäre, die das Gleichgewicht anzeigt.

B. Deine Beobachtung finde ich hilfreich, denn es kann für die Betroffenen verheerende Folgen haben, wenn die ‚Waagschalen' aus abstrakten Begriffen bestehen, in denen sich verschiedenste Inhalte unterbringen lassen. Einen Meineid schwören, das kann wohl kaum aufgewogen werden durch die Erlaubnis, ein Mädchen im Garten zu treffen. Bei einer Kupplerin wäre dies mit Geld und Schmuck zu haben. Indem aber MEPHISTOPHELES die Kleinigkeit auf MARTHES Seite ebenso als *Gunst* bezeichnet wie den Meineid, fällt es FAUST schwer, dagegen zu argumentieren.

A. Er könnte gegen MEPHISTOS Ansinnen dieselben Gründe nennen, wie du es soeben getan hast.

B. Wenn er nicht *im Feuer* und sittlich nicht so ‚beschädigt' wäre, daß er von MARTHE sagt: *Sie ist mir lieb.* So aber akzeptiert er das Sprichwort und sträubt sich nur gegen den Meineid.

A. Das zeigt doch, daß er sittlich gebildet und nicht ohne Gewissen ist.

B. Vielleicht zeigt es nur, daß er dies sein könnte. Wenn der Widerstand gegen den Meineid aus seinem sittlichen Bewußtsein kommt und nicht nur angelernt ist, dann läßt sich dieses Bewußtsein nicht mit ein paar Sätzen beseitigen, sondern wird sich dort bewähren, wo es nötig ist.

A. Das gebe ich zu. Übrigens fällt mir auf, daß MEPHISTOPHELES auch hier eine ‚Sprach-Waage' benützt, die aber diesmal kein Sprichwort, sondern eine ‚Eigenkonstruktion' ist. Jetzt heißen die Waagschalen *gültig Zeuchniß* bzw. *Zeugniss*, wobei MEPHISTOPHELES zwischen *gültig* und *falsch* keinen Unterschied macht, wenn es nur ihrer Sache nützt.

B. Und FAUST könnte sagen, daß seine *Definitionen*, selbst wenn sie bewußt falsch gewesen wären, nicht mit einem Meineid zu ‚vergleichen', also auf keine Ebene mit *falsch Zeugniss* zu bringen sind.

A. Bei aller sittlich-moralischen Schwäche und bei allem *Feuer*, in dem sich FAUST befindet, kann er nicht so benebelt sein, daß er sich gegen diese Zumutung nicht wehren könnte. Es muß hier um mehr gehen als zu zeigen, mit welchen Mitteln sich FAUST von MEPHISTOPHELES austricksen läßt.

B. Ein übergeordneter Gesichtspunkt ist aufgerufen durch FAUSTS *Du bist u. bleibst ein Lügner, ein Sophiste*, das deutlich auf die Rhetorik der Sophisten als Kunst der Überredung verweist, und ein anderer wäre die Frage, ob die radikale bürgerliche Befreiung aus dem Feudalsystem nicht notwendig das Rechtsbewußtsein, vielleicht sogar ein ursprüngliches Rechtsbewußtsein der Menschen berührt.

A. Wo du von Rhetorik sprichst, fällt mir auf, daß FAUST mit seinem *Du bist u. bleibst ein Lügner, ein Sophiste* auf rhetorische Fragen antwortet. Als rhetorisch geschulter Universitätslehrer weiß er also, daß und wie MEPHISTOPHELES die Sprache ‚hand-habt', um ihn aus seinem Rechtsempfinden oder seiner Angst vor Strafe zu befreien.

B. Um so seltsamer ist es, daß er diese rhetorischen Fragen als solche akzeptiert und ihnen nicht dadurch ihre Wirkung nimmt, daß er sie wie echte Fragen behandelt und auf sie mit ‚nein' antwortet.

A. Ich finde, er antwortet mit ‚nein', indem er MEPHISTOPHELES einen *Lügner* nennt. Und weil MEPHISTOPHELES mit dieser Art von Rhetorik seine ‚Waagschalen' nicht ins Gleichgewicht und FAUST nicht zum Meineid bringt, beschwört er einen zukünftigen Liebesschwur, dem FAUST - ich möchte fast sagen: komischerweise - nicht mehr ausweicht.

B. Das leuchtet mir ein. Es ist sogar mehr als komisch, wenn FAUST sagt, er werde *von Herzen* das *arme Gretgen bethören*. Und wenn man noch *in allen Ehren* dazu nimmt, dann bedeutet weder *Herz* noch *Ehre* das, was man normalerweise darunter versteht.

A. Unausgesprochen scheint MEPHISTOPHELES auch von FAUST Antwort auf eine Frage zu erwarten, wie er sie ähnlich MARGARETHE gestellt hat (Dialog 12) : ‚Wie steht es denn mit seinem Herzen?'

B. Und die Antwort ist katastrophal, weil schon hier MARGARETHE als das *arme*, ‚betörte' *Gretgen* deutlich als Opfer gekennzeichnet ist, das der *heilge Mann* bringt, *Und zwar von Herzen*. FAUST schiebt das *Herz* vor, um damit sein Unrechts- und ‚Unmoral'-Bewußtsein zu entschuldigen.

A. Und dabei haben wir nicht berücksichtigt, daß FAUSTS *Seelenlieb* einem Menschen gilt, den er einmal kurz gesehen und von dem er nicht mehr als neun oder zehn Worte gehört hat.

B. Wenn wir bedenken, daß FAUST die Kupplerin MARTHE *lieb ist* und er MARGARETHE so gut wie nicht kennt, dann ist seine *von Herzen* kommende *Seelenlieb* eine Liebe ohne Seele und Herz.

A. Sie enthält keine gegenseitige Achtung, sondern ist abstrakt und darauf aus, einen anderen Menschen gefügig zu machen. MEPHISTOPHELES drückt das aus, wenn er den Satz *Dann wird von ewger Treu und Liebe! Von einzig überallmächtigen Triebe* - nicht zu Ende führt. Denn genau besehen haben diese Begriffe in ihrer herkömmlichen Bedeutung bei FAUST kein Objekt, das ihnen entspricht. Die *Dirne*, die MEPHISTOPHELES *schaffen muß* (U 471), ist austauschbar.

B. Wie sehr FAUST sich mit seinem *es wird* bloßstellt, kann das Publikum daran erkennen, daß MEPHISTOPHELES MARTHES Begriffe aus dem Satz *Hat er so* ***aller Treu****, so* ***aller Lieb*** *vergessen* (U 822) zitiert. MEPHISTOPHELES behandelt FAUST so, wie dieser sich mit seinem *Sie ist mir lieb* selbst erniedrigt hat.

A. Gleichzeitig ist die Frage *Wird das auch so* ***von Herzen gehn*** eine Anspielung auf die WAGNER-Szene, wo FAUST mit rhetorischem Pathos *Definitionen* gegeben hat *Vom Menschen, und was ihm in Kopf und Herzen schlägt* und dabei zu dem Ergebnis kam: *Doch werdet Ihr nie Herz zu Herzen schaffen, Wenn es Euch nicht* ***von Herzen geht*** (U 191 f.).

B. Jetzt können wir sehen, was das heißt bei einem, *der das Wort so sehr verachtet* (1328), wie es später in „Faust I" heißen wird.

A. FAUST weiht uns ein in die Methode, wie er sich dazu bringt, sein Rechtsbewußtsein aufzugeben und sich auf den Handel mit MARTHE einzulassen. Sehe ich recht, daß der Ausgangspunkt seiner Argumentation *diese Glut* ist, *von der* er brennt und auf die MEPHISTOPHELES gleich am Anfang mit seinem *Find ich euch im Feuer* hingewiesen hat?

B. Ja, und diese *Glut* charakterisiert FAUST als ‚Empfinden', und dieses wiederum als *Gefühl* und *Gewühl*. Der Binnenreim soll wohl ausdrücken, daß für dieses besondere *Gefühl* nur das Reimwort *Gewühl* paßt.

A. Möglicherweise wird gezeigt, wie FAUSTS Ich sich übernimmt, wenn es sich aus sittlichen und gesellschaftlichen Bindungen löst und dadurch ohne innere Hilfe und Stütze den durch *Feuer* und *Glut* symbolisierten ‚elementaren' Trieben ausgeliefert ist. Der moralisch entfesselte FAUST steigt also nicht zu reiner Menschlichkeit empor, sondern fällt in einen Naturzustand zurück, den man als Barbarei bezeichnen kann.

B. Diese Bedrohung, seinen Mitmenschen im Hobbesschen Sinne zum Wolf zu werden (Dialog 4 und 8), würde erklären, warum FAUST so krampfhaft versucht, sich am Recht festzuhalten und den Meineid zu verweigern. Wir dürfen dabei nicht vergessen, daß FAUST auch deshalb - vielleicht besonders deshalb - haltlos ist, weil er zwar ein ‚vollmundiger' aber doch kein ganz ‚mündiger' Mensch ist, sondern einen andern für sich sprechen läßt.

A. Und außerdem versucht FAUST, sich dadurch Halt zu verschaffen, daß er *in der Welt mit allen Sinnen* schweift. Kann man sagen, FAUST taste die konkret erfahrbare Welt mit seinen *Sinnen* daraufhin ab, ob er Ähnlichkeiten zu dem findet, was in ihm vorgeht, um wenigstens auf metaphorische Weise seine Individualität in Sprache zu fassen? Ist das nicht dichterisch, poetisch?

B. Doch, so könnte man sagen. Aber bei dieser vielleicht einzigen Möglichkeit, sein individuelles Gefühl sozusagen auf Umwegen in Sprache auszudrücken, bleibt FAUST nicht stehen, sondern greift nun, weil ihm das andere nicht schnell genug geht, zu *höchsten Worten.*

A. Was kann damit gemeint sein?

B. Ich vermute alles andere als ‚poetisches' Sprechen. Wir können uns zunächst an die *höchsten Worte* halten, die genannt werden: *ewge Treu und Liebe!*, *Unendlich, ewig, ewig.* Für FAUST bedeuten *Ewge Treu und Liebe* etwas anderes als für MARGARETHE. Sie muß mit ihrem Gottesbegriff bei diesen *Worten* denken, zwei Menschen bleiben sich über den Tod hinaus treu, so daß dieser Liebesbegriff auch vor Gottes Gericht noch Bestand hat. Für FAUST jedoch ist das Attribut *ewge* nur ein Zeichen dafür, daß er nie und nimmer wird ausdrücken können, was er mit *Treu und Liebe* meint, weil überhaupt kein Wort dafür taugt, etwas Individuelles zu fassen. FAUST benutzt die *höchsten Worte* für niedrigste Täuschungen. Gerade die Dauer, die man normalerweise unter ‚ewig' versteht, wird mit FAUSTS *Unendlich, ewig, ewig* ad absurdum geführt.

A. Daß diese Begriffe bei FAUST von ihrem normalen Wortsinn abweichen, darauf weist auch die rhetorische Verdopplung des *ewig* hin, wogegen die rhetorische Frage *Ist das ein teuflisch Lügenspiel* gerade umgekehrt unterstellt, jedermann müsse FAUSTS Gedankengang zustimmen. Worin hat MEPHISTOPHELES *doch recht*, wenn er diese rhetorische Frage nicht akzeptiert? Was weiß er denn *einbissgen tiefer*?

B. MEPHISTOPHELES könnte ungefähr wissen, daß FAUST, wenn er MARGARETHE *Seelenlieb* schwört, so etwas wie einen Meineid leistet. Denn er hat weder ‚Seele' noch ‚Lieb', wenn er von MARTHE sagen kann, *sie ist mir lieb*, und von *Liebe* zu *Gretgen* spricht, obgleich er von ihrer Individualität nichts kennt. Auch ein Schwur von *ewger Treu* wäre falsch, weil zu FAUSTS Wesen ständiger Fortschritt und damit Unbeständigkeit gehören. Für MEPHISTOPHELES scheint dies mindestens so ‚schlimm' zu sein wie der Meineid in Sachen *Schwerdlein.* Und diesmal kann FAUST nicht widersprechen.

A. Ich denke, er widerspricht vehement, wenn er sagt:

Wer Recht behalten will und hat nur eine Zunge
Der hälts gewiss.

B. Das wäre erst ein Widerspruch, wenn FAUST mit dem *Schwäzen*, dessen er ‚überdrüssig' ist, MEPHISTOS ‚Schwätzen' meinte. Ich denke jedoch eher, er meint auch sein eigenes.

A. Das verstehe ich nicht!

B. Vielleicht wird es verständlicher, wenn wir uns erinnern, daß es in dieser Szene um den Meineid, also einen Rechtsbruch geht. MEPHISTOS *Ich hab doch recht* könnte mit anderen Worten etwa heißen: ‚So wie du redest und denkst, kannst du gar nicht anders, als vor dem Gericht den gewünschten Meineid und vor MARGARETHE *alle Seelenlieb ihr schwören.* Denn im geltenden Recht ist das Beharrliche einer Gesellschaft niedergelegt, du aber willst alles Beharrende brechen und wirst deshalb ein Gesetz, das dich hindert, auch mit einem Meineid beseitigen. Und da du die Fundamente der Feudalgesellschaft nur zerstören kannst, wenn es dir gelingt, unbescholtene Menschen aus ihren Bindungen herauszubrechen, wird dir bei MARGARETHE jedes Mittel *recht* sein.'

A. Das Perfide dabei wäre, daß FAUST schamlos Treu und Glauben einsetzt und ausnützt, um seine ich-bezogenen, auf Mißtrauen und dauernde Veränderung gegründeten Prinzipien durchzusetzen. Aber ich habe nicht verstanden, warum FAUSTS *Wer Recht behalten will und hat nur eine Zunge Der hälts gewiss* nicht gegen MEPHISTOPHELES gesagt sein soll.

B. Weil FAUST keine Position hat, von der aus sich MEPHISTOPHELES widersprechen und zu ihm sagen ließe: ‚Du hast zwar nicht recht, aber du verschaffst es dir mit deiner Zunge.' Und dementsprechend sagt er zu MEPHISTOPHELES, dem er nichts vormachen kann: *Denn du hast Recht.* Dabei könnte sich FAUST, der *Juristerey Durchaus studirt* hat (U 2-5), erinnern, daß die Rhetorik vor allem dazu ausgebildet wurde, um vor Gericht recht zu bekommen (auch wenn man es nicht hat oder die eigene Rechtsauffassung neu ist). *Recht behalten* wollen und *eine Zunge*, also ‚lingua', Sprache, zu haben, das zusammen führt zum Instrumentarium der Rhetorik als Kunst der Überredung, um damit das subjektive Recht - eigentlich schon ein Widerspruch in sich - und die Interessen des sprachgewaltigen Individuums durchzusetzen.

A. Und du denkst, diese Erkenntnis sei FAUST während seines *Schwäzens* gekommen? Wir müßten dann sagen, wie FAUST in Zukunft reden will, das sei kein *teuflisch*, sondern ein **faustisch** *Lügenspiel* und dadurch gekennzeichnet, daß er skrupellos die *höchsten Worte* derjenigen einsetzt, deren Weltbild er zerstören muß, um seinem individuellen -

vom geltenden Rechtsstandpunkt aus gesehen beliebigen - Recht Geltung zu verschaffen. Warum aber sagt FAUST *vorzüglich weil ich muss*?

B. Dies zeigt ihn als un-menschlichen Menschen. „Kein Mensch muß müssen", heißt es später in Lessings „Nathan der Weise"[13]. Daraus ließe sich folgern, wer „müssen" *muß*, ist kein Mensch.

A. Kannst du deutlicher sagen, wie du das meinst?

B. Wir haben schon mehrmals beobachtet, daß FAUSTS Inneres leer oder haltlos ist. Etwas philosophischer ausgedrückt könnten wir auch sagen, es fehle ihm an innerer Freiheit. Was er unter Freiheit versteht, ist eher Willkür, das heißt verantwortungslos nach Belieben das tun zu können, was ihn bei seinem Bestreben weiterbringt, die *Welt Im innersten* (U 29 f.*)* zu erkennen und die Erkenntnisse anzuwenden. Der innerlich freie Mensch befreit sich nicht nur von den Zwängen gesellschaftlicher Bevormundung, sondern überprüft seine Triebe, Leidenschaften und Wünsche, ob sie human sind, und dann entscheidet er, ob er danach handelt. Für einen solchen Menschen kann es keine Situation geben, in der er auf die moralische Selbstbestimmung seines Willens verzichtet und sagt, *vorzüglich weil ich muss.* In FAUST regt sich kein sittlich-moralisches Korrektiv, dem er seinen unbändigen Erkenntnis- und ‚Verwirklichungsdrang' unterwerfen könnte.

A. Du denkst dabei an das von Kant als „kategorischer Imperativ" formulierte Sittengesetz des Menschen.

B. Ich habe diese Begriffe nicht benützt, weil sie noch nicht veröffentlicht waren, als Goethe den „Ur-Faust" schrieb. Ähnlich ist es mit dem philosophischen Begriff der „Mündigkeit". Wir können hier wiederum sehen (Dialoge 5, 6), wie verflochten der junge Goethe mit den ‚brennenden' Fragen seiner Zeit war, da er schon Probleme poetisch gestaltete, die - vor allem von Kant - erst später theoretisch formuliert oder veröffentlicht wurden. So konnte es 1790, als zum erstenmal ein Teil von „Faust" erschien, aussehen, als habe Goethe die philosophische Theorie Kants dramatisiert.

A. Gehört zu FAUSTS Eigenart nicht auch, daß er das Sprechen mit jemand, der ihm rhetorisch gewachsen ist und den er mit wahren Argumenten überzeugen müßte, als *Schwäzen* abtut, das ihm *Uberdruss* bereitet? Dieser Mangel entspricht wohl seiner ständigen Ungeduld und Unduldsamkeit.

B. Ja, das Faustische, also das ‚Teuflische', ist eine Art Synthese von ungeprüften Leidenschaften, ungeprüfter Begehrlichkeit und bürgerlichem Interesse, das sich zum Beispiel als Sophistik verwirklicht. Diese Sophistik kann so weit gehen, daß FAUST sie auf sich anwendet, denn nicht MEPHISTOPHELES, sondern FAUST selbst hat sich überredet, daß er *muß*.

A. MEPHISTOPHELES unterstellt FAUST, er werde den Sexualtrieb als *einzig überallmächtgen Trieb* interpretieren. Wörtlich genommen wäre dies ein *Trieb*, der den ‚Allmächtigen' *über*-trifft. Ist dies nicht mehr als das Streben nach *Gottähnlichkeit* (U 444)?

B. Doch. Entweder unterstellt er FAUST, daß der seine luziferische Begehrlichkeit als Naturnotwendigkeit deklariert und auch von daher Rechte ableitet, MARGARETHE mit allem, was sie verkörpert, *von Herzen zu bethören* und für die eigenen Interessen zu benützen, oder er zeigt dem Publikum, daß FAUSTS Un-Moral, sein sittenarmes Ich, sich fast übergangslos zwischen ‚übermenschlichem', ja, fast ‚übergöttlichem' Gott und ‚untermenschlichem' Hobbesschen ‚Wolf' bewegt.

A. Auf beides sollten wir achten, wenn nach dieser breit entfalteten ersten Zwischenzeit FAUST und MARGARETHE wieder aufeinandertreffen. Für uns sind sie sich in dieser Zeit ähnlicher geworden, als es zu vermuten war. Auch MARGARETHE ist bereit, das zu tun, was *des Landes nicht der Brauch* (U 803) ist, und FAUST ist moralisch kaum besser entwikkelt als ‚sein' ungefragt von ihm so bezeichnetes *Liebgen* (U 557).

B. Wir können darauf gespannt sein, wie diese beiden seelisch und sittlich deformierten Figuren aufeinander ‚reagieren'.

Dialog 14: *Garten - Ein Gartenhäusgen* (U 925-1065)

A. Es muß einiges passiert sein, bevor wir MARGARETHE *an Faustens Arm* sehen. Immerhin hat MARGARETHE sein *Arm und Geleit* (U 458) nicht mehr abgewiesen.

B. *Herrn Schwerdleins Tod* scheint bezeugt zu sein, vom *Schmuck* wird auch nicht mehr gesprochen, obgleich sich denken läßt, in welche peinliche Situation MARGARETHE gekommen ist, als ihr aufging, daß MEPHISTOPHELES das Geschmeide gekannt haben mußte, das ihn veranlaßte, sie für einen *gar vornehmen Besuch* (U 756) zu halten. Goethe hat die Vorbereitungen und Einleitungen für diese zweite Begegnung ausgeblendet, damit sich das Publikum ganz darauf konzentrieren kann, wie FAUST nur mit seiner *Zunge* (U 921) sein subjektives ‚Recht' durchzusetzen sucht.

A. Die Szene scheint sehr künstlich angelegt und stilisiert zu sein. Man könnte fast von einem ‚Verfremdungseffekt' sprechen, wodurch das Publikum aufgefordert wird, bei aller inneren Teilnahme das Denken nicht zu vergessen.

B. Ja, die ‚Konstruktion' dieser Szene verheißt kaum ein ‚natürliches' Gespräch, da die beiden, die zusammen wollen, von Aufpassern umgeben sind. Beide verbergen eher, was sie wünschen, als es unmittelbar zu sagen. Auch das Verbergen gehört zur Kunst der Beredsamkeit.

A. Freilich wird MARGARETHE diese Kunst nicht gelernt haben.

B. Das schließt nicht aus, daß sie sie anwenden kann. Als Kirchgängerin wurde sie von kleinauf nach den Regeln dieser Kunst beeinflußt, so daß sie davon intuitiv einiges gelernt haben mag. Wir haben schon darüber gesprochen, auf welch ebenbürtige Weise sie FAUSTS ersten Antrag ablehnt. Das *Schnippische* (U 464), das FAUST imponierte, verriet ihr rhetorisches Talent.

A. Daß sie sich beim zweiten Mal nicht mehr vor dem *Dom*, also in der Stadt begegnen, wo die Natur zugebaut ist, sondern in einem *Garten*, dürfte auch bedeutend sein.

B. Jeder Garten erinnert an den Garten Eden, und in einem Stück, in dem bereits ein Versprechen zitiert wurde (U 442), das aus diesem Garten stammen soll und die ‚Ur-Verführung' des Menschen ausdrückt, wird darauf zu achten sein, wie der moderne Adam und die moderne Eva sich an der alten Geschichte spiegeln.

A. Müssen wir davon ausgehen, daß MARGARETHE auch jetzt noch nichts von FAUSTS wahrem Stand weiß?

B. Als MEPHISTOPHELES FAUST charakterisierte, sagte er von ihm: *Ein braver Knab ist viel gereist, Fräuleins alle Höflichkeit erweist* (U 873 f.). Dies ist der dem Publikum bekannte Informationsstand MARGARETHES. Da sich aber im 18. Jahrhundert nicht jeder leisten kann, ***viel*** zu reisen, und dazu mit einem Diener, und FAUST außerdem *Fräuleins*, also unverheirateten adeligen Damen, *alle Höflichkeit* erweisen soll, muß es für MARGARETHE schwierig sein, die wahren Verhältnisse zu durchschauen, zumal FAUST bei der ersten Begegnung so gekleidet war, daß sein Aussehen einem *Herrn aus einem edlen Haus* nicht widersprach.

A. Dies scheint zu der Taktik zu gehören, mit der MARGARETHE verunsichert werden soll. Jedenfalls hat sie sich gemerkt, daß FAUST ein *Reisender* und ihm *die Höflichkeit geläufig* sei. Und dementsprechend bemüht sie sich, mit FAUST auf eine gestelztere Art zu reden, als sie es sonst tut.

B. FAUST stellt den Standes-Unterschied auch dadurch her, daß er MARGARETHE duzt, während er sich von ihr mit *Euch* anreden läßt. Wenn MARGARETHE davon spricht, daß *der Herr* zu ihr ***herab*** *sich lässt*, dann ist das auch ein Hinweis auf eine Standes-Differenz. Sie erniedrigt sich wohl deshalb, damit FAUST ihr widerspricht und sie erhöht.

A. Die beiden Satzanfänge *Ich* ***fühl*** *es wohl* und *Ich* ***weis*** *zu gut* sollen FAUST zeigen, daß er es mit einem fühlenden und denkenden Menschen zu tun hat und daß diese Eigenschaften vom sozialen Stand unabhängig sind. Seine Überlegenheit beruht aus ihrer Sicht nur auf seiner Weltkenntnis als *erfahrner Mann*, das heißt als jemand, der die Welt bereist hat.

B. Und darauf bekommt sie von FAUST die passenden Antworten. Ihr *Blick*, als Ausdruck ihres Gefühls, und ihr *Wort*, als Ausdruck ihres Verstandes, werden mit Übertreibungen, wie wir sie schon aus MARGARETHES Zimmer kennen, so erhoben, daß die Erhöhung nicht ernst gemeint sein kann. Es ist lächerlich, wenn FAUST sich bei diesem wirklich *unwissend Kind* für den ausgibt, der ***alle*** *Weisheit dieser Welt* kennt und somit eine Art Gott sein muß und gleichzeitig MARGARETHES ***arm*** *Gespräch* so hochstilisiert, daß dadurch alle Weltweisheit übertroffen werde. Ich wundere mich, warum MARGARETHE sich das gefallen läßt.

A. Vielleicht deshalb, weil sie vor allem wissen will, ob FAUST nicht nur *aus Gütigkeit,* das heißt aus einer Art ‚Gutmütigkeit' mit ihr *vorlieb* nimmt und selbst von der Begegnung nichts hat. Diese Bedenken zerstreut FAUST, indem er *ihre Hand küsst* und so einen intimen, sinnlichen Kontakt zu ihr herstellt. Ist ein solcher Hand-Kuß nicht etwas anderes als Rhetorik?

B. Ja, FAUST scheut vor nichts zurück, um sein Ziel zu erreichen. Auch das ist eine Form von Übertreibung, von unangemessener Überhöhung, wie es schon die Anrede vor dem *Dom* und die Schmuck-Geschenke waren.

A. Durch dieses *küssen* fühlt MARGARETHE sich aber auch bloßgestellt und glaubt, sich für ihre *rauhe* Hand rechtfertigen zu müssen. Indem sie die *Mutter* vorschiebt, die - obgleich sie verhältnismäßig wohlhabend sind - von ihr schwere Arbeit wie von einer *Magt* verlange, signalisiert sie FAUST, daß sie mit der Welt und der Moral, die *die Mutter* vertritt, zumindest nicht ganz einig ist. Es ist wirklich schade, daß wir nicht erfahren, was FAUST dazu sagt.

B. Was kann dem vorausgegangen sein, daß MARGARETHE mit dem Sprichwort antwortet: *Ja aus den Augen aus dem Sinn*?

A. FAUST könnte davon gesprochen haben, daß ihm, wenn er abgereist sein wird, ein *Gespräch* wie dieses fehlen werde und er es nie vergessen könne. Ist es nicht bemerkenswert, daß MARGARETHE gegenüber dem Individualisten FAUST mit einer allgemeinen Lebensregel argumentiert?

B. Ich nehme an, daß ihr Widerspruch auf Gegenrede angelegt ist. Aber darin wird sie enttäuscht. Statt einer Aussage über ihre Person bekommt sie eine Lektion in Sachen Verstand. Was die *Beste* ‚glauben' soll, verstehen nicht einmal wir. Oder bist **du** so *verständig*, daß du weißt, welches *man* gemeint sein kann, das nicht zwischen Verstand und *Kurzsinn* zu unterscheiden vermag?

A. Vielleicht verwendet MARGARETHE dieses Sprichwort auch deshalb, weil sie weiß, daß *die Mutter*, falls MARGARETHE ihr etwas von FAUST erzählt, sie mit so *verständigen* Sätzen wie *aus den Augen aus dem Sinn* beeinflussen wird, um sie von FAUST zu trennen. Wenn MARGARETHE von FAUST darauf eine brauchbare Antwort erwartet hat, geht sie leer aus, denn mit *Eigensinn und Eitelkeit* kann sie ihrer Mutter kaum kommen. - MARGARETHE scheint zu glauben, nicht richtig gehört zu haben; deshalb ihr *Wie?*

B. Statt ihr eine verständliche Antwort zu geben, spricht FAUST jetzt nicht nur so wie in der WAGNER-Szene, sondern wie er es in der vorigen Szene auf der „Strase" angekündigt hat. Schon mit der Übertreibung *O Beste!* hatte er zu einem *höchsten Wort* gegriffen (U 915), aber es war noch unmittelbar auf MARGARETHE bezogen, sagte etwas über ihren persönlichen Wert aus; was jedoch nun kommt, sind abstrakte

Begriffe, die freilich personifiziert werden, damit es MARGARETHE leichter wird, sie auf sich zu beziehen.

A. Es ehrt sie, daß sie sich auf solche Zumutungen nicht einläßt. Was sollte übrigens der *heilge Werth* von *Einfalt* und *Unschuld* sein? Woran und unter welchem Interesse sollte dieser *Werth* gemessen werden?

B. Diese Aussage kommt mir schon deshalb unsinnig vor, weil ein ‚einfältiger' Mensch seine *Einfalt* verliert, wenn er seinen *Werth* ***erkennt***. Für FAUST würde MARGARETHE ihren *heilgen Werth* erkennen, wenn sie seinen Übertreibungen und Abstraktionen fraglos zustimmte.

A. Mit anderen Worten: der *heilge Werth* der Menschen, die FAUST mit seinen personifizierten Abstraktionen meint, ist für ihn gerade der, daß sie - in seinen Augen - zu dumm sind, um sein Gerede zu durchschauen und zu bemerken, daß er sie nur als **einfältige** Menschen für seine Interessen brauchen kann.

B. Es wird gezeigt, wie unmenschlich FAUSTS Bewußtsein ist, wenn er sich anmaßt, Menschen, die er nicht kennt, zu beurteilen und als geistig beschränkt einzuschätzen. Durch seine Vorurteile begrenzt, kommt ihm nicht in den *Sinn*, daß er von der konkreten MARGARETHE an seinem Arm erfahren könnte, ob sein Bild von *Einfalt* und *Unschuld* mit der Wirklichkeit übereinstimmt.

A. FAUST redet, als könne er den zu *Demut* und im Bewußtsein sozialer *Niedrigkeit* erzogenen Menschen durch rhetorische Tricks vormachen, was sich personifizieren lasse, treffe auf Personen zu, und alles, was ein *solch erfahrner Mann* als *höchst* und *heilig* bezeichne, sei es auch.

B. Das sieht man daran, wie FAUST die ‚Tugend' der *Demut* und *Niedrigkeit* nicht als Gaben eines christlichen Gottes, sondern als *höchste Gaben Der Liebaustheilenden Natur* bezeichnet. Auch wenn MARGARETHE nicht so einfältig ist, wie FAUST meint, von einer *Liebaustheilenden Natur* kann sie noch nichts gehört haben. Und was sollte das für eine ‚Liebe' sein, in der *Demuth* und *Niedrigkeit die* ***höchsten*** *Gaben* sind?

A. Ich habe den Eindruck, als spreche FAUST an dieser Stelle nur zu sich selbst.

B. Das würde zeigen, wie ich-zentriert er und wie gleichgültig ihm MARGARETHE ist. Ich denke jedoch, daß FAUSTS Reden sich gezielt auf MARGARETHE bezieht. Zum einen schmeichelt er ihr, indem er ihr einen *heil'gen Wert* und Tugend zuspricht, und zum andern ist es ein erster Versuch, MARGARETHE von ihrem lieben **Gott** zur *Liebaustheilenden* ***Natur*** zu lenken.

A. Wenn ihm dies gelänge, hätte er den Vorteil, daß er die Eigenschaften der Natur willkürlich selbst bestimmen könnte und ihm MAR-

GARETHE nicht mit dem theologischen Wissen dazwischen reden könnte, das sie in der Kirche gelernt hat.

B. Immerhin ist es beachtlich, wie die zur Allegorie der *Einfalt* hochstilisierte MARGARETHE spürt, daß dieses Gerede nichts mit ihr und schon gar nichts mit dem zu tun hat, was sie von FAUST wissen will, ob er nämlich an **sie** *denkt*, wenn er mit ihr spricht.

A. Und noch beachtlicher ist es, daß sie ihm ins Wort, sozusagen in seine *höchsten Worte* fällt und ihn zwingt, sich auf sie zu konzentrieren. FAUST scheint nicht genügend bedacht zu haben, daß er nicht einerseits auf sein Individuum pochen und andererseits die Menschen so behandeln kann, als ob sie kein Freiheitsgefühl und kein Selbstbewußtsein hätten. MARGARETHE wird sich kaum nach Liebe sehnen, um in einer solchen Beziehung die Rolle der *Einfalt* und *Niedrigkeit* spielen zu müssen. Wie bewußt sie aus dem Zwangssystem ihrer kleinbürgerlichen Ordnung ausbrechen will, zeigt der auf vier Silben konzentrierte und dadurch nachdrücklich betonte Vers: *So accurat.* Sie will frei sein und selbst bestimmen können, etwa, wie es in ihrem Zimmer aussieht.

B. Je mehr ich dem zustimme, was du sagst, desto weniger kann ich begreifen, warum MARGARETHE FAUSTS abstrakte Schwärmerei nur **unter**bricht und das ganze Gespräch nicht **ab**bricht. Mir kommt es vor, als spüre MARGARETHE, daß FAUST ihre inneren Wünsche nach einer dauernden, Standesschranken übergreifenden, auf Menschlichkeit gegründeten Liebe, von der sie im Lied vom *König in Thule* geträumt hatte, nicht erfüllen wird. Es ist ein Mißverhältnis zwischen dem *Augenblickgen*, mit dem sie sich plötzlich zufrieden gibt, und der *Zeit genug*, die sie haben wird, um ihr Individuum vom Denken an FAUST beherrschen zu lassen.

A. Aber wenigstens dieses *Augenblickgen* will sie wohl in ihrem aussichtslosen Leben haben; **einmal** so geliebt zu werden, daß der Liebende dabei an sie denkt, scheint ihr zu genügen. Es sei denn, sie versuchte nochmals, FAUST zum Widerspruch zu reizen, und wäre wirklich so ‚einfältig', weiterhin von ihm eine *höchste* Liebe zu erwarten, nachdem er sie so erniedrigt hat. Wir werden das nicht klären können.

B. Nehmen wir an, es sei ihr gelungen, FAUSTS Denken auf ihr persönliches Leben zu lenken - wie würde dieses Denken gezeigt?

A. *Ihr seyd wohl viel allein?* ist eine ‚höchst' zweideutige Frage, da FAUST von Anfang an darauf aus ist, mit ihr ‚allein' zu sein. Bei dieser Frage denkt er mindestens so viel an sich wie an MARGARETHE.

B. Und auch sonst denkt er nicht an MARGARETHE, die redet und redet und sich FAUST als lebenstüchtig - in diesem Sinne ganz als ‚bürgerlich' - sowie als liebesfähig und liebevoll anpreist.

A. Haben wir beim nächsten ‚Vorübergehn' der beiden nicht doch so etwas wie ein wirkliches Gespräch?

B. Daß FAUST MARGARETHE erneut als *Engel* bezeichnet, spricht nicht dafür, denn es zeigt, daß er weiterhin eher das Bild sieht, das er sich in ihrem Zimmer von ihr gemacht hat (U 564), als die leibhaftige MARGARETHE, die neben ihm geht und von ihrem Leben erzählt. Aber immerhin fragt FAUST, wie MARGARETHE sein Auftreten empfunden und beurteilt habe. Während seither MARGARETHE versuchte, von FAUST zu erfahren, wie er über sie wirklich denkt, möchte nun umgekehrt FAUST wissen, was sie von ihm und seinem Verhalten hält.

A. Im Unterschied zu MARGARETHE bekommt FAUST Antworten. Zuerst deutet sie ihm an, daß er die Sprache der Liebe nicht versteht, was sicher für das Verständnis des Stücks nicht unbedeutend ist, und dann erfährt er, daß MARGARETHE ihn als den erkannt hat, der ***gradehin*** mit *dieser Dirne* ***handeln*** wollte. Aus einer *Dirne* im volkstümlichen sollte sie eine *Dirne* im abwertenden Sinn werden.

B. MARGARETHE durchschaut nicht, daß FAUST nicht deshalb an ihr interessiert war und ist, weil er etwas *freches, **unanständiges in*** ihrem *Betragen gesehn* hat, sondern im Gegenteil eher deshalb, weil sie ihm als *sitt und tugendreich* (U 463) erschien und damit - so könnten wir ergänzen - als die mustergültige Verkörperung kleinbürgerlicher Ideologie. Beide bekennen, jeweils befürchtet zu haben, der oder die andere habe im eigenen Betragen etwas *Freches* gesehen.

A. Das würde heißen, beiden ist bewußt, wie nahe sie daran waren, die guten Sitten zu verletzen: FAUST, weil er wirklich unverschämt war, und MARGARETHE, weil ihr gerade diese *Frechheit* imponierte, das, was sie schon in ihrem *Zimmer* als *keck* (U 535) bezeichnet hatte. Man könnte fast meinen, auf der Grundlage dieser *Frechheit* würden sie sich ‚lieben', so zweifelhaft dieser Begriff nach dem, was wir bisher besprochen haben, auch sein mag. Könnten **wir** MARGARETHE sagen, was sich zu Faustens *Vortheil* in ihr *zu regen gleich begonnte*?

B. Wir als Publikum wissen mehr von FAUST als MARGARETHE, und deshalb hören wir anders hin, wenn in FAUSTS Rede *Freyheit* und *Frechheit* so auffällig aufeinander bezogen sind. Das ist auch angedeutet durch die Klangkorrespondenz: Beide Wörter beginnen mit der Lautgruppe *Fr-* und haben die gleiche Endsilbe. Hinzu kommt, daß FAUST die *Frechheit* personifiziert. Das zeigt, daß er nicht nur die Verantwortung für sein Handeln einer abstrakten Größe zuschiebt, sondern zugleich, daß er diese kühne, dreiste, notwendig die eingebürgerten Sitten verletzende *Freyheit* verkörpert. Und wegen dieser ‚frechen' *Freyheit*, in der die Möglichkeiten enthalten sind, die wir MARGARETHES Monologen entnommen haben, konnte MARGARETHE auf FAUST *nicht böser werden*.

A. MARGARETHES Wortspiel ist nicht nur eine kleine rhetorische Meisterleistung, sondern bereits ein Liebesgeständnis, wenn man *nicht böser* im Sinne von ‚besonders lieb' versteht. Und deshalb wohl hört sie in *Süs Liebgen* die erwartete Antwort, die sie sich durch das Blumen-Orakel bestätigen lassen will. Für mich hat dieses von MARGARETHE aus gesehen vielleicht naive ‚Abzupfen' der *Blätter* der *Stern Blume* etwas Peinlich-Makabres.

B. Wie meinst du das?

A. Es liegt nahe, in der von einer ‚Margarete' gepflückten *Stern Blume* eine ‚Margerite' zu sehen, so daß MARGARETHE sich sinnbildhaft vor FAUST nicht nur entblößt, sondern gewissermaßen de-'floriert', sich also selbst ihre ‚Un-Schuld' nimmt.

B. Aber sie zupft die Blätter, um zu erfahren, ob FAUST sie liebt. Wenn du das, was *nur ein Spiel* sein soll, so ernst nimmst, dann könnte dieses *Spiel* außerdem darstellen, wie MARGARETHE auf FAUSTS Begriff der *Liebaustheilenden Natur* einschwenkt und ihn wörtlich nimmt; aber auch, daß MARGARETHE ihren christlichen Mythos nicht durch ein ‚aufgeklärtes', mündiges Bewußtsein ersetzt - wie sollte sie das können? -, sondern durch einen neuen, von FAUST angeregten Natur-Mythos.

A. Indem sie jedoch FAUSTS Begriff wörtlich nimmt, korrigiert sie ihn auch, denn *Liebaustheilend* kann sich für sie wohl kaum auf *Demuth* und *Niedrigkeit* beziehen. Ihre *holde Freude* darüber, daß die äußere, ‚botanische' *Natur* mit ihrer inneren Natur zusammenstimmt und beide Naturen wie aus einem Munde sagen: *Er liebt mich!*, möchte sie ‚natürlich' von FAUST bestätigt wissen. Aber der scheint das ‚ich liebe dich' zu fürchten ‚wie der Teufel das Weihwasser'.

B. Ja, MARGARETHE würde dieser einfach aussprechbare Satz genügen. Und tatsächlich nimmt sie alles, was FAUST als *unaussprechlich* bezeichnet und durch seinen *Händedruk* und seinen *Blick sagen* läßt und selber inbrünstig sagt, als Umschreibungen dieses Satzes. Wenn sie zum Beispiel *kein Ende* hört, dann versteht sie das als ‚immer', wogegen wir, die wir durch die vorhergehende Szene auf *alle höchsten Worte* (U 915) vorbereitet sind, wissen, daß dies kaum gemeint sein kann. Dennoch fällt es mir sehr schwer, zu begreifen, wie FAUST *dieses Blumenwort* kommentiert.

A. Wenn man *du holdes Himmels Angesicht* mit der Floskel *mein Kind* zusammenbringt, ergibt sich fast die Bedeutung ‚himmlisches Kind'.

Das gehört zu den uns bekannten Übertreibungen. Und wenn FAUST das *Blumenwort*, das mit einer Wahrscheinlichkeit von 50 % *Ja* ergibt und sich außerdem immer so manipulieren läßt, daß *Er liebt mich* dabei herauskommt, *Götter Ausspruch* nennt, dann kann dies andeuten, wie viel Mythisches auch in FAUSTS Bewußtsein wirksam ist.

B. Sobald man das, was FAUST weiter sagt, auf ein ‚normales' Liebesverhältnis bezieht, ist es unverständlich. Warum sollte ein solches Verhältnis nicht aussprechbar und warum sollte es nicht wiederholbar sein? Warum sollte das Wesen menschlicher Liebe sein, *Sich hinzugeben* ***ganz***, so daß die Liebenden nicht mehr bei **sich** sind und sich dabei auf ***ewig*** verlieren?

A. FAUST wird hier als jemand dargestellt, der das nicht kann, was er als *Wonne* bezeichnet, nämlich sich auch nur *ein Augenblickgen* ganz hinzugeben, um eins zu sein mit sich und der Natur.

B. Das kann er wohl deshalb nicht, weil ihm ein natürliches Gefühl zu fehlen scheint. Statt zu fühlen, **spricht** FAUST von Gefühl; mit seinem Verstand relativiert er das, was ihm *Wonne* verspricht.

A. Dies zeigt sich, wo er, statt ‚ich liebe dich' zu sagen, schon vom *Ende* spricht. FAUSTS Bewußtsein scheint dadurch charakterisiert zu sein, daß es gespalten - also auch in diesem Sinne ‚ver-zwei-felt' - ist zwischen der Sehnsucht nach Glück und dem Zwang, alle *Wonne* zu entwerten, weil sie bloß vorläufig sei.

B. Ja, er möchte alles schnell haben und zugleich *ganz* genießen, er möchte total in der Zeit und außerhalb der Zeit sein, aber weil es ihm an einem zeitlos gültigen humanen Inneren mangelt, das sein Handeln beurteilen würde, muß er verzweifeln. Aus dem gleichen Grund, aus dem er mehr leisten und verändern will als andere, bringt er sich um den Genuß seiner Leistung.

A. Das ist wirklich ein ‚Teufelskreis' des faustischen Bewußtseins, den man freilich ohne ‚Teufel' erklären kann.

B. Sobald wir diese kleine Stelle unter solchem Blickwinkel sehen, scheint MARGARETHE durch ihr Blumenorakel in diesem Augenblick für FAUST so etwas wie eine Verkörperung der *Liebaustheilenden Natur* zu sein. Damit meine ich eine Natur, die den Menschen die Gaben der Liebe, gegenseitiges Vertrauen und offenes Gespräch, ‚ausgeteilt' hat. Von dieser Natur scheint MARGARETHE etwas zu fühlen, wenn sie „Am Brunnen" das, was sie *trieb*, als *gut* und *lieb* bezeichnet (U 1276 f.). Sie soll FAUST einen Mangel ersetzen, der sich äußert in seinem Wunsch und zugleich in seiner Unfähigkeit, ‚ich liebe dich' zu sagen.

A. Dann drückt die innere Erregung FAUSTS wohl aus, daß er bereits fühlt, MARGARETHE könne nicht das ‚leisten' und ersetzen, was er selbst sein müßte. Ich denke, wir haben hier eine wichtige Erklärung dafür, warum das *Ende* dieser ‚Liebe' *Verzweiflung* **ist**.

B. Leider gelingt es mir noch nicht, die abschließende Regiebemerkung in diesem Zusammenhang zu verstehen: MARGARETHE *drückt ihm die Hände. macht sich los und läufft weg. Er steht einen Augenblick in Gedanken, dann folgt er ihr.*

A. Wenn MARGARETHE *Kein Ende!*, wie sie es wünscht, als ‚treue Liebe' auslegt, dann ist ihre *Hand*-lungsweise erklärlich. Du meinst aber wohl den Satz, der sich auf FAUST bezieht. Er erinnert mich an die Regieanweisung zur Szene „Allee", wo es von FAUST heißt: *Faust* ***in Gedanken*** *auf und ab gehend*, und zweitens an MARGARETHES Satz: ***Denkt*** *ihr an mich ein Augenblickgen* ***nur***, und das scheint FAUST nun zu tun.

B. Das alles macht die Stelle ‚bedeutender', aber noch nicht verständlicher.

A. Warum sollte sie wichtig sein?

B. Weil derartige Hinweise auf etwas Wichtiges, aber Unausgesprochenes aufmerksam machen. Wenn FAUST, der in dieser Szene bisher in Bewegung war, plötzlich ***in*** *Gedanken* ***steht***, dann kann das ausdrücken, daß er zur Besinnung gekommen und dadurch in seinem *Lauf* irritiert ist. Aber was sollte er erkannt haben?

A. Wenn er den Händedruck mißversteht, hat er ‚erkannt', MARGARETHE stimme ihm zu und werde ihm bedingungslos, ohne daß er es verantworten muß, die *Wonne* verschaffen, die er sich wünscht.

B. Diesem Wunsch, verantwortungslos zu sein, würde entsprechen, daß er ***ihr folgt***, und zwar in dem Sinne, daß er sich von ihr führen läßt. Vielleicht aber wird in FAUST, weil MARGARETHE ihm - ihn ebenfalls mißverstehend - uneingeschränkt vertraut, sein - rudimentäres - sittliches Empfinden angesprochen. Er wird fast ‚verführt', wenigstens in dem von MARGARETHE gewünschten *Augenblickgen* ganz an sie zu *denken* und sie nicht nur zu *küssen*, sondern auf ihr *Bester Mann, schon lange lieb ich dich* mit einem uneingeschränkten, verantwortungsvollen ‚ich liebe dich' zu antworten.

A. Und warum tut er es nicht?

B. Ich vermute, es hat mit dem Faustischen zu tun.

A. Du meinst, mit dem von FAUST ausgelösten, nie zur Ruhe kommenden ‚Wie-Gott-sein-Wollen', das keine echte Liebe zuläßt, weil dadurch das unendliche Prinzip des Fortschritts gefährdet wäre …

B. … als dessen ‚Manager' wir MEPHISTOPHELES bezeichnet haben (Dialog 7). Deshalb *klopft* MEPHISTOPHELES in dem Moment *an*, wo

FAUST möglicherweise dabei ist, die Idee des Fortschritts, der immerwährenden Bewegung, zu verraten. Damit er ja nicht ‚aus der Zeit fällt', erinnert MEPHISTOPHELES: *Es ist wohl **Zeit** zu scheiden.*

A. An dieser Stelle kommt mir MEPHISTOPHELES vor wie ein ‚umgekehrter Schutzengel'. Bevor FAUST in den - von MEPHISTOPHELES aus gesehen - ‚sündhaften Zustand der Liebe' fallen könnte, ruft MEPHISTOPHELES ihn am ‚Abgrund' zurück.

B. Wobei wir nicht vergessen dürfen, daß FAUST diesen ‚Schutzengel' selbst bestellt hat. FAUST und MARGARETHE werden gehindert, den ‚zeit-losen' ‚Garten Eden' zu genießen, der „Marthes Garten" ***ein Augenblickgen nur*** hätte sein können.

A. Warum nennt FAUST MEPHISTOPHELES, der sich als *Gut Freund* zu erkennen gibt, *Ein Tier!*? Daß MEPHISTOPHELES sich als guter *Freund* bezeichnen kann, ist nach dem ‚Freundesdienst', den er FAUST erweist, verständlich.

B. *Ein Tier!* wird noch bedeutender, weil FAUST ***stampfend*** nach dem Störenfried fragt. Gewöhnlich *stampfen* Pferde, nicht Menschen ...

A. ... außer sie haben einen ‚Pferdefuß'!

B. In der „Hexenküche" wird MEPHISTOPHELES diesen Pferdefuß haben. Im Vorgriff auf das „Faust-Fragment" können wir deutlich sehen, daß FAUST selbst die Eigenschaften hat, die MEPHISTOPHELES darstellt. Genau besehen aber haben wir schon hier die Stelle, wo FAUST die ‚tierische' Qualität seines Handelns auf MEPHISTOPHELES überträgt. Das tierische Stampfen FAUSTS ist ein Hinweis, daß der faustische FAUST, der eben in ‚Gefahr' war, ein humaner FAUST zu sein, sich wieder in seinem ‚un-menschlichen', deshalb ‚tierischen' Zustand bewegt.

A. Dann wäre ‚Wie-Gott-sein-wollen' tierisch?

B. Es wäre zumindest nicht ‚human'.

A. Im „Gartenhäusgen" sind nun auf engem Raum alle vier Figuren beisammen, die im „Garten" streng getrennt waren. Was haben sie miteinander zu tun? Sollte MARTHE für MARGARETHE ein ähnlicher ‚Schutzteufel' sein wie MEPHISTOPHELES für FAUST?

B. Wir haben bemerkt, daß MARTHE anstelle von MARGARETHE spricht (Dialog 12), und wenn sie eine ‚Kupplerin' ist, muß sie an der Verdinglichung, der Verwertbarkeit sexueller, nicht an treuer Liebe interessiert sein.

A. Wo MEPHISTOPHELES und MARTHE als Paar auftreten, kommt es mir vor, als ob sie FAUST und MARGARETHE nachäfften, so daß MARTHE wieder als Möglichkeit MARGARETHES gesehen werden könnte.

B. Das ist sie zweifellos, zumal die beiden nicht nur aneinander vorbeireden, damit das Publikum zwischendurch seinen Spaß hat, sondern ungefähr das vorspielen, was FAUST und MARGARETHE voreinander verbergen. MARGARETHES unausgesprochenen Wunsch nach einer festen Bindung übersetzt MARTHE in die Prosa des gewöhnlichen Lebens.

A. MARTHE verwendet auffällig viele eigentlich faustische Begriffe in ihrer Rede: *Ihr reist so* ***immer fort*** *- In* ***raschen Jahren*** *-* ***frey durch die Welt*** *- berathet Euch* ***in Zeiten*** *- Sagt* ***grad****.*

B. In diese Reihe gehört auch MEPHISTOS *Und darf doch nun einmal* ***nicht bleiben****.* Weniger an MARTHE als an das Publikum gerichtet erläutert und kommentiert er eine Konsequenz der faustischen *Bleib-* und Rastlosigkeit: Jeder Mensch, der von der faustischen Idee angesteckt und beherrscht ist, kann sich nicht binden, weil er herz- und lieblos ist. Er wird - im übertragenen Sinn - einsam bleiben und immer eine *böse Zeit* vor sich haben.

A. Ist es nicht seltsam, daß MARTHE zunächst auf eine *böse* ***Zeit*** verweist und dann am Schluß von einem *gar zu bösen* ***Ort*** spricht? Charakterisiert sie damit nicht die faustische Welt?

B. Doch. Und diesen Gesichtspunkt ergänzt MEPHISTOPHELES mit seinem *Das ist der Lauf der Welt.* Aus seinem Munde ist diese Aussage mehrdeutig. Während MARTHE denken mag, es sei unvermeidlich, daß junge Menschen sich verlieben und wie *Muthwillige Sommer****vögel*** Lust haben, ‚aufzu**fliegen**', werden **wir** bemerken, daß MEPHISTOPHELES den *Lauf* einer **neuen** *Welt* meint, für die die Beziehung zwischen FAUST und MARGARETHE beispielhaft ist.

A. Immerhin haben wir gesehen, daß dieser *Lauf der Welt* Gefahr läuft, durch ein ‚ich liebe dich' FAUSTS gestört zu werden.

B. Daß dieser *Lauf* auch noch von anderer Seite gefährdet ist, wird dem Lesepublikum kunstvoll mitgeteilt: MARGARETHES *Herz klopfen*, mit dem sie das „Gartenhäusgen" betritt und in dem sich ihre Liebesfähigkeit und ihr Wunsch nach Liebe bemerkbar machen, wird durch MEPHISTOS Klopfen in das Klopfen des schlechten Gewissens verwandelt, das sich als *Die Mutter würde mich!* äußert. Nicht nur die *Mutter* ***würde*** sie, sondern die ganze Gesellschaft, für die diese *Mutter* steht.

A. Es ist sicher von Bedeutung, daß MARGARETHE offen läßt, **was** die *Mutter* ***würde****.* Zu was Mutter und Gesellschaft fähig sind, übersteigt wohl ihre Phantasie.

B. Ja, für das Publikum ist MARGARETHE auf ganz andere Art *ein arm unwissend Kind*, als sie selbst glaubt. Sie hat auch keine Vorstellung davon, ***was so ein Mann*** wie FAUST *Nit alles alles denken kann!* und wie ihm ihre Vertraute MARTHE dabei hilft.

A. Auch daß sie *zu allen Sachen ia* sagt, ist bedeutend, da sie tatsächlich **nur** als *Sache* von Interesse ist und behandelt wird. Selbst ihr *Du lieber Gott* wird makaber, wenn man es auf den Gott-gleich-sein-wollenden FAUST bezieht. Sie ist nur Opfer, und zwar in Interessenzusammenhängen, von denen sie nichts weiß. In diesem Drama fehlt eine Figur, die MARGARETHE über ihre wahren Verhältnisse aufklärt.

B. Eine solche Rolle sollte das Publikum nach den Vorgaben des Dramas wohl selbst spielen, und zwar bei der Erziehung der eigenen Kinder.

Dialog 15: *Gretgens Stube - Marthens Garten* (U 1066-1235)

A. Könnten wir das schöne Lied, das GRETGEN am *Spinn rocken* singt, nicht einfach nehmen als Liebesschmerz, den ein Mädchen ausdrückt, und in ihm keine andere Bedeutung suchen als das, was die Worte auf schlichte Weise aussprechen? Niemand kann dieses Gedicht lesen, ohne in seinem Inneren berührt zu sein.

B. Du willst wohl sagen, ob wir das schöne Lied nicht zerstören, indem wir es ‚zerpflücken'. Ließe sich nicht mit mehr Recht sagen, es sei ein schreckliches Lied? Zumindest ist es ein kompliziertes Lied.

A. Was sollte an diesem Gedicht kompliziert sein? Schon die Form ist es nicht. Eigentlich sind es Verse mit vier Hebungen, die paarweise reimen, diese Verse wurden halbiert, und in diese Form sind einfache Gedanken gelegt. *Nach ihm nur schau ich Zum Fenster hinaus Nach ihm nur geh ich Aus dem Haus.* Welche verliebte Frau könnte das nicht wörtlich sagen?

B. Sie kann es leichter sagen, seit es dieses Lied gibt. Und gleichzeitig könnte sie sich, **weil** es dieses Lied gibt, fragen, ob das Liebe sei, wenn alles andere in der Welt, sie selbst eingeschlossen, seine Bedeutung verliert. Achte auf die vielen Wiederholungen in diesem Gedicht. Das beginnt mit der zweifachen Wiederholung der ersten Strophe, die selbst einige Wiederholungen enthält. Besonders auffällig sind: *Ist mir - Ist mir - Mein armer - Ist mir - Mein armer - Ist mir.* Könnte wirklich jedes verliebte Mädchen von sich aus so sprechen?

A. Jetzt sehe ich selbst etwas Ungewöhnliches: Dort, wo MARGARETHE von FAUST spricht, verwendet sie nicht nur sechsmal Formen des Possessivpronomen *sein*, sondern setzt siebenmal an, einen Satz zu formulieren, den sie nicht zu Ende bringt; allen sieben Subjekten fehlt ein Prädikat. Sie **sagt** also nicht nur, daß ihr *Kopf verrückt* und ihr *Sinn zerstückt* ist, sondern ‚beweist' es auch.

B. Ähnlich lassen sich die Wiederholungen verstehen, die wohl ausdrücken, daß MARGARETHE von einer ‚fixen Idee' beherrscht wird, von der sie ‚einfach' nicht wegkommt. Übrigens stimmt deine metrische Beschreibung des Liedes nicht ganz, da in der zweiten Strophe die Kurzzeilen reimen. Diese Strophe fällt also aus dem Rahmen der metrischen Form.

A. Vielleicht ist es der Gedanke an *das Grab*, vielleicht die Erinnerung an den - wie es später heißen wird - *bis an das Grab* (2760) treuen *König in Thule*, die sie an dieser Stelle aus der ‚Fassung' bringen, vielleicht ist es die übertriebene Vorstellung von der ***ganzen** Welt*.

B. Man muß sich immer wieder verdeutlichen, daß auf der Bühne kein menschliches Wesen spricht und singt, sondern die ‚Darstellung' eines Menschen, also eine Figur. Schon die Liedform zeigt, daß so nicht jedermann und jedefrau spricht, obgleich mit einem Lied etwas Wichtiges darüber gesagt sein kann, wie jedermann und jedefrau sprechen.

A. Das Spinnen symbolisiert wohl den Versuch, ihre *verrückten* Gedanken und *zerstückten* Liebes-Empfindungen wieder zusammen zu bringen.

B. Wenn das, was MARGARETHE beschreibt, ihre Liebe ist, dann ist diese etwas Zerstörendes. MARGARETHE kommt mir vor wie die *Ratte*, der die *Köchin Gift* gegeben hat („Auerbachs Keller"). Ich glaube, was für MARGARETHE *Gift* ist, aber von ihr als ‚Liebe' empfunden wird, ist die Ungewißheit, ob FAUST sie liebt, sein fehlendes ‚ich liebe dich'.

A. Hier ist MEPHISTOS Prophezeiung nicht eingetroffen, FAUST werde *alle **Seelen**lieb ihr schwören* (U 906).

B. Ein solches ‚ich liebe dich' hätte festgelegte Konsequenzen in MARGARETHES *Welt*, die ihr in ihrer Ungewißheit nun *vergällt* ist. Man könnte auch sagen, MARGARETHE empfindet, daß es in der Verbindung mit FAUST keine soziale Sicherheit mehr geben kann, sondern selbst die persönlichsten Beziehungen ‚auf Zeit' eingegangen werden und immer durch das Risiko be*schwert* sind, zu scheitern.

A. Was MARGARETHE ausdrückt, ist also der zerstörerische Einbruch der faustischen Idee in die kleinbürgerliche Welt mit seinen Folgen für die einzelnen Menschen, die sich der kirchlichen Moral fügen.

B. Genau besehen ist MARGARETHE durch FAUSTS Freiheitsidee, von der Vorstellung, die *Beste* zu sein (U 952), *alle Weisheit dieser Welt* (U 932) übertreffen zu können, ‚vergiftet'. Da sie kein gefestigtes Ich hat, oder anders gesagt, da sie nicht als ‚Mensch' erzogen ist, wird MARGARETHE von der Idee der Freiheit ‚beherrscht'.

A. Das ist deutlich gezeigt in der fünften Strophe, wo MARGARETHE ausspricht, daß sie in und außerhalb ihres Hauses von FAUST, oder dem, was FAUST für sie bedeutet, gesteuert ist. Diese Liebe zu FAUST führt dazu, daß MARGARETHE die Beziehung zur Wirklichkeit verliert.

B. In den beiden nächsten Strophen sagt MARGARETHE, wodurch sie in ihren haltlosen und fremdbestimmten Zustand gekommen ist. Jeder dieser aufgezählten ‚Satzanfänge' könnte enden mit: ‚… hat mir das Herz schwer, den Kopf verrückt gemacht und den Sinn zerstückt.'

A. Einiges davon ist uns bereits bekannt: *hoher Gang* und ***edle** Gestalt* als Auftreten eines Adeligen aus ***edlem** Haus* (U 533), *Händedruk* (U 1038) und *Kuss* (U 1055) aus „Garten" und „Gartenhäusgen". Neu hinzugekommen sind *Seines Mundes Lächlen Seiner Augen Gewalt Und seiner Rede Zauberfluss.*

B. Also das, was sich als Mimik und Rhetorik lernen läßt. Weil MARGARETHE auch hier ein *arm unwissend Kind* ist (U 1064), nimmt sie die rhetorischen Aufblähungen, die Übertreibungen und Personifizierungen FAUSTS für Wirklichkeit und ist so davon ‚beeindruckt' und beeinflußt, daß sie nun selbst fast so abstrakt spricht wie FAUST.

A. Immerhin ahnt sie, daß FAUST nicht nur durch die *Augen*, sondern auch durch die *Rede **Gewalt*** über sie ausübt, weil sie diese *Rede* als ***Zauberfluss*** und damit als das für sie undurchschaubare Zaubermittel erkennt, das ihr den *Kopf verrückt.* Während MEPHISTOPHELES *Über die* [...] *keine **Gewalt*** (U 478) hat, haben dies FAUSTS *Augen* und sein *Mund.* Diesen *Mund* des *Zeugen* FAUST, aus dem *alleweegs die Wahrheit kund* werden soll (U 867 f.), haben wir kennengelernt als Quelle des Meineids und der Lüge.

B. Mich erinnert diese Charakterisierung FAUSTS an die Lehren, die MEPHISTOPHELES dem STUDENTEN gegeben hat:

> *Ihr seyd noch ziemlich **wohl gebaut**,*
> *An **Kühnheit** wirds euch auch nicht fehlen,*
> *Und wenn Ihr euch nur selbst vertraut,*
> *Vertrauen Euch die andern Seelen.[...]*
> *Und wenn Ihr halbweeg **ehrbar thut**,*
> *Dann habt ihr sie all unterm Hut.[...]*
> *Versteht das Pülslein wohl zu drücken,*
> *Und fasset sie mit **feurig schlauen Blicken** [...].* (U 413-28)

A. Ja, man könnte meinen, FAUST habe bei MEPHISTOPHELES gelernt und an MARGARETHE lasse sich ablesen, wie diese Lektion wirkt. Wenn das Publikum dies bei ihren Versen mitbedenkt, wird es fast peinlich, auf was MARGARETHE hereingefallen ist.

B. In ihrer Unruhe fühlt sie deutlich, daß ihr die *ganze Welt vergällt* ist, weil hier zwei Weltbilder aufeinander treffen, die unvereinbar sind. Das sieht man daran, daß sie strikt zwischen *Ich/Mein* und *Sein* trennt; ein ‚Uns' gibt es für sie nicht oder noch nicht. Die eine der beiden Welten, die faustische Welt der ‚Freiheit', ist in diesem Lied vertreten durch *Ach dürft ich [...] wie ich wollt*, die andere, die kleinbürgerliche Welt, durch *Gott.* FAUST hat MARGARETHE ihrer Welt noch nicht ganz entfremdet, und sie muß sich zwischen diesen beiden Welten entscheiden.

A. Sie scheint der Kraft ihrer Liebe zuzutrauen, die beiden Welten so zu verbinden, daß es wenigstens nicht ihren Religionsvorstellungen widerspricht. Mir kommt es vor, als ob sie FAUSTS Lektion von der *Liebaustheilenden Natur* (U 957) für sich übernommen habe und nun ihre ‚freie' Natur und ihren *Gott* so versöhnen wolle, daß sie in der *ganzen Welt* ***dürft***, *wie* sie ***wollt***.

B. Das ist bedeutungsvoll ausgedrückt in dem Satz: *Mein Schoos!* ***Gott!*** *drängt Sich zu ihm hin.* Denn zwischen *Schoos* und *ihm* ist als Hindernis *Gott* eingebaut, der durch die Ausrufezeichen, in die das Wort eingeschlossen ist, besonders bedrohlich erscheint. Dieses Hindernis gilt es zu beseitigen; dann wäre MARGARETHE zu jedem Risiko, was Sitte und Konvention betrifft, bereit, und wenn sie dabei *vergehn sollt.*

A. Es ist schade, daß Goethe diese Stelle später geändert hat, denn sie motiviert die Fragen MARGARETHES nach Gott und Religion in der nächsten Szene viel deutlicher als das später dafür genommene: *Mein Busen drängt Sich nach ihm hin* (3406 f.). -

B. Was sagst du dazu, wie MARGARETHE das sogenannte Religionsgespräch beginnt?

A. MARGARETHE scheint in ihrer „Stube" soviel Kraft gewonnen zu haben, daß sie FAUST gewissermaßen befiehlt, ihr etwas zu sagen. Ihr ***doch*** könnte ausdrücken, daß die Bedeutung von allem, was FAUST ihr schon gesagt hat, für sie davon abhängt, wie er die Frage nach der *Religion* beantworten wird. Immerhin ist bei ihr der Begriff des ‚Herzlich-Guten' schon so weit gefaßt, daß jemand *herzlich gut* sein kann, der möglicherweise nicht viel von der *Religion* hält. Heißt das nicht, daß ihre Frage eigentlich überflüssig ist?

B. Schon in ihrem Lied am Spinnrad hat sie gezeigt, daß sie innerlich zu allem bereit ist. Und auch die unbeschwerte Art, wie sie mit dem Wort *glauben* umgeht, paßt dazu. Denn in dem Satz: *Allein ich glaub, du hältst nicht viel davon*, bedeutet *glauben* nicht viel mehr als ‚meinen' oder ‚sich denken'. In diesem Sinne ‚glaube' auch ich, daß MARGARETHES Fragen erst vom Zuschauer aus gesehen wichtig sind, damit er erkennen kann, wie FAUST als Vertreter der faustischen Idee mit den religiösen Gefühlen derjenigen umgehen wird, die dieser Idee vertrauen.

A. Dies wird dadurch bestätigt, wie FAUST auf MARGARETHES Frage reagiert. Denn allein auf MARGARETHE bezogen, hätte *Will* ***niemand*** *sein Gefühl und seine Kirche rauben* wenig Sinn. Eher drückt seine Absicht aus, daß auch in der faustischen Welt die Menschen nicht aufgeklärt sein werden. Deshalb ist seine Taktik vom ersten Moment an, MARGARETHES Problem aus dem Bereich des Wissens und des gewissen Glaubens in den Gefühlsbereich abzudrängen.

B. MARGARETHE mag noch hinnehmen, daß FAUST ihr unterstellt, sie **fühle**, daß er ihr gut sei, weil sie es tatsächlich nicht **wissen** kann. Aber ihr zu sagen, ihre *Kirche*, ihre *Religion*, sei nur ein *Gefühl*, das sich zudem wie ein Gegenstand ***rauben*** lasse, das ist auch für das ***unwissend*** *Kind* (U 1064) MARGARETHE zuviel. Denn sie hat immerhin gelernt, daß Gott unzweifelhaft existiert und sich so um jeden einzelnen kümmert, daß er ihm durch die Beichte immer wieder die Sünden verzeiht (vgl. U 473-77).

A. Ganz an der Frage vorbei geht die Antwort: *Für die ich liebe lies ich Leib und Blut.* Auch hier versucht FAUST, MARGARETHE gefühlsmäßig an sich zu binden.

B. In der Regel wissen Menschen, die so sprechen, nicht, was sie sagen; sie ermessen die Übertreibung nicht, sondern benützen sie als eine bloße Floskel. Bei FAUST freilich hat das System. Er bietet MARGARETHE, damit sie ihm eine echte Antwort auf ihre Frage erläßt, umfassenden Schutz an und unterstreicht dies pathetisch durch die Alliteration ***Lass - liebe - lies - Leib.***

A. Aber so leicht, wie FAUST hofft, gibt MARGARETHE nicht nach und sagt FAUST, daß er auf ihre Frage ***nicht recht*** geantwortet hat. Ihr ***man muss dran glauben!*** heißt, man darf in Sachen *Religion* nicht nur **fühlen**. Woher nimmt MARGARETHE die Sicherheit, so mit FAUST zu sprechen?

B. Das ist die Sicherheit derjenigen, die in der alleinseligmachenden Kirche erzogen sind. MARGARETHE kann nicht im selben Glaubensbekenntnis sagen, „Ich glaube an den **einen** Gott" und „Ich glaube an die **eine**, heilige, katholische und apostolische Kirche", die sie konkret im „Dom" erfährt, und sich dann sagen lassen, *Gefühl* **und** *Kirche* lägen auf einer Ebene und seien nur deshalb noch da, weil sie ein allmächtiger FAUST gnädigerweise nicht ***rauben*** will. Für einen unverbindlichen Toleranzgedanken, wonach jeder nach seiner Fasson selig werden soll, den vielleicht FAUSTS Antwort enthält und auf den er mit seinem *Muss man?* anspielt, hat ein wie MARGARETHE erzogener Mensch keinen Sinn.

A. Dann wäre die Toleranz des ‚neuen Bürgers', den FAUST darstellt, nur ein taktisches Mittel, um seine Absichten zu verwirklichen?

B. Zumindest widerspricht sie seinen Interessen nicht.

A. Aber gleichzeitig können wir sehen, daß es mit MARGARETHES Glauben trotz ihrer ‚Sicherheit' auch nicht weit her ist, da sie die Lehre der *Kirche* reproduziert, die ihre Mitglieder zwingt, zu glauben. Glauben ist für sie etwas, das *man muß*, also eher ein Akt des Willens und weniger ein Ausdruck von Vertrauen.

B. Weil MARGARETHE einerseits glaubt, sie wisse, was Glauben sei, und andererseits nicht weiß, daß Glauben ‚feste Zuversicht' bedeutet, die keine Vermittlung braucht, ist sie FAUST wie ein Spielball ausgeliefert.

A. Von den *Sakramenten*, die diese Vermittlung ausdrücken, spricht MARGARETHE jedoch nicht nur deshalb, weil sie ein Lippenbekenntnis zur *Kirche* abgibt, sondern weil alle ihre Probleme gelöst wären, wenn FAUST nicht nur das *Nachtmal*, also das Sakrament der Eucharistie, sondern auch das Sakrament der Ehe verehrte.

B. Das stimmt. Hier ist MARGARETHE - wie MEPHISTOPHELES sagen wird - echt *interessirt*, deshalb läßt sie sich durch FAUSTS Taktik nicht verunsichern, das von ihr gemeinte ‚ehren mit Verlangen', also ‚verehren', in ein für ihn unverbindliches *ehren* zu verwandeln. Wenn FAUST sie heiratete, könnte sie ihn lieben, schwanger werden und wäre doch als untadelige Frau in ihre Gesellschaft eingebunden. Und FAUST, mochte er sein, wie er will, hätte gleichfalls am Gnadenschatz der Kirche teil. Aber diesen letzten Versuch, FAUST und ihre Gesellschaft konfliktfrei zu verbinden, gibt sie schnell auf und ermöglicht FAUST mit ihrer allgemeinen Frage, ob er *an Gott* glaube, sie soweit zu bringen, daß sie zu *allen Sachen ia* sagt (U 1063), auch in religiösen Dingen.

A. Zunächst würde ich jedoch sagen, daß auch die Frage, ob FAUST *an Gott* glaube, zu dem Versuch gehört, FAUST daraufhin ‚abzuklopfen', was sie alles aufgeben und auf sich nehmen muß, wenn sie mit ihm nicht nur in körperlicher, sondern auch in geistiger Liebe vereint sein will. MARGARETHES Fragen sind **echte** Fragen und verdienten echte und verstehbare Antworten. Zum Beispiel: ‚Ja, ich glaube an Gott, auch wenn ich überzeugt bin, daß sich kein Mensch vorstellen kann, was das Wort Gott bedeutet.' Oder: ‚Ich glaube nicht an Gott, weil alles, was über Gott gesagt wird, von Menschen ausgedacht worden ist.'

B. Obgleich FAUST weiß, worum es MARGARETHE geht oder gehen könnte, gibt er ihr keine Antwort, die ihrem Wissensstand entspricht. Ist es nicht schamlos, zu MARGARETHE zu sagen: *Magst Priester, Weise fragen*? FAUST baut sich als übermächtige Autorität auf, indem er sich gegenüber MARGARETHE so darstellt, als ob **er** *Priester und Weise* befragt hätte. Kannst denn **du** verstehen, warum deren *Antwort nur Spott Uber den Frager zu sein scheint*?

A. Nein! Warum sollte die Antwort eines Priesters auf die Frage, ‚glaubst du, daß es einen Gott gibt', Spott über den Frager sein? Er könnte zum Beispiel antworten, daß alle bekannten Menschenstämme religiöse Bräuche haben, und daraus folge, daß es Gott oder Götter geben muß. Übrigens schließen Beruf und Begriff des Priesters den Glauben an übersinnliche Wesen ein. So gesehen könnte der Fragende sich nur verspottet fühlen, weil er an einen **Priester** eine Frage stellt, die dieser selbstverständlich mit ‚Ja' beantworten muß.

B. Aus welchem Grund die Antworten der *Weisen*, also der Philosophen, Spott über den Fragenden sein sollten, ist genauso wenig einzusehen. Vor Kants „Kritik der reinen Vernunft", als der „Ur-Faust" geschrieben wurde, hätten sie auf irgendeine Art **bewiesen**, daß es Gott gebe. Solche Beweise haben sie erarbeitet, weil MARGARETHES Frage als würdig erachtet wurde, wissenschaftlich behandelt zu werden.

A. Dann versucht FAUST mit seiner Antwort MARGARETHE einzuschüchtern. Er tut so, als ob MARGARETHE, deren *Wort*, wie FAUST gesagt hat, *mehr unterhält Als* ***alle Weisheit dieser Welt*** (U 931 f.), so gut wie er als *Docktor* der *Philosophey* (U 1; 7) sich kurzerhand selbst überzeugen könne, daß das stimmt, was er behauptet.

B. Vielleicht werden wir FAUST gerechter, wenn wir *Magst … fragen* als ‚man mag fragen' auffassen und beachten, daß er die Frage *Glaubst du an Gott?* sinngemäß umformuliert in: ‚Glaubst du **einen** Gott?'

A. Ich kann nicht sehen, daß er in dieser Richtung argumentiert. Und sagen nicht gerade die *Weisen*, Theologen und Philosophen, daß der Begriff *Gott* andere Götter ausschließt?

B. Dann müssen wir in FAUST weiterhin jemanden sehen, der nicht liebevoll und einfühlsam mit MARGARETHE spricht. Er wird als Figur gebraucht, um dem Publikum vorzuführen, wie der faustische Mensch mit ‚aufmüpfigen' Menschen ‚fertig' wird, die der Idee der Freiheit nicht blindlings folgen.

A. Wie MARGARETHES nächste Frage zeigt, hat sie nur verstanden, daß *Priester* und *Weise* sagen: ‚Wie kann man nach etwas fragen, was es nicht gibt?' Sie weiß nicht, was ein Weiser ist, und kann folglich mit FAUSTS Antwort nichts anfangen.

B. FAUST benützt sein Wissen nicht, um anderen davon abzugeben, sondern gebraucht es, um sie für seine Zwecke zu verdummen.

A. Da MARGARETHE nur gelernt hat, in Gegensätzen zu denken - „Wer nicht mit mir ist, der ist wider mich" (Mt 12, 30) - , kann für sie jemand, der nicht ‚Ja' sagt, nur ‚Nein' meinen. Auf MARGARETHES *So glaubst du nicht*, das sich FAUST mit seiner Antwort eingebrockt hat, ist es schwieriger, glaubwürdig zu entgegnen, wenn er nicht als Atheist dastehen will, der wohl kaum noch von MARGARETHE zu akzeptieren wäre.

B. Dieser Gefahr begegnet FAUST mit rhetorischen Fragen. Die haben den Vorteil, daß der Angeredete die Antwort denkt und der Redende sich herausreden kann. So verlangt die Frage: *Wer darf ihn nennen?* als Antwort ein: Niemand. Es versteht sich, daß es MARGARETHE die Sprache verschlägt und sie eine solche Antwort nicht aussprechen kann.

A. Wenn sie nicht so eingeschüchtert wäre, könnte sogar sie antworten: ‚Jeder darf ihn nennen und jeder darf bekennen, ich glaube fest an Gott.' Das hat selbst der *Weise* Kant, der bewiesen hat, daß sich Gott nicht beweisen läßt, getan.

B. Völlig verwirrt muß MARGARETHE sein, wenn FAUST eine Frage mit gegenteiligem Inhalt so formuliert, daß die Antwort wieder ‚niemand' sein soll. Aber es ist alles Humbug. Wer sich *unterwinden* muß, um zu *sagen*: *ich glaub ihn nicht!*, der glaubt ihn noch.

A. Gerede sind auch die nächsten rhetorischen Fragen. Vom *Allumfasser* und *Allerhalter* zu sprechen heißt, daß es Gott gibt. Was FAUST sagt, ist tautologisch. Was sollte der ***Allerhalter*** **nicht** erhalten?

B. Und dennoch verkleinert und schwächt FAUSTS rhetorische Frage den *Allerhalter*, mit der er diesen beweisen will. In **einer** Aufzählung zu sagen, *Gott* erhalte *Dich, mich, sich selbst*, macht *Gott* zu einem ‚Hausvater', der für seine Kinder und für sich selbst das Essen beischafft. Wie ein Zauberer jongliert FAUST mit den *höchsten Worten* (U 915).

A. Am meisten jedoch werden FAUSTS sprachliche Zaubertricks in den nächsten drei rhetorischen Fragen sichtbar. Auf jede dieser Fragen muß MARGARETHE, die nichts vom Kopernikanischen Weltbild weiß, mit ‚doch' antworten, obgleich sich FAUST sicher ist, daß *sich der Himmel* ***nicht*** *dadroben wölbt*, daß *die Erde* ***nicht*** *hierunten fest liegt* und daß *Ewige Sterne* ***nicht*** heraufsteigen.

B. Jeder halbwegs gebildete Zuschauer kann an MARGARETHE sehen, wie ihr neue Erkenntnisse bisher vorenthalten wurden, aber auch, daß FAUST nichts tut, um Bildung und Aufklärung dagegen zu setzen.

A. Es erstaunt mich, wie der Sprachkünstler FAUST immer rücksichtsloser mit MARGARETHE umspringt: *Schau ich nicht Aug' in Auge dir* hat nichts mit MARGARETHES Frage zu tun, ob er an Gott glaube.

B. FAUST versucht nun mehr und mehr, sich und MARGARETHE auf **eine** Ebene mit Gott zu bringen, als ob dieser sich dadurch erhalte, daß MARGARETHE sich zu FAUST hingezogen fühlt.

A. Er nützt das Gefühl, durch das MARGARETHE zu ihm hingezogen wird und mit dem sie naturgemäß noch nicht umgehen kann, aus, um MARGARETHE einzureden, dieses *Gefühl* sei ungefähr gleichbedeutend mit *Gott*. Innerhalb weniger Sätze erlaubt sich FAUST, den *Allumfasser* und *Allerhalter* mit einem *Gefühl* gleichzusetzen.

B. Man könnte meinen, FAUST verwandle den Schöpfer Gott in einen Zeugungsgott, in eine phallische Gottheit, die im Geschlechtsakt erfahrbar wird und auf den er durch die Anweisungen anspielt: *Erfüll davon dein Herz so gross es ist Und wenn du ganz in dem Gefühle seelig bist, Nenn das dann wie du willst.*

A. Du willst damit sagen, daß das *Gefühl aller Herzen unter dem Himmlischen Tage*, das FAUST in **seiner** *Sprache* auszudrücken sich anmaßt und mit dem er die ‚Liebesfeier' der gesamten empfindenden Natur meint, mit dem Begriff ‚Wollust', wie es zu Goethes Zeit hieß, hinreichend bezeichnet wäre.

B. Ja, FAUST hat durch **seine** *Sprache* Gott in einen Orgasmus verwandelt. Nur MARGARETHE gegenüber kann er die Klimax *Glük! Herz! Liebe!* mit *Gott!* abschließen, weil *Gott* als *Allerhalter* nicht auf eine Form von Gefühl reduzierbar ist. Und selbst MARGARETHE könnte hier nicht vermuten, FAUST sage *ohngefähr* das gleiche wie der *Cathechismus auch*, wenn sie vom *Schall und Rauch* der Worte FAUSTS nicht ‚umnebelt' wäre.

A. Aber sie ist trotz aller Rhetorik noch nicht überzeugt oder ganz überrumpelt, sondern kehrt zu ihrer Ausgangsfrage zurück. Denn *Religion* ist für sie christliche Erlösungs-Religion und die *Religion* der *Sakramente.* Um diese einfache Lehre zu verstehen, braucht es keine rhetorischen Fragen.

B. Groß kann der Widerstand nicht mehr sein, wenn er sich durch ein einfaches *Liebes Kind* ablenken läßt. Ich wundere mich darüber, daß MARGARETHE sich bei FAUST nie beschwert, weil er sie nur *Kind, Puppe, Engel* und *Liebgen*, aber nicht bei ihrem Eigennamen nennt.

A. Es sieht so aus, als sei auch MARGARETHE in das Gefühl einbezogen, für das gilt: *Nenn das dann wie du willst [...] Nahme* ist *Schall und Rauch, Umnebelnd Himmels glut.* Mit beliebigen Namen genannt, zum Himmel erhoben und dann wieder verdinglicht zu werden, tut ihr jedenfalls weniger *weh* als FAUST *in der Gesellschafft* MEPHISTOS zu sehen. Statt zu erfahren, wie FAUST es mit dem *Christenthum* nun hält, verlagert sie ihr Problem auf FAUSTS *Gesellschafft.* Wird damit nicht deutlich gezeigt, daß MEPHISTOPHELES doch so ein ‚Teufel' ist, wie er zur Faust-Tradition gehört und wie ihn die Kirche lehrt?

B. Vor allem wird dem Publikum gezeigt, wie schnell es möglicherweise bereit ist, etwas auf den ‚Teufel' zu schieben, was vor seinen eigenen Augen mit menschlichen Dingen zugegangen ist.

A. Was meinst du damit?

B. Wir haben soeben gesehen, auf welch inhumane, um nicht zu sagen: ‚teuflische' Weise FAUST MARGARETHE rhetorisch manipuliert und sie dazu bringt, aus ihrem gesellschaftlichen und kirchlichen System auszuscheren. Wenn die Lehren ihrer Kirche wahr sind und sie keine Buße tut, ist sie der Hölle verfallen. Also müßte ihr, wenn ihre Wahrnehmung richtig wäre, nicht der *Mensch*, den FAUST *bey* sich hat, sondern FAUST selbst *in tiefer innrer Seel verhasst* sein.

A. Das würde heißen, daß MARGARETHE unbewußt alles, was ihr an FAUST mißfällt und was nicht mit ihrem Bild von FAUST übereinstimmt, auf MEPHISTOPHELES projiziert.

B. Ja, MARGARETHE betätigt sich wieder als Hellseherin, der *So nichts einen Stich in's Herz gegeben, Als des Menschen sein Gesicht.* Wir haben schon früher bemerkt, daß das, was sie FAUST ***an der Stirne lesen*** konnte (U 534), falsch war. Und nun steht MEPHISTOPHELES ***an der Stirn geschrieben*** *Dass er nicht mag eine Seele lieben*; aber wir wissen, daß er, nicht FAUST, *vor sich*, also ohne Hintergedanken, von MARGARETHE gesagt hat: *Du guts unschuldigs Kind!* (U 862)

A. Daß FAUST kein *herzlich guter Mann* ist und sie sich vor ihm, nicht vor MEPHISTOPHELES fürchten müßte, wird vielleicht noch deutlicher durch die Stelle: *Aber wie ich mich sehne dich zu schauen Hab ich vor den Menschen ein heimlich* ***Grauen***. Denn am Ende, im „Kerker", wird sie sagen: *mir* ***grauts*** *vor* ***dir*** *Heinrich.*

B. MEPHISTOPHELES wirkt wie ein Katalysator, der die Wahrheit ans Licht bringt. MARGARETHE sagt: *wo er mag zu uns treten, Meyn ich so gar ich liebte dich nicht mehr.* Wenn MARGARETHE nur im geringsten eine Empfindung von FAUSTS wahrem Wesen hätte, wäre sie MEPHISTOPHELES dankbar, daß er ihr diese Erkenntnis vermittelt.

A. Auf diese Zusammenhänge verweist MEPHISTOPHELES ironisch mit den Versen:

Und die Phisiognomie versteht sie meisterlich.
In meiner Gegenwart wirds ihr, sie weis nicht wie!
Mein Mäskgen da weissagt ihr borgnen Sinn,
Sie fühlt daß ich ganz sicher ein Genie
Vielleicht wohl gar ein Teufel bin.

B. Sobald sie MEPHISTOPHELES das *Mäskgen* herunterrisse, würde sie unter dieser Maske ihren *Heinrich* selbst sehen. Deutlicher ist kaum irgendwo gesagt, wie eins die beiden sind, und daß man nicht MEPHISTOPHELES ‚verteufeln' kann, ohne FAUST zu meinen.

A. Dies alles bestätigt, daß es FAUST nicht um eine echte Beziehung zu MARGARETHE zu tun ist. Er sagt ihr kein Wort über seine *Gesellschafft* mit MEPHISTOPHELES, sondern lügt sich heraus und vergißt dabei nicht, an sein Ziel zu denken, MARGARETHE als ***unwissend*** - unmündig - *Kind* (U 1064) für sich zu gebrauchen.

B. Ist dir aufgefallen, daß FAUST während des gesamten Religionsgesprächs das *Fläschgen* bei sich hat, mit dem die *Mutter*, als Vertreterin des christlichen Gottes, wenigstens zeitweise ausgeschaltet werden soll? Alles, was FAUST sagte, zielt darauf ab, dieses *Fläschgen* mit den geeigneten Instruktionen MARGARETHE zu übergeben.

A. Ist es nötig, den Inhalt des *Fläschgens* der Braukunst MEPHISTOS zuzuschreiben?

B. Ich denke nicht. Hier zeigt sich anschaulich FAUSTS Ziel, die Natur so zu steuern, daß sie seinem Willen gehorcht. Es ist die einzige Stelle in der Gretchen-Tragödie, in der FAUST als aktiver Naturwissenschaftler erscheint, und vielleicht ist es die wichtigste, weil hier die beiden Teile des „Ur-Faust" unmittelbar aufeinander bezogen sind und das Publikum vorgeführt bekommt, wozu moderne Naturwissenschaft fähig sein kann, wenn sie von Menschen beherrscht wird, die *keine Skrupel noch Zweifel* plagen (U 15).

A. Diese Skrupellosigkeit wird extra herausgestellt, wo FAUST auf MARGARETHES Frage, ob die *Tropfen* ihrer *Mutter* nicht *schaden*, kalt mit der rhetorischen Frage antwortet: *Würd ich sonst Liebgen dir es rathen?*, obgleich er wissen muß, welche Folgen die *Tropfen* haben.

B. Oder er benützt MARGARETHES *Mutter* für ein Experiment, was nicht weniger verwerflich wäre.

A. Die makabre Ironie dieser Szene, die deutlich macht, daß die liebende MARGARETHE von FAUST gewissenlos verdinglicht wird, ohne etwas davon zu ahnen, erreicht ihren Höhepunkt in den Sätzen:

Seh ich dich ***bester*** *Mann nur an*
Weis nicht was mich nach deinem Willen treibt,
Ich habe schon für dich so viel gethan,
Dass mir zu tun fast nichts mehr überbleibt.

Könnten **wir** ihr sagen, was sie nach seinem Willen treibt?

B. Ich denke, wir haben uns an den vorausgegangenen Szenen verdeutlicht, daß es vor allem die Idee der Freiheit ist, die MARGARETHE - paradoxerweise - FAUST hörig macht. Darauf ist durch ihr *Mir wirds so wohl in deinem Arm, So* ***frey***, *so hingegeben warm* ausdrücklich hingewiesen. Besonders deshalb wird sie nach FAUSTS Willen getrieben, weil ihr eigener moralischer Wille verkümmert ist. Ihre im Drama dargestellte sexuelle Hingabe steht stellvertretend für das, was diese Freiheitsidee bewirken kann, wenn sie ‚unaufgeklärte' und unmündige Menschen ‚infiziert'.

A. Ist es nicht genial gemacht, daß am Ende dieser Szene MEPHISTOPHELES auftritt, damit er verglichen werden kann mit dem, was FAUST und MARGARETHE über ihn gesagt haben?

B. Hier zeigt sich dann, daß MEPHISTOPHELES nicht nur *ein Kauz wie's mehr noch geben* ist, sondern daß der von FAUST *Lügner* und *Sophiste* (U 902) genannte MEPHISTOPHELES allein die ungeschminkte Wahrheit spricht. Denn bei allem, was MARGARETHE über ihr Denken und Fühlen verraten hat, war nie davon die Rede, daß sie sich um FAUSTS Seelenheil *heilig quäle* und darüber, daß der, *den sie liebt verlohren werden soll.* Um so denken zu können, staunt sie FAUST zu sehr an. MEPHISTOPHELES trifft genau, was MARGARETHE *interessirt.*

A. Seine Bemerkungen zeigen vor allem, daß es nicht so einfach ist, Menschen aus ihrem *alten Brauch*, in dem sie verwurzelt sind, herauszureißen, auch wenn sie subjektiv bereit sind, sich mit einem *Galan* einzulassen, selbst wo es *des Landes nicht der Brauch* ist (U 800; 803).

B. FAUSTS Worte lassen nicht nur erkennen, wie er sich in MARGARETHE täuscht, sondern offenbaren nochmals, wie er seine eigene Erkenntnis der Idee unterordnet, die er verkörpert. Denn sonst hätte er MARGARETHE auf die Befürchtungen antworten müssen, die er hinter ihren Fragen vermutete.

A. MEPHISTOS *Ein Mägdelein nasführet dich* heißt dann wohl, daß FAUST MARGARETHE nicht wirklich kennt. Mit seinem gereizten *Du Spottgeburt von Dreck und Feuer!* gibt FAUST indirekt zu, daß MEPHISTOPHELES recht hat.

B. Gleichzeitig ist dieses *Du Spottgeburt von Dreck und Feuer* im „Urfaust" eine bedenkenswerte Definition dieser seltsamen Figur. FAUST sagt damit nicht nur, MEPHISTOPHELES sei ein Wesen, das Spott verdiene, sondern er nimmt zugleich MARGARETHES Bemerkung auf, MEPHISTOPHELES sehe *immer so* ***spöttisch*** *drein.* MEPHISTOS Anwesenheit erregt in FAUST nun das Gefühl, von ihm verspottet zu werden.

A. Diese Art von Spott ist nur möglich, wenn der Verspottete weiß, daß er verspottet werden kann, wenn er sich also vom Spötter durchschaut fühlt.

B. Vielleicht ist FAUSTS Definition noch in anderem Sinne bedeutend. Von Adam, vom alten Menschen könnte man sagen, er sei eine Geburt *von Dreck* und Odem Gottes. Hier aber kommt zum Element der Erde kein göttliches, sondern ein weiteres irdisches Element, das

Feuer, hinzu. Was MEPHISTOPHELES demnach verkörperte, wäre alles, wodurch es gelingt, der Materie ‚einzuheizen', ihr ‚Dampf zu machen', im Chemie-Laboratorium oder in der Dampfmaschine.

A. Könnte man nicht auch sagen, er verkörpere alles, wodurch es gelingt, aus dem Bewußtsein der Menschen - und sei es durch Spott und Hohn - die Vorstellung auszutreiben, in ihnen sei der Odem eines Gottes wirksam, der die Welt endgültig zum Wohle der Menschen geschaffen und - unter christlichem Aspekt - auch erlöst habe?

B. Das würde die Verbindung MEPHISTOS zu seiner *Muhme der Schlange* (U 443) genauer erläutern. Er verkörperte dann den von Anbeginn im Menschen gedachten Protest gegen die Vorstellung, daß etwas so, wie es ist, schon gut sei. -

A. Nun erst sehe ich, daß FAUSTS Definition auf eine Aussage antwortet, mit der MEPHISTOPHELES ihn selbst definiert hat: *Du übersinnlicher, sinnlicher Freyer!* Verstehe ich MEPHISTOPHELES recht, dann bezeichnet er damit nicht nur spöttisch FAUST auf ‚Freiersfüßen', sondern vor allem den faustischen Menschen: Sein Anspruch gegenüber Natur und Mensch, vielleicht auch gegenüber Gott ist auf die Idee gegründet, daß der Mensch radikal frei sei, und da man einer konkreten, sinnlich wahrnehmbaren freien Handlung nicht ansehen kann, daß sie frei ist, ist sie übersinnlich und FAUST in diesem Sinne ein *übersinnlich, sinnlicher* ***Freyer***.

B. Ich glaube, MEPHISTOPHELES spielt auch auf die Aussagen FAUSTS über die Kupplerin MARTHE an (U 884 f.) und bezeichnet FAUST deshalb als *Freyer*, weil er MARGARETHE als *Dirne* (U 471; 1022) benutzt. Diese Bedeutung von *sinnlicher Freyer* scheint mir hier offensichtlich zu sein, auch wenn der Grimm davon für das 18. Jahrhundert noch nichts verzeichnet. Aber vergiß nicht, daß FAUST versucht hat, MARGARETHES Gunst mit dem *Schmuck* (U 714) zu **kaufen**.

A. Was würde dieses Wortspiel für die Definition FAUSTS leisten?

B. Mit der mehrdeutigen Formulierung *übersinnlicher, sinnlicher Freyer* wäre **das** Problem des ‚faustischen' Menschen bezeichnet. Seine Grundlage ist eine übersinnlich, also abstrakt gedachte Freiheit, nach der der Mensch tun kann, was er will. Ein Mensch, den diese Idee bedingungslos beherrscht, will seinen Drang nach Freiheit konkretisieren, und wenn er dies im gesellschaftlichen Bereich tut, führt dies dazu, andere Menschen zu gebrauchen, sei es, daß er sie unter seinen Willen zwingt, sei es, daß er sie *betöhrt* (U 905).

A. Darauf spielt MEPHISTOPHELES mit seinem *Nun heute Nacht -?* an. Warum aber hat **er** seine *Freude dran*?

B. Es war MEPHISTOS Auftrag, FAUST *die Dirne* zu *schaffen* (U 471).

Was er dazu beitragen konnte, hat er - gehorsam wie der „Besen" im „Zauberlehrling" - getan. Denn daß er sich freuen sollte, weil ein Mädchen vor der Ehe *den Riegel offen* läßt, das wäre zu läppisch, das geschieht - wie die nächste Szene zeigt - jeden Tag.

A. Es will mir nicht in den Kopf, daß der Mensch nicht als radikal frei gedacht werden kann, ohne daß er andere Menschen verdinglicht. Schließt Freiheit nicht auch die Möglichkeit ein, **human** zu handeln?

B. Vielleicht gemahnt MEPHISTOS Spott an eine solche Möglichkeit. So weit ich sehe, wird im „Ur-Faust" dieses Problem noch nicht ausdrücklich diskutiert. Es ist aber beachtenswert, daß zur gleichen Zeit, als der „Ur-Faust" entstand, Kant und Herder darüber nachgedacht haben, so daß Goethe diesen Aspekt schon im „Faust-Fragment" auf philosophischer Grundlage poetisch gestalten konnte.

A. Daß MEPHISTOPHELES an ihrem gemeinsamen Erfolg seine *Freude* hat, erinnert mich daran, daß wir MARGARETHE als ‚Festung' gesehen haben, von deren ‚Fall' der Erfolg des ‚neuen Bürgers' FAUST abhängt (Dialoge 7, 8). MARGARETHES Nachgeben ‚beweist', wie verlokkend die Idee der Freiheit selbst in solchen Menschen schlummert, die nach alten Vorstellungen *sitt- und tugendreich* (U 463) sind, und wie mächtig sie ist, wenn es gelingt, sie aufzuwecken. Dennoch scheint mir das ein ‚Kampf' gewesen zu sein, der mit ungleichen Mitteln geführt wurde, denn das *unwissend Kind* stand zwei ausgebufften Taktikern gegenüber, denen außerdem noch MARTHE beisprang.

B. Das zeigt, wie groß man sich auch die Macht denken muß, die hinter und in MARGARETHE wirkt. Natürlich liegt es nahe, zu fragen, ob FAUST, statt *das arme Gretgen* zu *betöhren* (U 905), sich nicht besser in der politischen Welt betätigt hätte. Aber schon der junge Goethe hat erkannt, daß für die neue, bürgerliche Politik die Beherrschung der Seele, der Psyche, vielleicht sogar der Liebesgefühle eine wesentliche Voraussetzung ist. Hätte er eine **politische** Konstellation dramatisiert, wäre dies zwar ‚behauptbar', aber kaum ‚gestaltbar' gewesen.

A. Es sieht so aus, als habe FAUST in den Gretchen-Szenen eine feinere Form angewendet, wie man Menschen über ihre Gefühle beeinflussen kann, als es die auf den Marktplatz und den Gerichtssaal berechnete Rhetorik bis dahin war.

B. Dann laß uns sehen, wie die gesellschaftliche Wirkung dieser ‚verfeinerten' Rhetorik in den nächsten Szenen gestaltet ist.

Dialog 16: Am Brunnen / Zwinger / Dom (U1236-1371)

A. Wird durch die „Brunnen"-Szene die Gretchen-Tragödie nicht zu einer gewöhnlichen Geschichte, die sich jederzeit und überall, ohne daß es einen FAUST und einen MEPHISTOPHELES braucht, zutragen könnte? Verliert dadurch Goethes „Faust" nicht an Wert?

B. Ließe sich nicht auch sagen, ein Kunstwerk sei um so bedeutender, je mehr sich in dem, was es vor- und aufführt, nicht nur ein paar Auserwählte, sondern viele Menschen einer Gesellschaft wiederfinden?

A. Das könnte man sagen, wenn der *flinke Jung*, um *Bärbelgen* das *Blümgen weg*zunehmen, MEPHISTOPHELES nötig gehabt hätte. Wird der Aufwand, den FAUST und MEPHISTOPHELES treiben, nicht lächerlich, sobald man ihn mit diesem alltäglichen Vorfall vergleicht?

B. Das Gewöhnliche, das die beiden jungen Frauen reden, ist jedenfalls in eine besondere Umgebung gesetzt. Sie hätten sich, wie MEPHISTOPHELES und FAUST, auf der „Strase" begegnen können, stattdessen erzählt LIESGEN die Neuigkeit an einem „Brunnen".

A. „Strase" und „Brunnen" sind beides Orte in der Öffentlichkeit, aber während die Straße Bewegung, Mobilität, vielleicht sogar Freiheit symbolisiert, ist der Brunnen - in dieser Gegenüberstellung - eher ein Sinnbild für das Immobile, das Beständige und Beharrliche.

B. Dazu kommt noch das Ursprüngliche und Lebensnotwendige, das aus dem Brunnen geschöpftes Wasser bedeutet. Wenn wir einen Begriff aus dem „Ur-Faust" nehmen wollen, dann könnte der „Brunnen" ein Symbol für den *Brauch* (U 695; 803 f.; 1218) einer Gesellschaft sein. Zu diesem *Brauch* scheint zu gehören, daß er mündlich weiter gegeben wird: LIESGEN erfährt es von *Sibille* und MARGARETHE von LIESGEN, was *Bärbelgen* und ihr *Kerl* getan haben und was die jungen Leute ihnen antun werden.

A. Beinahe könnte man meinen, LIESGEN erzähle MARGARETHE deren eigene Geschichte und schiebe *Bärbelgen* nur vor. Daß die Informantin eine *Sibille* ist, dürfte auch ‚bedeutend' sein.

B. Ja, Sibyllen sind Wahrsagerinnen, die auf eine rätselhafte Weise die Wahrheit sagen. Im „Dies irae dies illa", aus dem im „Dom" gesungen wird, ist eine „Sibylla" als Künderin des Weltuntergangs genannt. Aber wie paßt so viel Bedeutung zu dem, was MARGARETHE von LIESGEN erfährt?

A. Was LIESGEN erzählt, ist zunächst wie ein Spiegel, in dem MARGARETHE sich selbst sieht. *Vornehm thun - Bildt sich was auf ihre Schönheit ein - so ehrlos sich nicht zu schämen Geschenke von ihm anzunehmen* kann sie unmittelbar auf sich selbst beziehen. Auch mit dem *armen Ding* bezeichnet sie sich selbst, die bei ihrem ***Bulen*** *süs stand*, wie sie im Lied vom *König in Tule* (U 611-634) geträumt hatte.

B. Und für das Publikum ist das ***Blümgen*** zugleich eine Anspielung auf *Hans Lüderlich Der begehrt iede liebe* ***Blum*** *für sich* (U 480 f.), und auf die *Stern* ***Blume***, die MARGARETHE vor FAUST ‚entblättert' hat (U 1027-32). *Die hat sich endlich auch bethört* kann an MEPHISTOS Frage erinnern, ob FAUST nicht *in allen Ehren* MARGARETHE ***bethören*** werde (U 904 f.).

A. Wenn man es nicht besser wüßte, müßte man daraus fast schließen, daß nicht nur MARGARETHE, sondern auch *Bärbelgen* von FAUST *bethört* worden sei.

B. Oder, etwas ‚bedeutender' formuliert, daß es auch bei *Bärbelgen* die faustische Idee war, die sie von dem, was des *Landes Brauch* ist (U 803), ‚abirren' ließ. Statt sich bescheiden zu fügen und geduldig zu warten, will sie *überall* ***die erste*** *seyn*, denkt, sie sei schöner als andere, läßt sich ‚kurtesieren', also ‚hofieren', das heißt behandeln, als wenn sie zu einem höheren Stand gehörte. Die ‚bürgerliche' Eigenschaft, *überall die erste seyn* zu müssen, haben wir bei MARGARETHE so unmittelbar nicht gesehen, sie wurde nur von FAUST als die *Beste* bezeichnet (U 952), aber alles andere könnte auch von ihr gesagt sein. Das zeigt, daß MARGARETHE tatsächlich die Menschen ihres Standes verkörpert und daß das, was sie darstellt, nicht nur für sie selber gilt.

A. Warum nennt LIESGEN es ehrlos, *Geschenke von ihm anzunehmen*? Für MARGARETHE mag das gelten, da sie wissen mußte, daß *Ein Schmuck! drin könnt eine Edelfrau Am höchsten Feyertage gehn* (U 644 f.) nicht rechtens in ihren *Schrein* kommen konnte.

B. Wo Geschenke erst nach der Verlobung *Brauch* sind, lassen diejenigen, die sie vorher machen und annehmen, durchblicken, daß sie, wie MARGARETHE auch, bereit sind, etwas zu tun, was *des Landes nicht der Brauch* ist.

A. Das heißt, daß ihnen Materielles höher steht als die Sitte ihres Standes. Könnte man überspitzt sagen, daß diese Mädchen zwar nicht bewußt ‚Dirnen' sind, aber doch nicht weit davon entfernt, ihren Körper zu verkaufen? Denn aus LIESGENS Empörung spricht der Neid auf *Bärbelgen*, und ihr Haß scheint aus ihrer Zurücksetzung zu folgen und daraus, daß sie, wie MARGARETHE, von der *Mutter* eingeschränkt wurde.

B. Wenn du die Bereitschaft, für Materielles, für sozialen Aufstieg, vielleicht auch um der Freiheit willen, die durch sexuelle Freiheit symbolisiert sein kann, aus den Normen der eigenen Gesellschaft auszubrechen, mit dem Begriff *Dirne* (U 1022) bezeichnest, dann stimme ich dir zu. Aber das ist nur die eine Seite. Denn LIESGEN wie MARGARETHE stehen sowohl für die „Strase" der Freiheit als auch für den vom „Brunnen" symbolisierten *Brauch*. So wie LIESGEN durchblicken läßt, daß sie an *Bärbelgens* Stelle gerne so gehandelt hätte, so läßt MARGARETHE erkennen, daß sie früher die erste gewesen wäre, die über *Bärbelgen* unbarmherzig und lieblos geurteilt hätte.

A. Damit würde gezeigt, wie stark Sitte und *Brauch* sind, um sich an denen zu rächen, die davon abweichen, und zugleich, daß MARGARETHE sich selber bewußt wird, wie tief sie in diesem *Brauch* verwurzelt ist.

B. Es ist keine Frage, daß in dieser Szene die Gesellschaft MARGARETHES und mit ihr die Gesellschaft des Publikums angegriffen wird, sofern noch die *Kirchbus* gilt. Diese war in der katholischen Kirche bereits abgeschafft, wurde aber zum Beispiel im ‚fortschrittlichen' protestantischen Weimar noch angewandt. Erst 1786 hat Goethe ihre Abschaffung durchgesetzt.

A. Daß die ‚gefallenen' Mädchen im *Sünderhemdgen* vor die Gemeinde treten mußten und bloßgestellt wurden, galt als wichtige Ursache für Kindermord und Abtreibungen.

B. So wichtig diese Sozialkritik ist und so deutlich sie MARGARETHES Kindesmord motiviert, so bedeutend scheint zu sein, daß hier vorgeführt wird, wie diejenigen, die unter diesem *Brauch* zu leiden haben, sich leidenschaftlich damit identifizieren und ihn erbarmungslos anwenden, bis sie, wie MARGARETHE, selber davon betroffen sind.

A. Ja, selbst dort, wo der Miß-*Brauch* durch eine Hochzeit ‚repariert' und der Sitte halbwegs Genüge getan wird, zerreißen *die Buben Bärbelgen* das *Kränzel* und die Mädchen *streuen* ihr *Hexel* statt Blumen *vor die Thür.* Wie sich MARGARETHE in dieser Szene zeigt, hätte sie früher, vor ihrer Begegnung mit FAUST, nicht toleriert, wenn jemand in *Bärbelgens* Lage als Entschuldigung gesagt hätte:

Doch - alles was mich dazu trieb
Gott! war so gut! ach war so lieb!

Bedeutet das nicht, daß diese Empfindung kaum von ihrem Bewußtsein gestützt und geschützt sein kann?

B. Wir haben im Verlauf der Gretchen-Handlung gesehen, wie gezielt MARGARETHE manipuliert und verlockt wurde, ihren angeborenen ‚Trieb', *gut* und *lieb* zu sein, den sie bei ihrem *Schwestergen* (U 973) bewiesen hat, umzulenken auf die von FAUST verkörperte Idee der Freiheit; diese zeigte sich für sie nicht nur als Möglichkeit, sozial aufzusteigen, sondern auch als ‚sexuelle Freiheit'. Wir haben jedoch ebenfalls gesehen, daß FAUST MARGARETHE nicht geholfen hat, darüber nachzudenken, warum sie sich in ihrer Gesellschaft nicht glücklich fühlen kann und sich nach Freiheit sehnt. Denn es wäre denkbar gewesen, daß FAUST mit MARGARETHE offen, nicht rhetorisch auf sie einwirkend, gesprochen hätte und sie im offenen Gespräch einen Maßstab für humanes Handeln gefunden hätten. So aber ist MARGARETHE nun aus ihrer Gesellschaft geworfen und kann denjenigen, die sie verdammen, nichts entgegensetzen als das Eingeständnis, *selbst der Sünde blos* zu sein.

A. Dann zeigt diese „Brunnen"-Szene, wie natur-, lebens- und liebesfeindlich, also wie menschenfeindlich die Gesellschaft ist, die die *Mutter* repräsentiert. Und zugleich zeigt sie, daß MARGARETHE trotz ihrer Bereitschaft, die *Mutter* zu betäuben, ihre Gesellschaft noch nicht losgeworden ist.

B. Ja, der Gedankenstrich in ihrem *Doch - alles was mich dazu trieb Gott! war so gut! ach war so lieb!* drückt eher ein **Gefühl** der Autonomie aus, als daß MARGARETHE sich ihrer moralischen Autonomie bewußt geworden wäre. Sie steht nicht zu dem und kann wohl auch nicht zu dem stehen, was sie als *gut* und *lieb* empfindet. Das einzige, was ihr vielleicht bei ihrem Ausruf *Gott!* dämmert, ist die Möglichkeit, daß Gott als Schöpfer der Natur und der Empfindung, also der *Gott*, der sie *dazu trieb*, nicht der gleiche *Gott* sein kann, der hinter dem stehen soll, was *des Landes [...] Brauch* ist.

A. Deshalb wohl wendet MARGARETHE sich an die *Mater dolorosa*, die mit ihr die weibliche Empfindung teilt. Von ihr wenigstens kann sie hoffen, verstanden zu werden.

B. Es ist nicht zu erkennen, daß diese Mutter Gottes Einfluß auf die Menschen hätte, die aus MARGARETHES Sicht *Christenthum* haben (U 1160), *die heilgen Sakramente* ehren und *zum Nachtmal* gehen (U 1115-17). Diese Szene betrifft und spiegelt die Gesellschaft des Publikums unmittelbar. Denn hier geht alles mit ‚rechten' Dingen zu. Schauen die Menschen aber tiefer in diesen „Brunnen", dann können sie bemerken, daß alle *Noth*, von der hier gesprochen wird, von Christen gemacht und mit einem ‚vorgeschobenen' *Gott!* gerechtfertigt wird.

A. Alles ist bedeutender, als ich dachte. Das *Christenthum*, das schon durch die Figur des MEPHISTOPHELES als Widerpart aufgerufen ist, kommt in drei Formen auf die Bühne: als Christenvolk „Am Brunnen", als *der Sünde blos* gestellte Beterin im „Zwinger" und als Kirche selbst, vertreten durch das Kirchenbauwerk „Dom".

B. Wenn wir die übrigen Szenen hinzunehmen, wird gezeigt, daß sowohl MARGARETHE wie FAUST von Sitte und *Brauch* eingeholt werden.

A. Wie erklärst du dir, daß MARGARETHE zunächst im „Zwinger" und nicht in der Kirche betet? Denn „Zwinger" ist der Bereich zwischen innerer und äußerer Stadtmauer; in deren *Mauerhöle* steht ein *Andachts Bild der Mater dolorosa, Blumenkrüge davor.*

B. Daß MARGARETHE im Freien betet, könnte ausdrücken, wie sehr sie sich von der Gemeinde isoliert fühlt und sich als ‚Randexistenz' der Gesellschaft begreift, wie wir es früher von MARTHE gesagt haben (Dialog 12). Die *frischen Blumen die sie mitbrachte* erinnern wieder an die von ihr gepflückte und zerpflückte *Stern Blume* sowie an das *Blümgen*, von dem LIESGEN gesprochen hat; und daß sie die *Krüge im nächsten Brunn schwenckt*, stellt auch eine Verbindung zur Szene „Am Brunnen" her. Es ist alles beziehungsreich gemacht.

A. Ich verstehe die ‚Logik' dieses Gebets nicht. Die Bitte an die *Schmerzensreiche* heißt: *Hilf retten mich von Schmach und Todt!* Dabei denkt MARGARETHE wohl an die Schande der *Kirchbus* und die Verurteilung als Mörderin ihrer Mutter. Mit *Todt* ist in einem solchen Gebet auch der ewige Tod, also die ewige Verdammnis gemeint. Aber was hat das mit dem zu tun, was MARGARETHE vorher zur *Mater dolorosa* spricht?

B. Sie identifiziert sich teilweise mit der Schmerzensmutter und setzt bei ihr mehr Verständnis als bei ihren Mitmenschen voraus. Aber ganz verstehen kann man dieses Gebet nur, wenn man es mit dem „Stabat Mater" vergleicht, auf das es sich deutlich bezieht. Das „Stabat Mater" beginnt: „Stabat Mater dolorosa Juxta crucem lacrimosa, Dum pendebat filius." Das heißt: ‚Die Mutter stand voller Schmerzen und tränenreich bei dem Kreuze, als ihr Sohn daran hing.' Dann wird beschrieben, wie ihre Seele ein Schwert des Leidens durchdringt. Ein großer Teil sind nun Bitten an die *Schmerzensreiche*, den Betenden oder die Betende auch die Schmerzen fühlen zu lassen, die sie unter dem Kreuze erlitten hat, um dadurch „am Tage des Gerichts von ihr verteidigt zu werden" („Per te, Virgo, sim defensus In die judicii"). Das Besondere an MARGARETHES Gebet ist, daß sie das ‚vor-geschriebene', kollektive, be-vormund-ende Gebet „Stabat Mater" zu ihrem persönlichen Gebet umformt und beginnt, sich als Individuum zu fühlen und zu äußern.

A. Demnach ist hier nicht nur gezeigt, wie jemand, der der Versuchung erlegen ist, sich aus seiner Gesellschaft zu lösen, die totale Verlassenheit von allen Seiten erfährt, sondern auch, wie er in dieser *Noth* - wenigstens ansatzweise - zu sich selbst finden kann.

B. Mir ist im Grimm aufgefallen, daß „Zwinger" nicht nur eine Örtlichkeit bezeichnet, sondern auch denjenigen, der andere Menschen zu etwas ‚zwingt', und zwar meist mit negativer Bedeutung, wie zum Beispiel „Peiniger", „Quäler", „Leuteschinder"[14]. Wenn man dies als Nebenbedeutung berücksichtigt, könnte man sich bei der vor der *Mauerhöle* betenden MARGARETHE die beiden ‚Zwinger' denken, die sie ‚in die Zwinge' genommen haben.

A. Das wäre zunächst **der** *Vater*, zu dem schon die *Schmerzensreiche* um ihres *Sohnes Tod* und *Noth* vergebens ‚geblickt' hat.

B. Ja, weil seine ersten Geschöpfe dem ihnen von ihm selbst eingepflanzten Trieb nach Freiheit nachgaben, ist er so gekränkt, daß er seinem Sohn den Willen aufzwingt (Mt 26,30), am Kreuz einen qualvollen Tod zu sterben; daran erinnert das „Stabat Mater". Nur unter dieser Bedingung versöhnt er sich mit den ‚erbsündigen' Menschen.

A. Diesen nur durch Leiden zu versöhnenden *Vater* könnten die zum Vorbild genommen haben, die von MARGARETHE und *Bärbelgen* verlangen, *Kirchbus* zu tun.

B. Und der andere ‚Zwinger' wäre FAUST, der schon in der Szene „Nacht" die Methode angegeben hat, ***wie man mit urkräftigen Behagen Die Herzen aller Hörer zwingt*** (U 183 f.). Zwischen diesen beiden ‚Mauern' beginnt MARGARETHE, sich selbst zu finden. Daß sie in ihrem Gebet sich nicht als Sünderin bezeichnet und nichts bereut, weist wieder auf ihr leise wachsendes Selbstbewußtsein hin.

A. Dies könnte auch bedeuten, daß sie sich als Opfer fühlt und die Verantwortung für ihre *Schmach* ablehnt.

B. Sicherlich können wir nicht sagen, MARGARETHE handle mit Bewußtsein so oder so, aber daß sie nicht mehr das *Gretgen* (U 729) ist, das zu MARTHE flüchtet, ist unverkennbar.

A. Ist es nicht befremdend, daß FAUST in diesen drei Szenen ausgeblendet ist? MARGARETHE sagt unmittelbar über ihn kein Wort. Das ist vielleicht auch ein Hinweis, daß sie dabei ist, sich von seinem ‚Zwang' zu befreien.

B. Wie weit ihr das gelingt, muß die „Kerker"-Szene zeigen, die mit dieser Szene verbunden ist, weil „Zwinger" auch „Kerker"[15] bedeuten kann. Je länger ich die „Zwinger"-Szene bedenke, desto mehr erscheint mir MARGARETHES Gebet als bitterböse Ironie. Denn wenn das Drama ‚wahr' ist und Autonomie und Selbstverantwortlichkeit des Menschen voraussetzt, dann **kann** ‚von oben' keine Hilfe kommen. Hier, auf der Erde, hilft ihr nichts, wenn ihr nicht Menschen helfen.

A. Ja, man könnte meinen, Goethe wolle mit diesem inbrünstigen Gebet, das unerfüllt bleibt, seinen Zeitgenossen zurufen, sie sollten sich nicht dem Himmel, sondern der Erde zuwenden, ihr Leben selbst bestimmen und es ‚vernünftig' gestalten, denn MARGARETHES *Herz zerbricht* nur aus ideologischen Gründen. Wie die „Dom"-Szene zeigt, ist MARGARETHE auch der Trost verwehrt, vor dem ewigen Richter Gnade zu finden. - Ist diese Szene nicht genial konstruiert?

B. Auch ich bin voller Bewunderung, wie die „Dom"-Szene in die Handlung ‚eingebaut' ist. Vor dem „Dom" hat die Gretchen-Handlung begonnen, und im „Dom" wird zelebriert, daß der Macht der Kirche, die dieser „Dom" symbolisiert, ein christlich erzogener Mensch nicht so leicht entkommen kann.

A. Im „Dom" ist die *Mutter* aufgebahrt, die gegenüber MARGARETHE die Kirche vertreten hat. MARGARETHE hatte versucht, mit dieser *Mutter* auch *Gott!* einzuschläfern, und nun schallt die Macht dieses Gottes als Chorgesang durch das Gotteshaus, untermalt durch die brausenden Klänge der *Orgel*. Ihre *Verwandten* sind versammelt, also die, die ihrer Natur verbunden sein müßten, die sie aber wohl alle unbarmherzig verdammen, wenn sie wissen, wie es um sie steht.

B. Und die Verdinglichung der Lehre Jesu ist zusammengefaßt in dem Wort *Amt*, das nicht nur die Totenmesse für MARGARETHES *Mutter* bezeichnet, sondern für alles steht, was eine durch mechanisches, am Buchstaben klebendes Denken gekennzeichnete *Amts*kirche ausmacht. Als ob solche Übermacht nicht ausreichte, wird sie noch dadurch vergrößert, daß MARGARETHE am Schluß in ‚Ohn-Macht' fällt.

A. Als Höhepunkt dieser ‚dramatischen' Komposition empfinde ich, daß in dieser Kirche, die durch ihre Weihen gegen böse Geister geschützt ist, ein **BÖSER** GEIST auftritt. Das kann kaum etwas anderes heißen, als daß der ausdrücklich **Böse** genannte Geist ein Geist der Kirche ist.

B. Diesen BÖSEN GEIST, der ihr durch ihre religiöse Erziehung eingeimpft worden war, hatte MARGARETHE unterdrückt, als sie nur auf sich *recht* ***bös*** war, anstatt auf FAUST ***böser*** zu sein (U 1025 f.). Aber nun meldet er sich um so heftiger zurück.

A. Die Sprache des BÖSEN GEISTES ist - modern gesagt - die Sprache des ‚Über-Ich', das der „Dom" repräsentiert und das in MARGARETHE als ‚böses Gewissen' spricht. Zuerst erinnert der BÖSE GEIST höhnisch daran, wie das *Christenthum* (U 1160) mit den Kindern ‚spielend' eingeübt wird. Dieser Hohn könnte ausdrücken, daß das schon genügt, um diesen Kindern für ihr ganzes Leben ein schlechtes Gewissen zu verschaffen.

B. Wichtig ist wohl auch, daß dieses Einüben des schlechten Gewissens mit Hilfe eines fleißig benützten *Büchelgens* geschieht, aus dem man Kinder unbegriffene *Gebete nachlallen* läßt, denn damit wird gezeigt, wie *Kinder* zu Unmündigkeit erzogen werden: Für alles gibt es **vor**-geschriebene *Gebete.*

A. Aus einer solchen ‚mechanischen' religiösen Erziehung, die von Anfang an das *Kinder**spiel*** mit dem **ernsten** Gott verbindet, folgt dann, daß MARGARETHES schlechtes Gewissen sich nichts anderes denken kann, als daß ihre *Mutter* in die ewige *Pein* oder zumindest ins Fegefeuer *hinüberschlief*, und zwar deshalb, weil die *Amts*-Kirche sie nicht mit den Sterbe-*Sakramenten* (U 1115) versehen konnte; dabei waren der *Mutter* doch *Kirch* und *Pfaff* wichtiger als alles andere (U 685; 693; 735). Wenn im Zusammenhang mit dem Tod der *Mutter* von ‚Schuld' gesprochen werden kann, dann ist sie auf seiten MARGARETHES.

B. Der BÖSE GEIST als kirchliches Über-Ich MARGARETHES scheut sich nicht, mit rhetorischen Fragen auf die Folgen von MARGARETHES Schwangerschaft anzuspielen und ein Kind *noch voll Unschuld als Brandschande Maalgeburt* zu bezeichnen.

A. Was sollte damit gemeint sein?

B. Dieses Wort-Monster drückt ungefähr aus, was dieses Kind in einer christlichen Gesellschaft sein wird. Es kommt nicht *voll Unschuld* auf die Welt, sondern mit einer Erbschuld, mit der es, falls es nicht getauft wird, in alle Ewigkeit nicht gerettet werden kann. Wenn MARGARETHE hier schon daran denkt, das Kind zu töten, dann hat sie auch für das nicht durch die Taufe abgewaschene ‚Brandmal' der Erbsünde die Verantwortung vor Gott.

A. Mit dem *Brandschande Maalgeburt* ängstigt der BÖSE GEIST MARGARETHE so, daß sie fast gezwungen ist, ihr ‚in Sünde' gezeugtes und dann auch noch unehelich geborenes Kind zu töten, da es mit diesem ‚Schandmal' ‚gebrandmarkt' sein wird.

B. Hier scheint die ‚Tragik' MARGARETHES sichtbar zu werden, daß FAUST, dem sie vertraute, als sie sich von der Kirche löste, diesem BÖSEN GEIST in die Hände gearbeitet hat, der sie nun mit seiner Macht foltern kann und dessen *Gedanken* MARGARETHE nicht *los* wird.

A. Die Macht des BÖSEN GEISTES ist abgesichert durch den *Gesang* des CHORS, der wesentliche Grundsätze des *Christenthums* enthält.

B. Das „Dies irae" stammt aus dem Mittelalter; es hat neunzehn Strophen, von denen der CHOR die sechste und siebte ganz, und die erste teilweise singt. Es handelt vom Jüngsten Gericht, dem ‚Tag des Zorns', und ist eine Mischung von erbarmungsloser Drohung und der Möglichkeit, daß Jesus aus Gnade verhindere, in „die Hölle ohne Schonung Den Verdammten zur Belohnung" zu kommen.

A. Von Jesu Gnade ist im „Dom"-Gesang nichts zu hören. Singt der CHOR nur so wenig, oder hört MARGARETHE nur das Böse?

B. Wenn MARGARETHE nicht lateinisch kann, dann versteht sie nichts. An die - bis ins 20. Jahrhundert übliche - katholische Praxis, die Gläubigen von dem auszuschließen, was der Priester von Amts wegen zu Gott spricht und was in der Kirche gesungen wird, ist durch diesen lateinischen Gesang auch erinnert.

A. Aber es scheint doch so zu sein, daß der BÖSE GEIST ihr schon von kleinauf den Inhalt solcher Lehren übersetzt hat.

B. Ja, das sieht man deutlich daran, daß der BÖSE GEIST Stellen aus dem „Dies irae" auf Deutsch sagt: Der *Posaunen Klang! Die Gräber beben* und *Aschenruh* stammen zum Beispiel aus den ersten beiden Strophen.

A. Das würde darauf hinweisen, daß der Dialog dieser Szene ganz aus der Perspektive MARGARETHES gestaltet ist und nur das wiedergegeben wird, was sie wahrnimmt und was mit ihr geschieht.

B. Dennoch ist der CHOR eine bedeutende Instanz, und es kann wohl nicht nebensächlich sein, daß auch das Publikum von ihm nur die **Drohungen** der christlichen Lehre vernimmt: „Tag des Zorns, jener Tag wird die Welt in Asche lösen." - „Wenn aber der Richter Platz genommen, wird offenbar werden, was verborgen ist, nichts wird ungerächt bleiben." - „Was werde ich Elender dann sagen, welchen Schutzheiligen anflehen, da kaum der Gerechte sicher ist."

A. Die Kirche ist als staatstragende Stütze wohl nur brauchbar, wenn sie die irdischen Strafen nicht nur rechtfertigt, sondern durch die Androhung ewiger Strafe verstärkt beziehungsweise denen, die es auf Erden schlecht haben, im Jenseits *Himmels-Mann'* (U 680) verheißt. Andere Möglichkeiten, die das Evangelium enthält, wären in diesem Zusammenhang hinderlich. Mit einem liebenden, großzügigen, die Menschen Mensch sein lassenden Gott ist kein Feudal-Staat zu machen.

B. Ich glaube, eine der wichtigsten Anklagen dieser Szenen ist, daß es objektiv oder ‚natürlich' keinen Grund gibt, dieses Menschenkind MARGARETHE zu zerstören. Hätte sie *halten ihn Und küssen ihn* dürfen, wie sie *wollt* (U 1100-03), und ein Kind bekommen können, über das sich alle freuen, sie könnte ein glücklicher Mensch sein.

A. Auch hier sehen wir, daß MARGARETHE die Folter durch den BÖSEN GEIST ohne ein Wort der Reue bis zur *Ohnmacht* durchhält. Vielleicht deshalb, weil sie für sich als mehrfache Sünderin keine Rettung sieht, wenn „kaum der Gerechte sicher ist"; es kann jedoch auch andeuten, daß sich in MARGARETHE etwas regt gegen diesen BÖSEN GEIST, der sich als Geist des *verblätterten Büchelgens* in ihre Seele geschlichen hat.

B. Dieser von ihr verinnerlichte BÖSE GEIST gibt ihr keine Chance, gerettet zu werden. Er weiß, daß MARGARETHE im „Zwinger" die *Schmerzensreiche* gebeten hatte, ihr ***Antliz*** zu ihrer *Noth* zu neigen, und antwortet darauf: *Ihr Antliz wenden Verklärte von dir ab. Die Hände dir zu reichen Schauerts ihnen Den Reinen! Weh!* -

A. Ist es denkbar, daß der protestantisch aufgewachsene Goethe mit diesem Stück den Katholizismus einseitig angreift?

B. Wir haben ja gesehen, wie er die nur noch in evangelischen Landeskirchen praktizierte *Kirchbus* (U 1260) in die katholische Welt dieses Dramas eingebaut hat. Der Gottesdienst wird in einer evangelischen Kirche natürlich nicht in lateinischer Sprache zelebriert, und Mutter Gottes und *Verklärte* sind dort keine Ansprechpartner, aber was diese Szene bedeutet und was zum Beispiel im „Dies irae" gesungen wird, das gilt für die evangelische Kirche nicht weniger als für die katholische. Auch dort wurden die Gläubigen durch Strafandrohungen unmündig gehalten und durch eine rigorose Sexualmoral, vielleicht noch stärker als bei den Katholiken, unterdrückt.

A. So waren für das, was Goethe mit diesem Drama zur Religion darstellen wollte, die Gebräuche der katholischen Kirche geeigneter. Die ganze Szene ist dann eine Satire auf ein insgesamt frag-würdiges *Christenthum.*

Dialog 17: *Nacht. Vor Gretgens Haus - Offen Feld* (U 1372-1441)

A. Was machen wir mit den beiden Bruchstücken der Szene „Nacht. Vor Gretgens Haus"?

B. Sie wurden später zu selbständigen Szenen erweitert, und es könnte sinnvoll sein, sie erst in ihrem vollständigen Zusammenhang zu besprechen. Aber ich denke, es ist auch wichtig, zu fragen, wie weit die Handlung des ersten „Faust"-Entwurfs zu Ende gedacht ist.

A. Mit VALENTIN haben wir nun einen der *Verwandten* aus der „Dom"-Szene; an ihm wird sich zeigen, welche Hilfe MARGARETHE von ihren eigenen Leuten erwarten kann. Wir können doch davon ausgehen, daß niemand etwas von den *Tropfen* (U 1203) weiß, mit denen die *Mutter* durch MARGARETHE *hinüberschlief* (U 1323)?

B. Davon sagt VALENTIN nichts. Ihm geht es nur um *den Flor*, *das Blümgen*, das nun *weg* (U 1252) ist.

A. Für ihn ist MARGARETHES ‚Schande' seine eigene. Er fühlt sich nicht als Bruder, der zu seiner Schwester hält und versucht, ihr zu helfen und sie zu verstehen, sondern als Gekränkter der gesellschaftlichen Ordnung, die er als *Soldat* repräsentiert.

B. Mit FAUST hat er gemeinsam, daß er MARGARETHE aus Eigeninteresse zur *Besten* (U 952) gemacht hat: *Aber ist eine im ganzen Land Die meiner trauten Gretel gleicht.* So wird nicht nur von der *Mutter* - als Vertreterin religiöser und weltlicher Erziehung -, von MARTHE, von FAUST und MEPHISTOPHELES, vom BÖSEN GEIST über sie verfügt, sondern noch auf andere Art von ihrem Bruder.

A. Hier wäre also noch ein ‚Zwinger' (Dialog 16), der glaubt, sie in seiner Gewalt zu haben. Was meint VALENTIN mit dem Vergleich: *Soll wie ein böser Schuldner sitzen, Bey jedem Zufalls Wörtgen schwizzen*? Üblicherweise hat ein Schuldner Kredit aufgenommen, und ein ***böser*** *Schuldner* zahlt ihn nicht zurück. Läßt sich das auf VALENTIN anwenden?

B. Vielleicht so: Wie sich MARGARETHE durch den *Schmuck* (U 644) erhöht fühlte, so fühlte sich VALENTIN durch MARGARETHES untadeligen *Flor* erhöht; ihre Schönheit und *Unschuld* (U 1312) war für sein Ansehen so viel wert wie Besitz und Geld. *Die einen* haben ihm auf gut Glauben, auf ‚Kredit', honoriert, daß er *die Zier vom ganzen Geschlecht* zur Schwester hat.

A. Und nun stellt sich heraus, daß er dieses Ansehen nicht aufrechterhalten kann, weil MARGARETHE sich als ‚Falschgeld' erwiesen hat. Da er selbst glaubte, sein ‚Besitz' sei über alle Zweifel erhaben, bleibt ihm noch der Spott als ‚betrogener Betrüger', der überdies seine Schuld auf keine Weise zurückzahlen kann. Was ist daran ‚bedeutend'?

B. Es wird aus einem etwas anderen Blickwinkel als aus FAUSTS Perspektive gezeigt, wie es möglich ist, Menschen zu erniedrigen, ja zu entmenschlichen, indem man sie erhöht. VALENTIN fühlt seinen sittlich-moralischen Mangel und will ihn durch MARGARETHES Sittsamkeit kompensieren. Als *Soldat* gehört es gewissermaßen zu seinem Wesen, fremde Werte und Zwecke zu seinen eigenen zu machen. -

A. Es ist seltsam, daß sich hintereinander zuerst VALENTIN, dann FAUST und schließlich MEPHISTOPHELES durch ein Gleichnis beschreiben. Wie sich mit *Sakristey*, *ewger Lampe* und *Finsterniss* der Zustand von FAUSTS *Busen* ausdrücken lassen soll, verstehe ich nicht. Er wäre zurückgekehrt zum „Dom", wo er seine ‚Verführung' begonnen hat. *Gretgens Haus* ist nun so in der Stadt plaziert, daß es *vom Schein der ewgen Lampe* erreicht wird. Das Licht der *ewgen Lampe* symbolisiert den ewigen Sohn Gottes, der in Form geweihter Hostien in katholischen Kirchen immer anwesend sein soll. Was hat FAUST damit zu tun?

B. Der *Schein*, der *aufwärts flämmert*, könnte andeuten, daß auch in FAUST ‚Ewiges' nach oben ‚züngelt', nämlich der unendliche Drang, wie Gott zu sein. Im Gleichnis scheint er sich an den für den Gottessohn reservierten Platz zu denken. Erinnere dich nur, wie oft er das Wort *ewig* verwendet hat. Wenn ich recht zähle, siebenmal (U 214; 917; 1041 f.; 1137; 1141). Das Mittel, mit dem er versucht, an Gott heranzukommen, vielleicht auch im Innern der Menschen seinen Platz zu besetzen, ist - wie wir schon bemerkt haben (Dialoge 3, 15) - die Flamme, das Feuer.

A. Und so wie der *Schein* der *ewgen Lampe* die Kirche nicht erhellt, nicht ‚auf-klärt', so scheint auch FAUST mit seinem Licht, mit seiner Erkenntnis die „Nacht" des Mittelalters nicht zu erhellen, die sein *gotisches* Zimmer nicht weniger als der vielleicht gotische „Dom" repräsentiert.

B. FAUST könnte fühlen, die *Finsterniss* sei mythisches, irrationales Bewußtsein und dränge deshalb *rings um bey*, weil er ihr kein autonomes, selbstverantwortliches Bewußtsein entgegenzusetzen hat. Sein ‚Licht der Freiheit' ist nach außen gekehrt, als Verlockung, tun und lassen zu können, was man will, während seine innere Freiheit *in diesen Busen* so schwach ‚scheint', daß ihn irrationale Angst bedroht.

A. Die Perversion von FAUSTS Handeln drückt MEPHISTOPHELES aus durch den Satz: *Ihr geht nach eures Liebgens Kammer Als gingt ihr in den Todt.* Damit ist wohl nicht nur gemeint, FAUSTS Angst sei im Grunde

Todesangst, sondern ein von der hochfliegenden faustischen Idee geleiteter Mensch sei auch in seinen ‚höchsten' Genüssen, wofür hier des *Liebgens Kammer* steht, bedroht, abzustürzen, weil ihm ein innerer Halt fehlt.

B. Das führt uns gleich zu der Stelle, wo FAUST sich mit einem *Wassersturz* vergleicht, der *Begierig wüthend nach dem Abgrund zu brauste.* Seine rhetorischen Fragen weisen zurück auf das Religionsgespräch, wo er, wie wir gesagt haben, das *Gefühl Gott* mit einem ‚Orgasmus' gleichsetzt (Dialog 15): *Was ist die Himmels Freud in ihren Armen Das durch erschüttern durcherwarmen?*

A. Dann ist *diese Seelen Noth* nicht wie später in der Szene „Wald und Höhle" die *Noth* MARGARETHES, sondern die *Angst* FAUSTS, die sich als *Finsterniss rings um bey drängt* und von der *Himmels Freud* nicht *verdrängt* werden kann. Ist es nicht erschütternd, wie FAUST sein Dasein auf der „Strase" des ‚Fortschreitens' als das eines *Unbehausten*, eines *Flüchtlings* beschreibt? Wovor ist er übrigens auf der Flucht?

B. Er ist getrieben von der Angst, *eh man nur den halben Weeg erreicht*, wie WAGNER sagt, als *armer Teufel* zu *sterben* (U 211 f.), aber er ist auch *ohne Zweck und Ruh*, weil für ihn jeder erreichte Zweck bereits die Unruhe zum höheren Zweck hervorruft.

A. Wo hat FAUST *Felsen* zu *Trümmern* geschlagen? Ist das nicht maßlos übertrieben? Ich könnte mir dies höchstens so erklären, durch solche Formulierungen werde daran erinnert, daß zur faustischen Idee gehört, die Welt in ihren Grundfesten umzugestalten, um sie besser zu machen, als Gott sie gemacht hat.

B. FAUST erfährt sich nun am Ende als ‚gescheitert' und erkennt sich in seiner rhetorischen Frage selbst als *Unmensch*. Die Energie, die er in seinen Höhenflug gesteckt hat, schlägt auf die Menschen als Gewalt ein, denen er mit seinem *Gefühl* und ***Gewühl*** (U 912) ihre bisherige Welt ‚untergräbt' und die er dadurch dem Feudalsystem entreißt; aber sie stürzt mit den Opfern auch den Täter ins Chaos.

A. Noch seltsamer ist, daß FAUST, für den *Gott* ein unnennbares *Gefühl* war, ihn in seiner *Angst* vermenschlicht als einen, der FAUST haßt. Ist dies nicht auch eine Art von ‚Hoch-Mut', denn er versucht sich zu ‚retten', indem er sich als für *Gott* so **gefährlich** hochstilisiert, daß dieser ihn, das *Ebenbild der Gottheit* (U 163), ‚hassen' muß.

B. Das faustische Bewußtsein scheint sich immer zu übernehmen; zugleich fällt FAUST in seiner Enttäuschung in den Mythos zurück, den der *arme Tohr* (U 5) in seinem ersten Monolog überwinden wollte. Daran erinnert MEPHISTOPHELES, indem er ihn ebenfalls als *Tohr* bezeichnet.

A. Wenn FAUST sich als *Gott verhasster* begreift, dann identifiziert er sich mit *Luzifer* (U 527), der bisher allein diese ‚Ehre' hatte. Ihm scheint er zeigen zu wollen, daß man Gott gleich wird, indem man in das eindringt, *was die Welt Im innersten zusammenhält* (U 29 f.) und was bis dahin allein dem Wissen Gottes vorbehalten war. Nicht nur dem STUDENTEN, sondern dem faustischen Menschen gab MEPHISTOPHELES den Leitsatz auf den Weg: *Eritis sicut Deus* (U 442), ‚ihr werdet sein wie Gott'.

B. FAUST hat sich nur bemüht, diesen ersten Teil des alten Spruches zu verwirklichen, und versucht, *Gott* in ein namenloses *Gefühl* zu pulverisieren, das man am ehesten mit der ‚Wollust' als höchste Gabe der *Liebaustheilenden Natur* (U 997) identifiziert. Dagegen hat ihn das *scientes bonum et malum*, Gutes und Böses zu erkennen, nicht interessiert. Und ganz unvermittelt fällt FAUST nun zurück in die mythische Vorstellung, er sei der *Gott verhasste*, der *Unmensch*, dessen Anspruch auf ein unendliches Glück sich in die *Angst* vor einer *Hölle* verkehrt, in die Gott nach dem christlichen Mythos diejenigen wirft, die er unwiderruflich haßt.

A. Plötzlich also fürchtet sich FAUST wieder vor *Höll* und *Teufel* (U 16). Mir kommt es so vor, daß FAUST sich nicht wirklich als *Unmensch* erkennt, sonst müßte er die Verantwortung für sein un-menschliches, also in-humanes Handeln übernehmen. Der Verantwortungslose sucht nach einem Verantwortlichen.

B. Ich denke, an diesem Redeschwall vermag das Publikum zu sehen, wohin es führen kann, wenn gesellschaftliche Veränderungen von Menschen verursacht werden, die moralisch haltlos sind. Der *grose Hans* (U 579), der *wie Hans Liederlich* (U 480) spricht, will sich der Verantwortung entziehen, indem er das, was **er** allein MARGARETHE angetan hat, als **deren *Geschick*** bezeichnet.

A. Dieses *Geschick* hätte sich demnach FAUSTS als eines ‚Wühlbachs' bedient, weil die *Hölle* dieses *Opfer* haben wollte.

B. In der Gretchen-Handlung wird dem Publikum Szene für Szene vorgespielt, wie MARGARETHE und ihre *kleine Welt* zerstört und ein *Opfer* von FAUSTS Begierde werden. Aber FAUST macht aus seiner Untat ein undurchschaubares, mythisches *Opfer*, das die *Hölle* wollte. Das Bewußtsein der Menschen im Publikum müßte selbst mythisch sein, wenn sie aus diesen gigantischen Worten FAUSTS Rückfall in den christlichen Mythos von *Himmel*, *Hölle* und *Opfer* ableiten und damit beweisen wollten, daß der junge Goethe den Schuld- und Opfer-Kult des *Christenthums* rechtfertige.

A. Man müßte im Gegenteil sagen, Goethe zeige, wie dieser Mythos eingesetzt wird, um Untaten wie die FAUSTS zu rechtfertigen. MEPHISTOPHELES kommt FAUST gerade recht, deshalb redet er ihn mit *Du Hölle* an. Ich verstehe jedoch nicht, warum FAUST sagt: *Mags schnell geschehn was muss geschehn.* Ist denn das Fehlen der Autonomie, der Selbstverantwortlichkeit, der Humanität die Ursache, daß alles der Zeit unterworfen und Geschwindigkeit des Handelns, also Leistung, an oberster Stelle steht?

B. Es sieht tatsächlich so aus, als sollte gezeigt werden, daß aus humanem Bewußtsein die Idee einer reinen Leistungsgesellschaft nicht entspringen könnte, in der **alles** unter dem Aspekt der ‚Schnelligkeit' bewertet wird. In einer solchen Gesellschaft ist auch der Erfolgreiche ein ‚Opfer' seiner Ideologie. Das mag der Grund sein, warum FAUST in den Sturz seines *Opfers* einbezogen ist.

A. Ich könnte mir denken, daß MEPHISTOS Schlußverse nicht ohne tieferen Sinn sind, so spöttisch sie auch klingen. Das *Wies wieder brozzelt! wieder glüht!* hört sich nach dem, was wir soeben gesagt haben, als Umschreibung der *Spottgeburt aus Dreck und Feuer* (U 1228) an, nur diesmal an FAUST gerichtet.

B. Und der *Ausgang*, den MEPHISTOPHELES empfiehlt, ist nur oberflächlich gesehen ein schlüpfriger Rat; er führte, wenn man ihn ganz wörtlich nimmt, vielleicht zur Lösung der *Seelen Noth* : Daß ein Mensch sich bemüht, den anderen zu trösten, das ist vielleicht eine Urform der Humanität.

A. Wir haben schon einmal davon gesprochen, um wieviel ‚wahrer' Goethe dadurch sein konnte, daß er FAUST nicht als ‚Politiker' konzipierte. (Dialog 15) Wäre FAUST ein Rebell der öffentlichen Ordnung, könnte er kaum so dargestellt werden, daß er mit seinem *Opfer* Körperkontakt hat, es *in Armen* hält und die *Angst* unmittelbar fühlen kann, die er gemeinsam mit der herrschenden Moral verursacht.

B. Mir kommt es vor, als müsse der „Faust" von Anfang an zweiteilig konzipiert gewesen sein: Zuerst sollte dargestellt werden, wie sich die faustische Ideologie auf die unmittelbar davon betroffenen Menschen auswirkt, und auf dieser Grundlage konnte das Thema dann abstrakter behandelt werden. So wurde möglich, abstrakte Entscheidungen in ihren konkreten Folgen zu spiegeln, und ich denke, darauf kam es schon dem jungen Goethe an. -

A. Das Gleichnis, mit sich MEPHISTOPHELES beschreibt, scheint nicht weniger rätselhaft zu sein als FAUSTS Vergleich mit der *Sakristey.* Warum ist es ihm *wie dem* ‚schmachtenden', begierlichen oder begehrenden *Käzlein*?

B. Er beschreibt sein Gefühl mit Hilfe von *Mauern*, *Feuerleitern*, die ich im weiteren Sinne zu Kultur und Zivilisation rechnen würde, auch die Vorstellung von Eigentum, das durch *Diebsgelüst* bedroht ist, gehört hierher …

A. … und andernteils beschreibt er dieses Gefühl als Natur, als bloßes Sexualgefühl. Erinnert MEPHISTOPHELES mit diesen Bildern nicht an FAUST, der um der *Dirne* (U 471) willen wie ein Dieb bei MARGARETHE eingebrochen, vielleicht über *Feuerleitern* zu ihrer Kammer gelangt ist und sich von MEPHISTOPHELES Schmuck hat stehlen lassen?

B. Darauf ist sicher angespielt, aber ich glaube, daß dieses Ensemble von Eigentum, Diebstahl und Sexualität einen Zusammenhang aufruft, der schon mit ***Mein*** *schönes Fräulein* (U 457) begonnen hat und vielleicht bis in die „Walpurgisnacht" reicht, denn in „Faust I" wird MEPHISTOPHELES unmittelbar fortfahren: *So spukt mir schon durch alle Glieder Die herrliche Walpurgisnacht.* (3660 f.)

A. Und wie denkst du von den seltsamen Aussagen, die hier über MEPHISTOPHELES gemacht werden?

B. Es ist kaum möglich, daß eine solche ‚Kunstfigur', der in der körperlichen Welt des Publikums **nichts** entsprechen kann, in jeder Hinsicht ‚auflösbar' ist. Dafür ist sie zu rätselhaft angelegt. Aber laß uns auch hier dem Gespräch vertrauen.

A. Zunächst erfährt man, was FAUST über MARGARETHE weiß: Sie ist geflohen, umhergeirrt, schließlich als *Missetäterinn* verurteilt und im *Kerker* eingesperrt worden; daß ihm dann auch die Kindestötung bekannt ist, setze ich voraus.

B. Außerdem muß wohl FAUST VALENTIN getötet haben, weil er auf die *Stadt* eine *Blutschuld* gebracht hat. FAUST ist also direkt oder indirekt an drei Totschlägen beteiligt - MEPHISTOPHELES spricht am Ende der Szene von *Mörder* - und entzieht sich der Verurteilung. Verträgt sich das mit FAUSTS Vorwürfen an MEPHISTOPHELES?

A. Es ist verwunderlich, daß FAUST immer noch keine Reue zeigt, sondern lediglich MARGARETHE vor der Vollstreckung des Urteils retten will. Er scheint auch zu ignorieren, daß es ihrer beider Kind ist, dessen Tötung durch die Verurteilung MARGARETHES gesühnt werden soll.

B. In dieser Szene setzt sich fort, was sich schon vorhin gezeigt hatte: FAUST sucht nach Verantwortlichen für seine eigene Tat. Mit seiner Polemik gegen die *richtende gefühllose Menschheit* versucht er, sich als den ‚mitfühlenden' Teil der *Menschheit* darzustellen; sein Interesse an MARGARETHE soll als ‚allgemeinmenschliches' Mitgefühl erscheinen, das seine Mitverantwortung an *ihrem wachsenden Jammer* überdeckt. FAUST hatte monatelang Zeit, sich mitfühlend um den *Jammer* MARGARETHES zu sorgen. Daß dieser *Jammer* schon lange nicht mehr zu überbieten war, wurde deutlich vor der *Schmerzensreichen* und im „Dom".

A. Auch jetzt hat er von MARGARETHES Not nicht viel begriffen, da er sie immer noch mit aufgesetzten Floskeln bezeichnet. Wo er früher *Du **holdes** Himmels Angesicht* (U 1030) und *Mishör mich nicht du **holdes** Angesicht* (U 1123) gesagt hat, spricht er nun vom ***holden** unseeligen Geschöpf*, er dreht nur die ‚Vorzeichen' um.

B. Die Bezeichnung ***Geschöpf*** erinnert zum einen an sein *Hätt ich nur sieben Tage Ruh Braucht keinen Teufel nicht dazu So ein **Geschöpfgen** zu verführen* (U 494-96) und daran, daß er diese ‚Verführung' planmäßig ausführte und ausführen ließ, zum anderen steckt in dem Begriff *Geschöpf* der indirekte Vorwurf an den ‚Schöpfer', für sein *Geschöpf* nicht genügend gesorgt zu haben.

A. Ein direkter Vorwurf geht an MEPHISTOPHELES, weil dieser ihn *in abgeschmackten Freuden* ‚eingewiegt' und dadurch *Jammer* und ‚Verderben' MARGARETHES vor ihm verborgen habe. Wir wissen jedoch, daß MEPHISTOPHELES das tut, was FAUST ihm befiehlt, und daß dem jede Freude *abgeschmackt* erscheint, wenn er sie genießt, sonst wäre er bei MARGARETHE geblieben. - Verstehst du FAUSTS Satz: *Im unwiederbringlichen Elend bösen Geistern übergeben*?

B. Er bedeutet, das Elend könne nicht mehr ‚zurückgebracht', das heißt, wiedergutgemacht werden. Was immer FAUST mit ***bösen** Geistern* meint, es gehört in den Zusammenhang, daß er etwas Mythisches an die Stelle rückt, wo seine eigene Verantwortlichkeit hingehörte. Wir als Publikum denken bei *bösen Geistern* an den BÖSEN GEIST des „Doms" und wissen, wie solche *Geister* als schlechtes Gewissen Menschen martern.

A. FAUST spricht, als ob Kindesmord nicht gesühnt werden sollte. Welches Rechtsbewußtsein zeigt sich hier? Gehört es nicht zum Ideal der Gerechtigkeit, daß sie **nicht** fühlt?

B. FAUSTS schwach ausgebildetes Verantwortungsbewußtsein zeigt sich nun auch, wo es um öffentliche Verantwortlichkeit geht. Was sollte die *richtende Menschheit* nach FAUSTS Vorstellungen denn fühlen?

A. Daß MARGARETHE ihr Kind umgebracht hat, weil es ihr nicht möglich war, unter dieser *Menschheit* in Schande zu leben. Sie müßte also fühlen, daß sie an MARGARETHES Kindesmord mitverantwortlich ist.

B. So deutlich dieser sozial-kritische Vorwurf ist: FAUST kommt es am wenigstens zu, ihn zu erheben. Denn er hat MARGARETHE bedenkenlos durch seinen Kult des Gefühls in diese ‚Schande' gebracht und nichts getan, um sie über die *gefühllose Menschheit* aufzuklären, aber sehr viel, daß sie ihr nun ausgeliefert ist. Er hätte sich immer über die *richtende gefühllose Menschheit* empören können, denn MARGARETHE ist nicht der erste Fall, der so behandelt wird.

A. Das sagt MEPHISTOPHELES auch!

B. Ja, es fasziniert mich, wie durch diesen einen Satz: *Sie ist die erste nicht!*, FAUSTS Gerede als aufgeblasenes Gefühl, sozusagen als ‚Gefühl der Zunge', entlarvt wird.

A. Aber auch MEPHISTOS Einwand bringt FAUST nicht zur Besinnung, sondern veranlaßt ihn, mit seinen Übertreibungen fortzufahren und MARGARETHES *Jammer* so zu beschreiben, daß man meinen kann, er spreche vom Leiden Christi für die *Menschheit* oder wenigstens von der *Schmerzensreichen* (U 1279), von der es im „Stabat Mater" heißt: „Angst und Trauer, Qual und Bangen, **Alles** Leid hielt sie umfangen, Das nur je ein Herz durchdrang."

B. Hinter seinen Aussagen steht die mythische Konstruktion: So wie vor den Augen des Ewigen dessen Sohn Jesus durch seine jammervolle Qual am Kreuz alle Menschen von der Erbsünde befreit habe, so hätte die erste wegen Kindesmord Verurteilte allen späteren ihre Schuld abnehmen sollen.

A. Mit einer solchen Konstruktion brauchte niemand mehr Mord und Totschlag zu sühnen. Wenn FAUST die *richtende gefühllose Menschheit* auf die von *keiner Menschenseele zu* fassende Erkenntnis bezieht, daß dem *Ewigen* nicht das erste *Geschöpf*, das *in die Tiefe dieses Elends sank*, in *seiner Todtes noth genug that*, dann schiebt er die Schuld dem mythischen *Ewigen* zu und rechtfertigt dadurch diese *Menschheit*.

B. Wenn einer, dann geht FAUST *über das Schicksaal von Tausenden gelassen* hin, weil in seinem Ich-konzentrierten Bewußtsein das *Schicksaal* anderer keinen Platz hat. Das faustische Bewußtsein offenbart sich als konfus, sobald es mit sittlich-moralischen Problemen in Berührung gebracht wird. Das sollten wir bedenken, wenn FAUST sich an den *unendlichen Geist* wendet: *Groser herrlicher Geist der du mir zu erscheinen würdigtest.* Damit kann er nur den *Erdgeist* meinen.

A. Dies hieße, daß FAUST zumindest glaubt, MEPHISTOPHELES und *Erdgeist* gehörten zusammen. Wäre MEPHISTOPHELES als Untergeist des *Erdgeistes* konzipiert, dann hätte der junge Goethe damit ausdrücklich darauf verwiesen, daß das, was MEPHISTOPHELES bedeutet, ausschließlich zur ‚Erde' gehört. So haben wir ihn bisher betrachtet.

B. Es ist möglich, daß dies Goethes ursprüngliche Absicht war, und auf diese Weise wäre das Problem, woher MEPHISTOPHELES kommt, gut gelöst gewesen, aber diese Konzeption hätte den *grosen Geist* zu einem faustischen gemacht und ihm zumindest eine Mitschuld an FAUSTS Taten zugeschrieben. Deshalb glaube ich eher, daß FAUST den *Erdgeist* hier nicht weniger mißdeutet als in der „Nacht"-Szene, wo ihn der *Erdgeist* wissen ließ, daß er von ihm nichts ‚begriffen' habe (Dialog 3).

A. So unsicher wir sind, was das Dreiecks-Verhältnis ‚Erdgeist-Mephisto-Faust' betrifft, so sicher wird in „Faust I" gezeigt, daß FAUST MEPHISTOPHELES zunächst als *Hund* (1147) wahrnimmt, auch wenn man nicht weiß, wo der herkommt. Warum gerade ein Hund?

B. FAUST selbst hat sich mit seinem *Es mögt kein Hund so länger leben Drum hab ich mich der Magie ergeben* (U 23) in die Nähe eines Hundes gerückt. Man könnte sich also denken, daß der *Hund* in FAUST das Unzufriedene symbolisiert, dem fast jedes Mittel recht ist, diesen Zustand grundlegend zu verändern.

A. Vielleicht ist damit auch angedeutet, daß diesem Begehren von Anfang an das ‚Menschliche' fehlte.

B. Das wäre eine brauchbare Erklärung. Der Hund ist aber auch das Haustier, mit dem der Mensch am nächsten verbunden ist und das ihm sogar den Menschen ersetzt. Als die vielleicht am stärksten vom Menschen domestizierte ‚Natur' gehorcht er dem Menschen aufs Wort. Wenn der Hund jedoch ein Unglück verursacht, dann ist nicht der Hund verantwortlich, sondern sein Herr. Das alles läßt sich auf MEPHISTOPHELES beziehen.

A. In diesem Sinne scheint MEPHISTOPHELES zu argumentieren. Er erklärt sich als *Unschuldigen*, weil nicht er, sondern FAUST MARGARETHE *in's Verderben stürzte*. Es ist komisch, wie diese einfache Tatsache FAUST die Sprache verschlägt und er, der zu MEPHISTOPHELES gesagt hatte: *wälze die Teuflischen Augen inngrimmend im Kopf herum*, nun selbst dasteht und ***wild*** *umher blickt*. Dadurch wird er, wie wir das schon einmal beim *stampfenden* FAUST (U 1055//56) gesehen haben, selbst zum *Tier*, ich könnte auch sagen, dadurch zeige er sich als *Unmensch*, und mit dem *Teuflischen* sei er selbst bezeichnet.

B. Zugleich aber macht MEPHISTOPHELES klar, daß FAUST keine zufällige Einzelfigur ist, sondern die neuen *Herrn* repräsentiert, die *fliegen*, also die Schwerkraft überwinden wollen und moralisch nicht vorbereitet sind, die Folgen ihres Tuns zu überblicken und zu verantworten. Sein *Greiffst du nach dem Donner?* verdeutlicht erneut, daß sich FAUST, nicht MEPHISTOPHELES, an die Stelle des ‚Donnerers', also Gottes, setzen und die Natur vollständig beherrschen will.

A. Ich habe Schwierigkeiten mit MEPHISTOS: *Warum machst du Gemeinschafft mit uns - Eh! drangen wir uns dir auf oder du uns? - Hab ich alle*

Macht im Himmel und auf Erden? **Muß** man hier nicht denken, MEPHISTOPHELES sei ein Teufels-*Geist* aus der christlich-mythischen Hölle?

B. Im Verlauf dieses Dramas wurden außer MEPHISTOPHELES zwei ‚Geister' auf die Bühne gestellt, der *Erdgeist* und der BÖSE GEIST. Bei beiden hatten wir keinen Grund, sie mit einer wirklich existierenden Hölle in Verbindung zu bringen. Wenn MEPHISTOPHELES als eine Art Untergeist des *Erdgeistes* konzipiert war, dann kann er sich mit diesem identifizieren und erinnert mit seinem *drangen wir uns dir auf oder du uns* daran, wie sich FAUST dem *Erdgeist* ‚aufgedrängt' hat. Der *Erdgeist* hatte auch von sich im Plural - *uns den Geistern gleich* (U 141) - gesprochen.

A. Das überzeugt mich. Mit seiner Anspielung auf die Worte Jesu - „Mir ist alle Gewalt gegeben im Himmel und auf Erden" (Mt 28,18) - drückt MEPHISTOPHELES nur aus, daß er nicht Gottes Sohn und vor allem kein Morallehrer ist, der als Erzieher über FAUST wacht und die Verantwortung dafür trägt, ob der gelegentlich nach seinem *Liebgen* MARGARETHE fragt.

B. Ja, wo es um das Innere des Menschen geht, hält sich MEPHISTOPHELES heraus.

A. Mir kommt es freilich so vor, als ob MEPHISTOPHELES sich in dieser Szene überhaupt heraushalten wolle, denn so wenig wie der *unendliche Geist* tut er, was FAUST befiehlt. Hat FAUST seine Macht über MEPHISTOPHELES verloren?

B. Tatsächlich kann man meinen, MEPHISTOPHELES habe einen - wie immer zustande gekommenen - Vertrag vollständig erfüllt, so daß er mit FAUSTS Sache nichts mehr zu tun haben will.

A. Oder FAUST befiehlt ihm etwas, das nicht zu seinen vereinbarten ‚Arbeiten' gehört. Vor allem will MEPHISTOPHELES nicht auslöffeln, was andere eingebrockt haben.

B. Unter solchen Voraussetzungen geht er noch sehr ‚menschlich' mit FAUST um. Er lehnt dessen zweifaches *Rette sie!* nicht rundweg ab, sondern kramt den Mythos hervor, daß *über der Stäte des Erschlagenen rächende Geister schweben, die auf den rückkehrenden Mörder lauern.* Auch wenn in FAUSTS Bewußtsein Mythisches erkennbar ist, läßt er sich auf diesen ‚Zauber' nicht ein, und MEPHISTOPHELES gibt sein Argument sofort auf.

A. In der nächsten Szene „Nacht. Offen Feld" wird ein ähnlich heidnischer Mythos auf die Bühne gestellt, und es ist FAUST selbst, der *die dort* beschreibt.

B. Das ist nicht zu leugnen und gehört zu den schwer lösbaren Rätseln der „Faust"-Dichtung. Schon im „Faust-Fragment" wird es eine „Hexenküche", und in „Faust I" zusätzlich die „Walpurgisnacht" geben. Dies zeigt, daß schon für den jungen Goethe das ‚Faustische' nicht etwas war, das sich auf rationale Weise vollständig begreifen lasse. Wenn Goethe den Mythos nicht gelten lassen wollte, daß Menschen von einem Teufel verführt werden, nach Gottgleichheit zu streben, und wenn er zugleich sicher war, daß ein solches Streben nicht zufällig entstanden ist, dann mußte er versuchen, es aus der **verborgenen** ‚Natur' des Menschen zu entwickeln.

A. Immerhin kommt MEPHISTOPHELES FAUST entgegen. Vor allem so, wie wir es von ihm kennen: durch Geschwindigkeit - *auf schwarzen Pferden daher brausend* - und durch *umneblen* der *Sinne*. Aber *frey seyn* soll MARGARETHE durch *Menschenhand*, durch die Hand des Menschen, der sie in den Kerker gebracht hat. MEPHISTOPHELES kann FAUST die Selbstverantwortlichkeit nicht abnehmen.

B. Ich glaube, daß hier gegen Schluß des Dramas sich nicht nur zusammenfassend zeigt, was MEPHISTOS Sache ist, sondern auch FAUSTS Freiheitsbegriff verdeutlicht wird: *sie soll frey seyn* betrifft nur die ‚faustische' Freiheit, die Abwesenheit äußerer und innerer Widerstände; Freiheit als Möglichkeit, moralisch-sittlich zu handeln, scheint dieser Begriff nicht zu umfassen.

A. Aber die Absicht, MARGARETHE nicht in *Jammer* und *Noth* im Kerker zu lassen, entspringt doch - bei allen Einschränkungen, die wir gemacht haben - einem sittlich-moralischen Impuls.

B. Das gebe ich zu. Wir können diesen Impuls als Beweis dafür nehmen, daß es für Goethe den *Unmenschen* schlechthin nicht gibt.

A. So bleibt uns vor allem die Frage, wie weit MARGARETHE in ihrem *Jammer* zu sich selbst gefunden hat.

Dialog 18: *Kerker*
(Zeile 1-112)

A. Obgleich mich die „Kerker"-Szene im „Ur-Faust" wie kaum ein anderer Text bewegt, habe ich mich gefragt, warum Goethe, nachdem er die Kirche in ihrer Pracht und Macht im „Dom" zur Anschauung gebracht und kritisiert hatte, nicht die weltliche Macht des Staates als Gerichtssaal, in dem MARGARETHE verurteilt wird, dargestellt hat.

B. Du darfst nicht vergessen, daß der „Ur-Faust" zu einer Zeit geschrieben wurde, als es weder Gewaltenteilung noch öffentliche Gerichtsverhandlungen gab. Die 1772 in Frankfurt als Kindsmörderin hingerichtete Susanna Margaretha Brandt wurde mehrfach verhört, aber nicht von den Ratsherren, die schließlich aufgrund von Gutachten das Urteil fällten. Auch diese Gutachter, die das Urteil vorschlugen, hatten nichts als die Vernehmungsakten für ihre Beurteilung zur Verfügung. Nur der Verteidiger sprach mit der Angeklagten, bevor er seine Verteidigungsschrift einreichte. Übrigens war ein Onkel Goethes bei den Vernehmungen zeitweilig dabei.

A. Um so naheliegender wäre es gewesen, wenn der Jurist Goethe auf der Bühne gezeigt hätte, wie es in einem solchen Prozeß zur Urteilsfindung kommt.

B. Wir können die ganze Gretchen-Handlung so lesen, als ob sie eine Art Verteidigungsrede in einem Prozeß wäre, zum Beispiel vor Geschworenen, die nicht nur mit Argumenten, sondern auch mit Gefühlen überzeugt werden sollen, daß die Anklage falsch ist.

A. Dann wäre das Publikum an die Stelle der Richter gesetzt.

B. Die Sozialkritik, die unter solchem Blickwinkel zum Ausdruck kommt und das Publikum nicht weniger trifft als die Institutionen des Staates und der Kirche, wäre nur eine Seite des Dramas. Denn im „Faust" werden Probleme in eine Dramen-Handlung umgesetzt, die ‚bedeutender' sind, als daß sie ein historischer Einzelfall hätte ganz ‚vertreten' können.

A. Ja, man könnte über der Gretchen-Handlung vergessen, daß es im „Ur-Faust" auch um den Gedanken geht, wie Gott zu sein, das heißt, die Natur beliebig beherrschen und verändern zu können.

B. Es hat mit dem wissenschaftlichen Denken zu tun, daß der erste Teil des „Ur-Faust" verhältnismäßig abstrakt ist. Die sinnlich-konkrete Gretchen-Handlung kann ‚hautnah' zeigen, was aus den hohen

Gedanken für die davon Betroffenen folgt.

A. Wieder bricht FAUST in einen Raum MARGARETHES ein. Wie zuerst in MARGARETHES *reinliches Zimmer*, das er, ohne zu wissen, was er sagte, als *Kerker* (U 546) bezeichnet hatte, so nun in den weniger reinlichen „Kerker", wo sie angekettet auf *Stroh* liegt wie ein Tier.

B. Sein realitätsfremdes Sprechen wird jetzt für das Publikum erkennbar. Denn FAUST bleibt seinem Wesen treu, *alle höchsten Worte* zu greifen (U 915) und seine eigenen Vorstellungen anstelle der Wirklichkeit wahrzunehmen, wenn er sagt: *Es fasst mich längst verwohnter Schauer. Inneres Grauen der Menschheit.*

A. FAUST geht in diesen „Kerker", wie es MEPHISTOPHELES vor MARGARETHES Haus beschrieben hatte: *Ihr geht nach eures Liebgens Kammer Als gingt ihr in den Todt* (U 1409 f.). Er *zittert* und *wankt*, als er den „Kerker" aufschließt. Zeigt dies, daß ihn die Wirklichkeit ‚eingeholt' hat?

B. Man könnte auch sagen, sein unbewußtes Empfinden ist weiter und wahrheitsgetreuer als sein Verstand. Vom ersten Moment an steht er unter dem Druck, MARGARETHE in kürzester Zeit befreien zu müssen, wenn er sie vor dem Tod retten will: Im modernen, faustischen Bewußtsein, wo Geschwindigkeit das Maß aller Dinge ist - *Hätt ich nur sieben Tage Ruh Braucht keinen Teufel nicht dazu* (U 494 f.) - ist Leistung immer eine Sache auf Leben und Tod. Da bleibt wenig Zeit für Gespräche.

A. Das zeigt sich in FAUSTS ***Still!*** *Ich komme dich zu befreyn*, aber auch in MARGARETHES Antwort: *Hencker ist dir's morgen frühe nicht zeitig gnug*, die auf FAUST zutrifft, obwohl sie ihn nicht erkennt.

B. FAUSTS ***Lass!*** erinnert mich an: ***Lass*** *das mein Kind, du fühlst ich bin dir gut. Für die ich liebe ließ ich Leib und Blut* (U 1110 f.) Dieses große Wort wird in dieser Szene auf seinen Wahrheitsgehalt überprüft.

A. Es ist schwer zu sagen, ob FAUST hier nicht beweist, daß er es ernst meinte.

B. Sein Satz stammt aus der mythischen Vorstellung, irgendein Gott ließe sich durch Menschenopfer versöhnen. Auch der christliche Gott wollte das Opfer seines menschgewordenen Sohnes, und der mußte *Leib und Blut* lassen für die, die er liebte.

A. Das würde heißen, FAUST müßte dem Gericht anbieten, ihn an Stelle MARGARETHES hinzurichten. So ähnlich wie in Schillers Ballade „Die Bürgschaft".

B. Dafür müßte FAUST unschuldig und nicht selbst als *Mörder* gesucht sein. Es bliebe ihm nur, sich zu seiner Tat zu bekennen und dadurch MARGARETHE so zu entlasten, daß sie nicht hingerichtet würde. Aber weder läßt er für MARGARETHE *Leib und Blut*, noch bekennt er sich als innerlich freier Mensch zu seiner Schuld, um sie zu sühnen. *Freyheit* bedeutet für ihn auch hier nur, ungehindert tun zu können, was er will.

A. Wir können nicht ausschließen, daß FAUST sich nur vor dem Mißerfolg seiner Handlungen schützen will. Hat dagegen MARGARETHE wirklich zu selbstverantwortlicher innerer *Freyheit* gefunden?

B. Daß dies in vollem Bewußtsein geschehen wäre, ließe sich wohl kaum glaubhaft darstellen. Goethe hat sich dadurch geholfen, daß er MARGARETHE teilweise *verirrt* sein läßt; sie selbst sagt, *Mein Kopf ist verrückt.* Für sie ist wirklich geworden, was sie am *Spinn rocken* nur im übertragenen Sinn gemeint hatte: *Mein armer Kopf Ist mir verrückt* (U 1074 f.).

A. Indem waches und verwirrtes Bewußtsein MARGARETHES wechseln, wird es möglich, sie Sätze sprechen zu lassen, die sie sich nie zu sagen getraut hätte, die aber vielleicht gerade deshalb wahr sind, weil sie in halbem Wahnsinn gesprochen werden.

B. Vor allem die Darstellung und Beurteilung der Liebesbeziehung wird dadurch möglich. Während FAUST sagt: *Meine Liebe! Meine Liebe!*, *erfasst* er *sie wütend um den Hals.* Er würgt sie, bis sie betäubt ist und er *über ihrer Betäubung die Arm Kette* aufschließen kann. Diese ‚***Liebes***-Handlung' ist begleitet von dem Satz: *dein Mörder wird dein Befreyer.* Das weist über das, was im „Kerker" geschieht, hinaus und ist bezeichnend für die ganze *Liebe* zwischen FAUST und MARGARETHE.

A. Das ‚Mörderische' dieser Liebe läßt sich auch in MARGARETHES Beschreibung der *Umarmung* wahrnehmen: *Wie sonst ein ganzer Himmel mit deiner Umarmung* ***gewaltig*** *über mich eindrang. Wie du küsstest als wolltest du mich in wollüstigem* ***Todt*** *ersticken. [...] Weh! deine Lippen sind kalt!* ***Todt!*** *Antworten nicht!* Aber für sie brachte eine solche *Umarmung*, die sie fast wie einen Lustmord beschreibt, ein Glücks- und Liebesgefühl, nach welchem sie sich immer noch sehnt.

B. Deshalb ist für mich die Stelle ‚eigenartig'; ich weiß nicht, ob ich diese Sehnsucht ihrem Verwirrtsein oder ihrem Wachsein zuordnen soll. Wenn ich an die Liebeshandlung des Dramas denke, kommt mir das *Weh! deine Lippen sind kalt! Todt! Antworten nicht!* wie eine späte Erkenntnis vor, zu der sie aber nur im Wahnsinn kommen konnte.

A. Wenn es so wäre, würde MARGARETHE erkennen, daß das Sprechen ihrer beider *Lippen* keine ‚lebendiges' Sprechen war.

B. Das *Antworten nicht!* erinnerte daran, wie wenig FAUST auf sie eingegangen war, wie wenig er ihr von sich erzählt und wie sehr er versucht hatte, sie mit den Übertreibungen seiner Redegewandtheit zu betäuben.

A. Auch in dieser Szene wird gezeigt, wie wenig FAUST in MARGA-

RETHE einen Menschen sieht, mit dem er ernsthaft sprechen könnte. Zweimal verwendet er die Hyperbel *tausend-*: ***Tausend**mal! Nur eile Gretgen eile!* und: *Folge mir, ich herze dich mit **tausend**facher Glut. Nur folge mir.*

B. Diese Floskeln sind auch deshalb beachtenswert, weil sie nachdrücklich mit Zeitbegriffen der Geschwindigkeit und des ‚Fort-Schritts' verbunden sind. Ein Sprechen, das sich keine Zeit lassen kann, das also selbst dem Leistungsbegriff unterworfen ist, scheint das Floskelhafte, den Gebrauch von ‚Worthülsen', zu begünstigen. Auch den Satz: *Komm, wir entgehen dem schröcklichen Schicksaal*, empfinde ich als ein Beispiel dafür.

A. Damit ist doch der *Hencker* gemeint!

B. Es ist für mich ein großer Unterschied, wenn FAUST den *Hencker* meint und *schröckliches Schicksaal* sagt. FAUST verschiebt das Wirkliche, das geschichtlich Benennbare, wieder ins Mythische, wie er das schon bei der Unterwerfung unter das *Geschick* (U 1430) getan hatte. Man könnte meinen, diese ‚Verantwortungslosigkeit' habe etwas mit der faustischen Geschwindigkeit zu tun, weil sie keine Zeit läßt, im **sittlichen** Bereich Ursache und Wirkung so ‚gründlich' zu bedenken, wie das im naturwissenschaftlichen Bereich für einen ‚modernen', also faustischen Wissenschaftler selbstverständlich wäre.

A. Wir haben davon gesprochen, unter FAUSTS Qualifikationen (U 1-3) fehle die des Historikers (Dialog 4). Es ist folgerichtig, daß einer, der nicht geschichtlich denkt, zum Mythischen tendiert.

B. Seine Bewußt- und Verantwortungslosigkeit wird ebenfalls thematisiert, wo MARGARETHE ihn fragt ***Wen** befreyst du? **Weist** du's?*, wodurch angedeutet ist, daß sie als Person für FAUST nie wirklich von Interesse war, aber auch dort, wo sie auf sein *Komm! Komm!* hin sagt: *Meine Mutter hab ich umgebracht! Mein Kind hab ich ertränckt. **Dein** Kind! Heinrich!* Sie scheint damit zu meinen: ‚Wie kannst du mich befreien, wo es um den Mord an **deinem** eigenen Kind geht?'

A. Strenggenommen, ‚von Rechts wegen', hätte FAUST MARGARETHE des Mordes an seinem *Kind* anklagen müssen, aber FAUST scheinen die **Folgen** seiner Handlung nicht zu interessieren. Er hat keine Voraussetzungen geschaffen, daß sein eigenes Kind hätte existieren können. Die Folgen für das, was **er** ‚gezeugt' hat, überläßt er MARGARETHE als **deren** *Schicksaal*.

B. Nur, daß MARGARETHE das nicht mehr hinnimmt: *Nein du sollst überbleiben, überbleiben von allen. Wer sorgte für die Gräber!* Sie will ihn aus der Verantwortung für das, was er getan hat, nicht entlassen. FAUST dagegen schiebt ihr die Verantwortung zu, sogar für ihn selbst: *Du bringst **mich** um*; auch das offenbart den ‚tödlichen' Charakter ihrer Beziehung.

A. Mir kommt das eher vor wie ein psychologischer Trick, damit MARGARETHE um seinetwillen den „Kerker" verläßt.

B. Das mag zunächst so aussehen, aber zugleich sieht man mit Hilfe eines solches Satzes, wie es in der ganzen Gretchen-Handlung für FAUST nur darum geht, daß MARGARETHE etwas für **ihn** tut, nicht umgekehrt.

A. Sie selbst hat das so empfunden: *Ich habe schon* ***für dich*** *so viel* ***gethan****, dass mir zu thun fast nichts mehr überbleibt* (U 1211f.).

B. Es kommt hinzu, daß MARGARETHE FAUSTS *Freyheit* nicht mehr traut. Für sie selbst ist diese *Freyheit* kein ‚Fort-Schritt', sondern der *Schritt* ins *Grab* und ins *ewige Ruhe Bett.*

A. Aber sie will doch mit FAUST *in alle Welt.* Das ist ein ganz faustisch formulierter Wunsch, und er zeigt, wie sehr MARGARETHE von FAUST beeinflußt ist.

B. Wenn es nicht so wäre, wäre MARGARETHE als Dramenfigur unglaubwürdig, das heißt sie wäre nicht ‚wahr', und die Szene könnte nicht ergreifend sein. Die ihr anerzogene und eingeimpfte kirchlich-staatliche Ordnung, die schon im „Dom" gezeigt wurde und die ihre Hinrichtung verlangt, **muß** sich als Angst bemerkbar machen. Und warum sollte jetzt vergessen sein, daß sie geglaubt hatte, FAUST werde sie aus ihrer engen kleinbürgerlichen Welt befreien? Wo aber eine Entscheidung von ihr verlangt wird, entscheidet sie sich gegen die faustische Weltfahrt.

A. Je größer MARGARETHES Angst ist und ihr Verlangen, „Kerker" und Todesstrafe zu entkommen, desto bedeutender ist es, daß sie sich FAUSTS handgreiflichem Befreiungsversuch widersetzt.

B. Zu ihrer Weigerung, sich an FAUSTS ‚Weltfahrt' zu beteiligen, gehört auch, daß MARGARETHE sich dem Befehl: *Still! Ich komme dich zu befreyn*, widersetzt und droht: *Ich schreye laut, laut dass alles erwacht.* MARGARETHE distanziert sich im „Kerker" von FAUST, **bevor** sie etwas von MEPHISTOPHELES sieht. Dies zeigt, wieviel innere Selbständigkeit MARGARETHE inzwischen hat, auch wenn sie es im Wahnsinn sagt, und daß ihr *mir grauts vor dir Heinrich* schon an dieser Stelle gesprochen sein könnte.

A. Wie finden in diesem durch den Wahnsinn gelösten Bewußtsein *der Hochzeit Tag* und der *letzte Tag*, der Tag der Hinrichtung, zusammen? Vielleicht weil FAUST, wie am Hochzeitstag Brauch, MARGARETHE über die Schwelle tragen will?

B. Ich denke, daß damit die Thematik von der Kritik an der Idee des Faustischen wechselt zur Kritik an der Welt des zeitgenössischen Publikums. Denn das ist die Eigenart von Goethes „Faust", daß auf der einen Seite die Inhumanität, Menschen zu unterdrücken, indem ihre religiösen Gefühle manipuliert werden, schonungslos an den ‚Pranger' gestellt wird, und andererseits das bloße Auswechseln der Unterdrükkung durch eine äußere, ‚unmündige' Freiheit als nicht weniger inhuman dargestellt ist. Denn in einer solchen Freiheit gilt der Mensch nicht viel mehr als ein *Ding* (U 476), das man sich ver-*schaffen* (U 471) lassen kann, um es für die eigenen Interessen zu gebrauchen.

A. Es soll also der Eindruck vermieden werden, daß die Kritik an FAUST nur gebraucht werde, um die bestehende Welt als ‚die beste aller möglichen Welten' zu rechtfertigen. Durch MARGARETHE wird ‚angeprangert', wie mechanisch und damit menschenunwürdig es ist, sexuelle Liebe als Sünde und fast als Verbrechen zu verbieten und am *Hochzeits Tag* als erwünscht zu erlauben, ja zu fordern.

B. Mindestens ebenso wichtig erscheinen mir die Sätze: *Hörst du die Bürger schlürpfen nur über die Gassen! Hörst du! Kein lautes Wort. Die Glocke ruft! - Krack das Stäbchen bricht! - Es zuckt in jedem Nacken die Schärfe die nach meinem zuckt! - Die Glocke hör.*

A. Ich sehe vor allem, wie die kirchliche *Glocke*, hier wohl die *Glocke* des „Doms", als ständige Rufer-, Mahner- und Droherin verquickt ist mit der staatlichen Exekution, wobei man nicht ganz sicher ist, ob die *Glocke* dem Scharfrichter hilft oder der Scharfrichter der *Glokke.* Das ganze, vom Himmel schallende und in die Ewigkeit weisende Zwangssystem der Feudalgesellschaft wäre auf dieses einfache Bild gebracht.

B. Hinzu kommt, daß MARGARETHES Worte den Zustand formulieren, in dem die *Bürger* in dieser Gesellschaft leben. Sie dürfen nicht ‚auftreten', sondern nur *schlürpfen*, und schon gar nicht haben sie ein *lautes*, also in der Öffentlichkeit wichtiges *Wort* zu sagen. Sie sind unmündig. Aber noch bedeutender finde ich, daß MARGARETHE bemerkt, wie die *Schärfe* des Schwerts, mit dem sie enthauptet wird, jedem dieser *Bürger* gilt, daß sie selbst es sind, die durch diese Hinrichtung getroffen werden und ihren Kopf verlieren sollen.

A. Das muß ein Publikum beschämen, das in einer vergleichbaren Welt lebt und solche Zusammenhänge zwischen Strafe und Drohung nicht bemerkt.

B. Die Unmündigkeit läge also, wie Kant etwa zehn Jahre später sagen würde, weniger am Mangel des Verstandes, sondern an dessen mangelhaftem Gebrauch. Überspitzt könnte man sagen, MARGARETHE habe den Verstand verloren, weil sie inzwischen einiges von ihren ‚wahren' Verhältnissen verstanden hat. Sie wäre ein Beispiel für den Satz aus Lessings „Emilia Galotti": „[...] wer über gewisse Dinge den Verstand nicht verlieret, der hat keinen zu verlieren."[16]

A. Aber wird dieser Eindruck nicht dadurch zerstört oder neutralisiert, wie MARGARETHE auf MEPHISTOS Erscheinen reagiert?

B. Diese Bilder sind, wenn man darüber nachgedacht hat, so einprägsam, daß sie kaum verwischt werden können. Was sollte MARGARETHES *Antipathie* (U 1193) gegenüber MEPHISTOPHELES daran ändern? Wir haben darüber gesprochen, wie sie sich in MEPHISTOPHELES und FAUST täuscht (Dialog 15). Unter diesem Vor-Urteil kann sie auf MEPHISTOPHELES nur die Vorstellungen projizieren, die man ihr mit Hilfe der *Büchelgen* (U 1314) von kleinauf über den Satan beigebracht hat.

A. Er ist ihr wohl auch deshalb *in tiefer innrer Seel verhasst* (U 1164), weil er - seiner Aufgabe gemäß - zu FAUST sagte: *Es ist wohl Zeit zu scheiden* (U 1056), so daß er für sie die Trennung personifiziert, die in Wirklichkeit zum rastlosen Wesen FAUSTS gehört.

B. Zugleich erinnert MEPHISTOPHELES sie daran, daß ihre Beziehung zu FAUST nicht mit den Geboten übereinstimmte, nach denen in ihrer Vorstellung das *Gericht Gottes* und im Vorgriff darauf auch das Gericht urteilt, das sie in den „Kerker" gebracht hat. Der Haß gegen MEPHISTOPHELES ist also zu einem guten Teil - unbewußt - gegen sich selbst gerichtet.

A. Könnte man aber nicht sagen: Weil sie in dieser Szene so ‚hellsichtig' dargestellt ist, ist es von höchster Bedeutung, daß sie sich dem *Gericht Gottes* anvertraut?

B. Ich denke, daß das *Gericht Gottes* vor allem durch die „Dom"-Szene als Unterdrückungsinstrument so abqualifiziert wurde, daß es als Ort überirdischer Gerechtigkeit in diesem Drama nicht mehr akzeptierbar ist. Und da MARGARETHE weder bei klarem Bewußtsein noch im Wahnsinn etwas bereut und bei ihrem *gut* und *lieb* (U 1277) bleibt, kann sie - auch entsprechend der ‚Belehrung' durch den BÖSEN GEIST im „Dom" - von diesem *Gericht Gottes* nicht wirklich Rettung erhoffen.

A. Der Anruf des *Gerichts Gottes* und die Bitte an die *heiligen Engel*, ihre *Seele* zu bewahren, drückten dann nur ihre Todesangst aus. Könnten ihre Hinwendung zu *Gott* und *Engeln* nicht verstanden werden als Protest gegen das irdische Gericht, das sich anmaßt, übereinstimmend mit dem Willen Gottes zu urteilen und zu verurteilen?

B. Für mich ist hier wichtiger, wie MARGARETHE jetzt schlagartig erkennt, daß FAUST und MEPHISTOPHELES zusammengehören und daß für sie alles, was sie über den Bösen gelernt hat, nun auch für FAUST gilt. Sie distanziert sich von FAUST nicht weniger als von MEPHISTOPHELES.

A. Das sieht man vielleicht daran, daß sie zuerst nur sagt: *Wir sehn uns wieder!*, und dann nach MEPHISTOS Erscheinen diese Aussage korrigiert: *Auf ewig lebe wohl.* Dabei bleibt sie auch dann, als FAUST *sie umfassend* sagt: *Ich lasse dich nicht!*

B. An wen anders sollte sie sich in dieser Ent-Täuschung wenden können als an die Instanz, die ihr schon als Kind *voll Unschuld* (U 1312) als letzte Zufluchtsstätte eingeredet wurde?

A. So wäre damit auch gezeigt, daß ein Mensch mit der Erziehung MARGARETHES ohne ‚Aufklärung' kaum selbständiger und selbstverantwortlicher werden kann. - Auch bei seinem letzten Versuch, MARGARETHE zu *befreyen*, spricht FAUST mit großer ‚Pose', die mit dem, was er tut, nicht übereinstimmt.

B. *Ich lasse dich nicht!* sagt im Alten Testament Jakob zu einem „Mann", der mit ihm kämpft und schließlich sagt: „Du hast mit Gott und mit Menschen gekämpft und hast gesiegt." (1 Mo 32, 28). Dieser Satz enthält viel Faustisches. Um so bedeutender ist es wohl, daß der ‚Gotteskämpfer' FAUST erfolglos bleibt.

A. Dadurch wird aber auch MARGARETHE zu dem emporgehoben, der sich von FAUST nicht besiegen läßt. Sie scheint in ihrem Wahnsinn soviel erkannt zu haben, daß es ihr vor *Heinrich* mindestens ebenso *grauen* muß wie vor MEPHISTOPHELES. Für mich ist nun ganz deutlich, daß sie am Schluß betont: *Mir grauts vor **dir** Heinrich*, nicht vor MEPHISTOPHELES.

B. Daß sich seine *Liebe* am Schluß von ihm abwendet und sein Handeln als böses Handeln begreift oder erahnt, ist die vielleicht schärfste Kritik an FAUST.

A. Wird nicht alles, was wir zu dieser „Kerker-Szene" gesagt haben, dadurch zunichte gemacht, daß MEPHISTOPHELES, der uns doch immer als verläßlich galt, sagt: *Sie ist gerichtet.* Sind nicht doch Himmel und Hölle als Wirklichkeit im „Ur-Faust" verankert, wenn MEPHISTOPHELES mit dieser Sicherheit verkündet, sie sei in Ewigkeit verdammt?

B. Dafür müßte MEPHISTOPHELES selbst mit dem Jenseits in Verbindung stehen.

A. Tut er das nicht, wenn er *Zauber Pferde* hat, die *schaudern*, sobald der *Morgen auf dämmert*?

B. Daran kann man sehen, wie im „Ur-Faust" etwas, das als ‚unmöglich' gilt, nicht Hölle und Teufel, sondern bloß der Zukunft zugeordnet wird. Es liegt in der Konsequenz faustischer Ideologie, sich künstlich ‚Pferdestärken' und Flügel zu schaffen: *Willst fliegen und der Kopf wird dir schwindlich* (Nacht. Vor Gretchens Haus). Wenn Goethe dies mit bekannten Gestalten ausdrücken wollte, dann bot sich dafür das

‚fliegende Pferd' geradezu an. Und da es bei FAUST nicht nur um Fortbewegung geht, sondern um ‚Leistung', haben die ‚Pferdestärken' nicht unendlich, sondern nur bis zum *Morgen* Zeit.

A. Dann wäre die dem inneren ‚Zusammenhalt der Welt' abzuringende und mechanisch-technisch zu verwirklichende ‚Leistung' das ‚Instrument', das hier schon durch MEPHISTOS *Zauber Pferde* symbolisiert ist.

B. Das scheint mir sinnvoller zu sein, als zu denken, Goethe habe ein Drama geschrieben, um die seelischen und körperlichen Grausamkeiten des Christentums auf poetische Weise zu rechtfertigen. Überdies ist MEPHISTOS Behauptung sehr mehrdeutig.

A. Ich habe vorhin gedacht, MEPHISTOPHELES meine, MARGARETHE sei - in Ewigkeit - verdammt. So versteht das wahrscheinlich auch ein zeitgenössisches Publikum. Wenn es aber über die Gretchen-Handlung nachdenkt, muß es diesen Satz als Provokation empfinden, die zum Widerspruch herausfordert. An welche andere Bedeutungen dieses Satzes denkst du?

B. Er könnte bedeuten: ‚Sie ist schon so gut wie hingerichtet, deine Zeit ist um, du kannst sie nicht mehr retten.' Es widerspräche christlicher Lehre, daß jemand, so lange er noch lebt, nicht die Gnade Gottes erlangen kann. Kein Teufel könnte dieser Gnade vorgreifen.

A. Vielleicht meint MEPHISTOPHELES auch vorwurfsvoll: ‚Einen **solchen** Menschen richtet man hin; ***sie** ist gerichtet*, nicht **du**, der eigentlich gerichtet sein müßte. Vielleicht meint er auch: ‚Sie ist genug gestraft.'

B. Nach der Faust-Sage ist es FAUST, von dem am Schluß gesagt wird, daß er gerichtet und verdammt ist. Das entspräche der Erwartungshaltung des Publikums eines Faust-Dramas. Aber der ‚moderne' FAUST scheint nicht zu bändigen zu sein und die Welt so zu verkehren, daß schließlich die kleinen anderen, die sich von ihm und seinen großen Worten verführen lassen, die ‚Verdammten' sind.

A. Das könnte bedeuten, daß MEPHISTOPHELES die Aufmerksamkeit des Publikums von der ent-schuld-baren MARGARETHE weg auf den nicht zu entschuldigenden FAUST lenkt, der - als personifizierte faustische *Freyheit* - immer davon kommt …

B. … bis in alle ‚Ewigkeit' hinein, wie es die „Bergschluchten"-Szene am Schluß von „Faust II" - höhnisch - demonstriert. - MEPHISTOS *Sie ist gerichtet* provoziert aber auch den einem christlich erzogenen Publikum bekannten Satz: „Richtet nicht, auf daß ihr nicht gerichtet werdet." (Mt 7,1) Indem die Zuschauer darüber nachdenken, könnten sie bemerken, in welche Widersprüche sie verwickelt sind, wenn sie das von ihrer Obrigkeit praktizierte erbarmungslose *Christenthum* (U 1160) mit Jesus in Einklang bringen wollen. -

A. Noch nichts haben wir gedacht und gesagt über das *Lied*, das MARGARETHE am Anfang der Szene singt. Es ist eigenartig, daß sie *ein Märgen das sich so endigt* im Gedächtnis hat und auf sich bezieht. Sie scheint sich vor allem gegen die Meinung zu wehren, sie könnte ihr Kind umgebracht haben, weil sie eine *Hur* sei.

B. Im „Märchen vom Machandelboom", aus dem dieses Lied stammt, bringt eine Frau, weil sie der „Böse" dazu anstiftet, ihren Stiefsohn um und setzt ihn seinem Vater als Speise vor. Die Knochen, die der Vater unter den Tisch geworfen hat, legt die Stiefschwester unter den Machandelbaum, unter dem sich die leibliche Mutter einst das Kind gewünscht hatte. Daraufhin werden *die Bein* in einen Vogel verwandelt, der sich mit Hilfe des Liedes, das MARGARETHE singt, einen Mühlstein verschafft, um damit die Stiefmutter zu töten. So kommt die Wahrheit an den Tag, das Unrecht ist gerächt, der Vogel wird wieder zum Sohn, „un nöhm - wie es in Grimms Märchen heißt - synen Vader un Marleenken by der Hand, und wören all dre so recht vergnöögt un güngen in dat Huus by Disch, un eeten".

A. Wenn MARGARETHE sagt, *Es ist nicht wahr - es ist ein Märgen das sich so endigt*, dann meint sie wohl nicht nur, das *Lied* habe mit ihr nichts zu tun, sondern hofft insgeheim, daß auch ihre Geschichte wie im Märchen einen guten Ausgang bekäme.

B. Solange sie sich mit der *Mutter* im *Lied* vergleicht, gibt es selbst im Märchen keine Hoffnung für sie, weil auch hier nicht „de Böse", der „ehr dat ingaf", bestraft wird, sondern die Frau, die ihm glaubte. Nicht die Schuld der Mutter wird im Märchen zurückgenommen, sondern nur die böse Tat wird rückgängig gemacht.

A. Vielleicht will MARGARETHE auch deshalb nicht in die *Freyheit*, damit sie durch ihre Sühne ihre Mutter und ihr Kind ‚retten' kann.

B. In MARGARETHES Kopf geht - wie wir gesehen haben - so viel Mythisches, Beängstigendes, Hoffnungsvolles, Undurchschaubares, mit der täglichen Erfahrung Nichtzuvereinbarendes durcheinander, daß es fast ‚normal' zu sein scheint, wenn ihr ihr *armer Kopf verrückt* und ihr *armer Sinn zerstückt* ist (U 1074-77). Als *Ausgang sieht* dieses *Köpfgen* (vgl. U 1434) nur die Möglichkeit, im „Kerker" und damit in ihrem alten Zwangssystem zu bleiben. Das kann auch als eine Form von Protest verstanden werden.

A. Für MARGARETHE wäre es viel ‚befreiender', wenn sie sich mit dem Kind identifizieren könnte, das getötet wurde und als ein *schönes Waldvögelein fort* fliegt. Dann wäre sie das Opfer, das sich rächen kann und wieder zu sich selbst und in ihre Gesellschaft findet.

B. Es ist Sache des Publikums, auf MARGARETHE anzuwenden, was aus der Geschichte MARGARETHES zu lernen ist. Wenn es das tut, sieht es, daß MARGARETHE als Kind sprechen könnte, das *umgebracht* wurde, und daß sie auch durch ihre *Mutter* und das, was diese als personifiziertes Über-Ich MARGARETHES repräsentiert, ‚schuldig' geworden ist. In MARGARETHES Unter-Bewußtsein galt schon immer: *Wären wir nur den Berg vorbey, da sizzt meine Mutter auf einem Stein und wackelt mit dem Kopf! Sie winckt nicht sie nickt nicht, ihr Kopf ist ihr schweer.*

A. Dann wäre der ‚objektiv' falsche Satz: *Sie nahmen mirs, und sagen ich hab es umgebracht*, durch den MARGARETHE den Kindermord anderen zuschiebt, in dem Sinne richtig, daß sie auch für etwas *gerichtet* wird, das andere ‚in die Hand genommen' bzw. ihr ‚aus der Hand genommen' haben.

B. Daß Falsches wahr sein kann, gilt nicht nur für Sätze, die im Wahnsinn gesprochen werden. Denn in jeder Dichtung können ‚objektiv' falsche Aussagen, zum Beispiel Metaphern, in einem ‚höheren Sinne' wahr sein oder Wahres zum Vor-Schein bringen.

A. Das hätte solche Dichtung mit dem *Lied* aus dem „Märchen vom Machandelboom" gemeinsam.

B. Ja, auch dieses *Lied* scheint einen höheren Sinn zu haben. Es könnte die Aufgabe der Dichtung und deren ‚Sinn' symbolisieren: Sprechen anstelle der Opfer, solange die es nicht selbst können; Wahrheit sagen; für Gerechtigkeit sorgen; die Opfer rehabilitieren.

A. Die ganze Gretchen-Handlung wäre dann so etwas wie das *Lied* im Märchen und bedeutete ungefähr: ‚Es ist nicht wahr, daß **sie** ihr Kind umgebracht hat; es ist nicht wahr, daß sie der ‚Böse' aus der Hölle angestiftet hat; sie wurde das *Opfer* von Ideologien, deren ‚höhere' Vertreter kein Interesse haben, daß alle Menschen mündige Menschen sind und nicht manipuliert werden können.'

B. Ich betrachte die Gretchen-Handlung als bedeutenden Beitrag zu dem Versuch, *die Welt* nicht durch *Überredung*, wie WAGNER sagt, sondern durch **Bildung** zu *guten Dingen hinzubringen* (U 179 f.). MARGARETHE wäre nicht so leicht auf FAUST hereingefallen, wenn sie ihn aus dem „Ur-Faust" schon gekannt hätte.

A. Wie gut, daß diese von Goethe nie veröffentliche Vor-Arbeit in den beiden veröffentlichten „Faust"-Fassungen ‚aufgehoben' ist.

Dialog 19: Zwischen-Gespräch zu „Ur-Faust" und „Faust-Fragment"

A. Es hat mich überrascht, daß schon der „Ur-Faust" ein verhältnismäßig geschlossenes Stück ist; viel weniger fragmentarisch, als ich erwartet hatte. Zumindest ansatzweise läßt sich FAUST schon hier erkennen als der Repräsentant einer radikalen ‚bürgerlichen' Freiheit: Sein Handeln ist ‚gesteuert' von einer Idee, nach welcher der Mensch nicht hinnehmen kann, daß er die Welt als Gottes Schöpfung sehen, ihr ehrfürchtig gegenübertreten und sie im wesentlichen sein lassen soll, wie sie ist.

B. Ja, es ist deutlich gezeigt, daß der Begriff ‚Gott' für das faustische Bewußtsein nur eine ‚Größe', im übrigen *Schall und Rauch* ist, eine Art Vorgabe, die es einzuholen und womöglich zu übertreffen gilt. FAUST fühlt sich niemandem verantwortlich, und dementsprechend verantwortungslos handelt er. Eine andere wichtige Erkenntnis ist für mich, daß MARGARETHE den Stand repräsentiert, dessen gesellschaftliche Bindungen gelockert werden müssen, wenn es möglich sein soll, die Kräfte auszunützen, die *die Welt Im innersten* zusammenhalten.

A. Ich habe zunächst schwer einsehen können, daß ein so unscheinbares Mädchen wie MARGARETHE so viel ‚Bedeutung' haben soll. Aber durch diese Figur ist dargestellt, was geschieht, wenn Menschen aus ihren Verhältnissen gelockt werden, ohne daß der dabei gewonnen äußeren Freiheit eine innere Freiheit entspricht, die autonom über den sittlich-moralischen Wert eigener und fremder Handlungen urteilen läßt. Und zugleich wird an ihr demonstriert, wie man solche Menschen ‚verführt'.

B. Wäre MARGARETHE nur die Hauptperson einer banalen und trivialen Verführungsgeschichte, so könnte sie nicht einer scheinbar so überlegenen Figur wie FAUST und darüber hinaus auch noch MEPHISTOPHELES das - dramatische - Gleichgewicht halten. Nur weil MARGARETHE viel mehr darstellt, als man anfänglich meint, läßt sich verstehen, daß MEPHISTOPHELES zur Gretchen-Handlung gehört. Er ist so etwas wie der Garant dafür, daß die Gretchen-Handlung ‚bedeutend' ist.

A. Ohne ihn stellte FAUST einen Menschen dar, der das, was er getan hat, beliebig hätte abbrechen können. Aber MEPHISTOPHELES sorgt dafür, daß die Handlungen dieser Figur Folgen haben, die nicht umkehrbar sind.

B. Das heißt, daß ein Teil von dem, was wir - ich denke zu recht - Verantwortungslosigkeit und mythisch genannt haben, Konsequenzen der faustischen Idee sind. So gesehen wäre MEPHISTOPHELES auch der Repräsentant einer irrationalen Schicksalsgläubigkeit, die die faustische Idee notwendigerweise begleitet, sobald sie sich realisiert.

A. Ist das nicht eine wunderbare Ent-Schuldigung FAUSTS?

B. Nein. Von FAUST geht die Idee aus, und er ist derjenige, der von vornherein keine sittlich-moralischen Skrupel hat. Ihn interessiert - fast - nur, was er sich in den Kopf gesetzt hat; sobald er auf die Folgen seines Handelns stößt, soll etwas rückgängig gemacht werden, was nicht mehr rückgängig zu machen ist. Es ist deutlich gezeigt, daß MEPHISTOPHELES der Diener seines Herrn ist und nur tut, was ihm befohlen wird, und daß er FAUST sein Wissen, das er wie ein gewöhnlicher Detektiv erwirbt, sowie seine List zur Verfügung stellt; sonst gebraucht er nur Hilfsmittel, die der technischen Entwicklung ein klein wenig voraus sind.

A. Ich glaube, FAUSTS inhumanes Handeln hat damit zu tun, daß er andere Menschen als solche nicht achtet und ihnen sein eigenes Bewußtsein aufzwingen will.

B. Das zeigt die Gretchen-Handlung deutlich. Und zwar nicht nur, weil MARGARETHE ihm als Person im Grunde gleichgültig ist. Er bedenkt weder, daß er sie ihrer Welt entreißt, ohne sie dafür innerlich ‚gestärkt' zu haben, noch berücksichtigt er, daß er auf ihre gesellschaftliche ‚Beschädigung' keinen Einfluß mehr haben kann, wenn sie einmal geschehen ist.

A. Goethe führte die Handlung einerseits zu einem schrecklichen, andererseits aber auch ‚offenen' Ende. Denn MARGARETHE gewinnt wenigstens soviel innere Freiheit, daß die - im „Ur-Faust" nur ansatzweise dargestellte - faustische Welt für sie keine Alternative zu ihrer bisherigen Gesellschaft ist, und gleichzeitig wird im Verlauf der Gretchen-Handlung die Unmenschlichkeit dieser Gesellschaft entlarvt.

B. Die Gretchen-Handlung wurde wohl auch erfunden, um zeigen zu können, was bei einem verantwortungslosen ‚Herzensaustausch' geschieht. Mir ist deutlich geworden, daß Goethe den Vertreter der zunächst abstrakten faustischen Idee unmittelbar mit einer Vertreterin der Menschen zusammengebracht hat, die konkret betroffen sind, wenn die Idee Wirklichkeit wird.

A. Ja, er hat die politische Umsetzung der faustischen Idee gewissermaßen ausgespart und sich gleich den Folgen zugewendet, die diese Idee für die einzelnen Menschen hat. Und von diesen Folgen ist FAUST selbst nicht ausgenommen.

B. Man kann nicht sagen, daß die Gretchen-Handlung etwas Extremes darstellte, denn wie die „Brunnen"-Szene zeigt, geht vieles ‚normal' zu. Goethe scheint es wichtig gewesen zu sein, darauf hinzuweisen, daß die Faust-Thematik mit gewöhnlichen Menschen zu tun hat.

A. Ganz ‚gewöhnlich' ist MARGARETHE nun doch nicht, denn sonst hätten VALENTINS Kumpane nicht schreien können: *er hat Recht Sie ist die Zier vom ganzen Geschlecht.*

B. Ich meine, der Unterschied zwischen MARGARETHE und *Bärbelgen* ist äußerlich betrachtet nicht sehr groß. Und *Bärbelgen* könnte wohl ebenso wie MARGARETHE sagen: *Doch - alles was mich dazu trieb Gott! war so gut! ach war so lieb!* Aber ich gebe zu, daß das Ende drastisch gesteigert ist, wohl auch um deutlich zu machen, daß der *Kerl* und *flinke Jung Bärbelgens* noch lange kein FAUST ist.

A. Ein wichtiges Instrument FAUSTS sahen wir in seiner Redegewandtheit. Die Gretchen-Handlung demonstriert, was geschieht, wenn er sie gebraucht, um *Herz zu Herzen* zu *schaffen* (U 191). Wie man sieht, endet es mit Mord und Totschlag.

B. Auch das ‚geschichtslose' Denken FAUSTS ist dargestellt, und wir sehen, daß auch dieses zu verantwortungslosem Mythos führt. Weder in privater noch sozialer Hinsicht gehört zur faustischen Idee ein tragfähiger Liebesbegriff.

A. Aber MARGARETHE scheint als liebesfähiger Mensch gestaltet zu sein. Ich denke, viele junge Frauen könnten sich mit ihr identifizieren.

B. Um so nötiger war es, diesen Liebesbegriff auf die Bühne zu bringen, damit sich darüber sprechen läßt, ob das, was MARGARETHE fühlt, denkt und tut, Liebe sein kann.

A. Sie verliebt sich ganz normal in einen Mann, der ihr gefällt.

B. Sie verliebt sich in FAUST, ohne etwas von ihm zu wissen, und projiziert ihre Wünsche als Vorurteile auf ihn. Sie fühlt und denkt sich diesen FAUST zurecht als ein Mittel, das ihr hilft, ihre soziale Lage zu verbessern, wenn sie sich ihm mehr oder weniger bedingungslos unterwirft. Und erst, als sie geschwängert und schließlich verlassen ist und über der Lieb-losigkeit, die ihr von allen Seiten begegnet, den Verstand verliert, dämmert so etwas auf wie ein selbständiges Bewußtsein.

A. Wenn sie im Wahnsinn wahrer und selbständiger denkt und spricht, könnte das bedeuten, daß ihr ‚normales' Denken und Fühlen, aus dem heraus sie sich verliebt hat, das eigentlich ‚wahnsinnige' Denken war.

B. Das zeigt sich schon, als MARGARETHE in ihrem ‚Liebes'-Lied singt: *Mein armer Kopf Ist mir verrückt, Mein armer Sinn Ist mir zerstückt.* (U 1074-77). Wie im Lied vom *König in Thule* sagt sie auch hier mehr über sich aus, als ihr bewußt ist. Wohin ein solcher *Kopf*- und *Sinn*-loser Liebesbegriff führt, wird in diesem Drama gezeigt und kritisiert, und diese Kritik ist nicht deshalb falsch, weil - wie du sagst - sich viele Frauen mit dieser Liebe identifizieren können.

A. Dann sahen wir, mit welch einfachen Mitteln sich Menschen verführen lassen, denen man ein-geredet hat, sie müßten ihre Lage als gottgegeben hinnehmen, und je inniger sie dies täten, desto größer sei der Lohn an Glückseligkeit im Jenseits.

B. Mir kommt die durch MARGARETHE dargestellte Liebessehnsucht vor wie ein unbewußter Protest, zu Unselbständigkeit und Tatenlosigkeit verdammt zu sein. Dieser eigene Mangel, der zugleich ein Mangel der Gesellschaft ist, wird als sein Gegenteil auf den sogenannten geliebten Menschen projiziert. Nichts hat MARGARETHE an FAUST so imponiert, wie daß er ihr *aus einem edlen Haus* und als *keck* erschien.

A. Wo dieser Mangel gefühlt wird, ist die faustische Verführung besonders gut möglich. Deshalb konnte Goethe anhand einer Liebesgeschichte die politische Verführbarkeit darstellen.

B. Durch ihre fast bedingungslose Hingabe an FAUST protestiert MARGARETHE unbewußt auch gegen eine Gesellschaft, die mit zweierlei Maß mißt. Was für *König*, *Kirch* und *Jud* gilt, gilt nicht für *Margretlein.* Dafür erscheint FAUST als jemand, der seine - wie auch immer zustande gekommene - *Freyheit* benützt, um schließlich nicht weniger willkürlich zu handeln als es ein *Fürsten sohn* könnte. Und zwar ohne von Gottes Gnaden und der Macht der Kirche gestützt zu sein. Das gehört zum Bedrohlichen der faustischen Idee.

A. Wenn diese Idee fast bedrohlicher ist als das alte System, warum ist es dann nötig, die Verlogenheit und Unmenschlichkeit von Kirche und Staat so schonungslos bloßzustellen und zu kritisieren, wie das in der „Dom"-Szene und durch die „Kerker"-Szene geschieht?

B. Nach allem, was wir gesagt haben, ermöglicht erst eine solche Gesellschaft, in der die Menschen von kleinauf seelisch deformiert und so bevormundet werden, daß sie sich kaum zu mündigen Menschen entwickeln können, die neue Inhumanität der faustischen Idee. Deshalb **muß** ein humaner Dichter diese Gesellschaft bekämpfen.

A. Dennoch hat Goethe alle Stellen aus dem „Ur-Faust" herausgenommen, die man auf die Französische Revolution beziehen kann!

B. Darüber läßt sich nur spekulieren. Als das „Faust-Fragment" erschien, war diese Revolution erst einige Monate alt, und man konnte nicht absehen, zu welcher Grausamkeit sie sich entwickeln würde.

A. Gleichwohl muß Goethe von Anfang an skeptisch gewesen sein und sich bemüht haben, nicht den Eindruck aufkommen zu lassen, daß sich irgend jemand bei Gewaltaktionen auf ihn berufen könne.

B. Deshalb wurden Klopstock, Schiller und Joachim Heinrich Campe zu Ehrenbürgern der Französischen Nation ernannt, aber nicht Goethe. Für ihn stand fest, daß ohne Änderung des allgemeinen Bewußtseins, das heißt, ohne ‚Aufklärung' in Form von Bildung, die die innere, moralische Freiheit, den Willen zum Guten stärkt, sich kaum etwas grundsätzlich verändern kann. Goethe registrierte wie ein Seismograph die geringsten gesellschaftlichen Erschütterungen. So war für ihn die sogenannte ‚Halsband-Affäre' von 1785 bereits ein politischer Umsturz, weil die öffentliche Meinung der französischen Königin zutraute, sie habe sich, ohne daß der König davon etwas wußte, auf zweifelhaftem Wege ein unvorstellbar teures Halsband verschafft. Damit verlor in Goethes Augen das Königtum in Frankreich alle Autorität.

A. Das würde heißen, Goethe habe die Französische Revolution schon hinter sich gehabt, als sie ausbrach.

B. So könnte man überspitzt formuliert sagen. Wie politisch engagiert er war, kann man daran sehen, daß er sofort versuchte, zu dieser ‚Halsband-Affäre' ein Opernlibretto zu schreiben. Als er 1791 deutlicher werden konnte, verwandelte er dieses in das Lustspiel „Der Groß-Cophta", in welchem schonungslos mit dem Adel abgerechnet wird.

A. Dann bin ich gespannt, ob wir schon im „Faust-Fragment" etwas von diesen ‚Erschütterungen' wahrnehmen. Dies ist doch der Grund, warum wir uns nicht gleich dem fertigen „Faust I" zuwenden?

B. Ich denke, es ist einer von mehreren Gründen. Goethes Arbeit am ersten Teil des „Faust" zog sich über ungefähr dreißig Jahre hin. Wir sind in der glücklichen Lage, daß wir drei verhältnismäßig scharf abgetrennte Textstufen besitzen. Für sich allein wäre dies noch kein Grund, wie ein Archäologe sich den einzelnen Schichten des Werks zuzuwenden. Aber in diesem Falle kommt hinzu, daß Goethe dreimal ansetzt, um das Verhältnis von FAUST und MEPHISTOPHELES zu klären, und daß diese Ansätze in eine für die deutsche Geistesgeschichte wichtige Epoche fallen …

A. … hier denkst du vor allem an die Hauptwerke Kants …

B. … und auch an die Schillers. Bedenke nur, mit welchen bedeutenden Menschen, die damals zeitweilig in Jena lebten, Goethe diskutieren konnte: Fichte, Schelling, Hegel, Wilhelm von Humboldt und nicht zuletzt mit den Frühromantikern. Und an Schillers eigener Geschichte läßt sich erkennen, was *in deutschen Landen* (35) an Willkürherrschaft noch möglich war, als der „Ur-Faust" entstand. Dann kommt als Zäsur die Französische Revolution hinzu, die so verlaufen ist, daß die Künstler sich auch in Deutschland genötigt sahen, das Verhältnis von Kunst und Politik neu zu überdenken. Es ist möglich, daß dies im „Faust" nicht nur gespiegelt, sondern poetisch reflektiert, also durchdacht wird.

A. Ich weiß, daß für dich „Faust I" kein einheitliches Werk ist.

B. Da Goethe verhältnismäßig wenig umgeschrieben hat, sondern die Teile einzelner Phasen oft unverändert nebeneinander setzte, konnte bei den politisch-kulturellen Entwicklungen, die die Entstehung von „Faust I" begleitet haben, kein einheitliches Werk entstehen.

A. Für Goethe war wohl am schwierigsten, plausibel darzustellen, wie FAUST und MEPHISTOPHELES zusammenkommen. Sie agieren in der Gretchen-Handlung, und man weiß nicht, wie das möglich ist.

B. Und es ist seltsam, daß das, was vor der Französischen Revolution nicht gelang, sich später bewältigen ließ. Denn obwohl Goethe in Italien am „Faust" weiter gearbeitet hatte, konnte er diese Aufgabe nicht lösen und entschied sich spätestens im Juli 1789, „aus mehr als einer Ursache" den „Faust" „als Fragment zu geben"[17]. An den Verlag geschickt wurde er im Januar 1790[18] .

A. Überrascht hat mich, daß Goethe die kleine Szene „Land Strase" strich und die eindrucksvolle „Kerker"-Szene erst in „Faust I" veröffentlichte. Durch den Abschluß mit der „Dom"-Szene wird die gesellschaftliche Dimension des Dramas stärker betont.

B. Auch mir tut es um die Szene „Land Strase" leid, weil sie ein gutes Verbindungsglied zur Gretchen-Handlung war und den politischen Zusammenhang zwischen FAUST als ‚Gottesstürmer' und FAUST als liebeshungrigem ‚Cavalier' verdeutlichte. Wir werden sehen, wie die an ihre Stelle gesetzte „Hexenküche" die Wissenschafts- und Gretchen-Szenen verbindet.

A. *Wie fangen wir das an* (1834)?

B. Ich schlage vor, wir folgen den neuen Stellen im „Faust-Fragment" und sprechen über die alten Szenen dann, wenn einzelne Stellen wesentlich verändert wurden. Denn vielleicht haben die Veränderungen mit einer neuen Konzeption zu tun.

Dialog 20: [*Studierzimmer*] (1770-1867)

A. Hier - im „Faust-Fragment" - haben wir nun FAUSTS berühmten Satz in seiner endgültigen Form: *Habe nun, ach! Philosophie, Juristerei und Medizin, Und leider auch Theologie! Durchaus studiert mit heißem Bemühn.* Aber sonst hat sich bis zum Ende des Auftritts von WAGNER im wesentlichen nichts geändert. Neu ist erst, daß MEPHISTOPHELES nicht mehr allein erscheint, sondern mit FAUST, der sich gleich mit gigantischen Übertreibungen einführt:

- - - - - - - - - - - - - - - - - - - -
Und was der ganzen Menschheit zugeteilt ist,
Will ich in meinem innern Selbst genießen,
Mit meinem Geist das Höchst' und Tiefste greifen,
Ihr Wohl und Weh auf meinen Busen häufen
Und so mein eigen Selbst zu ihrem Selbst erweitern,
Und, wie sie selbst, am End auch ich zerscheitern.

B. Dieser „Fragment"-Teil beginnt mit einer Zeile von Gedankenstrichen, auf die zwei Verse folgen, die nicht reimen. Mit diesen Versen wurden später, in „Faust I", die neuen Teile der „Studierzimmer-Szenen" ‚verzahnt' (siehe Tabelle in Dialog 1).

A. Einiges von dem, was FAUST spricht, kennen wir aus dem „Ur-Faust": Schon in der *Erdgeist*-Szene sagte er, er fühle *Muth [...] All Erden weh und all ihr Glück zu tragen* (U 111 f.), und daß er *in der Welt mit allen Sinnen* schweift *Und alle höchsten Worte* greift (U 914 f.), kennen wir auch. Mir fällt es schwer, diese Sätze in Übereinstimmung mit FAUSTS Drang nach Gottähnlichkeit zu bringen. Es paßt nicht zu ihm, daß er sich mit etwas ‚Zugeteiltem' begnügt.

B. Du hättest recht, wenn er sich damit begnügte, was **ihm** zugeteilt ist, aber sein Begehren richtet sich auf die *ganze Menschheit.* Herder hatte damals von der „Menschheit" gesagt, daß sie „sowohl im Ganzen als in ihren einzelnen Individuen, Gesellschaften und Nationen ein dauerndes Natursystem der vielfachsten lebendigen Kräfte ist"[19]. So gesehen ist das, was FAUST will, eine echt faustische Zielsetzung, die das Risiko des ‚Zerscheiterns' einschließt.

A. Diesen neuen FAUST scheint aber weniger die Erkenntnis zu interessieren, *was die Welt Im Innersten zusammenhält* (382 f.), als vielmehr das, was sich in der Welt fühlen, oder genauer gesagt: **mit Bewußtsein** empfinden läßt, denn das ist wohl mit *genießen* gemeint. Obwohl es nicht sein kann, könnte Kant gegen diesen FAUST gewettert haben, als er schrieb: „Daß aber eines Menschen Existenz an sich einen Wert habe, welcher bloß lebt [...], um *zu genießen* [...], das wird sich die Vernunft nie überreden lassen."[20] Trotz seiner Ausdehnung auf die *ganze Menschheit* kommt mir dieser FAUST sehr passiv vor: er will *genießen*, was er leidet.

B. Das ***so*** in FAUSTS Versen bezieht sich auch auf den Satz: *Mit meinem Geist das Höchst' und Tiefste greifen.* Wenn man bedenkt, daß dieses *greifen* eigentlich ‚be-greifen', also mit dem Verstand erkennen heißt, nähern wir uns doch dem alten, alles erkennen wollenden, aktiven FAUST. Und das zweifache *Selbst* verweist auf das faustische Individuum, das fühlen und leiden will, wie alle anderen zusammen, aber die *Menschheit* auch so beeinflussen will, daß die Menschen fühlen wie FAUST.

A. Ja, wir haben wieder ein übermächtiges Individuum, das sich in die anderen Menschen ‚hineinfühlt', um sie sich so anzugleichen, daß von deren Individuum nicht viel übrig bleibt.

B. Wenn FAUST seiner Zielsetzung die Herdersche Auffassung von „Menschheit" als eines „Natursystems der vielfachsten lebendigen Kräfte" zugrunde legt, dann handelt es sich um einen erweiterten Naturbegriff, der auch gesellschaftliche Verhältnisse umfaßt. Dadurch wird das Geschehen in „Auerbachs Keller" und in der Gretchen-Handlung motiviert. Diese Bereiche gehören jetzt zur faustischen ‚Interessen-Sphäre'.

A. In diesem Lichte betrachtet wären diese Teile des Dramas Experimente, in denen untersucht wird, wie „Individuen" und „Gesellschaften" ‚reagieren', wenn sie mit der faustischen Idee in Berührung gebracht werden. - Eigenartig ist, wie MEPHISTOPHELES dies alles kommentiert. Er spricht fast mehr über sich als über FAUSTS Wunschvorstellungen. Für MEPHISTOPHELES ist es schon *manche tausend Jahre* eine *harte Speise*, daß ***in der Wieg und auf der Bahre*** - wie es im „Faust-Fragment" heißt - *Kein Mensch den alten Sauerteig verdaut.* Was meint er mit dem *alten Sauerteig*?

B. Das zeitgenössische Publikum kannte den Satz: „Das Himmelreich ist einem Sauerteige gleich." (Mt 13,33) MEPHISTOPHELES könnte ungefähr meinen: ‚Auch ich möchte schon *manche tausend Jahre* diese - luziferische - Idee unter die Menschen bringen, damit sie von ihr angesteckt, infiziert und zu dem Wunsche ‚getrieben' werden, in Gottes Schöpfung einzu*greifen*. Dieser **neue** Sauerteig ist aber wirkungslos, weil der ***alte*** *Sauerteig*, der Glaube an ein jenseitiges Himmel-und-Hölle-

Reich, von den Menschen nicht verdaut wird, das heißt, nicht aus ihrem Bewußtsein zu bringen ist.'

A. Dann würde sich MEPHISTOPHELES mit FAUSTS Idee identifizieren und ihm nichts ‚Böses' einreden. Man müßte sogar sagen, FAUST versuche von sich aus zu verwirklichen, was MEPHISTOPHELES schon immer wollte, aber nicht geschafft hat. Demnach könnten wir erwarten, daß MEPHISTOPHELES FAUST erläutert, warum es *manche tausend Jahre* nicht ging und warum er denkt, daß es auch bei FAUST nicht gehen wird.

B. Wenn man MEPHISTOPHELES nicht glauben will, daß er eine Gestalt oder eine Idee aus einer theologisch begründeten *Finsternis* bedeutet, dann referiert er hier halb ironisch, welche Vorstellungen von *Gott*, Teufel und Menschen er mit dem Bild des *alten Sauerteig*es verknüpft, der ‚unverdaut' verhindert, daß das faustische Bewußtsein in Bewegung kommt und sich ‚ausbreiten' kann.

A. Auch so ist die Stelle schwierig zu verstehen. Sie würde auf den christlichen Dualismus zwischen Gott und Teufel, Himmel und Hölle und dessen Auswirkungen auf Erkenntnis der Weltzusammenhänge verweisen. Wo es vom Teufel ist, die Natur zu erforschen und zu verändern, werden gläubige Menschen es nicht tun. Wie die Angst vor himmlischem Gericht und Hölle in der Kirche eingeübt und eingesetzt wird, das zeigt auch im „Faust-Fragment" die „Dom"-Szene. Aber die Logik des Satzes *Und euch taugt einzig Tag und Nacht* bleibt mir verborgen.

B. MEPHISTOPHELES verkündet hier keine Goethesche Weisheit, sondern zitiert den Mythos, daß der Mensch sich zwar als Ebenbild *Gottes* interpretiert, sich aber zugleich von Mächten der *Finsternis* daran gehindert sieht, es zu sein. Ein solcher *Sauerteig* formt Menschen, die sich als Sünder fühlen. Aus diesen Prämissen wäre zu schließen, daß die Hoffnung auf den himmlischen *Glanz* und die Angst vor der höllischen *Finsternis* Menschen immer hindern werde, das zu erkennen und zu fühlen, was sie von Natur aus denken und fühlen könnten.

A. FAUSTS trotziges *Allein ich will* würde dann heißen, er werde sich von solchen hinderlichen Weltentstehungs-Mythen freimachen und das, was die Welt dem Menschen ermöglicht, ausmessen und auskosten.

B. Dieses *Allein ich will*, das schon in FAUSTS *Will ich* angeklungen ist, ist der Kernsatz des neuen, freien, niemandem verantwortlichen ‚bürgerlichen Subjekts' (Dialog 4). Er wird noch bedeutender, wenn man ihn mit dem ersten Satz in Kants „Grundlegung zur Metaphysik der Sitten" von 1785 konfrontiert: „Es ist überall nichts in der Welt, ja überhaupt auch außer derselben zu denken möglich, was ohne Einschränkung für gut könnte gehalten werden, als allein ein *guter Wille.*"

A. In dieser Gegenüberstellung zeigt sich, daß FAUSTS Wille **nur** Wille ist und keine moralischen Einschränkungen kennt.

B. Nach einer späteren, in der „Farbenlehre" veröffentlichten Bemerkung Goethes müßte man sagen, FAUSTS Wille sei nur **Wollen**: „Das Hauptfundament des Sittlichen ist der **gute Wille**, der seiner Natur nach nur auf's Rechte gerichtet sein kann; das Hauptfundament des Charakters ist das entschiedene **Wollen**, ohne Rücksicht auf Recht und Unrecht, auf Gut und Böse, auf Wahrheit und Irrtum [...]. Der **Wille** gehört der Freiheit, er bezieht sich auf den innern Menschen, auf den Zweck; das **Wollen** gehört der Natur und bezieht sich auf die äußere Welt, auf die Tat [...]."[21] Als solch ein Wollender zeigt sich FAUST in der Gretchen-Handlung.

A. MEPHISTOPHELES jedoch scheint nicht begriffen zu haben, was FAUST mit seinem ‚Kernsatz' sagt, sonst bräuchte er ihn nicht zu ironisieren und WAGNERS schon aus dem „Ur-Faust" bekanntes *Ach Gott! die Kunst ist lang! Und kurz ist unser Leben* (558 f.) zu wiederholen.

B. Ja, MEPHISTOPHELES scheint in *manchen tausend Jahren* keiner vorgekommen zu sein wie FAUST. Er hält ihn noch für einen Schwärmer, der meint, was sich die Einbildungskraft des Menschen ausspinne, lasse sich auch verwirklichen. Aber er täuscht sich in FAUST, auch wenn der nach seinem großartigen *Allein ich will* wieder in ein ‚Tief' fällt.

A. Was ist mit *der Menschheit **Krone***[22] gemeint? FAUSTS Definition heißt: *Nach der sich alle Sinne dringen.* Genügt es, *der Menschheit Krone* auf die Eingangsverse dieser fragmentarischen Szene zu beziehen, oder siehst du eine andere Möglichkeit?

B. Man könnte vielleicht sagen, während christlich beeinflußte ‚Seelen' sich nach der *Krone* des ewigen Lebens *dringen*, *dringen* die davon freien *Sinne* sich nach der *Menschheit Krone*, etwa so, wie ein Baum oder eine Blume, wenn man sie nicht stutzt, bestrebt sind, eine *Krone* auszubilden und dadurch erst ihre Vollkommenheit erreichen. FAUST macht das ***ich***, das Subjekt und damit die Existenz der *Menschheit* als solcher, davon abhängig, ob es gelingt, die Möglichkeiten des Menschen zu verwirklichen.

A. Schränkt er diese Möglichkeiten mit *Sinne* nicht zu sehr ein?

B. Ich denke, daß diese *Sinne* das ‚Sinnen' einschließen. Aber FAUSTS Definition läßt sich auch auf MEPHISTOS Vorschlag beziehen, FAUST möge sich *mit einem Poeten* assoziieren, der für ihn *das Geheimnis finden* soll, sich *mit warmen Jugendtrieben Nach einem Plane zu verlieben.*

A. Dann jedoch müßte FAUST die Ironie ignoriert haben, daß dies *nach einem Plane* geschehen soll. Wenn ich freilich bedenke, wie taktisch

FAUST und MEPHISTOPHELES vorgehen werden, um das *Geschöpfchen* MARGARETE zu *verführen* (2644), wird die Ironie immer geringer.

B. Hinzu kommt, daß in Goethes ebenfalls 1789 veröffentlichtem Gedicht „Rastlose Liebe" steht: **„Krone** des Lebens, Glück ohne Ruh, **Liebe**, bist du!"[23] *Der Menschheit Krone* und „Krone des Lebens" müssen sich nicht widersprechen.

A. Das würde heißen, daß MEPHISTOPHELES nicht ganz daneben greift, wenn er FAUSTS *Allein ich will* so interpretiert, daß der *Sinnen-*Genuß Liebes-Genuß einschließt.

B. Auch „rastlose Liebe" und „Glück ohne Ruh" würde auf FAUST, wie wir ihn aus dem „Ur-Faust" kennen, zutreffen. Wenn wir *der Menschheit Krone* so auffassen, dann wird auch dadurch motiviert, daß die Gretchen-Handlung dem Willen FAUSTS entspringt.

A. Warum unterstützt MEPHISTOPHELES FAUSTS „Wollen" nicht? Mir kommt es so vor, als ob selbst MEPHISTOPHELES Angst vor diesem neuen Menschen hätte, der nicht mehr hinnehmen will, daß der Mensch sich nicht **wesentlich** verändern könne.

B. Tatsächlich hat MEPHISTOPHELES Schwierigkeiten, sich FAUST anzupassen, weil er das, was ihm FAUST *glauben* soll, selbst noch zu *glauben* scheint, daß sich nämlich *Mensch* und *Menschheit* nicht verändern. Er selbst ist noch im alten Schöpfungsmythos befangen.

A. *Der Menschheit Krone* enthält doch als Gegenbegriff ‚der Schöpfung Krone', die der Mensch und mit ihm die *Menschheit* bildet und mit der der biblische Schöpfer seine Schöpfung gekrönt hat.

B. Ja, und zwar insofern, als damit die Schöpfung vollendet ist, wogegen für FAUST die Schöpfung der *Menschheit* gewissermaßen erst beginnen soll. Er will zum Beispiel *schweben* (394), das heißt er *will* - trotz der Schwerkraft - ‚fliegen', wie MEPHISTOPHELES das gegen Ende des „Ur-Faust" interpretiert hatte. Schon das ‚Fliegenkönnen' brächte die Ordnung der alten Schöpfung durcheinander, und wenn *Gott* wollte, daß der Mensch auf der Erde bleibt, dann ist der Wunsch, fliegen zu können, vom *Teufel*.

A. Verstehst du, warum MEPHISTOPHELES sich dann doch vom alten Schöpfungsmythos emanzipiert und dieser faustische *Teufel* wird?

B. Er könnte die Dialektik seines eigenen Satzes *Du bist am Ende - was du bist* erkannt haben. Der Gedankenstrich deutet an, daß der *End-*Zustand auch anders denkbar ist: ‚Erst am Ende weißt du, was du bist.' Also: ‚Erst wenn du die *Krone der Menschheit* ‚ausgebildet' hast, weißt du, welche Möglichkeiten und Fähigkeiten in der *Menschheit* schlummern.'

A. Auf diese Weise hätte MEPHISTOPHELES sich selbst überzeugt, daß es möglich ist, sich auf FAUSTS *Allein ich will* einzulassen und nach Wegen zu suchen, um es zu verwirklichen.

A. FAUST scheint noch der biblischen Vorstellung verhaftet zu sein, daß Wollen und Erschaffen identisch seien; er glaubt, wenn er wie Gott sein will, müsse er dies durch sein **Wollen** bewirken. MEPHISTOPHELES bezeichnet sich dagegen als der ‚Gescheitere', und das heißt doch wohl, als der ‚Verständigere'.

B. MEPHISTOPHELES verweist auf die Begrenztheit des irdischen Lebens, und wenn ein ewiges Leben als Möglichkeit des Menschen ausgeblendet ist, dann verweist er auf die Begrenztheit des Lebens schlechthin, gleichgültig, ob es sich um den einzelnen Menschen oder um die Spezies handelt, die *am End zerscheitern* wird.

A. Das würde heißen, es komme darauf an, die begrenzte Zeit möglichst zu vervielfachen. Da Zeit überhaupt nur wahrnehmbar ist als Veränderung im Raum, wäre es nötig, räumliche Bewegungen zu vervielfachen. Dafür stünden die *sechs Hengste.* Goethe läßt MEPHISTOPHELES hier schon die Maßeinheit für die Leistung, the horsepower, formulieren, die die Technik des 19. und 20. Jahrhunderts beherrschen wird.

B. MEPHISTOPHELES erläutert nicht so sehr, in was alles sich Geld eintauschen läßt, denn damals war das Geld das wert, was das Metall wert war, aus dem es bestand. Es geht ihm nicht darum, das zu vervielfachen, was sowieso zu haben ist, sondern die verfügbare Kraft so auszunutzen, daß der Raum größer wird, der einem einzelnen Menschen zur Verfügung steht.

A. Dann sind wir bei der Geschwindigkeit, die wir aus dem „Ur-Faust" kennen und die schon dort durch die Bezeichnung *grad* gekennzeichnet war. Die Gerade als kürzeste Entfernung zwischen zwei Orten ist ein Zeichen für Schnelligkeit und ein Symbol der ‚bürgerlichen' Leistung. Wie verhalten sich jedoch ***frisch*** *genießen* und *drum* ***frisch*** dazu?

B. Beim jungen Goethe findet sich die Formulierung: „Ihr Bote ist recht **frisch** gegangen, er war schon vor sechs heut abend hier."[24] *Frisch* kann also soviel wie ‚schnell' bedeuten. Ich habe den Eindruck, der ‚Genuß', den MEPHISTOPHELES in Aussicht stellt, gelte der Geschwindigkeit nicht weniger als dem erweiterten Raum.

A. Du hast früher erläutert, daß der Gegenbegriff zur Geraden, die die Veränderung der Welt symbolisiert, der Zirkel, der Kreis sei (Dialog 5). Diese Symbolik ist mit folgenden Sätzen - wie sie im „Faust-Fragment" stehen - deutlich dargestellt:

Drum frisch! Laß alles Sinnen sein,
Und ***grad*** *mit in die Welt hinein!*
Ich sag es dir: ein Kerl, der spekuliert,
Ist wie ein Tier, auf einer Heide
Von einem bösen Geist im ***Kreis*** *herumgeführt,*
Und ringsumher liegt schöne grüne Weide.

B. Diese Stelle ist für mich noch aus einem anderen Grund wichtig. Denn MEPHISTOPHELES beschreibt hier FAUSTS gegenwärtige Lage. Zunächst dachte ich, der Vergleich von *Kerl* und *grüne Weide* sei nur eine erotische Anspielung, durch die MEPHISTOPHELES FAUST bedeutet, welche Genüsse er beim ‚Spekulieren' versäumt. Aber *Kerl* kann, wie es im Grimm heißt, für „Tüchtigkeit aller Art"[25] stehen. Als *Kerl* müßte es FAUST möglich sein, sich konkrete Hilfsmittel zu schaffen, um den einzigen Raum, der ihm als ‚Gottlosem' bleibt, zu erfahren, stattdessen spekuliert er bodenlos, losgelöst von der Wirklichkeit, deren Möglichkeiten er nicht einmal wahrnimmt.

A. Gespiegelt an Kants Definition der „Aufklärung" von 1784, wo er vom unmündigen Menschen sagt, daß ihm der „Mut" fehle, sich „seines *eigenen* Verstandes zu bedienen"[26], wird FAUST von MEPHISTOPHELES als ein solcher unfreier Mensch bezeichnet, der sich ‚führen' läßt.

B. MEPHISTOPHELES wird damit wohl sagen, daß FAUST nicht nur ***wie*** *ein Tier*, sondern *ein* ***Tier*** ist, solange er sich nicht vom *bösen Geist* emanzipiert hat. Es ist dieser *böse Geist*, der dafür sorgt, daß er das *Beste, was* er *wissen kann*, den *Buben doch nicht sagen* darf.

A. Dieser *böse Geist* kommt mir vor wie der im „Dom"; er scheint nicht nur in MARGARETE tätig gewesen zu sein, sondern ebenfalls in FAUST. Auch von ihm könnte der lähmende Mythos stammen, den MEPHISTOPHELES zitiert und als *alten Sauerteig* bezeichnet hat.

B. Dagegen stellt MEPHISTOPHELES nun etwas dar wie ‚praktikables Denken'; er verläßt sich auf den Verstand, und er verkörpert nicht nur den ‚Gescheiteren', der *die Sachen* **anders** sieht, als *man die Sachen eben sieht*, sondern auch das Moderne, das Technisch-Wissenschaftliche.

A. Ich glaube, das ist zusammengefaßt in der Antwort auf FAUSTS Frage *Wie fangen wir das an?*: *Wir gehen eben fort.* Denn das ist die Formel für das moderne, vom ‚bürgerlichen Subjekt' bestimmte Weltbild, in dem der ‚Fortgang', also der ‚Fortschritt', und zwar der schnellstmögliche, als *schöne Fahrt* die Lösung aller Probleme bedeutet. -

B. In MEPHISTOS Monolog scheinen die Aussagen über FAUST nicht mit dem übereinzustimmen, was wir unmittelbar davor gehört haben.

Denn FAUST hat nicht von *Vernunft und Wissenschaft* gesprochen und sie folglich auch nicht *verachtet.*

A. Vielleicht bezieht sich MEPHISTOPHELES darauf, daß FAUST **nur** von *Wohl und Weh* und **nicht** von *Vernunft und Wissenschaft* spricht.

B. Das ist denkbar. Aber noch etwas macht diese Stelle schwierig: MEPHISTOPHELES spricht einerseits so, als ob er ein Interesse daran hätte, daß FAUST *zugrunde* geht, und andererseits wie jemand, der sich über FAUST ärgert, weil er *des Menschen allerhöchste Kraft* verachtet.

A. Zuerst hat FAUST selbst ein Interesse daran, *am End* zu ***zerscheitern***, und MEPHISTOPHELES hat dieses Interesse als Auftrag übernommen. Der Satz *Und hätt er sich auch nicht dem Teufel übergeben, Er müßte doch* ***zugrunde gehn!*** zeigt, daß bei dem, was FAUST tut und erreicht, kein ‚echter' Teufel nötig ist und FAUSTS faustisches Streben genügt, um ihn so weit zu bringen, daß er den schon aus dem „Ur-Faust" bekannten Satz sagen muß, auf den MEPHISTOPHELES Behauptung anspielt: *Mag ihr Geschick auf mich zusammenstürzen Und sie mit mir* ***zugrunde gehn!*** (3364 f.)

B. In einem Text von Thomasius vom Anfang des 18. Jahrhunderts heißt es: „[...] kann man denn nicht ohne Hilfe des Teufels und zwar mit leichter Müh und Listigkeit oder auch durch geziemende Mittel solches alles [Wollust, Reichtum und Ehre] zu Wege bringen, was ist denn ein Bündnis mit dem Teufel dazu von Nöten?" Und als zweites Argument, warum ein Teufelspakt Unsinn wäre, führt er an, daß der „Teufel" davon keinen Nutzen hätte: „Der ist ja schon des Teufels Leibeigener, welcher sich der Wollust, dem Geiz und der Hoffart als eigen ergeben hat. Zu was nützet also das Bündnis auf Seiten des Teufels?"[27]

A. Dieses Zitat zeigt aber, daß FAUST ganz andere Interessen hat.

B. Um so befremdlicher ist es dann, daß MEPHISTOPHELES sagt: *Den schlepp ich durch das wilde Leben, Durch flache Unbedeutenheit* usw. Man könnte meinen, MEPHISTOPHELES wolle erreichen, daß FAUST so wird wie der Teufelsbündler bei Thomasius.

A. Wir haben bisher immer gesagt, MEPHISTOPHELES wolle nichts erreichen als das, wozu FAUST ihn beauftragt hat. Der Auftrag heißt: *Mit meinem Geist das Höchst und Tiefste greifen, Ihr [der ganzen Menschheit] Wohl und Weh auf meinen Busen häufen.* Verlangt dieser Auftrag, daß MEPHISTOPHELES FAUST *durch flache Unbedeutenheit* schleppt?

B. Wer vom *wilden Leben* nichts erfahren hat, wird kaum der *Menschheit Wohl und Weh* auf seinen *Busen häufen* können. Bei Rousseau steht: „Der Bürger [...] ist immer tätig, **schwitzt**, **zappelt**, sucht immer anstrengendere Beschäftigungen, arbeitet bis zum Tode, macht den

Großen seinen Hof, die er haßt [...]. Die Folge dieser Selbstentäußerung ist die Herrschaft des Scheins und der Lüge."[28] Das zeigt, daß auch das *Er soll mir zappeln, starren,* ***kleben*** etwas mit dem Faustischen zu tun hat. MEPHISTOS Plan wäre also eine durchführbare Umsetzung der Wünsche FAUSTS. Aber warum spricht er wie ein traditioneller *Teufel*, der FAUST *unbedingt* haben will?

A. Mit der Aussage *So hab ich dich schon unbedingt* wird - wie wir gesehen haben - sichergestellt, daß man, um FAUSTS Handeln zu verstehen, keinen Teufel und erst recht keinen Teufelspakt braucht. Nach dem Grimm ist *Lügengeist* ein altes Wort für Teufel[29], aber einem so bezeichneten Teufel fehlt die ‚teuflische' Dimension. Lügen kann jeder.

B. Zunächst habe ich gedacht, MEPHISTOPHELES spreche hier bösartig gehässig über FAUST, aber er könnte auch ausdrücken, daß er von ihm ‚enttäuscht' ist.

A. Wie meinst du das?

B. Seine einleitende Behauptung beweist MEPHISTOPHELES so: *Ihm hat das Schicksal einen Geist gegeben, Der ungebändigt immer vorwärts dringt Und dessen übereiltes Streben Der Erde Freuden überspringt.* Das heißt wohl: Es gehört zum Wesen FAUSTS, *ungebändigt immer vorwärts* zu dringen, und das wird die Folge haben, daß er selbst im *wilden*, sinnlichen *Leben* keine *Freude* zu genießen vermag.

A. Hier sieht man, daß MEPHISTOS *Du bist am Ende - was du bist* jetzt lauten würde: ‚Dein Wesen ist vom Anfang bis zum *Ende* ein *Geist*, der *immer vorwärts dringt*', und das heißt doch, daß FAUST viel verändern wird, bis er *am Ende* angekommen ist.

B. Der Abbé in „Wilhelm Meisters Lehrjahren" könnte auch von FAUST sprechen, wo er sagt: „Wer alles und jedes in seiner **ganzen Menschheit** tun oder **genießen** will, wer alles außer sich zu einer solchen Art von Genuß verknüpfen will, der wird seine Zeit nur mit einem ewig unbefriedigten Streben hinbringen."[30]

A. Das würde bedeuten, daß es MEPHISTOPHELES trotz allen Aufwands nicht gelingt, FAUST die konkrete Befriedigung zu verschaffen, die der Auftrag verlangt und die in der abstrakten Formulierung *Will ich in meinem innern Selbst genießen* mitenthalten ist. Über diese Sinn-losigkeit seiner ‚Arbeit' ist MEPHISTOPHELES schon im voraus ‚enttäuscht'. Hast du es so gemeint?

B. Ja, etwa so. Auch die vorausgesagten Tantalus-Qualen FAUSTS verursacht nicht MEPHISTOPHELES, sondern FAUST selbst, weil es zu seinem Wesen, oder wie MEPHISTOPHELES sagt, zu seinem *Schicksal* gehört, trotz aller Genußmöglichkeiten keine genießen zu können. Denn er kann nichts erreichen und erfahren ohne den Gedanken oder das Gefühl, dabei einen höheren oder tieferen Genuß zu versäumen.

A. Ich wäre von deiner Deutung überzeugter, wenn FAUST selber irgendwo ausspräche, es sei sein Wesen, daß er *ungebändigt immer vorwärts* dringe. Aber das stammt doch alles von MEPHISTOPHELES!

B. Daß FAUST auf das *End* orientiert ist und sein *Allein ich will* zeigen, daß MEPHISTOPHELES nicht ohne Grund so spricht.

A. Mir ist aufgefallen, daß MEPHISTOS Beweise anders klingen, wenn man *ungebändigt* und *übereiltes* betont. Nicht ‚Vorwärtsdringen' und *Streben* wären die Ursachen für MEPHISTOS Kritik - oder wie du sagst: ‚Enttäuschung' -, sondern daß er es *ungebändigt* und *übereilt* tut.

B. Wenn ‚bändigen' nicht heißen soll, FAUSTS *Geist* ‚festzubinden', sondern ein ‚gebändigtes Vorwärtsdringen' zu ermöglichen, dann ist zu fragen, wer die Instanz sein soll, die das Maß der Bändigung enthält.

A. Der Begriff *unbedingt* kann auch *ungebändigt* bedeuten, und zwar im Sinne von ‚absolut'. Das berührt sich mit FAUSTS *Allein ich will*, dem Absolutheitsanspruch des ‚bürgerlichen Subjekts', und seinem Wunsch, der *Menschheit Krone zu erringen*, weil der Begriff *Krone* zum Absoluten tendiert. MEPHISTOPHELES sagt in „Faust II" zum Kaiser: *[...] weil jedes Element Die Majestät als* ***unbedingt*** *erkennt* (6004 f.).

B. Dann bekäme *So hab ich dich schon unbedingt* einen wichtigen Nebensinn. Es gehörte dann zur Aufgabe MEPHISTOS, FAUST zu dieser ‚Unbedingtheit' zu verhelfen, und er könnte nun meinen: ‚Wenn du *Vernunft und Wissenschaft* verachtest und dich *von dem Lügengeist bestärken* läßt, dann habe ich schon geschafft, was du von mir für dich verlangst, nämlich *unbedingt* zu sein.'

A. Das faustische Ungebändigt- und Unbedingt-sein-wollen wäre innerhalb der Begriffe, die MEPHISTOS Kritik anbietet, nur durch die *Vernunft* korrigierbar. Aber wie verstehen wir ein so vieldeutiges Wort?

B. Mir kommt es vor, als gehörten *Vernunft und Wissenschaft* zusammen, wie es der Singular *des Menschen allerhöchste Kraft* nahelegt. Sie bilden ein „Hendiadyoin", das **eine** Sache durch zwei Substantive ausdrückt. Es hätte hier etwa die Bedeutung: ‚vernünftige Wissenschaft' bzw. ‚wissenschaftliche Vernunft'.

A. Dabei ist schon *Wissenschaft* ein schwieriger Begriff. Noch der alte Goethe sagt: „Kunst und Wissenschaft sind Worte, die man so oft braucht und deren genauer Unterschied selten verstanden wird; man gebraucht oft eins für das andere."[31] Ich hätte nie gedacht, daß Wissenschaft auch Kunst bedeuten kann.

B. Dieses Zitat schärft den Blick dafür, daß sich FAUST nirgends für Kunst in unserem Sinne interessiert. So spöttisch MEPHISTOS *Assoziiert Euch mit einem Poeten* zunächst klingen mag: Die Möglichkeit gibt es für FAUST nicht, daß wissenschaftliche Erkenntnis und Kunst sich verbinden und Poesie für das faustische *ich will* ein Korrektiv sein könnte.

A. Dann scheint FAUST neben ‚wissenschaftlicher Vernunft' auch ‚poetische Wissenschaft' zu fehlen. Im Gespräch mit dem SCHÜLER wird MEPHISTOPHELES *Wissenschaft* in seiner heutigen Bedeutung gebrauchen, aber das heißt nicht, daß die im 18. Jahrhundert gebräuchliche Bedeutung von Wissenschaft für das „Faust-Fragment" nicht mehr gilt. Diese Bedeutung ist vor allem „Kenntnis" und „Wissen", und zwar das ‚persönliche' Wissen[32]. Doch hilft uns das so lange nicht, bis wir einen ‚vernünftigen' Sinn für *Vernunft* gefunden haben.

B. Der Begriff „Vernunft" hat vor allem in der Zeitspanne zwischen „Ur-Faust" und „Faust-Fragment" durch Kants „Kritik der reinen Vernunft" und „Kritik der praktischen Vernunft" sowie durch seine „Grundlegung zur Metaphysik der Sitten" eine Aufwertung erfahren. Man könnte meinen, das folgende Zitat aus der „Grundlegung" sei direkt an FAUST gerichtet: „In der Tat finden wir auch, daß, je mehr eine kultivierte Vernunft sich mit der Absicht auf den Genuß des Lebens und der Glückseligkeit abgibt, desto weiter der Mensch von der wahren Zufriedenheit abkommt [...]."[33]

A. Diese „kultivierte Vernunft" wäre etwas anderes als die *Vernunft*, die FAUST MEPHISTOPHELES zufolge *verachtet*.

B. Ja, MEPHISTOPHELES scheint eher an die *Vernunft* zu denken, von der Kant sagt, sie werde sich „nie überreden lassen", daß „eines Menschen Existenz an sich einen Wert habe, welcher bloß lebt, um zu genießen". Dies ist nach Kant die „praktische Vernunft", die dem Menschen das Sittengesetz gibt und ihm ermöglicht, nicht nur zu erkennen, ob eine Handlung gut oder böse ist, sondern auch in Freiheit zu entscheiden, ob er dem Sittengesetz, das heißt: dem kategorischen Imperativ, folgt oder nicht.

A. Wenn wir diese *Vernunft* mit *Wissenschaft* zusammenbringen und bei *Wissenschaft* vor allem an ein ‚persönliches' Wissen denken, dann meint MEPHISTOPHELES, FAUST verachte sein inneres Wissen, sein Be-**wußt**-sein von Gut und Böse, mit dem sich sein *übereiltes Streben* bändigen ließe.

B. *Vernunft und Wissenschaft*, als Hendiadyoin gelesen, nähern sich dann dem an, was man sonst Ge-**wissen** nennt, allerdings in einem präziseren Verständnis. Ich glaube, jetzt verstehen wir besser, was MEPHISTOPHELES mit *des Menschen **allerhöchste** Kraft* meint.

A. Das ist zunächst eine Steigerung dazu, daß FAUST mit seinem *Geist das* ***Höchst'*** *und Tiefste greifen* will. Dem Sittengesetz gemäß handeln zu können, wäre also das *höchste* Vermögen des Menschen …

B. … und zwar auch in dem Sinne, daß er erst durch den freien, am inneren Sittengesetz orientierten autonomen Gebrauch seines Willens zu einem humanen Wesen wird.

A. MEPHISTOPHELES, der hier dann alles andere als einen traditionellen *Teufel*, sondern den Anwalt des humanen Menschen spielt, ist wohl deshalb ‚enttäuscht', weil FAUST nicht im Namen von *Vernunft und Wissenschaft* dagegen protestiert hat, daß Geschwindigkeit und Leistung an sich schon Werte sein sollen …

B. … und weil FAUST sich bedenkenlos - auch in diesem Sinne *unbedingt* - einem anvertraut, der die Erfüllung aller Wünsche FAUSTS auf die Formel bringt: *Wir gehen eben fort.*

A. Wir können jetzt sagen, mit dem Satz *So hab ich dich schon unbedingt* meine MEPHISTOPHELES etwa: ‚Weil du das in dir vorhandene Sittengesetz geringschätzt, bist du *ungebändigt*, *übereilt* und *überspringst* der *Erde Freuden.* So *unbedingt* habe ich dich schon übernommen.'

B. Und der Gedankenstrich könnte andeuten, das Publikum, an das MEPHISTOPHELES seine Rede nach diesem Gedankenstrich richtet, solle über die Konsequenzen nachdenken, die sich daraus ergeben.

A. Die Hauptfolgerung daraus wäre, nicht MEPHISTOPHELES und erst recht nicht einen *Teufel* für etwas verantwortlich zu machen, was in Wirklichkeit kaum etwas anderes ist als ein sittlich-moralischer Defekt FAUSTS.

B. Im „Ur-Faust" haben wir mehrmals beobachtet, wie die sittlich-moralische Schwäche FAUSTS ‚vorgeführt' wird. Auf dieses Defizit FAUSTS ist das Publikum des „Faust-Fragments" durch MEPHISTOS Rede vorbereitet und müßte sich mehr über FAUST empören als über MEPHISTOPHELES.

A. Es ist für mich schwer nachvollziehbar, daß sich eine ganze Nation mit einem FAUST identifizieren konnte, wie ihn Goethe darstellt.

B. Das erklärt vielleicht auch, warum diese Nation sich besonders unempfindlich zeigte, wenn sittlich-moralische Sensibilität gefragt war. - Ich habe ein Goethe-Zitat gefunden, das wie für diese Szene gemacht ist: „Der Mensch ist nicht eher glücklich, als bis sein **unbedingtes Streben** sich selbst seine Begrenzung bestimmt."[34]

A. Dahin scheint FAUST kaum zu kommen.

Dialog 21: Veränderungen des „Ur-Faust" (1868 - 2336)

B. Hat sich der STUDENT dadurch verändert, daß er nun SCHÜLER heißt? Vermutlich hat Goethe diese Figur jetzt so bezeichnet, weil FAUST gleich am Anfang von seinen *Schülern* (363) spricht.

A. Dieser SCHÜLER wird deutlicher mit FAUST in Beziehung gesetzt als der STUDENT. Seine Sätze *In diesen Mauern, diesen Hallen Will es mir keineswegs gefallen. Es ist ein gar* ***beschränkter*** *Raum* usw. sind auf FAUSTS *Zimmer* bezogen, in dem MEPHISTOPHELES und der SCHÜLER sich befinden und in dem sich schon FAUST ***beschränkt*** *von diesem Bücherhauf* (402) gefühlt hat. Auch MEPHISTOS ironische Antwort erinnert an Verse FAUSTS: *Wo faß ich dich, unendliche Natur? Euch* ***Brüste****, wo? Ihr Quellen alles Lebens, An denen Himmel und Erde hängt, Dahin die welke Brust sich drängt.* (455-58)

B. Dazu gehört noch die Veränderung:

Ich wünschte recht gelehrt zu werden
Und möchte gern, was auf der Erden
Und in dem Himmel ist, erfassen,
Die Wissenschaft und die Natur.

Der Begriff *Wissenschaft* ist hinzu gekommen und steht nun gleichwertig neben *Natur*. Man sieht vielleicht deutlicher, daß dieser SCHÜLER ein junger FAUST sein könnte, und der von FAUST vermittelte Eindruck von der Universität wird bestätigt.

A. Andererseits kommt es mir so vor, als ob der SCHÜLER schon weiter sei, als FAUST bei seinem Anfangsmonolog war, weil er *Wissenschaft* und *Natur* von vornherein strikt trennt. *Wissenschaft* scheint sich auf *Himmel* zu beziehen und *Natur* auf *Erde*.

B. Man könnte auch sagen, die Universität, in die er eintritt, ist weiter, weil sich schon die Trennung in Geistes- und Naturwissenschaften, oder vielleicht genauer: die Trennung in spekulative, wofür *Wissenschaft* steht, und in empirische Disziplinen ankündigt.

A. Verliert dadurch nicht auch FAUSTS Interesse an der *Natur* etwas von seiner Größe?

B. Ich denke, die *Natur*, für die sich FAUST interessiert, wird eher präzisiert. Es geht ihm nicht um etwas wie Geologie oder Geographie, überhaupt nicht um das, was zu seiner Zeit empirisch erkennbar ist, kaum um Schwerkraft und astronomische Gesetzmäßigkeiten wie Planetenbahnen, sondern darum, *was die Welt Im Innersten zusammenhält*, damit er sie aus eigener Kraft verändern und vielleicht auch auseinanderfallen lassen kann.

A. Das *Und wie sie selbst am End auch ich zerscheitern* (1775) bekommt dadurch eine noch etwas andere Dimension. Aber das Interesse des SCHÜLERS an Naturwissenschaften ist nicht so groß, daß MEPHISTOPHELES dazu etwas Neues sagen müßte.

B. Darin unterscheidet sich der SCHÜLER von Goethe. Denn der hatte sich nach seinen älteren geologischen Interessen in den 80er Jahren neben der Osteologie intensiv der Botanik und schließlich der Optik und der Farbenlehre zugewandt. Gegen die wollte oder konnte er MEPHISTOPHELES nicht polemisieren lassen. Seine vielleicht zur Zeit des „Ur-Faust" noch vorhandene Scheu, als ausstudierter Mann der *Rechtsgelehrsamkeit* diese öffentlich zu kritisieren, hat er inzwischen abgelegt. MEPHISTOPHELES ist sicher das Sprachrohr seines Autors, wo er sagt: *Ich weiß, wie es um diese Lehre steht.*

A. Wenn ich versuche, den Kern dieser Kritik zu finden, dann komme ich zu dem Vorwurf, daß *Gesetz und Rechte* sich nicht der geschichtlichen Entwicklung anpassen. Und da die politischen Zustände mehr oder weniger stabil waren, kann diese geschichtliche Entwicklung nur ökonomische Veränderungen betreffen.

B. Allerdings hatte die Französische Revolution schon begonnen, als dieser Text veröffentlicht wurde. Sie bewies, daß sich die Bürger durch die vererbten Gesetze und Rechte eingeschränkt fühlten. MEPHISTOS Analyse ist zugleich ein versteckter Appell an die deutschen ‚Gesetzgeber', der geschichtlichen Entwicklung Rechnung zu tragen.

A. Indem er die Rechtsverhältnisse mit einer *ewgen Krankheit* vergleicht, macht er den Vorwurf, daß der in sie hineingeborene *Enkel* sich nicht in einer ‚gesunden' Gesellschaft entfalten kann. Ein solcher Vorwurf enthält die Aufforderung zu einer Radikal-'Kur', und die heißt im politischen Bereich ‚Revolution'. Denn streng genommen sagt MEPHISTOPHELES, es sei **jetzt** so weit gekommen, daß *Vernunft* ***Unsinn*** geworden ist und *Wohltat* ***Plage***. Sollte Goethe durch MEPHISTOPHELES die Französische Revolution, so wie sie angefangen hat, unterstützt oder doch ge-recht-fertigt haben?

B. Das liegt nahe. Wie sehr MEPHISTOPHELES mit den Geschehnissen in Frankreich sympathisiert, zeigt auch die abschließende Bemerkung: *Vom Rechte, das mit uns geboren ist, Von dem ist, leider! nie die Frage.*

Das ist eine deutliche Anspielung auf das ‚Menschenrecht'. Schon im August 1789 wurden in Versailles allgemeine Gleichheit, persönliche Freiheit und Volkssouveränität für unentbehrliche Menschenrechte erklärt.

A. Bereits in der Amerikanischen Unabhängigkeitserklärung von 1776 gehörte Freiheit zu den angeborenen und deshalb unveräußerlichen Rechten.

B. Bedenkt man, daß das Recht, *das mit uns geboren ist*, in Frankreich und Amerika heftig in *Frage* stand, dann verschärft sich die Aussage MEPHISTOS als Vorwurf an die Herrschenden in deutschen Landen, die so tun, als ginge sie die Diskussion der Menschenrechte nichts an.

A. Demnach hätte Goethe den „Ur-Faust" politisch zwar entschärft, aber ihm zugleich - vielleicht in etwas versteckterer Form - neuen revolutionären ‚Zündstoff' gegeben. - Etwas moderater scheint MEPHISTOPHELES mit der *Theologie* umzugehen, die doch immerhin auch begründet, warum die Kirche die Adelsherrschaft stützt.

B. Ich sehe noch nicht, daß er die *Theologie* schont. Für mich ist es eine vernichtende Kritik, wenn von einer Wissenschaft gesagt wird, es liege in ihr *viel verborgnes Gift*, das *von der Arzenei* kaum *zu unterscheiden* sei. Ist das nicht noch schlimmer als die Krankheit von *Gesetz und Rechte*?

A. Diese Kritik ist jedoch abstrakter, oder kannst du benennen, was damit gemeint ist?

B. Wenn es *am besten* ist, *nur einen* zu hören und *auf des Meisters Worte* zu schwören, dann ist es *am besten*, das Evangelium zu hören, weil dort *Meister* Jesus spricht (Mt 23,8), und sowohl das Alte Testament als auch Apostelgeschichte, Apostelbriefe, Geheime Offenbarung sowie den Mythos von Luzifer, der in keiner Bibel steht, beiseite zu lassen, und zudem die ganze *Theologie*.

A. Mit solcher Kritik an der *Theologie* entspricht MEPHISTOPHELES der Erwartungshaltung eines Publikums, das in ihm den *Teufel* sieht.

B. Ja und nein. Denn von einem *Teufel* der christlichen Theologie erwartet man nicht, daß er auf die Lehre Jesu verweist. Es ist ein genialer Einfall, MEPHISTOPHELES *in Fausts langem Kleide* sprechen zu lassen, denn dadurch werden die Aussagen mehrfach gebrochen und das Publikum wird mehrfach aufgefordert, sich selbst seinen Teil zu denken.

A. Mit seinem Einwand *Doch ein Begriff muß bei dem Worte sein* bringt der SCHÜLER MEPHISTOPHELES rhetorisch erst richtig in Fahrt. Dieser scheint nun genauer auszuführen, was er auch im „Ur-Faust" auf die *Metaphysik* bezogen gesagt hatte:

Da seht, daß Ihr tiefsinnig faßt,
Was in des Menschen Hirn nicht paßt.
Für was drein geht und nicht drein geht,
Ein prächtig Wort zu Diensten steht.

Was verstehen die beiden unter *Begriff*?

B. *Begriff* ist hier wohl so gedacht, daß alles, was man mit den Sinnen wahrnimmt, erst vom Verstand geordnet und zusammengefaßt, eben: ‚be-griffen' sein muß, bevor man es mit einem *Wort* ‚be-nennen' kann. Und das Ergebnis oder der ‚Inhalt' dieses Begreifens, das dem Namen, also dem *Wort* vorausgeht, ist der *Begriff*.

A. Heißt das, daß alles Abstrakte nicht begriffen werden kann, alle Abstrakta nur leere Worte sind, weil ihnen die *Begriffe fehlen*?

B. Leben, Sterben, Freundschaft, Krankheit, Musik usw. sind Abstrakta, aber es liegt ihnen doch konkret Erfahrbares zugrunde. Deshalb sind das kaum *Worte* ohne *Begriffe*.

A. Dann bleibt nicht viel übrig außer Geist und Seele, Gott und Teufel, wobei wir wieder bei der *Theologie* wären. Theologische Systeme können ihre Worte am wenigsten mit *Begriffen* stützen und sind damit die höchste Form begriffloser Spekulation.

B. Es ist schärfste Ironie, vielleicht sogar Satire, wenn MEPHISTOPHELES als einzige Fakultät die *Theologie* mit *Wissenschaft* bezeichnet. Er spielt hier, wie schon in seinem Monolog über FAUST (1851-67), den engagierten Anwalt des humanen Menschen (Dialog 20), und als solcher muß er dagegen sprechen, wenn - auf welchem Gebiete auch immer - leere Spekulationen Menschen am Menschsein hindern.

A. Dafür sind *Juristerei* und *Theologie* (355 f.) gute Beispiele, denn bei der Rechtfertigung einer Adelsherrschaft - oder beispielsweise der Todesstrafe - ist die *Rechtsgelehrsamkeit* nicht weniger auf Spekulationen angewiesen als die *Theologie*.

B. Wie man an diesen Disziplinen sieht, haben abstrakte Spekulationen ihre konkreten Auswirkungen. Nicht zuletzt sorgen sie dafür, daß *sich Gesetz und Rechte Wie eine ewge Krankheit forterben.*

A. Daß Goethe die verhältnismäßig leicht korrigierbaren Mißstände des universitären Lehr- und Logierbetriebs gestrichen hat, hat dem Drama wohl kaum geschadet. Aber wie wirken sich die neuen Stellen der SCHÜLER-Szene auf die Handlung aus?

B. Alle Änderungen haben dieser Szene eine grundsätzlichere Bedeutung gegeben. Bezogen auf die Gretchen-Handlung erläutert MEPHISTOPHELES schon hier von einer etwas höheren Warte aus, daß MARGA-

RETE ein Recht, das *mit* ihr *geboren ist*, vorenthalten wurde und woran die Gesellschaft, in der MARGARETE lebt und verurteilt wird, ‚krankt'. Wenn man das mitbedenkt, sieht diese Handlung etwas anders aus.

A. Man könnte fragen, ob MEPHISTOS Reden ein ‚Heilmittel' gegen diese ‚kranken' und ‚krankmachenden' Wissenschaften enthalten.

B. Das Heilmittel wäre eine Erziehung, die schon die jungen Menschen dafür sensibilisiert, dort empfindlich zu reagieren, wo sich *Worte* einstellen, obgleich *Begriffe fehlen*. Eine so zu selbständigem Denken erzogene, also ‚aufgeklärte' MARGARETE hätte einen schärferen Blick und ein wacheres Ohr für das gehabt, was *Mutter* und FAUST sagen und tun.

A. Wir haben davon gesprochen, daß Immanuel Kant in der „Kritik der praktischen Vernunft" entwickelt hat, jeder Mensch könne durch das in seiner Vernunft enthaltene Sittengesetz selbst - also ohne *Rechtsgelehrsamkeit* und *Theologie* - wissen, was gut und was böse ist (Dialog 20). Damit bekommt der Satz, den MEPHISTOPHELES dem SCHÜLER ins *Stammbuch* schreibt, eine etwas andere Bedeutung. Denn jetzt braucht niemand mehr *sicut Deus* zu sein, wenn er *bonum et malum* erkennen will.

B. Von dieser Kantschen Position aus ist es nicht möglich, den Menschen in einen ‚Naturzustand' zurückzudenken, in dem es nichts gibt als das Recht des Stärkeren und wo der Mensch tun und lassen darf, was er will. Mit dem *Rechte, das mit uns geboren ist*, der Freiheit des Individuums, ist auch das Sittengesetz geboren, das diese Freiheit modifiziert. Wenn man das mitbedenkt, wird FAUSTS Verantwortung in der Gretchen-Handlung größer und damit seine Inhumanität.

A. Dieser FAUST erscheint, wenn er nach dem SCHÜLER wieder auftritt, als jämmerliche Figur. Er ist so dargestellt, als ob ihm in seinem ganzen Leben zu seinen *Worten* die *Begriffe* gefehlt hätten. Ich verstehe nicht, warum Goethe die Hauptfigur seines Dramas so lächerlich macht. Er steht da wie ein Kind, das zum erstenmal etwas selbstständig tun soll. Von seinem *Allein ich will* ist hier nichts mehr zu spüren.

B. Ja, MEPHISTOPHELES hat viel ‚Aufbauarbeit' zu leisten. Ich vermute, daß damit FAUSTS Passivität in „Auerbachs Keller" und seine Verjüngung in der „Hexenküche" motiviert werden sollen.

A. Zugleich liefert FAUST Stichworte, die MEPHISTOPHELES zum Beispiel ermöglichen, wieder eine Sentenz auszusprechen, wie wir sie schon im „Ur-Faust" in der STUDENT-Szene von ihm gehört haben. Kannst du den Satz ernst nehmen: *Sobald du dir vertraust, sobald weißt du zu leben*?

B. In einem oberflächlichen Sinne ist das Humbug, weil einem

Menschen, dem man diesen Rat gibt, gerade das Selbstvertrauen fehlt, das er haben müßte, ihn zu befolgen. Beziehen wir den Satz aber auf die neuen Stellen in der SCHÜLER-Szene, auf die praktische Vernunft und auf Kants „Habe Mut, dich deines eigenen Verstandes zu bedienen", dann ist er eine Anleitung zu aufgeklärtem, mündigem Leben.

A. Wenn ich *Wir sehn die kleine, dann die große Welt. Mit welcher Freude, welchem Nutzen, Wirst du den Cursum durchschmarutzen* richtig verstehe, zeigt sich hier die Konzeption des „Faust"-Dramas, das zunächst in der kleinbürgerlichen Gretchen-Welt, dann aber in größeren und weiteren Dimensionen spielen soll.

B. Außerdem ist es eine Anspielung auf den römischen Dichter Horaz, der gesagt hatte, die Dichter suchten zu ‚nützen' und zu ‚erfreuen': „prodesse" und „delectare". MEPHISTOPHELES deutet vielleicht an, er selbst sei der *Poet*, mit dem sich FAUST *assoziieren* solle (1789) …

A. … und zugleich ist es ein Wink an das Publikum, daß der *Cursus*, den **es** *durchschmarutzt*, bei ihm Nützliches bewirken, also sein Bewußtsein und Handeln verändern soll. MEPHISTOPHELES zeigt, wie belesen er ist.

B. Er kennt nicht nur - gemeinsam mit WAGNER (558 f.) - das „ars longa, vita brevis" des Hippokrates, *Die Zeit ist kurz, die Kunst ist lang* (1787), sondern von Horaz auch das „iurare in verba magistri" (‚auf des Meisters Worte schwören'), auf das er sich vorher bezogen hat. Damit ist angedeutet, daß das Drama an ein gebildetes Publikum gerichtet ist, aber vielleicht noch mehr, daß alles, was Bedeutendes gedacht worden ist, wichtig sein kann, um dieses Drama zu verstehen.

A. Und nicht nur, was Bedeutendes **gedacht**, sondern auch **gemacht** worden ist: *Ein bißchen Feuerluft, die ich bereiten werde, Hebt uns behend von dieser Erde.* Das setzt voraus, daß man die Heißluftballone der Brüder Montgolfier kennt, die 1782 zum erstenmal aufgestiegen sind. Nur die modernste Technik ist für MEPHISTOPHELES gut genug.

B. Goethe hat darüber später gesagt: „Wer die Entdeckung der Luftballone mit erlebt hat, wird ein Zeugnis geben, welche Weltbewegung daraus entstand, welcher Anteil die Luftschiffer begleitete, welche Sehnsucht in so viel tausend Gemütern hervordrang, an solchen längst vorausgesetzten, vorausgesagten, immer geglaubten und immer unglaublichen, gefahrvollen Wanderungen Teil zu nehmen [...]."[35]

A. Ich finde, dadurch hat sich der „Ur-Faust"-Text sehr verändert. Denn die uralten Sehnsüchte des Menschen, die FAUST repräsentiert und in seinem Schweben-Wollen ausspricht (394 f.), sind nun teilweise verwirklicht worden.

B. FAUST und MEPHISTOPHELES müssen jetzt von einem zeitgenössischen Publikum viel ernster genommen werden als vorher, und wenn sie die Ziele FAUSTS erreichen, ohne daß FAUST sich *selbst vertraut*, und zwar in dem moralischen Sinne, wie wir vorhin gesagt haben, dann kann das für die davon Betroffenen furchtbar enden.

A. Daß MEPHISTOPHELES keinerlei Zauberei anwendet, sondern wie ein Techniker - physikalisch durchschaubar - ein Luft-Schiff ‚startklar' macht, zeigt wiederum, daß es in diesem Drama mit ‚rechten Dingen' zugeht. Es erstaunt mich, daß FAUST und MEPHISTOPHELES jetzt ein so schnelles Gefährt haben und man doch von keiner größeren Reise als im „Ur-Faust" erfährt; wie dort geht es über Spanien nach Leipzig, und schließlich ‚landen' sie in einer beliebigen Stadt.

B. Wenn sich äußerlich nicht viel verändert hat, in „Auerbachs Keller" selbst geht es jetzt anders zu. Bei diesen *lustigen Gesellen* macht FAUST keine aktivere Figur als am Schluß der vorangegangenen Szene in seinem Studierzimmer. Während er im „Ur-Faust" munter und voller Tatendrang den Weinzauber veranstaltet hatte, sagt er jetzt in der **ganzen** Szene nur: *Seid uns gegrüßt, Ihr Herrn!*, und: *Ich hätte Lust, nun abzufahren.* Mit einer so teilnahmslosen Gestalt ist nicht viel anzufangen.

A. Ja, MEPHISTOPHELES ist bemüht, wie ein Hofnarr seinen unbeholfenen Herrn zu unterhalten. Es ist mir nur nicht klar, worüber FAUST sich amüsieren soll. Im „Ur-Faust" konnte er sich wenigstens daran ergötzen, die *lustigen Gesellen* reinzulegen, jetzt aber ist er nichts als ein gelangweilter Zuschauer. Wenn das ganze *Hokuspokus* FAUST nicht mehr *Lust* bereitet als die, *abfahren* zu wollen, dann könnte die Szene eigentlich fehlen.

B. Außer diese *lustige Gesellschaft* ist jetzt für sich genommen so wichtig, daß ihre Darstellung nicht durch FAUST ‚gestört' werden soll. Man könnte meinen, die *flache Unbedeutenheit* (1861) habe plötzlich an Bedeutung gewonnen. Laß uns nach Veränderungen suchen, die gegenüber der „Ur-Faust"-Fassung auffällig sind.

A. Bevor FAUST und MEPHISTOPHELES auftreten, bleibt fast alles gleich, wenn man davon absieht, daß der alte Prosatext verändert und gelegentlich erweitert werden mußte, damit aus ihm Verse werden, die sich reimen. Das im „Ur-Faust" mehrfach gebrauchte Wort *Teufel* nehmen die *Gesellen* nicht mehr in den Mund. Besonders aufgefallen ist mir das zusätzliche Liedchen, das FROSCH singt: *Riegel auf! in stiller Nacht* usw., das zu MARGARETES *Ich ließ dir gern heut nacht den Riegel offen* (3506) paßt, sowie *Ein braver Kerl [...] ist für die Dirne viel zu gut*, was beides auf die Gretchen-Handlung vorausweist (3571 f.).

B. Die abwertende Bedeutung von *Dirne* wird dadurch verstärkt. In diesen Zusammenhang gehört dann auch, daß FAUST und MEPHISTOPHELES nicht mehr als *was vornehmes,* sondern so charakterisiert werden, wie MARGARETE es mit FAUST tut: *Sie scheinen mir **aus einem edlen Haus*** (2681). Man kann jetzt sicher sein, daß MARGARETE im „Ur-Faust" sich nicht getäuscht hat, sondern getäuscht wurde.

A. Damit ist auch gesagt, daß FAUST und MEPHISTOPHELES äußerlich gleich erscheinen …

B. … wenn SIEBEL nicht bemerkte: *Was hinkt der Kerl auf einem Fuß?* Davon hatte MARGARETE im „Ur-Faust" nichts bemerkt. - Wodurch wird die Szene so anders als im „Ur-Faust"?

A. MEPHISTOPHELES begründet den Besuch damit, daß FAUST sehen soll, *wie leicht sich's leben läßt.* Nimmt man das ernst, dann empfiehlt er ihm, *mit wenig Witz und viel Behagen* sich *im engen **Zirkeltanz** zu drehen* und auf Pump *vergnügt und unbesorgt* zu sein. Das würde heißen, FAUST solle sich an dem ***Kreis*** (1828) ergötzen, aus dem MEPHISTOPHELES ihn erlösen wollte. Deshalb meine ich, daß er FAUST nicht in diese *lustige Gesellschaft* bringt, um ihm ein Vorbild zu zeigen, sondern um ihn etwas zu lehren.

B. Diesen ‚Lehrstoff' könnten die folgenden Sätze bezeichnen: *Den Teufel spürt das Völkchen nie, Und wenn er sie beim Kragen hätte,* sowie: *Gib nur erst acht, die Bestialität Wird sich gar herrlich offenbaren.*

A. Die Formulierung *spürt das Völkchen **nie*** signalisiert, daß dieses *Völkchen,* das MEPHISTOPHELES vorher schon *Volk* genannt hat, ein repräsentatives Beispiel für andere ‚Völker' sein soll. Diese Begriffe waren in der „Ur-Faust"-Szene nicht enthalten.

B. Nach dem Juli 1789 konnte man nicht so auffällig von *Volk* sprechen, ohne Assoziationen an Paris hervorzurufen.

A. Sieht man durch diese ‚Brille', dann enthält die Szene viele Hinweise auf Frankreich. Zwar steht sinngemäß schon im „Ur-Faust": *Ein echter deutscher Mann mag keinen Franzen leiden, Doch ihre Weine trinkt er gern,* aber zusammengebracht mit den neu eingefügten Sentenzen: *Man kann nicht stets das Fremde meiden, Das Gute liegt uns oft so fern,* werden diese Verse ‚vielsagender' und ‚tendenzieller'. Dazu gehören auch Sätze wie: *Marktschreier sinds gewiß - Es lebe die Freiheit - die Freiheit hoch zu ehren - Ich stell es einem jeden frei - das Volk ist frei,* die schon für sich genommen die Erinnerung an die Französische Revolution wachhalten.

B. Ebenso ist der Name BRANDER gewichtiger geworden. Er bezeichnet ein Schiff, das man bei einer Seeschlacht anzündet und auf feindliche Schiffe zutreiben läßt. Ferdinand Freiligrath hat 1846 in seinem Revolutionszyklus „Ça ira" geschrieben: „Und der Brander liegt auf der Reede!", das sollte heißen, die Revolution sei gerüstet und könne beginnen.

A. Wohl wegen der größeren Bedeutung, die sein Name jetzt hat, kommt BRANDER im „Faust-Fragment" mehr als im „Ur-Faust" zu Wort und wird auch sonst herausgestellt: **Er** singt nun das Ratten-Lied und gibt es nicht, wie vorher FROSCH, als *ein **alt** Lied* aus, sondern als eines *vom **neusten** Schnitt*, so wie SIEBEL von MEPHISTOPHELES *ein **nagelneues** Stück* verlangt.

B. Wenn man das mitbedenkt, klingen diese Lieder anders als vorher. Die *Ratte* kann identifiziert werden mit den adligen Schmarotzern des Staates, und das schon vorher politische ‚Flohlied' läßt sich jetzt unmittelbarer und mit mehr Berechtigung auf die Regierung Ludwigs XVI. beziehen. Dementsprechend animiert dieses Lied nun ALTMAYER zu dem Ausruf: *Es lebe die Freiheit, es lebe der Wein.*

A. Auch das neu eingefügte *Es ist ein klein Paris* sowie *die Bestialität* lassen sich als Anspielungen auf Paris lesen, denn der Sturm auf die Bastille war nicht geprägt von Humanität. Aber was sollte FAUST und mit ihm das zeitgenössische Publikum durch MEPHISTOPHELES lernen?

B. In dem Ausruf: *Es lebe die Freiheit! Es lebe der Wein!* sind *Freiheit* und *Wein* parallel gesetzt. Wäre es denkbar, daß jetzt der *Wein* die *Freiheit* symbolisiert und daß MEPHISTOPHELES demonstriert, wie man einem *Volk* vorgaukeln kann, es genieße *Freiheit*?

A. Dies würde durch die Antwort unterstützt, die MEPHISTOPHELES ALTMAYER gibt: *Ich tränke gern ein Glas, die Freiheit hoch zu ehren, Wenn Eure Weine nur ein bißchen besser wären.*

B. MEPHISTOPHELES verspräche also eine bessere *Freiheit*, als die *Gesellen* sie kennen. Wir sollten uns genauer ansehen, wie er diese *lustige Gesellschaft* charakterisiert. Denn deren Zustand könnte die Voraussetzung für seinen *Freiheits*-Zauber sein.

A. Er spricht ihnen ab, daß sie mit der Wirklichkeit, dem Kampf ums tägliche Dasein, etwas zu tun haben. Sie können - als Studenten - nur *leicht leben*, weil andere für sie arbeiten, so wie *junge Katzen* spielen dürfen, weil die alten die Mäuse für sie jagen.

B. Damit ihnen *jeder Tag ein Fest* wird, muß der *Wirt* ihnen *borgen*, das heißt, daß sie für das Leben, das sie führen, abhängig werden und dadurch selber ihre *Freiheit* aufgeben.

A. Wie schon im „Ur-Faust" sind sie an gesellschaftlichen Fragen nicht ernsthaft interessiert, denn der Ausruf: *Ein garstig Lied! Pfui! ein politisch Lied!* ist geblieben.

B. Wenn wir annehmen, daß MEPHISTOPHELES in dieser Szene einen ‚Revolutionär' spielt, dann ist vielleicht auch von Bedeutung, wie er mit seinem Begleiter von diesem *Völkchen* beurteilt wird.

A. Sie erscheinen ihnen als *wunderlich*, *aus einem edlen Haus*, wie *Marktschreier* und *vom Rheine*. Wie paßt das zusammen?

B. Zumindest teilweise könnte dies auf Mirabeau, die wichtigste Gestalt der frühen Revolution, anspielen, der von Adel war, aber den dritten Stand vertrat und zum *Marktschreier* wurde, weil er für die Bürger als Repräsentanten des ökonomischen Marktes sprach. Selbst der Bruder des Königs, der Herzog von Orleans, agierte für die Revolution. Der Rhein war streckenweise Grenze zu Frankreich, so daß die Richtung stimmt, aus der sie MEPHISTOPHELES vermuten.

A. Warum sagt dann MEPHISTOPHELES zu FAUST: *Den* ***Teufel*** *spürt das Völkchen nie*? Das würde doch heißen, daß *Teufel* hier ‚Volksverführer' oder so etwas ähnliches bedeute …

B. … und er FAUST darüber ‚aufkläre', wie beschränkt das *Volk* sei, weil es seine eigenen Beobachtungen nicht zu deuten wisse, oder wie leicht sich eine Revolution mit einem solchen *Völkchen* machen lasse. Zuerst verspricht er jedem, das zu bekommen, was ihm persönlich schmeckt, und tatsächlich haben die drei verschiedene Geschmäcker, also ganz zufällige Bedürfnisse, während der vierte gar keinen Geschmack zu haben scheint; *Wein* ist für ihn *Wein*.

A. Oder anders gesagt: *Freiheit* ist für ihn *Freiheit*. Er dürfte zufrieden sein, wenn man ihm verspricht, daß er das täglich *Fest* weiterhin haben kann, ohne daß der *Wirt* ihm zu *borgen* braucht. Was sollen jedoch die *mit seltsamen Gebärden* vorgetragenen Zaubersprüche MEPHISTOS? Wenn ich deren ‚Logik' richtig durchschaue, dann lautet sie so: *Der Wein ist saftig*, **obgleich** *Holz die Reben* sind, folglich kann der *Tisch*, der ebenfalls *Holz* ist, *Wein auch geben*.

B. Der *tiefe Blick in die Natur* offenbarte also, daß sie durch die in ihr verwurzelte und lebendige *Rebe Wunder*volles tut, ohne daß es als *Wunder* beachtet und ge*glaubt* wird, wogegen das *Holz* des *Tisches* nur für die *Wein auch geben kann*, die von der *Natur* der Sache nichts verstehen, so daß sie Analogieschlüssen aufsitzen, wo keine Analogie möglich ist. Wären die *Gesellen* eines tiefen Blicks *in die Natur*, vielleicht auch *in die Natur* des Menschen, fähig, blieben sie von solchem *Wunder* verschont.

A. Die sophistische ‚Schein'-Argumentation MEPHISTOS wirkt so stark, daß er ihnen wohl einschenken könnte, was er wollte, ein jeder würde doch glauben, das zu trinken, was er sich gewünscht hat. Einig sind sie nur in dem Gefühl: *Uns ist so kannibalisch wohl, als wie fünfhundert*

Säuen!

B. Nachdem FAUST lernen sollte, wie leicht es ist, Menschen für *Freiheit* zu gewinnen, denen es an *Witz*, also Verstand fehlt, und die vor allem an einem ‚sorglosen' *Behagen* auf anderer Kosten interessiert sind, soll er nun *acht* geben, wie das *kannibalische* Wohlgefühl umschlägt und sich *offenbart* als *Bestialität.*

A. Sobald der *Wein* zur *Flamme wird*, also die *Freiheit* sich in akute Revolution verwandelt, werden die *Gesellen* aggressiv und wenden sich gegen die, denen sie vorher geglaubt haben. Zuerst sollen *Schläge regnen*, dann heben sie mit ihrem *vogelfrei* die Gesetze auf, *ziehen die Messer und gehn auf Mephistopheles los*, als ob Goethe vorausgeahnt hätte, daß ‚die Revolution ihre Kinder frißt'.

B. Zwar nicht so kraß, aber doch mit dieser Tendenz, berichtet Joachim Heinrich Campe über die Stimmung nach der Sitzung der Nationalversammlung vom 4. zum 5. August 1789 in Versailles, die er miterlebt hatte: „Man muß gestehn, diese nächtliche **Szene** war zu gleicher Zeit eine der größten und **sonderbarsten**, eine der **ernstesten** und **spaßhaftesten**, welche auf der **Schaubühne** dieses Landes jemals gegeben wurden. Sie war - was man ein hohes, rührendes, weinerlich-komisches **Drama** nennen könnte. [...] Man besorgt, und, wie es scheint, mit Recht, daß sich bei der Ausführung jener Beschlüsse, Schwierigkeiten hervortun werden, die in jener Nacht der patriotischen **Trunkenheit** keinem der Stellvertreter der Nation in den Sinn gekommen waren. Man zittert, und ich glaube nicht ohne Grund, vor der ansteckenden Mitteilung jener Trunkenheit durch die Provinzen, und vor den schrecklichen Ausschweifungen jeder Art, welche die Folge davon sein können. Und wenn nun [...] das **Volk**, das gute **edle** Volk [...] zu taumeln beginnen wird; wenn es, **verblendet** durch ein Mißverständnis, welches in dieser Sphäre so leicht stattfinden kann [...] sich nun auf einmal für befreit von *allen* seinen bisherigen Abgaben, ja vielleicht gar losgesprochen von aller *gesetzmäßigen Ordnung* halten, und für die bisherige Bedrückung [...] sich durch Rauben, Plündern und **Gewalttätigkeiten** gegen seine tausend Tyrannen schadlos zu halten anfangen wird: wo ist dann [...] die ausübende Gewalt, die es zur Ordnung zurückführen [...] soll."[36]

A. Man könnte meinen, Goethe habe diesen Bericht vor sich gehabt, als er die Szene bearbeitete. Daß MEPHISTOPHELES die *Gesellen* als ***edle*** *Gäste* bezeichnet, paßt ebenfalls dazu.

B. Jedenfalls war das Publikum genügend informiert, um Anspielungen auf Frankreich zu verstehen. - Dann spricht MEPHISTOPHELES schon wieder einen Zauberspruch, diesmal aber nicht *mit* ***seltsamen***

Gebärden, sondern ***mit ernsthafter** Gebärde*. Was macht das für einen Unterschied?

A. *Seltsame Gebärden* sind unbekannt, eine *ernsthafte Gebärde* dagegen läßt sich als solche erkennen. Sie könnte ausdrücken, daß MEPHISTOS ‚Lehr'-Spiel in ‚Ernst' umzuschlagen droht und sich der *Tropfen Fegefeuer* als Vor-‚Geschmack' der Revolution möglicherweise in deren *Hölle* verwandelt. Während er vorher seine Wirkungen nur mit Rhetorik erreicht hat, verwendet er jetzt Hypnose, um „Auerbachs Keller in Leipzig", das eben nur ein ***klein** Paris* symbolisiert, wieder zu ‚normalisieren'. Was aber meint er mit dem ebenfalls neu in die Szene gekommenen: *Falsch Gebild und Wort Verändern Sinn und Ort!*? Dieser Spruch hört sich an, als ob er das, was vorausgegangen ist, erklären sollte.

B. Zunächst dient er MEPHISTOPHELES, die Aggressionen zu entschärfen, mit denen die *Gesellen* ihn bedrohen. Gleichzeitig kann der Spruch bedeuten, mit geeigneten Vorstellungen und Lügen ließe sich ein *Volk* so hypnotisieren wie die *Gesellen*, denen der Sinn für ihre Realität verloren geht.

A. Diese Art ‚Massenhypnose' geht so weit, daß sie schließlich *die Messer* gegen sich *selber heben*, so daß MEPHISTOPHELES die Hypnose aufheben muß. Viel haben die *Gesellen* von dieser Lehre nicht verstanden. Denn sollten auch *Wein* und *Freiheit* nur *Betrug* und *Lug und Schein* gewesen sein, so war doch wirklich, daß sie sich kritiklos darauf eingelassen haben.

B. Sie haben auch nicht verstanden, daß sie im *Freiheits*-‚Rausch' bestialisch geworden sind. Und ob ALTMAYER schon so nüchtern ist, daß er gelernt hat, was er sagt: *man soll kein Wunder glauben*, bleibt offen.

A. Wenn die *Gesellen* nichts lernen konnten und FAUST weder fähig war, *Freude* zu empfinden noch *Nutzen* zu gewinnen, was blieb dann für das Publikum zum Lernen übrig?

B. ALTMAYERS Schlußwort könnte das Fazit der Szene sein: *man soll kein Wunder glauben*, wo immer es angekündigt wird. Campe hatte seinen Bericht über die Nationalversammlung damit eingeleitet, daß er „einige der vorzüglichsten ***Wunder***, wodurch diese Staatsumwälzung sich von allen andern unterscheidet", enthüllen werde[37]. Und nicht weniger berührt sich mit dieser Szene Campes Mitteilung, „daß die ganze Versammlung, wie von einem unwiderstehlichen **Zauber** fortgerissen, alle Bedenklichkeiten, alle Rücksichten [...] aus den Augen verlor"[38].

A. Spottet Goethe darüber, sich das wundergläubige *Volk* - in der Rolle der volonté générale - als Subjekt einer humanen Revolution zu denken?

B. Mich erinnert die neu eingefügte Beschimpfung *Still, altes Weinfaß!* an die Bibelstelle, „man füllt neuen Wein nicht in alte Schläuche" (Mt 9,17). Diese Anspielung könnte bedeuten, für die Gedanken einer neuen, gerechteren, also ‚aufgeklärten' Gesellschaft brauche man neue, nämlich ‚mündige', sich selbstbestimmende und selbstverantwortliche Menschen.

A. Mich fasziniert bei der zweiten Beschäftigung mit „Auerbachs Keller", wie Goethe durch ein paar kleine Veränderungen die Szene auf den *neuesten Schnitt* gebracht und der aktuellen Geschichte angepaßt hat. Zum Beispiel, wie er das Wort *Teufel* den *Gesellen* aus dem Mund nahm und allein MEPHISTOPHELES vorbehielt.

B. Daß er den gespielten Revolutionär mit dem *Teufel* gleichsetzt, ist nicht einmal an den Haaren herbeigezogen. Denn die Vorstellungen, die sich Christen vom Teufel machen, zeigen diesen als ersten, wenn auch erfolglosen Revolutionär. So ist es selbstverständlich, daß Adel und Kirche Revolutionäre ‚verteufeln'.

A. Ich bezweifle, daß Goethe der Französische Revolution mit dieser Szene gerecht geworden ist.

B. Das wage ich nicht zu beurteilen. Aber bei aller vielleicht ungerechten Polemik hat er doch vorausgesehen, oder besser: vorausgedacht, was Schiller später so formulierte: „[...] eine *physische* Möglichkeit scheint gegeben, das Gesetz auf den Thron zu stellen, den Menschen als Selbstzweck zu ehren und wahre Freiheit zur Grundlage der politischen Verbindung zu machen. Vergebliche Hoffnung! Die *moralische* Möglichkeit fehlt, und der freigebige Augenblick findet ein unempfängliches Geschlecht."[39]

A. Es bleibt für mich seltsam, wie Goethe aus aktuellem Anlaß die Szene so umfunktioniert hat, daß die Hauptfigur nur noch ein unbeteiligter Statist ist.

B. Ich denke, wenn FAUST in dieser Szene mit ihrem neuen Inhalt aktiv mitgewirkt und sich dadurch als politisch Interessierter ausgewiesen hätte, wäre die Gretchen-Welt für ihn zu klein und die Gretchen-Szenen wären unbrauchbar geworden. Wir sollten berücksichtigen, daß Goethe ein **Fragment** veröffentlichte, von dem er selbst nicht sicher wußte, ob er es jemals vollenden würde. Das mag vielleicht rechtfertigen, daß das „Faust-Fragment" Szenen enthält, die sich nicht nahtlos in die Haupthandlung einfügen.

A. Warum sprichst du von **Szenen**?

B. Weil es bei der „Hexenküche" ähnlich sein könnte.

Dialog 22: *Hexenküche* (2337-2517)

A. Fast möchte ich mit FAUST sagen: *Mir widersteht das tolle Zauberwesen!* Denn ich vermag nicht zu sehen, was in der Szenenanweisung zur „Hexenküche" bedeutend sein soll.

B. Daß *Feuer* in diesem Drama bedeutend sein kann, haben wir mehrmals gesehen (Dialoge 3; 15; 17), und nun kommt als Ergänzung der für die Entwicklung der bürgerlichen Welt hochbedeutende *Dampf* hinzu. Der hat doch wirklich ‚Zauberhaftes' zuwege gebracht.

A. Das scheint mir nur eine lose Verknüpfung mit MEPHISTOS *Feuerluft* (2069) zu sein. Daß im modernen *Dampfe* der Maschinen sich *verschiedne Gestalten* zeigen, hat wohl noch niemand ernsthaft behauptet.

B. Es ist wahr, der Phantasie des Publikums wird einiges abverlangt, auch dort, wo es sich *seltsamsten Hexenhausrat* vorstellen soll.

A. Hexen sind in der Tradition des Aberglaubens Frauen, die einen Pakt mit dem Teufel geschlossen haben und deshalb Krankheiten aller Art erzeugen, das Wetter beeinflussen, Männer impotent und Frauen unfruchtbar machen können.[40] An so etwas zu glauben, kann einem Publikum im Zeitalter der Aufklärung kaum zugemutet werden.

B. Weil damals der Glaube an Hexen viel eher überwunden war als der Glaube an den Teufel, war die Hexenwelt so etwas wie ein Freiraum, in dem sich mit ungewohnten Vorstellungen experimentieren ließ.

A. Mir fällt ein, daß in Shakespeares „Macbeth" (IV, 1) Hexen auftreten, die in einem Kessel Kräuter, Tier- und Menschenteile zu einem giftigen Brei kochen, aus dem sich wahrsagende Gestalten erheben, deren Aussagen aber Macbeth nicht versteht.

B. Wenn die „Hexenküche"-Szene darauf anspielt, können wir fragen, ob es nicht auch hier um mehrdeutige ‚Wahrsagerei' geht.

A. Zunächst geht es doch wohl um Verjüngung!

B. Auch dies hat seine literarische Tradition; zum Beispiel kocht in der griechischen Sage Medea einen Saft, der Aeson um 40 Jahre verjüngt[41]. Es ist denkbar, daß Verjüngung und Wahrheit etwas miteinander zu tun haben. Wahre Erkenntnis könnte so etwas wie ein Verjüngungsmittel sein.

A. FAUST möchte aber ausdrücklich körperlich verjüngt werden, und zwar exakt um *dreißig Jahre.*

B. Unvoreingenommen betrachtet gibt es dafür keinen Grund.

Auch wenn FAUST seine *Schüler* an *die zehen Jahr* an *der Nase* herumzieht (361-63), braucht er nicht älter als fünfunddreißig zu sein. Goethes Vater zum Beispiel war zweiundzwanzig Jahre älter als Goethes Mutter, und während das „Faust-Fragment" vollendet wurde, verliebte sich der neununddreißigjährige Goethe in die dreiundzwanzigjährige Christiane Vulpius. Warum sollte der Altersunterschied zwischen FAUST und MARGARETE zu groß sein?

A. Dann müßte die Verjüngung FAUSTS für die Thematik des Dramas von Bedeutung sein, vielleicht als Ziel der Wissenschaft, den Tod zu überwinden oder ihn doch möglichst weit weg zu drängen. Was unmöglich erscheint, braucht nicht unmöglich zu bleiben. Denke an die ‚Pferdestärken', von denen wir gesprochen haben (Dialoge 18, 20).

B. Am Ende der Szene sagt MEPHISTOPHELES: *Du siehst, mit diesem Trank im Leibe, Bald Helenen in jedem Weibe.* Das heißt nicht, daß FAUST äußerlich jünger geworden sei, sondern wohl nur, daß er ‚potenter' ist als vorher. Wenn wir die körperliche Krankheit, von der FAUST *genesen* will, eher als Gleichnis für eine ‚geistige' Krankheit auffassen, dann könnte es in dieser Szene um die Frage gehen, wie das kranke faustische Bewußtsein, das wir aus der Gretchen-Handlung kennen, zu heilen sei.

A. Sollte die Szene dann zeigen, daß FAUST humaner denken und handeln **könnte**?

B. Sobald wir bedenken, daß das faustische Bewußtsein das moderne Bewußtsein des damals aufstrebenden Bürgertums repräsentiert - Goethe hat später selbst gesagt, daß die faustische „Gesinnung" der „modernen" Gesinnung „analog" sei[42] -, können wir die ganze Szene unter der Frage betrachten, wie ‚krankes', also falsches, unwahres Bewußtsein so zu ‚verjüngen', zu regenerieren sei, daß bürgerliches Handeln nicht zugleich inhumanes Handeln sein muß.

A. FAUST ist so auf das Moderne, das Neue fixiert, daß er sich von einem ***alten*** *Weibe* nichts erhofft. Sein Widerstand gegen das Alte ist möglicherweise ein Symptom seiner Krankheit. Er möchte am liebsten mit **einem** Schluck, also schnell, wie wir das von ihm kennen, verändert werden.

B. Völlig unannehmbar muß ihm MEPHISTOS Vorschlag erscheinen, er solle an den Anfang der Kultur zurück und *in einem ganz beschränkten Kreise*, also dem ‚geradlinigen' Wesen FAUSTS entgegengesetzt, ‚alternativ' leben, um sich quasi außerhalb von Zeit und Fortschritt zu *verjüngen*.

A. Ja, FAUST möchte die Welt möglichst so haben, daß niemand mehr einen *Spaten in die Hand zu nehmen* braucht, entweder weil die

Natur so verändert wird, daß sie im Überfluß produziert, oder weil Maschinen die Handarbeit ersetzen. *So muß denn doch die Hexe dran.* Ihr traut MEPHISTOPHELES zu, FAUST so zu regenerieren, daß er sein Wesen nicht oder doch nicht ganz aufzugeben braucht. Aber was haben die *Meerkatzen* damit zu tun? Sie gehören doch nicht zum traditionellen Hexen-Inventar.

B. Nein, dazu gehören Katzen. Sie wurden zu affenartigen *Meerkatzen* verfremdet, ohne das Katzenwesen verloren zu haben. Der KATER zum Beispiel schmeichelt dem MEPHISTOPHELES.

A. Welchen Sinn mag diese Veränderung haben? FAUST bezeichnet ihr Treiben am *Herde* als *Sudelköcherei.*

B. Von FAUST aus gesehen bedeutet dies unsaubere, abstoßende Kocherei, aber für das Publikum kann es ein Hinweis sein, daß hier pfuscherhafte Arbeit geleistet wird.

A. Es ist interessant, daß MEPHISTOPHELES die *Meerkatzen Poeten* nennt. Sollte das heißen, die *Meerkatzen* produzierten Literatur?

B. Als ob Goethe die Regieanweisung zur „Hexenküche" kommentieren wollte, schrieb er 1804 in einer Rezension, das betreffende Werk käme etwa zustande, „wenn man Wielands poetische Schriften stückweise in eine **Hexenpfanne** neben einander setzte und sodann **über einem gelinden Feuer** so lange schmorte, bis Naturell, Geist, Anmut, Heiterkeit mit allen übrigen lebendigen Eigenschaften völlig abgeraucht wären [...]."[43]

A. So gesehen wären die Meerkatzen-Poeten dabei, aus ihren Produkten den „Geist" auszutreiben, der sich dann im *Dampfe* in *verschiednen Gestalten* zeigt.

B. Es gibt noch einen später nachgelieferten Fingerzeig zum Verständnis der *Meerkatzen*, nämlich die erst in „Faust I" eingefügten Verse 2390-93, wo die TIERE von sich sagen: *Wir kochen breite Bettelsuppen*, und MEPHISTOPHELES dies mit den Worten kommentiert: *Da habt ihr ein groß Publikum.* Daß es möglich ist, dies auf Literatur zu beziehen, belegt eine Briefstelle, in der Goethe abwertend über ein poetisches Produkt schreibt: „[...] es ist so recht eine **Bettelsuppe**, wie sie das deutsche **Publikum** liebt [...]."[44]

A. Das deutet auf Massenproduktion hin. Ich bin gespannt, was wir noch über die ‚Literaturerzeugnisse' der *zarten Tiere* erfahren. - MEPHISTOPHELES nennt den KATER *Affe*; *Meerkatzen* sind eine *Affen*-Art.

B. In seinem frühen Aufsatz „Shakespeare" verwendet Herder die Begriffe „**Puppe**, Nachbild, **Affe**" fast synonym[45] und sagt von dem als „**Puppe**" bezeichneten französischen Theater, ihm fehle „Geist, Leben,

Natur, Wahrheit"[46].

A. Darauf könnte das *verfluchte* ***Puppen*** anspielen, das Goethe als Erläuterung in „Faust I" nachgereicht hat.

B. Und an anderer Stelle bezeichnet Herder die französische Kultur als mechanische „Äfferei" und spricht von „*Affen der Humanität*, des *Genies*, der *Fröhlichkeit*, der *Tugend*, und eben weil sie nichts, als das sind, und so leicht nachgeäfft werden können, sind *sie's für ganz Europa*"[47].

A. Wenn wir das hinzunehmen, erscheint die Meerkatzen-Poesie schon nicht mehr so abstrakt wie vorher und läßt sich - probeweise - auf ein europäisches Denken beziehen, für das die französische Kultur Vorbild ist und dem „Geist, Natur, Wahrheit", also die Eigenschaften des Genies, anscheinend fehlen.

B. In den 80er Jahren stellt Herder den Affen zwischen Tier und Mensch: „Der Affe dagegen hat keinen determinierten Instinkt mehr: seine Denkungskraft steht dicht am Rande der Vernunft; am armen Rande der Nachahmung."[48] Das würde heißen, dieser Poesie fehlt nicht nur Originalität, sondern auch „Vernunft", was immer mit dieser Vernunftlosigkeit gemeint sein mag.

A. Vielleicht helfen uns dabei die Verse des KATERS:

O würfle nur gleich,
Und mache mich reich,
Und laß mich gewinnen!
Gar schlecht ist's bestellt
Und wär ich bei Geld,
So wär ich bei Sinnen.

B. *Bei Sinnen*, also verständig und vernünftig sein, hinge hier ab vom Zufall. Man könnte auch sagen, das geistlose Bewußtsein, das die *Meerkatzen* vermitteln, ist gesteuert von der Ideologie, man könne ohne eigenes Zutun durch Glück auf einen Schlag zum ‚Menschen' werden.

A. Das erinnert daran, daß FAUST unmittelbar durch einen *Balsam* verjüngt sein möchte.

B. Und ebenso erinnert es an MEPHISTOS Argumentation:

Wenn ich sechs Hengste zahlen kann,
Sind ihre Kräfte nicht die meine? [...]
Drum frisch! Laß alles ***Sinnen*** *sein,*
Und grad' mit in die Welt hinein! (1824-29)

Auch hier ist nicht gesagt, daß man durch *Sinnen* zu *Sinnen* kommen könnte. Die Verse des KATERS vermitteln wohl, wie gefährlich es sein kann, äußeren, in Geld meßbaren Reichtum allen zu verheißen, obgleich das, was verteilt werden könnte, nur für wenige reicht. Wenn zum Beispiel das *Lotto* den armen Leuten als Beweis nicht mehr genügt, daß jeder durch *Geld* zu *Sinnen* kommen kann, dann verwandelt sich die Hoffnung auf Gewinn in Gewalt; das zeigen die TIERE, indem sie die *Krone* zerbrechen.

A. Vorher jedoch offenbart der KATER sein ‚Weltbild', das mir konfus erscheint. Es ist ein Durcheinander von rationalen Erkenntnissen und mythischen Vorstellungen. Der KATER vermischt die durch wissenschaftliche Untersuchungen gewonnene Erkenntnis von der *beständigen* Trägheit der Materie mit dem Weltuntergang, dem man dadurch entgehen könne, daß man sich - vielleicht in christlichem Sinne - von der *Welt* abwende.

B. Zugleich beschreibt er diese *Welt* als eine Art Fortuna-Kugel, die mehr verspricht, als sie hält, und deshalb abgewertet wird.

A. Seine Verse ähneln FAUSTS Versen *Und was der ganzen Menschheit zugeteilt ist* … (1770-75). Vielleicht soll gezeigt werden, was aus dem faustischen Bewußtsein wird, wenn es sich mit alten Vorstellungen vermengt.

B. Ich habe bei Goethe Briefstellen gefunden, die uns helfen, die Meerkatzen-Poesie besser zu verstehen. Er schreibt an Lavater, den er zuerst schätzte, von dem er sich dann aber mehr und mehr abwandte: „In einigen **Gestalten** und Gleichnissen hast du dich auch gut gehalten, nur schwinden deine Ungeheuer für mich zu schnell in allegorischen **Dampf** auf [...]".[49] Das könnte aus der Regieanweisung am Anfang der Szene stammen. Einige Jahre später schreibt er dann über Lavater folgendes: „Er kommt mir vor wie ein Mensch, der mir weitläufig erklärte, die Erde sei keine akkurate Kugel, vielmehr an beiden Polen eingedruckt, bewiese das auf's bündigste, und überzeugte mich, daß er die neusten ausführlichsten richtigsten Begriffe von Astronomie und Weltbau habe; was würden wir nun sagen, wenn solch ein Mann endigte: schließlich muß ich noch der Hauptsache erwähnen, nämlich daß diese Welt, deren Gestalt wir aufs genauste dargetan, auf dem Rücken einer Schildkröte ruht, sonst sie in Abgrund versinken würde."[50]

A. Das beschreibt wirklich ähnliche Zusammenhänge, wie sie der KATER ausdrückt. Die Meerkatzen-Poeten verbreiten ein Bewußtsein, das man vielleicht als Halbbildung bezeichnen könnte. Da sie nichts ganz verstanden haben und folglich das, was sie sagen, ohne innere

Substanz ist, ‚brauen' sie ‚Faustisch-Modernes' und Mythisches zu einem Gemisch zusammen, das aber - wie der Verlauf der Szene zeigt - überlaufen und explodieren kann.

B. Dazu fällt mir ein, wie Goethe Voltaire charakterisiert: „Voltaire kommt mir immer vor wie ein **Zauberer**, der einen **Hexenkessel abschäumt**; es ist nur **Schaum**, was sein Löffel schöpft, aber ein **verteufelter** Schaum aus einem Kessel voll unendlicher Ingredienzen aufsiedend."[51] Auch Voltaire könnte als *Meerkatze*, die den *Kessel schäumt*, in der „Hexenküche" sitzen.

A. Diese Stelle zeigt jedenfalls, daß in Goethes Vorstellung ein „Hexenkessel" „Ingredienzen" enthält, die sich in verschiedene Formen von Literatur verwandeln können. Vielleicht ist auch der *Schaum* der *Meerkatze* ein solch „verteufelter Schaum". - MEPHISTOPHELES wird mehr und mehr in das Spiel der *Meerkatzen* einbezogen; vielleicht treibt er das Gefährliche ihres Bewußtseins erst hervor. Aber *Was soll das Sieb?*

B. In der Tradition des Aberglaubens kann man Diebe mit Hilfe eines Siebes identifizieren.[52] So beschränkt und halbgebildet die *Meerkatzen* zu sein scheinen, so deutlich scheinen sie doch zu sehen, wo die Eigentumsverhältnisse nicht gerecht sind.

A. Wenn die KÄTZIN *den Dieb* sieht und *ihn nicht nennen* darf, dann hat ihre Erkenntnis möglicherweise eine politische Seite. Die TIERE werden zunehmend aggressiver und verspotten MEPHISTOPHELES, weil er den *Kessel* - ich vermute, dessen Gefährlichkeit - nicht kenne.

B. Die politische Dimension ihres Handelns bringt MEPHISTOPHELES auf den Begriff: *Unhöfliches Tier!* Denn das kann bedeuten, daß sie den ‚Hof', die Monarchie, nicht mehr respektieren.

A. Es sieht so aus, als inszenierten die *Meerkatzen* ein kleines Stück, in welchem MEPHISTOPHELES - sich auf dem *Throne dehnend* - den *König* spielt und es sich gemütlich macht.

B. Ich deute dies so, daß sie das, was sie erkennen, aber nicht *nennen* dürfen, in Poesie verwandeln. MEPHISTOPHELES spielt dann nicht nur den *König*, sondern stellt ihn zugleich als *Dieb* dar, der sich Herrschaft und Reichtum ‚gestohlen' hat. 1776 wurde im „Göttinger Musenalmanach" ein Gedicht Gottfried August Bürgers veröffentlicht, das mit den Versen an den „Fürsten" schließt:

> Ha! du wärst Obrigkeit von Gott?
> Gott spendet Segen aus; du **raubst**!
> Du nicht von Gott, Tyrann![53]

A. MEPHISTOPHELES spielt seine ‚Rolle' so, daß auch die *Krone* ins ‚Spiel' kommt, die die Monarchie von Gottes Gnaden repräsentiert und die ihm mit *großem Geschrei* gebracht wird. Die Ehrfurcht vor der *Krone* kann nicht sehr groß und ihre Qualität nicht sehr gut sein, wenn die TIERE mit der von ihnen zerbrochenen *Krone herumspringen.*

B. Dabei fällt auf, daß die Krone ‚geleimt' werden soll, bevor sie *zerbrochen* ist[54], so daß sie wohl deshalb zerbricht, weil sie schon brüchig war. Vielleicht wäre es möglich gewesen, sie mit *Schweiß und mit Blut* zu reparieren, wenn es rechtzeitig geschehen wäre.

A. Das ist eine Anspielung auf den König Jesus (Jh 18, 37), der für jeden christlichen Herrscher ein Vorbild sein müßte. Er war kein Dieb, der sein ‚Volk' bestiehlt, sondern gab für dessen ‚Heil' sein Leben hin.

B. Bei Herder steht: „Alle christlichen Regenten nennen sich also *von Gottes Gnaden* und bekennen damit, daß sie **nicht durch ihr Verdienst** [...] zur **Krone** gelangten. Das Verdienst dazu müssen sie sich erst durch eigne Mühe erwerben [...]."[55] Die TIERE erinnern daran, wie weit sich „christliche Regenten" von ihrem Vorbild entfernt, wie weit sich Herrschaftsanspruch und Herrschaftsverhalten getrennt haben, so daß es fast als rechtmäßig erscheint, wenn sie mit der *Krone* nicht mehr ehrfurchtsvoll umgehen.

A. Ich sehe, daß die TIERE immer ‚bedeutender' werden. Weil die Macht des Herrschers noch so groß ist, daß sie nicht *nennen* dürfen, was sie *erkennen*, stellen diese *aufrichtigen Poeten* zunächst das Unrecht nur dar, dann sprechen sie unverblümt aus, die *Krone* sei bereits brüchig, und schließlich handeln sie als ‚Pöbel' und *zerbrechen* die *Krone* ganz.

B. Sie spielen nicht nur in einer Kurzfassung vor, wie es zur Französischen Revolution gekommen ist, sondern gehen über das hinaus, was *geschehn* war, als Goethe das Manuskript im Januar 1790 abschickte. Es scheint so, daß sich für ihn die Monarchie in Frankreich von Anfang an nicht mehr retten ließ.

A. Und der Kopf des *Königs* auch nicht. Denn MEPHISTOPHELES, der den *König* spielt, sagt *auf die Tiere deutend*: *Nun fängt mir an fast selbst der Kopf zu schwanken.*

B. Wie konsequent das gedacht ist!

A. Was die Meerkatzen-Poeten zur Revolution beigetragen haben, fassen sie in den Versen zusammen:

Nun ist es geschehn!
Wir reden und sehn,
Wir hören und reimen -

Und wenn es uns glückt
Und wenn es sich schickt,
So sind es Gedanken!

B. Hier werden *Gedanken* auf eine seltsame Art definiert. Diese *Poeten sehn* und *hören*, schließen das Beobachtete und Gehörte ein in das, was sie *reden* und *reimen*, und wenn sich das, was sie sagen, *schickt*, das heißt, wenn es ‚geschieht', wenn es eintrifft, dann sind das Geredete und das Gereimte *Gedanken*. Demnach bestimmt die Wirkung die Qualität des Denkens.

A. Oder noch eher: Die *Gedanken* der Meerkatzen-Poeten hängen vom Zufall ab; ob es *glückt*, ist für die *Poeten* so zufällig wie ein Treffer im *Lotto*. Und dennoch führt dieses ‚Nachäffen' zum *Geschehn*, zu Geschichte, zu Revolution.

B. Es sind hier nicht die *Poeten*, welche Geschichte machen, indem sie humanes Bewußtsein schaffen und verbreiten, sondern die Zustände sind so schlecht und werden als schlechte so allgemein empfunden, daß sie nur ausgesprochen zu werden brauchen, um historische Veränderungen auszulösen. Schon Mitte der 80er Jahre schreibt Herder, es lasse sich nicht mit „ersten, notwendigen, allgemeinen Naturgesetzen" begründen, „warum Ein Mensch durchs Recht der Geburt über Tausende seiner Brüder herrsche, warum er ihnen ohne Vertrag und Einschränkung nach Willkür gebieten, Tausende derselben ohne Verantwortung in den Tod liefern, die Schätze des Staats ohne Rechenschaft verzehren und gerade dem Armen darüber die bedrückendsten Auflagen tun dörfe"[56]. „Das Maschinenwerk der Revolutionen irret mich also nicht mehr: es ist unserm Geschlecht so nötig, wie dem Strom seine Wogen, damit er nicht ein stehender Sumpf werde."[57]

A. Wenn wir dies mitbedenken, dann sind die *Poeten* selbst ein Produkt der schlechten Zustände und deshalb *aufrichtig*, weil sie das zugeben. Was immer die HEXE bedeuten mag, sie ist selbst davon bedroht, wenn der *Kessel* überläuft. Wo Revolution ‚aufflammt', scheint sie zur Furie zu werden. FAUST dagegen bleibt von dem revolutionären ‚Spiel mit dem Feuer' fast unberührt. Meerkatzen-Poesie kann bei ihm wohl nichts bewirken.

B. Die Meerkatzen-Poesie mit ihren Folgen enthält so viel von FAUSTS eigenem Bewußtsein, daß sie ihn wohl deshalb nicht interessiert. Auch die Ideen der Revolution beruhen auf der Vorstellung, daß der Mensch frei sei und selbst darüber bestimmen könne, wie seine Welt gestaltet sein soll. Und in der Gretchen-Handlung haben wir gesehen, daß

FAUST seiner äußeren Freiheit, die er sich nimmt, keine innere, moralische Freiheit entgegenzusetzen hat, die ihn auf humane Weise zügeln könnte.

A. Das von den *Meerkatzen* vertretene Bewußtsein wäre dann die ‚populäre' Form des faustischen Weltbildes. Goethe scheint diesem Bewußtsein die Kraft abzusprechen, eine humane Gesellschaft herbeiführen zu können.

B. Er schrieb zwei Monate, nachdem das „Faust-Fragment" fertig war, an einen Freund: „Daß die Französische Revolution auch für mich eine Revolution war, kannst du denken."[58] Vielleicht sind die Veränderungen von „Auerbachs Keller" und die „Hexenküche" das Ergebnis seiner ‚persönlichen' „Revolution". - Aber was fasziniert FAUST vor dem *Spiegel*, den er selbst als *Zauberspiegel* bezeichnet? Laß uns so vorsichtig an den *Spiegel* herangehen, wie FAUST selbst es tut. Denn es ist eigenartig, daß FAUST längere Zeit sich dem *Spiegel bald genähert, bald sich von ihm entfernt hat.*

A. Das würde bedeuten, daß es sich um einen Hohlspiegel handelt.

B. Wie meinst du das?

A. Vor einem normalen Spiegel kannst du stehen, wo du willst, du siehst ein scharfes Bild. In einem Hohlspiegel dagegen oder, wie man auch sagt, in einem ‚Brennspiegel' wirst du solange ein verschwommenes Bild sehen, bis du die richtige Entfernung gefunden hast.

B. Was du sagst, irritiert mich, denn ich hätte diese Stelle so verstanden, daß das *Bild*, welches FAUST sieht, ihn gewissermaßen zwingt, auf Abstand zu bleiben.

A. Das muß sich nicht widersprechen. Bedenken wir aber, daß Newton ein Spiegel-Teleskop konstruiert hat, das die Himmelskörper im Brennpunkt abbildet, dann hören sich ***himmlisch** Bild*, *Inbegriff von allen **Himmeln*** und *So etwas findet sich auf **Erden*** anders an. Und auch das *Mein Busen fängt mir an zu **brennen**!* bekommt einen anderen Klang.

B. Das *schönste Bild von einem Weibe* wäre sozusagen die Quintessenz des Universums, des Kosmos, denn dieses griechische Wort bedeutet nicht nur Weltall, sondern auch Schönheit, oder die *Schöne* (345), wie es in „Faust I" heißen wird. Das würde erklären, warum MEPHISTOPHELES auf die Schöpfungsgeschichte anspielt; er könnte FAUST in diesem ‚kosmischen' Sinne verstanden haben.

A. Ich dagegen habe nicht verstanden, wie wir unter solchen Voraussetzungen diese *Zauberspiegel*-Episode damit zusammenbringen, daß FAUST *genesen soll.* Haben seine Aussagen einen zeitgenössischen Bezug?

B. Die damals modernste Kunsttheorie hatte 1788 Karl Philipp Moritz veröffentlicht, der in Rom eine Zeitlang mit Goethe zusammenwohnte und danach, vor der Fertigstellung des „Faust-Fragments", längere Zeit bei Goethe in Weimar war. Er erläutert seine Vorstellungen tatsächlich mit Hilfe einer Brennspiegel-Metaphorik. Der wichtigste Begriff in dieser Theorie ist die „Tatkraft", ein aus faustischen Begriffen zusammengesetztes Wort. Für Moritz braucht der Künstler die „Tatkraft", um die „Verhältnisse des großen Ganzen, und in ihnen das **höchste Schöne**, wie an den Spitzen seiner Strahlen, in einen **Brennpunkt** [zu] fassen. - Aus diesem Brennpunkte muß sich, **nach des Auges gemessener Weite**, ein zartes und doch getreues **Bild des höchsten Schönen** ründen, das die vollkommensten Verhältnisse des großen Ganzen der Natur, eben so wahr und richtig, wie sie selbst, in seinen kleinen Umfang faßt."[59]

A. Das würde heißen, es werde hier versucht, FAUSTS krankes Bewußtsein zu heilen, indem seine Tat-Kraft in Übereinstimmung gebracht wird mit der „Tatkraft" des Moritzschen Künstlers, in welchem sich die unvorstellbare Schönheit der ganzen Natur - der ***Inbegriff*** *von allen Himmeln* ...

B. ... oder wie Moritz sagt: der „**Inbegriff** aller harmonischen Verhältnisse des großen Ganzen der Natur"[60]...

A. ... zu einem schönen Gegenstand formt, den die Einbildungskraft den Sinnen und dem Sinnen zugänglich macht.

B. Mit Hilfe des *Zauberspiegels* wird experimentell ‚durchgespielt', was passierte, wenn FAUST aufgrund seiner „Tatkraft" fähig wäre, das „höchste Schöne" „im verjüngenden Maßstabe"[61] zu schauen. Dabei zeigt sich, daß ihm alles fehlt, um das Geschaute zu ‚bilden'. Das vollkommene Schöne, dessen Abbild vom Künstler erst geschaffen werden muß und auch dann nur ‚Schein' sein kann, hofft er, *auf Erden* bereits leibhaftig und fertig vorzufinden.

A. Er benimmt sich dem *Bild* gegenüber ganz faustisch. Statt die vom *Spiegel* geforderte Distanz zum Schönen einzuhalten, will er *nah gehn.* Dementsprechend will er Raum und Zeit überspringen, um in *ihr Gefild* zu gelangen, und zwar geführt von einer *Liebe*, die möglichst schnell sein, also möglichst viel leisten soll.

B. Ja, er spricht in Übertreibungen, wie wir es aus MARGARETES Zimmer im „Ur-Faust" kennen (Dialog 9). Das Schöne reizt seine Leidenschaft und sein Begehren. Ihm fehlen die Voraussetzungen, daß eine Kunst, die „das höchste Schöne" darstellt, ihn verändern könnte.

A. Das erinnert mich daran, daß es Kunst in der faustischen Welt nicht zu geben scheint (Dialog 20).

B. Deshalb wohl kann er mit dem Schönen im *Spiegel* nicht umgehen und kann die *Schöne* (345) des Kosmos, die hier als *Frauenbild* personifiziert ist, ihn nicht ‚heilen'. Da es grundsätzlich nichts Wünschenswertes gibt, das das faustische Bewußtsein nicht besitzen will, nimmt FAUST auch das als Schein gestaltete Schöne so, als ob es wirklich wäre. Für ihn ist schöne Kunst nichts, um daran seine eigenen Handlungen zu messen.

A. Ich habe den Eindruck, daß die Art von Kunst, die der *Spiegel* darstellt, das faustische Bewußtsein deshalb nicht verändern kann, weil ihr ebenfalls faustische Superlative zugrunde liegen. Der *Inbegriff von allen Himmeln* kommt mir vor, als ergänze oder enthalte er das, *was die Welt Im Innersten zusammen hält* (382 f.). Er ist das faustische Ziel schlechthin. Wer diesen *Inbegriff* ‚umfaßt', hat den Kosmos, die *Schöne*, Gottes Werk in der ‚Hand' und ist - fast - ‚wie Gott'.

B. Gleichzeitig mit dem „Faust-Fragment" hat Goethe „Torquato Tasso" vollendet. Über den Dichter Tasso wird dort - ebenfalls in der Brennspiegel-Metaphorik - gesagt:

> Sein Auge weilt auf dieser Erde kaum;
> Sein Ohr vernimmt den Einklang der Natur;
> Was die Geschichte reicht, das Leben gibt,
> Sein **Busen** nimmt es gleich und willig auf:
> Das weit **Zerstreute sammelt** sein Gemüt,
> Und sein Gefühl belebt das Unbelebte.
> Oft adelt er, was uns gemein erschien,
> Und das Geschätzte wird vor ihm zu nichts.[62]

A. Ein poetisches Werk dieses Künstlers ließe sich nicht - wie in einem *Spiegel* - auf einmal schauen, denn es kann nur sukzessive in der Zeit dargestellt und aufgefaßt werden. Er als Dichter **sammelt** in seinem „Gemüt" nicht nur den „Einklang der Natur", sondern auch „Geschichte" und „Leben", die er sittlich-moralisch bewertet oder sogar ‚umwertet'. FAUST könnte sich vor dem *Spiegel* eines solchen Epos nicht so verhalten wie vor dem *Zauberspiegel*.

B. Jetzt sehe ich, daß Tasso Verse spricht, die man so lesen kann, als seien sie gegen FAUST vor dem *Zauberspiegel* gesprochen:

> Was auch in meinem Liede widerklingt,
> Ich bin nur Einer, Einer alles schuldig!

Es schwebt kein geistig **unbestimmtes Bild**
Vor meiner Stirne, das der Seele bald
Sich überglänzend **nahte**, bald **entzöge**.
Mit meinen Augen hab' ich es gesehen,
Das Urbild jeder Tugend, jeder **Schöne**;
Was ich nach ihm gebildet, das wird bleiben [...].[63]

Obgleich auch Tasso mit seinem „Urbild" in Konflikt kommt - gemessen an dem Schönheitsbegriff, den der *Zauberspiegel* vermittelt, ist sein Begriff von Schönheit nicht dem Kosmos, der „Schöne", nachempfunden, sondern einem konkreten schönen und tugendhaften Menschen.

A. Dieser Schönheitsbegriff ist gewissermaßen die Umkehrung der von Moritz entwickelten Theorie.

B. Tasso könnte wie Herder fühlen, der gegen Moritzens Vorstellungen gesagt hat: „[...] ich drücke mich weg von dem großen Künstler, dem einzigen **rückstrahlenden** All im All der Natur [...]. Gott sei Lob und Dank, daß er mich nicht zu einem so **hellstrahlenden Spiegel** des Universums gemacht hat; ich mag gern eine dunkle Scheibe bleiben."[64]

A. Stünde FAUST vor einem Kunstwerk dieses Tasso, könnte MEPHISTOPHELES nicht sagen: *Ich weiß dir so ein Schätzchen auszuspüren.* Mit diesem zweideutigen Versprechen, das auf die Schmuck-*Schätzchen* anspielt, die MEPHISTOPHELES *ausspüren* muß (vgl. 2659; 2673; 2859 f.), bekräftigt er die Verdinglichung MARGARETES durch FAUST.

B. Gegen ein so makelloses Ideal wie das *Zauberspiegel-Bild* kann sich kein Mensch behaupten. FAUST verliebt sich in ein *Bild* und zerstört dadurch Person und Existenz der konkreten MARGARETE. Die Gretchen-Handlung macht deutlich, daß das Ideal höchster Schönheit niedrigste Barbarei verursachen kann.

A. Dieses Problem ist so alt wie der durch *Helenen* ausgelöste Trojanische Krieg.

B. Ich denke, wir haben uns verdeutlicht, warum FAUST durch die *Zauberspiegel*-Kunst nicht regeneriert werden kann. Er hält „des Auges gemessene Weite" nicht ein, sondern stellt sich selbst in den Brennpunkt, so daß sein *Busen* anfängt *zu brennen*, aber nicht wie der Busen des Künstlers, der nach Moritz „mit der **lodernden Flamm'** im **Busen** bilden und schaffen"[65] muß, sondern wie die Leidenschaft eines Menschen, der sich im Streben nach einem unerreichbaren Ideal verzehrt und zerstört.

A. Anschaulich gemacht ist die politische Bedeutung dieses Zusammenhangs dadurch, daß dort, wo FAUSTS *Busen* anfängt zu *brennen*, auch die *Flamme* der Revolution hochschlägt.

B. Hierzu enthält „Torquato Tasso" nochmals eine kommentierende Stelle, denn dort wird „das Schöne" mit einer gefährlichen „Flamme" verglichen:

> Zu fürchten ist das **Schöne**, das Fürtreffliche,
> Wie eine **Flamme**, die so herrlich nützt [...]
> Und frißt sie **ungehütet** um sich her,
> Wie elend kann sie machen![66]

A. Dann hätte der *Zauberspiegel* nicht weniger ‚gehütet' werden dürfen als der *Kessel*.

B. Durch diese Stelle wird deutlich, daß das Revolutions-Spiel der *Meerkatzen* enger mit der *Zauberspiegel*-Episode verflochten ist, als wir bisher gesehen haben: Es ist dieselbe *Flamme*, die in FAUSTS *Busen brennt* und die sich entzündet, als der *Kessel* überläuft.

A. Wenn eine ästhetische Illusion FAUSTS *Busen* zum *brennen* bringt und dieser ‚Brand' als ‚wirkliche' *Flamme* hochschlägt, wird dann in dieser Szene nicht gezeigt, welch folgenschwere Bedeutung das ästhetische Gefühl und Empfinden für den An-Trieb gesellschaftlicher und politischer Aktivitäten haben kann?

B. Auf das Triebhafte dieser ästhetischen ‚Potenz' ist besonders hingewiesen durch die Verbindung von schönem Schein, der nicht als solcher begriffen wird, und Sexualität. Dadurch wird das faustische Streben psychologisch motiviert. Und zwar scheint die faustische Energie weniger eine Sublimierung des Sexualtriebs zu sein, sondern eher die Wirkung eines - falschen - ‚ästhetischen Triebs', der das, was ihm schön erscheint, unmittelbar verwirklicht haben und genießen will.

A. FAUST treibt es zum Handeln, doch fehlt ihm die moralische Bildung, sich so zu zügeln, daß dieses Handeln human ist. Zugleich treibt es ihn zum Schönen, und hier fehlt ihm die ästhetische Bildung, die verhindern könnte, daß das schöne Idealbild inhumanes Handeln bewirkt. Ist es denkbar, daß der Mangel sowohl an moralischer wie an ästhetischer Bildung der - wie MEPHISTOPHELES sagte - Verachtung von *Vernunft und Wissenschaft*, also FAUSTS Gewissen-losigkeit entspringt (Dialog 20)?

B. Es ist nicht anzunehmen, daß Kants „Kritik der ästhetischen Urteilskraft", die im gleichen Jahr wie das „Faust-Fragment" erschienen ist, diese Szene beeinflußt hat. Erst er räumte der Ästhetik neben der erkennenden und der praktischen Vernunft einen eigenen Bereich ein.

Hier sieht es so aus, als ob das Schöne und das Gute eng zusammengehörten.

A. Wäre dann nicht möglich, daß FAUSTS krankes moralisches Bewußtsein auch im Bereich des Ästhetischen geheilt werden könnte?

B. Gewiß können wir sagen, daß die *Zauberspiegel*-Episode, in der FAUST das Schöne mit Besitzenwollen, mit Eigentum vermischt, es nahelegt, Schönheit und damit auch Kunst im Zusammenhang mit dem Faustischen als Problem zu begreifen, das es zu lösen gilt.

A. So gesehen hätte sich der Bedeutungs-Rahmen der Gretchen-Handlung erweitert. Sie zeigte - wie schon im „Ur-Faust"- unter welchen Bedingungen und mit welchen Mitteln es gelingt, Menschen aus ihren gesellschaftlichen Verhältnissen zu ‚befreien' - obgleich dies nach dem Wegfallen der kleinen Szene „Land Strase" nicht mehr so deutlich ist -, und darüber hinaus zeigte sie, daß die faustischen Aktivitäten auch getrieben sind von dem Wahn, das Ideal einer an den *Himmel* projizierten schönen Welt lasse sich *auf Erden* finden und besitzen.

B. ***Schönes** Fräulein* hört sich anders an, wenn man es auf das *schöne Weib* im *Zauberspiegel* bezieht. Überhaupt sind *Liebe* und Sexualität insofern erweitert, als sie nun auch die ästhetische Dimension repräsentieren, die FAUST antreibt, sein *eigen Selbst* zum *Selbst* der *Menschheit* zu *erweitern* (1774) und so die menschliche Kultur dem Faustischen zu unterwerfen.

A. Warum ist die „Hexenküche" an dieser Stelle nicht zu Ende? FAUST ist zwar nicht um *dreißig Jahre* verjüngt, aber sexuell so stimuliert, daß MEPHISTOPHELES seiner Begierde jedes beliebige *Schätzchen ausspüren* könnte.

B. Die Handlung könnte tatsächlich schon hier so weiter gehen, wie sie nach der „Hexenküche" weitergeht bzw. wie sie bereits im „Ur-Faust" gestaltet war. Streng genommen ist für den Fortgang der Handlung die „Hexenküche"-Szene überhaupt nicht nötig.

A. Dann wäre diese Szene so etwas wie ein ‚Kommentar' oder wie ein ‚Vorwort' der Gretchen-Handlung. Angesichts der revolutionären Vorgänge in Frankreich, wo das Bürgertum aufgrund ‚faustischer' Ideen dabei war, die Macht im Staate zu übernehmen, sollte FAUST wohl nicht mehr so erscheinen, als müsse das faustische Bewußtsein **notwendig** zerstörerisch wirken. Aber dafür müßte das kranke faustische Bewußtsein, wie es sich in der Gretchen-Handlung offenbart, wenigstens als heilbar gezeigt werden.

B. Wenn FAUSTS Bewußtsein durch den ästhetischen Schein vollkommener Schönheit nicht zu regenerieren ist, dann vielleicht durch dessen Gegenteil, durch etwas, das ihn irritiert, verunsichert, nachdenklich macht, anzieht und abstößt zugleich.

A. Als Gegenfigur zum schönen *Frauenbild* wäre eine *Hexe*, ein *Gerippe, Scheusal* gut geeignet. Gleich von Anfang an ist FAUST von der „Hexenküche" abgestoßen und angezogen zugleich, da sich in diesem *Wust von Raserei* der attraktive *Zauberspiegel* befindet.

B. *Die Hexe muß* in dem Augenblick *dran*, wo FAUST mit vor Begierde brennendem Busen auf faustische Weise, nämlich ***geschwind***, sich aus der „Hexenküche" *entfernen* will. Da FAUST durch sie *genesen* soll, bin ich neugierig, ob und wie sich das seltsame Benehmen der HEXE als bewußtseinsverändernd begreifen läßt.

A. Sie führt sich so abstoßend wie nur möglich ein, so daß es FAUST 67 Verse lang die Sprache verschlägt, und verhält sich, als ob die Situation, die die *Meerkatzen* verursacht haben, so gefährlich wäre, daß Nachsicht und Freundlichkeit sie nur verschlimmere.

B. MEPHISTOPHELES scheint sie in dieser Hinsicht sogar übertreffen zu wollen. Entweder er fällt hier aus der Rolle, oder er spielt noch die Rolle, die ihm die *Meerkatzen* zugewiesen haben. Die rhetorische Frage *Was hält mich ab* ist die Herrschaftsformel des absoluten *Königs*. Mit dem umgekehrten *Wedel*, den er vorher als *Zepter* bezeichnet hatte, zeigt er nackte Gewalt als Kehrseite des Glanzes absoluter Herrschaft. Hinzu kommt, daß er die Kleider eines Adeligen trägt und sich erst beruhigt, als die HEXE den *Herrn und Meister* demütig mit *Herr* anspricht. Aber ich sehe noch keinen Sinn darin, daß er gegenüber der HEXE den absoluten Herrscher spielt.

A. Vielleicht erinnert er daran, daß gesellschaftliche Zustände menschenunwürdig sind, solange noch **ein** Machthaber sagen kann: *Was hält mich ab*. Außerdem könnte er andeuten, es gebe Situationen, in denen dreingeschlagen werden muß.

B. Zugleich sehen wir, daß die „Hexenküche" zu seinem Herrschaftsbereich gehört. Sollte die HEXE wirklich an einer Genesung FAUSTS interessiert sein, so zeigte dies - wie schon in der fragmentarischen „Studierzimmer"-Szene (Dialog 20) -, daß MEPHISTOPHELES nicht nur der Diener des *Unmenschen* (3349) FAUST ist, sondern manchmal ein humanes Interesse an ihm hat. Ich könnte mir denken, daß die Bemühungen MEPHISTOS, wie ein Mensch auszusehen, auch mit der ‚humanen' Dimension dieser Gestalt zu tun haben, selbst wenn er zunächst komisch wirkt.

A. Um so ernster erscheint mir, was MEPHISTOPHELES über den *Namen* des *Junker Satan* sagt:

Er ist schon lang' ins Fabelbuch geschrieben;
Allein die Menschen sind nicht besser dran,
Den Bösen sind sie los, die Bösen sind geblieben.

Hier erläutert er, daß er vor allem vor einem ‚aufgeklärten' Publikum spielt, das glaubt, Probleme dadurch aus der Welt zu schaffen, daß es sie ignoriert.

B. Er sagt damit nicht nur, daß das, was **einem** *Bösen* zugeschoben wurde, schon immer ***die*** *Bösen* getan haben, sondern auch, daß ***sie*** die *Bösen* nicht loswerden, wenn sich bloß die Namen ändern und nicht auch das moralische Bewußtsein. Das ist ebenfalls in Richtung Paris gesprochen.

A. Der Spruch im *Wappen* MEPHISTOS könnte heißen: ‚Dulde kein Tabu!' Wohl kaum in einem anderen menschlichen Bereich als dem der Sexualität zeigt sich, wie verlogen die allgemeine Moral ist. Nur weil das Publikum sie kennt und ihre Bedeutung versteht, kann MEPHISTOPHELES die ***unanständige*** *Gebärde* machen.

B. Wenn MEPHISTOPHELES sich mit diesem *Wappen* selbst charakterisierte, dann wäre sein Ziel, den Menschen das zu zeigen, was sie wissen und tun oder gerne tun möchten, aber vor anderen verheimlichen, weil sie es - ohne zu hinterfragen - als unsittlich hinnehmen.

A. Warum kann ein so an Wahrheit interessierter MEPHISTOPHELES FAUSTS Bewußtsein nicht heilen?

B. Diese Frage ist so naheliegend, daß Goethe sie FAUST selbst - allerdings erst in den später hinzugekommenen Versen 2366-77 - stellen läßt. Dort antwortet MEPHISTOPHELES, ihm fehle dafür die *Geduld.*

A. Demnach hätte MEPHISTOPHELES zu viel mit dem ungeduldigen FAUST gemeinsam oder wäre - durch einen Vertrag - zu sehr an FAUST gebunden, als daß von ihm eine Erneuerung ausgehen könnte.

B. Das wäre ein plausibler Grund, warum jetzt eine ‚Schülerin' MEPHISTOS auftritt. Da Hexen immer von **dieser** Welt sind, verbürgt die HEXE, daß es bei der gewünschten Erneuerung des faustischen Bewußtseins durchaus mit ‚irdischen' Dingen zugeht.

A. Ob sich die Erwartungen erfüllen werden, die MEPHISTOPHELES mit seinem *So muß denn doch die Hexe dran* weckt?

Dialog 23: *Hexenküche* (2518-2604)

A. Was ist das für ein *bekannter Saft*, der erst reifen muß und während seiner Entwicklung *stinkt*?

B. Wohl deshalb, weil Goethe bemerkte, daß dies weniger *bekannt* ist, als er im „Faust-Fragment" voraussetzte, erläuterte er später in „Faust I" (2368-77), daß es sich um eine *feine Gärung* handelt und daß deren *Kraft* von der *Zeit* der Reife abhängt. Der *Saft* scheint also mit einer Art Wein oder Branntwein verglichen zu werden. Verstehst du etwas von *Gärung*?

A. Besser wäre es zu wissen, was um 1790 ein Publikum davon verstehen konnte.

B. Dafür ist der Zedler, das große Universallexikon des 18. Jahrhunderts, die geeignete Quelle. Dort steht zum Beispiel: „[...] es ist aller Branntwein ein, durch bloße Chymische Kunst, und zwar einzig und allein durch die Fermentation oder Gärung, an den Tag hervorgebrachtes und gemachtes Wesen [...]. Das in allen diesen gegorenen Dingen vorhandene geistige Wesen ist und bleibet allezeit einerlei brennbarer oder brennender Geist [...]."[67]

A. „Branntwein" ist demnach kein reines Naturprodukt, sondern kann nur durch „Kunst" erzeugt und „gemacht" werden, und sein „Geist" bleibt, wie der „brennbare" Alkohol, unabhängig von dem ‚Stoff', der „vergoren" wird, seinem „Wesen" nach immer gleich. Das erinnert an das ‚bekannte' „in vino veritas": ‚Im Wein liegt Wahrheit.'

B. Dies läßt sich - im übertragenen Sinn - auf den *Saft* der HEXE beziehen. Und wenn wir im folgenden Zitat „Weine" durch *Saft* ersetzen, dann könnte es von MEPHISTOPHELES stammen: „Je langsamer und behutsamer die Weine gären, je geistiger und herrlicher werden sie, als weswegen man eben diese Gärung an kühlen Örtern, nehmlich in Kellern, anzustellen pfleget."[68]

A. Das würde bedeuten, daß der „Geist"- oder Wahrheitsgehalt des Hexenprodukts das Individuelle seiner Ingredienzen nicht unterdrückt, sondern fördert. Denn ein Wein ist nicht dadurch „herrlich", daß er wie jeder andere schmeckt.

B. Es paßt zu dieser Szene, daß der Zedler mehrmals nachdrücklich darauf verweist, daß Wein und Branntwein nur auf „künstliche" Weise zu erzeugen sind und wie notwendig es ist, daß der „Wein" möglichst lange „von den Menschen mit Bedacht und Fleiß erhalten, vom Eßigwerden [...] oder andern Verderben bewahret"[69] wird. Das zeigt, daß *die Jahre* nicht automatisch *seine Kraft doppeln*, *Zeit* hier also kein quantitativer, sondern ein qualitativer Begriff ist.

A. Ja, die HEXE muß nicht nur wissen, wie die Natur sich verhält, wenn sie angeregt wird, etwas hervorzubringen, das sie von allein nicht erzeugt, sondern auch fähig sein, durch Erfahrung gewonnene Regeln so anzuwenden, daß das Produkt höchsten Erwartungen entspricht.

B. Womit wir bei MEPHISTOS *Nicht Kunst und Wissenschaft allein, Geduld will bei dem Werke sein* wären, das wir jetzt besser verstehen.

A. Besser als FAUST, der sich der HEXE und ihren ‚chemischen' Machenschaften gegenüber mehr als mißtrauisch verhält.

B. Das ist für seinen Autor ganz normal. Denn nach Goethe hat „Chemie [...] für diejenigen, die nicht damit vertraut sind, eher ein widerliches als anlockendes Ansehn", und dennoch kann sie „eine Art von **neuem Leben** wieder hervorbringen [...], wie zum Beispiel bei der **Gärung** geschieht"[70].

A. Die ‚Chemikerin' HEXE rückt, wenn wir dies beachten, mehr und mehr in den Mittelpunkt der Regeneration, die in FAUST, vielleicht durch Wahrheit, „eine Art von neuem Leben wieder hervorbringen" soll, also eine Art von ‚Wiedergeburt'.

B. FAUST scheint innerlich so erstarrt und unbeweglich zu sein, daß nur *das ält'ste* und *beste*, ein ‚hochprozentiges' Regenerations-Mittel für ihn taugt; aber gerade die hohe Konzentration des *Saftes*, die nötig wäre, ist für ihn schädlich.

A. Das *Hokuspokus*, das die HEXE als ***Arzt*** *machen* muß, damit FAUST *genesen* kann, diente demnach dazu, ihn so vorzubereiten, daß er seinen Widerstand aufgibt oder doch einschränkt gegen Vorstellungen, die bisher in seinem Bewußtsein keinen Raum hatten. Die HEXE braucht also auch didaktisches Geschick.

B. Freilich hat man zunächst eher den Eindruck, daß sie dieses ‚Geschick' verwendet, um FAUST zu vertreiben. Der *Kreis*, den sie zieht, schafft so etwas wie einen ‚heiligen Ort', und das *große Buch* sowie die *Fackeln* schaffen die Atmosphäre eines Gottesdienstes. Es ist begreiflich, daß dies einem, der *Theologie studiert* (356 f.) und sich davon enttäuscht abgewendet hat, *bekannt* und *verhaßt genug* ist.

A. Zugleich *machen* die Gerätschaften *Musik*, was sich ebenfalls in diese kultische Inszenierung einfügt. Das ist ein seltsames Ensemble von *Arzt*, *Hokuspokus*, *Musik* und priesterlichem Gebaren.

B. Ein zeitgenössisches Buch überliefert von der Pythagoreischen

Schule folgendes: „Pythagoras und seine Freunde verbanden aber mit den **Heilmitteln**, die sie Kranken gaben, noch die **Zauberkraft der Musik** und geheimnisvoller Beschwörungen [...]. Beide waren [...] notwendig, einem Kranken Zuversicht zu seinem Arzte einzuflößen [...]."[71]

A. Hier haben wir fast alles zusammen, was die Regieanweisung angibt; besonders bemerkenswert ist, daß „Musik" und „Beschwörungen" im Zusammenhang von „Heilmitteln" gesehen werden, mit denen man „Zuversicht" „**einflößen**" kann; denn in diesen Bereich gehört auch der *Trank*.

B. Es wird gesagt, daß vor allem „Vorurteile" der Kranken dieser „Zuversicht" hinderlich waren. Und weiter heißt es: „In eben der Absicht, in welcher Pythagoras seine Freunde mit dem **Zaubermantel des Arztes und Beschwörers** bekleidete, umgab er sie auch mit der Heiligkeit und den Künsten von Priestern und Götterdienern."[72]

A. Mir kommt es vor, als sei das *Hokuspokus* nach diesen Stellen konzipiert. Dessen Zweck wäre demnach, FAUSTS durch „Vorurteile" verhärtetes Bewußtsein zu ‚lockern' und ihm soviel „Zuversicht" „einzuflößen", daß er den Fähigkeiten der HEXE und ihres *Tranks* vertraut.

B. Bei einem so wahrheitsbegierigen Menschen wie FAUST wird sie dieses Vertrauen kaum gewinnen, wenn sie ihm nichts als *tolles Zeug* und *rasende Gebärden* bietet.

A. Dann dürfte das *Hexen-Einmal-Eins*, wenn es etwas nützen soll, nicht nur *Unsinn* enthalten, obgleich es mir schwerfällt, darin etwas Sinnvolles zu erkennen.

B. Immerhin kann man nach dem Rezept der HEXE, wenn man es geschickt anstellt und die Zahlen verschiebt, fallen läßt und an passender Stelle wieder aufnimmt, ein sogenanntes „Magisches Quadrat" bilden, so daß sich in allen Richtungen die Summe 15 ergibt:

4	9	2
3	5	7
8	1	6

A. Und was wäre damit gewonnen?

B. Wenigstens könnte man sehen, daß das, was *die Alte* nach

FAUSTS Empfinden *im Fieber spricht*, so etwas wie ‚Methode' hat und zu rationalen Ergebnissen führen kann. Sie *deklamiert* nicht ohne Grund *mit großer Emphase*, also auf Bedeutung hinweisend.

A. Jedes Quadrat ist eine Potenzierung, und um ‚Potenz' in mehrfachem Sinne scheint es in der „Hexenküche" zu gehen.

B. Das *Hexen-Einmal-Eins* ist ein viel komplizierteres und kunstvolleres Gebilde, als daß es als Handlungsanweisung für ein Magisches Quadrat ausreichend beschrieben wäre. Wenn du die Buchstaben zählst, wirst du sehen, daß es exakt zweihundert sind.

A. Das ist doch außergewöhnlich! - Ich sehe jetzt, daß das *Hexen-Einmal-Eins* genau fünfzig Wörter hat, wenn man - wie man wohl muß - das *'s*, das ***es*** bedeutet, als Wort zählt.

Summen der Buchstaben, Silben und Wörter im Hexen-Einmal-Eins

		Buchstaben	Silben	Wörter	
73 Buchstaben 20 Silben 19 Wörter	*Du mußt verstehn!*	14	4	3	131 Buchstaben 37 Silben 34 Wörter
	*Aus **Eins** mach **Zehn**,*	15	4	4	
	*Und **Zwei** laß gehn,*	14	4	4	
	*Und **Drei** mach' gleich,*	17	4	4	
	So bist du reich.	13	4	4	
127 Buchstaben 37 Silben 31 Wörter	*Verlier' die **Vier**,*	14	4	3	
	*Aus **Fünf und Sechs**,*	15	4	4	
	So sagt die Hex',	12	4	4	
	*Mach **Sieben und Acht**,*	17	5	4	
	So ist's vollbracht:	16	4	4	69 Buchstaben 20 Silben 16 Wörter
	*Und **Neun** ist **Eins**,*	14	4	4	
	*Und **Zehn** ist keins.*	15	4	4	
	*Das ist das Hexen-Einmal-**Eins***	24	8	4	
	Zahlenwert der auf der linken Seite unter einander stehenden Zahlwörter: **37** — rechten Seite unter einander stehenden Zahlwörter: **30**	**200**	**57**	**50**	

Buchstaben + Silben + Wörter: **307**

Folgende Zahlen haben die Quersumme 10: 19; 37; 73; 127; 307

B. Wie die Tabelle zeigt, haben die Summen der Buchstaben, Silben und Wörter noch weitere ungewöhnliche Resultate.[73] Die Zahl 37 finden wir viermal; sie galt früher wegen ihrer Beziehung zu den Zehn Geboten als heilige Zahl, weil drei Gebote Gott, und sieben Gebote die Menschen betreffen. Die gleiche Bedeutung hatte die Zahl 73.

A. Sowohl als Quersumme wie als Faktor der Produkte 30, 50 und 200 ist die Zehn vorhanden; sie ist also besonders herausgestellt.

B. Das sehen wir vielleicht noch besser, wenn wir versuchen, die im *Hexen-Einmal-Eins* gestellte Rechenaufgabe zu lösen, ohne ein Magisches Quadrat vorauszusetzen. Wie läßt sich das dreimalige ***mach'*** der HEXE ausführen?

A. Wir könnten verfahren wie nach dem früher in der Schule gelernten Satz, der in Campes Wörterbuch steht: „Zwei und zwei **macht** vier, gibt vier."[74] Demnach muß man, wenn man aus Zwei Vier ‚machen' will, zu Zwei die Differenz von Vier und Zwei, nämlich Zwei, hinzufügen.

B. Das würde heißen, um die Anweisung *Aus Eins mach' Zehn* auszuführen, wäre es nicht nötig, *Eins* mit *Zehn* zu multiplizieren, ihr also eine Null anzuhängen, sondern viel ‚natürlicher' wäre es, zu *Eins* Neun hinzuzufügen. - Und was rechnen wir an der Stelle *Und Drei mach' gleich*? Das *gleich* kann sich auf die erste oder die zweite Anweisung beziehen.

A. Es auf die erste Anweisung zu beziehen ist sinnvoller, weil diese ebenfalls das *mach'* enthält. *Drei mach' gleich* würde dann heißen, *gleich* wie die *Eins*, ergänze sie ebenfalls zu *Zehn*.

B. Zu *Fünf und Sechs* müßten wir jeweils Zwei hinzufügen, um sie zu *Sieben* bzw. *Acht* zu ‚machen'. - Wie einigen wir uns über *laß gehn*?

A. Ebenfalls im Campe heißt es, daß „Gehen lassen" bedeute, „etwas nicht zurückhalten, ihm kein Hindernis in den Weg legen"[75].

B. Wir lassen die Zahl *gehn*, indem wir sie so lassen, wie sie ist …

A. … und was wir ‚verlieren' sollen, das tun wir weg und finden es während der ganzen Rechenoperation nicht wieder. Also:

Aus Eins mach' Zehn,		1
(Eins und Neun macht Zehn)	+	9
Und Zwei laß gehn,		2
Und Drei mach' gleich,		3
(Drei und Sieben macht Zehn)	+	7
So bist du reich.		
Verlier' die Vier,		0
Aus Fünf und Sechs,		5
		6
So sagt die Hex',		
Mach' Sieben und Acht,		
(Fünf und Zwei macht Sieben,	+	2
und Sechs und Zwei macht Acht)	+	2
================================		
So ist's vollbracht:		37

B. Dieses Ergebnis entspricht den ‚Summen' des *Hexen-Einmal-Eins.* Aber was bedeuten die nächsten beiden Zeilen?

A. Wie du siehst, ist die *Neun* in dieser Aufstellung nur einmal aufgeführt, und die *Zehn* keinmal. Damit können wir zufrieden sein. Nur weiß ich nicht, warum man nach der dritten Anweisung *reich* sein soll.

B. Vielleicht weil hier zur Ziffer 3 die Ziffer 7 ‚erscheint', aus beiden ist die Endsumme der Rechnung gebildet. Die letzte Anweisung führt zur Zahl 15, die wir als magische Zahl des Neuner-Quadrats ebenfalls schon kennen. Auch das Wort *Hexen-Einmal-Eins* hat 15 Buchstaben.

A. Es fasziniert mich, wie vieldeutig diese dreizehn Verse sind. - Die Zahl 37 kann deshalb als ‚heilig' gelten, weil die Ziffer 3 nicht als Zehner, sondern als Einer gelesen wird und sich so auf die drei ersten Gebote beziehen läßt. Ich hätte Lust, umgekehrt die Ziffern 5 und 7 als Zehner zu lesen, um zu sehen, was herauskommt, wenn man die jeweils nebeneinander gestellten *Fünf* und *Sechs* sowie *Sieben* und *Acht* als 56 und 78 liest. 56 wäre dann mit 22 zu 78 zu ‚machen'.

B. Dann laß es uns versuchen:

$$1 + 9 + 2 + 3 + 7 + 0 + 56 + 22 = 100$$

A. Wir sind ohne komplizierte Operationen auf die Potenz der Zahl 10 im *Hexen-Einmal-Eins* gestoßen!

B. Ja, jetzt bin **ich** fasziniert. Und auf die 22 ist schon mit *So bist* *du reich* hingewiesen; denn an dieser Stelle ist die Summe 22. Wenn wir die Ergebnisse zusammenfassen, ergibt sich:

- Zehn ist die Grundlage des *Hexen-Einmal-Eins*, angedeutet durch die erste Aufgabe: *Aus Eins mach' Zehn*;
- Zehn ergibt sich in fünffacher Weise als Quersumme;
- Zehn erscheint in der zweiten Potenz als 100;
- die Potenz von Zehn kommt verdoppelt (200 Buchstaben) und halbiert (50 Wörter) vor (*Die Jahre* ***doppeln*** *seine Kraft*);
- die Bedeutung der Summanden 7 und 3 wird angezeigt durch die Bemerkung *So bist du reich* an der Stelle, wo 3 durch 7 zur Zehn ergänzt werden soll;
- möglicherweise wird die Zehn dadurch hervorgehoben, daß in der **zehnten** Zeile *So ist's vollbracht* steht.

A. Diese Art Rätsel hat doch Goethe nicht erfunden, oder?

B. Nein, solche Rätsel haben ihre Tradition. So gibt es zum Beispiel in den von Goethe schon in jungen Jahren gelesenen „Chymischen Schriften" des Basilius Valentinus im Kapitel „Von der grossen Heimlichkeit der Welt / und ihrer **Arztney"** ein ähnliches, „ÆNIGMA" genanntes Rätsel, das zu dem Lösungswort „VITRIOLUM" führt; und in „Die chymische Hochzeit des Christian Rosenkreuz" von Johann Valentin Andreae steht ein Rätsel, das sich auf die Stellung der Buchstaben im Alphabet bezieht und als Lösung „Alchimia" hat.

A. Die Bezeichnung *Hexen-Einmal-Eins* hat eine magische (*Hexen-*) und eine rationale (*Einmal-Eins*) Komponente, ähnlich wie „Magisches Quadrat". Das heißt wohl, daß es neben dem äußeren *Unsinn* auch rational faßbaren Sinn enthält. Es müßte uns gelingen, herauszufinden, **warum** FAUST sich so ‚hochpotenzige' Verse anhören muß. Die Anweisungen, die die HEXE gibt, führen zu neuen Rätseln.

B. Vielleicht haben die Verse den Sinn, das Normale zu verrätseln.

A. Kennst du nicht wieder eine brauchbare Theorie?

B. Hilfreich könnte die folgende Aussage Spinozas sein, mit dem sich Goethe in den 80er Jahren intensiv beschäftigt hat: „Und in der Tat bestehen auch die meisten **Irrtümer** bloß darin, daß wir die Benennungen nicht recht den Dingen anpassen. Denn wenn Jemand sagt, daß die Linien, welche aus dem Mittelpunkte des Kreises nach seinem Umkreise führen, ungleich sind, so versteht er wenigstens so lange gewiß etwas Anderes unter Kreis, als die Mathematiker. So haben die Leute, wenn sie bei dem **Rechnen** irren, andere Zahlen im Geiste, andere auf dem Papier. In Betracht des Geistes also irren sie gewiss nicht; sie scheinen uns jedoch zu irrren, weil wir glauben, dieselben Zahlen im Geiste zu haben, welche auf dem Papier stehen. Wäre dieses nicht, würden wir nicht glauben, sie irrten sich [...]."[76]

A. Das würde heißen, daß sich ein Mathematiker nicht mit einem Menschen verständigen kann, der von einem „Kreis" spricht und dabei an eine ‚Ellipse' denkt.

B. Das *Hexen-Einmal-Eins* ist ein gutes Beispiel für das, was Spinoza meint: Sobald man bei *Fünf und Sechs* und *Sieben und Acht* nur **Einer** „im Geiste" hat, läßt sich das *Hexen-Einmal-Eins* leicht als *Unsinn* abtun. Sobald man aber fragt, ob „bei dem Rechnen" diese „Zahlen" „im Geiste" der HEXE etwas anderes bedeuten könnten, als man spontan „auf dem Papier" sieht oder aus ihrem Munde hört, löst sich der „Irrtum" auf. Denn es ist fast üblich, beim Rechnen mit mehrstelligen Zahlen die Zehner, Hunderter, Tausender usw. wie Einer zu benennen.

A. Demnach ginge es der HEXE darum, Vorurteile vielleicht nicht nur, wie die Pythagoreer, für den Genesungsprozeß unschädlich, sondern sie zugleich als solche bewußt zu machen.

B. Auch durch die Zahl *Zehn* ist das *Hexen-Einmal-Eins* auf pythagoreische Vorstellungen bezogen, denn nach Plutarch sagte Pythagoras, „die Natur der Zahl sei ganz in der Zehne begriffen"[77]. Aber selbst hier säße man einem Vorurteil auf, wenn man das Wort „Zahl", wie es „auf dem Papier" steht, in seinem „Geiste" als Quantität läse. Denn die Pythagoreer erklärten „alle Dinge in der Welt, Himmel, Erde, Seelen und Tugenden, kurz alles sichtbare und unsichtbare für Wirkungen und Eigenschaften der Zahl oder Zahlen"[78].

A. Dann müßte „Zahl" etwa die „Eigenschaften", die Qualitäten, bedeuten, die dem Erkenntnis- und Empfindungsvermögen des Menschen zugänglich sind.

B. So sehe ich das auch. Pythagoras war für Goethe der Repräsentant der „Besten", denn in einem Gedicht heißt es:

> [...] So bei Pythagoras, bei den Besten,
> Saß ich unter zufriedenen Gästen;
> Ihr Frohmahl hab' ich unverdrossen
> Niemals bestohlen, immer genossen.[79]

A. An dieses „Frohmahl" kann man denken, wenn MEPHISTOPHELES sagt: *Ich gönn ihm gern das beste deiner **Küche***. Vielleicht hilft uns MEPHISTOPHELES weiter, der sich als Kenner ausgibt und das *Hexen-Einmal-Eins* kommentiert. Nach seiner Darstellung sind solche Verse so fesselnd, daß sich *manche Zeit damit* verlieren läßt.

B. Für das faustische Bewußtsein, dem nichts schnell genug geht und das immerfort ‚Zeit gewinnen' will, wäre ‚Zeit verlieren' etwas, das ihm wesentlich ‚widerspricht'. Wer Zeit verliert, kann in dem, was er tut, keinen Sinn und keinen Zweck sehen. Zugleich vermag er nicht, sich dem zu öffnen, was die ungewünschte Situation möglicherweise an Sinnvollem enthält. In dieser Lage scheint sich FAUST zu befinden.

A. MEPHISTOPHELES wendet den Zeitverlust ins Positive, da er den *vollkommnen Widerspruch* der Verse als etwas ‚Geheimnisvolles' charakterisiert.

B. Er begreift die Verse der HEXE nicht als Gerede *im Fieber*, sondern als *Widerspruch*, als eine Art von ‚Gegen-Rede'; vielleicht gegen Welt- und Menschenbilder, die als selbstverständlich hingenommen und nicht hinterfragt werden.

A. Dabei stört mich nur, daß der *Widerspruch* ***bleibt***. Ist er deshalb ein *vollkommner*?

B. Zum Begriff des *Widerspruchs* gehört ein Begriff von Wahrheit, auf die sich der Widersprechende beruft. Beim gewöhnlichen Widerspruch liegt es nahe, daß dasjenige, welchem der Widerspruch gilt, berichtigt wird oder sich als richtiger behauptet. MEPHISTOPHELES jedoch scheint von einem *Widerspruch* zu sprechen, der so allgemein oder so prinzipiell ist, als ob er zum Wesen des Menschen gehöre. Dazu passend sagt Goethe später einmal: „Der Geist des Widerspruchs und die Lust zum Paradoxen steckt in uns allen."[80]

A. An diesem „Geist" hat es FAUST nicht gefehlt, denn sein erster Monolog ist doch ein einziger „Widerspruch".

B. Ich glaube aber, daß sein „Widerspruch" nicht mit der „Lust am Paradoxen" gepaart ist. Sein Widerspruch hat sich verfestigt, er ist darauf eingeschworen, zu erkennen, *was die Welt Im Innersten zusammenhält* oder, radikaler ausgedrückt: wie Gott zu sein. Und davon bringt ihn nichts ab. Er hat weder Humor noch ist er selbstironisch. Mir kommt er vor, als trage er Scheuklappen. Sonst müßte er doch ein wenig neugierig sein auf das, was die HEXE anstellt.

A. Du meinst, er habe seine Wahrheit gefunden und halte nun an ihr fest. Die Wahrheit des *vollkommnen Widerspruchs* wäre also keine festgelegte, ewige Wahrheit, sondern eine, die es noch zu suchen gilt.

B. MEPHISTOPHELES erläutert, warum die *Kunst, Durch Drei und Eins, und Eins und Drei Irrtum statt Wahrheit zu verbreiten, alt und neu* sei.

A. Für mich ist das gegen den christlichen Glauben an die Dreieinigkeit gerichtet. Aber was würde es helfen, FAUST auf den *Irrtum* einer Lehre hinzuweisen, an die er nicht glaubt? Siehst du andere Traditionen, auf die Mephistopheles anspielen könnte?

B. In seiner Abhandlung „Älteste Urkunde des Menschengeschlechts” versucht Herder zu zeigen, daß in alten Weltentstehungsmythen, zu denen er die Bibel zählt, sich eine symbolische „Figur” erkennen läßt, die er auch „heilige Zahl”, „klingende Sieben! die tönende Leier des Weltalls” nennt[81]:

Auf diese „Figur” könnte Mephistos *Drei und Eins, und Eins und Drei* anspielen. Obgleich es sich anhört, als ergebe diese Rechnung die Zahl Acht, kann es die Beschreibung einer siebenteiligen Figur sein, wenn nämlich der mittlere Punkt **beiden** Dreiergruppen hinzugerechnet wird.

A. Dann wäre auch Mephistos Beschreibung rätselhaft wie das *Hexen-Einmal-Eins*, weil seine Aufstellung ebenfalls anders zu lesen ist, als man zunächst glaubt.

B. Für Herder sind in diesem symbolischen Zeichen, auf das Mephistopheles wohl anspielt, „alle Künste und Wissenschaften zusammen”[82]. Wie er das meint, zeigt die folgende Stelle: „Wer *Pythagoräer, Orphiker* und *Platoniker* gelesen, muß den Nachhall der Sieben Töne, **Drei** Töne und **Eines** Tons hören! *Alle Wissenschaften hieroglyphisch*, **rätselnd**, symbolisch: gewiß nicht bloß um den Augen des Volkes verborgen zu werden: es ist **ursprüngliche**, tiefeingedrückte Form.”[83]

A. Falls Mephistopheles die Hexe mit diesem Weltbild in Verbindung bringt, käme es ihr darauf an, daß „Künste und Wissenschaften zusammen” gehören, weil eine bloß rationale Beschreibung der Welt deren Wesen nicht erfaßt und solche Erkenntnis dem Wesen des Menschen nicht gerecht wird.

B. Ja, die Hexe scheint darauf bedacht zu sein, daß der Erkennende das Ganze nicht zugunsten einzelner Beobachtungen aufgibt. Die „Genesis des **Irrtums”**[84] sieht Herder darin, daß im Verlaufe der Wissenschaftsgeschichte „Zahlen" nicht mehr „*Inhalt, Kräfte, Maas aller Dinge,* sondern schlechte Rechenziffern" waren und sich die Wissenschaft nicht mehr „an dieser so ein- und vielfachen Symbole" - gemeint ist die oben gezeigte Figur -, sondern „an Kompaß [...] Zirkel und Lineal"[85] gehalten habe.

A. Die „schlechten", also ‚schlichten' „Rechenziffern" sind aber nicht mehr aus der Welt zu schaffen!

B. Das scheint die HEXE auch nicht zu erwarten, da in ihrem Rätsel geradezu provozierend auf das *Einmal-Eins* hingewiesen ist. Aber das braucht nicht zu heißen, daß sich die Beschreibung der Welt auf das Meßbare beschränkt und alles, was sich nicht quantifizieren läßt, wissenschaftlich wertlos ist.

A. Dieses wissenschaftlich Wertlose bliebe übrig für die Künste, um es „hieroglyphisch", also bildhaft, darzustellen.

B. In der von Herder geforderten Weltauffassung, die wir der HEXE unterstellen, darf von Anfang an nichts isoliert werden, was sich mit „Kompaß [...] Zirkel und Lineal" messen und berechnen läßt. Das ist der grundlegende „Irrtum", der FAUST als dem Vertreter moderner Wissenschaft, für den es keine Kunst zu geben scheint, überhaupt nicht bewußt ist; deshalb steht er so verständnislos da.

A. In MEPHISTOS Formel: *Irrtum statt Wahrheit zu verbreiten*, ist mir nicht mehr klar, ob *Irrtum Wahrheit* oder *Wahrheit Irrtum* bedeutet. Ich bin fast so verwirrt wie FAUST. In dem Herder-Zitat ist mit „Irrtum" etwas gemeint, das korrigiert werden müßte. Und für den Fall, daß MEPHISTOPHELES auf die Verbreitung von *Wahrheit* durch Konfessionen anspielt, die die HEXE mit ihrer kultischen Darstellung ja auch parodiert, wäre diese verbreitete *Wahrheit* auch als falsche Lehre charakterisiert.

B. Was schließt du daraus?

A. Bezogen auf das *Hexen-Einmal-Eins* ist das, was zunächst als *Irrtum* erscheint, schließlich wahrer als das, was anfänglich sicher war. Die HEXE scheint dafür sorgen zu wollen, daß in FAUSTS *Kopf* der Gedanke möglich wird, eine ‚sichere' *Wahrheit* könne auch falsch sein.

B. Sie scheint in ihm die Lust wecken zu wollen, wenigstens probeweise *Wahrheit* als *Irrtum* und *Irrtum* als *Wahrheit* zu denken.

A. Das wäre dann die „Lust am Paradoxen", die ihm, wie wir gesagt haben, fehlt.

B. Auf die hier gemeinte immerwährende ‚Spannung' - den **bleibenden** *vollkommnen Widerspruch* - zwischen *Irrtum* und *Wahrheit* weist Goethe an einer anderen Stelle hin:

Irrtum verläßt uns nie; doch ziehet ein höher Bedürfnis
Immer den strebenden Geist leise zur Wahrheit hinan.[86]

In der „Hexenküche" geht es wohl gerade darum, daß FAUSTS „strebender Geist" dieses „höher Bedürfnis" bekommt und dauerhaft empfindet. Das wäre eine Form der ‚Verjüngung'.

A. Nicht nur FAUSTS „strebendem Geist", sondern auch dem des Publikums mutet MEPHISTOPHELES einiges zu, wenn er sagt: *So schwätzt und lehrt man ungestört! Wer will sich mit den Narr'n befassen?* Das könnte sich auch auf seine eigene Rede beziehen.

B. Ich sehe das so, daß sich MEPHISTOPHELES mit diesen Versen tatsächlich mehr an das Publikum als an FAUST wendet. Die *Narr'n* stehen dafür, daß rätselhaftes Sprechen es ermöglicht, gefährliche Wahrheit gefahrlos zu sagen. Es ist bedeutend, daß MEPHISTOPHELES dort eine rhetorische Frage verwendet, wo er von *den Narr'n* spricht. Auch wenn Narren - wie das Sprichwort sagt - die Wahrheit sprechen, sprechen sie sie nicht immer unverblümt, sondern oft rätselhaft aus.

A. Das stimmt; sie selbst haben meistens nicht viel gesagt, ihre Zuhörer müssen sich - wie bei der rhetorischen Frage - die Wahrheit selber denken. In diesem Sinne spricht auch MEPHISTOPHELES wie ein Narr und zeigt damit vielleicht, selbst wenn er übertreibt, wie man die von Herder empfohlene ganzheitliche Wissenschaft oder ganzheitliche Kunst …

B. … beide sind in Herders Konzeption so gut wie identisch …

A. … sich vorzustellen habe. Vor allem dürfte nichts als ganze Wahrheit ausgegeben werden, was nur für einen Teilaskpekt gelten kann. Deshalb wohl hat sich Goethe so dagegen gewehrt, das Wesen des Lichts als Summe von Spektralfarben begreifen zu wollen.

B. MEPHISTOPHELES rechnet die HEXE zu den *Narr'n* und stellt sie damit in eine bedeutende Tradition, die Herder - selber ironisch redend - so beschreibt: „Und warum leugnet man denn nicht lieber ganz das *Dasein* all der **Toren** und Dummköpfe, *Pythagoras, Solons, Plato* und *Aegyptens* oben drein [...] *Plato* der Schwärmer! *Pythagoras* der **Narr**!"[87]

A. Was die HEXE *ungestört schwätzt*, scheint darauf hinauszulaufen, daß die ‚Lehre' der *Narr'n*, für die die HEXE steht, nur solange *Unsinn* ist, wie diejenigen, denen die ‚Lehre' gilt, nicht an ihrem eigenen ‚Verstand' zweifeln, also nicht ihre Vorurteile in Frage stellen.

B. So laß uns selbst versuchen, den zweiten Teil der Hexenverse möglichst vorurteilslos zu verstehen, auch wenn wir uns mit FAUSTS Frage identifizieren könnten: *Was sagt sie uns für Unsinn vor?*

Die hohe Kraft
Der Wissenschaft
Der ganzen Welt verborgen!
Und wer nicht denkt,
Dem wird sie geschenkt,
Er hat sie ohne Sorgen.

A. Nun haben wir also neben MEPHISTOS Erläuterungen zum *Hexen-Einmal-Eins* auch die der HEXE. Sie scheinen auf MEPHISTOS *Gewöhnlich glaubt der Mensch, wenn er nur Worte hört, Es müsse sich dabei doch auch was denken lassen* bezogen zu sein. Daß Rätselhaftes, auf Wahrheit bezogenes Irren zum Denken, zum Zweifeln an der eigenen, sicher geglaubten Wahrheit anregt, leuchtet mir ein, aber daß man zur *Wissenschaft* sozusagen im Schlaf kommen kann, das irritiert mich.

B. Ich suche nach Beispielen, wo *Wissenschaft*, also rational, systematisch Durchdachtes einer Sache zugrunde liegt, die rein über die Sinne aufgenommen und empfunden werden kann.

A. Das gilt für Musik. Selbst die einfachsten Liedchen sind nach musikalischen Regeln konstruiert, auch wenn ihr Erfinder nichts von Musiktheorie weiß. Wer mit Musik aufwächst, dem gehen diese Regeln in ‚Fleisch und Blut' über. Darauf ließen sich die Verse der HEXE anwenden; vielleicht redet sie doch keinen *Unsinn*.

B. Daß während der ganzen Hexenzeremonie *Gläser* und *Kessel klingen* und *tönen* und *Musik machen*, würde diesen Zusammenhang bestätigen. Aber Musik ist zu formal, zu abstrakt, als daß sie allein genügte, um den ‚Verstandes-Menschen' FAUST, der die schnelle, konkrete, praktische Verwirklichung des Gedachten will, aus seiner Starrheit zu lösen. Deshalb singt die HEXE nicht nur eine *Melodei*, sondern spricht dazu Verse. Was könnte das für eine *Kraft* sein, die *der **ganzen Welt** verborgen* ist und doch jedem, der *nicht denkt*, *geschenkt* werden kann?

A. Am ehesten kann man sich vorstellen, daß diese *Kraft* in jedem einzelnen Menschen verborgen ist.

B. Das würde heißen, der Beschenkte bekommt nicht etwas Fremdes, sondern etwas, das er schon hat, aber noch nicht kennt.

A. Auf FAUST bezogen könnte gemeint sein, daß er das ihm zugedachte Geschenk durch sein einseitig rationales Denken zugedeckt hat.

B. Du darfst nicht vergessen, daß die HEXE dabei ist, ihren *Trank* für FAUST **bekömmlich** zu machen. Sie kann ihm diesen *Trank* nur *schenken*, im wörtlichen Sinne ‚einschenken', wenn er sich nicht durch seine Vorurteile - das ist auch eine Art von ‚Denken' - dagegen sträubt.

A. Wie wir uns verdeutlicht haben, vermag jeder ‚geistreiche' *Trank* Symbol für etwas zu sein, das *Wahrheit* enthält. MEPHISTOS Formel *Irrtum statt Wahrheit zu verbreiten* verdeutlicht, daß diese Wahrheit wohl kaum eine verfestigte Ideologie bedeuten kann.

B. Diese *Kraft* kann auch deshalb *Wahrheit* bedeuten, weil sie ***hohe*** *Kraft* genannt wird. Denn der höchste Antrieb zu jeder Art von *Wissenschaft* dürfte wohl der ‚Hunger' nach Wahrheit sein. Es wird mir nun deutlicher, warum das die *Wahrheit* belebende Regenerationsmittel als *Trank*, als eine Nahrung gestaltet ist. Nur wenn dieses Mittel ins Innere der einzelnen Menschen eindringt, kann es die in diesem Innern verborgene *Kraft* beleben.

A. Wahrheit würde also durch Wahrheit, Geist durch Geist belebt.

B. Bei Herder findet sich ein Text, der die theoretische Grundlage für diese Auffassung sein könnte: „Wie der Leib durch Speise zunimmt, nimmt unser Geist durch Ideen zu [...]. Auch Er kann sich mit Nahrung überfüllen, daß er sich dieselbe nicht zuzueignen und in sich zu verwandeln vermag; auch Er hat eine Symmetrie seiner geistigen Kräfte, von welcher jede Abweichung **Krankheit**, entweder Schwachheit oder **Fieber**, d. i. **Verrückung** wird [...]. Nichts gewährt dem Menschen ein so eigenes Gefühl seines Daseins als Erkenntnis; Erkenntnis einer **Wahrheit**, die wir selbst errungen haben, die unsrer **innersten Natur** ist und bei der uns oft alle Sichtbarkeit schwindet. Der Mensch vergißt sich selbst: er **verliert** das **Maß der Zeit** und seiner sinnlichen Kräfte, wenn ihn ein **hoher** Gedanke aufruft und er denselben verfolget."[88]

A. Vielleicht ist die *Kraft* des Regenerationsmittels, wenn wir darunter *Wahrheit* verstehen, um so größer, je mehr sie im Menschen einen ‚Impuls' auslöst, das „Maß der Zeit" zu verlieren und sich so aus Zweck-Nutzen-Relationen zu lösen. Unter solcher Voraussetzung könnte der Mensch unvoreingenommen die „Wahrheit" finden, die seiner „innersten Natur" ist, die er selbst hat, die aber bis dahin in ihm nicht zur Wirkung kam. Kann denn *Wahrheit* etwas Privates sein?

B. Ich glaube, der wichtigste Begriff in diesem Zusammenhang ist der der „Natur". Die „innerste Natur" eines Menschen kann nichts sein, was der Natur des Menschen, also der Natur aller Menschen, widerspricht. Aber es kann auch nichts sein, was der Vorstellung widerspricht, daß die Menschen Individuen sind.

A. Dafür wären die „herrlichen Weine", von denen wir gesprochen haben, das geeignete Gleichnis, weil ihre individuelle Eigenart zunimmt, je größer ihr Gehalt an Alkohol ist.

B. Starke alkoholische Getränke können vielleicht noch besser als eine „Speise" symbolisieren, daß die Nahrung des Geistes durch Ideen nicht unmäßig sein darf, weil dann „unser Geist" „sich dieselbe nicht zuzueignen und in sich zu verwandeln vermag". Goethe sagt einmal: „Das Wahre ist eine Fackel, aber eine ungeheure; deswegen suchen wir alle nur blinzelnd so daran vorbei zu kommen, in Furcht sogar, uns zu verbrennen."[89]

A. Das erinnert mich an die ***große Flamme***, *welche zum Schornstein hinausschlägt* und durch welche die HEXE *mit entsetzlichem Geschrei herunter gefahren* kommt.

B. Und ich denke dabei an die ***leichte Flamme***, die entsteht, als FAUST die *Schale* mit dem *Trank* der HEXE *an den Mund bringt*.

A. Das ist sehr sinnreich komponiert: Im Unterschied zur Revolutionsflamme ist diese Regenerationsflamme so klein, daß sie bei FAUST zwar ‚Scheu', aber keine *Feuerpein* (2473) auslöst und nicht den Wunsch, sich zu *entfernen*.

B. Ja, diese *kleine Flamme* mit ihrer *hohen Kraft* kann ins Innere FAUSTS eindringen und dort wirken, wenn für diesen *Trank* gilt, was Goethe schon 1780 vom Wein gesagt hat, daß man nämlich „erst den Wein spürt, wenn er eine Weile hinunter ist"[90].

A. Der mit dem *Trank* ins Innere gekommene „Geist" will aber nicht nur innen wirken: *Du mußt notwendig transpirieren, Damit die Kraft durch inn- und äußres dringt*. Dieses *transpirieren* könnte auch ‚trans-spirieren' im Sinne von ‚durch-geistigen' bedeuten.

B. Dazu gibt es im Zedler Stellen, die zeigen, wie genau sich Goethe an die ‚Natur' der Gleichnisse hält, die er verwendet: „Wenn der Mensch Wein getrunken hat, so werden in seinem Körper des Weines Geister fast eben so aus einander gesetzt, wie bei der Destillierung geschieht. [...] der Wein [...] gibt dem ganzen Körper neue Kräfte."[91] Und vom „Weingeist" heißt es, „er öffnet alle Gänge, Adern und Schweißlöcher"[92].

A. Wir wissen nun einiges über das ‚Gleichnis', mit dem der *Trank* verdeutlicht wird. Aber wir wissen noch nicht, was der *Trank* **bedeutet** und wie dieses Bedeutende erzeugt wird.

B. Bisher haben wir die sechs Verse der HEXE mehr auf FAUST als auf die HEXE bezogen. Sie können aber auch beschreiben, wie die HEXE zu ihrem *Trank* kommt. Eine Art des Schenkens - im Sinne von ‚Geschenk' und von ‚Ein-schenken' - ist die Inspiration, auf die sich Künstler vor allem seit dem „Sturm und Drang" berufen. Im gleichen Jahr wie das „Faust-Fragment" erschien Kants „Kritik der ästhetischen Urteilskraft", in der er vom „Genie" sagt, daß „der Urheber eines Produkts, welches er seinem Genie verdankt, selbst nicht weiß, wie sich in ihm die Ideen dazu herbei finden"[93]. Bei Kant ist es die Natur, die durch das „Genie" des Künstler wirkt.

A. So etwas könnte die HEXE auch im Sinn haben. Dann wäre sie eine Vertreterin der Kunst, und ihr Kunstprodukt wäre von der **Natur** *geschenkt*.

B. Auch wenn man sich eine ‚höhere' Natur denkt, von der die *hohe Kraft* kommt, umfaßt der Begriff der Natur immer etwas, was in der ***ganzen Welt***, also auch in **allen Menschen** angelegt ist. Deshalb könnte ein von der Natur dem Genie geschenkter ‚Kunst-Trank' auch die Natur derjenigen anstoßen und ‚entzünden', die diesen *Trank* einnehmen.

A. Nun verstehe ich die Bedeutung des ‚Gärungs- und Destillationsprozesses' besser, von dem wir anfangs gesprochen haben. Was die Natur dem Künstler schenkt, muß in diesem - womöglich *Jahre* lang - reifen, bis es als Kunstwerk anderen Menschen *geschenkt* werden kann. Aber dann wiederholt sich in denen, die das Kunstwerk in sich aufgenommen haben, dieser Prozeß ...

B. ... und *die Kraft dringt durch* ***Inn- und Äußres***, um den jeweiligen Menschen so zu verändern, daß er zu seiner wahren Natur findet.

A. Wenn diese *hohe Kraft Der Wissenschaft* mit der *Vernunft und* Wissenschaft (1851) verwandt ist, von der MEPHISTOPHELES gesprochen hat (Dialog 20), dann schließt sie eine sittlich-moralische Erneuerung ein.

B. So hätte man sich die versprochene Verjüngung oder Regeneration wohl zu denken. Über seine eigene „Wiedergeburt" hat Goethe aus Rom geschrieben: „Die Wiedergeburt, die mich **von innen heraus umarbeitet**, wirkt immer fort [...], daß ich so viel *ver*lernen müßte, dacht ich nicht."[94]

A. Das würde bekräftigen, daß ‚Verjüngung' nicht heißt, möglichst viel Neues hinzuzulernen, sondern nach und nach zu erkennen, daß das, was bisher für wahr gehalten wurde, falsch ist oder falsch sein kann. Ausdruck der „Wiedergeburt" wäre, daß in diesem Erkenntnis-Prozeß *Irrtum* die Stelle der - alten - *Wahrheit* einnimmt. - Können wir denn voraussetzen, daß Goethe schon in den 80er Jahren ähnlich wie Kant künstlerische Inspiration der Natur zugeschrieben hat?

B. Auf sich selbst bezogen hat er um 1785 über die „Natur" gesagt: „Sie wird ihr Werk nicht hassen. Ich sprach nicht von ihr. Nein, was **wahr** ist und was **falsch** ist, alles hat sie gesprochen. Alles ist ihre Schuld, alles ist ihr Verdienst."[95] Das zeigt, daß Goethe nicht nur sich als „Werk" der Natur sieht, sondern auch sein Werk, das, was **er** gesprochen hat, der Natur zuschreibt. Ein solcher Einfluß der Natur ist doch Inspiration.

A. Ja, Goethe und Kant stimmen auch hier überein (vgl. Dialog 13).

B. Bei aller Übereinstimmung gibt es eine wichtige Differenz. Denn Kant will das Genie aus der Wissenschaft heraushalten, es soll nur für Kunst zuständig sein. Für Goethe aber sind - wie für Herder - Kunst und Wissenschaft nicht zu trennen. In den „Materialien zur Geschichte der Farbenlehre" steht: „[...] so müssen wir uns die Wissenschaft notwendig als Kunst denken, wenn wir von ihr irgend eine Art von Ganzheit erwarten"[96]. Und vor allem um diese „Ganzheit" ist es hier zu tun.

A. Wenn wir die HEXE so eng mit Goethe zusammenbringen, liegt es da nicht nahe, sie nicht nur als Repräsentantin der Kunst, sondern spezieller als Repräsentantin der Poesie zu sehen? Denn immerhin deklamiert sie Verse, die sich von den ‚Umgangsversen' dieses Dramas abheben.

B. Das könnte möglich sein, auch weil MEPHISTOPHELES die HEXE als *Sybille* bezeichnet. Sybillen sind Wahrsagerinnen, die in Rätseln sprechen. Plutarch, mit dem sich Goethe in Rom intensiv beschäftigte, sagt über die Dichtung der Sybillen: „Wir [...] wollen doch [...] nicht glauben, daß der Gott sie [die Verse der Sybillen] gedichtet hat, sondern daß von ihm der **Anstoß** zu der **inneren** Erschütterung ausgeht, die jede der Prophetinnen je nach ihrer Natur erfährt. [...] Denn weder ist die Stimme noch der Laut noch die Worte noch die Verse von dem Gott, sondern von der Frau. Er **erweckt** nur die Vorstellungen **in ihr** und **zündet** das Licht in ihrer Seele an, das in die Zukunft leuchtet. Denn etwas von der Art ist der Enthusiasmus."[97] Hier brauchst du nur „Gott" durch Natur und „Enthusiasmus" durch Inspiration zu ersetzen, und wir haben eine Beschreibung der HEXE und zugleich Kantische und Goethesche Vorstellungen vom Genie des Dichters.

A. Auch daß die HEXE zu FAUST am Schluß sagt: *Hier ist ein* ***Lied!*** *wenn ihr's zuweilen singt, So werdet ihr besondre Wirkung spüren*, deutet darauf hin, daß diese *Sybille* eine Dichterin oder vielleicht eine Allegorie der Dichtung ist.

B. Es ist möglich, daß *Lied* auf das lateinische „carmen" anspielt, denn „*Carmen* hieß zuerst ‚magisches Lied', ‚Zauberspruch', erst später ‚Lied', ‚Gedicht' überhaupt."[98]

A. Das würde erklären, warum eine HEXE, eine Zauberin, die Dichtung vertritt. Und die *besondre Wirkung* des *Lieds*, von der die HEXE spricht und die wir versucht haben zu verstehen, läßt sich rational nicht ganz begreifen. Es bleibt Unerklärbares, Zauberhaftes übrig. Vielleicht kann man sogar sagen, daß alle inspirierte Dichtung des Genies etwas von einem solchen „Zauberspruch" an sich hat.

B. Goethe hat Dichtung so gesehen, als er sich selbst mit einer Hexe identifizierte: „Mein Faust ist zwar im vorigen Jahre ziemlich vorgerückt, doch wüßt ich bei diesem **Hexenprodukte** die **Zeit der Reife** nicht voraus zu sagen."[99] Diese 1799 geschriebene Bemerkung liest sich wie eine Erläuterung des HEXEN-Verse.

A. Es ist mir aufgefallen, daß die HEXE sagt, das *Lied* werde *besondre Wirkung* haben, wenn FAUST es ***zuweilen** singt.* Daraus könnte man schließen, daß das *Lied* die Stelle des HEXEN-*Tranks* einnehmen kann und daß ein einmaliger ‚Schluck' dieses ‚Feuer-Wassers' nicht ausreicht, sondern die verdeckte *Wahrheit* dauernd ‚Nahrung' braucht.

B. Dazu läßt Goethe schon in der „Theatralischen Sendung" Wilhelm Meister sagen: „[...] du fühlst nicht, daß in den Menschen ein besserer **Funke** lebt, der, wenn er keine **Nahrung** erhält, wenn er nicht geregt wird, von der Asche täglicher Bedürfnisse und Gleichgültigkeit tiefer bedeckt und doch so spät und fast nie erstickt wird. Du fühlst in deiner Seele keine **Kraft** ihn aufzublasen, in deinem eigenen Herzen keinen Reichtum, um dem erweckten Nahrung zu geben."[100] Man sieht also, daß die Funken- und Flammenmetaphorik in Goethes Dichtungs-Theorie von großer Bedeutung ist, weil sich mit ihr das Anzünden und wiederholte Aufwecken und Anregen eines ursprünglichen, aber „bedeckten" ‚Antriebs' verdeutlichen läßt.

A. Wie paßt zu der Vorstellung, die HEXE sei eine Dichterin oder die Dichterin schlechthin, daß MEPHISTOPHELES sie ausdrücklich *als Arzt* bezeichnet? Diesen Begriff habe ich bisher darauf bezogen, daß FAUST *genesen* soll.

B. Das sollten wir auch weiterhin tun. Die Tätigkeit des „Arztes", wie sie Herder beschreibt, paßt im übertragenen Sinne zu allem, was wir zur HEXE gesagt haben: „Worauf beruht die Kunst des *Arztes*, als eine Dienerin der Natur zu sein und den tausendfach-arbeitenden Kräften unsrer Organisation zu Hilfe zu eilen?"[101]

A. Ist der *Arzt* als Gleichnis für den Dichter Goethes Erfindung?

B. Nein, keineswegs; ich zitiere: „Das Arznei-Gleichnis gehört vom Humanismus bis ins Zeitalter der Aufklärung zu den beliebtesten Formeln des Dichtungsverständnisses. Nahezu jeder Autor mit literarischer Ambition sieht sich in der Rolle eines Arztes oder Apothekers und setzt seinen Leser einem Kranken gleich. Diesen hält er für so geartet, daß er die heilsame, freilich bittere Wahrheit nur dann annimmt, wenn sie ihm in angenehmer Aufmachung verabreicht wird."[102]

A. Das überrascht und enttäuscht mich zugleich. Wenn dies längst bekannt ist, warum stellt es dann Goethe erneut auf die Bühne?

B. Die Dichter wurden „vom Humanismus bis ins Zeitalter der Aufklärung" zwar mit Ärzten, aber nicht mit Hexen verglichen. Diese Ärzte waren im Besitz einer Wahrheit, die sie nur zu verzuckern brauchten, die HEXE dagegen hat keine Wahrheit, sondern nur ein von der Natur inspiriertes „Hexenprodukt", das ‚reifen' muß und dann in anderen Menschen wirken kann. Der *Saft* der HEXE soll keine fertige *Wahrheit* einflößen, sondern das, was die Menschen für wahr halten, in Frage stellen und einer in ihnen verborgenen Wahrheit ermöglichen, sich zu regen und ebenfalls zu reifen.

A. Die Dichtung, von der hier die Rede ist, dürfte also nie unmittelbar die Menschen ‚entflammen' und zu Handlungen hinreißen wie etwa die Meerkatzen-Poesie (Dialog 22).

B. Goethe schreibt aus Italien über Herders „Ideen", aus denen ich schon mehrfach zitiert habe, weil Goethe und Herder damals sehr ähnlich dachten: „Der Schluß ist herrlich, wahr und erquicklich, und er wird [...] erst **mit der Zeit** [...] den Menschen wohltun."[103]

A. Wenn ich das, worüber wir bisher gesprochen haben, richtig verstehe, kann überhaupt nur das „wahr und erquicklich sein", was „erst mit der Zeit" den Menschen wohltut.

B. Die Poesie der HEXE wird nicht nur durch den *Trank* und das *Lied* symbolisiert, sondern auch durch das *Hexen-Einmal-Eins.* Daß Dichter als „Ænigmatores/Rätsler oder Rätseldichter" bezeichnet werden, stammt schon aus dem Barock.[104]

A. Dann sollten wir wohl mehr auf den Unterschied zur HEXE als auf die Übereinstimmung achten. Vermutlich kannten diese „Rätseldichter" die Lösungen ihrer Rätsel, während die HEXE, die ja auch zur *ganzen Welt* gehört, selbst nicht wissen kann, was die *Hohe Kraft Der Wissenschaft* ihr Rätselhaftes eingegeben hat.

B. Selbst wenn die HEXE zum Beispiel wüßte, wie sich das *Hexen-Einmal-Eins*-Rätsel lösen läßt, bezweckt ihre Dichtung nicht, solches Wissen zu verbreiten. Was sollte es für einen Sinn haben, wenn FAUST alle Zahlen-Beziehungen kennte, die wir aufgezählt haben?

A. Er würde vor allem sehen, daß seine Voraussetzungen und Vorurteile falsch waren, daß man auch auf andere Weise zu sinnvollen Ergebnissen kommen kann, als er geglaubt hat. Der Sinn der *Hexen-Einmal-Eins*-Aufgabe wäre also nicht, ihre Lösung herauszufinden und zu kennen, sondern die dabei gewonnene Erfahrung, daß an der eigenen *Wissenschaft*, der eigenen Art zu denken, etwas nicht stimmt.

B. Bis ins hohe Alter hat sich Goethe geweigert, das „Hexeneinmaleins und so manchen andern Unsinn, den man dem schlichten Menschenverstande anzueignen gedenkt", aufzulösen. Dabei spricht er aber zugleich aus, welchen Sinn seine ganze Dichtung hat: „Suchten sie doch" - das ist ein Wunsch - „die psychisch-sittlich-ästhetischen Rätsel, die in meinen Werken mit freigebigen Händen ausgestreut sind, sich anzueignen und sich ihre Lebensrätsel dadurch aufzuklären!"[105]

A. Die eigenen „Lebensrätsel aufzuklären" heißt hier wohl, sie als „Lebensrätsel" zu erkennen, im eigenen Innern *Irrtum statt Wahrheit* zu verbreiten und so ein neues Selbst- und Weltverständnis zu bekommen.

B. Auch unter diesem Gesichtspunkt ist es bedeutsam, daß die HEXE als *Arzt* bezeichnet ist. So wenig der Arzt den Patienten seine, des Arztes Gesundheit geben kann, so wenig kann der Dichter mit **seiner** Wahrheit Bewußtsein ‚heilen'.

A. Ich finde, der *Unsinn*, den uns die HEXE vor*schwätzt*, ist schon durchschaubarer geworden. Aber welchen Sinn haben die Anspielungen auf Pythagoras und die Pythagoreer? Es war ja nicht nur die Zahl Zehn, die unser Verständnis in diese Richtung gelenkt hat.

B. Gegen Ende des 18. Jahrhunderts war die damalige Gesellschaft nicht nur durch Revolution, also den Aufstand des Bürgertums, bedroht, sondern auch durch die Vorstellung, die fortschreitende Spezialisierung im öffentlichen Leben könne schließlich dazu führen, daß die Menschen sich selbst, wie Schiller Anfang der 90er Jahre schreibt, nur noch als „Bruchstück"[106], nicht mehr als Ganzes fühlen und erfahren. Und dagegen wirkt der Name Pythagoras wie ein Programm.

A. Ich denke bei diesem Namen an den ‚Satz des Pythagoras' ($a^2 + b^2 = c^2$) und daran, daß er Harmonie in der Musik als Verhältnis rationaler Zahlen bestimmt haben soll; auch der Versuch, das Planetensystem mit Hilfe der Zahl Zehn zu beschreiben, fällt mir dazu ein.

B. Das ist die eine, die rational-wissenschaftliche Seite seines Weltbilds. Aber die Vorstellung der ‚Sphärenharmonie', der ‚Leier der Welt', und beispielsweise die vorhin gezeigte Art, wie die Pythagoreer Kranke mit Hilfe von ‚Zaubereien', wir würden heute sagen, mit psychologischer Vorbereitung, heilen, das steht für ein magisch-poetisches Weltbild. Beides ist im Namen Pythagoras vereint, und um die Einheit von Wissenschaft und Poesie geht es in der „Hexenküche" .

A. Goethe und Herder können doch um 1790 nicht ernsthaft gedacht haben, mit antiken Weltbildern ließe sich die moderne Entwicklung korrigieren.

B. Pythagoras dient hier nur als Symbol. Dafür ist er besonders gut geeignet, weil sein ‚poetisches' Denken ihn nicht gehindert hat, einen durch keine moderne Wissenschaft umzustoßenden ‚Satz' aufzustellen. Wie wichtig Goethe die Einheit von Wissenschaft und Dichtung war, bezeugt folgendes Zitat, in welchem er rückblickend auf die Zeit um 1790 sagt: „[...] nirgends wollte man zugeben, daß Wissenschaft und Poesie vereinbar seien. Man vergaß, daß Wissenschaft sich aus Poesie entwickelt habe, man bedachte nicht, daß, nach einem Umschwung von Zeiten, beide sich wieder freundlich, zu beiderseitigem Vorteil, auf höherer Stelle, gar wohl wieder begegnen könnten."[107]

A. Wenn man unter dieser Voraussetzung bedenkt, daß FAUST als Wissenschaftler in der „Hexenküche" steht, der *mit dem Teufel* - also dem Garant modernster Technik - *du und du* und damit Repräsentant modernster Wissenschaft ist, dann erscheint die Szene in einem bedeutenderen Licht. Denn jetzt geht es um die Frage, wie sich verhindern läßt, daß moderne Wissenschaft und Technik den Menschen mechanisiert und er nur noch als ‚Rädchen' in einem ‚Getriebe' funktioniert, das er nicht durchschaut.

B. Das widerspräche seiner „innersten Natur". Eine solche Entwicklung soll Poesie aufhalten oder wenigstens modifizieren.

A. Du hast vorhin Goethes Ansicht zitiert, Wissenschaft sei notwendig als Kunst zu denken, wenn man von ihr „irgend eine Art von Ganzheit" erwarte. Auch in diesem Sinne benützt also die HEXE den Begriff, wenn sie von der *hohen Kraft Der Wissenschaft* spricht.

B. Nach Goethe kann nichts theoretisch-abstrakt abgehandelt werden, ohne daß es seine „Ganzheit" verliert. Und Herder sagt dazu: „Fügen sich aber *Wissenschaft* und Dichtkunst? [...] Die stärkste, reinste Aussprache der Wahrheit wird ihrer Natur nach allenthalben *Dichtkunst*; jedes System ist selbst ein Poem, so fern es mit sich bestehend, ganz rein ist."[108]

A. Nun verstehe ich besser, warum Goethe aus Italien berichtete, es werde ihm täglich deutlicher, daß er „eigentlich zur Dichtkunst geboren" sei[109], und sich nach seiner Rückkehr - scheinbar im Widerspruch dazu - intensiv mit naturwissenschaftlichen Studien beschäftigte.

B. Für ihn war Dichtung, wie er sie verstand, Wissenschaft. 1790 schrieb er: „Meinen Faust und das botanische Werkchen wirst du erhalten haben, mit jenem habe ich die [...] Arbeit der Ausgabe meiner Schriften geendigt, mit diesem fange ich eine neue Laufbahn an [...]."[110]

A. Das „botanische Werkchen" ist sicher der „Versuch, die Metamorphose der Pflanzen zu erklären".

B. Es ist die Grundlage des Gedichts „Metamorphose der Pflanzen", das gewissermaßen als Prototyp der modernen Wissenschafts-Poesie, wie Goethe sie sich gedacht hat. gelten kann. -

A. Wir haben nun über die *Wissenschafts*-Poesie gesprochen, die die HEXE symbolisiert, und darüber, wie ihre Produkte aufgenommen werden und wirken sollen. Da aber am Ende der Szene FAUST nichts wichtiger ist, als ***nur schnell noch in den Spiegel [zu] schauen***, um das *Frauenbild*, das ***gar zu schön*** war, zu sehn, ist die HEXE als Repräsentantin innerer Schönheit für ihn wohl nicht attraktiver geworden als am Anfang.

B. Das sollten wir erst prüfen. FAUST kommt in die „Hexenküche", um zu *genesen* (2338). Laß uns versuchen, aufgrund seiner Aussagen am Anfang der HEXEN-Zeremonie seine Krankheit zu diagnostizieren.

A. Zunächst ist FAUST der HEXE gegenüber abweisend, weil er ihr Treiben unter dem Aspekt des Nutzens (*was soll das werden*) betrachtet und, ohne es zu kennen, als *bekannt* und *abgeschmacktesten Betrug* ablehnt. Er projiziert seine Vorurteile auf die HEXE und verstellt ihren Versen dadurch den Zugang in sein Inneres. Das scheint der Grund zu sein, daß der Patient FAUST das *Hokuspokus* des *Arztes* HEXE braucht.

B. Da FAUST *nicht eine Stunde leben* kann, wenn er von dem *bekannten Saft unvorbereitet trinkt*, muß sich etwas in FAUST verändert haben, daß er nach dem *Hokuspokus* den *Trunk* verträgt.

A. Darüber kann nur aus den fünf Versen, die FAUST während dieser Zeit spricht, etwas zu erfahren sein. Nach dem *Hexen-Einmal-Eins* sagt FAUST: *Mich dünkt, die Alte spricht im Fieber*, das heißt, er hält die HEXE für krank und sich für gesund. Er zweifelt also nicht an seiner Wahrnehmung.

B. Das ändert sich nach den nächsten sechs Versen der HEXE: *Es wird mir gleich der Kopf zerbrechen*. Denn jetzt sagt er etwas darüber, was in **seinem** Bewußtsein vorgeht. Und anders als vor dem *Zauberspiegel*, wo er meinte, *schier verrückt* zu werden (2456), und sich *nur geschwind* entfernen wollte, stellt er jetzt eine **Frage**: *Was sagt sie uns für Unsinn vor?* Er möchte wissen, was die HEXE sagt, und es ist für ihn nicht mehr ausgeschlossen, daß es an **seinem** Verständnis liegt, wenn er die Verse der HEXE für *Unsinn* hält. Der *vollkommne Widerspruch*, nämlich *Irrtum statt Wahrheit*, zeigt bei ihm Anzeichen von Wirkung.

A. Während FAUST zuerst *dünkt*, ***die Alte*** spreche, *dünkt* ihn dann, **er** höre. Er hat also die Perspektive gewechselt und konzentriert sich darauf, wie das Gehörte bei **ihm** wirkt. Auch das könnte andeuten, daß

FAUST von den Versen der HEXE nicht ‚unbeeinflußt' ist.

B. Daß ihn *dünkt*, er höre *ein ganzes Chor Von hundert tausend Narren sprechen*, bezieht sich zunächst auf MEPHISTOS *Wer will sich mit den Narr'n befassen?* und könnte etwa heißen, für soviel *Unsinn*, wie ihn die Verse der HEXE enthielten, reiche **ein** Narr nicht aus. Aber für uns als Publikum, die wir die Poesie der HEXE inzwischen besser verstehen als die FAUST-Figur, enthält diese ironische Übertreibung etwas Wahres, weil sie auf die von Herder beschriebene Tradition der ‚Narren' des Altertums verweist, für die Wissenschaft und Poesie noch eine Einheit war.

A. Dennoch ändert sich FAUST in der Gretchen-Handlung nicht!

B. Vielleicht wird gerade durch diesen offensichtlichen Widerspruch betont, daß die HEXEN-Poesie, wie ich den *Trank* der ‚Dichterin' HEXE nennen möchte, sich dem faustischen Zweck- und Leistungsdenken widersetzt und ‚auf die Schnelle' nichts zu ‚machen' ist. Dieser Heiltrank braucht nicht nur *Jahre*, um zu reifen, sondern wohl auch, um im ‚Patienten' zu wirken. *Geduld will* also nicht nur *bei dem Werke*, sondern auch bei dessen Wirkung *sein*.

A. Wenn nach der „Hexenküche" FAUST sich nicht wesentlich verändert, warum ist dann diese Szene da? Zumindest müßte dadurch die Gretchen-Handlung besser motiviert sein.

B. Ich versuche mir selbst klar zu machen, warum sie das auch ist. Als wir uns mit der Gretchen-Handlung im „Ur-Faust" beschäftigten, haben wir immer wieder davon gesprochen, daß FAUST sich nicht als ‚humaner' Mensch verhält. Das fordert die Frage heraus, ob das so sein müsse, ob man als unabänderlich hinzunehmen habe, daß in der modernen, faustischen Welt die Menschen verdinglicht werden und selbst Liebesverhältnisse sich als Gewaltverhältnisse erweisen.

A. Die Antwort der „Hexenküche"-Szene wäre dann, daß FAUST vor allem HEXEN-Poesie fehlt, die die Einheit von Wissenschaft und Dichtung und damit die Einheit und Ganzheit des Menschen zu bewahren und zu bekräftigen sucht. Die Irritationen, die wir vorhin bei FAUST bemerkt haben, zeigten also nur, daß FAUST anders sein **könnte**, aber nicht, daß er anders ist.

B. Wer diese Szene verstanden hat, in der Goethe - über die „Faust"-Handlung hinaus - grundsätzlich seine Dichtungstheorie darstellt, für den erscheint die Gretchen-Handlung nicht deshalb anders, weil nun begründet wäre, warum FAUST auf MARGARETE ‚scharf' ist, sondern weil er sieht, welche ‚Geistes-Nahrung' FAUST haben müßte, um anders zu handeln.

A. Wenn die sexuelle Stimuliernug FAUSTS durch den Hexentrank nicht nötig ist, weil dafür das *Frauenbild* im *Zauberspiegel* ausreicht, warum interpretiert dann MEPHISTOPHELES den *Trank* der HEXE ausdrücklich als Liebestrank:

Und bald empfindest du mit innigem Ergetzen,
Wie sich Cupido regt und hin und wieder springt.
Du siehst mit diesem Trank im Leibe
Bald Helenen in jedem Weibe.

B. MEPHISTOPHELES scheint darauf zu beharren, daß eine innere ‚Erotisierung' etwas anderes als eine äußere ist.

A. *Diesen Trank* haben wir seither so verstanden, daß er in dem, der ihn trinkt, das Wahre und damit auch das Humane ‚aufregt', das von Natur aus in ihm ist, aber ohne ‚Poesie' wirkungslos bleibt.

B. Auch ein Aphrodisiakum regt eine *Kraft* an, die im Menschen von Natur aus vorhanden ist. Auf die Ähnlichkeit von erotischer und 'sybillinischer' Wirkung im Sinne von Belebung und ‚Aufregung' weist schon Plutarch hin, und zwar im Bilde eines alkoholischen Tranks, das auch wir dem *Trunk* der HEXE zugrunde gelegt haben: „‚Der Geist des Weines', so hat Chairemon gesagt, ‚mischt sich mit dem der Trinkenden', und der seherische Enthusiasmus wie der erotische bedient sich der Fähigkeit, die eben da ist, und erregt jeden, der ihn aufnimmt, gemäß seiner Natur."[111]

A. Was willst du damit sagen?

B. Daß die HEXEN-Poesie wirklich, im eigentlichen Sinne ein ‚Liebes-Trank' ist, wenn man im Begriff der Liebe weniger das sexuelle, sondern das freundschaftlich-soziale Moment betont. Dagegen bewirkt das *Bild* im *Spiegel* eine *Liebe* des Begehrens, nicht des Gebens. Im „Tasso" sagt der Dichter über sein Dichten zu seinen Freunden:

An euch nur dacht' ich, wenn ich sann und schrieb;
Euch zu gefallen war mein höchster Wunsch,
Euch zu ergötzen war mein letzter Zweck.
Wer nicht die Welt in seinen Freunden sieht,
Verdient nicht, daß die Welt von ihm erfahre.[112]

A. Das würde heißen, *ein stiller Geist ist jahrelang geschäftig*, indem er sich an einer Gesellschaft von Freunden orientiert, an Menschen also, zwischen denen keine Gewalt herrscht.

B. Ganz ähnlich schreibt Goethe in Rom nach seiner Rückkehr

aus Sizilien: „Ich bin in diesem **Zauberkreise** wieder angelangt, und befinde mich gleich wieder wie **bezaubert**, zufrieden, **stille** hinarbeitend, vergessend alles **was außer mir ist**, und die **Gestalten** meiner Freunde besuchen mich friedlich und freundlich."[113] Wenn ein solcher Dichter verdient, „daß die Welt von ihm erfahre", dann deshalb, weil seine Dichtung es vermag, die in jedem Menschen angelegte ‚Potenz' sozialer Liebe zu ‚erregen'.

A. Dann bekommt auch der Satz *Du siehst, mit diesem Trank im Leibe, Bald Helenen in **jedem** Weibe* einen erweiterten Sinn. Er bedeutet nun auch, HEXEN-Poesie bewirke, **jeden** Menschen als in höchstem Maße **liebenswert** zu achten.

B. Entsprechend sagt Herder von der „Poesie" des wahren „Naturdichters": „Sie **schafft Liebe**, Teilnehmung und Mitgefühl mit **allem**, was lebt; ja sie übt den Verstand, überall Naturgesetze zu bemerken und hat die **Vernunft** auf die rechte Bahn geleitet."[114] Das macht deutlich, wie sehr es FAUST an dieser teilnehmenden Liebe mangelt.

A. Ist es nicht denkbar, daß die ‚Regeneration' FAUSTS nur scheinbar, nur ‚virtuell' ist, eine in das Drama projizierte Möglichkeit, sozusagen eine Vision, an der FAUST gespiegelt wird und die ‚anschaulich' macht, was ihm in der Gretchen-Handlung - und überhaupt - fehlt?

B. Das wäre möglich. In einem Hexen-Szenarium ist neben Zauberei und Wahrsagerei auch ‚Potentielles' - wie die Wirkung der HEXEN-Poesie - widerspruchsfrei unterzubringen. -

A. Mir gefällt der Gedanke, sich Dichtung, Poesie als Aphrodisiakum zu denken, das die ‚höhere' Natur des Menschen zu sozialer Liebe ‚erregen' soll.

Dialog 24: *Wald und Höhle* (3217-3373)

A. So schön wie in dem Anfangs-Monolog dieser Szene haben wir FAUST noch nie sprechen hören. Fällt er aus der Rolle?

B. Die ganze Szene fällt sozusagen aus der Rolle, sie ist wie eine Parenthese in die Handlung eingefügt.

A. Im „Faust-Fragment" steht sie nach der Szene „Am Brunnen", aber dort ist sie doch deplaziert.

B. Das ist schwer zu sagen. Der Schlußteil, den schon der „Ur-Faust" enthält, gehört in der Gretchen-Handlung weit nach hinten, während die Anfangsteile der Szene sinnvoller dort stehen, wohin die Szene in „Faust I" gerückt wurde (siehe Tabelle in Dialog 1). Auch sie wirkt, wie die „Hexenküche", nicht unmittelbar auf die Handlung, denn die geht danach wie im „Ur-Faust" weiter.

A. Dann hätten wir es auch hier mit einer kommentierenden Szene zu tun. FAUST wird aus der Handlung genommen und in einen anderen Raum versetzt; so kann das Publikum sich aus der Spannung des Dramas lösen und über FAUST nachdenken.

B. Schon der erste Satz bietet dafür genügend Stoff: *Erhabner Geist, du gabst mir, gabst mir alles, Warum ich bat.* Entweder hat das Publikum nicht richtig aufgepaßt, oder FAUST spricht von einer anderen Begegnung mit dem *Erdgeist.*

A. Muß mit dem *Erhabnen Geist* der *Erdgeist* gemeint sein?

B. Nur der hat FAUST sein *Angesicht im Feuer zugewendet.* Aber man kommt hier aus den Widersprüchen nicht heraus. Auch in „Faust I" werden sie nicht gelöst, wo FAUST - wie schon im „Ur-Faust" - einen *großen herrlichen Geist* erwähnt, der ihn an den *Schandgesellen* geschmiedet habe (Dialog 17). So ähnlich spricht er nun vom *Erhabnen Geist* und vom *Gefährten.*

A. Dann schlage ich vor, wir betrachten diesen *Geist* so, wie FAUST ihn hier beschreibt.

B. Obgleich Herder sagt, „einen Geist, der ohne und außer aller Materie wirkt, kennen wir nicht"[115], nennt FAUST ihn ‚erhaben' und scheint ihn dadurch über die „Materie" zu heben.

A. In FAUSTS Dank scheint das *Feuer* einbezogen zu sein, mit dessen Energie sich die Welt verändern läßt. Aber auch sonst unterstellt er dem *Erdgeist* großzügige ‚Gaben': *die herrliche Natur zum Königreich* und die Erlaubnis bekommen zu haben, in die *tiefe Brust* der *Natur* zu *schauen.* Man könnte meinen, er habe bereits erkannt, ***was die Welt Im Innersten zusammen hält*** (382 f.).

B. In den *Busen eines Freunds* schaut man dadurch, daß dieser sein Inneres offenbart. Die Offenbarung der *Natur* zeigt sich als *Reihe der Lebendigen*; sie führt zu der Erkenntnis, daß alle Lebewesen mit dem Menschen verwandt sind.

A. Das wäre der Gedanke der Evolution, und die *Lebendigen* wären die, die im Lebenskampf übriggeblieben sind. FAUST spricht hier mehr als Vertreter der obersten Klasse der Säugetiere, der als ‚König' seine *Brüder* beherrschen darf, denn als FAUST. Greift er mit seinem *Königreich* nicht ein wenig daneben?

B. Das ist nicht nur seine Erfindung. FAUST bezieht sich fast wörtlich auf Herder, denn nach diesem sind zwar „der Menschen ältere **Brüder** [...] die Tiere"[116], jedoch hat „der Mensch" den **„Königsvorzug**, mit hohem Haupt, aufgerichtet weit umher zu schauen", er „ist und bleibt [...] seiner hohen *Verstandesbestimmung* nach [...] ein Göttersohn, ein **König** der Erde"[117]. In solchem Sinne hätte FAUST *der Menschheit Krone* (1804) errungen.

A. Dieser „König der Erde" darf nicht nur in die *tiefe Brust* der *Natur* schauen, sondern darf auch *geheime tiefe Wunder* seiner ***eignen*** *Brust* sich *öffnen* sehen. FAUST scheint seine *eigne Brust* mit der *tiefen Brust* der *Natur* zu identifizieren. Steht dieses Geschenk des *Erhabnen Geistes* auch schon bei Herder?

B. Herder sagt, es sei der „menschlichen Seele" möglich, „daß sie nicht nur mit einer Art Allgegenwart und Allmacht tausend organische Kräfte meines Körpers als **Königin** beherrschet: sondern auch (Wunder aller Wunder!) in sich selbst zu blicken und sich zu beherrschen vermag"[118].

A. Dann hängt viel davon ab, was FAUST mit seinem „Königsvorzug" der Natur- und Selbsterkenntnis macht.

B. Zunächst betrachtet er *der Vorwelt silberne Gestalten.* Sie glänzen in der Geschichte desjenigen, der die *Natur zum Königreich* bekam. Meistens waren solche *silbernen Gestalten* „Könige" im Menschenreich.

A. FAUSTS ‚Genuß' scheint nicht ungetrübt zu sein, wenn der *reine Mond* ***besänftigend*** auf ihn einwirkt und diese *Gestalten* die ***strenge*** *Lust* der *Betrachtung* ***lindern***.

B. Es ist überhaupt seltsam, daß FAUST sein Hoch-Gefühl der Dankbarkeit dem *Erhabnen Geist* gegenüber nicht aufrechterhalten kann, obgleich dieser ihn als Menschen zum Günstling der *Natur* gemacht haben soll, der seine Natur- und Kulturgeschichte zu reflektieren und zu *genießen* vermag.

A. Ja, das ganze System, das FAUST so feierlich aufgebaut und dessen *Wonne* ihn ***den Göttern nah' und näher*** gebracht hat, so daß er fast wie Gott war, bekommt plötzlich einen Knacks. Und der Grund ist der *Gefährte*, den der *Erhabne Geist* als ‚Drein-Gabe' mitgeliefert hat.

B. Dieser Monolog wird immer kurioser. Der *Erhabne Geist* scheint das ‚Erhabene' selbst zu sein, aber die Gabe der Erhöhung und Überhöhung nur geben zu können, wenn er zugleich die der **Erniedrigung** dazugibt. Die Zweideutigkeit, oder besser: Zweiseitigkeit dieser Gabe ist in der Verdopplung von ***gabst mir*** im ersten Vers schon ausgedrückt. Schauen wir die ‚Drein-Gabe', wie sie FAUST beschreibt, genauer an, dann *verwandelt* der *Gefährte* die *Gaben* des *Erhabnen Geistes* mit ***einem Worthauch*** zu ***Nichts***. Heißt das nicht, der *Erhabne Geist* sei ein bloßes Phantom und seine sogenannten *Gaben* seien von Anfang an *Nichts*; denn wie sollte etwas Reales, wirklich Vorhandenes zu *Nichts* werden?

A. Dazu paßt, daß dem *Gefährten* für diese ‚Wandlung' ein *Wort-**hauch*** genügt. Wenn die Gaben mit einem Wort ‚wegzublasen' sind, dann sind sie vermutlich selbst nichts anderes als ‚gehauchte Wörter'.

B. Herder verweist immer wieder auf den Charakter der Sprache als „Hauch": „Ein **Hauch** unsres Mundes wird das Gemälde der Welt, der Typus unsrer Gedanken und Gefühle in des **andern Seele**. Von einem **bewegten Lüftchen** hangt alles ab, was Menschen je auf der Erde Menschliches dachten, wollten, taten und tun werden: denn alle liefen wir noch **in Wäldern** umher, wenn nicht dieser göttliche Odem uns angehaucht hätte und wie ein **Zauberton** auf unsern Lippen schwebte."[119]

A. Nach diesem Text ist es für FAUST keine Ehre, daß er im „Wald" umherläuft. Schon das könnte andeuten, daß er wenig „Menschliches" ‚dachte, wollte, tat und tun wird'. Er selbst scheint nicht ganz begriffen zu haben, daß seine *Wonne* sich nur auf Worte, nicht auf Wirkliches bezieht.

B. Auch das hat Herder theoretisch entwickelt: „*Keine Sprache druckt **Sachen** aus, sondern nur **Namen*** [...]: eine **demütigende** Bemerkung, die der ganzen Geschichte unsres Verstandes enge Grenzen und eine sehr **unwesenhafte** Gestalt gibt."[120] Wenn zum Beispiel FAUST sagt, er habe *Kraft*, die *herrliche Natur* zu *fühlen, zu genießen*, könnte der *Gefährte* mit Herders Worten sprechen: „Keine **Kraft** in ihrem Wesen kennen wir [...], denn selbst die, die in uns belebt, die in uns denket, **genießen** und fühlen wir zwar, aber wir kennen sie nicht."[121] Mit diesem *Worthauch* wäre die *Gabe* dahin.

A. Auf ähnliche Weise lassen sich wohl auch andere *Wonne*-Gefühle FAUSTS in *Nichts* ,wandeln'. Ich verstehe übrigens nicht, was in den folgenden Versen FAUSTS *sichere Höhle* sein soll:

Und wenn der Sturm im Walde braus't und knarrt,
Die Riesenfichte stürzend, Nachbaräste
Und Nachbarstämme, quetschend, nieder streift,
Und ihrem Fall dumpf hohl der Hügel donnert;
Dann führst du mich zur sichern Höhle, zeigst
Mich dann mir selbst, und meiner eignen Brust
Geheime tiefe Wunder öffnen sich.

Welche *Riesenfichte* könnte FAUST bedrohen?

B. Ich glaube nicht, daß sie ihn bedroht, sondern daß er im Stürzen der ,erhabenen' *Riesenfichte* ein Abbild der Situation sieht, in der er sich befindet. Deshalb beschreibt er den Naturvorgang als einen Gewaltakt im **sozialen** Bereich, indem er von ***Nachbarästen*** und ***Nachbarstämmen*** spricht, so daß deutlich wird, daß *im Walde* eine menschliche Gesellschaft bedeuten soll, die so ist, wie der Wald in der Natur.

A. Das erinnert mich an den Spruch Nathans des Weisen:

Der große Mann braucht überall viel Boden;
Und mehrere, zu nah gepflanzt, zerschlagen
Sich nur die Äste.[122]

B. Wenn FAUST in der *Riesenfichte* sein Abbild sieht, kann er den Verdrängungsprozeß, dem er als „großer", also ,erhabner' „Mann" seine Größe verdankt, als unausweichliches Naturprinzip deuten. Dann ist es ,natürlich', daß der Höher-Strebende, der die ,Nachbarn' überragt, der *Übermensch* (490), wie der *Erdgeist* FAUST nennt, stärker dem *Sturm*, den bewegenden Leidenschaften ausgesetzt ist als die ,Unten-Gebliebenen', die weniger ,Lebenstüchtigen', und daß er notwendig gewaltsam auf seine Umgebung einwirken muß.

A. FAUST überträgt demnach den ,Kampf ums Dasein' in der *Natur* auf die Gesellschaft und sieht sich als ,König' der *Natur* gerechtfertigt, wo er sich skrupellos als Individuum verwirklicht. Der zerstörende Sturz der *Riesenfichte* als Erscheinung eines allgemeinen Naturprinzips - das ist also die *sichere Höhle*, in die FAUST sich vom *Erhabnen Geist* geführt glaubt, das ist eines der geheimen *Wunder*, die sich in FAUSTS *Brust* öffnen! „Wald und Höhle" hat für mich nun einen neuen Sinn.

B. Sobald jedoch FAUST die Gaben des *Erhabnen Geistes* als etwas empfindet, das ein *Worthauch* vernichten kann, also als Sprache, ist es mit dieser Sicherheit vorbei.

A. Das ist verständlich, denn seine Sicherheit beruht nur auf einem Gleichnis, einer Analogie, die er als **Argument** gebraucht, um sich zu rechtfertigen und dadurch moralisch zu beruhigen.

B. Sobald er aber empfindet oder erkennt, daß die ‚Begabung' durch den *Erhabnen Geist* bloß die Gabe der **erhabnen Rede** ist, kann er nur noch mit schlechtem Gewissen Naturerscheinungen und Naturkenntnisse so interpretieren, daß sie als Argumente für seine individuellen Interessen zu gebrauchen sind. Deshalb fühlt er sich *erniedrigt*.

A. Vielleicht verbirgt sich in den folgenden, so ‚schön' formulierten Versen eine ähnliche ‚Erniedrigung':

Und steigt vor meinem Blick der reine Mond
Besänftigend herüber, schweben mir
Von Felsenwänden, aus dem feuchten Busch
Der Vorwelt silberne Gestalten auf,
Und lindern der Betrachtung strenge Lust.

Seltsamerweise *schweben der Vorwelt silberne Gestalten* nicht aus einem Geschichtsbuch, sondern *von Felsenwänden, aus dem feuchten Busch* auf.

B. Nicht objektiv, wie zu Beginn der „Hexenküche", *zeigen* sich hier ***in dem Dampfe verschiedene Gestalten***, sondern subjektiv formt FAUST sich aus dem Nebel der Natur Figuren der Geschichte zurecht: Naturerscheinungen verwandelt er in ein Geschichtsbild.

A. Man könnte umgekehrt sagen: Er modelliert sich *Gestalten* der Geschichte als *Natur*, so ähnlich, wie er vorhin sich selbst zur *Riesenfichte* hoch-stilisiert hat.

B. Goethe hat bei seinem Publikum wohl vorausgesetzt, daß es Moritzens Schrift „Über die bildende Nachahmung des Schönen" kennt, die uns schon geholfen hat, den *Zauberspiegel* zu verstehen (Dialog 22), oder seine kurz vor dem „Faust-Fragment" erschienene Besprechung dieser Schrift. Sätze aus dieser Besprechung könnten die ‚erhabene' Stimmung FAUSTS beschreiben: „Was uns allein zum wahren **Genuß** des Schönen bilden kann, ist das, wodurch das Schöne selbst entstand: ***ruhige Betrachtung*** *der Natur und Kunst als eines* ***einzigen großen Ganzen***. Denn was die **Vorwelt** hervorgebracht, ist nun mit der Natur verbunden und eins geworden und soll mit ihr vereint **harmonisch auf**

uns wirken. Diese **Betrachtung** muß so ruhig und selbst wieder **Genuß** sein und ihren Endzweck desto sicherer erreichen, indem er keinen Zweck außer sich zu haben scheint. Auf diese Weise entstand das Schöne, ohne Rücksicht auf *Nutzen*, ja ohne Rücksicht auf *Schaden*, den es stiften konnte."[123]

A. Wir hätten demnach in „Wald und Höhle" etwas wie die Fortsetzung der *Zauberspiegel*-Episode, nur jetzt auf die Geschichte ausgedehnt. Daß die *Betrachtung* für FAUST nicht reinen „Genuß", sondern nur *strenge Lust* erzeugt, ist wohl so zu verstehen, daß FAUST den „Schaden" fühlt, den das „Schöne" in der Vorwelt „stiften konnte".

B. Für Moritz können höhere Daseinsformen niedrigeren nicht schaden, „ob sie sich gleich", wie Goethe referiert, „von oben hinunter aufzehren"[124]. Es wäre nach Moritz etwa falsch, wenn in der Natur Tiere deshalb nicht sein dürften, weil sie Pflanzen fressen.

A. Wenn FAUST dies auf die menschliche Gesellschaft überträgt, dann wird alles Große und Erhabene nicht davon berührt, welchen „Schaden" es stiftet. Und leider verdanken *der Vorwelt silberne Gestalten* ihre Größe meistens dem „Schaden", den sie anderen zufügten.

B. Herder drückt das sehr drastisch aus. Er sagt, die „berühmtesten Namen der Welt sind Würger des Menschengeschlechts, gekrönte oder **nach Kronen ringende** Henker gewesen"[125]. Aber solange sich FAUST mit Moritz identifiziert, könnte er Herder entgegnen, „das *Große* wollen wir ja; unsre Seele will ja erweitert sein, unsre Einbildungskraft will *viel* umspannen"[126].

A. Wer so redet, unterstellt, daß alle anderen wollen, was er will. „Viel umspannen", das will vor allem FAUST.

B. Auch für Moritz gehört das Streben nach Größe zu dem - faustischen - Wunsch, Gott gleich zu sein. Das hat - wie er es sieht - der Mensch auch fast erreicht, aber mit einem wesentlichen Unterschied: „Da wir nicht Schöpfer werden konnten, um **Gott gleich zu sein**, wurden wir *Zernichter*; wir schufen *rückwärts*, da wir nicht *vorwärts* schaffen konnten."[127]

A. Nach solchen Vorstellungen wäre der Mensch so groß wie Gott, wenn er dessen Schöpfung vollständig ‚zernichtet' hätte. Damit wäre alles gerechtfertigt, was um dieser Größe willen die Natur zerstört. Kultur und Naturzerstörung wären eins. Sobald FAUST dergleichen während seiner *Betrachtung* durch den Kopf geht, haben es die von ihm selbst verklärten *silbernen Gestalten* schwer, der *Lust* die ‚Strenge' zu nehmen, und er muß sich, weil er sie erhöht hat, auch hier erniedrigt fühlen.

B. Moritz selbst weist auf die Folgen dieser pervertierten Gottgleichheit hin: „Wir schufen uns eine Welt der Zerstörung, und betrachteten nun in der **Geschichte**, im Trauerspiel, und in Gedichten unser Werk mit Wohlgefallen. [...] In der Wirklichkeit, oder in dem wirklichen Entstehen, beschäftigt es so viele Hände, und so viele Gedanken im Kleinen, daß das eigentliche *Große* gar nicht mehr **in Betracht** kommen kann … Das *Große* schafft sich erst nachher die zusammenfassende Phantasie. Das ist nun die phantastische Größe, das *Gott gleich sein Wollen*, wonach wir streben."[128]

A. Nun verstehe ich, warum FAUST die Gaben des *Erhabnen Geistes* nicht als vollkommen empfindet. Wo „das **eigentliche** Große gar nicht mehr in Betracht kommen kann", ist - selbst wenn Goethe Moritz zustimmend zu referieren scheint - die „ruhige Betrachtung der Natur und Kunst als eines einzigen großen Ganzen" eine **uneigentliche**, metaphorische Betrachtung, und der Genuß dieser Betrachtung beruht auf einer Illusion.

B. Auch wenn FAUST versucht, die „Würger des Menschengeschlechts" als *silberne Gestalten* zu verklären, kann er aus der in der „Geschichte" und im „Trauerspiel" geschaffenen „Größe" nicht ableiten, daß ein Mensch den andern würgen darf.

A. Nein, die *Riesenfichte*, die auch die großen *Gestalten* der *Vorwelt* symbolisieren kann, hat mit dem Menschen als sozialem Wesen nichts zu tun, und der *Gefährte*, der FAUSTS Metaphorik zu *Nichts* wandelt, wandelt sie in das, was sie von Anfang an ist.

B. Ja, sie ist nur eine der „Einbildungskraft", die „viel umspannen" will, entsprungene ‚überspannte' Gedankenkonstruktion, um Gewaltverhältnisse zu ‚be-schönigen'.

A. Wenn wir das, was wir hier besprochen haben, ‚betrachten', dann ist die Größe des *Erhabnen Geistes* und daß er FAUST sein *Angesicht im Feuer zugewendet* habe nicht weniger ein Phantasiegebilde als die Verklärung der *silbernen Gestalten* der *Vorwelt*.

B. Der *Worthauch* des *Gefährten* scheint gleich zu wirken, wenn er etwas benennt, das mit der „Wirklichkeit", dem „wirklichen Entstehen" zu tun hat, und das ist in der Handlung des Dramas vor allem FAUSTS Beziehung zu MARGARETE.

A. Die ‚Linderung', die das Betrachten einer abstrakten *Vorwelt*, einer abstrakten Geschichte vielleicht gewährt, wird ‚vernichtet', sobald FAUST mit seiner eigenen, konkreten Geschichte konfrontiert wird. Das *wilde Feuer*, das der *Gefährte anfacht*, also anbläst, ist wohl das, was sich vor dem *Zauberspiegel* in FAUSTS *Busen* entzündet hat.

B. Dort wurde in FAUST die *Begierde* geweckt, ein Idealbild konkret zu genießen, während er nun umgekehrt sein konkretes Handeln durch abstrakte Betrachtungen ‚besänftigen' will. Wie das *Zauberspiegel*-Bild sein Verhältnis zu MARGARETE beeinflußt hat, zeigen die Verse:

Und nenne nicht das ***schöne Weib****!*
Bring' die Begier zu ihrem ***süßen Leib***
Nicht wieder vor die halb verrückten Sinnen!

Der *süße Leib* ist dem *schönen Weib* ‚untergeordnet', MARGARETE dient als ‚Ver-Körperung' *jenes schönen Bilds*. Sie soll eine *Begierde* befriedigen, die nicht auf sie, sondern auf das Idealbild gerichtet ist. Jetzt wird deutlicher als im „Ur-Faust", warum FAUST MARGARETE so erhöht.

A. Aber diese Erhöhung ist in Wirklichkeit eine Erniedrigung und Verdinglichung. MARGARETE kann FAUSTS Begierde nicht befriedigen, weil er immer das Abstrakte ‚liebt' und das - für ihn minderwertige - Konkrete nur braucht, um die Sehnsucht nach dem Unerreichbaren zu vergrößern.

B. Dann gilt die Formel *So tauml' ich von Begierde zu Genuß, Und im Genuß verschmacht' ich nach Begierde* für das Faustische allgemein. Es gelingt FAUST nicht, aus diesem ‚Teufelskreis', oder besser gesagt: aus dieser ‚Teufels-Linie' herauszukommen und das zu genießen, was er konkret hat. MEPHISTOS *Dann aber wieder zu was Neuem* ist eine andere Formulierung dieser *Begierde*.

A. Warum parodiert MEPHISTOPHELES die in FAUSTS Monolog als erhabne Sprache formulierten Gedanken mit Begriffen, die - für sich genommen - aus dem Sexualbereich stammen könnten: *liegen - wonniglich umfassen - aufschwellen lassen - durchwühlen - im Busen fühlen - in stolzer Kraft [...] genießen - liebewonniglich [...] überfließen*?

B. MEPHISTOPHELES sagt ungeschminkt, was FAUST in seinem Monolog selbst gesagt hat. *Riesenfichte*, *Wald*, *Höhle* und *Sturm* können auch als Sexualsymbole gesehen werden. Es soll hier wohl gezeigt werden, daß FAUST nicht nur die Natur so interpretiert, daß sie ihn entschuldigt, sondern daß das Faustische, seine Größe und Erhabenheit, eine verfeinerte Form roher Natur ist. Indem FAUST mechanische und organische Naturkräfte in einen großen Zusammenhang von Natur und Kultur hochstilisiert, werden diese Kräfte nicht humaner, sondern ‚schlagen' sich als das nieder, was sie von Anfang an waren, nämlich *wild* und unkultiviert.

A. Sie ‚schlagen' vermutlich deshalb grausamer ein als die ‚gewöhnliche' Natur, weil sie aus einer ***hohen*** *Intuition* kommen. Je erhabener die Gedanken, desto schrecklicher die Folgen. Das versucht FAUST mit seiner Verteidigungsrede zu erläutern, die wir aus dem „Ur-Faust" kennen, die aber jetzt einen etwas anderen Sinn hat (Dialog 17).

B. Die besonders schöne Sprache am Anfang der Szene könnte bereits signalisieren, daß es hier auch um Sprache und Beredsamkeit geht. Die ‚erhabne' Rede ist innerhalb der Rhetorik eine eigene Gattung, das „genus sublime", und läßt sich daran erkennen, daß sie rhetorische Figuren, vor allem Metaphern verwendet, um Leidenschaft auszudrükken und zu erregen.

A. FAUSTS Vergleich mit einem *Wassersturz* wäre solche leidenschaftliche Rede, die seine eigene Leidenschaft rechtfertigen soll.

B. Hinzu kommt, daß FAUSTS Sturzbach-Metaphorik zu den traditionellen Rede-Metaphern gehört. Bereits in der Rhetorik Quintilians wird die Rede verglichen mit einem brausenden „Strom, der **Felsen mitreißt**"[129], und in der ebenfalls antiken Abhandlung „Über das Erhabene" sind starke Affekte „dazu angetan", durch „die stürmische Bewegung der Rede [...] alles andere mit sich fortzureißen und vor sich herzutreiben"; in einem anderen Vergleich stürzen „die Affekte wie ein Gießbach" dahin.[130]

A. Unter diesem Blickwinkel gesehen spricht FAUST so, als würde er von seiner eigenen Rhetorik fortgerissen und zum zerstörenden Handeln gezwungen. Und MARGARETE scheint FAUSTS *Rede* auch als leidenschaftlichen ‚Fluß' zu empfinden, wenn sie am Spinnrad singt:

> *Sein hoher Gang,*
> *Sein' edle Gestalt,*
> *Seines Mundes Lächeln,*
> *Seiner Augen Gewalt*
> *Und seiner* ***Rede***
> *Zauber**fluß**,*
> *Sein Händedruck*
> *Und ach sein Kuß* (3394-3401)

B. Wir sehen dadurch, daß das *Opfer* schon im „Ur-Faust" fühlt, wie es der *Gewalt* der Rhetorik unterliegt.

A. Wir sehen dadurch auch, daß die Zeilen *Und seiner Rede Zauberfluß* sich als ‚Keimzelle' der Szene „Wald und Höhle" begreifen lassen.

B. FAUST leitet seine Rechtfertigungsrede ein mit der rhetorischen Frage, ob er nicht der *Unmensch* sei, und setzt damit voraus, daß dies jedermann einsehe. Wodurch aber ist sein dreifaches *muß* begründet, wenn wir den *Wassersturz* als seine Rede betrachten?

A. Die Frage wäre zunächst, wie in diesem Gleichnis das *Wasser* auf eine solche Höhe gelangt, daß es schon über dem *Alpenfeld* die Kraft hat, *Felsen* zu *Trümmern* zu ‚schlagen'.

B. Das erklärt MEPHISTOPHELES: *Erst kam deine Liebeswut übergeflossen, Wie vom geschmolznen Schnee ein Bächlein übersteigt.* Der *Schnee* ist durch Verdunsten, durch Sublimierung des Wassers auf die Berge gekommen, aber er liegt in dieser reinen und erhabenen Form nicht nur schön da, sondern speichert genügend Energie, um die tiefer liegende Welt zu zerstören, wenn diese Energie auf einmal frei wird.

A. Wichtig ist wohl auch, daß diese Energie nur dadurch ‚verbraucht' werden kann, daß das Wasser nach unten kommt. Die zerstörerischen Leidenschaften sind demnach ein anderer ‚Aggregatzustand' erhabener Rede und erhabener Gedanken.

B. Wenn dieses Bild stimmt, dann braucht der *Gefährte* nicht viel zu tun, damit FAUSTS *wildes Feuer* den Schnee schmilzt und sich als *Liebeswut* entladen kann; denn das liegt sozusagen in der Natur der Sache.

A. FAUST erscheint wie ein Süchtiger, der kaum zu erwarten vermag, daß die in ihm angestaute inhumane Energie frei wird und sich entlädt. Deshalb *kann* er den *Gefährten schon nicht mehr entbehren*, der ihm dabei hilft, das zu tun, was ihm, vor allem aber anderen schadet.

B. Auch Herder führt es auf die „Leidenschaften der Menschen" zurück, daß „der ganze Gang der Kultur [...] fast nie einen sanften **Strom**, sondern vielmehr den **Sturz** eines **Waldwassers** von den **Gebirgen**"[131] zeigt. Aber er traut der Sprache zu, verhindern zu können, daß Leidenschaften die Kultur unterjochen: „Nur die Sprache hat den Menschen menschlich gemacht, indem sie die **ungeheure Flut** seiner Affekten in Dämme einschloß und ihr durch Worte vernünftige Denkmale setzte."[132]

A. Dagegen scheint diese Szene zu zeigen, daß die Sprache, wenn sie Menschen erst einmal über andere erhoben hat, den „Leidenschaften" keine „Dämme" mehr entgegensetzen kann, sondern wieder Leidenschaften hervorbringt, die die Tendenz haben, mit großer Wucht auf die unten Lebenden einzuwirken.

B. FAUSTS *Wassersturz*-Gleichnis verdeutlicht, daß der *Gefährte* die Gaben des *Erhabnen Geistes* nicht einfach *zu Nichts wandelt*, sondern daß die in den erhabenen Gedanken gespeicherte unsoziale Energie danach drängt, zu ver**nichte**n.

A. Im „Faust-Fragment" ist neu hinzugekommen, daß MEPHISTOPHELES auf die Verzweiflung FAUSTS hinweist. Der Zwiespalt, in dem sich FAUST befindet, scheint die ‚gefühlte Erkenntnis' zu sein, daß er nicht *den Göttern nah' und näher* sein kann ohne zugleich Menschen *zu Grunde* zu richten.

B. Ja, je mehr er danach strebt, wie ein Gott die Welt zu durchschauen und zu beherrschen, desto mehr ist er der unfreie, ‚inhumane' *Unmensch*, der um seiner eigenen ‚Größe' willen Menschen ‚vernichten' ***muß***.

A. Unter dem Gesichtspunkt, daß FAUST von der faustischen Sprache redet, ist jetzt einsichtiger als im „Ur-Faust", daß er vom ‚natürlichen' Weg abweicht und *seitwärts sie*, MARGARETES Leben, ‚untergräbt'. Es treibt ihn dazu, diejenigen aufzusuchen, die er mit seiner Rhetorik erreichen kann.

B. Die Bedeutung dieser Verse wird erweitert, wenn man sie mit Gedanken Moritzens zusammenbringt, die sich auch auf das *kleine* ***Alpenfeld*** beziehen könnten, mit dem FAUST MARGARETES *kleine Welt* vergleicht: „Aber freilich, *wenn alle Menschen* ***Schafe gehütet*** *hätten*, so wären sie zwar an sich wohl ganz glücklich gewesen. Aber was wäre denn aus unsrer Geschichte geworden? Wo hätten wir von Schlachten [...], von Heldenmut und **Tapferkeit**, von Bündnissen und Staatsverfassungen zu hören bekommen? Armselige Welt, die dann geblieben wäre [...]. Wahrlich um so viele **große** und **majestätische** Dinge, sich zusammenzudenken, verlohnt es sich doch wohl noch der Mühe, *unglücklich* zu sein."[133]

A. Das paßt zu MEPHISTOS: *Es lebe, wer sich* ***tapfer*** *hält!* Mich erstaunt, wie wenig hier das ‚Glück' der einzelnen Menschen zählt. Wahrscheinlich hat Moritz nicht bedacht, daß die ‚Glücklichen', die „Schafe" hüten, von sich aus keinen Grund haben, sich an „Schlachten" zu berauschen und dadurch zu zerstören und zerstört zu werden. In der Gretchen-Handlung sieht man, wie es gelingt, daß diejenigen, die die ‚Schafe hüten', sich auch wie Schafe benehmen und *zu allen Sachen ja* sagen (3214).

B. Moritz sagt: „Nun ist es sehr sonderbar, daß es einem Teile der Menschen gelungen ist, den andern zu etwas in Bewegung zu setzen, wozu dieser selber die Gedanken nicht hat -"[134] Wie dies gelingt, könnte er auch in der Gretchen-Handlung sehen.

A. Jemanden „zu etwas in Bewegung zu setzen, wozu dieser selber die Gedanken nicht hat", das war schon das rhetorische Programm der Sophisten im alten Griechenland. Aber möglich ist das ‚In-Bewegungsetzen' oder das ‚Verführen' nur dort, wo die Redner von den Betroffenen nicht durchschaut werden.

B. Auch FAUSTS Gleichnis verdeutlicht das **rhetorische** ‚Gefälle', das nötig ist, wenn durch listige Rede etwas bezweckt werden soll. Die Angeredeten müssen die *Rede* als *Zauberfluß* anstaunen. Sie dürfen die rhetorischen ‚Zaubertricks' nicht durchschauen, sonst verpufft die rhetorische Energie.

A. FAUSTS Einschätzung der Sophistik im „Ur-Faust": *Wer Recht behalten will und hat nur eine Zunge, Behält's gewiß* (3069 f.), gilt nur so lange, wie demjenigen, dem das *Recht* genommen wird, die *Zunge*, die Sprache, die Mündigkeit, fehlt.

B. Die Gretchen-Handlung zeigt vielleicht die perverseste Form rhetorischer Einwirkung, wenn nämlich jemand, der durch Sprache, durch Redekunst unterdrückt wird, glaubt, den Sprechenden zu lieben. MARGARETE ist repräsentativ für alle Menschen, die „in Bewegung" gesetzt werden, das zu lieben, was sie vernichtet. Die *Hölle*, die MARGARETE als *Opfer haben mußte*, ist die Folge von FAUSTS Streben nach Größe.

A. So hoch und erhaben FAUSTS Analogien sind, weder *Riesenfichte* noch *Wassersturz* können als Metaphern für seine Rede und für ihn selbst ihn - und uns - überzeugen, daß etwas in der menschlichen Gesellschaft gerechtfertigt ist, weil es als Naturprinzip gilt. Der Imperialismus des 19. Jahrhunderts, der sich auf das „survival of the fittest" berief, ist hier kritisiert, bevor er da war.

B. Als ob Herder FAUSTS Frage *Bin ich der Unmensch nicht* vor sich gehabt hätte, schrieb er, daß die folgende „unwidersprechliche Regel [...] auch in die Brust des **Unmenschen** geschrieben" sei: „Was du willst, daß andre dir nicht tun sollen, tue ihnen auch nicht; was jene dir tun sollen, tue du auch ihnen."[135] FAUSTS selbstkritisches *Fühl' ich nicht immer ihre Not?* macht deutlich, daß sich auch in ihm diese „unwidersprechliche Regel" bemerkbar macht.

A. Ja, er ist nicht als ‚Schreibtischtäter' gezeigt, für den die Folgen seiner Taten abstrakt bleiben, sondern sein *Opfer* ist ein konkreter, liebenswerter Mensch, den er umarmt und von dem er umarmt wird.

B. Und deshalb gilt für ihn auch das Urteil, das Herder über solche „**Unmenschen**" fällt: „Menschen, die durch List oder Stärke" von dieser Regel abweichen, „sind die ***unhumansten*** Geschöpfe, wenn es auch **Könige** und Monarchen der Welt wären."[136]

A. Der Widerspruch in FAUST, seine Zerrissenheit, ist vielleicht der Widerspruch zwischen den Naturauffassungen bürgerlicher Ideologie: Der Mensch ist für den Menschen ein Wolf (Hobbes) oder er ist von Natur aus gut (Rousseau).

B. Da FAUST seine Sicherheit in *Wald* und *Höhle*, also im Lebensraum des Wolfes sucht, ist er genötigt, sich selbst als dem *Unmenschen* und *Unbehausten* ein vernichtendes Urteil zu sprechen.

A. Aber das schlechte Gewissen FAUSTS deutet doch an, daß er anders sein könnte. Läßt sich von dieser anderen Möglichkeit - sozusagen als Folge des HEXEN-*Tranks*, nicht des *Zauberspiegels* - nichts erkennen? Gibt es Hinweise, wie die nicht ‚erhabene', sondern humane Sprache sein könnte?

B. In der - uns schon bekannten (Dialog 23) - „Ältesten Urkunde des Menschengeschlechts" interpretiert Herder den zweiten Schöpfungsbericht der Bibel als Abriß der Menschheitsgeschichte. Wir verstehen auch „Wald und Höhle" besser, wenn wir diese Szene darauf beziehen.

A. Ich dachte gleich an die Bibel, als FAUST wie Moses davon sprach, der *Erhabne Geist* habe sich ihm im *Feuer zugewendet.*

B. Und ich an Adam, denn der hätte auch sagen können:

Du führst die Reihe der Lebendigen
Vor mir vorbei, und lehrst mich meine Brüder
Im stillen Busch, in Luft und Wasser kennen.

Herder beschreibt Adam ganz entsprechend: „Er stand mit seinen **Brüdern** vom Staube geweckt, in der Klasse der Erdtiere, Luft- und Wassergeschöpfen schlicht gegenüber [...]."[137]

A. Jetzt fällt mir auf, daß MEPHISTOPHELES zweimal vom *Erdensohn* spricht; das könnte auf den nach Luther „aus dem Erdenklos" gemachten Adam anspielen. Aber was hat das mit FAUSTS Sprache zu tun?

B. Herder nennt Adams Sprache die „Menschensprache", weil er, als er die Tiere lautmalerisch benannte, im wahrsten Sinne des Worts **eigentlich**, also nicht im übertragenen Sinne gesprochen habe.

A. Die Sprache war dann nicht ‚aufgesetzt', sondern etwas von der Eigenart des Bezeichneten wurde in der Sprache bewahrt.

B. Ja, es war eine konkrete Sprache. Herder bezeichnet sie als „ein lebendiger Auszug der Tierwelt"[138]. Und noch etwas ist wichtig: Diese „Menschensprache" wurde gebildet, als Adam jemand suchte, der ihm gleich sei: „[...] Sehnsucht nach Seinesgleichen zog die feinen Grundfäden der ersten Sprache: wie brüderlich, zart und **menschlich** mußte sie werden! Alles liebte in ihr und ward geliebt."[139]

A. In einer solchen Sprache der Liebe hätte FAUST nicht *Schönes Fräulein* sagen können und *Dirne* meinen (2605; 2619).

B. Die folgenden Sätze könnten auch für FAUST gelten: „Der

Mensch sucht nicht mehr die Braut, weder in Wissenschaft, noch Kunst, noch Sprache, noch Weisheit; er ist ihrer müde und bietet sie feil."[140] Das ‚Suchen der Braut' ist hier ein Erkenntnisprinzip, das dem des modernen Menschen entgegengesetzt ist. Vergöttlichung, Vergewaltigung und Verdinglichung wäre in dieser Sprache und für den Menschen, der sie spricht, nicht möglich.

A. Warum „sucht" der „Mensch nicht mehr die Braut"?

B. Weil er sich zu einer anderen Form des Denkens ‚verführen' ließ. Für dieses Denken ist die „Schlange" repräsentativ, und damit man erkennt, daß sie ‚modernes' Denken symbolisiert, nennt Herder sie „der erste Lügner, Mystiker, Metaphysiker"[141], „Kommentator des Worts Gottes"[142], „erster Sophist"[143], „erster Demonstrator"[144]. Sie doziert, wie der *Doktor*, der FAUST *noch im Leib steckt*, auf einem „Lehrstuhle"[145].

A. „Kommentator des Worts Gottes" wird FAUST in „Faust I" sein, und bereits im „Ur-Faust" hat er *Gott* (3427) kommentiert (Dialog 15). *Schlange, Schlange* führt er selbst im Munde, und wir wissen, daß er, nicht MEPHISTOPHELES, MARGARETE mit Scheinargumenten verführt.

B. Dieses doppelzüngige *Schlange, Schlange* kann auch als Anspielung auf die „Schlange" der ‚Sophistik', auf die inhumane Form der Rhetorik, verstanden werden. Von dieser „Schlange" sagt Herder, sie habe Eva dazu gebracht, mit „bündigen **Analogischen Schlußfolgen** der Täuscherei"[146] sich selbst zu verführen.

A. Das ließe sich zum Beispiel darauf beziehen, wie FAUST sich in Analogie zur *Riesenfichte* setzt, um sein Handeln zu rechtfertigen.

B. Die „Analogischen Schlußfolgen der Täuscherei", also die Scheinargumentationen, verlaufen bei FAUST so ähnlich wie bei Moritz, der begründet, warum stärkere Menschen schwächere unterdrücken dürfen. Zunächst beschreibt dieser die Natur nach dem Grundsatz, daß das höher Organisierte nie dem weniger Organisierten schaden könne, und kommt schließlich zum Menschen: „[...] weit mehr schade, als um die unterjochte Tierwelt, wäre es wieder um die Menschenwelt, wenn diese deswegen nicht statt finden sollte, damit alles übrige in dem Zustande seiner natürlichen Freiheit bliebe."[147]

A. Wenn ich an die Bedeutung der Tiere für die Menschen vor dem Maschinenzeitalter denke, kann ich das nachvollziehen.

B. Aber nun folgt eine durch nichts begründete Konsequenz: „So ließe sich nun weiter **schließen**, daß es in der Menschenwelt auch mehr schade um die überwiegende Stärke wäre, wenn diese deswegen nicht statt finden sollte, damit die Schwäche ihrer Schwachheit nicht gewahr werde [...]."[148] Ist das nicht eine ungeheure „analogische Schlußfolge"?

A. Wendet man diese sophistische Rechtfertigungs-Ideologie, die Moritzens Theorie des höchsten Schönen zugrunde liegt, auf die Gretchen-Handlung an, müßte MARGARETE fast froh sein, daß sie durch FAUSTS „überwiegende Stärke" „ihrer Schwachheit" „gewahr" wurde.

B. In diesem Streit um die Rechtfertigung inhumanen Handelns käme MEPHISTOPHELES der „Schwäche" zu Hilfe, indem er FAUST mit einer *Kröte* vergleicht. Die - unausgesprochenen - Argumente dafür liefert ihm Herder, dem Moritzens Theorie „selbstisch, abgöttisch unteilnehmend"[149] war. Herder verwendet „Kröten" und „Schlangen" fast synonym; MEPHISTOPHELES könnte mit Herders Worten zu FAUST sagen: „Wohlan! schüttelt die euch so verächtliche Adamsnatur, die **Menschheit** ab, und seid **Nichts**! seid Kröten und Schlangen -"[150]

A. FAUST könnte selbst an diese Stelle denken, wo er davon spricht, der *Gefährte* könne ihn vor sich selbst erniedrigen und die *Gaben* mit einem *Worthauch* zu ***Nichts*** wandeln, aber auch, wo er sich als *Unmensch* sieht.

B. Weil vor allem FAUST die Sprache der „Schlange" spricht, sagt MEPHISTOPHELES zu FAUST: *Du bist doch sonst so ziemlich eingeteufelt.*

A. Müssen wir davon ausgehen, daß die „Menschensprache" für immer verloren ist? Welchen Sinn hätte es, die Sprache des „Vernunfttiers" durch die FAUST-Figur zu kritisieren, wenn keine liebende, humane Sprache und damit ein humaner Umgang zwischen den Menschen denkbar wäre?

B. Ich glaube, die HEXEN-Poesie, die wie ein ‚Liebestrank' wirkt, soll diese Sprache vermitteln und ‚wecken'. Beide im „Faust-Fragment" neu hinzugekommenen Kommentar-Szenen sind also aufeinander bezogen. Die nichtfaustische Sprache der Poesie, die poetische Sprache, wäre das Modell, wie Menschen miteinander sprechen und umgehen könnten. MEPHISTOS Anspielung auf das „Hohe Lied" - *Ich hab' Euch oft beneidet Ums Zwillingspaar, das unter Rosen weidet* - erinnert ebenfalls an die ‚Liebes'-Dichtung.

A. Aber kann man sich eine Sprache denken, die mehr in Gleichnissen, Analogien, Metaphern spricht als die poetische? Zumindest äußerlich unterscheidet sie sich wenig von der faustischen Sprache der Sophistik.

B. Der wichtigste Unterschied ist der, daß die poetische Sprache nicht benützt wird, um Gewaltverhältnisse zu begründen und zu verschleiern, sondern dazu dient, auf inhumane Verhältnisse aller Art aufmerksam zu machen. Eine liebende und Liebe weckende Sprache kann keine Gewaltsprache sein, weil Liebe und Gewalt sich widersprechen.

A. Es wäre schön, wenn man solche ‚liebende' Sprache konkret vernehmen könnte. Goethes „Faust" kritisiert zwar die inhumane Sprache FAUSTS, aber von humaner Sprache habe ich, wenigstens in „Der Tragödie erster Teil", noch nichts bemerkt.

B. Zur selben Zeit, als Goethe am „Faust-Fragment" arbeitete, schrieb er die „Römischen Elegien". In diesen Liebesgedichten ist der Liebende, der sie spricht, zugleich Dichter. Für ihn müßte gelten, daß - wie in Herders „Menschensprache" - „Sehnsucht nach Seinesgleichen [...] die feinen Grundfäden der [...] Sprache" zieht. In der Zwanzigsten Elegie stehen Sätze, die auf die HEXEN-Poesie zutreffen könnten:

> Städtebezwingerin, du Verschwiegenheit! Fürstin der Völker!
> Teure Göttin, die mich sicher durch's Leben geführt,
> Welches Schicksal erfahr' ich! Es löset scherzend die Muse,
> Amor löset, der Schalk, mir den verschlossenen Mund.[151]

A. Ich sehe vor allem, daß „Verschwiegenheit" zu einer „Göttin" der Gewalt personifiziert ist, und daß derjenige, der den „Mund" nicht hält, das „Schicksal" erfährt, nicht mehr „sicher durch's Leben geführt" zu werden.

B. Genau so wichtig ist, daß „Muse" - die Muse der Dichtkunst - als „Amor" interpretiert wird und daß diese Poesie der Liebe den verschlossenen „Mund" öffnet, also ‚mündig' macht.

A. Das Leben dieses Liebenden wird aber nicht leichter, wenn er nun die mächtige „Göttin" der „Verschwiegenheit" zur Gegnerin hat.

B. Das stimmt. Aber daß Mündigkeit und Gegen-Gewalt-Sprechen eng zusammen gehören, zeigt der unmittelbar anschließende Vers:

> Ach, schon wird es so schwer, der **Könige** Schande verbergen!

Liebe und Gewalt **wider-sprechen** sich also im wörtlichen Sinn.

A. So bringt uns „Amor", „der Schalk", wieder nach Frankreich, wo Ludwig XVI. stellvertretend der „Könige Schande" offenbart hat.

B. Die beiden neuen Szenen des „Faust-Fragments" repräsentieren den Zwiespalt, in welchem sich Goethe zu Beginn der Französischen Revolution befand. Während die „Hexenküche" belegt, wie „schwer" es Goethe gefallen ist, der „Könige Schande" zu „verbergen", erläutert die Szene „Wald und Höhle", was er von denen befürchtete, die sich auf das Naturrecht berufen, aber ihr Recht nicht von der ‚höheren Natur' des Menschen, sondern von der Natur der Gewalt ableiten.

A. Ich habe zu der vom paradiesischen Adam abgeleiteten „Menschensprache", die FAUST fehlt, noch eine Frage: Ist sie als eine Kommunikationsform zu denken, die sich in der modernen, nachparadiesischen Welt nur in der Poesie verwirklichen läßt und nur über die Poesie im öffentlichen Leben wirkt?

B. Herder läßt Adam aus seinem ‚Fall' die Lehre ziehen: „Das *nicht tun*, was ich leider! wohl tun konnte, *nicht frei sein wollen*, das ich leider! wollte. [...] jedes andere ist Schlangenfreiheit, viehische Sinnenherrschaft."[152] Auf das Handeln der Menschen angewendet würde das ungefähr heißen: Freiheit bedeutet nicht, alles zu tun, was der Mensch tun kann. Vielmehr kommt es darauf an, Freiheit als moralische Freiheit zu begreifen, die die faustischen Handlungen so begrenzt, daß sie human sind.

A. Wohin der unbegrenzte Gebrauch der Freiheit führen kann, sehen wir heute deutlicher als die Menschen vor 200 Jahren.

Dialog 25: Zwischen-Gespräch zu „Faust-Fragment" und „Faust I"

A. Wenn man es nicht mit eigenen Augen sähe, würde man kaum glauben, daß Goethe so blitzschnell auf den Ausbruch der Französischen Revolution reagieren konnte. Aber sehr vieles von dem, was das „Faust-Fragment" vom „Ur- Faust" unterscheidet, bezieht sich auf die Ereignisse in Frankreich, so daß Goethe zwischen August 1789 und Januar 1790 sein Manuskript grundlegend ‚modernisiert' haben muß. Und dennoch sollte FAUST keine Figur sein, mit der revolutionär Gesinnte sich hätten identifizieren können.

B. Um das zu erreichen, hat Goethe - wie in „Auerbachs Keller" und in der „Hexenküche" - FAUST während der Handlung auf die Seite gestellt und ließ andere agieren, oder er hat - mit „Wald und Höhle" - die Handlung unterbrochen, damit er FAUST für sich beleuchten und kritisieren bzw. an ihm etwas exemplifizieren konnte, das über die Gretchen-Handlung hinaus bedeutend ist.

A. Am wenigstens scheint die fragmentarische „Studierzimmer"-Szene (Dialog 20) von der Zeitgeschichte beeinflußt zu sein; man spürt, wie sich Goethe bemüht hat, dem Faust-Stoff gerecht zu werden und gleichzeitig MEPHISTOPHELES nicht als den Bösen aus dem Jenseits erscheinen zu lassen.

B. Wenn sein „Faust" nicht nur unterhaltend sein, sondern das Bewußtsein der Menschen humaner machen sollte, dann mußte er MEPHISTOPHELES als Bösen erscheinen lassen, der zweifellos aus **dieser** Welt stammt.

A. Wer aus dieser Welt ist, kann nicht ausschließlich böse sein.

B. Das hat Goethe in dieser Szene so deutlich gezeigt, daß wir MEPHISTOPHELES ein humanes Interesse an FAUST zubilligen mußten.

A. Dagegen sind die neu hinzugekommenen Aussagen zur Rechtsgelehrsamkeit und zur Theologie eindeutig und scharf und rechtfertigen den Aufstand gegen das verkrustete Feudalsystem. Sie werden nicht dadurch gemildert, daß MEPHISTOPHELES sie macht; auch macht er sie in FAUSTS Gewand.

B. Gleichzeitig richtet sich die Polemik gegen den Gebrauch begriffloser *Worte* an die Revolutionäre; sie kann besagen, daß ein theoretisches System nur dann in der Praxis funktioniert, wenn die *Worte* dieses Systems etwas bezeichnen, das konkret durchdacht und begriffen ist …

A. … und wenn diese *Worte* bei denen, an die sie gerichtet sind, das gleiche bezeichnen wie bei denen, die sie gebrauchen. Das zeigt das *Hexen-Einmal-Eins*. Goethe befürchtete wohl, die *Wort*-Führer in Frankreich könnten zu wenig von der Sache verstehen, von der sie reden.

B. Vielleicht befürchtete er auch, sie verstünden um so mehr davon, wie man unpolitischen Intellektuellen, denen ebenfalls *Begriffe fehlen*, Nichts für Freiheit vorgaukelt und sie in ‚Bestien' verwandelt, wie es „Auerbachs Keller" zeigt.

A. Wie Goethe diese Szene durch wenige Eingriffe auf *Paris* bezogen hat, imponiert mir.

B. Als er im März 1790 in Jena war, um ‚Studentenunruhen' zu schlichten, schrieb er in einem Bericht: „Leipzig hieß sonst **klein Paris**, Jena verdiente jetzt wohl eher den Namen."[153] Das zeigt, daß das neu in die Szene eingefügte *klein Paris* (2172) nicht nur von uns, sondern auch vom Autor auf die Revolution bezogen wird.

A. Indem Goethe in „Auerbachs Keller" seine Hauptfigur zum Statisten degradierte, wurden die *lustigen Gesellen* einschließlich der ‚Gesellschaft', die sie darstellen, viel ‚bedeutender' als im „Ur-Faust" .

B. FAUST mußte auch deshalb möglichst aus dieser nun politisch ‚aufgeladenen' Szene ‚herausgehalten' werden, damit er in der Gretchen-Handlung nicht deplaziert erschien.

A. Angesichts der Vorgänge in Frankreich war wohl - dramaturgisch gesehen - das Hauptproblem, wie die Gretchen-Handlung beibehalten und zugleich vor dem Abgleiten in die Trivialität bewahrt werden konnte. Goethe hat gewissermaßen versucht, sie mit Hilfe zweier ‚Säulen' - „Hexenküche" und „Wald und Höhle" - auf ein höheres Niveau zu bringen, wobei die „Hexenküche" zudem Wissenschafts-Handlung und Gretchen-Handlung zu verbinden hatte. Beide Teile der Handlung hätten - zumindest äußerlich - ebenso verknüpft werden können, wenn FAUST nicht durch das *Zauberspiegel*-Bild, sondern durch eine beliebige erotische Darstellung stimuliert worden wäre

B. Schon daß MARGARETE nicht auf irgendein erotisches Bild, sondern auf das *schönste Bild von einem Weibe* bezogen ist, macht sie ‚bedeutender'. Und wenn wir bedenken, daß der *Zauberspiegel* die aktuelle zeitgenössische Ästhetik symbolisiert, dann gewinnt auch die Gretchen-Handlung an Bedeutung, weil sie dafür stehen kann, was passiert, wenn dieser Schönheitsbegriff blindlings umgesetzt wird.

A. Das gebe ich zu. -

B. Darüber hinaus schuf sich Goethe mit der „Hexenküche" einen imaginären Raum, in welchem er seine Erfahrungen, Erkenntnisse, Lehren und Meinungen sagen und zeigen konnte, wie er wollte. Dabei weist er vor allem der Poesie eine bedeutende Rolle zu.

A. Aber doch reichlich verschlüsselt. Es liegt keineswegs auf der Hand, daß MEPHISTOS Hinweis, die TIERE seien *Poeten*, nicht ironisch zu nehmen sei. Auch daß er die HEXE als *Sybille* bezeichnet, wird man zunächst nicht für eine ernstgemeinte Aussage halten, obgleich er damit zeigt, wie man *Irrtum statt Wahrheit* verbreitet.

B. Immerhin sind diese Hinweise Signale, die uns weiterhelfen konnten. Der Art von Literatur, für die die *Meerkatzen* stehen, wird gewissermaßen vorgeworfen, sie habe nichts dazu beigetragen, daß das Bewußtsein der Menschen humaner wird.

A. Dennoch waren es diejenigen, die von den *Meerkatzen* gespielt werden, die die absolute, menschenunwürdige Herrschaft der *Krone* zerbrachen, während die von der HEXE symbolisierten ‚echten Poeten' vielleicht im Wolkenkuckucksheim saßen. Wir dürfen nicht vergessen, daß im Januar 1790 die Schreckensherrschaft noch weit entfernt war und die Nationalversammlung eine menschenwürdige neue Verfassung diskutierte. Ein bißchen mehr Respekt, als sie als *Affen* zu charakterisieren, hätten diese *Meerkatzen* schon verdient.

B. Du selbst hast über die Voraus- und Weitsicht Goethes gestaunt. Er war so empfindlich gegen jede Art von Veränderung, die weiter ging als das Bewußtsein derjenigen, die mit den neuen Veränderungen leben sollten, daß er vielleicht nicht die Schreckensherrschaft der Jakobiner, aber doch eine neue menschenunwürdige Herrschaft voraussah. Übrigens hatte sich beim Sturm auf die Bastille angekündigt, was geschehen konnte, wenn ein unmündiges Volk die Herrschaft übernimmt.

A. Das würde heißen, Goethe habe nicht so sehr am Alten festgehalten, als vielmehr befürchtet, das ‚bessere' Neue werde schlimmer, wenn die Menschen nicht darauf vorbereitet sind.

B. Er hat wohl auch befürchtet, man könnte glauben, als Freund von Karl Philipp Moritz vertrete er dessen Theorie des Schönen; Herder war sogar überzeugt, diese Theorie sei von Goethe inspiriert. Vermutlich aus Rücksicht auf Moritz verfremdete Goethe in der *Zauberspiegel*-Episode das, was er zu sagen hatte, so sehr, daß es nur Eingeweihten verständlich sein konnte.

A. Man könnte überhaupt meinen, er habe nur für eine eingeweihte Gemeinde geschrieben. Denn wie sollte das ‚normale' Publikum jede Anspielung auf Herders oder Moritzens Werk verstehen?

B. Tatsächlich hat er damals dem Publikum viel zugetraut. Deshalb war er irritiert, als ihm der schlechte Absatz seiner achtbändigen „Schriften", in denen auch das „Faust-Fragment" erschienen war, bewies, wie gering das öffentliche Interesse an seinen neuen und verbesserten alten Werken war. Die literarische Kultur war also bei weitem nicht so hoch, wie er voraussetzte, als er diese Szenen schrieb. Eine ähnliche Erfahrung machte er später mit seiner Zeitschrift „Propyläen", die sich nur wenige Jahre halten konnte.

A. So sehr Goethe seine Aussagen verrätselte, so sehr wollte er andererseits dem Publikum zeigen, daß FAUSTS bürgerliches, durch Freiheit begründetes Streben zu solchen Konsequenzen führen kann, wie sie sich in Frankreich zeigten, und daß seiner Meinung nach Poesie nötig sei, um das bürgerliche Bewußtsein vor bestialischem Handeln zu bewahren. Erst dadurch bekommt die Verjüngungs-Thematik eine gesellschaftliche Bedeutung, die den Zeitumständen entspricht.

B. Goethe soll im Alter zu Eckermann gesagt haben, er habe die „Hexenküche" in Rom geschrieben. Das ist, was die Meerkatzen-Episode mit ihren Anspielungen auf die Französische Revolution betrifft, sehr unwahrscheinlich. Aber möglich ist, daß aus dieser Zeit der Zauber um den *Trank* der HEXE stammt, mit dem Goethe verdeutlichen konnte, was dem faustischen Bewußtsein fehlt und daß bürgerliches, auf der Freiheit des Individuums beruhendes Denken auch zu humaner Gesellschaft führen kann.

A. Diese Episode war für mich deshalb so schwer zu verstehen, weil hier Verjüngung - als Metapher für humanes Bewußtsein - an einer Figur demonstriert wird, die sich in der eigentlichen Handlung dann doch nicht verändert zeigt. Ich finde, Goethe hat dem ‚Imaginären' des HEXEN-Raums zu sehr zugetraut, es könne eine Atmosphäre erzeugen, die das Publikum als eine Dimension des bloß Irrealen und Potentiellen erkennt.

B. Vielleicht wäre dies eher gelungen, wenn - wie es möglicherweise ursprünglich gedacht war - die Szene nur die HEXEN-Episode enthalten hätte. Wir haben uns dadurch geholfen, daß wir „Hexenküche" und „Wald und Höhle" als ‚Kommentar-Szenen' bezeichnet haben. Wir hätten sie auch *Spiegel*- oder ‚Reflexions-Szenen' nennen können.

A. Der in der „Hexenküche" enthaltene Kommentar bezieht sich aber dann beim Erscheinen des „Faust-Fragments" auch auf die Französische Revolution. Äußerlich ist das dadurch angedeutet, daß der *kleinen Flamme*, die FAUST ‚trinkt', die große *Flamme* vorangestellt ist. Goethe setzt alles Vertrauen in die *hohe Kraft* des Menschen, die durch irritierende, zu selbständigem Fühlen und Denken anregende Poesie geweckt und immer aufs neue aktiviert werden soll.

B. Die ‚Potenzierung', die in der „Hexenküche" gestaltet ist, betrifft im eigentlichen Sinne Natur, wie Goethe sie verstand. Demnach hat jeder Mensch ‚von Natur aus' eine ‚höhere Natur', eine Natur der Freundschaft, der Liebe, des sozialen Mitgefühls, die „hilfreich und gut" („Das Göttliche") sein will, aber meistens durch naturwidrige Erziehung und Lebensumstände gehindert wird, sich zu verwirklichen. Überspitzt formuliert könnte man sagen, die Natur begabt deshalb das Genie, damit es an ihrer Statt dieser höheren Natur in den Menschen zum Leben und zum Wirken verhelfe.

A. Der Begriff „Wiedergeburt" bezieht sich dann darauf, daß die ‚höhere' Natur mit jedem Menschen geboren, dann aber gewöhnlich ‚am Leben' gehindert wird. Dieses Menschenbild Goethes wird durch Kants „Kritik der praktischen Vernunft" gestützt, weil dessen Morallehre auch davon ausgeht, daß in jedem Menschen von Natur aus das Sittengesetz angelegt ist.

B. Ja, nach der Veröffentlichung dieser Philosophie - und auch der Erkenntnisse Herders - ist es für FAUST viel schwieriger als im „Ur-Faust", sich aus der Verantwortung zu stehlen. Der Grad seiner Schuld nimmt zu, weil jedermann sagen könnte, er brauche nur seiner ‚Pflicht' zu genügen, um ein humanerer Mensch zu sein.

A. Vor solchem Hintergrund sieht man aber auch deutlicher, daß Goethe der Philosophie nicht ohne weiteres zutraut, die Verkrustungen der ‚höheren' Natur des Menschen aufzulösen. Für ihn kann das wohl nur die Kunst, vor allem die Poesie.

B. Aber eben nur langsam, weil es sehr schwer ist, jede Form von Ideologie und deren Vorurteile zu verunsichern, wenn sie sich im Bewußtsein eines Menschen festgesetzt haben. Ohne *Zeit damit* zu *verlieren*, ist wenig gründlich zu verändern. Die ‚höhere Natur' ist empfindlich und will geduldig gepflegt sein. Zweifel an dem, was ein Mensch für wahr hält, sind nur schwer zu erzeugen.

A. Dann bezweifle ich, ob dafür das Drama die geeignete Gattung ist. Denn hier geht alles sehr schnell.

B. Wem FAUST aus der Seele spricht, der kann, wenn er über diese Figur und die Folgen ihrer Handlungen nachdenkt, auch skeptisch gegen sein eigenes Handeln werden. Aber du hast recht; in einem Drama ist die Zeit fast immer zu knapp. Demgegenüber kann ein Romanautor der Handlung und seinem Leser Zeit lassen und dessen Inneres dadurch anregen und vielleicht bewegen, daß er die Empfindungen und Gedanken seiner Figuren erzählt. *Irrtum statt Wahrheit zu verbreiten*, das könnte als Motto über „Wilhelm Meisters Lehrjahre" stehen, an denen Goethe schon während der 80er Jahre schrieb.

A. Zeigt die „Hexenküche", daß faustisches Bewußtsein humaner sein könnte, wenn ihm nicht HEXEN-Poesie fehlte, dann demonstriert „Wald und Höhle", daß dieses Bewußtsein dazu tendiert, sich als und durch erhabene Rede auszubreiten. FAUSTS Größe und deren Folgen erscheinen vor allem als ‚Ein- und Ausflüsse' seiner Rhetorik.

B. Dies ist in MARGARETES *Und seiner Rede Zauberfluß* zwar schon angedeutet, aber vielleicht hat erst der Ausbruch der Französischen Revolution Goethe veranlaßt, dazu eine eigene Szene zu machen.

A. Wir haben gesehen, daß es dafür vor allem zwei Gründe gab. Zum einen war FAUST als Exempel zu gebrauchen, an dem sich studieren ließ, wie sophistische politische Rede strukturiert ist und funktioniert, und zum andern ließen sich Herders „Ideen" und besonders Moritzens „Über die bildende Nachahmung des Schönen" als Erläuterungen zu FAUSTS *Bin ich der Unmensch nicht, der Unbehauste* … lesen, aber in einem anderen Sinn, als Goethe wollte. Dies galt es zu korrigieren.

B. Ich glaube, das sophistische Modell, das FAUST benützt, ist bis heute aktuell; es wird in politischen Reden wie in Leitartikeln angetroffen. Oft werden gesellschaftliche Probleme in eine Naturmetaphorik ‚verpflanzt', um schließlich das, was für das Wetter oder für Pflanzen und Tiere oder für die Gesundheit des Körpers gelten kann, als Beweis für gesellschaftliche Entscheidungen zu verwenden. Für diese Sophistik ist neben FAUSTS *Riesenfichte*-Analogie die Rede des Saint Just in Büchners „Dantons Tod" ein Musterbeispiel.

A. Wer diese Art von Rhetorik wirklich verstanden hat, ist gegen sophistische Manipulationen gefeit. Mir fällt dazu ein, mit welcher Unverfrorenheit FAUST auf MARGARETES Frage, ob die *Tropfen* ihrer *Mutter* nicht schaden werden, mit der rhetorischen Frage antwortet: *Würd ich sonst Liebchen dir es raten* (3516). Das ‚Tödliche' dieser Sprache ist dadurch gezeigt, daß an diesen *Tropfen* die *Mutter* stirbt.

B. MARGARETE sagt dazu: *Weiß nicht was mich nach deinem Willen treibt*; es ist denkbar, daß die Szene „Wald und Höhle" auch verdeutlichen soll, es sei die erhabene Rede FAUSTS, die sie danach *treibt*. Hier wird beispielhaft gezeigt, wie es dem „listigeren und verschlagneren Teil der Menschen" gelingt, „den anderen zu etwas in Bewegung zu setzen, wozu dieser selber die Gedanken nicht hat"[154].

A. Es hat mich sehr beeindruckt, wie Goethe den Zusammenhang zwischen Erhöhung und Erniedrigung zeigt. Und vor allem, welche ungeheuren Wirkungen erhabne Sprache hat, wenn Leidenschaften sie in ihren anderen ‚Aggregatzustand', den der Gewalt, verwandeln. Der *Gefährte* kann mit ***einem Worthauch***, also ebenfalls durch Sprache, solche Leidenschaften ***anfachen*** und steuern, aber auf dem Weg von der Erhabenheit zum *Nichts* schlagen sie auf die Menschen, die unten leben, ‚vernichtend' ein.

B. Goethe stimmt in den 80er Jahren mit Herder zwar weitgehend überein, aber es ist kaum denkbar, daß er Herders Ansicht zustimmt, daß die Sprache die Flut der „Affekte" in „Dämme" einschließen kann. Vielmehr sind für ihn diese Leidenschaften das Produkt erhabener Sprache. Aber noch wichtiger mußte für Goethe sein, sicherzustellen, daß FAUST nicht durch Moritzens Vorstellung, das Höhere oder Stärkere könne dem Niedrigeren und Schwächeren nicht schaden, gerechtfertigt erscheint.

A. Ich finde, das ist ihm überzeugend gelungen. Falls Moritz in Rom FAUSTS *Wassersturz*-Metaphorik zu lesen bekam, hätte er schon daraus sehen können, wie inhuman es ist, von Naturvorgängen argumentativ auf gesellschaftliche Herrschaftsstrukturen zu schließen. Und FAUSTS nur zum Schein *sichere Höhle*, in die er sich durch den *Fall* der *Riesenfichte* geführt glaubt, macht vollends deutlich, daß in dieser Hinsicht Goethe und Moritz nicht zusammenpassen.

B. Man könnte eher - überspitzt - sagen, FAUST versuche, sich mit Moritz zu identifizieren und müsse erfahren, daß das nicht geht. So gesehen verspottete MEPHISTOPHELES ihn auch deswegen. *Felsen**ritzen*** ist jedenfalls eine deutliche Anspielung auf Mo**ritzen**!

A. *Felsenritzen* ist überhaupt ein interessantes Wort. Wenn man in ***Was hast du da in [...] Felsenritzen Dich [...] zu versitzen?*** die beiden Wörter *Felsenritzen* und *Dich* zusammenliest, also das Wort *Dich* **buchstäblich** in Felsenritzen ‚setzt', dann läßt sich daraus *Riesenfichte* bilden: FELSENRITZENDICH > RIESENFICHTE. Oder ist das zu weit hergeholt?

B. Deine Beobachtung wird durch das offenkundige MARTHE in MARGARETHE gestützt (Dialog 12). Solche anagrammatischen Beziehungen sehen vielleicht aus wie Spielereien, sind aber oft von Bedeutung. Hier zeigt sich erneut, daß MEPHISTOPHELES es auf FAUSTS Rechtfertigungs-Metaphorik abgesehen hat, für die die *Riesenfichte* als Paradigma fungiert.

A. FREIHEIT, NICHTS und ICH lassen sich in RIESENFICHTE ebenfalls erkennen …

B. … andeutungsweise auch FRECHHEIT und HEINRICH, und das alles sind im Zusammenhang mit dieser Szene wichtige Begriffe.

A. Es hat mich auch beeindruckt, wie in „Wald und Höhle" angespielt wird auf Herders „Menschensprache", die vor allem als Sprache der Poesie weiterlebt, aber immer ein ‚Muster' bleibt, wie Menschen miteinander sprechen und leben könnten.

B. An diese ‚Adamssprache' muß ich denken bei den Versen des alten FAUST im zweiten Teil des Dramas:

Könnt' ich Magie von meinem Pfad entfernen,
Die Zaubersprüche ganz und gar verlernen,
Stünd' ich, Natur, vor dir ein Mann allein,
Da wär's der Mühe wert, ein Mensch zu sein. (11404-07)

Der dritte Vers spielt deutlich auf Adam an, aber das kann ja nicht gut bedeuten, FAUST wolle als ***Mensch allein*** sein. Deshalb glaube ich, daß er damit die ‚Adamssprache' meint und sich die ***Zaubersprüche*** auf die Sophistik des „Vernunfttiers" beziehen, auf *Seiner Rede **Zauberfluß***.

A. Diese späten Verse FAUSTS könnten nochmals verdeutlichen, warum es Goethe für nötig hielt, der Sprache und besonders der Rede eine ganze, in den Zusammenhang der Handlung eingeschobene Szene zu widmen.

B. In Goethes „Italienischer Reise" stehen die Sätze: „Von der [italienischen] Nation wüßte ich nichts weiter zu sagen, als daß es Naturmenschen sind, die unter Pracht und Würde der Religion und der Künste nicht ein Haar anders sind, als sie in **Höhlen und Wäldern** auch sein würden. Was allen Fremden auffällt, und was heute wieder die ganze Stadt reden, aber auch nur *reden* macht, sind die Totschläge, die gewöhnlich vorkommen."[155] Wenn wir dies auf die Szene **„Wald und Höhle"** beziehen, dann wäre FAUST gekennzeichnet als „Naturmensch", der zwar „reden" kann und es auch tut, für den aber Gewalt etwas Selbstverständliches zu sein scheint.

A. Entweder wurde Goethe durch diese Beobachtung angeregt, FAUST in „Wald und Höhle" zu plazieren, oder er hatte diese Szene schon konzipiert bzw. geschrieben und wendet deren Metaphorik und Gehalt auf seine Beobachtung der italienischen Nation an.

B. Der Zusammenhang von Rede und Gewalt muß ihn sehr beschäftigt haben. Das ist auch verständlich, wenn man bedenkt, daß Revolution Gewaltenteilung bedeutete und dafür ein Parlament, ein Ort der Rede, nötig war. Ich nehme an, Goethe hatte Angst davor, daß es Scharlatanen mit sophistischer Rede, mit - wie Herder es nannte - „Analogischen Schlußfolgen der Täuscherei", gelingen könnte, Mehrheiten zu gewinnen und damit öffentliches und privates Leben zu beherrschen.

A. Dann hätte die Szene „Wald und Höhle" auch den Sinn, FAUST als Muster für solche Redner vorzuführen, vor denen es zu warnen gilt. MARGARETE hätte FAUST mit anderen Augen gesehen, wäre er ihr schon aus dieser Szene bekannt gewesen.

B. Ich nehme an, Goethe hat bemerkt, daß FAUSTS Überredungskunst in der Gretchen-Handlung die öffentliche Rhetorik nicht so repräsentieren kann, daß davon Wirkung im öffentlichen Leben zu erwarten gewesen wäre. Zudem war der 1790 veröffentlichte „Faust" ein „Fragment" und damit kaum für Aufführungen geeignet.

A. Goethe hätte statt der Gretchen-Handlung etwas Neues schreiben können, denn von MARGARETE wußten nur ein paar Freunde.

B. Glücklicherweise fand er eine andere Lösung: Er schrieb, wie schon einmal erwähnt (Dialog 19), ein neues Drama - „Der Groß-Cophta" -, das im wesentlichen sophistische Sprache zum Thema hat. Dieses „Lustspiel" rechnet aber so gnadenlos mit dem Adel ab, daß es auf der Bühne keinen Erfolg hatte.

A. Weißt du, wie das „Faust-Fragment" in der Öffentlichkeit aufgenommen wurde?

B. Obgleich die „Schriften" insgesamt ein Mißerfolg waren, gab es vom „Faust-Fragment" einige Nachdrucke und auch Raubdrucke, so daß man doch von einem gewissen Interesse sprechen kann. - Vielleicht hätte Goethe „Faust I" nie vollendet, wenn er von Schiller nicht immer wieder ermuntert worden wäre.

A. Nachdem die Französische Revolution - zumindest äußerlich - gescheitert war und Goethe nicht mehr unmittelbar ‚befürchten' mußte, daß „Naturmenschen" die Welt beherrschten, die wußten, wie man die Sprache einsetzt, war doch eine ganz neue Situation eingetreten. Hat das Drama dadurch nicht seine Aktualität und politische Brisanz verloren?

B. „Faust I" war 1806 vollendet, erschien aber wegen der Kriege mit Napoleon erst 1808. Die Jahre zwischen „Faust-Fragment" und „Faust I" waren jedoch auch für die deutsche Geistesgeschichte von großer Bedeutung. Während dieser Zeit begann - vor allem in Jena - die intensive Auseinandersetzung mit Kant, dessen dritte Kritik, die „Kritik der Urteilskraft" im selben Jahr wie das „Faust-Fragment" erschienen war. Seine Beschäftigung mit der darin enthaltenen „Kritik der ästhetischen Urteilskraft" und mit Schillers Ästhetik ermöglichte es Goethe, die in der „Hexenküche" gestaltete Poetologie zu präzisieren. Er hat Wesen und Funktion der Dichtung erneut poetisch dargestellt, und zwar im „Vorspiel auf dem Theater"[156]. Dieses kleine Stück ist aber so allgemein gehalten, daß es sich nicht mehr unmittelbar mit „Faust I" in Verbindung bringen läßt.

A. Wie kam es, daß zu dieser Zeit so viele bedeutende Menschen in Jena versammelt waren: Fichte, Schelling, Hegel, Wilhelm von Humboldt, die Frühromantiker und nicht zuletzt Schiller? War diese Universität um so viel liberaler als andere deutsche Hochschulen?

B. Der damalige Herzog von Weimar war neuen Gedanken gegenüber aufgeschlossener als andere deutsche Fürsten. Was aber nicht heißt, daß er mit der Französische Revolution sympathisiert hätte. Hinzu kam, daß noch drei andere Landesherrn für diese Universität zuständig waren, und da die sich nicht immer einigen konnten, hatte Jena einen geistigen Freiraum wie keine andere deutsche Universität.

A. Dieser Aufbruch philosophischer Gedanken und Systeme machte es für Goethe wahrscheinlich nicht leichter, den „Faust" zu vollenden, wenn seine Hauptfigur auf der ‚Höhe der Zeit' bleiben sollte.

B. Vielleicht bestärkte oder weckte es in ihm den Entschluß, mit FAUST nochmals zu beginnen, um ihn in einem zweiten Teil allgemeiner, abstrakter, philosophischer gestalten zu können. Wenn an einem Werk in so bewegter Zeit über dreißig Jahre gearbeitet wird, dann muß es fast notwendig ein Werk werden, das aus ‚Stücken' besteht, wie der DIREKTOR zum DICHTER sagt: *Gebt ihr ein Stück, so gebt es gleich in Stücken!* (99)

A. Möglicherweise hat Goethe deshalb fast alles unverändert übernommen, was er bis dahin zu „Faust I" geschrieben hatte, also auch die Schlußszenen aus dem „Ur-Faust".

B. Am „Faust-Fragment" zeigt sich, was sich immer wieder in der Geschichte der Kunst beobachten läßt: Was einer aktuellen Situation sozusagen ‚abgerungen' wurde, enthält später so viel zeitlos Gültiges, daß es auch für ein Publikum von Bedeutung wird, auf das hin das Werk ursprünglich nicht konzipiert und geschrieben worden war.

A. Das hat wohl damit zu tun, daß sich wirkliche Probleme nicht von heute auf morgen lösen lassen. Dafür ist die Geschichte der „Faust"-Rezeption ein guter Beweis. Auch wir beschäftigen uns mit „Faust", weil er uns etwas zu sagen hat.

B. Aber wir haben uns doch bemüht, Distanz zu halten und das Werk unter den Bedingungen zu begreifen, unter denen es entstanden ist. Da jedoch ein Werk, das wie Goethes „Faust" in der deutschen Ideologie-Geschichte ‚Geschichte gemacht' hat, Teil unseres eigenen Weltbildes ist, hat auch eine distanzierte Beschäftigung etwas mit uns selbst zu tun.

A. Obgleich Goethe alle schon geschriebenen Szenen in „Faust I" aufnahm, fehlte ihm doch das Verbindungsstück zwischen FAUST und MEPHISTOPHELES. Ich meine damit nicht die Pakt-Szene, sondern eine Szene, die die beiden Figuren überhaupt erst zusammenbringt. In „Wald und Höhle" steht die eigenartige Bemerkung MEPHISTOS, die ich nicht verstanden habe: *Und wär' ich nicht, so wärst du schon Von diesem Erdball abspaziert* (3270 f.).

B. So geht es mir auch. Ich kenne keine Stelle im ganzen „Faust", worauf sich dieser Satz vernünftigerweise beziehen ließe. Weder der *Trank* der HEXE noch der Gift-Trank in der Szene „Nacht" kommt dafür in Frage.

A. Das deutet darauf hin, daß Goethe um 1790 sich eine Verbindung zwischen den beiden Figuren vorstellte, die er später fallen ließ; aber ohne den irritierenden Satz auch zu entfernen.

B. Wenn MEPHISTOPHELES auf solche existentielle Weise FAUSTS Handeln beeinflussen könnte, wäre es mit der Freiheit FAUSTS vorbei!

A. Mit der Freiheit FAUSTS wäre es auch vorbei, wenn ein ‚**Herr**' über ihn verfügen könnte. Daß der „Tragödie erstem Teil" ein „Prolog im Himmel" vorangestellt ist, in dem DER HERR und MEPHISTOPHELES sich über FAUST einigen, das kommt mir absurd vor.

B. Wie absurd diese Kommentar-Szene immer sein mag, sie gilt ausdrücklich auch für den hier indirekt angekündigten ‚zweiten Teil', und zwar bis in die „Bergschluchten"-Szene hinein.

Dialog 26: *Prolog im Himmel* (243-353)

A. Mir ist nicht bekannt, daß im christlichen „Himmel" mit *Heerscharen* und *Erzengeln* ein *Teufel* auftreten kann.

B. Im Buch „Hiob" der Bibel steht: „Die **Gottessöhne** kamen und stellten vor dem **Herrn** sich auf. Mit ihnen auch der **Satan**." (1,6). Der „Herr" fragt den „Satan", ob er nicht acht gehabt habe auf seinen **„Knecht** Hiob" (1,8). Schließlich hält der Satan dem Herrn vor, Hiob sei nur deshalb sein Knecht, weil ihn der Herr besonders beschütze. Im Wortlaut der Lutherbibel fährt der „Satan" fort: „Aber recke deine Hand aus und taste an alles, was er hat. **Was gilts,** er wird dich ins Angesicht segnen?" Luther merkt an, daß „segnen" hier „fluchen" und „lästern" bedeute.

A. *Mich* ***sonst*** *gewöhnlich gerne sahst* würde sich also auf diese biblische Geschichte beziehen. Dann spielt Goethe dem Publikum Bekanntes vor, das er nur modifiziert. Aber was hat Hiob mit „Faust" zu tun?

B. Unmittelbar wohl nichts. Das Buch Hiob ist das Muster-Beispiel dafür, daß Gott das Böse in der Welt zuläßt, damit die Menschen sich bewähren können. Hiob rechtfertigt gewissermaßen das ihm zugefügte Leid als weise und gütige Tat des Herrn. Es handelt sich um eine ‚Theodizee', das heißt um eine Rechtfertigung Gottes angesichts des von ihm zugelassenen Bösen in der Welt. Nehmen wir an, es gilt der folgende Satz Herders: „Im *Reich Gottes existiert also nichts Böses, das Wirklichkeit wäre.* Alles Böse ist ein Nichts [...]" …

A. … dann ist auch MEPHISTOPHELES vom Makel des Bösen befreit, und wir brauchen uns nicht zu wundern, daß er „im Himmel" auftritt. Aber er scheint mit dem HERRN unzufrieden zu sein. Der Lobgesang auf die Schöpfung imponiert ihm wohl solange nicht, als er es *auf Erden herzlich schlecht* findet.

B. Wenn im „Reich Gottes" „nichts Böses" existiert und es *auf Erden* trotzdem *herzlich schlecht* ist, ist der HERR für das Schlechte verantwortlich. Das veranlaßt MEPHISTOPHELES, den HERRN *anzuklagen.*

A. Und der HERR scheint es sich gefallen zu lassen. MEPHISTOS Anklage heißt sinngemäß: *‚Ich sehe nur wie sich die Menschen plagen*, und das ist deine Schuld.'

B. In diesem ‚Prozeß', wo Angeklagter und Richter eins zu sein scheinen, vertritt MEPHISTOPHELES die Sache *der Menschen.* Er beginnt die

Beweisführung mit *Der kleine Gott der Welt bleibt stets von gleichem Schlag, Und ist so wunderlich als wie am ersten Tag.* Wenn der Mensch *vom gleichen Schlag* bleibt, dann heißt dies, daß es zum Wesen des Menschen gehört, so *wunderlich* wie im Paradies zu sein.

A. Nach dem Grimm heißt *wunderlich* soviel wie „neugierig", „wißbegierig"[157]. Diese Bedeutung bringt uns zum Wie-Gott-sein-Wollen, mit dem sich nach der Bibel schon die ersten Menschen aus der Herrschaft Gottes zu befreien oder sie doch einzuschränken suchten. Das Streben *Fausts* erscheint jetzt als allgemein menschliche Eigenschaft.

B. Das *wunderlich* kann aber auch „sonderbar" bedeuten. Dies vorausgesetzt, wäre es nach MEPHISTOPHELES *wunderlich*, daß der Mensch sich in seiner Wiß- und Machtbegierde von Gott beschränken läßt und sich mit seiner Stellung als ***kleiner** Gott der Welt* zufrieden gibt. Sein ‚Beweis' hieße also: Dem Menschen geht es schlecht, weil der ‚große Gott' ihn beschränkt.

A. Dieser Beweis wird im folgenden noch näher erläutert; allerdings weiß ich nicht genau, wovon MEPHISTOPHELES spricht:

Ein wenig besser würd' er leben,
Hättst du ihm nicht den Schein des Himmelslichts gegeben;
Er nennt's Vernunft und braucht's allein
Nur tierischer als jedes Tier zu sein.

B. Zuerst könnte man meinen, *Schein des Himmelslicht*s bedeute die menschliche *Vernunft*. Sinnvoller aber ist, ***Schein*** zu betonen, so daß es heißt: **nur** den *Schein*, nicht die Wahrheit *des Himmelslichts.*

A. Dann hätte der HERR den Menschen ‚betrogen', weil er ihm nicht **die** *Vernunft* gegeben hat, mit deren ***Himmels**licht* sich die Vorstellungen vom Himmel hätten ‚aufklären' lassen, sondern nur eine unzureichende.

B. Es wäre die beschränkte *Vernunft* zum Beispiel des Hiob, der unwiderlegbar beweisen konnte, daß ihm vom „Herrn" Unrecht geschehen war, und der sich dennoch mit der Erklärung abspeisen ließ, ihm fehle die Einsicht in die Allmacht Gottes.

A. Dann ist es auch die beschränkte *Vernunft* desjenigen, der bereit ist, die unzulängliche Welt nicht nur trotz, sondern wegen ihrer Mängel, ihrer Übel und ihres Bösen, zu akzeptieren.

B. Ja, Leibniz, der die moderne „Theodizee" geschrieben hat, sagt ausdrücklich, daß Gott dem Menschen das „**Licht** der **Vernunft**" als „Mittel" gegeben hat, damit er - beachte diese Zumutung - **anstelle**

Gottes die „Zulassung des Lasters und des Verbrechens" entschuldigen kann.[158]

A. Nach MEPHISTOPHELES hätte der HERR also vorgesorgt, daß man ihm die Unzulänglichkeit seiner Schöpfung nicht anzulasten vermag. Ich kann kaum glauben, daß ein so bedeutender Mann wie Leibniz so ‚beschränkt', ich meine, so wenig ‚aufgeklärt' sein konnte.

B. Selbst Kant als der bedeutendste ‚Aufklärer' schreibt in seiner „Kritik der praktischen Vernunft", daß „die unerforschliche Weisheit, durch die wir existieren, nicht minder verehrungswürdig ist in dem, **was sie uns versagte**, als in dem, was sie uns zuteil werden ließ"[159].

A. Dann drückt MEPHISTOPHELES als Anwalt des Menschen, dem etwas „versagt" wird, wohl aus, daß der Mensch sich solange nicht aus seinen *Jammertagen* befreien kann, solange er sich als Abbild eines biblischen Gottes begreift, der nicht daran interessiert ist, die Übel abzustellen, sondern dem Menschen zumutet, ihn dafür auch noch zu preisen.

B. Wenn der Mensch aus den *Jammertagen* herauskommen will, darf er sich einen solchen HERRN nicht zum Vorbild nehmen. Solange er aber seine *Vernunft* als etwas hinnimmt, das beschränkt ist, ist er nach MEPHISTOPHELES *tierischer als jedes Tier.*

A. Das erinnert mich an das „homo homini lupus" von Hobbes, der Mensch sei für den anderen Menschen ein Wolf.

B. MEPHISTOS Satz bedeutet eher, daß der Mensch dann *tierischer als jedes Tier* ist, wenn er seine *Vernunft* gebraucht, um sich selbst daran zu hindern, daß er mehr erkennen könnte. Bei Herder zum Beispiel steht, „der Mensch, der einen **Herren** nötig hat, ist ein **Tier**; sobald er **Mensch** wird, hat er keines eigentlichen Herren mehr nötig"[160].

A. Wenn man es so sieht, wirft MEPHISTOPHELES in seiner Anklage dem HERRN vor, daß er den Menschen, der ein „Mensch" sein könnte, ‚wie ein Tier' hält, weil er ihn nach einer *Vernunft* handeln läßt, die „einen Herren nötig hat". - Verstehst du das Gleichnis, mit dem MEPHISTOPHELES dem HERRN verdeutlicht, was er meint:

Er scheint mir, mit Verlaub von Ew. Gnaden,
Wie eine der langbeinigen Zikaden,
Die immer fliegt und fliegend springt
Und gleich im Gras ihr altes Liedchen singt;

B. Diese *Zikade fliegt* und *springt* sehr gut und sehr viel, aber *gleich*wohl hat es für das, was sie singt, keine Folgen. Sie erhebt sich über die Erde und benimmt sich danach wie zuvor.

A. Bei *fliegend springt* denke ich an GABRIELS Verse: Mit dem *Sphärenlauf* der *Erde fliegt* auch die *Zikade immer* um die Sonne, auch wenn sie sitzt und *singt*, *fliegt* sie noch.

B. Natürlich kann das die *Zikade* nicht durchschauen. Aber wenn ein Mensch, der durch die ‚Höhenflüge' seines Denkens solche Zusammenhänge *von Sonn' und Welten* erkannt hat und trotzdem das *alte Liedchen*, also wie RAPHAEL die *alte Weise* von den alten Gottes-, Welt- und Menschenbildern singt, dann handelt er nach MEPHISTOPHELES *tierischer als jedes Tier.*

A. Er handelt ungefähr so, wie der Mensch, von dem Goethe spricht, als er Lavaters Weltbild charakterisiert: Er ist auf dem neuesten Stand der Wissenschaft und glaubt doch, daß die Welt „auf dem Rükken einer Schildkröte ruht" (Dialog 22).

B. Wie sehr der Glaube an einen biblischen HERRN einen Menschen hindern kann, mit seiner eigenen *Vernunft* etwas zu erkennen, zeigt sich beispielsweise bei Luther, wo er schreibt: „[...] der Glaube [muss] alle Vernunft, Sinn und Verstand, mit Füßen treten und alles, was er sieht, aus den Augen setzen und nichts wöllen wissen denn Gottes Wort."[161] -

A. Was gefällt MEPHISTOPHELES nicht, wenn er sagt: *In jeden Quark begräbt er seine Nase*? Das heißt doch wohl mehr als nur, er kümmere sich um jeden Kram.

B. Vielleicht will er damit sagen, daß der Mensch sich erniedrige, statt „die Nase hoch" zu tragen, was nach dem Grimm heißt: „hohe Dinge begehren"[162].

A. Aber der HERR läßt sich dadurch nicht aus der Ruhe bringen: *Hast du mir weiter nichts zu sagen? Kommst du nur immer anzuklagen? Ist auf der Erde ewig dir nichts recht?*

B. Sicher ist jedoch, daß der HERR MEPHISTOS Aussagen als ‚Anklage' auffaßt. Dann könnte das *nichts recht* auch Juristisches bedeuten.

A. Ja, es würde etwa heißen: ‚Ist auf der Erde für dich seit Ewigkeit nichts so, wie es von Rechts wegen sein müßte?' So gesehen hörte der HERR aus MEPHISTOS Sätzen heraus, daß dieser von einem ‚ursprünglichen' Recht spricht, das vielleicht nicht verwirklicht wird, weil der HERR den Menschen *ewig* mit der Ewigkeit droht und sie deshalb ihre *Vernunft* nicht gebrauchen.

B. Das drückt MEPHISTOPHELES auch aus durch die *Jammertage*, wodurch das Dasein auf der Erde auf die Ewigkeit bezogen wird.

A. So wie Hobbes das Naturrecht definiert, auf das sich MEPHISTOPHELES bei seiner Anklage berufen könnte, berührt es sich mit dem, was nach MEPHISTOPHELES dem Menschen fehlt: „Das Naturrecht ist die Freiheit, nach welcher ein jeder zur Erhaltung seiner selbst seine Kräfte **beliebig gebrauchen** und folglich **alles**, was dazu etwas beizutragen scheint, **tun kann**."[163]

B. Etwas stimmt an der Anklage MEPHISTOS nicht. Einem HERRN, der in biblischer Tradition zu sehen ist, würde man normalerweise im Namen der Menschen vorwerfen, er verlange **zu viel** von den Menschen, das Kreuz der *Jammertage* sei zu schwer, die Anforderungen von Bibel und Theologie seien unerfüllbar und dergleichen. Aber die Anklage MEPHISTOS heißt: **weil** sie die *Jammertage* akzeptieren, verfehlen die Menschen ihre ursprünglichen, rechtmäßigen Lebensmöglichkeiten.

A. Das wird noch dadurch überboten, daß der HERR auf einen Menschen hinweist und ihn ausdrücklich als **seinen** *Knecht* bezeichnet, von dem das Publikum erwartet, daß er sich den biblischen und kirchlichen Forderungen nicht unterwirft. Der HERR tut so, als ob er stolz wäre, einen zu kennen, der sich ihm widersetzt.

B. Davon ist selbst MEPHISTOPHELES überrascht: *Fürwahr! er dient euch auf besondre Weise.* Das ***Fürwahr!*** und das ***besondre*** habe ich bisher ironisch aufgefaßt, aber jetzt sehe ich, daß er damit sagt, *Faust* sei tatsächlich **die** Ausnahme, die seiner Anklage widerspreche; er müsse zugeben, daß es zumindest **einen** Menschen gibt, für den gilt: *Vom Himmel fordert er die schönsten Sterne, Und von der Erde jede höchste Lust.*

A. Wenn dieser *Faust* etwas *vom Himmel* ***fordert***, dann beruft auch er sich auf ein Recht, wie es der HERR schon in MEPHISTOS Anklage bemerkt hat. Er erinnert mich an Stauffacher in Schillers „Wilhelm Tell", für den im „**Himmel**" „ewge Rechte" „hangen", „unveräußerlich Und unzerbrechlich wie die **Sterne** selbst" (V. 1277-80). Der Anspruch, den *Faust* - MEPHISTOPHELES zufolge - von seinem ursprünglichen Recht ableitet, ist so groß, daß man ihn fast nicht ernst nehmen kann. Er ist viel umfassender als im „Faust-Fragment", wo FAUST sich mit dem begnügt hatte, *was der ganzen Menschheit zugeteilt ist* (1770).

B. Daß du den Anspruch ernst nehmen kannst, zeigt eine Stelle bei Schelling, der davon spricht, daß - im Gegensatz zur Kunst - „der Geist der Welt [...] gegen das Unbegrenzte hintreibt und mit unwandelbarer Festigkeit **jede Schranke** niederreißt"[164].

A. Dieser fordernde *Faust*, wie ihn MEPHISTOPHELES beschreibt, kann einem Angst machen. Sein Begehren des Höchsten und Schönsten kennt weder im Universum noch auf *der Erde* Grenzen. Er wertet alles ab, indem ***alle*** *Näh und* ***alle*** *Ferne* die *tiefbewegte Brust* ***nicht*** *befriedigt.*

B. Da der HERR MEPHISTOS Charakterisierung nicht widerspricht, hat dieser „Himmel" nichts mehr zu tun mit dem, was man sich gewöhnlich darunter vorstellt. Wenn der HERR einen Menschen bevorzugt, der die ganze Schöpfung für sich beansprucht, dann haben sich in diesem „Himmel" alle Werte umgekehrt. Ich fürchte, wir müssen den „Prolog" unter einem anderen Blickwinkel betrachten.

A. Muß ein solcher HERR, der selber die *Jammertage*, also das Übel, das er den Menschen zumutet, nicht verteidigt, von Menschen gerechtfertigt werden? Oder anders gefragt: Entspricht dieser HERR noch der Theodizee?

B. Nein. Aber diesem HERRN entspricht, daß im 18. Jahrhundert Menschen beginnen, sich von der Theodizee zu emanzipieren.

A. Für sie wäre die Welt nicht mehr - wie Leibniz gelehrt hat - ‚die beste aller möglichen Welten'?

B. Eine solche Welt wäre sehr gut und brauchte nicht verbessert zu werden. Aber schon im 18. Jahrhundert beginnt die Naturwissenschaft daran zu arbeiten, die Natur besser zu machen, als sie ist …

A. … oder sich vor den Übeln der Natur zu schützen, wie zum Beispiel durch die Erfindung des Blitzableiters.

B. Auch hier haben Philosophen vorgearbeitet. Schon Christian Wolff hatte geschrieben, der Mensch solle durch Erkenntnis der Welt „in dem Stande" sein, „die **natürlichen** Dinge nach **unserem** Gefallen verrichten zu lassen [...]. Wir sind alsdenn in dem Stande, vieles in der Natur zur Wirklichkeit zu bringen, welches **sonst** dieselbe **nicht erreichen würde**."[165]

A. Dieses „sonst" kann dann soviel heißen wie: ‚wenn man Gott machen ließe'. Aus diesen Sätzen spricht unbeschränkter Fortschrittsglaube.

B. Deutlich zeigen sich die Übel in den Krankheiten. Die Pest galt als - durch Menschenhand - ausgerottet. 1796 wurde die Pockenschutzimpfung entdeckt; sie ist ein konkretes Beispiel dafür, wie der Mensch korrigierend in ‚Gottes Natur' eingreift und ihm die Möglichkeit nimmt, mit dieser Seuche zu drohen.

A. Man könnte demnach sagen, die Menschen beginnen, in den Übeln keine Bewährungsproben mehr zu sehen, durch die sie Gott wohlgefallen können, sondern Herausforderungen, die Natur eigenmächtig zu verbessern und durch **eigenes** Handeln *ein wenig besser zu leben*. Bedeutet das nicht, daß der Mensch beginnt, eine eigene Schöpfung zu schaffen?

B. Doch. Auch in Goethes Bewußtsein war das Bestreben der Menschen gegenwärtig, durch experimentelle Analyse der Natur die

Welt neu zu gestalten. In der „Farbenlehre", die parallel zu „Faust I" geschrieben wurde, steht: „In der neueren Zeit brachte die Chemie eine Hauptveränderung hervor; sie zerlegte die natürlichen Körper und setzte daraus künstliche auf mancherlei Weise wieder zusammen; sie zerstörte eine **wirkliche Welt**, um eine **neue**, bisher unbekannte, kaum möglich geschienene, nicht geahndete wieder **hervor zu bauen**."[166]

A. Diese „wirkliche Welt", die „zerlegt" und „zerstört" wird, ist also die alte ‚Schöpfung'. Sie wird nun zu ‚Bausteinen', zur bloßen Materie degradiert, aus denen der Mensch sich eine eigene Welt bauen kann. Daß es sich um „eine neue, bisher unbekannte, kaum möglich geschienene, nicht geahndete" Welt handelt, heißt wohl, daß es eine **wesentlich** andere Welt sein soll. Das würde zu FAUST passen.

B. Goethe war „bekannt, wie der Menschengeist vorauseilen kann, ehe ihm die Technik nachkommt"[167]. Wenn dieser „Menschengeist" sich daran macht, eine wirkliche Welt zu **zerstören**, um eine „kaum möglich geschienene" zu bauen, und die Technik dies in großem Maße umsetzt, wenn die Menschen also an die Stelle Gottes treten und dessen Welt so machen, wie sie ihnen gefällt, liegt es dann nicht nahe, daß auch diese neue Welt ihre Mängel haben wird und wieder Menschen leiden müssen, aber jetzt durch die selbstgemachten Übel?

A. Wenn wir das, was du sagst, auf die im „Prolog im Himmel" thematisierte Theodizee beziehen, dann könnte daraus folgen, daß auch der Mensch, der wie Gott sein will, eine Rechtfertigung braucht. Die Opfer werden um so größer sein, als der Bau einer **unbekannten** Welt notwendig mit großen Risiken behaftet ist. Es handelte sich dann nicht um eine **Theo**dizee, sondern um eine **Anthropo**dizee.

B. Könnte es nicht sein, daß Goethe in diesem „Prolog" seine Vision darstellen will, wie die durch die ‚Verbesserung' der Welt entstehenden neuen Übel von denen ‚gerechtfertigt' werden, die sie verursachen oder denen sie nützen?

A. Ich könnte mir gut vorstellen, daß nach dem, was du vorhin von Goethe zitiert hast, er sich vor den ‚Herren' dieser neuen Welt fürchtet und daß er daran interessiert ist, sein Publikum vor ihnen zu warnen. Ich kann mir auch vorstellen, daß *Faust* die geeignete Figur ist, um das ‚bürgerliche Subjekt', das sich autonom denkt und seinen Rechtsanspruch auf die Natur gründet, zu repräsentieren. Aber ich kann mir nicht vorstellen, daß für eine Kritik an diesem Bewußtsein ein HERR geeignet ist, der sich - wie wir gesehen haben - ausdrücklich zu diesem *Faust* bekennt.

B. Es wäre nur möglich, wenn Goethe nicht seine eigenen Vorstellungen von Gott und Teufel darstellte, sondern die Vorstellungen, die die neuen ‚Herren' von Gott und Teufel haben.

A. Dann stellte der „Prolog im Himmel" dar, wie sich das bürgerliche Bewußtsein ‚Himmel', ‚Gott' und ‚Teufel' **wünscht**. Aussagen, Argumente, Metaphern **dieses** Bewußtseins würden im „Prolog im Himmel" zitiert!

B. Zitiert und satirisch bloßgestellt. Raum, Figuren und Sprache bedeuten - dessen bin ich mir jetzt sicher - nicht das, was sie normalerweise bedeuten, sondern sind Mittel, um die ‚Anthropodizee', die ich lieber ‚**Homo**dizee' nennen möchte, zu entlarven.

A. Worin siehst du den Unterschied?

B. Bei einer Anthropodizee handelt es sich oder kann es sich handeln um eine Rechtfertigung des Menschen durch Gott. Der neue Begriff Homodizee dagegen soll nur die sophistische Selbstrechtfertigung des Menschen bezeichnen.

A. So betrachtet wäre der „Prolog im Himmel" eine Art ‚Possenspiel'. Dieser Gedanke ist mir lieber, als mir vorstellen zu müssen, Goethe stehe allen Ernstes hinter dem, was HERR und *Erzengel* so feierlich verkünden. Das wäre, gemessen an dem, was wir bisher gelesen und besprochen haben, geradezu peinlich.

B. Wenn es sich um eine ‚Posse' handelt, in der Goethe die Selbstrechtfertigung des bürgerlichen Bewußtseins spielen läßt, dann erreicht sie dort ihren Höhepunkt, wo - wie wir schon bemerkt haben - der HERR MEPHISTOPHELES überbietet: Er bezeichnet den als **seinen** *Knecht*, der seine ganze Schöpfung als unbefriedigend verwirft. Hier wird der neue, der ‚bürgerliche' Gott geboren, oder genauer gesagt: installiert.

A. Dieser HERR und MEPHISTOPHELES sind sich über *Faust* prinzipiell einig, und das ist wohl der Grund, warum sie über ihn nicht wetten können. *Was wettet Ihr?* ist nur eine Floskel, die an Luthers „Was gilts?" und damit an Hiob erinnert.

B. Der HERR nimmt die von MEPHISTOPHELES eingeführte Metaphorik der *Gärung* zustimmend auf, indem er wie ein Kellermeister vorgibt, die gärende Verworrenheit *Fausts* beruhigen und in *Klarheit* verwandeln zu können. Was in *Faust* gärt, könnte durch moralische Skrupel, wie sie sich in der Gretchen-Handlung oder in „Wald und Höhle" zeigen, veranlaßt sein.

A. Also wäre der HERR nun dazu da, *Fausts* schlechtes Gewissen zu beruhigen. Ich könnte auch sagen, der HERR leistet nun das, was FAUST in der Szene „Wald und Höhle" vom *Erhabnen Geist* erbeten hatte.

B. An diese Szene erinnert auch, daß der HERR seine Voraussicht mit einem Gleichnis aus der Natur begründet: *Weiß doch der Gärtner, wenn das Bäumchen grünt, Daß Blüt' und Frucht die künft'gen Jahre zieren.*

A. Dieses Gleichnis hat deshalb wenig Überzeugungskraft, weil der *Gärtner* des *ersten Tags* im Garten Eden von *künft'ger Blüt' und Frucht* seiner *Bäumchen* so wenig ‚gewußt' hat, daß es ihn schon nach kurzer Zeit reute, sie geschaffen zu haben, und er fast alle seine Menschen und Tiere durch die Sintflut von der Erde vertilgte. Er ging nicht sehr ‚human' mit seinen Geschöpfen um, und *Faust* wäre ein Barbar, wenn er sich an diesem *Gärtner* orientierte.

B. Das Gleichnis ist von der sophistischen Sorte, wie sie in „Wald und Höhle" kritisiert wird: Um ein Problem in moralisch-sittlicher Hinsicht zu klären, wird eine Analogie zur organischen Natur konstruiert, um dadurch inhumane Handlungen zu rechtfertigen. Auch unter *verworren dient* läßt sich vieles unterbringen, das nicht zu entschuldigen wäre, wenn man es beim Namen nennte.

A. Weil sich HERR und MEPHISTOPHELES in diesem Possenspiel einig sind und Hand in Hand arbeiten, kann der HERR seinen **Führungs**anspruch - *in die Klarheit* ***führen*** - an MEPHISTOPHELES abtreten:

> *Nun gut, es sei* ***dir*** *überlassen!*
> *Zieh diesen Geist von seinem Urquell ab,*
> *Und* ***führ'*** *ihn, kannst du ihn erfassen,*
> *Auf deinem Wege mit herab,*

B. Das ist ein eigenartiges Bild. Der *Geist* des neuen Menschen wird mit dem Ausfluß einer Quelle verglichen, den man ‚abziehen' und auf Projekte lenken kann, wohin das Wasser nicht fließen, das heißt, auf die das vor-faustische, noch der Theodizee verpflichtete Denken nicht kommen würde.

A. Mich erinnert dieses Bild an FAUSTS *Wassersturz*-Metaphorik. Während er selbst in „Ur-Faust" und „Faust-Fragment" die *Hölle* dafür verantwortlich machte, daß er *seitwärts* (3352) ging und MARGARETES Leben untergrub, erscheint dies im „Prolog" von ‚oben' abgesegnet.

B. Die Thematik dieses „Prologs" zeigt sich deutlicher, wenn man das *Urquell*-Gleichnis auf folgende Sätze bezieht, die Herder als Theologe formuliert hat: „Vor dem Allsehenden, der diese Kräfte in ihn [den Menschen] legte, ist freilich sowohl seine Vernunft als Freiheit begrenzt, und sie ist glücklich begrenzt, weil der die **Quelle** schuf, auch jeden **Ausfluß** derselben kennen, vorhersehen und so zu lenken wissen mußte, daß der **ausschweifendste Bach** seinen Händen nimmer entrann; in der Sache selbst aber und in der Natur des Menschen wird dadurch nichts geändert. Er ist und bleibt für sich ein freies Geschöpf, obwohl die allumfassende Güte ihn auch in seinen Torheiten umfasset und diese zu seinem und dem allgemeinen Besten lenket. [...] so ist der Mensch im Irrtum und in der Wahrheit, im Fallen und Wiederaufstehen Mensch, zwar ein schwaches Kind, aber doch ein Freigeborner [...]."[168]

A. Dieses Gottesbild läßt sich zumindest so deuten, daß der Mensch in seiner Freiheit tun kann, was er will, und immer sicher sein darf, daß es „dem allgemeinen Besten" dient. Das ist eine ‚wunderbare' Rechtfertigung. Was der „ausschweifendste Bach" zuwege bringt, haben wir in der Gretchen-Handlung gesehen und wurde von FAUST in „Wald und Höhle" in dieser Metaphorik erläutert.

B. Daß Goethe den HERRN „im Himmel" nur sprechen läßt, was auf Erden bereits gesagt worden ist, zeigt eine Stelle aus Hobbes' berühmtem Buch „Leviathan", wo dieser ebenfalls den Menschen mit einem „Wasser" vergleicht, das „im Flußbette frei und doch zugleich aus natürlicher Notwendigkeit abwärts" strömt. Dazu sagt er: „[...] wenn auch viele Handlungen der Menschen den göttlichen Gesetzen zuwiderlaufen, als deren Urheber nicht Gott angesehen werden kann, regt sich doch in dem Menschen **kein** Wunsch und **keine** Begierde, deren erster und zureichender Grund nicht in dem Willen Gottes läge."[169]

A. Ein solcher Gott hat nur noch die Aufgabe, jeden „Wunsch" und jede „Begierde", auch wenn sie „den göttlichen Gesetzen zuwiderlaufen", abzusegnen. Diese „göttlichen Gesetze" werden ‚über-flüssig', wenn das, was ihnen widerspricht, dem „Willen Gottes" entspringt.

B. Höre, wie Hobbes seine Ansicht begründet: „Denn wenn der göttliche Wille dem menschlichen Willen und folglich allen daraus entstehenden Handlungen nicht eine Notwendigkeit auflegte, würde die Freiheit des menschlichen Willens die Allmacht, Allwissenheit und Freiheit Gottes aufheben."[170]

A. Genau dies will das ‚bürgerliche Subjekt', das nicht mehr akzeptiert, daß seine Freiheit eingeschränkt wird. Deshalb hat der HERR *auf der Erde* und somit in der Geschichte nichts mehr zu ‚verbieten'.

B. Andererseits ist dieses bürgerliche Bewußtsein bestrebt, auch den „ausschweifendsten Bach", also Handlungen, die „den göttlichen Gesetzen zuwiderlaufen", so erscheinen zu lassen, als ob sie unentrinnbar in die Hände und somit letztlich in die Verantwortung Gottes gelegt seien. Alles, was faustische Menschen auf Erden tun, ohne an Gott zu glauben und sich um Gott zu kümmern, soll den ‚Opfern' gegenüber als

„göttlicher Wille" erscheinen.

A. Es überrascht mich, bisher noch nicht bemerkt zu haben, wie hier ein HERR gezeigt wird, der sich völlig zurückzieht, die *Erde* uneingeschränkt menschlicher Willkür überläßt und die ‚Täter' mit der Sentenz tröstet: *Es irrt der Mensch so lang er strebt.*

B. Es wird dich kaum überraschen, daß auch dieser Satz keine Goethesche Weisheit ist. Er ist nicht nur eine Zusammenfassung der zitierten Gedanken von Herder und Hobbes, sondern zugleich eine Persiflage auf zeitgenössische Pseudo-Theodizeen, wie zum Beispiel auf die schon in Schillers Zeitschrift „Die Horen" erschienene und 1801 nochmals veröffentlichte Erzählung „Entzückung des Las Casas" des damals viel gelesenen Johann Jakob Engel[171].

A. Las Casas hat in Amerika die Sklaverei begründet.

B. Hier ist vor allem wichtig, wie Engel diese Handlung bewertet. Las Casas, der den „Barbaren Europens Myriaden auf Myriaden [Sklaven] in ihre Ketten" geliefert hatte, findet vor Gott für dieses Verbrechen Verzeihung. Und das läßt Engel durch einen „Engel" so begründen: „Wollt' er Fehler ahnden, wie deine Fehler: so wäre deiner Brüder **keiner** gerecht vor ihm, und leer und **bürgerlos** bliebe sein **Himmel**. Er hat Seelen in **Staub** gesenkt, damit sie durch **Irrtümer** zur Wahrheit hindurchbrächen, und durch Fehler zur Tugend, und durch Leiden zur Glückseligkeit."[172]

A. Das würde heißen, unzählbare Menschen zu versklaven wäre nicht schwerwiegender als das, was jedermann tut. Es ist vielleicht entlarvend, daß hier vor allem der „Bürger" als der erscheint, für den im „Himmel" kein Platz mehr wäre, wenn Gott nicht großzügig auf solche „Irrtümer" schaute.

B. Dieses Denken ist inhuman, weil hier nicht nur große Verbrechen als „Fehler" und „Irrtümer" verharmlost, sondern als „Leiden" derer interpretiert werden, die das jeweilige Elend verursachen.

A. Eine Theodizee wäre dies nur, wenn man die Sklaverei des Las Casas als Gelegenheit für die Schwarzafrikaner sähe, sich durch geduldiges Ertragen einen guten Platz in der Ewigkeit zu sichern.

B. In Wirklichkeit ist es eine Homodizee, eine Rechtfertigung von Übeln, die Menschen verursacht und anderen Menschen zugefügt haben. Es geht dem Bewußtsein, das im „Prolog im Himmel" satirisch zur Schau gestellt wird, vor allem darum, sich einen Gott zu machen, der solche im Großformat erzeugten Leiden als unbedeutend vernachlässigt oder wenigstens als notwendiges Übel relativiert.

A. Die zweite Sentenz, die zum Rückzug des HERRN aus dem irdischen Geschehen gehört, läßt sich ebenfalls mit den Zitaten von Herder und Hobbes verbinden:

> *Ein guter Mensch, in seinem dunklen Drange,*
> *Ist sich des rechten Weges wohl bewußt.*

Dadurch stellt dieser HERR, der ja nur eine Marionetten-Figur bürgerlichen Handelns ist, sicher, daß das neue, unausgegorene, risikoreiche Streben zum ‚guten' Menschen gehört und sich auch im denkbar schlechtesten Falle als richtig, als „im Willen Gottes" liegend, herausstellen wird.

B. Das erinnert mich an eine Stelle bei Fichte: „Also - sogar das in der Welt, was **wir böse nennen**, die Folge des **Mißbrauchs der Freiheit**, ist nur durch *ihn* [den unendlichen, alle Einzelne vermittelnden Willen]. [...] Es ist nur Eine Welt möglich, **eine durchaus gute**. Alles, was in dieser Welt sich ereignet, dient zur Verbesserung und Bildung der Menschen, und vermittelst dieser zu Herbeiführung ihres irdischen Ziels. Dieser höhere Weltplan ist es, was wir Natur nennen, wenn wir sagen: die Natur führet den Menschen [...] durch die Übel der allgemeinen Unordnung zu einer rechtlichen Verfassung, durch die Drangsale ihrer unaufhörlichen Kriege zum endlichen ewigen Frieden. Dein Wille, Unendlicher, deine Vorsehung allein ist diese höhere Natur."[173]

A. Dies ist nur scheinbar eine Theodizee, denn die durch den „Mißbrauch der Freiheit" entstandenen „Übel" sind von Menschen verursacht. Wer sich mit dieser Homodizee identifiziert, kann tun was er will, die „Vorsehung" des „Unendlichen" wird alle „Übel" zum Guten wenden.

B. Wenn sich am Ende der Welt-Geschichte herausstellen kann, daß etwas, das jetzt schlecht ist, aufs Ganze gesehen gut war, dann läßt sich keine Handlung mehr moralisch bewerten.

A. Das hieße dann, daß auch die Freiheit des Menschen, den die *Faust*-Figur darstellt, *auf der Erde* durch keine Moral begrenzt würde und alle möglichen Folgen seines Handelns im voraus ‚ent-schuldigt' wären.

B. Überspitzt könnte man sagen, für dieses Bewußtsein gebe es auch deshalb keine Hölle mehr, weil niemand mehr sündigen kann. *Alter Herr* und *Teufel* sind nur noch brauchbar, sofern sie den Herren der Erde nützen.

A. Wahrscheinlich nützt es diesen Herren, daß der HERR, bevor sich *der Himmel schließt* und er endgültig verschwindet, zum letztenmal eine Entscheidung trifft und sie sehr ‚bürgerlich' begründet:

Des Menschen Tätigkeit kann allzuleicht erschlaffen,
Er liebt sich bald die unbedingte Ruh;
Drum geb' ich gern ihm den Gesellen zu,
Der reizt und wirkt, und muß, als Teufel, schaffen.

Das ist eine sehr wichtige Entscheidung. Denn für das neue Bewußtsein segnet dieser HERR ab, daß er von nun an **keine** *unbedingte Ruh*, **keine** Kontemplation, **keine** Muße mehr wünscht, sondern nur noch die ‚bedingte Ruh' als Regeneration der Schaffens- und Arbeitskraft.

B. Mit anderen Worten: Der HERR autorisiert die Leistungsgesellschaft, in der alle Arbeit möglichst schnell getan sein muß, als einzige, die seinen Vorstellungen entspricht. Und der ‚teuflische' *Geselle* ist ausdrücklich dafür angestellt, wie ein Aufseher nachzuhelfen, falls die Arbeitskraft nachläßt. Alles, was den Menschen zu mehr Leistung treibt, ist jetzt zwar ‚teuflisch', aber damit ganz im Sinne des HERRN.

A. Was das für eine Welt sein wird, deutet MEPHISTOPHELES an mit dem Satz: *Mir geht es wie der Katze mit der Maus.* Das ist ‚niedrigste' Natur, wo der Stärkere - und vor allem der Schnellere - den Schwächeren frißt.

B. Zwischen diesem HERRN und allen, die den „göttlichen Gesetzen" zuwiderhandeln, ist jetzt kein Haß mehr gesetzt, wie ihn nicht weit vom *ersten Tag* noch MEPHISTOS *Muhme, die berühmte Schlange* (2048) getroffen hat (1 Mo 3,15).

A. Hast du auch zu dieser Vorstellung, daß Gott ein Interesse an der Leistungsgesellschaft mit ihren ‚teuflischen' Reibereien hat, jemanden gefunden, den Goethe gewissermaßen zitiert?

B. Kant unterstellt der Natur, sie wolle die „Entwicklung aller ihrer Anlagen" durch die „ungesellige Geselligkeit des Menschen" „zu Stande bringen". Aufgrund des Widerstandes, den jeder einzelne in der Gesellschaft erfahre, werde sein „Hang zur Faulheit" überwunden.

A. Für diesen „Hang zur Faulheit" ist *Er liebt sich bald die unbedingte Ruh* eine verschleiernde Umschreibung.

B. Kant fährt fort: „**Dank** sei also der Natur für die Unvertragsamkeit, für die mißgünstig wetteifernde Eitelkeit, für die **nicht zu befriedigende Begierde** zum Haben oder auch zum Herrschen! [...] Die natürlichen Triebfedern dazu, die Quellen der Ungeselligkeit und des durchgängigen Widerstandes, woraus **so viele Übel** entspringen, die aber auch wieder zur **neuen Anspannung der Kräfte**, mithin zu mehrerer Entwickelung der Naturanlagen **antreiben**, verraten also wohl die Anordnung eines **weisen Schöpfers**; und nicht etwa die Hand eines bösartigen Geistes, der in seine herrliche Anstalt gepfuscht oder sie neidischer Weise verderbt habe."[174]

A. Hier haben wir den faustischen Menschen mit seiner „nicht zu befriedigenden Begierde" von der größten philosophischen Autorität gerechtfertigt, die sich nicht scheut, ihre Gedanken einem „weisen Schöpfer" unterzuschieben. Das brauchte Goethe nur noch in Verse zu verwandeln.

B. Auch der damals noch ‚aktuellere' Philosoph Fichte lieferte brauchbares Material: Er sieht im „Menschen" jemand, dem „unvertilgbar [...] der Trieb eingepflanzt" ist, **„Gott gleich zu sein"**. Für ihn ist „die **Faulheit"** die „Quelle aller Laster": „Es ist kein **Heil** für den Menschen, ehe nicht diese natürliche **Trägheit** mit Glück bekämpft ist, und ehe nicht der Mensch in der **Tätigkeit**, und **allein** in der Tätigkeit seine Freuden und **all** seinen Genuß findet."[175] „Nicht zum **müßigen Beschauen** und Betrachten deiner selbst, oder zum Brüten über andächtigen Empfindungen, - nein, zum Handeln bist du da; dein Handeln und **allein** dein Handeln bestimmt deinen Wert."[176]

A. Fichte kommt es also ebenfalls darauf an, der **„natürlichen** Trägheit", dem „müßigen Beschauen", der Liebe zur *unbedingten Ruh*, Beine zu machen. Daß der „Prolog im Himmel" als satirische Homodizee gesehen werden kann, überzeugt mich immer mehr.

B. Zumindest wird deutlicher, wie das im „Prolog im Himmel" ‚vorgeführte' Bewußtsein darauf aus ist, im voraus zu rechtfertigen, daß die Veränderung der Natur und ihre industrielle Ausbeutung - worauf eine Nebenbedeutung von *Staub soll er fressen, und mit Lust* anspielen mag - nicht auf humane Weise geschehen kann; „Ungeselligkeit und [...] durchgängiger Widerstand, woraus so viele Übel entspringen", sollen als Normalfall akzeptiert werden.

A. Auch MEPHISTOPHELES *muß* sich den Wünschen des bürgerlichen Bewußtseins fügen. Zu Anfang der Szene, wo er noch nicht weiß, was in diesem „Himmel" ‚gespielt' wird, *mag* er die *Menschen*, die sich *plagen*, nicht auch noch *plagen*. Jetzt aber ist er so angepaßt, daß er die Aufgabe widerspruchslos übernimmt, den *Menschen* die *unbedingte Ruh* auszutreiben.

B. Ja, er ist hier als Instrument dieses Bewußtseins gedacht. Was er zu tun hat, könnte durch die Bezeichnung *Schalk* verdeutlicht sein. In dem 1813 entstandenen Gedicht „Totentanz" wird vom „Türmer" gesagt: „Da raunt ihm der Schalk, der Versucher, ins Ohr [...]." Diese Deutung von „Schalk" - sie könnte eine nachgereichte Interpretation des *Schalks* im „Prolog" sein - berührt sich mit der Aussage, MEPHISTOPHELES sei der *Geselle, der reizt und wirkt und muß als Teufel schaffen.*

A. Mir fallen dazu die vorhin zitierten Sätze Goethes ein, wo er davon spricht, daß „die Chemie eine Hauptveränderung hervorgebracht" habe. Das konnte sie nur durch Experimente, also durch wissenschaftliche **Versuche** ‚wirken' und *schaffen*. Als „Versucher" - in seiner radikalen Bedeutung gedacht - wäre MEPHISTOPHELES weder ein Possenreißer noch ein Intrigant, der zu sündhaften, sexuellen Abenteuern verführt. Vielmehr repräsentierte er eine Denkhaltung, ein Prinzip, das nicht nur Menschen versucht, unablässig und unter existentiellem Risiko mit der Natur zu experimentieren, sondern das auch die Natur ständig in Versuchung führt, sich anders zu verhalten und zu entwikkeln, als es für die ehemals „beste aller möglichen Welten" vorgesehen war.

B. Unter diesem Gesichtspunkt wird die von MEPHISTOPHELES mitbe*wirkte* ‚Versuchung' MARGARETES durch FAUST immer deutlicher zu einem Modell, zu einer Metapher für die Versuchungen im wissenschaftlichen und sozialen Bereich, denen die Menschheit seit dem 19. Jahrhundert ausgesetzt ist. -

A. Was haben in dem Marionetten-Theater dieses bürgerlichen Bewußtseins die *Erzengel* für einen Sinn? Werden sie auch in die neue Ideologie ‚eingespannt'?

B. Die Unterdrückung im Feudalsystem war nur möglich, weil diejenigen, die darunter zu leiden hatten, in ihren *Jammertagen* durch die christliche Religion getröstet und mit ihrem Leben versöhnt wurden. Vielleicht symbolisieren die *Erzengel* eine ähnliche Form von ‚Propaganda'.

A. Ich glaube, Propaganda jeder Art hat die Aufgabe, Ideologie zu verbreiten und deren Widersprüche zu vertuschen.

B. Ideal wäre dann für die neuen Herren, wenn es ihnen gelänge, das alte eingespielte Welt- und Gottesbild so mit dem neuen Weltbild zu vermischen, daß möglichst wenige bemerken, daß das neue nicht das alte ist.

A. Jetzt, wo du das sagst, bemerke ich, daß dies den *Erzengeln* bei mir gelungen ist. Warum fiel mir nicht auf, daß ihr Gesang gegensätzlichste Aussagen aneinanderreiht?

B. Vielleicht hat das ebenmäßige Versmaß und der feierliche Inhalt die Widersprüche verschleiert.

A. RAPHAEL vermischt pythagoreisches und biblisches Weltbild und singt, als wären vorkopernikanische Vorstellungen noch uneingeschränkt gültig.

B. Für Menschen, die nur die biblische Schöpfungsgeschichte kennen - und das waren damals fast alle -, läßt er in den biblischen Schöpfungsmythos die ‚heidnische' Vorstellung von der Sphärenharmonie so unauffällig einfließen, daß sich kaum ein Christ angegriffen fühlen muß; vielmehr kann er denken, so ähnlich stehe es in der Bibel auch.

A. Und dann schließt GABRIEL in derselben Strophenform, als ob es nicht etwas ganz anderes wäre, das kopernikanische Weltbild an, verschleiert aber dessen antibiblische Fakten, indem er die bereits begriffenen und berechenbaren Geschwindigkeiten der Erde als *unbegreiflich schnelle* bezeichnet; denn *unbegreiflich* sind auch die *Werke*, von denen die Bibel erzählt.

B. Dieses moderne Weltbild wird noch dadurch mit christlichen Vorstellungen vermengt und entschärft, daß sich *der Erde Pracht* abwechselnd in *Paradieseshelle* und *tiefer, schauervoller Nacht* bewegt: Im Zusammenhang mit *Paradieseshelle* bezeichnet diese *Nacht* die Hölle. So werden die alten Gefühle bedient, während das Neue erzählt wird.

A. GABRIEL praktiziert, wie man das Neue nennt und dem Alten damit nicht schadet. Man könnte sagen, er verrät sich als verkappter Erdbewohner, weil der Wechsel von *Tag und Nacht einzig* den Menschen *taugt* (1784) und sich nur auf der *Erde* erfahren und empfinden läßt.

B. Und obgleich das *blitzende Verheeren* durch den Blitzableiter entkräftet und dadurch der *Donnerschlag* entschärft ist, verkündet MICHAEL mit ungeheurem, in Wirklichkeit aber leerem Pathos eine majestätisch erhabene Kette von Naturgewalten.

A. Er zelebriert sie so, als ob sie nicht bereits wissenschaftlich durchschaut, sondern immer noch die Instrumente eines HERRN wären, mit denen dieser den Menschen drohen kann, falls sie gegen die *Jammertage* rebellieren.

B. Wie groß die Diskrepanz der Weltbilder, die hier vernebelt wird, in Wirklichkeit ist, können folgende Sätze Goethes verdeutlichen: „Kaum war die Welt als rund anerkannt und in sich selbst abgeschlossen, so sollte sie [durch die Lehre des Kopernikus] auf das ungeheure Vorrecht Verzicht tun, der Mittelpunkt des Weltalls zu sein. [...] was ging nicht alles durch diese Anerkennung in Dunst und Rauch auf: ein zweites Paradies, eine Welt der Unschuld, Dichtkunst und Frömmigkeit, das Zeugnis der Sinne, die Überzeugung eines poetisch-religiösen Glaubens; kein Wunder [...], daß man sich auf alle Weise einer solchen Lehre entgegensetzte, die denjenigen, der sie annahm, zu einer bisher unbekannten, ja ungeahnten Denkfreiheit und Großheit der Gesinnungen berechtigte und aufforderte."[177]

A. Die *Erzengel* stünden demnach für eine Ideologie, der es gelang, auch dann noch von *Paradieseshelle* zu singen, als diese biblische Vorstellung längst durch die Erkenntnis in „Dunst und Rauch" aufgegangen war, daß der *ewig schnelle Sphärenlauf* in Wirklichkeit die gleichförmige Bewegung eines unscheinbaren Planeten um die Sonne ist …

B. … von der man auch schon wußte, daß sie nicht im Mittelpunkt steht, sondern nur als eine „Genossin der Lichtstrasse, unfern ihrem Rande"[178], durch das Universum schwebt.

A. Das ‚Erhabene' dieser Verse schrumpft zusammen, je länger wir darüber sprechen.

B. Dieses ‚Erhabene' ist eine Wirkung der ‚bürgerlichen' Ideologie, die - schon bevor sie sich im 19. Jahrhundert durchgesetzt und bis heute behauptet hat - durch diese Verse kritisiert wird.

A. Wir haben das ***Wenn*** in RAPHAELS Gesang zu wenig beachtet. Denn genau besehen hat es nur als konditionale Konjunktion einen Sinn. Dann jedoch steht fast unverblümt da, daß nur unter **der** Bedingung, daß ***keiner*** die *Sonne* oder die *Brudersphären* oder die *Engel* selbst *ergründen mag, ihr Anblick den Engeln Stärke* gibt.

B. Deine Beobachtung wird durch die Schlußverse der *Erzengel* gestützt, in denen *Wenn* durch *Da* ersetzt ist. Dieses *Da* kann hier nichts anderes sein als eine kausale Konjunktion.

A. Im Zusammenhang mit der vorigen Stelle hieße dies, daß die *hohen Werke* nur deshalb *herrlich wie am ersten Tag* sind, **weil** sich keiner daran macht, diesen *Herrn* zu *ergründen*.

B. Soweit sich das, was die *Erzengel* singen, auf den „Himmel" bezieht, kommt es mir vor, als ob es eine Persiflage wäre auf folgende Stelle, in der Swedenborg berichtet, was er „im Himmel" selbst gesehen haben will: „Wenn aber der Herr **im Himmel** erscheinet, welches öfters geschiehet, so erscheinet *Er* nicht als wenn *Er* von der Sonne umringt sei, sondern in englischer Gestalt, und ist von den Engeln durch das aus *Seinem* **Angesicht** hindurchleuchtende Göttliche genau unterschieden, denn daselbst ist *Er nicht in Person* da, denn der *Herr in Person* ist beständig von der **Sonne** umgeben, sondern *Er* ist in der Gegenwart durch das **Anschauen** da [...]."[179]

A. Man sollte nicht glauben, daß im ‚Zeitalter der Aufklärung' solcher Unsinn veröffentlicht und auch geglaubt wurde. Jedenfalls war schon im 18. Jahrhundert bekannt, daß es im Kosmos, in *der lebendig reichen Schöne*, nicht besonders ‚schön' zugeht. Die *Sonne* ‚tönte' nicht mehr *nach alter Weise*, und das Weltall bestand nicht mehr aus dem *sanften Wandeln deines Tags*, sondern die einmaligen *Werke* der Schöpfungsgeschichte hatten sich - wie Kant schon 1755 schrieb - in einen Weltraum mit „erschrecklichen Umstürzungen"[180] verwandelt.

B. Das weiß der HERR des bürgerlichen Bewußtseins. Und deshalb ist es wichtig, wie er mit dieser Erkenntnis umgeht:

Doch ihr, die echten Göttersöhne,
Erfreut euch der lebendig reichen Schöne!
Das Werdende, das ewig wirkt und lebt,
Umfaß' euch mit der Liebe holden Schranken,
Und was in schwankender Erscheinung schwebt,
Befestiget mit dauernden Gedanken.

A. Die neu entdeckten „Umstürzungen" im Weltall erscheinen verschleiert in den Begriffen *lebendig* und *das Werdende.* Die *Erzengel* könnten deshalb die ***echten** Göttersöhne* sein, weil sie das Vertuschen vom HERRN gelernt haben.

B. Aber doch noch nicht so, daß der HERR ihnen nichts mehr beizubringen hätte. Auch ihnen ist es nicht erlaubt, in der bürgerlichen Welt des Fortschritts stehen zu bleiben, vielmehr müssen sie sich *von Zeit zu Zeit* anpassen und neue Aufgaben übernehmen.

A. In diesem Fall hätten sie wohl zu verhindern, daß das Schreckliche des Weltalls, das ja auch die Existenz der Menschheit bedrohen kann, Zweifel an einem all-liebenden Gott aufkommen läßt, der immer dafür sorgt, daß zum Schluß doch alles gut wird.

B. Wie man das macht, zeigt der HERR den *Göttersöhnen.* Es scheint eine Unterweisung in sophistischer Rhetorik zu sein: Weil der HERR *das Werdende* personifiziert, kann er diesem abstrakten Begriff die Eigenschaft der *Liebe* zusprechen und so die „erschrecklichen Umstürzungen" weiterhin als Werk eines liebenden Schöpfers, als *Schöne*, als harmonisch, erscheinen lassen.

A. Das hat ihm Kant vorgemacht, indem er seine Leser auffordert, „unser Auge an diese **erschrecklichen Umstürzungen** als an die gewöhnlichen Wege der Vorsehung [zu] **gewöhnen**, und sie sogar mit einer **Art von Wohlgefallen**"[181] anzusehen.

B. Und Herder stand ihm dabei nicht nach. Obgleich es sich von selbst versteht, daß das „Chaos" sich nicht auf sanfte Weise in „Ordnung" verwandelt, spricht auch er von einem „Bild der **Güte** und **Schönheit**", das in „der Schöpfung" wohnt. „In der ganzen Natur also herrscht Ein notwendiges Gesetz, *daß aus dem Chaos Ordnung, aus schlafenden Fähigkeiten tätige Kräfte werden.*"[182]

A. Demnach wäre MEPHISTOPHELES die Verkörperung des „notwendigen Gesetzes", daß „aus schlafenden Fähigkeiten" - aus dem Hang zur *unbedingten Ruh* - „tätige Kräfte werden".

B. Jedenfalls kann man an solche widersprüchlichen Vorstellungen denken, wenn man wissen will, was die Schlußworte des HERRN zitieren und was Goethe damit geißelt. Die - als *echte Göttersöhne* verkleideten - Propagandisten dieser bürgerlichen Ideologie müssen ‚beschränkt' oder raffiniert sein, damit ihnen gelingt, ***was in schwankender Erscheinung schwebt***, also die nicht mehr mit Sicherheit formulierbaren Weltbilder der modernen Wissenschaft, so erscheinen zu lassen, als sei noch alles beim *Alten*.

A. Je *sanfter* und großzügiger der HERR sich gibt, desto verächtlicher ist das Menschenbild, das hinter den schönen Versen hervorscheint. Alles läuft auf die Verdummung der Menschen hinaus.

B. Wie weit die vom HERRN geforderte Bevormundung schon praktiziert wurde, demonstriert ungewollt ein sonst so human gesinnter Mann wie Herder in seiner Eigenschaft als Generalsuperintendent: Weil für „Kinder" und den „gemeinen Mann" die „**uns** so erhabnen und [...] so vielfassenden Astronomischen Beweise von der Herrlichkeit Gottes in der endlosen Sternenschöpfung [...] zu hoch, zu entfernt" seien, hält er den „Vortrag der Bibel", da sie „vom Himmel" „völlig kat'anthropon", also ***menschlich*** „spricht", für den „***menschlich***-*besten Vortrag*" und empfiehlt den Pfarrern: „[...] nur die Kanzel verschonen Sie mit Astronomischen Predigten [...] und nehmen dafür den 8., 19., 104. Psalm, ja endlich **Gott selbst bei Hiob als Muster**. Hier ist die Erhabenheit für das Gefühl aller: hier erscheint der Allumfassende im armen engen Gesichtskreise unsrer Erde."[183] -

A. Die ‚Frechheit' ist wohl kaum zu überbieten, daß MEPHISTOPHELES sich ‚hütet', mit dem *Alten zu* ***brechen***: Er kann ganz sicher sein, daß der *große Herr* von sich aus ihr enges Verhältnis nicht aufkündigt.

B. Man könnte meinen, sie seien durch einen Arbeits-Vertrag aneinander gebunden. FAUST beruhigt MEPHISTOPHELES auf ähnliche Weise: *Nur keine Furcht, daß ich das Bündnis* ***breche*** (1741).

A. MEPHISTOS Schlußverse fassen zusammen, worum es bei der Darstellung im „Prolog im Himmel" geht. *Großer Herr* und *Teufel* haben sich geeinigt und sichergestellt, daß die faustische Ideologie vom „Himmel" nichts mehr zu befürchten hat. Das ‚bürgerliche' Bewußtsein hat sich einen Freibrief geschaffen und ist entschuldigt.

B. Deshalb bezieht sich das *menschlich* nicht nur darauf, daß der „Himmel" nun anthropomorphisiert und so für ‚Menschen' verfügbar gemacht worden ist, sondern auch auf dieses ‚bürgerliche' Bewußtsein, das im Namen des ‚Menschen' sich aus der Herrschaft von Gottes Gnaden zu befreien sucht. Auf der Grundlage dieses Bewußtseins haben HERR und MEPHISTOPHELES sich verständigt.

A. Der „Prolog im Himmel" als satirische Homodizee enthält dann gegenüber diesem neuen Bewußtsein den unausgesprochenen Vorwurf, es sei in Wirklichkeit nicht an einer allgemeinen Aufklärung der Menschen interessiert. Denn einerseits will es die Feudalherrschaft auf Erden als naturrechtswidrig abschaffen, aber gleichzeitig „im Himmel", daß heißt konkret: in den Köpfen derjenigen, die weiterhin beherrscht werden sollen, das alte Feudalsystem aufrecht erhalten.

B. Indem der HERR *hübsch*, also ‚höfisch' spricht, deutet er an, die Adelsherrschaft könne „im Himmel", wo sie nützt, beibehalten werden. Denn der Glaube an den patriarchalischen Vatergott ist hilfreich, wenn dieser HERR die wirklichen Herren legitimiert und rechtfertigt. Die von den neuen Zerstörungen Betroffenen können auf diese Weise leichter so ‚gereizt', ‚angespornt' werden, daß auch *auf der Erden* aus „schlafenden Fähigkeiten tätige Kräfte werden"...

A. ... und leichter getröstet, wenn sie darüber ihr eigenes Leben versäumen. - Konnte man um 1800 wirklich schon ahnen, welche Folgen die rücksichtslose Ausbeutung der Erde für die Menschheit haben würde?

B. Die Kolonisationsgeschichte lieferte genug Beispiele, wozu Menschen im Namen des Fortschritts gegenüber anderen Menschen fähig sind, und die industrielle Revolution war in England schon in vollem Gange.

A. Dann war voraussehbar, wer die Opfer sein werden, wenn die neuen Herren bei ihrem ‚Streben', ihrem Wie-Gott-sein-Wollen, ‚irren'. Vor allem die, denen man in den Formen des alten Mythos einreden kann, der unaufhaltsame Fortschritt sei gottgewollt und damit auch das Leid, das diesen Fortschritt ermöglicht und begleitet.

B. Einen so nach dem bekannten Muster der alten Theodizeen mit allen Übeln gerechtfertigten faustischen Menschen hindert nichts, zu seinen Mitmenschen *tierischer als jedes Tier zu sein*, aber jetzt im Sinne von ‚bestialisch'. -

A. Wie kommt es, daß man das im „Prolog im Himmel" satirisch dargestellte Welt- und Menschenbild so leicht mit Goethes eigenem verwechselt?

B. Ich glaube, daß es dafür vor allem zwei Gründe gibt. Goethe hat sehr oft mit eindeutig humaner Intention davon gesprochen, daß Streben und Irren zusammengehören. Aber es ist ein wesentlicher Unterschied, ob Goethe dies sagt oder ob der Satz *Es irrt der Mensch so lang er strebt* einem **himmlischen** HERRN in den Mund gelegt ist, der als höchste Autorität alle - beschönigend als Irren bezeichneten - Übel als Notwendigkeiten hochstilisiert und ethisch verbrämt. Der zweite Grund hat damit zu tun, daß bis heute ein großes Interesse da ist, sich Gott als HERRN zu denken, der allen, die beim Streben irren, eine Blanko-Absolution erteilt.

A. Ein solcher HERR wäre so etwas wie der Garant eines guten Gewissens. Dieser Vorstellung nützt es, wenn seine Autorität von der des größten deutschen Dichters abgesegnet erscheint. Das - der satirischen Intention des „Prologs" zuwiderlaufende - Gottes- und Goethebild hat sich wohl auch deshalb durchgesetzt, weil die bürgerliche Ideologie schon bald das öffentliche Bewußtsein beherrschte.

B. Wie die satirische Intention in ihr Gegenteil verkehrt und inhumanste Aussagen mit Hilfe des „Prologs" gedeckt wurden, zeigt schon folgendes Zitat aus einer 1850 erschienenen Schrift: „Ohne Zweifel hat Goethe bei seiner Dichtung schon sehr früh geschwankt zwischen der Sage des Volkes und seiner eigenen, in der Auffassungsart **unserer** Zeit beruhenden Überzeugung, daß der Mensch, auch wenn er bis an die **äußerste Grenze der Möglichkeit gesündigt**, dennoch dafür nicht ewig könne verdammt werden."[184]

A. Hier wird Goethe geradezu ‚vereinnahmt'. Dem antwortet sein Gedicht:

> Da loben sie den Faust
> Und was noch sunsten
> In meinen Schriften braust
> Zu ihren Gunsten; [...]
> Es meint das Lumpenpack,
> Man wär's nicht mehr![185]

B. Ja, für diese Erfahrung war kaum ein Text besser geeignet als der „Prolog im Himmel". Vielleicht hat Goethe schon bemerkt, daß das „Faust-Fragment" anders rezipiert wurde, als er es gewünscht hatte, und deshalb als Korrektur den „Prolog im Himmel" vor die Handlung gesetzt. Aber dessen Ironie ging auch ins Leere.

A. War Goethe überhaupt daran interessiert, daß der Mensch in Freiheit seine Welt selbst gestaltet und die Natur, wo sie sich ‚verbessern' läßt, auch verbessert? Ich stelle mir vor, auch er wollte, daß die ‚beste aller Welten' so gut wie möglich wird.

B. Das steht für mich außer Frage. Höre, mit welcher Begeisterung er davon spricht, er habe „Schritt für Schritt folgend, die großen Entdeckungen der zweiten Hälfte des achtzehnten Jahrhunderts bis auf den heutigen Tag, wie einen **Wunderstern** nach dem andern vor" sich „aufgehen" sehen[186]. Wir haben jedoch schon bei den „Faust-Fragment"-Szenen beobachtet, wie es ihm darum geht, daß der Mensch auf humane Weise handelt und nicht andere Menschen verdummt, um sie für eigene Zwecke zu nutzen.

A. Du meinst, nach Goethe solle Handeln - gemäß der HEXEN-Poesie (Dialog 23) - im sozialen Sinne so ‚liebenswert' und ‚schön' sein, daß ihm auch die zustimmen könnten, die davon betroffen sind.

B. Goethe spricht 1804, also im Entstehungszeitraum des „Prolog im Himmel", von der „unerläßlichen Forderung des gebildeten Menschen, Schönheit und Sittlichkeit im Einklange zu sehen"[187]. „Schönheit", schöne Kunst einschließlich Poesie wären demnach Korrektive der „Sittlichkeit", damit diese human wird.

A. Dann macht Goethe mit dem „Prolog im Himmel" auch auf Konsequenzen aufmerksam, die sich ergeben, wenn die Welt zwar - faktisch - von Gott und Teufel entleert und damit die Voraussetzungen für ein mündiges, selbstverantwortliches Dasein vorhanden wären, dieses Vakuum aber nicht zugleich durch die Wirkung schöner Kunst ersetzt ist. -

B. Was hat sich nun durch diese dritte ‚Kommentar-Szene' für die „Faust"-Handlung geändert?

A. Wenn man die Ironie dieser Szene nicht wahrnimmt, dann ist das Wesen FAUSTS geradezu vernichtet, weil er nicht mehr radikal frei handeln könnte. Für das Publikum wäre er nur noch eine von ‚oben geführte' Marionette; was er sagt und tut, wäre nicht mehr ernst zu nehmen. Und auch MEPHISTOPHELES hätte seine Selbständigkeit eingebüßt und wäre ein Kasper, der mit dem HERRN gemeinsame Sache macht und dafür sorgt, daß am Schluß alles halb so schlimm ist, weil ihm alles Böse, das FAUST tut, zugeschanzt werden kann.

B. Sobald man jedoch die satirische Komponente entdeckt hat, dient die Szene dazu, FAUST eine allgemeinere Bedeutung zu geben. Denn er kann jetzt deutlicher als bisher gesehen werden als Repräsentant einer zeitgenössischen Ideologie, die nichts mehr mit dem Mittelalter zu tun hat, sondern alles daran setzt, die Welt zu zerstören, um sie nach eigenem Gutdünken wieder zusammenzubauen.

A. Durch den „Prolog im Himmel" wird also ein genaueres Licht auf die „Faust"-Handlung geworfen und sichergestellt, daß FAUST zwar ‚teuflisch' im Sinne von ‚barbarisch' handelt, aber nichtsdestotrotz für seine Handlungen selbst verantwortlich ist. Sein *Du, Hölle, mußtest dieses Opfer haben* (3361) ist durch den „Prolog im Himmel" nicht gedeckt.

B. Dieser „Prolog" hat verdeutlicht, daß der „Himmel" leer ist. Er dient als Projektionsraum für Wunschvorstellungen, in denen nicht ‚göttlich', sondern *menschlich*, nach Menschenart, gesprochen wird. Das hat Konsequenzen auch für MEPHISTOPHELES. Er ist weder der „Satan" aus dem Buch „Hiob", noch der, den sich das ‚bürgerliche' Bewußtsein im „Prolog im Himmel" wünscht, sondern eine Art von ‚Instrument', womit das Wesen FAUSTS gezeigt und zugleich kritisiert werden kann.

A. Vor allem ist FAUST keine Figur, die Goethe im positiven Sinne als Identifikationsangebot gestaltet hat. Und trotzdem haben sich - nicht nur im 19. Jahrhundert - so viele Menschen mit FAUST identifiziert.

B. Das wäre schwieriger gewesen, wenn sie den „Prolog im Himmel" als satirische Homodizee begriffen hätten.

A. Welche Ironie der Rezeptionsgeschichte, daß Goethe mit seinem „Prolog im Himmel" gerade das erreicht hat, was diese Szene verhindern sollte!

B. Diese Ironie wird noch größer, wenn man in Betracht zieht, daß Goethe bereit war, sein Publikum aufs äußerste zu provozieren. In einem Gespräch soll er 1816 gesagt haben: „[...] ich verwünsche Alles, was diesem Publikum irgend an mir gefällt. [...] Ja, wenn ich [...] ein Werk verfasste [...] dass die Deutschen mich so ein funfzig oder hundert Jahre hintereinander recht gründlich verwünschten und [...] mir nichts als Übles nachsagten; das sollte mich außer Maßen ergötzen."[188]

A. Er muß sehr frustriert gewesen sein, wenn so etwas aus ihm herausbrechen konnte.

B. Das Kuriose an dieser Geschichte ist nun, daß ihm dazu ausgerechnet das Verhältnis von HERR und MEPHISTOPHELES einfällt: „Nahm doch selbst die geistreiche Frau von Staël es übel, dass ich in dem Engelgesang, Gott Vater gegenüber, den Teufel so gutmütig gehalten hätte; sie wollte ihn durchaus grimmiger."[189] Hier zeigt sich wohl Goethes Enttäuschung darüber, daß „selbst die geistreiche Frau" nicht erkannt hat, daß er nicht den Gegensatz von „Gott Vater" und „Teufel" auf die Bühne gestellt hatte, sondern wie sie als ‚bürgerliche' Wunschbilder zusammenwirken.

Dialog 27: *Nacht*
(606-807)

A. Ist es wirklich ein neuer FAUST, dem wir in der zweiten Episode der Szene „Nacht" begegnen, oder macht er weiter, wie er - 30 Jahre zuvor - aufgehört hat?

B. Schon unabhängig von dem, was er sagt, ist es ein neuer FAUST. Er hat nicht nur „Ur-Faust" und „Faust-Fragment" ‚hinter sich', sondern auch die etwa fünfzehnjährige Rezeption des „Faust-Fragments".

A. Du setzt also voraus, daß der FAUST des „Fragments" schon als bedeutende Figur im Bewußtsein der Zeit etabliert war?

B. Dazu sagte beispielsweise Schelling: „Soweit man *Goethes Faust* aus dem Fragment, das davon vorhanden ist, beurteilen kann, so ist dieses Gedicht nichts anderes als die innerste, **reinste Essenz unseres Zeitalters**: Stoff und Form geschaffen aus dem, was **die ganze Zeit in sich schloß**, und selbst dem, womit sie schwanger war oder noch ist."[190] Wer das „Faust-Fragment" kannte, der konnte FAUST gegenüber nicht unbefangen sein, sondern wurde bei seinen neuen Versen an das erinnert, was FAUST im „Faust-Fragment" gesagt und getan hatte. Zwischen beiden „Nacht"-Episoden liegt eine wichtige Epoche deutscher Geschichte, und auch sie wird auf den neuen FAUST abgefärbt haben.

A. Bereits beim oberflächlichen Lesen der Verse bemerkt man, daß der neue FAUST ‚müder' und ‚resignierter' ist als der alte. Der neue ist der ältere. Im „Ur-Faust" hätte er hier wohl kaum gesagt: *Wer lehret mich? was soll ich meiden?* Wer die Zusammenhänge nicht kennt, sieht unvermittelt einen ziemlich schlaffen FAUST in seinem Zimmer sitzen. Von der Aggression gegenüber WAGNER ist nichts übrig geblieben als *für diesmal dank ich dir, Dem ärmlichsten von allen Erdensöhnen.*

B. FAUST ist auch deshalb ein anderer, weil er jetzt davon spricht, WAGNER habe ihn *von der **Verzweiflung*** losgerissen, wo er doch vorher gesagt hatte, durch WAGNER werde sein *schönstes **Glück** zunichte.* Das *Erdgeist*-Erlebnis wird geradezu uminterpretiert. Manchmal könnte man meinen, Goethe nehme sein Publikum nicht ernst oder er traue ihm übermäßig viel zu, da er sich nicht bemüht, solche Widersprüche zu glätten oder wenigstens zu motivieren.

A. Für den neuen FAUST jedenfalls führt die Erscheinung des *Erdgeistes* dazu, daß er, der *riesengroß* sein wollte, sich als *Zwerg* fühlt.

B. Diese Zerrissenheit FAUSTS, der Größte sein zu wollen, sich als solchen in der Einbildung zu genießen und sich dann doch wieder als Kleinsten zu empfinden, ist nun auf den Begriff *Verzweiflung* gebracht. Man weiß jetzt, wovon er spricht, wenn er zu MARGARETE sagt, das *Ende* der *Wonne* würde ***Verzweiflung*** *sein* (3191-93).

A. Aus der *Erdgeist*-Episode hat FAUST wörtlich übernommen: *Ich Ebenbild der Gottheit.* Sein Streben nach Gottgleichheit geht so weit, daß er sich mit einer *freien* - nicht mehr den Naturgesetzen unterworfenen - *Kraft* identifiziert, die seiner Vorstellung gemäß durch *die Adern der Natur fließen* soll.

B. Dies ist ein ‚vermessenes' Bild: FÜR FAUST ist *Götterleben zu genießen* das Gefühl, als ***freie*** *Kraft* der *Natur* - gewissermaßen als ihr ‚Blut' - sie tun lassen zu können, was er will. Das stellt er sich unter *schaffend* vor. Auf diese Weise könnte er die ‚beste aller Naturen' verändern.

A. Hier wird überhaupt *Kraft* als etwas herausgestellt, das FAUST hat und doch nicht hat. Die Form des Chiasmus unterstreicht das:

> *Hab' ich die* ***Kraft*** *dich anzuziehn besessen,*
> *So hatt' ich dich zu halten keine* ***Kraft****.*

B. Diese Überkreuzstellung verweist sozusagen auf seine ‚Crux'. Die Anziehungs-***Kraft***, von der FAUST spricht, hat etwas zu tun mit innerer Vorstellungs-***Kraft*** und Einbildungs-***Kraft*** - denn er hat vom *Erdgeist* so gut wie nichts gesehen -, aber wenn das Vorgestellte ‚gehalten', also ‚begriffen' werden soll, dann zeigt sich, daß dies mit den alten Naturkräften nicht möglich ist und eine neue, eben die *freie Kraft* nötig wäre, wenn FAUSTS Imaginationen Wirklichkeit werden sollten.

A. Die *Verzweiflung*, von der FAUST spricht, seine Zweigeteiltheit, drückt sich ebenfalls in diesem Chiasmus aus. Er stellt sie dar als Resultat seiner ‚Vermessenheit'. Falsch mißt er wohl deshalb, weil er einen falschen, vor allem einen zu großen Meß- oder Maßstab verwendet.

B. Ja, er hat streng genommen gar keinen Maßstab, deshalb kann er sich gleichzeitig *so klein, so groß* fühlen. Es fehlen ihm in seinen *selgen Augenblicken* nicht nur die Kantschen Verstandes-Kategorien der Quantität, sondern - wie ich eben gesagt habe - überhaupt die Begriffe, um das - nur innerlich - Geschaute zu fassen.

A. FAUST ‚genießt' keine begriffene Anschauung, also Erfahrung, deshalb bezieht sich sein Genuß bloß auf begrifflose Worte. Was die wert sind und was sich mit denen machen läßt, hat MEPHISTOPHELES dem SCHÜLER schon im „Faust-Fragment" erläutert (1995-2000).

B. Weil FAUSTS *Kraft* nur ‚Einbildungs-Kraft' ist, die sich in leeren

Worten äußert, kann ihn ein *Donner**wort*** hinwegraffen. In „Wald und Höhle" genügt dafür ein ***Wort**hauch* (3246).

A. Warum ist für den neuen FAUST *Du gleichst dem Geist, den du begreifst, Nicht mir!* so vernichtend?

B. Die Antwort müßte in dem Satz stecken: *Du stießest grausam mich zurücke, Ins ungewisse Menschenlos.* FAUST fühlt, daß er die Grenzen menschlicher Erkenntnis nicht dadurch erweitert, daß er sie ignoriert.

A. Vor allem empfindet er es als Mangel, daß es ihm nicht gelungen ist, die Zukunft in den ‚Griff' zu bekommen. Er wollte wohl Herr über Leben und Tod sein oder doch zumindest ‚wissen', wie sein Leben verläuft. Jetzt steht er vor der Zukunft wie ein ängstlicher Schüler: *Wer lehret mich? was soll ich meiden? Soll ich gehorchen jenem Drang?* Was ist mit *jenem Drang* gemeint?

B. Ich denke, er meint das, was man das faustische Streben nennt, also den Wunsch, *schaffend, Götterleben zu genießen*, mit andern Worten: wie Gott oder gar: *ein Gott* zu sein (439).

A. FAUSTS Antwort auf seine eigene Frage heißt wohl eher: ‚Nein'. Daß er sich dabei von einem Gemeinplatz, einer Sentenz, leiten läßt und so gehäuft von ***uns*** spricht, gehört auch zum neuen FAUST. Und wenn er den Satz *Ach!* ***unsre*** *Taten selbst, so gut als* ***unsre*** *Leiden, Sie hemmen* ***unsres*** *Lebens Gang* aus Erfahrung spricht, dann spricht er wie einer, der schon viel von dem hinter sich hat, was der ‚frühere' FAUST des „Faust-Fragments" sich wünschte (Dialog 20).

B. Seine Aussagen über das allgemeine *Menschenlos* dienen dazu, dieses *Menschenlos* als ein Hemmnis des *Lebens* abzuwerten. Das ähnelt seinem alten *Es möchte kein Hund so länger leben* (376). Aber jetzt sind seine Beweise nicht mehr auf den Wissenschaftler eingeschränkt.

A. Wir könnten auch sagen, FAUST mache sich selbst klar, ob es sich für ihn lohnt, als gewöhnlicher Mensch *des Lebens Gang* zu gehen. *Taten* und *Leiden* haben mit Freiheit und Unfreiheit zu tun …

B. … nur daß von Freiheit hier nicht viel übrig bleibt. Schon die Inspiration - was der *Geist* empfängt - geschieht gewissermaßen passiv, und wenn FAUST versucht, diese Inspiration zu verwirklichen, dann stimmen - das ist unvermeidlich - *Geist* und *Stoff* nicht unmittelbar zusammen. Vor allem dann nicht, wenn das, was FAUST als *Stoff* bezeichnet, keine tote Materie ist, sondern Menschen sind mit eigenen Wünschen und eigenem Willen …

A. … und eigenen Hemmnissen, wie wir in der Gretchen-Handlung gesehen haben. FAUST möchte seine Vorstellungen ‚rein' verwirklichen; Kompromisse akzeptiert er nicht. Deshalb wertet er das *Gute dieser*

Welt so verächtlich ab. Das *Bessre* ist das, was FAUSTS *Geist empfangen* hat, und das muß er als *Trug und Wahn* herabsetzen, wenn ihm auf *dieser Welt* überhaupt etwas als lebenswert erscheinen soll. *Zum Guten* zu *gelangen* würde für FAUST heißen, daß er das Faustische aufgibt. Das ist Ausdruck tiefster Resignation …

B. … oder höchster Überheblichkeit. FAUSTS Wesen, wie es hier erscheint, ist gesellschaftsfeindlich. In diesen Zusammenhang gehört auch der Satz: *Die uns das Leben gaben, herrliche Gefühle, Erstarren in dem irdischen Gewühle.*

A. Vielleicht beklagt er eine ‚Impotenz'. Ich denke dabei an die ganze Skala der Sexualgefühle, die schließlich zur Zeugung führen.

B. Daran kann man sicher denken, aber vielleicht schwingt auch noch etwas wie „göttliche Zeugungslust' mit, der Genuß einer *durch die Adern der Natur* fließenden Zeugungs-*Kraft*. Den lebendigen Trieb, *schaffend* wie Gott zu sein, sieht FAUST im *irdischen Gewühle* erstarren. Um dies zu verdeutlichen und zu beweisen, läßt FAUST *Phantasie* und *Sorge* wie Vögel ‚fliegen' und ‚nisten'.

A. Dagegen stellt er das *Glück* als scheiterndes Schiff oder Floß dar. Von dem *Mut, in des Schiffbruchs Knirschen nicht zu zagen* (467), scheint FAUST hier nichts mehr zu *fühlen*. Wie in „Wald und Höhle" das ‚Erhabene' nicht wegzuwischen war, so löst sich jetzt die kühne *Phantasie* nicht in nichts auf, sondern *nistet* sich *im Herzen* als *Sorge* ein …

B. … oder anders gesagt: der *hoffnungsvolle* Aus-*Flug*, um die Zukunft zu beherrschen, endet in Angst als einer Variante der Zukunft.

A. Statt wie *sonst*, also früher, den Raum *zum Ewigen*, ins Unendliche, zu erweitern, nimmt FAUSTS *Phantasie* jetzt das Unendliche in einen *kleinen Raum* hinein, in dem sie unbegrenzt Möglichkeiten ‚ausbrütet', auf welche Weisen etwas im *Zeitenstrudel* scheitern könnte.

B. Dieser FAUST spricht nicht mehr als Besitzloser, dem *Gut und Geld* (374) fehlt, sondern wie ein Mann mit *Haus und Hof* und *Weib und Kind. Die Sorge* scheint eine Funktion des Besitzes zu sein oder des Bewußtseins, daß ein möglicher Besitz verloren gehen könnte. Welterobe-rungs-Bürger und Besitz-Bürger erscheinen als verschiedene Seiten ‚bürgerlichen' Wesens oder ‚bürgerlicher' Ideologie.

A. Er ist nicht nur ein Besitzender, sondern jemand, der sich *im tiefen Herzen* mit seinem Besitz identifiziert und dadurch gefesselt ist. Auch scheint er die *Masken* der *Sorge* zu kennen.

B. Seine abschließende Sentenz kommt nicht aus bloßer Spekulation: *Du bebst vor allem, was nicht trifft, Und was du nie verlierst, das mußt du stets beweinen.*

A. Mit *trifft* ist hier wohl ‚eintrifft' gemeint?

B. Ich glaube, FAUST meint zunächst, ‚was dich nicht trifft, was dir nicht schadet, das bedroht dich, denn es könnte dich alles treffen'. Das *Menschen**los*** erscheint wie ein Lotterie. Noch seltsamer jedoch ist der zweite Teil seiner Sentenz. Normalerweise ‚beweint' man einen Verlust, hier aber scheint paradoxerweise der etwas verloren zu haben und es beweinen zu müssen, der sein Eigentum behält.

A. Wer wie FAUST empfindet, beweint, daß ihm das haften bleibt, was ihm als *Maske* der *Sorge* erscheint. FAUST macht gewaltige Verrenkungen, um das, was dem Menschen in seiner Lebenszeit möglich ist, herunterzumachen und zu entwerten.

B. Er fällt von einem Extrem ins andere. Daß er den *Göttern* nicht gleicht, braucht nicht zu bedeuten, daß er dem *Wurme* gleicht, auch wenn der *Erdgeist* ihn mit dieser Metapher bezeichnet hatte (498).

A. Mit seinem *Ist es nicht Staub* stellt sich FAUST selber eine rhetorische Frage: da **kann** die *hohe Wand* nichts anderes als *Staub* sein. Nichts, aus dem dieser in tiefe Depression Verfallene nicht etwas Negatives herausholen würde.

B. *Jener Drang* erscheint hier als *Lust nach Wahrheit.* Wenn FAUST von *jämmerlich geirret* spricht, dann hat das nichts *mit Irrtum statt Wahrheit* (2562) zu tun, wie wir es aus der „Hexenküche" kennen (Dialog 23). Es geht ihm um alles oder nichts.

A. Immerhin nimmt FAUST - wie der MEPHISTOPHELES des „Prologs" - wahr, *daß überall die Menschen sich gequält.* Hier zeigt sich ansatzweise die Möglichkeit sozialen oder medizinischen Engagements, wenngleich es sich für FAUST nicht zu lohnen scheint, die wenigen ‚Glücklichen' zu vermehren.

B. Neu ist auch, daß FAUST die *Instrumente* (407) aus dem „Ur-Faust" präzisiert als technische Geräte, die ihm helfen sollen, das *Tor* zur *Wahrheit*, zu dem, *was die Welt Im Innersten zusammenhält* (382 f.), zu öffnen. Er ist nun deutlich als - enttäuschter - **Natur**wissenschaftler herausgestellt.

A. FAUST spricht *die Instrumente* an, und im Bewußtsein FAUSTS *spotten* sie seiner mit folgenden Worten: *Geheimnisvoll am lichten Tag Läßt sich Natur des Schleiers nicht berauben, Und was sie deinem Geist nicht offenbaren mag, Das zwingst du ihr nicht ab mit Hebeln und mit Schrauben.*

B. Hinter diesen Versen steht der - von Goethe gegen Newton gerichtete - Gedanke, daß die Erkenntnis der *Natur* ein durch Inspiration vermitteltes Geschenk der *Natur* ist und sie sich nicht auf die Folter spannen läßt. Daß es also des Genies bedarf, um die *Natur* ‚naturgerecht' zu erkennen. Das klang schon an in den Versen der HEXE: *Die hohe Kraft Der Wissenschaft, Der ganzen Welt verborgen!* (2567-69)

A. Dieser Gedanke paßt aber nicht ganz zu FAUST, weil für ihn *Dem Herrlichsten, was auch der Geist empfangen*, sich *immer fremd und fremder Stoff* andrängt. Da er nicht bereit ist, sich auf die Widerstände des *Stoffes* einzulassen, nützte es ihm nichts, wenn die Natur sich ihm unverschleiert offenbarte.

B. FAUST sieht die Möglichkeiten, wie er statt *Wurm* Mensch sein könnte, aber es fehlt ihm die Lust dazu. Er ist müde, alt und antriebslos und steht einem Erbe technischer Errungenschaften gegenüber, mit denen er die Welt weder erkennen noch verändern kann.

A. Und doch ist etwas in FAUST noch so lebendig, daß in diesem nach außen projizierten inneren Zwiegespräch das *alt Geräte* eine Lösung weiß: *Was du ererbt von deinen Vätern hast, Erwirb es, um es zu besitzen.*

B. Zum krankhaften ‚Forterben' von *Gesetz' und Rechte* (1972 f.) äußerte sich MEPHISTOPHELES schon im „Faust-Fragment" (Dialog 21). Die von den *Instrumenten* vertretene Seite FAUSTS problematisiert die ‚Tradition'. Der Erbe soll das *Ererbte*, das Überkommene, nicht blindlings übernehmen, sondern sich durch eigene **Entscheidung** aneignen.

A. Dies schließt die Möglichkeit ein, das *Ererbte* zurückzuweisen.

B. So goethisch es sein mag, was die *Instrumente* FAUST zuflüstern: Ich glaube nicht, daß Goethe ihre Schlußsentenz - *Was man nicht nützt, ist eine schwere Last, Nur was der Augenblick erschafft, das kann er nützen* - unterschrieben hätte. Menschliche Tätigkeit ausschließlich - *Nur* - unter dem Gesichtspunkt von Nutzen und Leistung zu sehen, das ist faustisch.

A. Das stimmt im wesentlichen mit dem Menschenbild des HERRN überein, daß des *Menschen Tätigkeit allzuleicht erschlaffen* könne (340). - Erschlafft FAUST, als ihn das *Fläschchen* fasziniert? Mir kommt es vor, als ob der Tod sich nähere und ihm die letzte oder vielleicht einzige Möglichkeit einer freien Handlung, einer *freien Kraft*, zeige.

B. FAUST ist fasziniert von der Möglichkeit, daß *nach und nach* des *Geistes Flutstrom ebbet.* Das ist doch eine Art von ‚Erschlaffung'.

A. Aber zugleich begeistert er sich an dem Gedanken *reiner Tätigkeit.* Das wäre eine Tätigkeit, der sich kein *fremd und fremder Stoff* andrängt. *Nächt'ger Wald* und *Mondenglanz* erinnern an die Mond- und Waldstellen in „Ur-Faust" (386-97) und „Faust-Fragment" (3235-39), wo der inneren Erhebung ‚Abstürze' folgten. Jetzt scheint FAUST zu hoffen, daß im *neuen Tag* den Hochgefühlen keine Rückschläge folgen und er doch noch in den Genuß der *Götterwonne* kommt.

B. FAUST scheint wirklich in einem letzten, radikalen Akt der Freiheit alle faustischen Kräfte zu mobilisieren, um vielleicht in einer jenseitigen Welt das zu erreichen, was ihm unter der *Erdensonne* nicht gelungen ist. Jetzt zerreißt er die *Phantasie* als *Sorge* um höllische Verdammnis, jetzt ‚vermißt' er sich, die *Pforten aufzureißen*, obgleich er zuvor erkannt hatte, er müsse ***büßen***, daß er sich ***vermaß***, *Götterleben zu genießen.*

A. Er ist auch insofern ganz faustisch, als er vor der *Hölle* keine Angst hat. In der Selbsttötung sieht er die Möglichkeit, in *Manneswürde* der *Götterhöhe* standzuhalten und dadurch doch noch wie Gott zu sein. Faustisch ist auch der Hinweis, daß es ein *Saft* ist, *der* ***eilig*** *trunken macht.*

B. Das ist ein anderer *Saft* als der in der „Hexenküche", auf die diese Stelle deutlich verweist. Auch hier setzt FAUST die *Schale an den Mund*, nur daß jetzt keine *leichte Flamme entsteht* (2582//83). Zu ihm gehört eher die *große Flamme* (2464//65), und die denkt er sich wohl als ‚Antrieb' des *Feuerwagens*, der ihn *auf neuer Bahn* zu *neuen Sphären* forttragen soll.

A. Da FAUST sich als *Meister* erweist, einen *Auszug aller tödlich feinen Kräfte* herzustellen, braucht man jetzt nicht mehr zu rätseln, ob das *Fläschchen* (3511), das FAUST MARGARETE gibt, von ihm oder von MEPHISTOPHELES stammt. Als *Meister* dieser Kunst weiß er, wie der *Saft* wirkt.

B. Wenn die *kristallne, reine Schale* FAUSTS Exitus dienen soll, wird sie zweckentfremdet. Sie symbolisiert *der Väter Freudenfeste* und deren lebensbejahende Geselligkeit, an der gespiegelt das trostlos isolierte Dasein FAUSTS erkennbar wird.

A. Mir scheint FAUSTS Streben nach dem Reinen - ***reine*** *Tätigkeit* und ***reine*** *Schale* -, also der Genuß höchster Abstraktheit, das Tödliche seines Bewußtseins zu sein. FAUST hat eine Art Berührungsangst vor dem konkreten Leben, und für so jemand ist es freilich ideal, seine *Seele*, sein Ich, auch noch aus der Berührung und Beschränkung des eigenen Körpers zu lösen.

B. Warum aber läßt sich FAUST schließlich von *Glockenklang* und *Chorgesang* auf der *Erde* halten? Die in „Ur-Faust" und „Faust- Fragment" unbestimmt gebliebene „Nacht" ist nun eingegrenzt auf eine bestimmte Nacht, die Osternacht.

A. Es sieht so aus, als ob zwei unsichtbare Mächte um FAUST kämpften: Einmal *heftet sich* sein *Blick*, wie von einem *Magneten* angezogen, auf das *Fläschchen*, und dann ziehen *tiefes Summen* und *heller Ton* mit *Gewalt das Glas von* seinem *Munde.* Tod- und Lebenstrieb scheinen sich in ihm oder um ihn zu streiten.

B. Es sind zwei Mächte oder zwei Prinzipien, die in FAUSTS

Bewußtsein wirken, wobei der ‚Lebenstrieb', wie du sagst, sich durch *Summen* und *Ton* sinnlicher, konkreter bemerkbar macht als der ‚Todestrieb', der mit der sinnlich nicht wahrnehmbaren *Magnet*-Kraft verglichen wird. Das Sinnliche scheint sich durchzusetzen.

A. Vielleicht auch das ‚Körperliche', das durch die Auferstehungs-Botschaft vermittelt ist. Hat der Auferstandene etwas mit FAUST zu tun?

B. Er hat FAUST voraus, daß er als *Erdensohn* auch Gottessohn ist. Zugleich hat er bewiesen, daß sich Mensch- und Gottsein vereinbaren lassen. Außerdem hat er die ganze Welt erlöst.

A. Der *Lebend Erhabene* hat überdies erreicht, was auch FAUST will, nämlich die Schwerkraft zu überwinden (394). Und zudem hat er *die Pforten* aufgerissen, hat - wie FAUST - vor der *dunkeln Höhle nicht* gebebt, ist durch die *Hölle* gegangen - das alles zeigt, daß FAUST und *Christ* mehr gemeinsam haben, als ich zunächst gedacht hätte.

B. Dabei hast du den wichtigsten Berührungspunkt nicht genannt: Der Auferstandene hat die *Natur* besiegt, er hat durch seine *Wunder* bewiesen, daß es **innerhalb** der *Natur* möglich ist, die *Natur* zu verbessern, Krankheit und Tod zu überwinden, und das ist es doch letztlich, was FAUST will.

A. Und dennoch will FAUST auch jetzt nichts mit dem *Christentum* (3668) zu tun haben; das hatte MARGARETE schon im „Ur-Faust" an ihm auszusetzen. Woher kommt also FAUSTS neue Lebenskraft?

B. Vor allem die Erinnerung an Kindheit und *Jugend zieht* ihm *mit Gewalt* das *Glas* vom *Munde* und *ruft* ihn *zurück* in *das Leben*. Hatte ihn schon die *Schale* an *manche* ***Jugendnacht*** *erinnert*, so wird nun die Erinnerung durch den *Klang* verstärkt, an den er *von* ***Jugend*** *auf gewöhnt* ist.

A. FAUST erzählt hier zum erstenmal etwas von seiner Kindheit; das dürfte nicht ohne Bedeutung sein. Jetzt erst wissen wir, daß FAUST als Kind der Kirche die *Botschaft sonst*, das heißt früher, geglaubt und damals mit *brünstigem Genuß* gebetet hat.

B. Aber im Unterschied etwa zu MARGARETE hat er die kirchliche Lehre nicht verinnerlicht, sie *trieb* ihn nicht in die Kirche zur Beichte oder zum Gebet, sondern die ***holde*** *Nachricht* weckte in ihm *ein unbegreiflich* ***holdes*** *Sehnen* und *trieb* ihn, *durch Wald und Wiesen hinzugehn*, also unmittelbar, nicht durch die Kirche vermittelt, in die Schöpfung Gottes.

A. *Wald, Höhle und Wiesen* (394 f.) sind Bereiche, in die es FAUST auch als Erwachsenen treibt. Gehe ich zu weit, wenn ich sage, der junge FAUST habe sich den Teil der Auferstehungs-Botschaft, der sich auf die Überwindung und Beherrschung der *Natur* bezieht, zu eigen gemacht, sich gewissermaßen an die Stelle des Gottessohnes gesetzt und begeistert von der Möglichkeit, wie Gott zu sein, sich seine eigene, faustische *Welt* gebaut?

B. Diese Sicht überrascht mich, aber ich kann dir kaum widersprechen. FAUST erscheint wie jemand, der glaubte, daß dem *Sterblichen* die als Erbsünde bekannten *erblichen Mängel* durch die Auferstehung genommen wurden. Dadurch wurde es ihm möglich, sich wie die ersten Menschen im Paradiese als Gotteskind zu sehen, dem die Schöpfung erneut zu Füßen liegt.

A. Wenn wir den jungen FAUST als jemanden betrachten, der sich wie ein neuer Adam fühlte, dann konnte er *der Himmelsliebe Kuß* als Odem spüren, der ihm Götterkraft einhauchte und ihn in-spirierte wie der Muse Kuß den Künstler. Aber während dieser sich auf ein Kunstwerk beschränkt, trieb die ‚himmlische' Inspiration FAUST in die *Natur*, wo er sich - gottgleich - *eine Welt* entstehen fühlte.

B. Der Trieb, in der *Natur* und durch die *Natur* in sich eine neue *Welt entstehn* zu lassen, ist faustisch. Der junge FAUST muß von der Auferstehungsbotschaft, die die Überwindung des Todes und damit die Erneuerung der *Natur* verkündet, in seinem tiefsten Wesen getroffen und *aufgeregt* (177) worden sein.

A. Zu dieser *Natur* gehört auch die - von FAUST beschriebene - kühne *Phantasie*, das scheinbar Unmögliche als möglich zu denken, und dafür war der Auferstandene ein Garant.

B. Daß etwas entgegen der gewöhnlichen *Natur* geschehen kann, das hat FAUST in seiner *Jugend* so gerührt und beglückt. Was Jesus als *Wunder* vor-geführt hat, müßte auch durch den - vorläufig noch - sterblichen Menschen möglich sein. Das war für FAUST die ‚Offenbarung' der christlichen Offenbarung, sozusagen ihre Säkularisierung.

A. Nun scheint es erneut diese Möglichkeit zu sein, die FAUST *mit kindlichem Gefühle* aus den *süßen Himmelsliedern* heraushört, welche ihn wie *sonst der Himmelsliebe Kuß* so rühren, daß *die Träne quillt.* Und wieder treibt es ihn, am andern Tag *durch Wald und Wiesen hinzugehn.*

B. Der zweite Teil der Szene „Nacht" ist also wie ein Jungbrunnen, aus dem der alte FAUST mit neuer Kraft hervorgeht.

A. Ich bin gespannt, ob dieser ‚regenerierte' FAUST bei seinem Spaziergang *durch Wald und Wiesen* erneut *eine Welt* in sich *entstehn fühlt.*

Dialog 28: *Vor dem Tor* (808-1177)

A. Schiller schreibt: „Schmeichelnd locke das Tor den Wilden herein zum Gesetze; Froh in die freie Natur führ es den Bürger heraus!"[191] Laß uns sehen, welches Bewußtseins-Panorama die ‚frohen' Bürger „Vor dem Tor" entfalten und was ihnen die „Natur" bedeutet.

B. Dieser kleinbürgerliche Bilderbogen dient wohl dazu, die Welt zu zeigen, in der FAUST - vielleicht auch MARGARETE - sich bewegt. Der Horizont des Dramas wird durch den Beginn dieser Szene geöffnet und erweitert.

A. Dabei sieht man, welchen eingeschränkten Horizont die *Spaziergänger aller Art* haben. Fast alles dreht sich - quer durch die sozialen Schichten - um Aggression, Sexualität, Alkohol, Nikotin und Wahrsagerei. Je weiter der ANDRE BÜRGER seinen Horizont bis *hinten, weit, in der Türkei*, ausdehnt, desto begrenzter sind die drei BÜRGER, wenn sie darüber sprechen. Sie ahnen um 1800 noch nicht, wohin es schon 1806 in Preußen und in den mit Preußen verbündeten kleinen Staaten wie Sachsen-Weimar führen wird, wenn alles so *beim Alten* bleibt, wie es der Alte Fritz hinterlassen hat, und was ihnen daheim und 1812 ihren Söhnen *weit hinten* in Moskau bevorsteht, wo sich die *Burgen* nicht mehr *geben* werden.

B. Das ANDRE BÜRGERMÄDCHEN macht deutlich, daß *das Mühen* nicht allzu *kühn* zu sein braucht, um *soldatenhaft* als *Verwegener* solche *Mädchen* zu *stürmen*. Jeder *wackre* und *kecke* (2680/83) Mann würde diesem Mädchen imponieren.

A. Das hat sie mit MARGARETE gemeinsam. Auch die Gretchen-Handlung wird durch diese Episode ausgeweitet. Ob man daraus schließen kann, daß der FAUST der Gretchen-Handlung etwas mit diesen SOLDATEN gemeinsam hat?

B. Darauf weist MEPHISTOS *Mit* ***Sturm*** *ist da nichts* ***einzunehmen*** (2657) hin.

A. Wir hätten hier ein Bewußtsein ausgebreitet, das faustische Züge enthält. Es ist ein Bewußtsein, in dem Liebe fast ganz verdinglicht ist. Für die SOLDATEN bedeutet sie Erobern und dient ihnen als Sold für ihr *Mühen*, und selbst der SCHÜLER, der dem *Mädchen sehr gewogen* ist, spricht nur von ihrem Äußeren und widerspricht seinem *Bruder* nicht, als der sein Interesse auf ein anderes *Wildbret* lenkt.

B. Diese *Mädchen* sind wie ‚Freiwild', aber sie lassen es sich gefallen und ziehen willig in Richtung ***Jägerhaus***. Mit seinem faustischen *Geschwind* erinnert der ERSTE SCHÜLER an das Leistungsprinzip, für das auch die SOLDATEN stehen, weil nirgends so wie in der Schlacht gilt, daß der den Lebenskampf besteht, der schneller zuschlägt als der Gegner.

A. Entweder sind diese jungen Menschen von Natur aus dafür prädestiniert, sich für etwas zu begeistern, das dem Faustischen gleicht, oder sie tun es, weil sie in der Stadt eng und unnatürlich leben.

B. Für FAUST sind ‚Druck' und ‚Enge', selbst die *Nacht* der *Kirchen* der Grund, daß die *Menschen* aus der Stadt *ans Licht gebracht* werden. Aber insgesamt gesehen greift FAUST wohl ziemlich daneben, wenn er Beweggründe und Stimmung dieser Menschen, die es vors *Tor* zieht, beschreibt. Von ‚Auferstehungs-Gefühlen' ist hier nichts zu bemerken.

A. Du hast recht. *Spaziergänger* und SOLDATEN bilden die ‚Vorhut', damit man deutlich erkennt, wie sehr sich FAUST in den Menschen täuscht, über die er spricht. Er hat keinen Kontakt mit diesen Leuten und schildert sie so, wie er sie sich denkt oder wünscht. Das macht er auch mit der Natur, deren Erscheinungsformen er personifiziert und nach seinen Vorstellungen zurechtmodelt. Er selbst ist gewissermaßen vom Tode *auferstanden* und meint nun, Mensch und Natur fühle gleich.

B. Ich habe bisher gedacht, diese berühmten Verse des ‚Osterspaziergangs' drückten die Einheit von ‚natürlicher' Natur und ‚höherer' Natur aus. Ist es nicht erhebend, sich die *Sonne* als Malerin zu denken, die den *alten Winter* mit seinem farblosen Weiß verjagt, so früh wie möglich *Farben* in das erst grüne *Revier* bringen will und dazu bunt angezogene *Menschen* aus der Stadt ‚herauskitzelt'?

A. Doch, und dieser Gedanke wird noch erhebender, weil die Formulierung *Bildung und Streben* mehrdeutig ist. Sie bezeichnet zugleich Eigenschaften der Pflanzen und - mögliche - Eigenschaften der *Menschen* und drückt damit das Interesse der ‚Mutter Natur' an einem freundlichen Umgang ihrer ‚Kinder' Natur und Kultur aus. Nur ist das eher eine Vision als die Beschreibung der Wirklichkeit. Die Spaziergänger bestätigen nicht, daß *jeder* sich *heute so gern sonnt*. FAUST zwingt der Natur und den *Menschen* seine Vorstellungen auf.

B. Es ist wohl so, wie du sagst. Mit seinem *Hier ist des Volkes* ***wahrer*** *Himmel* unterstellt er dem *Volk*, daß es sich - zumindest unbewußt - wie er vom *Himmel* der *Kirchen* emanzipiert und zur Feier des *Himmels* auf Erden versammelt hat.

A. Mir ist nicht klar, ob sich die letzten vier Verse dieses Monologs nur auf *des Dorfs Getümmel* beziehen oder ob die städtischen *Spazier-*

gänger in dieses *Volk* einbezogen sind.

B. Da es - in der Sicht FAUSTS - die Städter aufs Land hinaus treibt, könnte hier ein Volksbegriff gemeint sein, der die sozialen Schranken überwindet und sich auf die menschliche Natur gründet.

A. In einer Zeit, wo der Adel das Sagen hat, hat ein solcher *Volks*-Begriff fast etwas Revolutionäres.

B. Das entspräche der Metaphorik dieses Monologs. Denn die *Sonne* ist nicht nur ein Symbol der ‚Aufklärung', sondern auch der Freiheit gegenüber der Starre einer als *Winter* gedachten Tyrannei. Das *hohle finstere Tor* läßt sich als Grenze zwischen Unterdrückung und Freiheit verstehen.

A. Dann wäre es doch sinnvoller, wenn hinter *groß und klein* kein Punkt, sondern ein Doppelpunkt stünde: Unter FAUSTS Blickwinkel drückten alle, auch wenn sie es noch nicht formulieren können, durch ihr ‚Jauchzen' aus, daß sie erst als freies *Volk* - etwa wie die Eidgenossen in Schillers „Wilhelm Tell" - *zufrieden* und *Mensch* sind.

B. Was hast du für eine Ausgabe? Alle Drucke zu Goethes Zeit haben hier einen Doppelpunkt. Aber einige Herausgeber scheinen geglaubt zu haben, ***klein*** könne noch nicht jauchzen: *Hier bin ich Mensch, hier darf ich's sein*, und haben Goethe kurzerhand ‚korrigiert'.

A. Darüber bin ich entsetzt: Ein Punkt oder ein Semikolon an dieser Stelle verändert die Bedeutung des Textes vollständig! Im Falle meiner Ausgabe gilt der letzte Satz dieses Monologs nur für FAUST. -

B. WAGNER äußert sich so, wie wir es von der Szene „Nacht" kennen, er hat einen realeren Blick auf die *Menschen* als FAUST, der sich in seiner Vision verliert.

A. Desto eigenartiger kommt es mir vor, daß WAGNER das Handeln dieser *Menschen* mit den Umtrieben *eines bösen Geistes* vergleicht. Obgleich er sich als aufgeklärten und gesitteten Menschen begreift, hat sein Bewußtsein diesen abergläubischen Vergleich parat.

B. Wir wollen ihm zugute halten, daß er nur von einem Vergleich spricht. Dem Publikum wird dadurch ein Hinweis gegeben, daß es spätestens von jetzt ab auch darum geht, MEPHISTOPHELES in die Handlung zu bringen.

A. Bei *Tanz und Gesang* der *Bauern unter der Linde* spüre ich noch nichts von einem *bösen Geist*, der WAGNER bedrohen könnte. Hier geht es noch zu wie in den ältesten Zeiten.

B. Aber doch anders als unmittelbar „Vor dem Tor". Die *Bauern* haben eine ungezwungenere Beziehung zur Sexualität, können sie öffentlich benennen und sich daran erfreuen, und selbst ‚Lug' und

‚Trug', wie sie *Bärbelchen* (3544) und MARGARETE erfahren haben, scheinen die Betroffenen nicht so zu stigmatisieren, daß man nicht darüber singen könnte. In einer solchen Gesellschaft würden die beiden Bürgermädchen kaum so gequält und verstoßen wie in der Stadt.

A. Diese Dorfgemeinschaft ist zwar freundlich und liebenswert dargestellt, aber zugleich ist es fast peinlich, als wie unwissend diese *Bauern* gezeigt werden. Als ob man nur glücklich sein könnte, wenn man wenig weiß. Sie verehren FAUST beinahe wie *das Venerabile*, also den Heiland selbst, weil er als Arzt gesund geblieben, während man *manche Leiche* forttrug! Ihre ‚Verdummung' treibt FAUST auf die Spitze, wenn er zu diesen Menschen sagt: *Vor jenem droben steht gebückt, Der helfen lehrt und Hilfe schickt*, denn **er** ist überzeugt, daß *der Helfer droben* dem *Helfer* nicht half. Das entspricht dem Bild, das wir von FAUST in der Gretchen-Handlung gewonnen haben. Er will - nicht ohne Grund - *niemand sein Gefühl und seine Kirche rauben* (3420).

B. Zugleich jedoch führt diese Begegnung mit den *Bauern* dazu, daß die FAUST-Gestalt erneut eine geschichtliche Dimension erhält. Jetzt erfährt das Publikum zum erstenmal, daß FAUST der Sohn eines Mediziners ist. Er ist also mit **der** *Wissenschaft* eng verbunden, an deren Erfolgen sich am ehesten ablesen läßt, wie weit es Menschen gelingt, auf wissenschaftliche Weise so in die Natur einzugreifen, daß es Gottes Hilfe nicht mehr bedarf.

A. Was diese Hilfe wert ist, verdeutlicht FAUST: mit christlichen Übungen wie *Beten* und *Fasten* ließ sich vom *Herrn des Himmels das Ende jener Pest* nicht *erzwingen*. Er machte also die Erfahrung, daß es nicht genügt, sich mit dem Auferstandenen zu identifizieren (Dialog 27). Sein Vater hatte diese Stufe wohl schon hinter sich, als er mit Hilfe der Alchimie experimentierte.

B. Wenn man im „Ur-Faust" noch denken konnte, FAUST wende sich einer ihm unbekannten Dimension zu, als er sich der *Magie* (377) ergibt, so erscheint er jetzt als jemand, dem Magie, zumindest die sogenannte ‚Weiße Magie', schon von jung auf vertraut ist. Vielleicht deuten jedoch ***dunkler*** *Ehrenmann* und ***schwarze*** *Küche* in der Sicht FAUSTS darauf hin, daß sein Vater sich auch mit ‚dem Teufel' eingelassen und ‚schwarze Magie' getrieben hätte.

A. Man merkt hier den Zusammenhang mit dem „Prolog im Himmel". FAUST ist nun nicht mehr der Träumer, der die Harmonie des Makrokosmos zu erkennen sucht, sondern ein Pragmatiker, der auf Erden - unausgesprochen - die Theodizee widerlegen will.

B. Wir sehen jetzt in der „Faust"-Handlung selbst, wie nützlich es für die ‚Täter' ist, wenn die Angehörigen der Opfer, die sie bei ihren Experimenten verursachen, an den *Herrn des Himmels* glauben. Diese Formulierung ist ein deutlicher Hinweis auf den bürgerlichen HERRN im „Prolog im Himmel" (Dialog 26). Ohne solchen Glauben an den *Herrn* hätte FAUST kaum *erlebt*, *Daß man die frechen Mörder* ***lobt***, nachdem sie *den Gift an* ***Tausende*** *gegeben.*

A. An der Art, wie FAUST die Methode der Alchimie parodiert, sieht man, daß hier vieles willkürlich und zufällig ist. Die Worte, mit denen eine Substanz bezeichnet wird, sind fast wichtiger als deren Wirkung. FAUST müßte, um weiter zu kommen, Alchimie durch Chemie ersetzen.

B. Es ist wohl wichtig, FAUSTS Wissensstand für das Publikum zu klären, bevor er und MEPHISTOPHELES sich treffen: FAUST traut der Alchimie nicht zu, das zu schaffen, was der Auferstandene - dessen Feier dieser Tag gilt - als ‚**Heil**-and' vorgemacht hat, nämlich Krankheit und Tod zu überwinden. Diesen Vorsprung des Gottessohnes gilt es einzuholen. Als FAUST in diesem *Meer des Irrtums* zu resignieren scheint, hilft ihm der Blick auf die *Abendsonneglut*, sich mit einem ***Doch*** aus dem *Trübsinn* zu befreien.

A. Die untergehende Sonne ist eher ein Symbol für das Lebens- oder ein Epochenende als das eines Neubeginns. FAUST sieht, daß der *Tag* - und vielleicht sein eigenes Leben - *überlebt* ist, aber er will nicht zugeben, daß das so sein muß. Dieser FAUST hat das Kopernikanische Weltbild im Kopf und weiß, daß es woanders Tag ist, wenn hier die *Sonne* untergeht.

B. Er spricht aber auch vom ***neuen*** *Leben*, das die *Sonne* mit ihrer Energie hervorbringt. Mir kommt es vor, als beneide er die *Sonne* um diese Fähigkeit.

A. Jedenfalls weckt sie in ihm eine ganz neue Sehnsucht. In der Szene „Nacht" sprach er von der *Phantasie*, die sich *mit kühnem Flug und hoffnungsvoll zum Ewigen erweitert* und dann als *Sorge* im *tiefen Herzen* nistet (640-44), jetzt aber möchte **er selbst** *Flügel* und sich *vom Boden* heben.

B. Das hat er mit dem Faust des „Volksbuchs" von 1587 gemeinsam, denn der „nahm an sich Adlers Flügel, wollte alle Gründ am Himmel und Erden erforschen"[192]. Aber im Unterschied zum alten Volksbuch-Faust konzentriert sich der neue auf die *Sonne*; ihr will er zielgerichtet *nach und immer nach* streben, und der Blick auf *Höhn*, *Tal* und *Silberbach* ist fast nur eine ästhetische Zutat.

A. Auch wenn FAUST mehr auf die *Sonne* als auf die Erde ausgerichtet zu sein scheint, so hat er doch die Erde noch unter sich und genießt es, die Hindernisse des Raumes, den *wilden Berg mit allen seinen Schluchten,* zu überwinden. Aber dort, wo das Festland aufhört, scheint FAUST an eine Schwelle zu kommen, die ihn stoppt, so daß er befürchten muß, die *Sonne* doch noch aus den Augen zu verlieren.

B. Es ist ungefähr die Stelle, wo Jean Pauls Luftschiffer Giannozzo resignierend aufgibt, nachdem ihm droben die Sonne „zehnmal und jedesmal schneller" untergegangen ist und ihn zuletzt „tief unter dem Himmel das erloschne Sonnenangesicht recht bedauernd" angesehen hat.[193]

A. FAUST dagegen hat in seiner Vision genügend eigene Energie, um auch diese Enttäuschung zu überwinden. Dem ***Doch*** der *Göttin* Sonne, mit dem sie FAUST zu entkommen scheint, setzt er sein ***Allein*** (1785) entgegen (Dialog 20), das wir aus dem „Faust-Fragment" kennen: *Allein der neue Trieb erwacht.*

B. Mit dem ***neuen*** *Trieb* könnte etwas Wesentliches in Goethes „Faust" bezeichnet ist. Siehst du deutlicher, wie sich *neuer Trieb* und der Trieb unterscheiden, von dem sich FAUST bis an die Grenze des *Meeres* getrieben fühlte?

A. Wenn man sich das, was FAUST wünscht, als wirklich denkt, dann will er mit der Geschwindigkeit der Erdumdrehung, also ungefähr mit Schallgeschwindigkeit, *fort eilen*, um dadurch immer in der Sonne zu sein und so *ihr ew'ges Licht zu trinken.*

B. Durch diese Geschwindigkeit wäre es möglich, zwar nicht Gott gleich, aber doch *göttergleich* zu werden, indem FAUST die *Göttin* Sonne zwänge, in der Reichweite seiner Augen zu bleiben.

A. Es könnte ein Merkmal des *neuen Triebs* sein, daß FAUST in seinem *schönen Traum* alles das, was er in der Szene „Nacht" noch ins Jenseits verlegt hatte (Dialog 27), sich nun ins Diesseits ‚träumt'. Da er sich nur noch im *Licht* befände, hätte er die *Nacht* nicht nur im wörtlichen Sinne, sondern mit allem, was sich mit dieser Metapher verbinden läßt, überwunden. Jetzt kehrte er der *holden Erdensonne* nicht mehr *entschlossen* seinen *Rücken* (708 f.), sondern sein Antlitz zu.

B. Dieses Zurückholen des Jenseits in das Diesseits, der Transzendenz in die Immanenz ist auch dadurch angedeutet, daß die Metaphern der Szene „Nacht" in das zurückverwandelt sind, was die Begriffe ursprünglich bezeichnen; manches davon könnte wörtlich den *neuen Trieb* beschreiben:

> *[...] Des Geistes **Flutstrom ebbet** nach und nach.*
> *Ins **hohe Meer** werd ich hinausgewiesen,*

Die ***Spiegelflut*** *erglänzt* ***zu meinen Füßen,***
Zu ***neuen Ufern*** *lockt ein* ***neuer Tag.***
Ein ***Feuerwagen*** *schwebt auf leichten Schwingen*
An mich heran! Ich fühle mich bereit,
Auf ***neuer Bahn*** *den* ***Äther zu durchdringen,***
Zu neuen Sphären reiner Tätigkeit. (698-705)

A. Der *neue* faustische *Trieb* hat alles, wohin er treibt, ‚vor Augen', einschließlich des ‚Ewigen', das FAUST nun als *ew'ges Licht* erscheint und gar nichts mit dem *Schein des ew'gen Lämpchens* (3651) zu tun hat.

B. Mir kommt es eher vor, als ob dieser neuerwachte *Trieb* **nichts** mehr vor Augen habe, sondern etwas ganz Abstraktes sei. Stelle dir vor, wie dieser FAUST sich am Himmelszelt einrichtet. Er *eilt fort* in den ‚Koordinaten': ***Vor*** *mir den Tag und* ***hinter*** *mir die Nacht, Den Himmel* ***über*** *mir und* ***unter*** *mir die Wellen.*

A. Ja, das sind fast ganz abstrakte Formen von Zeit und Raum. Und wenn wir Raum und Zeit zueinander ins Verhältnis setzen, also Weg geteilt durch Zeit, dann haben wir die faustische Geschwindigkeit, die schon in Lessings fragmentarischer „Faust"-Szene von Bedeutung war (Dialog 1).

B. Leistung hat ebenso die Zeit im Nenner wie die Geschwindigkeit (Leistung = Arbeit / Zeit). FAUST träumt hier auch vom Prinzip der Leistungs- und Konkurrenzgesellschaft.

A. Es fasziniert mich, wie die beiden Verse das Wesen FAUSTS auf eine ‚Formel' bringen. Das Neue zeigt sich auch an folgenden Stellen: Zuerst *eilt* die Sonne *hin*, und jetzt ist es FAUST, der *fort eilt, ihr ew'ges Licht zu trinken.* Das *Licht* der *Sonne*, vor allem ihre Energie, ist nun die ‚Nahrung', aus der FAUST die Kraft für seine Geschwindigkeit und den unendlichen ‚Fortschritt' nimmt.

B. Auch die Überwindung der Schwerkraft ist in diesem Bild enthalten. Auf eine Umkehrung und damit ebenfalls auf etwas Neues verweist die Zeile: *Vor mir den Tag und hinter mir die Nacht.* Denn zuvor hatte er die *Nacht* vor sich und hinter sich den *Tag.* Der Lauf der Welt wird in FAUSTS *schönem Traum* gewissermaßen umgedreht.

A. Damit ist ein Rahmen vorgegeben, in den MEPHISTOPHELES seine Geschwindigkeit und seine Leistung einbringen kann. - Übertrifft denn FAUSTS *Traum* alles, was zur damaligen Zeit gedacht wurde?

B. Kaum war 1783 der erste Heißluftballon gestartet und Blanchard 1785 mit dem Gas-Ballon von Dover nach Calais geflogen[194], heißt es in einem zeitgenössischen Roman: „[...] daß die Menschen, vor

Ablauf dieses Jahrhunderts, mit eben der Leichtigkeit durch die Luft, wie itzo durch die See, segeln werden, glaube ich, so gewiß, *als Gottes Dasein.* Nachdem der menschliche Verstand, der Abdruck des Allmächtigen, das Mittel erfunden hat, in der Luft zu schweben, muß es ihm ein wahres Nichts sein, seinem Schweben die gehörige Richtung zu geben."[195]

A. Dann ist es wohl wahrscheinlicher, daß für den neuen FAUST diese technischen Fortschritte eher das Muster als das eigentliche Ziel seines Strebens sind.

B. Das erinnert mich daran, daß Goethe schon 1780 das Prinzip des modernen Forschers mit Bildern verdeutlicht hat, wie wir sie in dieser Szene finden: „[...] wie der Hirsch und der **Vogel** sich an kein Territorium kehrt, sondern sich da äst und dahin fliegt, wo es ihn gelüstet, so, halt' ich davon, muß der Beobachter auch sein. Kein **Berg** sei ihm zu hoch, kein **Meer** zu tief. Da er **die ganze Erde umschweben** will, so sei er frei gesinnt wie die Luft, die Alles umgibt. Weder Fabel noch Geschichte, weder Lehre noch Meinung halte ihn ab zu schauen. Er sondere sorgfältig das, was er gesehen hat, von dem, was er vermutet oder schließt."[196]

A. Und mich erinnert was du sagst an die Stelle, wo der *Erdgeist* auf FAUSTS *der du die* ***weite Welt umschweifst*** *[...] wie nah fühl' ich mich dir* antwortet: *Du gleichst dem Geist, den* ***du*** *begreifst, nicht mir!* (510-13) Goethe selbst hätte faustische Maximen vertreten?

B. Wenn FAUST nicht von jedem modernen Menschen, also auch von seinem Autor, etwas hätte, wäre er keine so bedeutende Figur. Nach dem faustischen Wissenschaftsprinzip zu handeln muß jedoch nicht gleichbedeutend damit sein, es ohne Moral zu tun.

A. Wie meinst du das?

B. Sobald der Wert aller Natur, einschließlich Tier und Mensch, nur daran gemessen wird, was sie jeweils leistet und nützt, ist die Frage nebensächlich, ob eine Handlung gut oder böse sei. Der *neue Trieb*, von dem FAUST spricht, erinnert mich an einen anderen „neuen Trieb", von dem Schiller 1795 in den „Briefen über die ästhetische Erziehung des Menschen" gesprochen hatte. Nach Schiller kann der „neue Trieb", den er den „Spieltrieb" nennt, ‚geweckt' werden, wenn der Mensch eine ‚schöne' **Handlung** betrachtet. Der „Spieltrieb" ‚treibt' den Menschen, sich als moralisch handelnde Person zu fühlen, das heißt, mit der Vorstellung zu spielen, daß er verändernd in die Welt eingreifen und daß er dies moralisch ‚gut' tun kann. In solchem ästhetischen Zustand wird der Mensch durch den Spieltrieb „sowohl physisch wie moralisch in Freiheit" gesetzt.[197]

A. Dann ist der *neue Trieb*, von dem FAUST spricht, ein deutlicher Hinweis auf diesen „Spieltrieb". Denn FAUST entwirft eine fast radikale ‚physische Freiheit', um verändernd in die Welt eingreifen zu können, ohne sich darum zu sorgen, ob er auch „moralisch in Freiheit" gesetzt wird und seine Handlungen gut sind. Das haben wir in der Gretchen-Handlung des „Ur-Faust" gesehen.

B. Daß der *neue Trieb* FAUSTS an Schillers „neuem Trieb" ‚gespiegelt' ist, erkennt man auch daran, daß Schiller sagt, der „Spieltrieb" sei dahin gerichtet, „*die Zeit in der Zeit* aufzuheben"[198]. Dagegen ist FAUSTS *neuer Trieb* darauf aus, Zeit als **allgemeinen** Nenner und Wertmaßstab in der faustischen Welt zu installieren.

A. Da bleibt für Liebe wenig Zeit.

B. Schiller sagt, sobald ein Mensch „zugleich unsere Neigung interessiert und unsre Achtung sich erworben", so fangen wir an, „ihn zu lieben, d.h. zugleich mit unsrer Neigung und mit unsrer Achtung zu spielen."[199] Man könnte meinen, FAUST sei so sehr von **seinem** *neuen Trieb* beherrscht, daß er keine Zeit hat, Handlungen wahrzunehmen, die seine Achtung erwerben könnten.

A. In „Grenzen der Menschheit" schreibt Goethe vom Menschen:

Hebt er sich aufwärts,
Und berührt
Mit dem Scheitel die Sterne,
Nirgends haften dann
Die unsichern Sohlen,
Und mit ihm spielen
Wolken und Winde.

Steht er mit festen
Markigen Knochen
Auf der wohlgegründeten
Dauernden Erde;
Reicht er nicht auf,
Nur mit der Eiche
Oder der Rebe
Sich zu vergleichen.[200]

Diese Verse lassen sich so lesen, als ob sie auf FAUSTS Wunsch, von der „Erde" abzuheben, bezogen seien. Daß FAUST solche „Grenzen der Menschheit" nicht anerkennt, sieht man auch dort, wo er sich mit der *Riesenfichte* vergleicht (Dialog 24). -

B. Als FAUST aus **seinem** *schönen Traum* erwacht und die *Sonne* sich ihm entzieht, erfährt er wiederum eine Enttäuschung: *Ach! zu des Geistes Flügeln wird so leicht Kein körperlicher Flügel sich gesellen.* Aber wiederum rafft er sich auf und setzt seiner frustrierten Stimmung ein *Doch* entgegen, das zeigt, daß er vor diesem Ziel nur scheinbar resigniert: *Doch ist es* ***jedem*** *eingeboren, Daß sein Gefühl hinauf und vorwärts dringt.* Bei WAGNER freilich, für den dies auch gelten müßte, ist davon nichts zu bemerken.

A. ‚Hinauf- und Vorwärtsdringen' ist die Formel der Fortschritts-Ideologie und hat als Resultierende eine ansteigende Linie:

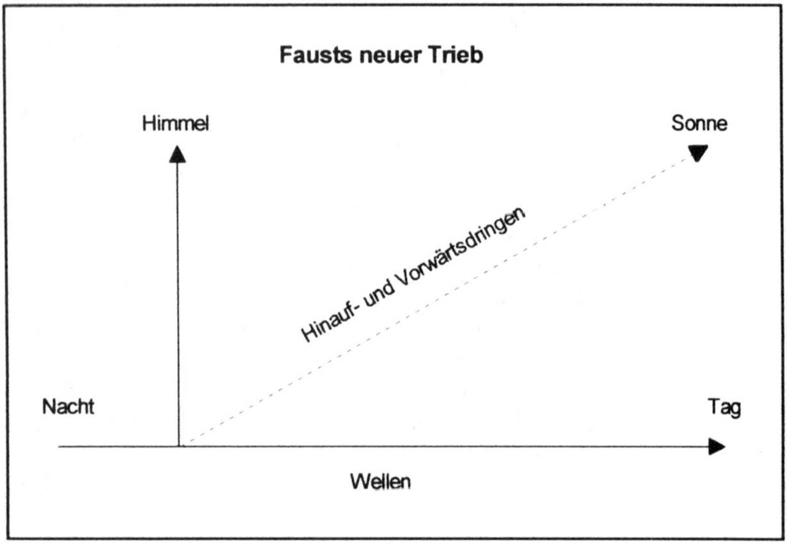

Indem FAUST das spezifisch ‚bürgerliche' Streben als *Trieb* bezeichnet, interpretiert er es als Streben der Natur, das bisher nur noch nicht *erwacht* war. Deshalb sagt er von WAGNER, bei ihm ruhe dieser *Trieb* noch im ‚Unbewußten'.

B. Soweit das, was FAUST sagt, für ihn selbst gilt, sehen wir erneut, daß er vor allem von der Erde spricht, wenn er *Welt* sagt, und daß von dem Wunsch, *der holden Erdensonne entschlossen den Rücken* zuzukehren (708 f.), *Und wär' es mit Gefahr, ins Nichts dahinzufließen* (719), nicht mehr viel übrig ist.

A. Gilt das auch für die *Gefilde hoher Ahnen*? Könnte damit nicht doch wieder eine Sehnsucht nach einem Jenseits ausgesprochen sein?

B. FAUST erhebt sich nicht vom Staub, um zu den *hohen Ahnen*, sondern zu deren ***Gefilden*** zu gelangen; ich denke, damit sind die ‚Betätigungs-Felder' dieser *Ahnen* gemeint.

A. Dafür wären etwa Prometheus und Dädalus repräsentativ. Dädalus machte seinem Sohn Ikarus Flügel, und Menschen zu machen wie

Prometheus gehört in „Faust II" zu den Tätigkeiten in FAUSTS Laboratorium. ‚Neues Leben' fördern, dem FAUST *nach und immer nach* streben will, bekommt dadurch eine erweiterte Bedeutung. Die alten Wunschbilder der Menschheit in Wirklichkeit zu verwandeln, das deckt sich mit FAUSTS Programm.

B. Daß FAUSTS zweite *Seele* sich *an die* Welt *mit klammernden Organen* hält, drückt die Energie aus, die er aufwendet, um nicht wieder ins Phantastische abzuheben und nicht erneut den Boden unter seinen Füßen zu verlieren. Die ***derbe*** *Liebeslust* gibt seinem Widerstand eine sinnliche Komponente, so daß er jetzt in der ‚subsolaren' Welt eingespannt ist zwischen dem primären Lebens- und Fortpflanzungs-Trieb aller Kreatur und dem *neuen Trieb*, die Kräfte und Beschränkungen der alten Natur zu verändern.

A. Widerspricht dem nicht, daß FAUST sich trotzdem an *Geister* wendet? Fällt er damit nicht doch wieder ins Mythische zurück?

B. Diese Stelle könnte zeigen, daß FAUSTS Bewußtsein immer gefährdet ist, mythisch zu werden. Die ins Unendliche gehenden, als wirklich noch kaum vorstellbaren Wünsche und Träume scheinen dahin zu tendieren, solange die Methode und die Technik fehlt, sie zu verwirklichen.

A. Ja, verglichen mit der *Erdgeist*-Episode, wo FAUST sich einem Geist ***nah*** *fühlen* wollte, wünscht er sich jetzt nur Hilfsmittel, gewissermaßen ‚Fahrzeuge', um in der Ferne *zu neuem bunten Leben* zu gelangen.

B. Eine Stelle in Goethes „Farbenlehre" zeigt, welche Vorgaben bereits im 17. Jahrhundert theoretisch gemacht waren. Er berichtet über die Gedanken eines Forschers: „Seitdem die Erde im Kopernikanischen System auf einem subalternen Platz erschien, so traten vor allen Dingen die übrigen Planeten in gleiche Rechte. Die Erde war bewachsen und bewohnt, alle Klimaten brachten nach ihren Bedingungen und Eigenheiten eigene Geschöpfe hervor, und die Folgerung lag ganz nahe, daß die ähnlichen Gestirne, und vielleicht auch gar die unähnlichen, ebenfalls mit Leben übersät und beglückt sein müßten. Was die Erde an ihrem hohen Rang verloren, ward ihr gleichsam hier durch Gesellschaft ersetzt, und für Menschen, die sich gern mitteilen, war es ein angenehmer Gedanke, früher oder später einen Besuch auf den umliegenden Welten abzustatten."[201]

A. Das wäre eine gigantische Erweiterung der Wünsche des Faust aus dem Faustbuch von 1587.

B. Dennoch nähert sich der neue FAUST der alten Faust-Fabel, zu der ein Teufels-Pakt gehört, als er sich nach einem *Zaubermantel* sehnt, der ihn in *fremde Länder* tragen soll.

A. Dies ist nur möglich, weil Goethe nach 30 Jahren ‚Aufklärung' bei seinem Publikum voraussetzt, daß es die Ironie einer solchen Darstellung begreift. Es ist kaum vorstellbar, daß ein Mensch, wie ihn FAUST an dieser Stelle seines Bewußtseinsprozesses repräsentiert, noch ernsthaft denken könnte, es gebe *Geister*, die ihn unterstützen. Sie bezeichnen nur noch - metaphorisch - Möglichkeiten, die in der Natur verborgen sind. Die *Geister*, von denen WAGNER verselang spricht, sind durch die Winde aus den Haupthimmelsrichtungen ersetzbar.

B. Den halbaufgeklärten Versen WAGNERS entspricht die *Dämmerung*, die jetzt die Szene beleuchtet und in der der *Pudel* sichtbar wird. WAGNER, der über *Geister* so sicher spricht wie über ein *Pergamen*, das er entrollt, merkt von diesem ‚Geist', der sich hier nähert, gar nichts. Für mich ist dies ein deutlicher Hinweis, daß das, was dieser *Pudel* symbolisiert, allein zum faustischen Bewußtsein gehört, das FAUST in dieser Szene entfaltet hat. Natur zu betrachten, um sie dadurch zu beherrschen, das scheint es zu sein, was diesen *Pudel* anzieht.

A. Daß FAUST einen *Hund* hat, gehört zur Faust-Tradition wie sein Wunsch nach *fremden Ländern*. Aber warum übernimmt Goethe dieses Faust-Attribut?

B. Vielleicht aus folgendem Grund: Die moderne bürgerliche Welt, in der auch wir noch leben, hat - wie wir schon mehrfach bemerkt haben (Dialoge 4; 8; 13; 24; 26) - zur Voraussetzung, daß ‚der Mensch für den Menschen ein **Wolf** sei' (homo homini lupus). Dieser ‚wölfische' Mensch mußte so ‚gezähmt' oder abgerichtet werden, daß er seine wölfische Natur nicht mehr unmittelbar, sondern als Konkurrenzkampf auf dem Markt austrägt, aber - wie das 19. Jahrhundert gezeigt hat - mit nicht viel weniger Brutalität als im sogenannten ‚Naturzustand'. Daran könnten der *Hund* als gezähmter Wolf und der *Pudel* als hochgezüchteter *Hund* erinnern.

A. Dann sucht dieser als *Pudel* ‚verkleidete' Wolf einen neuen Herrn, er drängt sich FAUST fast auf. Man könnte meinen, der *Pudel* habe ein größeres Interesse an FAUST als der an dem *Pudel*. FAUST versucht, ihn so zu deuten, daß er einer der von ihm gesuchten *Geister* ist. Dem entzieht sich der *Pudel* jedoch und bewahrt dadurch so etwas wie Selbständigkeit.

B. Aber WAGNER beschreibt ihn als den Diener, der MEPHISTOPHELES später für FAUST sein wird. Es zeigt sich hier schon viel vom ganzen MEPHISTOPHELES. Dazu gehört auch der *Feuerstrudel*, den FAUST zu sehen glaubt. MEPHISTOPHELES erscheint ihm als jemand, zu dem das

Feuer gehört. Hier kündigt sich die *Feuerluft* an, die MEPHISTOPHELES *bereiten* (2069) wird und die wir aus dem „Faust-Fragment" schon kennen (Dialog 21).

A. Wenn am Abend dieses Ostertages im Gefolge FAUSTS der *Hund* in die mittelalterliche Stadt einzieht, kommt er mir vor wie ein trojanisches Pferd.

B. Die Möglichkeiten, die MEPHISTOPHELES - so, wie wir ihn schon kennen - verkörpert, werden die mittelalterliche Stadt zwar nicht zerstören, aber doch mithelfen, daß die kleinbürgerlichen Verhältnisse aufbrechen und die Städte sich zu Großstädten entwickeln, in denen vor allem Quantitäten und weniger moralische Qualitäten gefragt sind.

A. Dazu würde passen, daß dieser *Hund* sich aufbläht, bevor MEPHISTOPHELES als *des Pudels Kern* (1323) sich zeigt.

Dialog 29: *Studierzimmer I* (1178-1529)

A. Weißt du, von der wievielten *Seele* FAUST spricht, als er das „Studierzimmer" betritt? Ich denke, es ist mindestens die dritte.

B. Vermutlich sind es noch mehr, wenn wir den *neuen Trieb* (1085) dazuzählen, der in FAUST *erwachte* und folglich ebenfalls in ihm ge-*weckt* wurde. Den rechnet FAUST jedoch zu den *wilden Trieben* und drückt damit wohl aus, daß er in ihm eine Art ‚Wildwuchs' der Natur sieht oder wenigstens etwas, das noch nicht durch Kultur gezähmt ist.

A. Die *beßre Seele* scheint die zu sein, die wir in „Ur-Faust" und „Faust-Fragment" vermißt haben und die sich dort höchstens im *Wassersturz*-Monolog (3345-65) bemerkbar macht (Dialoge 17, 24).

B. Mir kommt der Chiasmus ***Es reget sich*** *die Menschenliebe, Die Liebe Gottes* ***regt sich nun*** wie ein Signal vor, das zum Nach-Denken auffordert, zumal diese Sätze den *Pudel* aufzuregen scheinen.

A. Der Sinn dieser Verse hängt davon ab, was das mehrdeutige Wort *Menschenliebe* bedeutet. Nehmen wir es im christlichen Sinne, dann beziehen sich die Verse etwa auf die Sätze: „Du sollst den Herrn deinen Gott lieben [...] und deinen Nächsten wie dich selbst" (Lk 10,27) und „Was ihr dem geringsten meiner Brüder getan habt, das habt ihr mir getan" (Mt 25,40). Die Liebe zu Gott erweist sich in der Nächstenliebe.

B. Der in den Chiasmus eingebaute weitere Chiasmus ***Menschen****liebe Liebe* ***Gottes*** unterstreicht zusätzlich, daß FAUST den Menschen mit Gott oder Gott mit dem Menschen gleichzusetzen scheint.

A. Ich sehe, daß dies möglich ist, aber es paßt nicht zu den *heiligen Tönen*, von denen FAUST spricht.

B. Zu den *heiligen Tönen*, wie du sie auffaßt, paßt noch weniger, daß wir uns im Zentrum des Faust-Stoffes befinden, wo es traditionsgemäß um die Aufkündigung der *Liebe Gottes* geht. Beachte das unruhige Metrum der Strophe, die mit *Sei ruhig Pudel* beginnt. Es spiegelt die innere Unruhe FAUSTS wider; man könnte meinen, der *Pudel* verkörpere, was in FAUSTS Innerem rumort.

A. Dann streitet die *beßre Seele* gegen die *zwei* faustischen *Seelen* in seiner *Brust* (1112). Wir hätten eine Nachwirkung der Osternacht, und die *beßre Seele* wäre ein ‚Überbleibsel' aus der *Jugend* (769; 779). FAUST scheint eine ähnliche Entwicklung durchzumachen, wie wir sie schon kennen: Er sehnt sich zurück nach Kindheit - *des Lebens Quelle* - und

Jugend - *des Lebens Bächen* -, wo er voll *Hoffnung* war.

B. Stimmst du mir zu, daß *mit dem Herzen, das sich selber kennt*, das Ge-wissen gemeint ist? Diese Formulierung scheint das lateinische „conscientia" zu umschreiben, das vor allem ‚Kennen', ‚Wissen' bedeutet.

A. Ja, und das zeigt, daß die *Vernunft*, die wieder anfängt zu sprechen, die „praktische Vernunft" ist, die sich als Gewissen äußert (Dialog 20). Aber diese sittliche *Vernunft* FAUSTS ist so schwach, daß er schon das *Knurren* des *Pudels* als ‚Hohn' empfinden muß. Sein *Strom versiegt*, weil *Quelle* und *Bäche* aus frommer Kindheit und Jugend nicht mehr fließen.

B. Er liegt *im Durste*, wie schon im „Ur-Faust", wo sich die *welke Brust* zu den *Quellen alles Lebens* (456-58) drängte. Aber nun *drängt* es ihn nicht, das Buch des *Nostradamus* aufzuschlagen, sondern *den Grundtext* des *Neuen Testaments*. Das kommt mir vor wie ein letzter Versuch, sich mit der Gesellschaft, in der er lebt, zu arrangieren und dadurch *Befriedigung* zu finden.

A. Nachdem es FAUST nicht geglückt ist, den *Pudel* - quasi mit einem Vertragsangebot - zu beschwichtigen, will er sich selbst beruhigen, indem er in WAGNERscher Manier sagt: *Ach, wenn in unsrer engen Zelle Die Lampe freundlich wieder brennt* usw.

B. FAUST gäbe sein Wesen auf, wenn er *Befriedigung* aus *dem Busen quillen* fühlte. In seinem *Durste* greift FAUST wieder, wie bei seinem Selbstmordversuch, zum *Überirdischen*, nur daß es diesmal als *Offenbarung* in das Irdische hereinwirkt.

A. Bei der Übertragung des *Grundtextes* geht er davon aus, daß das deutsche *Wort* nicht ausdrückt, was das griechische ‚Logos' bedeutet.

B. Ich meine, FAUST geht nicht davon aus, sondern von dem Vorurteil, daß Johannes das bezeichnen wollte, was *alles wirkt und schafft*. Er will nicht Luthers Übertragung korrigieren, sondern das *heilige Original* des Johannes. Das kann er freilich nur, weil er sich selbst an die Stelle des *Geistes* Gottes denkt.

A. Dabei könnte er sich auf Paulus berufen, der schreibt: „Denn das Reich Gottes [be]stehet **nicht in Worten**, sondern **in Kraft**." (1 Kor 4, 20) Für den ‚Faust-Gott' oder ‚Gott-Faust' ist jedoch *Kraft* noch nicht das richtige *Wort*, obgleich FAUST es oft verwendet: *Kraft* ist - anders als *Sinn* - an kein Subjekt, kein Individuum gebunden. Dieser Begriff ist ihm zu neutral.

B. Ähnlich steht bei Fichte: „Eine Kraft denke ich nur; eine Kraft ist für mich nur in wiefern ich eine Wirkung wahrnehme [...]."[202]

A. Das, worum es FAUST geht, darf nicht nur „wahrgenommen", sondern muß von einem Subjekt **gewollt** werden. Nimmt man Subjekt und *Kraft* zusammen, dann kommt man zur *Tat*.

B. Daß FAUST das *Wort* so geringschätzt, ist wohl bezeichnend für die faustische Ideologie. Denn als Übersetzung von „Logos" steht es für „Sprechen", also für Mündigkeit, für „Gespräch", überhaupt für „Vernunft". Die Gretchen-Handlung hat gezeigt, daß FAUST als Vertreter ‚bürgerlicher' Ideologie nichts tut, um diese Eigenschaften zu fördern und zu pflegen.

A. Auch in dieser Szene will FAUST, daß er allein das Sagen hat und der *Pudel ruhig* und *still* ist. Aber für den scheint *Im Anfang war die Tat* das Stichwort zu sein, um *des Pudels Kern* zu offenbaren.

B. Was sagst du zu all dem Brimborium, mit dem FAUST das *Gespenst* zu vertreiben sucht?

A. FAUST wird dabei als sehr komische Figur gezeigt, die von *Höllenbrut* spricht, aber weder mit Beschwörungsformeln noch mit dem Kruzifix etwas erreicht.

B. Mich irritiert dabei, daß FAUST trotz des Zaubers, wie er zum Faust-Stoff gehört, als ein ‚falscher' FAUST erscheint, weil er sich nicht mit der *Höllenbrut* einlassen, sondern sie wie ein guter Christ vertreiben will.

A. Deutlicher als durch die Wirkungslosigkeit des Kreuzes läßt sich wohl nicht zeigen, daß der MEPHISTOPHELES im *Pudel* kein christlicher Teufel ist. Im Gegenteil: Diese Teufelsaustreibung zieht ihn geradezu an.

B. Und daß er aus keinem Erdloch herauffährt, sondern aus einem Tier als Mensch hervorgeht, zeigt ebenfalls, daß dieser MEPHISTOPHELES nichts mit einer Hölle im Jenseits, sondern eher mit der ‚verteufelten' Natur des Menschen im Diesseits zu tun hat.

A. Zugleich präsentiert sich MEPHISTOPHELES durch die Veränderungen des *Pudels* so, daß er die Natur verwandeln kann. Das ist ganz faustisch. Aber so schön und passend das sein mag, was wir hier zur ‚Geburt' des MEPHISTOPHELES sagen: Ich kann mit dessen Gerede nichts anfangen. Es kommt mir vor wie ein einziger Wirrwarr. Oder verstehst du zum Beispiel MEPHISTOS Selbstdefinition, er sei *ein Teil von jener Kraft, Die stets das Böse will und stets das Gute schafft*?

B. Mir geht es wie dir. Schon die Personifizierung eines so abstrakten Begriffes wie *Kraft* ist im Zusammenhang der Moral unverständlich, denn gut und böse beziehen sich auf die Beurteilung von Handlungen und nicht auf den Wert von Resultaten oder Produkten, die heute unbrauchbar sind und morgen plötzlich nützen können. Kant sagt am Anfang der „Grundlegung zur Metaphysik der Sitten" den - schon früher von mir zitierten (Dialog 20) - ‚Grund-Satz': „Es ist überall nichts in der Welt, ja überhaupt außer derselben zu denken möglich, was ohne Einschränkung für gut könnte gehalten werden, als allein ein *guter Wille*." Das dreht MEPHISTOPHELES um.

A. Wenn man *Ich bin der Geist, der* ***stets*** *verneint!* wörtlich nimmt, dann ist **jede** seiner Aussagen verneinend, womöglich auch die, daß er *stets verneint*. Das Wesen dieses *Geistes* scheint der Widerspruch zu sein.

B. Dreimal benützt er das Wort *stets*. Dies ist vielleicht deshalb bedeutend, weil STETS ein Palindrom ist: Man kann es vorwärts und rückwärts lesen. Das weist möglicherweise auf die Kunst des Verdrehens hin: Wie immer man *das Böse* dreht, es kommt *stets* das *Gute* heraus.

A. Überhaupt habe ich den Eindruck, daß MEPHISTOPHELES FAUST - und als Figur vor allem dem Publikum - demonstriert, was es heißt, man könne mit *Worten ein System bereiten* (1998). Er spricht über etwas, das niemand erfahren kann, weil es außerhalb menschlicher Erkenntnismöglichkeiten liegt; der Mensch hat dafür keine unmittelbare Sprache. Alles, was MEPHISTOPHELES sagt, ist bloß metaphorisch.

B. Dennoch greift er es nicht aus der Luft, sondern ‚zitiert' beispielsweise Fichte: „Bedarf es nichts weiter, als das Beste zu wollen, damit es geschehe? O, die meisten guten Entschließungen gehen für diese Welt völlig verloren [...]. Dagegen führen sehr oft die verächtlichsten Leidenschaften der Menschen, ihre Laster und ihre **Untaten**, das Bessere **sicherer** herbei als die Bemühungen des Rechtschaffenen, der nie **Böses tun** will, damit **Gutes** daraus **erfolge**; und es scheint, daß das **Welt-Beste**, ganz unabhängig von allen menschlichen Tugenden oder Lastern, nach seinem eignen Gesetze, **durch eine unsichtbare und unbekannte Kraft**, wachse und gedeihe [...] und daß diese **Kraft alle menschlichen Absichten, gute und böse, in ihren eignen höhern Plan mit fortreiße**, und, was für andere Zwecke unternommen wurde, **übermächtig für ihren eignen Zweck gebrauche**."[203]

A. Das ist zwar keine *Kraft, die stets das Böse will*, und dennoch ließe sich sagen, der mit „bösen" „Absichten" *schafft* mehr *das Gute*, als wer sich um *das Gute* bemüht und dadurch doch nichts bewirkt. ‚Je böser je besser.' Mir kommt es vor, als wolle Goethe zeigen, daß gerade dieses Relativieren und Nivellieren von Gut und Böse ‚böse' sei. Wir kennen das schon aus dem „Prolog im Himmel" (Dialog 26).

B. Was MEPHISTOPHELES von *Licht* und *Körpern* redet, entstammt ebenfalls einem Zeitgenossen: Bei Schelling steht: „Die Schönheit [...] ist überall gesetzt, wo Licht und Materie sich berühren."[204]

A. Man könnte meinen, MEPHISTOS Verse seien ein Sammelsurium von Ansichten, die damals in Weimar und Jena kursierten.

B. Jedenfalls wird deutlich, daß dieser MEPHISTOPHELES nicht von Luzifer inspiriert ist, sondern von zeitgenössischen Philosophen.

A. Gilt dies auch für MEPHISTOS Weltentstehungs-Mythos?

B. Der läßt sich verstehen als eine Anspielung auf Gedanken, die Herder in seinen „Ideen" in den 80er Jahren als Erläuterung zum zweiten Schöpfungsbericht der Genesis veröffentlicht hat: „*Die Schöpfung der Dinge fängt mit dem Licht an: hiedurch trennet sich die alte Nacht, hiedurch scheiden sich die Elemente*; und was kennten wir nach ältern und neuern Erfahrungen für ein andres sowohl scheidendes als belebendes Prinzipium der Natur, als das Licht, oder wenn man will, das **Elementarfeuer**? Überall ist's in der Natur verbreitet; nur nach Verwandtschaft der Körper ungleich verteilet. In beständiger Bewegung und Tätigkeit, durch sich selbst flüssig und geschäftig, ist's die Ursache aller Flüssigkeit, Wärme und Bewegung. Selbst das elektrische Prinzipium erscheinet nur als eine Modifikation desselben [...]."[205]

A. An diesem „Licht"-Begriff sieht man, wie wenig sich mit MEPHISTOS Personifikationen anfangen läßt. Er scheint vom alten Dualismus zwischen gutem und bösem Gott zu sprechen, wobei die Variante ungewöhnlich ist, daß das *Böse* vor dem *Guten* dagewesen sein soll.

B. Zugleich parodiert MEPHISTOPHELES die Methode der Dialektik, nach der das positiv Gesetzte sein eigenes Gegenteil aus sich selbst hervortreibt, weil das Positive sein Gegenteil schon enthält: *Finsternis* braucht, um Finsternis zu sein, das *Licht*. Indem sie *sich das Licht gebar*, schuf sie sich gewissermaßen selbst. Was MEPHISTOPHELES sagt, ist nicht viel mehr als sophistisches Gerede.

A. Diese rhetorischen Kunststücke passen nicht zu dem MEPHISTOPHELES, den wir bisher aus der „Faust"-Handlung kennen. Denn dort entlarvt er FAUSTS sophistische Konstruktionen. Der MEPHISTOPHELES in dieser Szene kommt mir vor, als ob er gar nicht MEPHISTOPHELES sei. Ich habe das Gefühl, daß wir etwas falsch verstehen.

B. Es ist eigenartig, daß **zwei** Szenen aufeinander folgen, die mit „Studierzimmer" überschrieben sind. Die zweite Szene bezieht sich, wenn ich richtig sehe, mit keinem Wort unmittelbar auf die erste. Die erste scheint für den Handlungsverlauf nicht wichtig zu sein, wogegen die zweite das Verhältnis von FAUST und MEPHISTOPHELES präzisiert.

A. Beim Vergleich der Szenen fällt mir auf, daß in der zweiten Szene MEPHISTOPHELES ausdrücklich darauf hinweist, er sei - wie im

„Faust-Fragment" (2485 f.; 2504) - als *edler Junker* gekleidet, also nicht als *fahrender Skolast* wie hier. Der *Skolast* gehört eher zum SCHÜLER, der, wie wir gesehen haben, eine Variante von FAUST darstellt.

B. Auch das spricht dafür, daß die Szenen unmittelbar nichts miteinander zu tun haben und hier ein anderer MEPHISTOPHELES auftritt. Was sollte das aber bedeuten? Wenn die erste Szene nichts mit MEPHISTOPHELES zu tun hat, dann kann sie - innerhalb der Handlung - wohl nur etwas mit FAUST selbst zu tun haben.

A. FAUST sagt am Ende dieser Szene:

Bin ich denn abermals betrogen?
Verschwindet so der geisterreiche Drang,
Daß mir ein Traum den Teufel vorgelogen,
Und daß ein Pudel mir entsprang?

Er sagt also nicht: ‚daß mir der Teufel einen Traum vorgelogen', sondern seine Aussage bezieht sich auf die **ganze** Szene. Ist es denkbar, daß **alles**, was sich in dieser Szene abspielt, FAUSTS *Traum* ist?

B. Unter diesem Aspekt würde sich plötzlich viel Widersprüchliches klären: Wir bekämen in dieser Szene die Vorurteile vor Augen gestellt, die über das Böse und den Bösen kursieren, aber gleichzeitig verändert und verfremdet durch das besondere Bewußtsein und Interesse FAUSTS.

A. Es stimmt doch, daß im Traum die Traum-Gestalten ‚Geschöpfe' sind, die dem Bewußtsein oder dem Unbewußten des Träumenden entspringen, und daß der Traum für seine ‚Inszenierungen' Eindrücke und Gedanken ‚verwendet', die vom Tage übriggeblieben sind?

B. So sieht es die moderne Traumtheorie seit Sigmund Freud. Aber wir können davon ausgehen, daß Goethe davon schon einiges geahnt hat. Zum Beispiel steht in „Wilhelm Meisters Lehrjahren" an bedeutender Stelle ein Traum der Hauptfigur.[206]

A. Für uns wäre dann bedeutend, daß in dieser Szene MEPHISTOPHELES als Figur aufträte, die aus FAUST hervorgeht und mit der er sich - unbewußt - identifiziert.

B. Ja, im Traum entschiede sich FAUST bei seiner Übertragung des *heiligen Originals* nicht nur für *die Tat* als das göttliche Ur-Prinzip, das ihm - als *Ebenbild der Gottheit* (516) - am ehesten entspricht, sondern böte - in Gestalt seiner eigenen Traumfigur MEPHISTOPHELES - all seine rhetorische Spitzfindigkeit auf, um sicherzustellen, daß auch ein böser Wille *stets das Gute schafft.*

A. So betrachtet geht FAUSTS Wunschtraum konform mit dem, was im „Prolog im Himmel" der HERR über den - bürgerlichen - Menschen gesagt hat (Dialog 26), übertrifft es aber, indem der böse Wille auch noch als **Bedingung** des Guten erscheint.

B. In FAUST selbst wäre dann der *Geist, der stets verneint*, der stets alles anders haben oder vernichtet haben möchte, und er selbst wäre es, der von sich sagt: *So ist denn alles, was ihr Sünde, Zerstörung, kurz das Böse* ***nennt****, Mein eigentliches Element.*

A. Für ihn wäre *das Böse* eine Frage der Benennung, die sich durch Rhetorik, durch die Beherrschung des *geliebten Deutsch*, umbiegen läßt.

B. Wenn wir es so sehen, dann wäre es FAUST selbst, der den Pudel oder gar sich selbst in ein *Nilpferd*, einen *Elefanten* verwandelt …

A. … er wäre nun das gewünschte *Ich [...] dessen freie Kraft [...] durch die Adern der Natur* fließt und *schaffend, Götterleben* genießt (618-20) (Dialog 27) …

B. … und er vergewisserte sich durch die Austreibungsversuche im *Traum*, daß ihm die Mittel der Kirche, ja überhaupt das Christentum, schließlich Gott selbst nichts anhaben können. In seiner Vision beherrscht er *im Großen* wie *im Kleinen* die Natur so, daß er jeden Widerstand überwindet. Er weiß sich - als MEPHISTOPHELES - in diesem Wunschtraum immer zu helfen.

A. Dennoch scheint sich FAUST nach einem Verbündeten zu sehnen, nach einer Macht, die ihm bei der Beherrschung der Natur hilft. In seinem *Traum* spricht **er** zuerst das Wort *Teufel* aus, und zwar in einer seltsamen Verbindung: *Teufelsfaust.* Gerade im *Traum* könnte das den Wunsch ausdrücken, daß er, *Faust*, sich mit einem *Teufel* zum ‚Teufels-Faust' verbinden will.

B. Ich denke eher, daß er sich selbst als *Teufel* träumt, genauer gesagt als jemand mit Fähigkeiten, die man sonst dem *Teufel* zugesprochen hat. Erinnere dich an Thomasius (Dialog 20), der schon zu Anfang des 18. Jahrhunderts erklärt hatte, alles, was einem der Teufel verschaffe, sei auch ohne Teufel zu haben. Die *Teufelsfaust*, als die sich FAUST träumt, soll das, was unmöglich zu sein scheint, aus eigener *Kraft* schaffen.

A. Das *Nichts* hervorzubringen, das wäre die Antithese zur alten Schöpfung und eine echt faustische Aufgabe (Dialog 24). Die *im Kleinen*, in der *kleinen Welt* (2152) spielende Gretchen-Handlung führt vor, daß dort, wo FAUST wirkt, schließlich kein *neues, frisches* Blut mehr *zirkuliert.* Im ‚wirklichen' Leben übertrifft FAUST seinen Traum.

B. Daß - der geträumte - MEPHISTOPHELES *im Großen nichts vernichten* könne, erinnert mich an eine Stelle aus Miltons „Paradise Lost", mit dem sich Goethe 1799, als er an „Faust I" arbeitete, intensiv beschäftigte. „Mammon" - einer der gefallenen Engel - spricht zu dem Problem, ob es erstrebenswert sei, wieder in den „vorigen Stand einer prächtigen Sklaverei" im Himmel zurückzukehren: „[...] man suche sein Heil lieber bei sich selbst, und lebe in dem Seinigen, für sich selbst, zwar in diesem ungeheuren Aufenthalt, doch frei, und niemanden schuldig Rede und Antwort zu geben, man erkiese [d.h. erwähle] eine Freiheit, die drucket, vor dem leichtern Joch eines sklavischen Pomps. Unsre Größe wird dann in dem schönsten Licht erscheinen, wann wir **große Dinge aus kleinen, nützliche aus schädlichen, und ersprießliche aus widerwärtigen hervorbringen** [...] und uns mittelst Arbeit und Leiden Lust aus der Unlust verschaffen können. [...] Können wir nicht, **wenn es uns gefällt**, sein [des Herren des Himmels] Licht nachahmen, wie er unsre Finsternis? [...] Was jetzo unsre Qual ist, kann auch fürwahr durch die Länge der Zeit zu unsrem Elemente werden, dieses stechende Feuer kann so gelind werden, als es jetzo streng ist, **unsre Natur kann sich in seine Natur verändern**, dieses muß notwendig das Gefühl des Schmerzens wegnehmen."[207] Hier erscheint in wesentlichen Teilen die Idee des ‚bürgerlichen Subjekts', wie wir sie aus dem „Prolog im Himmel" kennen (Dialog 26).

A. Wenn sich der ‚Teufels-Faust' *die Flamme vorbehalten* hat, etwa im Sinne des „Elementarfeuers", von dem Herder spricht, dann hat er so ziemlich alles, was er braucht, um *Licht* zu verbreiten und sich „mittelst Arbeit und Leiden Lust aus der Unlust verschaffen" zu können.

B. Wir brauchen nur an die Aussagen Goethes zur Chemie zu denken (Dialog 26), um uns zu verdeutlichen, daß die *Flamme* als Form von Energie sowohl zum „Zerstören" der „alten" wie zum Bau der „neuen Welt" nötig ist. Die kleinste *Flamme* kann Riesenwirkungen haben. - Die erste Studierzimmer-Szene als *Traum* FAUSTS zu verstehen, hat uns bisher wirklich geholfen. Laß uns versuchen, ob mit dieser Hypothese auch der Rest der Szene klarer wird.

A. FAUST erfindet in diesem *Traum* eine Situation, die es ihm erlaubt, an die Möglichkeit zu denken, *mit euch, ihr Herren*, einen *Pakt* zu *schließen*.

B. Ja, er träumt sich eine durchgängig von Gesetzen, Rechten und Verträgen durchzogene Welt: *Ungern heb' ich das **Gastrecht** auf - Ich bin der Geist, der stets verneint! Und das mit **Recht** - 's ist ein **Gesetz** der Teufel und Gespenster - Die Hölle selbst hat ihre **Rechte**? - da ließe sich ein **Pakt**, und sicher wohl, mit euch, ihr Herren, **schließen** - Für dies Konzert bin ich in eurer **Schuld** - Bin ich denn abermals **betrogen***: Zweifellos ist FAUST auf diesen zwischenmenschlichen oder ‚zwischenteuflischen' Aspekt fixiert.

A. Mir kommt es vor, als brauche er das *Recht* als ‚Leim', um das Kompositum ‚Teufels-Faust' zusammenzuhalten. Aber wenn wir uns FAUST vorstellen als jemand, der sich an die Stelle des *Teufels* denkt oder träumt, wozu ist dann noch eine rechtliche Absicherung nötig?

B. Das zeitgenössische Bürgertum, dessen aufstrebenden Teil FAUST auch repräsentiert, besitzt *in deutschen Landen* (35) so gut wie keine Rechte und Gesetze, die vor Willkürherrschaft sicher wären. Es gehört zu FAUSTS ‚bürgerlichem' Interesse, sich als Individuum Rechte zu verschaffen und zu ‚sichern', wo immer es geht.

A. Das *da ließe sich ein Pakt Und* ***sicher wohl*** *[...] schließen* drückte seine Angst aus, er werde um sein *Recht* betrogen.

B. Dieses latente Mißtrauen FAUSTS, er könne *denn abermals betrogen* werden, symbolisiert das grundsätzliche Mißtrauen des ‚bürgerlichen Subjekts', auf dem die moderne bürgerliche Welt beruht. Weil der Mensch als des Menschen Wolf gedacht ist, der niemandem trauen und vertrauen darf, wenn er überleben will, müssen alle Verhältnisse zwischen Menschen vertraglich geregelt werden.

A. Auch die Liebe zwischen zwei Menschen wird - nach ‚bürgerlichen' Vorstellungen - erst anerkannt und zugelassen, wenn der Ehevertrag unterzeichnet ist.

B. Verträge sind wirkungsvoller, wenn sie ‚rechtlich' abgesichert sind. Deshalb ist es in der ‚bürgerlichen' Gesellschaft wichtig, *Recht* zu ‚haben'. Wie sich FAUST ‚sein' *Recht* verschafft, dazu sagt er als MEPHISTOPHELES in seinem *Traum* nur:

Ich bin der Geist, der stets verneint!
Und das mit Recht; denn alles, was entsteht,
Ist wert, daß es zugrunde geht.

Der Denn-Satz, der dies begründen soll, ist eine bloße Behauptung.

A. Alles, was entstanden ist, *geht* im Laufe der Zeit *zugrunde* !

B. Aber daraus folgt nicht, daß es auch **wert ist**, *zugrunde* zu gehn, und daß der *Recht* hat, der alles Entstandene verneint. Die Kategorie des ‚Zugrundegehns' gehört zu FAUST (1775; 1867; 3365).

A. Das Gegenteil zu dem Rechts- und Vertragsdenken, das FAUSTS Bewußtsein durchzieht, wären dann Vertrauen, Treue, Freundschaft und Liebe.

B. Daß in seinem Bewußtsein Liebe, Humanität, nicht sehr entwickelt ist, läßt sich vielleicht erkennen, wenn man seine Übertragung von *Im Anfang war das Wort* als eine Anspielung auf die von Herder liest, der von „Wort! Wille! Tat! Liebe!"[208] gesprochen hat. Auch „Kraft" kommt in diesem Zusammenhang vor. Also genügend faustische Begriffe - aber als Krönung dieser Klimax eben „Liebe", die bei FAUSTS Übertragung fehlt.

A. „Liebe" scheint bei Herder das Maß zu sein, das „Wille" und „Tat" korrigiert und begrenzt. Die Maß-losigkeit FAUSTS ist durch diese Spiegelung gut zu sehen. - Wie erklärst du dir, daß FAUST in seinem *Traum* MEPHISTOPHELES in eine Falle laufen läßt und ihn dann doch nicht halten kann?

B. Er schafft sich in seinem *Traum* durch MEPHISTOPHELES, mit dem er sich identifiziert, die Möglichkeit, seine Freiheit in jedem ‚Falle' zu bewahren. Je unbezwingbarer dieser MEPHISTOPHELES ist, desto sicherer kann sich FAUST fühlen, wenn er sich selbst als *Höllenluchs* sieht.

A. FAUST träumt sich seinen MEPHISTOPHELES auch als ‚Unterhalter'. Der MEPHISTOPHELES der „Faust-Fragment"-Handlung hat in „Auerbachs Keller" und in der „Hexenküche" mit seinen Unterhaltungsangeboten wenig Glück. FAUSTS ‚eigener' MEPHISTOPHELES müßte seine Wünsche besser treffen.

B. Ja, FAUST weicht in seinem *Traum* der Formulierung eines *Pakts* durch einen weiteren Traum mit *süßen Traumgestalten* aus.

A. Dieser *Traum* irritiert mich mehr, als er mir Klarheit verschafft, und vor allem weiß ich nicht, was er mit FAUST zu tun und im „Faust" zu suchen hat.

B. Zunächst kann man noch folgen: Die *Wölbungen* im *hochgewölbten, engen gotischen Zimmer*, wie es gleich zu Anfang des Dramas beschrieben ist, verschwinden und machen dem blauen Äther Platz. Dann scheinen *Wolken* die Bläue zu verdecken und lösen den Wunsch aus, die *Sonne*, die den *blauen Äther* sichtbar machte, durch *Sternelein* als *mildere Sonnen* zu ersetzen. Aber dann verliere auch ich den Boden unter den Füßen.

A. In diesem Zusammenhang könnten die Verse *Himmlischer Söhne Geistige Schöne, Schwankender Beugung Schwebet vorüber* auf die mit Götternamen bezeichneten Planeten anspielen, die sich durch ihre *schwankende Beugung*, ihre Schleifen, von den Fixsternen unterscheiden.

B. Dann träumte sich FAUST eine Fahrt in Richtung Unendlichkeit. Seine *Sehnende Neigung* ginge also über das Sonnensystem hinaus, auf das er sich während des Osterspaziergangs noch beschränkt hatte (1074-88).

A. MEPHISTOPHELES nennt das, was FAUST träumt, ein *Meer des Wahns*. Das ist ein ‚Tagesrest' aus dem Osterspaziergang, wo FAUST von einem *Meer des Irrtums* (1065) gesprochen hatte. Wäre es denkbar, daß

FAUST in seinem Traum den vorangegangenen Tag verarbeitet?

B. Ein Tagesrest könnten auch die *Geister* sein, denn FAUST hatte sich *Geister in der Luft* gewünscht, *Die* zwischen *Erd' und Himmel herrschend weben* (1117 f.); und dieser Wunsch wird erfüllt, indem sie *auf dem Gange* seines Hauses sprechen: *Schwebet hin, schwebet wider, Auf und nieder.*

A. Der *Geister*-Gesang ist vielleicht eine im *Traum* verfremdete Darstellung der beiden *Seelen*, von denen FAUST gesprochen hat. Die *Gefilde hoher Ahnen* (1117) erscheinen dann als zum Universum erweitert.

B. So gesehen könnten die *flatternden Bänder* zwischen den beiden *Seelen* vermitteln und nun **der** Seele ihren traumhaften Ausdruck ermöglichen, die sich *in derber Liebeslust* an *die Welt mit klammernden Organen* (1114 f.) hält. Es ist eine wahnwitzige, wenn nicht größenwahnsinnige Vorstellung, daß *schäumende Weine* durch *edle Gesteine* rieseln und sich *zu Seen* ausbreiten, aus denen sich Vögel *Wonne* schlürfen, der *Sonne entgegen fliegen*, um auf *Inseln*, die *sich auf Wellen Gaukelnd bewegen*, zu landen.

A. Das scheint eine Umschreibung von *Liebeslust* zu sein. Dem entspricht, daß der *Traum* in einer Art bacchantischem Taumel endet. Der ist auch ausgedrückt durch die Fülle der Reime, Assonanzen und Alliterationen. Aber was soll das alles bedeuten?

B. Wenn wir uns an das halten, was zu diesen hochstilisierten Versen auf verständlichere Weise gesagt wird, dann sehen wir, daß sie als *Künste* angekündigt werden und mit dem *Bedingnis* gemacht sind, daß sie FAUST *die **Zeit** würdig **vertreiben***.

A. Das ist deshalb seltsam, weil *Zeit*, wie sich im Osterspaziergang zeigt, das Wesentliche von FAUSTS *neuem Trieb* (1085) ist. Es sieht dort so aus, als ob *Zeit*, genauer gesagt: **wenig** *Zeit*, nun das Faustische sei.

B. Heißt dies, daß aus dem von den GEISTERN erzeugten *Traum Zeit* und damit auch ein alles beherrschendes Leistungsprinzip ‚vertrieben' wird?

A. Dazu würde passen, daß in dem *Traum* das *Geflügel* die umgekehrte Flugrichtung nimmt wie FAUSTS *neuer Trieb*: Sie fliegen *der Sonne **entgegen***, während er ihr ***nach** streben* wollte (1075). Andererseits wäre bei einem Flug vorbei an den Planeten die Dimension der Zeit doch noch sehr stark wirksam. Was FAUST einen *schönen Traum* (1089) genannt hatte, wird in diesem ‚Traum im Traum' etwas anders beleuchtet.

B. Vielleicht bricht in FAUST die Ahnung auf, daß es im Leben noch etwas anderes gibt als Leistung. Zugleich zeigte ihm der *Traum*, daß er die *Zeit* in seinem Unterbewußtsein nicht so leicht los wird. Und möglicherweise ist auch dargestellt, wie das faustische Leistungs- und Fortschrittsprinzip als Kehrseite die Tendenz hat, sich in haltlose Unverbindlichkeiten aufzulösen.

A. Ich könnte mir eher denken, daß wir hier auf übertriebene Weise den Mangel dargestellt sehen, den ein Mensch, der sein Handeln der *Zeit* unterwirft, unbewußt empfindet. Dadurch wird er mit *Wahn*-Vorstellungen aller Art leicht zu verführen sein.

B. Diese Art *Wahn* bekräftigt MEPHISTOPHELES: *Auch dein Geruch wird sich ergetzen, Dann wirst du deinen Gaumen letzen, Und dann entzückt sich dein Gefühl.* Das erinnert an Bewußtseinserweiterung durch Drogen. Das einseitig auf Leistung ausgerichtete faustische Rast-ich-so-rost-ich-Bewußtsein scheint, weil es innerlich haltlos ist, jederzeit in Schwärmerei und Rausch umschlagen zu können. Vielleicht schafft es sich sogar selbst Möglichkeiten, verführt zu werden. Das würde erklären, warum in FAUSTS *Traum* GEISTER ihn mit diesen *Traumgestalten* ‚umgaukeln' und verführen.

A. Ich denke, wir sollten auch beachten, daß im Zusammenhang mit dem Gesang der *zarten Geister* zweimal von *Kunst* bzw. *Künsten* gesprochen wird. FAUST wünscht: *Nur daß die* ***Kunst*** *gefällig sei!*

B. Das ist vielleicht so zu verstehen, daß FAUST von der *Kunst* **nur** verlangt, daß sie *gefällig sei.* Im „Vorspiel auf dem Theater" sagt der DIREKTOR von der Kunst: *Wie machen wir's? daß alles frisch und neu Und mit Bedeutung* ***auch*** *gefällig sei* (47 f.). Von ***Bedeutung*** spricht FAUST nicht.

A. Dies fügt sich zu unserer früheren Beobachtung, daß FAUSTS Freiheits- und Fortschritts-Streben auch deshalb inhuman ist, weil er ganz ohne *Kunst* auskommt (Dialoge 20; 22; 23). Nun sehen wir genauer, daß er zwar einen *Kunst*-Begriff hat, aber einen, der sich mit *vorgegaukelten* ‚Gefälligkeiten' befriedigen läßt.

B. Das *Einerlei* eines *Jahres* soll durch **eine** *Stunde schöner Bilder* aufgewogen werden. FAUST fühlt wohl, daß das faustische Leben nicht sehr abwechslungsreich und farbig ist. Zum Faustischen scheint die Hoffnung zu gehören, der der *Zeit* geopferte Verlust an Sinnlichkeit lasse sich - später? - kompensieren.

A. Aber selbst da, wo FAUST den Ausgleich für ein einseitig rational und rationell gesteuertes Dasein bekommen und für seine *Sinne* etwas *gewinnen* soll, ist dies dem Leistungsprinzip unterworfen: In **einer** *Stunde*, also schnell, soll das dafür vorgesehene *Zauberspiel* ablaufen.

B. Sein ‚Traum im Traum' offenbart FAUSTS Kunstbegriff: Diese *gefällige Kunst* ist dazu da, den - unbewußt - gefühlten Verlust an ganzheitlichem Menschsein zu überspielen und dadurch emotionale Widerstände gegen die Leistungsgesellschaft zu verhindern. Die Revue als Unterhaltungsform der faustischen Welt wird hier geboren.

A. Die von FAUST gewünschte *Kunst* dient nicht dazu, *Irrtum statt Wahrheit zu verbreiten* (Dialog 23), um dadurch einen Erkenntnisprozeß in Gang zu setzen und aufrechtzuerhalten, auch nicht dazu, „Schönheit und Sittlichkeit im Einklange zu sehen" (Dialog 26), sondern ist leerer ‚Zauber'.

B. Wie im *Traum* üblich, ist alles vieldeutig. ***Liebende*** *Sterne* zum Beispiel kann eine Anspielung auf die Anziehungskraft der Himmelskörper sein oder auf antike Götter, die nun - wie Venus - als Sterne oder Sternbilder am Himmel stehen; du hast schon bei *Himmlischer Söhne Geistige Schöne* an sie gedacht.

A. Der Schluß scheint die ‚Vermählung' der beiden *Seelen* (1112), den Drang zur *Ferne* und den Drang zum *Leben*, zu gestalten, wobei *Liebende Sterne* die Formulierung der Synthese wäre: *Alle zum Leben, alle zur Ferne Liebender Sterne, Seliger Huld.*

B. Das wäre also die ‚Vision', der *Traum* des Faustischen, daß es gelingen könnte, derartige Extreme zu verbinden und zu versöhnen. -

A. War es wirklich nötig, die erste „Studierzimmer"-Szene als *Traum* FAUSTS aufzufassen? Wenn man es genau bedenkt, wäre die ganze „Faust"-Handlung, zumindest dort, wo MEPHISTOPHELES auftritt, als Traum denkbar.

B. Alle Kunst hat etwas von einem Traum. Aber solange es auf der Bühne noch einigermaßen ‚normal' zugeht, brauchen wir das Geschehen nicht unter diesem Gesichtspunkt zu betrachten.

A. Es wäre aber möglich, schon den „Prolog im Himmel" als Traum FAUSTS zu begreifen; die „Walpurgisnacht" ist ja ausdrücklich als *Traum- und Zaubersphäre* (3871) benannt. Und ob nicht auch die zweite „Studierzimmer"-Szene als Traum besser zu verstehen wäre, wissen wir noch nicht.

B. Ohne den Hinweis FAUSTS, es sei möglich, daß ihm ***ein Traum*** *den Teufel vorgelogen, Und daß ein Pudel* ihm *entsprang*, hätten wir vieles in dieser Szene nicht verstehen können. Schon das *Zauberspiel*, wie der *Pudel* in MEPHISTOPHELES verwandelt wird, ist als Traumgeschehen viel bedeutungsvoller denn als bloßes Hokuspokus.

A. Mir erscheint es als genial, MEPHISTOPHELES zuerst als Figur eines *Traums* einzuführen, in welchem FAUST Wünsche träumt und dabei gängige Vorstellungen der Faust-Sage als ‚Traummaterial' verwendet.

B. Goethe konnte eine solche Darstellung auch deshalb ‚wagen', weil sein Publikum nach dem Erscheinen des „Faust-Fragments" achtzehn Jahre Zeit gehabt hatte, über FAUST und MEPHISTOPHELES nachzudenken und deren Wesen zu ergründen. So ist es möglich, an jeder

Stelle die neuen Figuren an den alten des „Faust-Fragments" zu spiegeln. Nur deshalb ist uns aufgefallen, daß MEPHISTOPHELES in dieser Szene anders redet als sonst.

A. Durch diesen *Traum* wird jedenfalls angedeutet, daß MEPHISTOPHELES in engem Zusammenhang mit FAUSTS Bewußtsein zu sehen ist, vielleicht sogar aus ihm ‚entspringt'.

B. Ja, es ist durchaus faustisch, sich einer ursprünglichen *Finsternis* zugehörig zu fühlen, aus der die Natur hervorgegangen ist, und alles zu tun, sie in diese *Finsternis* zurückzuverwandeln, ‚rückwärtszuschaffen', wie Moritz es nennt (Dialog 24).

A. Als *Traum* gesehen ist diese Szene ein weiteres Argument dafür, daß die Geschichte von FAUST und MEPHISTOPHELES ausschließlich ins Diesseits gehört.

B. Schon 1781 schrieb Goethe an Lavater: „Wohl sagst du, daß der Mensch **Gott** und **Satan,** Himmel und Erde alles in Einem sei; denn was sind diese Begriffe anders als **Konzepte, die der Mensch in seiner eignen Natur hat**."[209] Das konnte er kaum schreiben, ohne zugleich an MEPHISTOPHELES zu denken.

A. MEPHISTOPHELES als ein mögliches „Konzept" der menschlichen Natur - vielleicht hilft uns auch dieser Gedanke, FAUSTS Gefährten deutlicher zu sehen.

B. Ich hoffe, wir sind nun genügend vorbereitet, um die moderne Fassung des alten *Pakts* mit dem *Teufel* zu begreifen.

Dialog 30: *Studierzimmer II* (1530-1769)

A. Mich würde es nicht wundern, wenn die zweite „Studierzimmer"-Szene für Goethe die schwierigste Szene gewesen wäre. Er mußte erstens dem Faust-Stoff gerecht werden, wonach FAUST einem Teufel seine Seele verkauft, und zugleich den Eindruck vermeiden, daß MEPHISTOPHELES mit einem solchen Teufel etwas zu tun hätte. Zweitens müssen FAUST und MEPHISTOPHELES sich so einigen, daß die Vereinbarung ihren Aussagen und Handlungen im „Faust-Fragment" möglichst nicht widerspricht. Drittens durfte das, was hier beschlossen wird, der Gesamthandlung (1770-3834) nicht zuwiderlaufen, die bis auf die VALENTINS-Szene und kleine Änderungen in der „Hexenküche" schon im „Faust-Fragment" festgelegt ist.

B. Hinzu kommt, daß MEPHISTOPHELES in der „Faust"-Handlung, die bereits veröffentlicht war, eine sehr selbständige Figur ist. Dies bedeutet, daß Goethe die Konzeption der ersten „Studierzimmer"-Szene, in der MEPHISTOPHELES als Traumfigur FAUSTS erscheint, nicht auf das ganze Drama ausweiten konnte. - Der Anfang dieser Szene ist sehr seltsam. Gleich dreimal läßt sich MEPHISTOPHELES hereinbitten!

A. Es ist nicht das erste Mal, daß es in diesem Drama an die Türe klopft. Schon WAGNER hatte sich so angekündigt; möglicherweise denkt FAUST mit seinem *Wer will mich **wieder** plagen* an ihn.

B. Und wir können daran denken, daß auch im „Ur-Faust" und im „Faust-Fragment" MEPHISTOPHELES an Türen klopft, und zwar, als er zu MARTHE kommt und MARGARETE glaubt, es sei die *Mutter* (Dialog 12), und als er FAUST und MARGARETE im „Gartenhäuschen" stört (Dialog 14). Beide Male hatte MEPHISTOS Klopfen etwas mit MARGARETES schlechtem Gewissen zu tun. Sollte der neue, nicht geträumte MEPHISTOPHELES die Stelle einnehmen, wo FAUSTS Gewissen sein müßte?

A. Dem würde entsprechen, daß MEPHISTOPHELES auf das *Herein!* nicht ‚gehorcht', sondern FAUST befiehlt, was der tun **muß**, und daß **er** FAUST beurteilt - *So gefällst du mir* - und sich nicht - wie in der vorigen Szene - von FAUST ausfragen läßt. Dort war MEPHISTOPHELES eine von FAUSTS Unbewußtem geschaffene Wunschgestalt, während der MEPHISTOPHELES dieser Szene Dimensionen des faustischen Bewußtseins repräsentiert, die dem Verstand zugänglicher sind.

B. Wir haben mehrfach beobachtet, daß bei FAUST die praktische

Vernunft, also das moralische Empfindungs- und Beurteilungsvermögen des Menschen, schwach ausgebildet ist, und manchmal kamen wir zu dem Schluß, daß MEPHISTOPHELES moralischer sei als FAUST. Das war besonders so in dem Teil dieser zweiten „Studierzimmer"-Szene, der schon im „Faust-Fragment" steht (Dialog 20) und mit dem der neue Teil in „Faust I" an der Stelle 1769 f. verzahnt werden mußte. Es wäre also kein Widerspruch zur „Faust"-Handlung, wenn wir uns MEPHISTOPHELES zwar nicht als personifiziertes Gewissen FAUSTS, aber doch als eine Figur dächten, deren mahnende oder verführerische Aussagen oft das formulieren, was sich FAUST selber sagen könnte. Deshalb lassen sich FAUST und MEPHISTOPHELES als verschiedene Seiten einer einzigen Persönlichkeit deuten.

A. Auch wenn MEPHISTOPHELES Versucher und Mahner in einem wäre, bliebe die Entscheidung für gutes oder böses Handeln bei FAUST. Damit dessen Verantwortlichkeit nicht eingeschränkt wird, erscheint MEPHISTOPHELES oft als unbeteiligt und kalt.

B. MEPHISTOPHELES ist eine zu vielschichtige Figur, als daß wir sie auf **einen** Aspekt einschränken könnten. Aber weil er so vielschichtig ist, das Drama jedoch „Faust" heißt, liegt es nahe, daß auch MEPHISTOPHELES Aspekte des faustischen Bewußtseins vorspielt.

A. Daß MEPHISTOPHELES weiß, was in der Szene „Nacht" geschah, und daß er dazu sagt: *Allwissend bin ich nicht; doch viel ist mir bewußt*, kann dies unterstreichen. Zugleich erinnerst du mich daran, daß alle Figuren in diesem Drama Instrumente des Autors sind, um Möglichkeiten und Gefahren der modernen ‚bürgerlichen' Gesellschaft zur Anschauung und zur Diskussion zu bringen. Mit seinem *Wir werden, hoff' ich, uns* ***vertragen*** spielt MEPHISTOPHELES darauf an, daß man sich in der faustischen Welt, die sie beide darstellen, nur *vertragen* kann, wenn man Verträge schließt. Denn im Grimm steht, „sich vertragen" könne auch heißen, „einen Vertrag abschließen"[210].

B. Sich durch Verträge zu vertragen - seien es Gesellschaftsverträge oder Privatverträge -, das ist ‚bürgerlich'. Auf vertraglichen Abmachungen und Bindungen beruhende Rechtfertigungen sind auch verwendbar gegen ein schlechtes Gewissen.

A. Ganz ‚unbürgerlich' scheint aber zu sein, wie MEPHISTOPHELES sich kleidet. Nicht als *Skolast* (1324), wie FAUST ihn sich in seinem Traum gewünscht hatte, sondern als *edler Junker*, also in der Kleidung eines Adeligen, tritt er auf. Was soll diese Maskerade, die er auch FAUST *anzulegen* rät?

B. Durch unser Gespräch über den „Prolog im Himmel" (Dialog 26) haben wir gesehen, wie das dort dargestellte ‚bürgerliche' Bewußtsein Gott als Maskerade beibehalten will, um desto leichter die eigenen Interessen verwirklichen zu können. Ist hier an etwas ähnliches zu denken, zumal im Feudalstaat Gott und Adel zusammengehören?

A. MEPHISTOPHELES sagt, was die Kleidung bezwecken soll: ***Damit du, losgebunden, frei, Erfahrest was das Leben sei.*** Man könnte das so verstehen, als wolle er sagen: ‚Die Zeit des Adels ist vorbei, übernimm die Aura, die ihn umgibt, dann hast du auch seine Privilegien, nämlich absolut frei, das heißt: niemandem verantwortlich zu sein.'

B. In dieser Kleidung kennen wir die beiden aus dem „Faust-Fragment", und schon zum „Ur-Faust" haben wir davon gesprochen, wie FAUST und MEPHISTOPHELES aus taktischen Gründen als Adelige erscheinen (Dialoge 8; 9; 11). Bis heute, möchte ich sagen, ist - unausgesprochen - ein von Pflichten und Einschränkungen ‚losgebundener' Freiheitsbegriff die ‚Versuchung' der bürgerlichen Gesellschaft. Das zeigt auch die Gretchen-Handlung.

A. *Losgebunden, frei* sind nicht nur Attribute eines ‚absoluten' Herrschers von Gottes Gnaden, sondern noch viel mehr Eigenschaften Gottes selbst. Indirekt verspricht MEPHISTOPHELES hier, FAUST könne, wenn er sich nach ihm richtet, sein wie Gott. Bei FAUST verfängt dieses ‚Versprechen' freilich nicht unmittelbar. Er argumentiert zunächst ganz ‚unfaustisch' mit der *Pein* des *engen Erdelebens.* Was er dazu sagt, ist so übertrieben, daß man es kaum wörtlich nehmen kann. Das deutet auch MEPHISTOPHELES an mit seinen ironischen Kommentaren. Eigentlich müßte FAUST von der Möglichkeit hingerissen sein, das *Leben* so zu *erfahren*, wie es MEPHISTOPHELES verheißt.

B. Wir verstehen FAUSTS ersten Gefühlsausbruch in dieser Szene besser, wenn wir ihn als Folge seiner Enttäuschung am Ende der letzten Szene begreifen. Weil dort seine maßlosen Wünsche wie Seifenblasen zerplatzten, scheint er nun so desillusioniert zu sein, daß er die wirkliche Welt ebenso maßlos abwertet und *mit Entsetzen* auf sie blickt.

A. Es ist wahr, seine Sätze werden verständlicher, wenn man sie auf die vorige Szene bezieht. Wir wissen nun ungefähr, was FAUST meint, wenn er von *Ahnung jeder Lust* und von der *Schöpfung* seiner *regen Brust* spricht. Vermutlich wird die „Walpurgisnacht" mehr davon vermitteln, was FAUST mit *wilden Träumen* meint, die ihn *schrecken.*

B. Die Formulierung *Der Gott, der mir im Busen wohnt* erinnert an MEPHISTOS *alle sechs Tagwerk im Busen fühlen* (3287) in „Wald und Höhle"; was sich dort auf die bevorzugte Stellung des Menschen in Evolution und Geschichte bezieht (Dialog 24), erscheint hier in FAUSTS Rede als

Fähigkeit der faustischen Psyche, tief im *Innersten* die *Kräfte*, die Einbildungs-‚Kraft', so zu *erregen*, daß die ‚Vernichtung' der alten Welt mit ihren alten Werten denkbar wird.

A. Erst wenn es ihm gelänge, *nach* ***außen*** etwas *zu bewegen*, könnte FAUST im eigentlichen Sinne von einem *Gott* sprechen. Nach seinem *Traum* hat er jedoch erfahren, wie groß die Differenz zwischen den faustischen Traum-Gedanken und ihrer Verwirklichung ist.

B. Weil FAUST diese Differenz empfindet, ist er zunächst immun für MEPHISTOS Angebot, er könne im *Leben*, also ***außen***, *losgebunden*, *frei* sein. Vielleicht identifiziert FAUST diesen MEPHISTOPHELES mit dem, den er geträumt hat, und kann deshalb kein Zutrauen zu ihm fassen.

A. Fast überdeutlich wird in diesem Drama darauf hingewiesen, daß das faustische Bewußtsein etwas Selbstzerstörerisches, Lebensfeindliches - *so ist das Leben mir verhaßt* -, eine Todessehnsucht enthält. Alles oder nichts - das Nichts erscheint als der Schöpfung gleichwertig.

B. Es erscheint als letzte Möglichkeit, wenigstens im Negativen etwas von der faustischen Größe zu retten und die Illusion zu genießen, *Daß Manneswürde nicht der Götterhöhe weicht* (713). Was keine Größe hat, scheint für FAUST ohne Wert zu sein. Doch je intensiver FAUST begründet, warum *der Tod erwünscht* ist, desto deutlicher glorifiziert er die faustischen Werte.

A. Wie meinst du das?

B. *O selig der, dem er im Siegesglanze Die blut'gen Lorbeern um die Schläfe windet*, das ist die Seligpreisung des Leistungsprinzips, weil sich - wie wir schon beim Osterspaziergang bemerkt haben (Dialog 28) - in einer Schlacht, Mann gegen Mann, erweist, daß nur der überlebt, der schneller zuschlägt als der andere. Diese Metaphorik wurde auf den Bereich der Ökonomie übertragen, wo man heute noch ganz selbstverständlich vom Konkurrenz-**Kampf** spricht.

A. Bei seiner zweiten - wie du sagst - ‚Seligpreisung' bleibt der Genuß der Geschwindigkeit kaum hinter der Lust zurück, die sich *in eines Mädchens Armen* finden läßt. Die ‚Größe', von der du vorhin gesprochen hast, erscheint hier als Durchwirbeln des Raums.

B. Und daß diese Rastlosigkeit zum faustischen Wesen gehört, verdeutlicht sein Satz: *Auch da* - in seinem Innern - *wird keine Rast geschenkt*. Unter solchen Voraussetzungen ist verständlich, daß FAUST den *braunen Saft* nicht *ausgetrunken* hat, da für ihn ein möglicher Stillstand immer die schlechtere Lösung wäre.

A. Es ist mir aufgefallen, daß auch sonst in dieser Szene mit den Bedeutungen von ‚rasen' und ‚nicht rasten' gespielt wird: *Auch da wird*

***keine Rast** geschenkt - nach rasch **durchrastem** Tanze - Auf deinen Wink **nicht rasten** und nicht ruhn - rotes Gold, das **ohne Rast** [...] zerrinnt - **Rast** nicht die Welt in allen Strömen fort - Nur **rastlos** betätigt sich der Mann.* Wie ein roter Faden zieht sich diese Bewegungs- und Geschwindigkeits-Besessenheit durch das faustische Bewußtsein.

B. Die ‚Fluch-Orgie', die aus FAUST herausbricht, kommt mir vor wie der Versuch, zu begründen, warum er von Moral nichts wissen will.

A. Das mußt du mir verdeutlichen. Ich habe schon Schwierigkeiten mit der *Wenn-So*-Konstruktion der ersten acht Verse:

Wenn aus dem schrecklichen Gewühle
Ein süß bekannter Ton mich zog,
Den Rest von kindlichem Gefühle
Mit Anklang froher Zeit betrog,
So fluch ich allem, was die Seele
Mit Lock- und Gaukelwerk umspannt
Und sie in diese Trauerhöhle
Mit Blend- und Schmeichelkräften bannt!

Ich verstehe sie etwa so: ‚Wenn es in der Osternacht dem *süß bekannten Ton* (*Glockenklang und Chorgesang*) mit *Anklang froher Zeit* gelang, mich zu betrügen, indem er mich abhielt, den *braunen Saft* zu trinken, dann *fluch* ich jetzt *allem, was die Seele*, also mich, mit derartigen *Blend- und Schmeichelkräften* in diese *Trauerhöhle* (des Körpers) *bannt.*'

B. Zweifellos kann man die Stelle so lesen. Aber es reicht nicht aus, um FAUSTS abgrundtiefe, radikale Flüche zu begründen.

A. Du meinst also, die acht Verse müßten den Grund enthalten, warum FAUST die Werte seiner Welt verflucht? Wie deutest du dann dieses *Wenn ... So ...*?

B. FAUST scheint ungefähr zu sagen: ‚Wenn es möglich ist, daß ich mich in eine glückliche Kinderzeit zurückversetzen kann, daß ich mich also mit meinem früheren Ich, meiner *Seele*, über den Abgrund der *Zeit* hinweg identisch fühle, ohne daß dies meinen jetzigen, verzweifelten Zustand verhindert - denn schon wieder wie vor dem *Anklang froher Zeit* wünsche ich mir den *Tod* -, dann stimmen Gefühl und Wirklichkeit nicht überein. Aus Protest gegen das - theologische oder philosophische - *Lock- und Gaukelwerk*, gegen den ‚Betrug', irgend etwas im Menschen sei nicht der Zeit unterworfen, verfluche ich alles, was solche Illusionen begünstigt.'

A. Ja, nun sehe ich, wohin diese zehn Flüche zielen. Der zweite protestiert gegen die Bedeutung des Geistes, die dieser sich als *Geist* und damit als von der Materie und deren Zeitlichkeit unabhängig zuspricht. Es ist ein Protest gegen den sogenannten Idealismus.

B. Das wird noch deutlicher beim nächsten Fluch: Das *Blenden der Erscheinung, die sich an unsre Sinne drängt* spielt an auf Kants Lehre, nach der für den Menschen alles den Sinnen anders erscheint und alles anders erfahren wird, als es in Wirklichkeit ist.

A. Aber die *Seele* ist bei Kant doch davon ausgenommen?

B. Ja, weil auch er daran festhält, daß das Ich, die menschliche *Seele*, mit sich selbst identisch bleibt. Aber für FAUST, wie er hier spricht, ist es nicht möglich, in Wirklichkeit mit sich selbst eins und damit ‚unsterblich' zu bleiben. Die *Namensdauer* stimmt nicht mit dem überein, der den Namen trägt, und der *Ruhm* ist deshalb *Trug*, weil der, der ihn empfängt, nicht mehr der ist, der ihn einst verdient hat.

A. Alle Formen menschlicher Tätigkeit, menschlichen Genusses, menschlicher Planung, menschlicher Selbst-Verwirklichung verwirft er, so daß er zuletzt als ‚Nichts' dasteht. Hier sieht man: FAUST selbst ist *der Geist, der stets verneint* (1338).

B. Man könnte auch sagen, am Ende dieser Klimax des Verfluchens erscheint FAUSTS nacktes Ich, das sich seiner selbst dadurch versichert, daß es alles, auch sich selbst, negiert.

A. ‚Ich verneine, also bin ich.' - Widerspricht nicht sein letzter Fluch den vorangegangenen: *Und Fluch vor allen der Geduld!*?

B. Warum? Für mich weist dieser Fluch darauf hin, daß FAUST den *Trunk* nötig hat, von dem MEPHISTOPHELES sagen wird: *Geduld will bei dem Werke sein* (2371).

A. Ich kann verstehen, daß FAUST das Ich atomisiert und in der *Seele* nur ein Phantom sieht, das von *Lock- und Gaukelwerk* abhängt. Ich verstehe auch, daß er unter solchen Voraussetzungen *jene höchste Liebeshuld* verflucht, gleichgültig, ob er damit die an Ostern gefeierte Liebestat Jesu meint oder die Liebe zwischen Mann und Frau: weder in der Ewigkeit noch in seinen Kindern weiterzuleben erscheint ihm als möglich. Es ist verständlich, daß er mit Glaube, Hoffnung und Liebe auch die *Geduld* verflucht, weil ohne sie keine dieser Tugenden verwirklicht werden kann - aber glorifiziert dieses Verfluchen der *Geduld* dann nicht doch wieder die *Taten*?

B. Wenn *Mammon* mit *Schätzen* zu *kühnen Taten regt*, dann verspricht er, durch diese *Taten* ließen sich dauerhafte *Schätze* gewinnen. Dagegen zeigen die Flüche, daß FAUST hier nur an *Taten* interessiert ist, die unmittelbar und sofort da, wo sie geschehen, auch zu genießen sind.

A. Die *Taten* selbst müßten der Genuß sein, nicht erst die Folgen.

B. In der *Tat* (1237) zugleich ihre Wirkung auf den zu genießen, der sie verursacht, das scheint das Ideal zu sein, das sich hinter FAUSTS Flüchen ahnen läßt. FAUST macht sich zu einer Art von Gott, der vor dem Nichts steht und mit sich selbst und der Welt neu beginnen kann.

A. Auch der Gott der Bibel hatte die Schöpfung verflucht und sie durch die Sintflut fast gänzlich ausgerottet (1 Mo 8,21).

B. Mit dem Unterschied, daß es **seine** Schöpfung war, wogegen FAUST nicht geschaffen hat, was er verflucht.

A. Deshalb wohl nennt ihn der GEISTERCHOR nur einen ***Halb**gott.* Dieser Begriff erinnert mich an Moritzens Satz, der schon wichtig war, um das „Faust-Fragment" zu verstehen: „Da wir nicht Schöpfer werden konnten, um **Gott gleich zu sein**, wurden wir *Zernichter*, wir schufen *rückwärts*, da wir nicht *vorwärts* schaffen konnten." (Dialog 24) Diesen „**Zer**nichter", der die *schöne Welt zerstört* und ‚**zer**schlägt', „um Gott gleich zu sein", sehen wir hier dargestellt. Trotzdem kommt es mir wie Hohn vor, wenn der GEISTERCHOR - gewissermaßen in Anspielung auf *Teufelsfaust* (1380) - zu FAUST sagt, er habe *mit mächtiger Faust* etwas zerstört. Denn tatsächlich hat er die *schöne Welt* nur in seinem *Busen* zerschlagen. *Der Gott, der* ihm *im Busen wohnt*, kann *nach außen nichts bewegen.*

B. Diesen Hohn empfänden wir als treffender und berechtigter, wenn wir nicht selbst jeden Tag wahrnehmen könnten, wie Teile der alten *Welt* als *Trümmern* ins *Nichts* befördert werden. Was im *Busen* dieser Figur vorgeht, müßte dem Publikum Angst machen.

A. Dann ist wohl *Mächtiger der Erdensöhne* ebenfalls nicht so ironisch, wie ich gedacht habe. Immerhin hat schon der *Erdgeist* FAUSTS *Brust* als eine bezeichnet, *die eine Welt in sich erschuf* und der es gelang, sich an den *Erdgeist mit allen Kräften* zu drängen (491-95) und ihn zu veranlassen, etwas von seinem Wesen zu offenbaren.

B. *Mächtiger der Erdensöhne* ist ironisch, wenn wir es auf dieses Männlein im Studierzimmer beziehen, das innerlich hin- und herschwankend nicht zu wissen scheint, was es sagt und tut. Sobald wir uns jedoch erinnern, daß FAUST den modernen Wissenschaftler darstellt, der in seinem *Busen* und dann in seiner Retorte versucht, die durch Analyse gewonnenen Bausteine der Natur - *was die Welt Im Innersten zusammenhält* (382 f.) - nach eigenen Vorstellungen neu zusammenzufügen (Dialog 26), bleibt von dieser Ironie nicht viel übrig.

A. Du denkst, daß solche Erkenntnisse, wenn sie ‚umgesetzt' werden, ‚mächtige' Folgen haben können, die der kleine Wissenschaftler nicht überblickt. Schon 1778 hatte Lichtenberg geschrieben: „Jeder

Körper [...], den ein Physiker mit der Hand umfaßt, ist ihm ein Modell der Schöpfung, mit dem er machen kann, was er will. So ist es freilich kein Wunder, wenn [...] der Mensch eine Höhe erreicht, die ihn schwindeln macht."[211]

B. Die Aufforderung *Neuen Lebenslauf Beginne* ist zwiespältig, weil eine synthetisch nach den Bedürfnissen der Menschen gebaute *Welt* anders werden kann, als sie von dem gedacht worden war, der sie in seinem *Busen* aufgebaut hatte. Ich glaube, alles, was FAUST in beiden Teilen des Dramas tut, läuft auf etwas anderes hinaus, als er sich gedacht hat.

A. Ja, ich sehe, daß es nicht sicher ist, ob die *neuen Lieder*, die auf die *prächtiger* wieder aufgebaute *Schöne tönen* sollen, nicht ebenso klingen werden wie der alte *ewige Gesang*: *Entbehren sollst du! sollst entbehren!*

B. Es fällt jedenfalls auf, daß in der zweiten Strophe des GEISTERCHORS von ‚schön' nicht mehr die Rede ist.

A. Wie verstehst du, daß dieser GEISTERCHOR *unsichtbar* bleibt?

B. Als *die Kleinen* MEPHISTOS gehören sie wohl auch zum faustischen Bewußtsein, scheinen aber in der Psyche FAUSTS eine Schicht zu repräsentieren, die dem Verstand nicht so zugänglich ist wie das, was MEPHISTOPHELES gewöhnlich sagt.

A. Aus dem *Weh! Weh!* ihrer ersten Strophe spricht ein Schuldgefühl, wie es zum schlechten Gewissen gehört, wogegen die zweite Strophe zu einer Art von Wiedergutmachung rät.

B. Diese Art von Wiedergutmachung widerspricht dem, was üblicherweise das Gewissen von tätiger Reue erwartet. FAUST würde nicht dadurch ent-schuldigt, daß er die Normen des Gewissens, des Über-Ichs, wieder erfüllt, sondern sie nach eigenen Vorstellungen definiert.

A. Daß MEPHISTOPHELES die Ratschläge dieses GEISTERCHORS *altklug* nennt, soll wohl heißen, es genüge nicht, vor sich hin zu fluchen und Utopien zu entwerfen. Der *neue Lebenslauf* kann nur dann verwirklicht werden, wenn die *Schritte durchs Leben* zweckmäßig durchdacht aufeinander folgen.

B. Weil FAUST kein *Gott* ist, bei dem Gedanke und Tat eins sind, braucht er, um **wie** *Gott* zu sein, die Fähigkeit, in der Natur Mittel zu erkennen, die es ermöglichen, seine Wünsche zu erfüllen. Diese neue faustische Fähigkeit, Natur wunschgerecht zu instrumentalisieren, wird ebenfalls durch MEPHISTOPHELES personifiziert.

A. Dann geht es hier darum, bürgerliche Wünsche mit der Möglichkeit zu vereinen, sie zu verwirklichen. Die von MEPHISTOPHELES FAUST angebotenen *Schritte durchs Leben* sind ein ‚Fort-Schritt', der nur möglich ist, wenn Wunsch und technische Umsetzung *vereint* sind.

B. Es ist eigenartig, wie sich MEPHISTOPHELES gegenüber FAUST äußert. Auf der einen Seite **befiehlt** er ihm - *Hör auf, mit deinem Gram zu spielen* -, und auf der anderen bietet er sich als *Diener* und *Knecht* an.

A. Damit stellt er zugleich sicher, daß letztlich FAUST das Sagen und damit auch die Verantwortung für das hat, was geschieht. Wir haben immer wieder gesehen, daß MEPHISTOPHELES tatsächlich vor allem *Diener* und *Knecht* ist, allerdings im Sinne eines ‚Managers'.

B. Mir fällt auf, wie einfach MEPHISTOPHELES sein Verhältnis zu FAUST formuliert. Wenn FAUST zustimmte, könnte die Handlung so weitergehen, wie sie im „Faust-Fragment" vorliegt. Aber durch FAUSTS Antwort wird gezeigt, daß Mißtrauen wesentlich zum Faustischen gehört. Er möchte dieses Verhältnis als Arbeits-Verhältnis im voraus geklärt und gesichert haben, und er besteht auf einem Arbeitsvertrag, obgleich er nachher MEPHISTOPHELES als *Pedant* verspottet.

A. Daß FAUST die alten Vorurteile über den *Teufel* auf MEPHISTOPHELES überträgt, deutet vielleicht an, daß in dieser Szene überhaupt auf Vorurteile Rücksicht genommen wird, vor allem auf jenes, daß zu einer „Faust"-Handlung ein Vertrag mit dem Teufel gehört.

B. Dieses Vorurteil wird jedoch modifiziert, denn in der Faust-Tradition ist es der **Teufel**, der auf einer vertraglichen Abmachung besteht. Zum Beispiel verlangt der Mephostophiles des Faustbuches „Erstlich, daß er, Faustus, verspreche und schwöre, daß er sein, des Geistes, eigen sein wolle. Zum andern, daß er solches zu mehrerer Bekräftigung mit seinem eigenen Blut wölle bezeugen, und sich darmit also gegen ihm verschreiben. [...] Hingegen wölle der Geist [d. h. Mephostophiles] ihm, Fausto, etliche Jahr zum Ziel setzen; wann solche verloffen, sollte er von ihm geholt werden. So er solche Punkte halten würde, sollte er alles das haben, was sein Herz gelüste und begehre; und sollte er alsbald spüren, daß er eines Geistes Gestalt und Weise haben würde."[212]

A. Wenn ich die Diskussion um den Inhalt des Vertrags betrachte, dann fällt mir zuerst auf, daß MEPHISTOS Vorschlag ein ***hier*** und ein ***drüben*** voraussetzt, die fast identisch sind, nur daß *drüben* FAUST die Rolle MEPHISTOS und dieser die des FAUST übernimmt. Dadurch erscheinen sie ganz gleichwertig. Nur über die Dauer ist nichts gesagt.

B. Dies bekräftigt, daß beide Figuren in mancher Hinsicht vertauschbar sind. Zugleich ermöglicht dieser Vorschlag, FAUST einen wichtigen Aspekt des faustischen Weltbildes aussprechen zu lassen: *Das Drüben kann mich wenig kümmern [...]*.

A. Ja, er bestätigt, was wir schon beim „Prolog im Himmel"

bemerkt haben, daß für dieses Weltbild kein Herr im Himmel mehr von Bedeutung ist, sondern daß FAUST sich ganz auf die *Erde* konzentriert.

B. Auch MEPHISTOPHELES wählt eine Formulierung, die offen läßt, ob er von *drüben* kommt: Die Konjunktion *wenn* kann temporal, im Sinne von ‚falls', aber auch konditional sein.

A. Könnte dieses konditionale *Wenn* nicht auch heißen: ‚Falls du *drüben* nicht doch *Oben* statt *Unten* bist'?

B. Das ist nicht auszuschließen, und wenn man die „Bergschluchten"-Szene in „Faust II" nicht als ironisches Gegenstück zum „Prolog im Himmel" betrachtet, liegt diese Bedeutung sogar nahe. Denn dort entschwebt FAUSTS „Unsterbliches" in höhere Regionen. Aber daß MEPHISTOPHELES die ‚Hölle' als Wiederholung der bürgerlichen Rast-ich-so-rost-ich-Welt charakterisiert, scheint mir eher zu bedeuten, daß die faustische Welt die ‚Hölle auf Erden' ist.

A. Ich kann kaum glauben, daß FAUST von MEPHISTOPHELES erwartet, er solle *erst diese Welt zu Trümmern* schlagen. Diese Formulierung ist deutlich auf die Verse des GEISTERCHORS bezogen: *Wir tragen die Trümmern ins Nichts hinüber Und klagen Über die verlorene Schöne.* Das würde bedeuten, FAUST wünsche nun explizit von MEPHISTOPHELES, daß er *die schöne Welt*, die FAUST mit den Flüchen nur verbal in seinem *Busen zerschlagen* hat, auch in Wirklichkeit *zu Trümmern schlägt.*

B. Zumindest ist dies eine Möglichkeit, die in seinem Bewußtsein gegenwärtig ist und von deren Verwirklichung er in „Wald und Höhle" spricht (vgl. 3356-60).

A. Was kann MEPHISTOPHELES wohl mit seinen *Künsten* meinen? In der „Faust"-Handlung, wie wir sie kennen, kommt kaum etwas vor, *was noch kein Mensch gesehn*, vielmehr geht alles mehr oder weniger ‚gewöhnlich' zu, wenn wir von den Zauberkunststücken in „Auerbachs Keller" oder von den *Zauberpferden* gegen Ende des „Ur-Faust" absehen, die nun in „Faust I" wieder aufgenommen sind. Die *Feuerluft*, die MEPHISTOPHELES schon im „Faust-Fragment" bereitete (2069), entsprach dem Stand der Technik.

B. Goethe scheint erkannt zu haben, daß MEPHISTOPHELES als Verkörperung der neuen Möglichkeiten des modernen Menschen etwas Undenkbares ausführen müßte. Dafür war die - größtenteils schon im „Faust-Fragment" veröffentlichte - Handlung von „Faust I" wohl nicht geeignet. Er half sich damit, daß er vor diese Handlung „Der Tragödie **erster** Teil" schrieb, so daß sich MEPHISTOS Versprechen auch auf den dadurch angekündigten zweiten Teil beziehen können.

A. MEPHISTOS Angebot ermöglicht es FAUST, sich überheblich vom *armen Teufel* MEPHISTOPHELES abzugrenzen.

B. Das ***hohe*** *Streben*, von dem er spricht, bedeutet wohl, wie Gott zu sein. Als Luzifers Genossen müßten alle Teufel ‚fassen' können, was FAUST damit meint. Der *arme Teufel* MEPHISTOPHELES scheint - in der Sicht FAUSTS - nicht mehr zu diesen Teufelsvorstellungen zu passen.

A. Ich habe den Eindruck, daß FAUST an dieser Stelle dem *hohen Streben* trotzig eine andere Richtung gibt, damit ihm ein *Geselle* wie MEPHISTOPHELES nützen kann. Die Vertikale des hohen, unendlichen Strebens wird sozusagen ‚gekippt' und in die horizontale Dimension der Zeit gebracht.

B. Zum Teil möchte FAUST das haben, was er vorher verfluchte. Die Jagd nach *Mammon* bleibt, aber sobald sich das *Gold* in dauerhafte *Schätze* verwandeln könnte, soll es *zerrinnen*, so daß die Jagd von neuem beginnen kann. Ebenso bleibt das Streben nach *Ruhm*, nur soll *der Ehre schöne Götterlust*, die Lust, gottgleiche Verehrung zu genießen, nicht dauerhaft wie ein Stern am Himmel strahlen, sondern wie ein *Meteor*, wie eine Sternschnuppe aufblitzen und verlöschen, damit das Streben nach gesellschaftlicher Auszeichnung von vorne beginnt. Der *Namens****dauer*** ist auf diese Weise die Zeit entzogen. FAUST will, daß alles, was erreicht ist, entwertet wird, sobald man es genießen könnte.

A. Ich sehe nicht ein, warum er sich Reichtum, Gewinn, menschliche Beziehungen, gesellschaftliche Ehre wünscht, wenn er nichts davon genießen will.

B. Diese Wünsche entspringen einem unstillbaren Hunger, der nie satt werden soll. Er entsteht aus der Angst, durch Genuß des Erreichten einen möglicherweise noch größeren Genuß zu versäumen.

A. Für mich ist die Vorstellung absurd, daß FAUSTS abstrakter Genuß desto größer ist, je mehr er konkreten Genuß entbehrt. Soeben hatte er MEPHISTOPHELES noch vorgejammert, *Entbehren sollst du, sollst entbehren! Das ist ihr ewiger Gesang*, und nun wird das Entbehren glorifiziert. Verstehst du diesen Widerspruch?

B. Dort hatte er beklagt, daß er nichts hat, jetzt aber spricht er davon, daß er etwas genießen könnte und es dennoch nicht will.

A. Dann kommt er mir vor wie ein verkehrter Tantalus. Tantalus wäre glücklich gewesen, wenn sich ihm die Früchte, nach denen er hungerte, nicht entzogen hätten, wogegen FAUST unglücklich wäre, wenn sie seinen Hunger stillten.

B. Er ist auch ein verkehrter Sisyphus, weil er unglücklich wäre, wenn der Stein oben bliebe, wenn das *rote Gold* ihm **nicht** *in der Hand* zerrönne.

A. Ließen sich diese Wünsche FAUSTS auf die Formel bringen: Es soll keine Zeit sein ohne Aktivität und Produktivität?

B. Ja. Hinzu käme so etwas wie eine allgemeine Teilnahmslosigkeit, Unverbindlichkeit, Treulosigkeit. Für FAUST wäre beängstigend, wenn zwischen Menschen sich etwas wie Sympathie ausbreitete.

A. FAUST verrät hier also, wie er sich die ‚Zertrümmerung der Welt' vorstellt. Sie geschieht durch immerwährende Leistung, wobei jede vollbrachte Leistung sofort abgewertet wird, weil sie ja noch überboten werden kann und muß. Alles Beständige wird aufgelöst.

B. Beständig ist nur das Bestreben, nichts beständig werden zu lassen. Die Welt des Tantalus ändert sich nicht, die Welt des FAUST jedoch wird solange verändert, bis sie zerstört ist.

A. Für FAUST muß sich jeder Genuß in die Begierde nach größerem Genuß verwandeln. In dieser Szene erklärt er zum wünschenswerten Prinzip, worunter er in „Wald und Höhle" leidet: *So tauml ich von Begierde zu Genuß, Und im Genuß verschmacht ich nach Begierde* (3249 f.).

B. Wir haben hier eine Potenzierung und Ausweitung dessen, was Herder über die Erforschung des „Planeten" durch den Menschen sagt: „Der Funke zu allen diesen Unternehmungen liegt **in seiner Brust**, in der Menschennatur. Neugierde und die **unersättliche** Begierde nach **Gewinn**, nach **Ruhm**, nach Entdeckungen und größerer Stärke, selbst neue Bedürfnisse und Unzufriedenheiten [...] werden ihn dazu aufmuntern, und die Gefahrenbesieger der vorigen Zeit, berühmte glückliche Vorbilder, werden ihn noch mehr beflügeln." Und dann fährt er ganz im Sinne des „Prolog im Himmel" oder des geträumten MEPHISTOPHELES fort: „Der Wille der Vorsehung wird also durch gute **und böse** Triebfedern befördert werden, bis der Mensch sein ganzes Geschlecht kenne und darauf wirke. Ihm ist die Erde gegeben, und er wird nicht nachlassen, bis sie, wenigstens dem Verstande und **dem Nutzen** nach, **ganz** sein sei."[213]

A. Zugleich ist die Art, wie FAUST seine „unersättliche Begierde" nach Gewinn und Ruhm ausspricht, deutlich bezogen auf MEPHISTOS Sätze im „Faust-Fragment": *Und seiner* ***Unersättlichkeit*** *Soll Speis und Trank vor gier'gen Lippen schweben, Er wird Erquickung sich umsonst erflehn, Und hätt er sich auch nicht dem Teufel übergeben, Er müßte doch zugrunde gehn.* (1863 ff.)

B. Ja, MEPHISTOPHELES sagt hier, daß es für die Zerstörung der Welt und der faustischen *Menschheit* genügt, wenn er das von FAUST gewünschte Prinzip konsequent umsetzt. Falls hier einer ein *Teufel* ist, dann ist es FAUST.

A. MEPHISTOPHELES spricht so, als könnte er auf FAUSTS *Hast-du-*Fragen beispielsweise antworten: ‚Ja, **ich habe** der Ehre schöne Götterlust, die wie ein Meteor verschwindet!' (Aber schon das erste Mädchen an FAUSTS *Brust*, MARGARETE, wird *dem Nachbar* **keine** schönen Augen machen.) Ins Technische oder Praktikable gewendet müßte FAUST etwa fragen, ob MEPHISTOPHELES in der Lage sei, jeden erfüllten Wunsch dadurch zu entwerten, daß er einen noch größeren Wunsch erweckt.

B. Dann müßte, aus unserer Sicht gesprochen, MEPHISTOPHELES so etwas wie ein Werbefachmann sein, der ständig neue Bedürfnisse erzeugt. Ich sehe, daß dies konsequent faustisch wäre und MEPHISTOPHELES tatsächlich auf FAUSTS Fragen auch mit ‚Ja' antwortet. Bisher habe ich geglaubt, er antworte nur auf FAUSTS hypothetischen *Auftrag*: *Zeig mir die Frucht, die fault, eh man sie bricht, Und Bäume, die sich täglich neu begrünen!*

A. Die Folgen dieses *Auftrags* wären ‚vernichtend'. Wenn die Früchte aller Pflanzen so schnell reifen, daß sie vor der Ernte faulen, dann ist kein Leben mehr möglich, wenigstens nicht für Tiere und Menschen, die von Früchten leben.

B. Außer es gelingt, den Mangel der zerstörten Natur durch eine neue Natur zu kompensieren. Dafür wären *Bäume* geeignet, *die sich täglich neu begrünen.*

A. Ohne Zweifel will FAUST mit Hilfe MEPHISTOS die Natur manipulieren. Auch sie ist ihm zu langsam. Er will ihr ‚Beine machen', ihr Tempo soll mit dem Faktor 365 multipliziert werden: Was sonst ein Jahr braucht, soll jetzt an einem Tag geschehen.

B. Für die Zeitgenossen muß dies viel ‚unmöglicher' geklungen haben als für uns. Wir wissen, wie man der Natur in Gewächshäusern einheizt, wie sie durch Intensivdüngung dazu gebracht wird, auf einem Acker das Mehrfache von dem hervorzubringen, was die alte Natur schaffen konnte.

A. Wenn wir an die Möglichkeiten der Gentechnologie denken, dann sehen wir noch deutlicher, wie genau FAUST seiner Zeit voraus ist.

B. Und doch hinkt er ihr auch hinterher. Denn schon in Bacons Utopie „Nova Atlantis" steht: „Wir haben Mittel [...], um künstlichen Regen oder auch Schnee herzustellen und künstliche Höhenluft. Wir züchten in Treibhäusern neue Pflanzen und Obstarten, wir verkürzen den Reifevorgang, mischen die Tierarten nach unserem Bedarf [...]."[214]

A. Je unmöglicher etwas erscheint, desto mehr regt es das faustische Bewußtsein an, es zu verwirklichen. Moralische Skrupel wären dabei hemmend, deshalb ist MEPHISTOPHELES der richtige Partner.

B. Gleichwohl macht der seinen ***guten*** *Freund* auf ein Hindernis aufmerksam, das in der menschlichen Natur liegen könnte, die er auch zu **seiner** Natur macht, wenn er sagt: *die Zeit kommt auch heran, Wo* ***wir*** *was Guts in Ruhe schmausen mögen.* Er erinnert FAUST an das menschliche Bedürfnis nach Zufriedenheit, an den Hang zur *unbedingten Ruh* (341), an das, was FAUST kurz zuvor nicht hätte so vehement verfluchen müssen, wenn er ganz frei davon wäre.

A. Da FAUST die *Seele*, das Bleibende und Beständige, aus seinem Bewußtsein ‚herausgeflucht' hat, ist er gegen MEPHISTOS Einwand immun und kann getrost um diese *Seele* wetten.

B. Du meinst, FAUST könne deshalb wetten, es gelinge niemand, seine *Seele* mit *Lock-* und *Gaukelwerk* zu umspannen, weil er die Existenz dieser *Seele* leugne?

A. Ja. FAUST ist so sehr von dem seelenlosen, auf das augenblickliche und zukünftige irdische Leben fixierte Wesen des Menschen überzeugt, daß er auch einen Rückfall in den Selbst- und Welt-Genuß nicht als Gegenbeweis anerkennte. Nicht durch Wahrheit wäre dies gelungen, sondern durch *belügen* und *betrügen.*

B. Es stimmt, FAUST gibt die Wette schon verloren, wenn es MEPHISTOPHELES gelingt, ihm vorzugaukeln, daß er genießt. Während FAUST in seinem Traum an einen *Pakt* gedacht hatte (1414), spricht er jetzt von einer *Wette.* Was ändert sich dadurch?

A. Im Grimm wird eine Definition von 1750 zitiert: „Wette ... ist ein Kontrakt, da man sich über die Wahrheit oder den Ausgang einer noch ungewissen oder unbekannten Sache, die einer für wahr, der andere aber falsch hält, dergestalt vergleichet, daß derjenige, dessen Meinung mit der Wahrheit oder dem Ausgange übereinkommen würde, einen gewissen Gewinn haben solle."[215] Also ist im Unterschied zum „Kontrakt" (*Pakt*) die *Wette* immer auf etwas Ungewisses bezogen.

B. Haben wir genügend Fakten, um diese Vorgaben auszufüllen?

A. FAUST wettet, es gelinge MEPHISTOPHELES nicht, ihn so weit zu bringen, das *Streben* seiner *ganzen Kraft* nach einem neuen *Genuß* zugunsten eines schon erreichten Genusses aufzugeben und so aus einem Zustand immerwährender Aktivität in Passivität zu verfallen.

B. Wir könnten auch sagen, FAUST wette, MEPHISTOPHELES werde es nicht schaffen, daß er mit etwas, das er erreicht habe, zufrieden wäre und es nicht als steigerungsfähig betrachte.

A. Ich glaube, der Schwerpunkt liegt auf *Daß ich mir selbst gefallen mag.* Das wäre ein Zustand, in welchem der aktuelle FAUST sich mit dem identisch fühlte, der Natur- und Weltgeschichte ‚gemacht' hat. Er will wie Gott sein, aber man soll nicht von ihm sagen können: „Er sah alles, was er gemacht hatte, und sehr gut war es." (1 Mo 1, 31) Aus seiner Sicht ist alles, was er getan hat und tut, immer zu schlecht. Einen siebten Tag, wo er von seiner Arbeit ruht, gibt es bei ihm nicht.

B. Demnach ist - paradox formuliert - das faustische ‚Streben nach Glück', nicht das Glück selbst, das Glück. - FAUST hat die Wette verloren, wenn er *zum Augenblicke* sagt, *Verweile doch, du bist so schön.* Dann ist er vertraglich verpflichtet, MEPHISTOPHELES *drüben* rast- und ruhelos zu dienen. Da ihn das *Drüben* wenig kümmert, riskiert er auch wenig. *Drüben* bedeutet für FAUST nicht mehr als *zugrunde gehn.* - Aber wann hat MEPHISTOPHELES die Wette verloren?

A. Er hätte sie verloren, wenn FAUST bis zu einem vereinbarten Zeitpunkt durchhielte. MEPHISTOPHELES sagt aber ausdrücklich: *Euch ist kein Maß und Ziel gesetzt.* Das heißt, er kann die *Wette* nie verlieren, und FAUST kann sie nie gewinnen. FAUST lädt sich, um die *Wette* nicht zu verlieren, die unendliche Aufgabe auf, immer weiter gehen zu müssen, die Aufgabe unendlichen Fortschritts. Ich könnte auch sagen, er schafft sich mit seinem *Wie ich beharre, bin **ich** Knecht* eine Strafe, falls er am schönen *Augenblick* Gefallen fände.

B. Als Mensch wäre er der Gewinner mit seinem Tod, als Figur, die die faustische Idee symbolisiert, wäre er es, wenn die Welt zerstört ist. Nicht *losgebunden, frei,* wie MEPHISTOPHELES es vorgeschlagen hatte, sondern freiwillig an seine Ideologie ‚gebunden' kann FAUST auch nur einseitig und beschränkt *erfahren, was das Leben sei.*

A. Wie sähe wohl eine Gesellschaft aus, in der die faustischen Prinzipien maßgebend wären? Müßte das nicht furchtbar sein?

B. In weiten Bereichen wäre sie etwa so, wie wir sie kennen. Die Wirtschaft der bürgerlichen Welt würde zusammenbrechen, wenn die Menschen mit dem zufrieden wären, was sie haben, und wenn das *Faulbett* als Ort des Genusses gedacht wäre und nicht vor allem als Mittel, um die Arbeitskraft zu regenerieren.

A. Du hast recht. Die ‚Mephistopheles' moderner Industrienationen dürfen *nicht rasten und nicht ruhn*, die Selbstwertgefühle der Menschen so zu reizen, daß ihnen der Gebrauchswert der erzeugten Waren viel weniger gilt als ihr Tauschwert.

B. Auch dies verdeutlicht, warum Goethe FAUST und MEPHISTOPHELES als moderne Figuren erst zusammen-binden konnte, als er wußte oder ahnte, daß die Menschen in der faustischen Gesellschaft ständig verführt werden **müssen**. Sie sollen für ‚Güter' - nicht für *was Guts* - arbeiten, die sie nicht oder nicht schon wieder brauchen, und diese

Güter sollten so sein, daß sie den erhofften *Genuß* nicht mehr gewähren, wenn sie endlich angeschafft sind.

A. Das würde heißen, daß MEPHISTOPHELES einen wesentlichen Bestandteil der faustischen Ideologie verkörpert. Warum aber besteht dieser faustische MEPHISTOPHELES darauf, daß der Wettvertrag schriftlich fixiert und mit einem *Tröpfchen Blut* unterzeichnet wird?

B. Eigenartig ist schon die Formulierung: *Um Lebens oder Sterbens willen Bitt ich mir ein paar Zeilen aus.* Ich sehe nicht deutlich, um wessen Tod und Leben es hier geht.

A. Zunächst könnte man meinen, MEPHISTOPHELES spiele *mal wieder recht den Teufel* (2010) und tue so, als müsse er sich einer höheren Instanz gegenüber ausweisen.

B. Er könnte auch meinen, weil FAUST selbst seine zeitliche Existenz an die *Wette* gebunden und sie damit um *Lebens oder Sterbens willen* abgeschlossen hat, sei dieser Vertrag so wichtig, daß er sich nicht mit einem Handschlag erledigen lasse.

A. MEPHISTOS *Ist doch ein jedes Blättchen gut* erinnert an das bürgerliche Wechsel-Recht, nach dem bis ins 20. Jahrhundert hinein *ein jedes Blättchen gut* war, um darauf einen Wechsel auszustellen und sich dadurch möglicherweise Folgen einzuhandeln, die die Existenz tatsächlich auf Leben oder Tod betreffen konnten. Für viele Betroffene war - und ist - Selbstmord der letzte Ausweg.

B. Wir haben schon darüber gesprochen, daß die bürgerliche Gesellschaft alle menschlichen Beziehungen vertraglich regeln will, und gesehen, daß FAUST auch in seinem *Traum* sofort an einen *Pakt* (1414) denkt. (Dialog 29) Durch die *Wette* wird der Vertragsgedanke um das Moment des Risikos gesteigert. So notwendig es zum alten Faust-Stoff gehört, daß FAUST mit seinem Blute unterzeichnet, so wichtig scheint es zu sein, daß hier gezeigt wird, jeder, der den faustischen Vertrag unterschreibe, riskiere und opfere dadurch etwas von den Möglichkeiten seines Lebens; besonders gilt dies für den Gesellschaftsvertrag, den in der ‚bürgerlichen' Welt jeder schon mit seiner Geburt eingeht.

A. Es ist ein trauriges Leben, das FAUST ersehnt. Der FAUST des „Faust-Fragments" wollte sich wenigstens Genuß verschaffen (1770 f.), der neue sagt: *Du hörest ja, von Freud' ist nicht die Rede*, obgleich er zuvor verkündet hatte: *Aus dieser Erde quillen meine Freuden.* In dieser Szene ist FAUST voller Widersprüche, aber es scheinen die Widersprüche der faustischen Gesellschaft zu sein.

B. Ja, FAUST, der Unersättliche, will *glühende Leidenschaften* ***stillen***. Er fragt, *Hast du [...] ein Mädchen, das an meiner Brust mit Äugeln schon dem*

Nachbar sich verbindet, und erklärt dadurch Untreue als etwas Erstrebenswertes in seiner Welt.

A. Sobald aber MEPHISTOPHELES konsequenterweise FAUSTS Treue nicht traut und auf einer schriftlichen Abmachung besteht, wird er von FAUST verhöhnt: *wer Treue rein im Busen trägt, Kein Opfer wird ihn je gereuen* !

B. Er will nicht sehen, daß in seiner Welt die Schrift als etwas Abstraktes zwischen den Menschen steht. „Der tote Buchstabe vertritt den lebendigen Verstand"[216] hat Schiller die moderne Zeit charakterisiert, und Wilhelm Tell belehrt seinen Sohn über die Welt der „bösen Menschen": „Dort darf der Nachbar nicht dem Nachbar trauen"[217].

A. Mir kommt es vor, als ob FAUSTS Widersprüche in dieser Szene so deutlich herausgestellt sind, um die Zerrissenheit des faustischen Bewußtseins vorzuführen. Immer wieder scheint in ihm die Ahnung durchzubrechen, daß Menschsein menschlicher sein kann als sich nur *in das Rauschen der Zeit, Ins Rollen der Begebenheit* zu *stürzen*.

B. Das von dir erwähnte *Beglückt, wer Treue rein im Busen fühlt, Kein Opfer wird ihn je gereuen* ist ein Satz, der sich gegen die ganze faustische Ideologie behaupten könnte. Damit wird in dieser Pakt-Szene FAUSTS schon im „Ur-Faust" formulierte Erkenntnis verankert: *Bin ich der Flüchtling nicht? der Unbehauste? Der Unmensch ohne Zweck und Ruh* (3348 f.).

A. Dennoch erstaunt es mich, daß FAUST nicht mit schwerer wiegenden Argumenten gegen das *Bündnis* konfrontiert wird als mit MEPHISTOS: *die Zeit kommt auch heran, wo wir was Guts in Ruhe schmausen mögen.*

B. Das hätte in der „Disputations-Szene" geschehen können, von der man freilich nichts weiter weiß, als daß Goethe sie geplant, aber dann doch nicht geschrieben hat. Hier wäre es möglich gewesen, der faustischen Ideologie humanere Vorstellungen gesellschaftlichen Lebens gegenüberzustellen, um deutlicher zu zeigen, was FAUST mit seinem *Bündnis* aufgibt.

A. Ich durchschaue übrigens nicht, warum FAUST sagt, *Nur keine Furcht, daß ich dies Bündnis breche!* Wenn er sich aufs *Faulbett* legt, dann hat er die *Wette* verloren, aber das *Bündnis* nicht gebrochen. Gebrochen hätte er es, wenn er das vereinbarte Wettpfand nicht bezahlte. Das muß er aber erst *drüben* einlösen, und falls es zu einem *Drüben* kommt, steht es nicht mehr in seiner Macht, ob er das *Bündnis* brechen will oder nicht.

B. Dieses *Bündnis* ist eine Meisterleistung an Paradoxie, und FAUST selbst scheint nicht ganz zu durchschauen, auf was er sich eingelassen hat. Die Szene ist wohl auch deshalb so unscharf, weil Goethe - wie du schon am Anfang des Gesprächs gesagt hast - darauf achten mußte, daß die in „Faust I" hinzugekommen Verse denen möglichst nicht widersprechen, die schon im „Faust-Fragment" stehen. - Wie unterscheidet sich in deinen Augen der eigentliche MEPHISTOPHELES vom geträumten?

A. Der geträumte ist ein MEPHISTOPHELES der Gedanken, der Phantasie, der Spekulation, wogegen der andere auf dem Boden der Wirklichkeit bleibt und unter irdischen Bedingungen agiert. Moralische Begriffe wie ‚böse' und ‚gut' kommen bei ihm nicht vor.

B. Ja, nur FAUST verwendet in dieser Szene den Begriff *böse*: *Was willst du böser Geist von mir?* Der ‚echte' MEPHISTOPHELES scheint aus dem, was FAUST geträumt hat, das Praktikable und Machbare übernommen zu haben. Zu Beginn der Szene zeigt sich, daß er keine Marionette FAUSTS, sondern so eigenständig ist, daß er FAUST widersprechen und - wie schon im „Faust-Fragment" - auch kritisieren kann.

A. Und dennoch konnten wir uns überzeugen, daß er ein Teil von FAUST ist, das heißt, daß das, was er darstellt, als wesentlicher Bestandteil zur faustischen Ideologie gehört. Weil die faustische Leistungsgesellschaft sowohl in ihrer Entstehung wie für ihren Fortbestand ‚Verführer' braucht, die ständig zu mehr Leistung bzw. zu mehr Konsum anspornen, wurde es möglich, mit dem alten Faust-Stoff auch das alte Faustbuch-Paar „Faust" und „Mephostophiles" zu ‚säkularisieren'.

B. Die Abgrenzung vom alten Teufelspakt gelang Goethe auch dadurch, daß er den Vertrag zu einer *Wette* erweiterte, die das wichtige Moment des Ungewissen enthält. FAUSTS Todessehnsucht, von der wir gesprochen haben, ist in das Risiko des Scheiterns verwandelt. MEPHISTOS *Um Lebens oder Sterbens willen* bekräftigt, daß die Menschen in der faustischen Gesellschaft immer ihre Existenz riskieren.

A. Zudem ist wichtig, daß die Handlung erst durch FAUSTS *Wette* mit MEPHISTOPHELES eine eigendynamische Richtung bekommt, die nicht mehr so leicht umkehrbar ist, wie es noch vor der *Wette* möglich war. Ich kann nicht genug den Weitblick bewundern, mit dem Goethe die Geburt der modernen Welt in dieser Szene gestaltet hat. FAUST kann zwar verlieren, aber nie gewinnen.

B. Daß der Fortschritt, für den MEPHISTOPHELES zuständig ist, über Leichen geht, ließ sich nun auf der Grundlage dieser Szene - anders als in „Ur-Faust" und „Faust-Fragment" - „vor Gretchens Tür" gestalten.

Dialog 31: *Nacht. Straße vor Gretchens Türe* (3620-3775)

A. In „Faust I" tritt VALENTIN nicht mehr nach, sondern vor der „Dom"-Szene auf. Dadurch ändert sich die Gretchen-Handlung. Im „Ur-Faust" gibt FAUST MARGARETE ein Schlafmittel, mit dem sie ihre Mutter betäubt. Das scheint sie mehrmals getan zu haben, bis die *Mutter* nicht mehr aufwacht. In der Zwischenzeit weiß MARGARETE, daß sie schwanger ist. Im „Dom" werden die *Exequien der Mutter Gretgens* zelebriert. Später hat VALENTIN erfahren, daß seine Schwester ein uneheliches Kind bekommt, und spricht darüber in seinem Monolog.

B. Demgegenüber sind in „Faust I" die Verhältnisse komplizierter: FAUST gibt MARGARETE das *Fläschchen*, und die *Mutter* - so muß man annehmen - stirbt. MARGARETE hat weiterhin Kontakt zu FAUST, der sie - aus der Sicht VALENTINS - wie *eine Hur* behandelt. Dann erscheint VALENTIN, will die geschändete Ehre seiner Schwester und vielleicht noch mehr seine eigene rächen und wird dabei getötet. Und jetzt erst kommt die „Dom"-Szene. Der Gottesdienst hat nun unmittelbar nichts mehr mit der *Mutter* MARGARETES und ihren *Verwandten* (U 1310//11) zu tun, aber MARGARETE wird vom BÖSEN GEIST durch die Frage *Auf deiner Schwelle wessen Blut?* an den Tod VALENTINS erinnert.

A. Die Handlung wurde wohl verändert, um sie wahrscheinlicher zu machen. Denn es wäre nicht glaubhaft, die *Mutter* über längere Zeit täuschen und gleichzeitig nicht verhindern zu können, daß VALENTIN von dieser Beziehung etwas erfährt. In der neuen Fassung kann die *Mutter* beim ersten Gebrauch der *Tropfen* sterben, FAUST und MARGARETE können mehr oder weniger offen miteinander verkehren und VALENTIN kann auftreten, kurz nachdem MARGARETE bemerkt, daß *sich's* unter ihrem Herzen *quillend schon* regt (3790 f.).

B. Ein weiterer Grund für die Veränderung könnte sein, daß Goethe die Szenen „Dom" und „Walpurgisnacht" miteinander verbinden oder hart aneinander grenzen lassen wollte. Beide Szenen haben etwas mit mythischem Bewußtsein zu tun.

A. ‚Mythisch' scheint für mich auch FAUSTS Frage zu sein, ob der *Schatz [...] indessen in die Höh* rücke. Hat das noch mit ‚Wirklichkeit' und ‚Geschichtlichkeit' zu tun?

B. Schon zu Beginn der Gretchen-Handlung sagt MEPHISTOPHELES, *er kenne manchen schönen Platz Und manchen altvergrabnen Schatz* (2675 f.).

Damit sind die vergrabenen Schätze aus dem Bereich der Zauberei in den des Wissens gebracht. Daß MEPHISTOPHELES an Wissen FAUST voraus ist, betrachte ich nicht als ‚mythisch'. Die Thematisierung des *Schatzes* zeigt wohl auch, wohin es führt, wenn sich das Handeln nicht an Menschen, sondern an ‚Schätzen' orientiert. Von Anfang an hatte FAUST ein *Geschenk* gefordert und damit MEPHISTOPHELES auf die *altvergrabnen* Schätze gebracht (2674-77). *Mir tut es weh, Wenn ich ohne Geschenke zu ihr geh* deutet an, daß sich dieses Verlangen FAUSTS fortgesetzt hat. Jetzt scheint er MARGARETE zu dem *Schätzchen*, das ihm MEPHISTOPHELES *auszuspüren* versprach (2445), verdinglicht und dadurch zu einem *Schatz* erniedrigt zu haben, der sich durch *Geschenke* aufwiegen läßt.

A. Als FAUST zum erstenmal ein *Geschenk* wollte, war es für ihn ein Mittel, um MARGARETE zu bekommen; jetzt benützt er das *Geschenk*, um sie zu halten. Beachte, wie unmenschlich und lieblos FAUST dargestellt ist. Früher hatte er mit oder wenigstens zu MARGARETE gesprochen, jetzt scheint es keine Gespräche mehr zu geben. Wenn er *ohne Geschenke zu ihr* ginge, *tut* ihm dies womöglich deshalb *weh*, weil er mit ihr reden müßte.

B. Für FAUST ist MARGARETE nun zur *lieben Buhle* geworden, aber anders, als sie sich dies in ihrem Lied vom *König in Thule* gewünscht hatte (Dialog 10). Für sie war der *goldne Becher* (2762) Ausdruck treuer Liebe, während für FAUST *Geschmeide* und *Ring* dazu dienen, MARGARETE zu bezahlen.

A. Ja, nun entlarvt sich seine ‚Liebesbeziehung' als eine Art Geschäftsbeziehung. Die Liebe seiner *lieben Buhle* will er nicht *umsonst*, sondern er versucht, sie in ein Tausch- oder Vertragsverhältnis zu verwandeln. Das erleichtert es ihm, sein Schuldgefühl zu verschmerzen, falls sich in seinem *Mir tut es weh* ein solches Gefühl ausdrückt. Der *Ring*, den FAUST MARGARETE schenken will, soll verdecken, daß sie **den** *Ring* nicht *am Finger* trägt, zu dem **sie** hätte sagen können: *So ist es recht.*

B. MEPHISTOS höhnischer Hinweis, *Es sollt euch eben nicht verdrießen, Umsonst auch etwas zu genießen*, stellt sicher, daß MARGARETE keine ‚Bezahlung' verlangt und also nicht die *Hur* ist, als die VALENTIN sie sieht und als die FAUST sie behandelt.

A. Der spricht so, als ob sein an MEPHISTOPHELES gerichtetes *du mußt mir die Dirne schaffen* (2619) verwirklicht worden sei. Mit seinen unverhältnismäßigen und unrechtmäßigen Geschenken ‚erdrückt' er MARGARETE. Sie können von ihr nicht als Gabe, sondern müssen als Verpflichtung empfunden werden.

B. MEPHISTOS Ratschlag deutet an, daß sich dieses Ziel übertreffen läßt, nämlich dann, wenn FAUST in MARGARETE nur noch ein ‚Genuß'-Mittel sieht und sie als eigenständige Person, der man etwas schenken kann, nicht mehr in Betracht kommt. Skrupelloser kann FAUST kaum dargestellt sein. Hätte MARGARETE nicht soviel Achtung verdient, daß er gegen das *wahre Kunststück* protestiert, das MEPHISTOPHELES als *moralisch Lied* singt, *um sie gewisser zu betören*?

A. Das ist eine deutliche Anspielung auf die Stelle, wo MEPHISTOPHELES zu FAUST sagt: *Denn morgen wirst, in allen Ehren, Das arme Gretchen nicht* ***betören*** *Und alle Seelenlieb ihr schwören?* Worauf FAUST antwortet: *Und zwar von Herzen.* Von *Treu und Liebe* (3052-57) ist nicht mehr die Rede.

B. Mit dieser Anspielung erinnert MEPHISTOPHELES das Publikum an die Verlogenheit FAUSTS und daran, was seine Schwüre wert sind. Wir haben beim Lied vom *König in Thule* gesagt, MARGARETE spreche darin ihre unbewußten Wünsche aus (Dialog 10). Hier scheint es so zu sein, daß MEPHISTOPHELES an Stelle FAUSTS formuliert, wie der sich - bewußt oder unbewußt? - zu MARGARETE verhält.

A. Wenn MEPHISTOPHELES mit seinem *moralisch Lied* das Bewußtsein FAUSTS parodiert, ist dieses strukturiert wie das uns schon aus dem „Prolog im Himmel" bekannte Modell, wo das Opfer verantwortlich gemacht wird für die Tat des Täters (Dialog 26).

B. Aus FAUSTS Sicht war es dann *Kathrinchen*/MARGARETE, die Einlaß begehrte, und er gibt ihr die Schuld, daß sie *zu allen Sachen ja* gesagt hat (3214) ohne *Ring am Finger.*

A. Nach dem Grimm heißt „betören": „zum Toren machen"[218]. Indem MEPHISTOPHELES *zur Zither* ein *moralisch Lied* hören läßt, um MARGARETE zu *betören*, könnte er ausdrücken, daß für das faustische Bewußtsein moralische Lehren als *Instrument* dienen, um Menschen zu ‚verdummen' und auszunützen.

B. Der *Dieb*, als den MEPHISTOPHELES in seinem *Lied* FAUST bezeichnet, ist wohl charakteristisch für das faustische Bewußtsein überhaupt. Diese Ideologie ‚beraubt' Menschen ihrer vertrauten Welt; sie werden mit der Aussicht auf ein freieres und liebevolleres Leben verführt, sich aus ihren alten Bindungen zu lösen.

A. Sie gelten nur noch als *Dinger*, die mit *Dingen*, mit *Schätzen*, die ebenfalls - wem auch immer - geraubt sind, abgespeist werden.

B. VALENTINS *Vermaledeiter Rattenfänger* ist auch auf solche faustischen Verführungskünste beziehbar. Das von MEPHISTOPHELES vorgeführte *wahre Kunststück* FAUSTS führt jedenfalls die davon Betroffenen ins Verderben.

A. Als sehr seltsam ist mir der Vers aufgefallen: *Jetzt, da der Himmel voller Sterne glüht.* Ich kann mich nicht erinnern, daß wir irgendwo meteorologische Angaben erhalten hätten, außer sie sind - wie bei *O sähst du, voller Mondenschein* (386) - Gegenstand der Rede.

B. Der Vers scheint, wie bei Dilettanten, nur das Reimwort zu liefern. Ich halte das bei Goethe kaum für möglich. Welches bedeutende ‚Licht' könnte ein *Himmel*, der *voller Sterne glüht*, auf diese Szene werfen?

A. Mir fällt dazu nur die berühmte Stelle aus Kants „Kritik der praktischen Vernunft" ein: „Zwei Dinge erfüllen das Gemüt mit immer neuer und zunehmender Bewunderung und Ehrfurcht, je öfter und anhaltender sich das Nachdenken damit beschäftigt: *Der* ***bestirnte Himmel*** *über mir, und das* ***moralische*** *Gesetz in mir.*"[219]

B. Das ist genau der Satz, der diese Stelle erhellt. Ihre Verknüpfung mit MEPHISTOS ***moralisch*** *Lied* verweist darauf, daß das „moralische Gesetz" nicht so fest und sicher ist wie der „bestirnte Himmel", und vor allem, daß sich FAUST wenig darum kümmert. Sollte an FAUSTS Handeln gemessen werden, wie wirksam das „moralische Gesetz", also der kategorische Imperativ, ist, dann hielten sich „Bewunderung und Ehrfurcht" in engen Grenzen.

A. Willst du damit sagen, MEPHISTOPHELES entlarve mit dem *wahren Kunststück* das „moralische Gesetz" im Menschen als Illusion?

B. Vielleicht nicht als Illusion, aber doch als sehr schwache Stütze, wenn in der faustischen Welt moralisch-sittliches Handeln aufrechterhalten werden soll. Eine Form des kategorischen Imperativs heißt: „Handle so, daß du die Menschheit sowohl in deiner Person als auch in der Person eines jeden andern jederzeit zugleich als Zweck, niemals bloß als Mittel brauchst."[220]

A. Die Gretchen-Handlung ist wie dafür gemacht, um ein Verhalten zu demonstrieren, daß diesen Imperativ ignoriert.

B. Kant bringt selbst ein Beispiel, das auf die Gretchen-Handlung zutreffen könnte: „[...] so wird der, so ein **lügenhaftes Versprechen** gegen andere zu tun im Sinne hat, sofort einsehen, daß er sich eines andern Menschen *bloß als Mittels* bedienen will, ohne daß dieser zugleich den Zweck in sich enthalte. Denn der, den ich durch ein solches Versprechen **zu meinen Absichten brauchen** will, kann unmöglich in meine Art, gegen ihn zu verfahren, einstimmen und also selbst den Zweck dieser Handlung enthalten."[221]

A. Dieses Beispiel paßt nicht nur zu FAUST, der MARGARETE *Seelenlieb* und *ewge Treu und Liebe* (3054-56) schwört, um sie *gewisser zu betören*, sondern auch zu der zweiten Strophe von Ophelias Lied in Shakespeares „Hamlet", das Goethe bekanntlich zum Vorbild gedient hat und das - in der Übersetzung Schlegels - heißt:

Auf morgen ist Sankt-Valentins-Tag,
Wohl an der Zeit noch früh,
Und ich, 'ne Maid, am Fensterschlag
Will sein Eu'r Valentin.
Er war bereit, tät an sein Kleid,
Tät auf die Kammertür,
Ließ ein die Maid,
Die als 'ne Maid
Ging nimmermehr herfür.

Bei unsrer Frau und Sankt Kathrin!
O pfui! was soll das sein?
Ein junger Mann tut's, wenn er kann,
Beim Himmel, 's ist nicht fein.
Sie sprach: „Eh Ihr gescherzt mit mir,
Gelobtet Ihr mich zu frein." -
„Ich bräch's auch nicht,
Beim Sonnenlicht!
Wärst du nicht kommen herein."

Auch hier wird das vertrauensvolle Opfer verantwortlich gemacht: Daß der Täter sein Ehe-Gelöbnis nicht hält, hat sich die „Maid" selbst zuzuschreiben. Auch sie könnte - nach Kant - ‚unmöglich in seine Art, gegen sie zu verfahren, einstimmen'.

B. Die Erinnerung an dieses Lied als ein Beispiel für Kants Morallehre verstärkt die vernichtende Beurteilung FAUSTS. Der aus Ophelias Gesang entlehnte Name VALENTIN spricht freilich dafür, daß Goethe schon zu „Ur-Faust"-Zeiten, also bevor Kant seine Morallehre veröffentlicht hat, an diese Stelle gedacht hatte.

A. Es gibt direkte Berührungspunkte zwischen MARGARETE und Ophelia: Beide werden an der Welt, in der sie leben, ‚irre', beide haben einen Bruder, der gegen den Geliebten seiner Schwester um ihretwillen ficht und dabei getötet wird.

B. Damit aber, denke ich, hört die Übereinstimmung auf. Laertes ist ein adeliger Hofmann, VALENTIN ein kleiner bürgerlicher Soldat.

A. Trotzdem ist die Doppelmoral, von der Ophelia singt, auch bei VALENTIN zu beobachten. In der Szene „Vor dem Tor" singen SOLDATEN: *Mädchen und Burgen Müssen sich geben [...] und die Soldaten ziehen davon*

(897-902). Dadurch wird auch VALENTIN charakterisiert, und die Vorwürfe gegen seine Schwester sind geheuchelt. -

B. Mit VALENTINS Beobachtung, daß *Was* herbei *schleicht*, werden MEPHISTOPHELES und FAUST zu einem dubiosen Gelichter, das sich nicht offen zeigen kann oder will. Auch FAUSTS *Busen* scheint - anders als im „Ur-Faust" (Dialog 17) - von *Ein bißchen Diebsgelüst, ein bißchen Rammelei* erfüllt zu sein.

A. Ja, die beiden gleichen sich mehr und mehr an. VALENTIN meint, MEPHISTOPHELES sei FAUST. Er scheint gehört zu haben, wie MEPHISTOPHELES sich mit einem *Kätzlein* verglichen hat, und nennt ihn entsprechend *Rattenfänger*. Was die Sage vom Rattenfänger von Hameln erzählt, konnte nicht mit rechten Dingen zugegangen sein. Indem VALENTIN diese Sage auf MEPHISTOPHELES und FAUST anwendet, dämonisiert er die *zwei* und leitet wohl von daher ab, daß er sie umbringen kann.

B. Er betrachtet sie als vogelfrei, bevor sie es sind. Mit dem von dir so genannten ‚Dämonisieren' stimmt überein, daß VALENTIN dreimal das Wort *Teufel* gebraucht und sagt, er wolle den ***vermaledeiten*** *Rattenfänger* umbringen. Weil er in ihm einen ‚Vermaledeiten', also Verfluchten, sieht, kann er das *Instrument* und MEPHISTOPHELES/FAUST *zum Teufel* wünschen, was für ihn so viel bedeutet, wie seinen Gegner zu töten; freilich erlaubt kein Gesetz und keine Tradition im christlichen Abendland, jemandem den Schädel zu spalten, weil er einem die Schwester betört hat.

A. Damit macht er sich - unausgesprochen - seinen *Gott* zum Bundesgenossen, indem er selbstgerecht - wie der BÖSE GEIST im „Dom" - dem göttlichen Richterspruch zuvorkommt; aber dieser *Gott* läßt ihn ‚im Stich', so *brav* VALENTIN kämpft.

B. Die kleine Kampfszene ist wohl bedeutender, als man zunächst glaubt. VALENTIN kämpft nicht nur für seine und seiner Schwester Ehre, sondern verteidigt zugleich die kleinbürgerliche und feudale Gesellschaft, der er angehört. Der *Rattenfänger*, mit dem er seinen Gegner vergleicht, hatte schließlich kein einzelnes Kind, sondern eine ganze Generation ‚verführt'.

A. Willst du damit sagen, daß hier zwei Gesellschaftsformen aufeinander treffen?

B. Ist es nicht eigenartig, daß MEPHISTOPHELES FAUST gerade dort mit *Herr Doktor* anredet, wo er gegen VALENTIN fechten soll?

A. Das könnte signalisieren, daß es hier nicht nur um eine Art von ‚Liebeshändel', sondern um etwas geht, das mit dem FAUST der Wissenschafts-Handlung, also mit der Neugestaltung der alten Welt zu tun hat.

B. Wir haben bei diesem Kampf eine besondere Konstellation. Dem als *Soldat* geübten Haudegen VALENTIN stehen MEPHISTOPHELES und FAUST gegenüber. In seiner Überheblichkeit - etwa in dem Sinne: ‚Wenn Gott für mich ist, wer kann dann wider mich sein?' - entgeht VALENTIN, daß Singen und Reden, Forschen und Wissen auch Waffen sind, mit denen sich Ideologien bekämpfen und Gesellschaftsformen verändern lassen.

A. Seine Entschlossenheit, mit der er den *Sänger* angreift und *zum Teufel* wünscht, spricht eher dafür, daß er davon etwas ahnt. - Mindestens ebenso bedeutend erscheint mir die ‚Arbeitsteilung', die auf der Bühne vorgeführt wird. Während VALENTIN den angreift, der pariert, sticht der andere zu.

B. Das könnte heißen: nicht dem *Teufel* unterliegt VALENTIN, sondern der Raffinesse, mit der MEPHISTOPHELES den Kampf organisiert.

A. Ökonomisch gesehen ist es die zweckmäßige Einteilung der verfügbaren Kräfte, die den im Kampf geübten VALENTIN ‚lähmt'.

B. Was VALENTIN als dämonisiertes Teufelswerk erscheint, ist die moderne Wissenschaft im Verbund mit der modernen ‚Technik.' Vielleicht ist im ganzen Drama nirgends deutlicher gezeigt als in dieser Szene, daß FAUST und MEPHISTOPHELES ineinander aufgehen und eine Einheit, sozusagen eine ‚Aktions-Einheit' bilden, der die alte Welt schließlich unterliegen muß, wenn sie sich nicht besser wehren kann, als VALENTIN dies - stellvertretend für sie - tut.

A. Im Grimm steht zu „lahm": „*in der modernen Sprache häufig* einen in seiner Tätigkeit lahm legen; die Hinterlist eines Gegners legte seine ganze Tätigkeit lahm"[222]. Für diese ‚moderne' Bedeutung könnten MEPHISTOPHELES und FAUST das Vorbild sein.

B. Dadurch sehen wir deutlicher, daß in der faustischen Welt auch „Hinterlist", die Täuschung des Gegners, zu den Methoden gehört, mit denen der Konkurrenzkampf geführt wird.

A. Für diese Konkurrenz- und Leistungsgesellschaft galt uns schon einmal der Kampf ‚Mann gegen Mann' als geeignetes Modell (Dialog 30), aber hier wird dieses Modell auf bedeutende Weise modifiziert und ‚modernisiert'. Es kommt nicht mehr nur darauf an, *frisch*, also schnell genug zu sein, um dem Gegner zuvorzukommen, vielmehr gilt es zugleich, die vorhandenen Kräfte so zu differenzieren und zu spezialisieren, daß sich ihre Wirkung potenziert.

B. Ja, es wird in dieser Szene vor Augen geführt, daß MEPHISTOPHELES besonders als der Teil FAUSTS gesehen werden soll, der alle möglichen Mittel ‚einsetzt', um der faustischen Ideologie zum ‚Siege' zu verhelfen. Der Bogen reicht von der ‚Betörung' durch - ironisch so genannte - ‚wahre Kunststücke', also ideologisierte Kunst, bis zum Kampf mit Waffen, also Krieg.

A. Die dargestellte ‚Arbeitsteilung' erinnert mich an das Beispiel, das Adam Smith, der ‚Vater' der Konkurrenzgesellschaft, gegeben hat und das nicht weniger berühmt ist als Kants Satz vom „bestirnten Himmel über mir": In seinem 1776 veröffentlichten Werk „Der Wohlstand der Nationen" berichtet Smith, wie es zehn Arbeitern möglich war, statt ohne Arbeitsteilung höchstens 200 nun „täglich etwa 48 000" Stecknadeln herzustellen, und schreibt dann: „Die enorme Steigerung der Arbeit, die die gleiche Anzahl Menschen nunmehr **infolge der Arbeitsteilung** zu leisten vermag, hängt von drei verschiedenen Faktoren ab: (1) der größeren Geschicklichkeit jedes einzelnen Arbeiters, (2) der Ersparnis an Zeit, die gewöhnlich beim Wechsel von einer Tätigkeit zur anderen verlorengeht und (3) der Erfindung einer Reihe von Maschinen, welche die Arbeit erleichtern, die Arbeitszeit verkürzen und den einzelnen in den Stand setzen, die Arbeit vieler zu leisten. [...] Und dieses ungeheure Anwachsen der Produktion in allen Gewerben, als Folge der **Arbeitsteilung**, führt in einem gut regierten Staat zu allgemeinem Wohlstand, der selbst in den untersten Schichten der Bevölkerung spürbar wird."[223]

B. Wenn der Begriff der Arbeitsteilung schon im 18. Jahrhundert so differenziert entwickelt war, ist unsere Interpretation des Kampfes nicht zu weit hergeholt. Was Smith verspricht, klingt ganz faustisch.

A. Mit der Thematik von Goethes „Faust" berührt sich aber auch, wie Smith in der 1789 erschienenen fünften Auflage auf die Folgen solcher Arbeitsformen hinweist: „Jemand, der tagtäglich nur wenige einfache Handgriffe ausführt, die zudem immer das gleiche oder ein ähnliches Ergebnis haben, hat keinerlei Gelegenheit, seinen Verstand zu üben. [...] So ist es ganz natürlich, daß er verlernt, seinen Verstand zu gebrauchen, und so stumpfsinnig und einfältig wird, wie ein menschliches Wesen nur eben werden kann."[224]

B. Wer „verlernt, seinen Verstand zu gebrauchen", dem ruft Kant vergeblich den „Wahlspruch der Aufklärung" zu: „Habe Mut, dich deines *eigenen* Verstandes zu bedienen!"[225] Die Theorie von Adam Smith gibt vor, worauf die Arbeitsteilung zwischen FAUST und MEPHISTOPHELES anspielt und welche Perspektiven auf die faustische Welt sich dadurch eröffnen. -

A. Was meint MEPHISTOPHELES, wenn er sagt: *Ich weiß mich trefflich mit der Polizei, Doch mit dem Blutbann schlecht mich abzufinden*?

B. Es gibt von Goethe eine Definition: „Das Recht dringt auf Schuldigkeit, die **Polizei** auf's Geziemende. Das Recht ist abwägend und entscheidend, die Polizei überschauend und gebietend. Das Recht bezieht sich auf die einzelnen, die Polizei auf die Gesamtheit."[226]

A. Dies ist eine seltsame Definition von *Polizei*. Wenn wir den „Blutbann" als Rechtsbegriff zum „Recht" zählen, dann betrifft er die „Schuldigkeit" der „einzelnen" Menschen, also zum Beispiel die persönliche Schuld FAUSTS. Damit will MEPHISTOPHELES nichts zu tun haben.

B. „Überschauend und gebietend" könnten auch Attribute MEPHISTOS sein. Und mit seinem *Geht aber doch nicht immer an* (2632) hat er das „Geziemende" ebenfalls schon zur Sprache gebracht.

A. Am „Geziemenden" orientiert sowie „überschauend und gebietend" ist aber auch das Gewissen. Ein MEPHISTOPHELES, der sich *trefflich* mit einer so verstandenen *Polizei abzufinden* vermag, wäre dann für das zuständig, was die öffentliche Meinung angeht.

B. Sein Teil wäre es, Bedingungen zu schaffen, die gewissenlosem Handeln günstig sind, aber sich zu distanzieren, sobald es um die Verantwortung des einzelnen, dessen „Schuldigkeit" für sein Handeln geht. So hat MEPHISTOPHELES für FAUST den Freiraum geschaffen, zustoßen zu können, aber ‚handeln' muß FAUST, und wenn er sich schuldig macht und dem *Blutbann*, der Gerichtsbarkeit über Leben und Tod, verfällt, kann er sich weder auf MEPHISTOPHELES berufen noch auf ihn zählen.

A. Darauf wird in der Szene „Trüber Tag. Feld" hingewiesen, wo MEPHISTOPHELES sagt: *Drangen wir uns dir auf, oder du dich uns?* Sein *Wer war's, der sie ins Verderben stürzte? Ich oder du?* hieße modifiziert auf VALENTIN bezogen: ‚Wer war's, der ihm den Todesstoß gab? Ich oder du?'

B. Noch deutlicher ist in jener Szene MEPHISTOS Belehrung: *Wisse, noch liegt auf der Stadt Blutschuld von* ***deiner*** *Hand.*

A. Goethe scheint also zu unterstreichen, daß die faustische Welt in der Verantwortung der einzelnen entsteht und daß eine neue Welt nur in der Verantwortung einzelner Menschen so gestaltet werden kann, daß sie einer humanen Gesellschaft nicht widerspricht. -

B. Wir haben nun soviel ‚Bedeutendes' zu der Fechtszene gesagt und dabei nicht beachtet, daß MEPHISTOPHELES und FAUST in Notwehr handeln und es folglich für einen *Blutbann* keinen Grund gibt.

A. Als FAUST zustößt, war VALENTIN bereits entkräftet. Aber wie dem auch sei, daß MEPHISTOPHELES zur Flucht drängt, setzt voraus, daß sie sich keiner Gerichtsbarkeit stellen wollen, auch wenn *durch zweier Zeugen Mund allerwege die Wahrheit kund* (3013 f.) wird.

B. Vielleicht werden FAUST und MEPHISTOPHELES inzwischen wegen anderer Delikte schon gesucht. *Laß er mich mit dem Gesetz in Frieden!* (2634) eröffnet in dieser Hinsicht viele Möglichkeiten. Der Meineid in Sachen *Schwerdtlein* scheint FAUST innerlich nicht belastet zu haben.

A. Und schon seit dem *Stoß zu! Der Kerl ist vogelfrei* (2312) in „Auerbachs Keller" könnte MEPHISTOPHELES *vogelfrei* sein. Auf diese Stelle wird durch MEPHISTOS *Stoß zu* deutlich hingewiesen.

B. Die ‚Erfahrungen', die FAUST *losgebunden, frei* (1542 f.) mit MEPHISTOS Hilfe macht, müssen notwendig zu Gesetzeskonflikten führen, da der Vertrag mit MEPHISTOPHELES alle anderen Bindungen aufhebt. Gebannt und vogelfrei zu sein ist dann die Konsequenz. Es ist wohl ein Wesenszug des Faustischen, sich möglichst jeder Art von Verantwortung zu entziehen. - Was fällt dir dazu ein, daß VALENTIN nicht, wie das VOLK glaubt, gleich *tot da liegt*, sondern noch eine große Rede hält (Dialog 17)?

A. Durch diese Rede erscheint VALENTIN als das personifizierte Vorurteil, dem er MARGARETE unterwirft und von dem aus er sie *auf Erden vermaledeit.* Ihr wird von VALENTIN und vom BÖSEN GEIST eine Verantwortung aufgeladen, die sie nicht hat.

B. Dann soll diese selbstgerechte, maßlose Verwünschung auch klarstellen, daß die von VALENTIN vertretene Welt *aller braven Bürgersleut*, aus der MARGARETE ausbrechen wollte, kaum besser ist als die neue faustische Welt. VALENTINS deutlich geäußerte Absicht, *ihn* umzubringen, ist kaum weniger mörderisch als die Absicht MEPHISTOS, den *Lümmel zahm* zu machen.

A. Man sieht, wie MARGARETE von zwei Seiten eingezwängt wird, und man versteht, warum ihr als Ausweg nur der Wahnsinn bleibt.

B. Man sieht aber auch, daß die Befreiung der Menschen aus ihrer Unmündigkeit nicht so verlaufen und zu den Konsequenzen führen muß, wie dieses Drama es vorführt.

Dialog 32: *Walpurgisnacht* (Vorgespräch)

A. Ist es nicht eigenartig, daß die Szenerie der „Walpurgisnacht" nicht nur mit *Harzgebirg*, sondern geographisch noch exakter mit *Gegend von Schierke und Elend* bezeichnet ist?

B. Diese präzisen Angaben der beiden Orte am Fuße des Brocken hat Goethe eingefügt, kurz bevor er das Manuskript des „Faust I" abschickte. Sie sollten wohl die „Walpurgisnacht", auch wenn sie viel ‚Phantastisches' enthält, im Geschehen auf der Erde verankern.

A. Warum mußte darauf so nachdrücklich hingewiesen werden?

B. Vielleicht wollte Goethe die Möglichkeit strikt ausschließen, daß seine „Walpurgisnacht" irgend etwas mit überirdischen Mächten zu tun habe. Das mag auch ein Grund dafür sein, warum er den Hexensabbat, wie man ihn noch im 17. Jahrhundert - etwa in „Blockes-Berges Verrichtung" von Johann Praetorius - beschrieb und wie er im Aberglauben weiterhin als wirklich gedacht wurde, nicht auf die Bühne brachte. Nach den Entwürfen sollte ursprünglich eine Satans-Messe, in der dem Satan gehuldigt wurde, der Höhepunkt der Szene sein. Albrecht Schöne sieht in dieser für damalige Vorstellungen obszönen Konzeption „nicht weniger als eine in das ‚Faust'-Drama integrierte poetische Summe des Ketzer- und Hexenwesens"[227].

A. Weiß man, weshalb diese Konzeption nicht ausgeführt wurde?

B. Dafür gibt es vor allem zwei Erklärungsversuche: Goethe sei 1806 „unter Terminschwierigkeiten, unter Zeitdruck" geraten und habe die Szene „auf das unbedingt Nötige" verkürzt[228] , und zweitens: Wegen der Obszönitäten habe sich Goethe „zu einer Selbstzensur" genötigt gefühlt, „welche die ‚soziale' Kontrolle der Leser oder Zuschauer antizipiert"[229]. - Aber das sind Vermutungen.

A. Sind denn die unveröffentlichten Textstellen obszöner als die, die in der jetzigen Fassung stehen?

B. Die obszönste der unveröffentlichten Stellen heißt:

Für euch sind zwei Dinge
Von köstlichem Glanz
Das leuchtende Gold
Und ein glänzender Schwanz -
Drum wißt euch ihr Weiber

Am Gold zu ergötzen
Und mehr als das Gold
Noch die Schwänze zu schätzen.[230]

A. Das kommt mir nicht obszöner vor als die Verse, die MEPHISTOPHELES und die ALTE miteinander wechseln (4128-35). Wenn die Darstellung der „poetischen Summe des Ketzer- und Hexenwesens" für dieses Drama wesentlich gewesen wäre, dann kann ich mir kaum vorstellen, daß sie aus Rücksicht auf das Publikum unterblieb, zumal es Goethe nicht schwer fallen konnte, die Obszönitäten abzumildern.

B. Die veröffentlichte Fassung der „Walpurgisnacht" ist immer noch obszön. Sehr viele Aussagen sind zweideutig und spielen - wenn man sie so lesen will - auf Sexuelles an. Das gilt bereits für die ersten dreizehn Verse.

A. Dann ist die Satans-Messe aus anderen Gründen weggefallen.

B. Je intensiver sich Goethe mit dem Hexen- und Ketzerwesen auseinandergesetzt hat[231], desto auffälliger ist es, daß in seinem Drama schließlich nur wenig davon übrigblieb. Ich vermute, er hat sozusagen in letzter Minute erkannt, daß die geplante Darstellung von der Thematik des Faust-Dramas ablenken und den Blick zu sehr auf ein Problem richten würde, das um 1800 im wesentlichen erledigt war.

A. Du meinst also, in der „Walpurgisnacht" werde weiterhin das neue, das aktuelle faustische Bewußtsein durchgespielt, das wie Gott sein und sich Natur und Menschen untertan machen will?

B. Ja. Sobald wir in dieser Szene vergessen, daß es im „Faust" um die Zukunft der ‚bürgerlichen' Gesellschaft geht, machen wir den Fehler, nur auf das zu achten, was gespielt und gesprochen wird, statt beispielsweise zu fragen, was HEXEN in einer Zeit bedeuten können, in der kein vernünftiger Mensch mehr an sie glaubt.

A. Aber der Glaube an Gott und Teufel ist doch noch aktuell!

B. Wenn ein ‚Satan' in die faustischen Handlungen eingreifen könnte, wäre es mit der faustischen Freiheit und zugleich mit der Bedeutung des „Faust"-Dramas vorbei. MEPHISTOPHELES kann nur ernst genommen werden, wenn er nichts mit dem ‚Fürsten dieser Welt' gemein hat. „Kann Gott nicht wirken, ohne es durch den Teufel zu tun?"[232], fragt der niederländische Protestant Balthasar Bekker entrüstet. Sein leidenschaftlich gegen Teufels- und Hexenglauben geschriebenes Werk „Bezauberte Welt" erschien Ende des 17. Jahrhunderts und wurde 1782 erneut in Deutschland verlegt. Um 1800 hat Goethe sich damit beschäftigt[233].

A. Bekkers Argumente können nicht sehr überzeugend gewesen sein, wenn heute noch der Teufel für die Kirchen eine unverzichtbare Macht darstellt.

B. Seine Argumente laufen darauf hinaus, zu beweisen, daß der von Christen gelehrte Teufel fast größer sei als Gott: „Denn durch des Teufels Kraft (vergib es mir zu sagen, Leser) so tut eine Hexe oder Zauberer viel größere Werke, denn jemals Moses oder die Propheten oder Aposteln oder Christus der aller größeste Herr selber zu tun sich unterstanden."[234] „Machte Christus die Lahmen gehend, so läßt sie der Teufel fliegen [...]."[235]

A. Das würde heißen, wer an Gott **und** Teufel glaubt, glaubt fast mehr an die Macht des Teufels.

B. Einen ähnlichen Gedanken drückt auch Bekker aus, wenn er sagt: „Ein Atheist bedarf keine andere Waffen denn [= als] diese [abergläubische] Meinung, davon ich in diesem Buch rede, das ganze Christentum bis auf den Grund nieder zu reißen, und welches wir ihm selbst in die Hände geben, wenn wir [als Christen] von dem Teufel reden, wie man davon redet [...]."[236]

A. Dann sind vielleicht diese Angriffe Bekkers der Grund, daß im Zedler der Teufel nur noch eine schwache Figur abgibt, denn dort steht im Artikel „Hexerei": „[...] der Mensch empfindet bei der Erkenntnis derer Dinge eine sonderbare Lust, welche ihn beständig antreibet, seine Wissenschaft auf alle Art und Weise zu vermehren. Er ist nicht damit vergnügt, wenn er den Unterschied so vieler Dinge wahrnehmen kann, sondern er bemühet sich, auch den Grund von allem, was geschieht, zu erforschen. Er will wissen, wodurch sie entstehen, und verknüpfet mit derjenigen Frage, was eine Sache sei, zugleich die Betrachtung, woher, wie, und warum sie hervorgebracht worden [...]. Weil sich aber neben dem Guten das moralisch Böse in der Welt befindet und wir dieses Gott unmöglich zuschreiben können: So suchen wir auch den allerersten Grund des Bösen. Die Schrift nennet diesen den Teufel. Dieser läßt sich zwar wohl nicht aus der Vernunft erweisen, dennoch ist auch kein Widerspruch darinne, daß ein Teufel sei."[237]

B. Wenn schon Mitte des 18. Jahrhunderts in diesem bedeutenden Lexikon der Teufel nur noch eine Art Hilfsgröße darstellt, dann wäre es abwegig, Goethe zu unterstellen, daß er den Begriff Teufel oder Satan anders als ironisch gebraucht.

A. In diesem Zitat fällt mir auf, daß faustisches Erkenntnisstreben und Teufelsglaube nebeneinander stehen. Als wenn sie zusammengehörten.

B. Ich denke, faustisches Erkenntnisstreben geht über das hinaus, was hier beschrieben ist. FAUST will zwar ebenfalls erkennen, *was die Welt Im Innersten zusammenhält* (382 f.), aber wer dies, wie er, ohne *Skrupel* (368) tun will, der ist auch bereit, die Welt, wo es möglich ist, skrupellos zu verändern. Für den Glauben an einen Teufel dürfte da wenig Raum sein.

A. Sicher ist die Welt des Aberglaubens ohne Teufelsglaube kaum vorstellbar. Wenn Goethe den Aberglauben mit Hexen und Tieren gewissermaßen in die faustische „Walpurgisnacht" zitiert und integriert, verbindet er dann nicht faustische Ideologie und Aberglauben?

B. Bekker schreibt, der Aberglaube entstehe u. a. „durch [...] die Unwissenheit in der Naturlehre und Naturgeschichte"[238]. Während jedoch Bekker noch optimistisch meint, man kenne und nenne den „Teufel" da „am wenigsten, wo man die Kräfte, Gesetze und Wirkungen der Natur am besten kennt"[239], scheint Goethe zu befürchten, daß mit größerer Naturerkenntnis und besserer Naturbeherrschung dieser „Teufel" zwar vertrieben wird, sich aber gleichzeitig durch die Hintertüre wieder einschleicht. Denn - skrupellose - Eingriffe in die Natur können bedrohliche und inhumane Wirkungen haben, die die Verursacher dann möglicherweise lieber einem ‚Teufel' zuschieben, als selbst dafür verantwortlich zu sein. Erinnere dich an unser Gespräch über den „Prolog im Himmel" (Dialog 26).

A. Ich würde gerne wissen, wie der Hexenschwarm, der *zu dem Bösen strömt* (4039), damit zusammenhängt. Denn Hexen, Hexenmeister und alle, die an Hexerei glauben, sind doch diejenigen, die dem Teufel zutrauen, Naturerkenntnis und die Beherrschung der Natur zu vermitteln. Wenn die „Walpurgisnacht" nun weitgehend von Satans-Messe und Hexen-Sabbat ‚befreit' ist, müßte sich besser erkennen lassen, was Hexenwesen und Faustisches verbindet.

B. Ende 1805, als die „Walpurgisnacht" noch nicht abgeschlossen war, schrieb Goethe seinem Verleger: „Den Faust, dächt' ich, gäben wir ohne Holzschnitte und Bildwerk. [...] Ich denke, der Hexenmeister soll sich allein durchhelfen."[240] Wenn wir mit Goethe in FAUST den „Hexenmeister" sehen, dann betrachtet FAUST in der „Walpurgisnacht" beim Treiben der HEXEN und HEXENMEISTER das eigene Wesen.

A. Das eigene Wesen betrachtet man vor allem in Träumen. Sollten wir es in der „Walpurgisnacht" wie schon in „Studierzimmer I" wieder mit einem Traum FAUSTS zu tun haben?

B. Wir haben schon einmal davon gesprochen, daß die ganze „Walpurgisnacht" als ein Traum FAUSTS denkbar ist (Dialog 29). Und im *Wechselgesang* steht ausdrücklich: *In die* ***Traum-*** *und Zaubersphäre Sind wir, scheint es, eingegangen* (3871 f.). Zu diesem *Wechselgesang* wurde immer wieder überlegt, welche Verse zu wem gehören, aber man kann auch fragen, warum viele Verse so offen formuliert sind. Diese Offenheit würde dafür sprechen, daß alle Figuren von **einem** *Traum*-Subjekt geschaffen sind und das Bewußtsein dieses Subjekts entfalten.

A. Wußte man um 1800 dergleichen über das Träumen, oder orientieren wir uns an Sigmund Freud?

B. Herder schrieb 1801 ein Gespräch zwischen „Traum" und Träumer „A.". Der „Traum" beginnt:

„*Aus Dir* nahm ich die Farben und Tön' und Gestalten der Dinge;
Achtest Du minder sie, weil ich in *Dir* sie erschuf?
Unter Zerstreuungen sonst, im Gewühl der Sinne verloren,
Samml' ich Dich ein in Dich; und Du erwachetest - *Dir* ! [...]
A.: [...] Doch sage, wer knüpft die **Zauber**gestalten?
T[raum]: *Du* Kein anderer! Könnt', könnt' es ein anderer Geist?
Du in Dir selber erschaffst Dir **Welten** und **Zaubergefilde**;
Du in Dir selber erspähst Deine geheimeste Kraft.
Deinen geheimsten Fehl. Du bist Dir Lehrer und Lerner,
Warner und Feind; Du bist Lohner und Peiniger Dir.
Ich nur schließe Dir auf des *Herzens Tief' und des Geistes*;
Was sich der Sonne verbarg, zeigt sich im *inneren Licht.*
Offen dem Auge der Nacht und allen glänzenden Sternen,
Dem Unermeßnen tut *Dein* Unermeßnes sich auf."[241]

Schon der *Erdgeist* hatte FAUST als einen bezeichnet, der in seiner *Brust* eine *Welt in sich erschuf* (491).

A. Diese Traum-Theorie würde die Vorstellung unterstützen, daß FAUST die „Walpurgisnacht" träumt und sich die „**Zauber**gefilde" ‚erschafft', in deren *Traum- und* ***Zauber****sphäre* er dann von MEPHISTOPHELES, einer der von ihm ‚geknüpften' „Zaubergestalten", geführt wird.

B. Dann laß uns - wie schon das „Studierzimmer I" - auch die „Walpurgisnacht" als einen Traum FAUSTS interpretieren, und zwar nicht erst vom *Wechselgesang* an, sondern **vom ersten bis zum letzten Wort**. Alle Szenerie und alle Figuren, die in diesem Traum auftreten, sind unter solcher Voraussetzung vom faustischen Bewußtsein erzeugt.

A. Dann wäre MEPHISTOPHELES nicht weniger Repräsentant des Faustischen als Faust selbst.

B. Ja, das Subjekt dieses Traums schöpfte aus Natur, Mythos, vergangener und zeitgenössischer Geschichte die Personen und die Kulissen, um das faustische Bewußtsein zu inszenieren. Wir werden sehen, wie weit wir mit dieser Hypothese kommen.

A. Aus Herders Theorie, angewendet auf die „Walpurgisnacht", würde dann folgen, daß die dem Tage, also die dem Verstand zugängliche Dimension des faustischen Bewußtseins nicht ausreicht, um FAUSTS „geheimeste Kraft" und „geheimsten Fehl" darzustellen.

B. Mir kommt es vor, als ob Goethe empfunden habe, er müsse noch mehr, als er es in den „Studierzimmer"-Szenen schon getan hat, das faustische Bewußtsein mit einem „inneren Licht" ausleuchten und dem „Auge der Nacht" zugänglich machen, um so ins Unterbewußte und Unbewußte FAUSTS einzudringen.

A. Ob diese modernen Begriffe hier wohl angemessen sind?

B. Wir können sie durch den Herderschen Begriff des „Unermeßnen" ersetzen. Daß der Mensch eine ‚unermessene' Welt in sich hat und sich in ihr durch ‚Traum-Arbeit' - „**Ich** nur **schließe** Dir **auf** des *Herzens Tief' und des Geistes*"- bewegt, ist ein ähnlich kühner Gedanke wie der Freuds. Als Motto hätte Goethe vor die „Walpurgisnacht" Sätze von Moritz stellen können: „Der kühne Fuß des Menschen steigt in die tiefen Schachten der Erde hinab, und unser denkendes Wesen sollte es nicht wagen, in seine eigenen Tiefen herabzusteigen, und dem edelsten Metalle da nachzuspähen, wo es so selten gesucht wird."[242]

A. Vielleicht geht die Anregung zur „Walpurgisnacht" auf die römischen Tage zurück, als Goethe und Moritz gemeinsam in einer Wohnung lebten. *Walpurgis* (2590) taucht nämlich zuerst in der 1790 veröffentlichten „Hexenküche" auf.

B. Das Traummaterial, das der Traum für die Traumarbeit benötigt, stellt Herder ähnlich wie Freud dar: „Unter Zerstreuungen sonst, im Gewühl der Sinne verloren, Samml' ich Dich ein in Dich; und Du erwachetest - *Dir!*" FAUSTS Traum der „Walpurgisnacht" sammelt ebenfalls einiges von dem ein, was sich in den vorausgegangenen Szenen ereignet und was FAUST vielleicht im „Gewühl der Sinne verloren" hat.

A. Der ganze Szenenablauf erinnert an den Osterspaziergang, wo der *neue Trieb erwacht* (1085), der sich nun in der „Walpurgisnacht" auf neue Weise zu zeigen scheint (Dialog 28).

B. Nicht nur Szenen - wie etwa der Auftritt der beiden Paare in MARTHES *Garten* - werden widergespiegelt, sondern auch einzelne Formulierungen der vorausgegangenen Handlung tauchen wieder auf. Zum Beispiel erinnert *Ich bin der Werber, und du bist der **Freier*** (4071) an *ein kühner **Freier*** (1042) und besonders an *Du übersinnlicher sinnlicher **Freier***

(3534); auch MEPHISTOS Versprechen *Und ich **verbinde** dich aufs neue* (4054) klingt wie ein *Echo*, wenn man dabei an *Ich will mich hier zu deinem Dienst **verbinden*** (1656), ***verbinde** dich* (1672) und *Mit Äugeln schon dem Nachbar sich **verbindet*** (1683) denkt.

A. Dies alles deutet darauf hin, daß in der „Walpurgisnacht" die „Faust"-Handlung aufgearbeitet, neu beleuchtet und ‚kommentiert' wird. - Wie kommt denn FAUST auf den *Blocksberg* (4317)? Davon steht nichts im „Volksbuch"! Stammt dieser Zusammenhang von Goethe?

B. Johannes Praetorius - ihn las Goethe ebenfalls Ende 1800 - hatte 1669 berichtet, daß bei der „Blocksbergischen Gasterei" unter anderem „auch gelehrte und berühmte *Doctores* aus allen Fakultäten" „sind begriffen worden"[243]; ausdrücklich jedoch erscheint Faust auf dem Blocksberg zum ersten Mal 1760 in Johann Friedrich Löwens „Die Walpurgis Nacht"[244]. Von einer „Hexenmahlzeit" wird dort gesagt: „Es saß dem *Belzebub* der *Doktor Faust* zur Linken, Er schenkte fleißig ein und half ihm tapfer trinken [...]."[245]

A. Mir kommt das vor wie eine Verkehrung des ‚Jüngsten Tags', wo Jesus „zur Rechten des Allmächtigen" sitzt (Mt 26,64). Darauf könnte MEPHISTOPHELES anspielen, wenn er sagt: *Zum jüngsten Tag fühl ich das Volk gereift* (4092).

B. Der AUTOR, der unmittelbar vor dieser Bemerkung MEPHISTOS spricht, erinnert mich daran, daß bei Löwen eine „Autorschar" vorkommt, „Von welcher *Belzebub* Mäzen geworden war". Als Folge davon hat diese „Autorzunft" „viel Schriften ausgeheckt, *Romaine, Memoirs, Journals* und *Wochenblätter*".

A. Das würde erklären, daß Goethe an Schiller schreibt, „Oberons goldene Hochzeit" - die ursprünglich als Fortsetzung der von Goethe und Schiller gemeinsam verfaßten „Xenien" mit ihren Angriffen auf zeitgenössische Literaten gedacht war - müßte im „Faust" „**am besten** ihren Platz finden"[246]. Er beruft sich gewissermaßen auf Löwen, wenn er beispielsweise Hennings samt den von diesem herausgegebenen Zeitschriften „Genius der Zeit" und „Musaget" im „Walpurgisnachtstraum" auf den *Blocksberg* versetzt.

B. Dieser Löwen geht so weit, daß er Faust zur „Muse" erhebt:

> „[...] Und du, ehrwürdger Geist,
> Der du bei Teufeln auch noch immer Doktor heißt,
> Ehrwürdger *Doktor Faust*, du sollst, mir Stoff zu geben,
> Itzt meine Muse sein, und meinen Vers beleben."[247]

A. Wenn Löwen Faust als Muse seiner „Walpurgis Nacht" bezeichnete, dann ging Goethe nur einen kleinen Schritt weiter, als er seine „Walpurgisnacht" - wie wir annehmen - von FAUST träumen ließ.

B. Die Szenerie dieses Traums ist freilich auch beeinflußt durch den Kupferstich von Michael Herr (1591-1661): „Eigentlicher Entwurf und Abbildung des Gottlosen und verfluchten Zauber Festes." Es fliegen Hexen auf Gabeln und Böcken durch die Luft, ein langer Zug von Hexen und Hexenmeistern zieht tanzend zum Gipfel des Blocksberges, etwas unterhalb des Gipfels steht ein Faß, daneben brennt ein Feuer, oben auf dem Berg spielen zwei Musikanten Dudelsack und Schalmei, im Vordergrund steht auf einem Dreifuß ein Kessel, unter dem wiederum ein Feuer brennt. Von einem Krug, der in diesem Kessel steht, nimmt eine nackte Hexe den Deckel ab, und im Dampf steigen wunderliche Gestalten in die Luft.

A. Das erinnert mich an die „Hexenküche" (Dialog 22).

B. Es ist denkbar, daß diese Darstellung auch schon Vorlage für die „Hexenküche" war. Der Kupferstich enthält außerdem in der Manier von Hieronymus Bosch gezeichnete, teilweise musizierende Gestalten, die Goethe vielleicht auf den Gedanken gebracht haben, im „Walpurgisnachtstraum" ein Tier-Orchester auftreten zu lassen. Und das Ganze ist beschienen von der ***unvollkommnen Scheibe*** des *Monds* (3851 f.).

A. Hilft uns das, die „Walpurgisnacht" im einzelnen zu verstehen?

B. Wohl kaum. Wie gesagt, hat Goethe bei der Drucklegung gewollt, daß „Faust" ohne „Holzschnitte und Bildwerk" erscheint. Schon früher hatte er an Schiller geschrieben: „[...] die Menschen [wollen] jede interessante Situation gleich in Kupfer gestochen sehen. Damit nur ja ihrer Imagination keine Tätigkeit übrig bleibe, so soll alles sinnlich wahr, vollkommen gegenwärtig, dramatisch sein und das Dramatische selbst soll sich dem wirklich Wahren völlig an die Seite stellen. Diesen eigentlich kindischen, barbarischen, abgeschmackten Tendenzen sollte nun der Künstler aus allen Kräften widerstehn, Kunstwerk von Kunstwerk durch undurchdringliche Zauberkreise sondern [...]."[248]

A. Dann laß auch uns solchen „Tendenzen" widerstehen.

B. Die Anklänge an den bekannten Kupferstich von Michael Herr, der darstellt, was abergläubischen Menschen bei dem Wort „Blocksberg" in den Sinn kommt, machen aber offenkundig, daß FAUSTS Traum ein gesellschaftliches Bewußtsein vor die Einbildungskraft des Publikums bringt.

A. Vielleicht müßtest du genauer sagen, daß er ein gesellschaftliches Bewußtsein aufruft, modifiziert und dadurch neu interpretiert.

B. Deine Ansicht wird gestützt durch „Die erste Walpurgisnacht". Dieses Gedicht hat Goethe während der Arbeit an „Faust I" geschrieben. Es handelt von Germanen, die auf der „Höh" den „alten heil'gen Brauch" begehn wollen, „Allvater dort zu loben". Das ist ihnen aber unter Todesdrohung von ihren christlichen „Überwindern" verboten:

> Ach sie schlachten auf dem Walle
> Unsre Weiber, unsre Kinder.
> Und wir alle
> Nahen uns gewissem Falle.

Ein heidnischer Wächter hat den Einfall:

> Diese dumpfen Pfaffenchristen,
> Laßt uns keck sie überlisten!
> Mit dem Teufel, den sie fabeln,
> Wollen wir sie selbst erschrecken.
> Kommt! Mit Zacken und mit Gabeln
> Und mit Glut und Klapperstöcken
> Lärmen wir bei nächt'ger Weile
> Durch die engen Felsenstrecken.
> Kauz und Eule
> Heul' in unser Rundgeheule!

Diese ‚Überlistung' gelingt, so daß die christlichen Wächter rufen:

> Ach es kommt die ganze Hölle!
> Sieh, wie die verhexten Leiber
> Durch und durch von Flamme glühen!
> Menschen-Wölf' und Drachen-Weiber,
> Die **im Flug** vorüberziehen!
> Welch entsetzliches Getöse!
> Laßt uns, laßt uns alle fliehen!
> Oben flammt und saus't der Böse;
> Aus dem Boden
> Dampfet rings ein Höllen-Broden.[249]

A. Obgleich hier objektiv niemand fliegen kann, werden die Heiden als fliegend gesehen …

B. … etwa so, wie ALTMEYER MEPHISTOPHELES *auf einem Fasse reiten* sah (2330).

A. Was diese ‚Christen' sehen, ist ihr eigenes Bewußtsein. Vielleicht ist auch die Goethesche „Walpurgisnacht" dazu da, das Publikum zu täuschen und dessen eigenes Weltbild zu provozieren.

B. Dabei darfst du aber nicht übersehen, daß schon in der „Ersten Walpurgisnacht" das Geschehen mehrdeutig ist. Bis auf den heutigen Tag ist der christliche Teufel zwar ein Zuchtmittel, mit dem den Christen Angst vor einer Hölle eingeimpft wird, aber ungewollt nährt die fast gottähnliche Macht, die diesem Teufel zugesprochen wird, das Bedürfnis, die Welt biologisch und technisch besser zu machen, als Gott sie gemacht hat.

A. Und so wären wir wieder bei unserem modernen Teufel, dem *Doktor* FAUST.

B. Ja, und ich bin neugierig, wie die „Walpurgisnacht" unsere „Imagination" anregt, und hoffe, daß diese dabei nicht nur ‚provoziert', sondern auch ‚korrigiert' wird.

Dialog 33: *Walpurgisnacht* (3835-4019)

A. Der Anfang der „Walpurgisnacht" scheint dem zu widersprechen, was wir bisher zu FAUST gesagt haben. Plötzlich ist er nicht mehr an Geschwindigkeit interessiert: Obgleich er auf den *Brocken* fliegen und sich so seinen *schönen Traum* (1089) erfüllen könnte, stellt er die rhetorische Frage: *Was hilft's, daß man den Weg verkürzt!* Plötzlich hat er Zeit und *Lust*, *Im Labyrinth der Täler hinzu**schleichen***, und vertraut auf die eigenen *Beine* und die Kraft seiner *Glieder*.

B. Und plötzlich genügt ihm als Stütze die Natur, so wie sie ist, möglichst unbehauen wie ein *Knotenstock*, so daß MEPHISTOPHELES vergebens in ihm das Verlangen nach einem *Besenstiele* zu wecken sucht.

A. Dagegen bleibt sich MEPHISTOPHELES gleich. Die ‚Luftbrücke', die er zum *Brocken*-Gipfel schlagen will, ist nur eine graduelle Steigerung seiner - erst in „Faust I" in die „Hexenküche" eingefügten - Bemerkung: *Ich wollt indes wohl tausend Brücken bauen* (2369).

B. Zunächst haben wir also einen FAUST, der nicht faustisch ist. Auf ihn könnte zutreffen, was Goethe um 1800 in seinem als Gegenstück zur „Zueignung" (1-32) entworfenen Gedicht „Abschied" geschrieben hat:

> O glücklich! wen die holde Kunst in Frieden
> Mit jedem Frühling lockt auf neue Flur;
> Vergnügt mit dem was ihm ein Gott beschieden
> Zeigt ihm die Welt des eignen Geistes Spur.
> Kein Hindernis vermag ihn zu ermüden,
> Er schreite fort, so will es die Natur.
> Und wie des wilden Jägers braus't von oben
> Des Zeiten Geists gewaltig freches Toben.[250]

Wenn wir unseren Voraussetzungen gemäß (Dialog 32) FAUST vom Beginn dieser Szene an als Figur in seinem eigenen Traum denken, dann regt sich in ihm eine ‚ursprüngliche' Möglichkeit, **mit** der Natur und nicht gegen sie zu wandeln und zu handeln.

A. Daß dies eine humane Möglichkeit ist, verdeutlicht Octavio in Schillers „Die Piccolomini":

> [...] **Grad aus** geht des Blitzes,
> Geht des Kanonballs fürchterlicher Pfad -
> **Schnell**, auf dem **nächsten Wege**, langt er an,
> Macht sich zermalmend Platz, um zu zermalmen.
> Mein Sohn! Die Straße, die der **Mensch** befährt,
> Worauf der Segen wandelt, diese folgt
> Der **Flüsse Lauf**, der **Täler** freien **Krümmen**,
> **Umgeht** das Weizenfeld, den Rebenhügel,
> Des Eigentums gemeßne Grenzen ehrend -
> So führt sie später, sicher doch zum Ziel.[251]

B. Nach unseren Voraussetzungen ist in diesem Traum aber auch MEPHISTOPHELES eine Figur, die von FAUST geträumt wird; dem Faustischen, das diese Figur symbolisiert, setzt FAUST auch im Traum nur schwachen Widerstand entgegen.

A. Ja, es gelingt dem faustischen Teil in FAUST schließlich, ihn für das zu interessieren, was „wie des wilden Jägers [Geist] braus't von oben", wenn *die ungestümen Gäste* durch die *Windsbraut* angekündigt werden. Möglicherweise ist es nicht ganz falsch, wenn wir das Treiben auf dem Blocksberg mit „Des Zeiten Geists gewaltig frechem Toben" in Verbindung bringen. Aber, um wieder zum Anfang zurück zu kommen: Warum schlägt MEPHISTOPHELES gleich im zweiten Vers mit seinem *Ich wünschte mir den allerderbsten Bock* das Thema Sexualität an?

B. Da während der gesamten Gretchen-Handlung Sexualität ‚im Spiele' war, wäre es seltsam, wenn sie im Traumbewußtsein FAUSTS fehlte. Faustisches läßt sich im Bereich der Wissenschaft und im Bereich der Liebe, Erotik und Sexualität, darstellen. In beiden Bereichen kann die Natur ‚verführt' und vergewaltigt werden. Goethe warf Newton vor, er habe in seinem „Experimentum crucis" die „Natur auf die Folter" gespannt, „um sie zu dem Bekenntnis dessen zu nötigen, was er schon vorher bei sich festgesetzt hatte"[252].

A. Dieser „Natur" geht es wie einer als Hexe angeklagten Frau.

B. So beschreibt sie Goethe auch: „Allein die Natur gleicht einer standhaften und edelmütigen Person, welche selbst unter allen Qualen bei der Wahrheit verharrt. Steht es anders im Protokoll, so hat der Inquisitor falsch gehört, der Schreiber falsch niedergeschrieben."[253]

A. FAUST ging damit konform, als er von der *Natur* sagte: *Und was sie deinem Geist nicht offenbaren mag, Das* ***zwingst*** *du ihr nicht ab mit Hebeln und mit Schrauben.* (674 f.) In seinem Traum jedoch widersetzt er sich MEPHISTOPHELES nicht, als der vom ‚Naturwesen' IRRLICHT erwartet, sein *leichtes Naturell zu* ***zwingen*** und ***grad*** zu gehen.

B. Zunächst geht MEPHISTOPHELES mit diesem doch ganz ‚freundlich' um: *Heda! mein Freund! darf ich dich zu uns fodern? Was willst du so vergebens lodern? Sei doch so gut und leucht uns da hinauf!*

A. Ich finde, daß er schon hier zu diesem Vertreter der Natur eine Sprache der Gewalt spricht: Einen wirklichen *Freund* **fordert** man nicht; man unterstellt ihm nicht mit einer rhetorischen Frage, daß er für sich genommen unbedeutend sei. Auch das *sei doch so gut* ist weniger eine Bitte als vielmehr ein Befehl, so ‚gut' zu funktionieren, daß FAUST und MEPHISTOPHELES in der Natur ungehindert weiterkommen, also im ‚Fort-Schritt' nicht aufgehalten werden.

B. Was du sagst, entspricht dem Befehl im *Wechselgesang*: *Führ uns* ***gut*** *und mach dir Ehre, Daß wir* ***vorwärts*** *bald gelangen.*

A. So, wie das IRRLICHT sein *Naturell* bezeichnet - *Nur Zickzack geht gewöhnlich unser Lauf* - , ähnelt es FAUSTS *Lust*, *Im Labyrinth der Täler hinzuschleichen.* Stellvertretend für FAUST wird das IRRLICHT auf den ‚geraden Weg' eingeschworen …

B. … den FAUST nun auch widerspruchslos geht. In der faustischen Welt scheint nicht erlaubt zu sein, es *den Menschen nachzuahmen*, also „die Straße" zu wandeln, die „der Mensch befährt", sondern ***nur*** *grad* zu gehn, das heißt, Leistung zu bringen. Dabei geht es für dieses IRRLICHT um die nackte Existenz: *Sonst blas ich ihm sein Flackerleben aus.*

A. Da diese Brutalität *in Teufels Namen* geschieht, denke ich, daß hier zugleich der Begriff des ‚Teuflischen' umschrieben wird. Es scheint das Gegenteil vom kategorischen Imperativ Kants zu sein, den du schon einmal zitiert hast (Dialog 31): „Handle so, daß du die Menschheit sowohl in deiner Person, als auch in der Person eines jeden andern jederzeit zugleich als Zweck, niemals bloß als Mittel brauchst."[254] MEPHISTOPHELES zwingt dem IRRLICHT seinen Willen auf und braucht es „bloß als Mittel". Dadurch nimmt er dem IRRLICHT seine „Menschheit" .

B. Wie das geschieht, ist in diesen wenigen Zeilen gezeigt. *Ehrfurcht* kann das IRRLICHT nur als ‚Mensch' haben. Während es zunächst bereit ist, den beiden aus freiem Willen zu helfen, unterdrückt MEPHISTOPHELES diese freie Regung und will, daß das IRRLICHT ihm gehorcht, weil er der Mächtige ist.

A. In dieser Welt scheint nur ‚lebenswert' zu sein, wer den neuen ‚Hausherrn' anerkennt und sich dem neuen *Ziele* bequemt. *Gern nach Euch bequemen* heißt hier vor allem, es sich selbst so unbequem wie nötig zu machen, damit der *Herr* es bequem hat.

B. MARGARETE wurde mit materiellem und psychologischem Aufwand dazu gebracht, sich dem in ihren Augen materiell und geistig Überlegenen zu ergeben und *zu allen Sachen ja* (3214) zu sagen. Nun sieht es aus, als ob, vielleicht unter dem Eindruck der Französischen Revolution, ein solcher Aufwand nicht mehr nötig wäre. In FAUSTS Traum-Vorstellungen taucht die Möglichkeit oder der Wunsch auf, daß es genügt, mit Gewalt zu drohen, damit sich jemand ***gern*** bequemt.

A. Ich glaube eher, daß dies unter dem Eindruck der **Industriellen** Revolution geschieht. Denn die Entwicklung in England konnte ahnen lassen, daß immer mehr Menschen aus ihren alten Bindungen gelöst werden und sich schon aus Existenzangst dem anschließen und den als *Herrn* anerkennen müssen, dem sie sich *bequemen* **dürfen**.

B. Aber wird diese Würdelosigkeit nicht dadurch aufgehoben, daß im *Wechselgesang* das IRRLICHT fast ganz in FAUST und MEPHISTOPHELES aufzugehen und dadurch auf deren Ebene gehoben scheint?

A. So konnte MARGARETE sich auch eine Zeitlang empfinden. In der faustischen Welt macht sich das IRRLICHT nur solange *Ehre*, bis es durch ein besseres Hilfsmittel ersetzt werden kann. Mit seinem *Und **w**enn ein Irrlicht Euch die **W**ege **w**eisen **so**ll, **So** müßt ihr's **so** genau **n**icht **n**ehmen* spricht es sich sein eigenes Urteil: Sobald nach dem *Wechselgesang Mammon* die Szenerie erleuchtet, hat das nur unzureichend flackernde IRRLICHT ausgedient.

B. Nun fällt mir erst auf, wie rhetorisch ‚aufgeladen' diese beiden Verse sind und sich dadurch als besonders bedeutend präsentieren.

A. Das wird im *Wechselgesang* noch überboten. Es ‚wimmelt' - außer den obligatorischen End-Reimen - von Anaphern (z. B. *Wie sie - Wie sie, Und die - Und die, Was wir - was wir*); Binnenreimen (z. B. *Strecken - schrekken*); End-Assonanzen (z. B. *Schlangen - Sande - Bande - fangen - Masern - fasern*); Binnenassonanzen (z. B. *Bäume - Bäumen, vorüberrücken, langen - -nasen, schnarchen - blasen*); hinzu kommen noch viele Alliterationen. Mit dieser ungewöhnlichen Häufung von Klangkorrespondenzen ist wohl das *zaubertoll* ausgedrückt, von dem das IRRLICHT spricht.

B. Dieses ***zaubertoll*** gewinnt an Bedeutung, weil die ***Traum***sphäre um die ***Zauber**sphäre* erweitert ist. Indem *Traum* und *Zauber* so eng verbunden werden, wird dem *Zauber* das Übernatürliche entzogen. Beide Bereiche haben gemeinsam, daß das, was als wirklich und sicher gilt, seine Stabilität verliert. Das ist ausgedrückt durch die Abfolge: ***sind** wir*, ***scheint** es*, wodurch das zunächst als wirklich Wahrgenommene zum bloß Möglichen relativiert wird. *In den weiten, öden Räumen* stecken also viele ‚Möglichkeiten'.

A. Die *Zaubersphäre* steht auch für die Möglichkeit, daß etwas, das im herrschenden Weltbild für unmöglich erachtet wird, doch geschehen könnte. Deshalb umfaßt sie auch den Bereich des modernen ‚bürgerlichen' Denkens, weil dieses unablässig versucht, Unmögliches möglich zu machen …

B. … *Den lieb' ich, der Unmögliches begehrt* (7488) wird MANTO in der „Klassischen Walpurgisnacht" von FAUST sagen.

A. Wenn ich im *Wechselgesang* nach ‚Unmöglichem' suche, dann ist es zunächst die Geschwindigkeit, die *in den weiten, öden Räumen* mehr und mehr zunimmt und nur in den Versen 3881-88 zu retardieren scheint.

B. Ich hätte gedacht, daß die Sänger sich langsam bewegen und die Natur um sie her ‚auf Touren' kommt, aber die Relationen sind hier ziemlich offen: *Klippen, die sich bücken*, können auch so gesehen werden, wenn sich der Beobachter erhebt. Es ist denkbar, daß FAUST und MEPHISTOPHELES wie das IRRLICHT fliegen und schließlich von oben auf die Scharen der *Mäuse* und die Schwärme der *Funkenwürmer* blicken.

A. Zugleich verweisen *Klippen, die sich bücken* und *Felsennasen*, die *schnarchen* und *blasen* deutlich auf eine ‚Animalisierung' anorganischer Natur. Anorganisches zum Leben zu erwecken, das wäre der faustischen Idee würdig.

B. Außerdem scheint auf die Erforschung der Natur als Bedingung einer solchen Höchstleistung der Chemie angespielt zu sein: Denn im Harz werden verschiedene „Klippen" „Schnarcher" genannt, die die Eigenschaft haben, die Magnetnadel - wie Goethe sagt - „irre" zu machen[255]. Dieser Sache ging er weiter nach: „Ein Schnarcher, einer der schönen Granitfelsen, die [...] in der Nähe von **Schierke** stehen. Der Punkt ist bemerkt, wo dieser Fels die Magnetnadel verändert."[256]

A. Im Harz zeigt die Natur also schon ohne „Walpurgisnacht", daß sie ‚beweglich' ist und für manche Überraschungen gut. Nach dem Grimm heißt der „Magnet" auch „Bläser"[257], so daß sich *Wie sie schnarchen, wie sie* ***blasen*** gut in diesen Zusammenhang einfügt. Und „schnarchen" ist ebenfalls ein „technischer Ausdruck im Bergwesen von dem Reibungsgeräusch einer Wasserhebemaschine und weiterhin vom Gange derselben, wenn sie die zudringenden Wasser vollständig hebt"[258].

B. Dann ist neben der Erforschung auch die ‚Ausbeutung' der Natur thematisiert, für die der Harz schon früh als Beispiel gelten kann. Übrigens ruft auch ***blasen*** die technische Welt auf. So beschreibt Schiller einen Verhüttungsvorgang mit den Worten: „Der Funke sprüht, die Bälge **blasen**, Als gält es Felsen zu verglasen."[259]

A. „Felsen zu verglasen", die anorganische Natur so zu beherrschen, daß sie gewissermaßen ‚durchschaubar' wird, wäre auch ein echt faustisches Unternehmen. Daß FAUST davon träumt, anorganische Natur lebendig zu machen, versteht man leichter, wenn man bedenkt, daß die Erde zunächst nichts war als ein anorganischer Feuerball, aus dem sich dann Leben entwickelt hat. Warum sollte dies auf eine neue Art nicht wiederholbar sein?

B. In FAUSTS Traum scheint diese Zauberwelt zukünftiger Wissenschaft und Technik nicht so fortschrittsgläubig unterzubringen zu sein, wie du dies darstellst. Die *schnell* niedereilenden Wasser von *Bach und Bächlein* mögen unter dem Gesichtspunkt gesehen werden, daß sie zum Beispiel Pumpen antreiben, wie das in ‚Goethes' Bergwerk Ilmenau mit Hilfe von vier riesigen, übereinander montierten Wasserrädern verwirklicht worden ist[260]. Doch das *Rauschen* des Wassers garantiert in FAUSTS Bewußtsein nicht nur technisch verwertbare Energie.

A. Ich denke bei *Rauschen* an die Stelle, wo FAUST diesen Begriff mit *Zauber* und *Wunder*, also mit den faustischen Unmöglichkeiten, die er verwirklichen will, in Verbindung gebracht hatte:

> *In undurchdrungnen* ***Zauber****hüllen*
> *Sei jedes* ***Wunder*** *gleich bereit!*
> *Stürzen wir uns in das* ***Rauschen*** *der Zeit,*
> *Ins Rollen der Begebenheit!* (1752-55)

B. Und schon dort - nicht erst in diesem Traum - hatte sich in FAUST ein Einwand angekündigt: *Da mag denn Schmerz und Genuß, Gelingen und Verdruß Miteinander wechseln, wie es kann;* (1756-58). Das faustische R*auschen* scheint kein unbeschwertes Vorwärtsstreben zu bedeuten. Persönliche und überlieferte Geschichte, Mythos und mythische Bewußtseinsstrukturen werden angeregt und machen sich deutlich bemerkbar.

A. Ja, die Dimension des Sehens, des Visionären, wechselt nun in die Dimension des Hörens. Es ist ein Wahrnehmungsprozeß gestaltet: Zuerst eine noch weit entfernte Irritation durch das *Rauschen*, dann die Möglichkeit, das innerlich Gehörte könnten *Lieder* sein, dann verdeutlichen sich diese *Lieder* zur Möglichkeit der *Liebesklage*, um sich schließlich den *Stimmen* bestimmter - ***jener*** - *Himmelstage* anzunähern.

B. Die drei letzten Verse dieser Versgruppierung sind dann wie eine Erkenntnis, die die vorausgegangenen Fragen beantwortet. Durch den Plural ist ausgedrückt, daß auch das Subjektive in der „Walpurgisnacht" eine allgemeine, objektive Seite hat: *Was wir hoffen* - das könnte sich auf die faustische Vision beziehen - und *was wir lieben!* - dahinter verbirgt sich die faustische *Begierde* nach *Genuß* (3249 f.), für das die Gretchen-Handlung als Modell dient.

A. Dann wären es die bekannten *zwei Seelen* (1112) in seiner *Brust*, die sich in FAUSTS Traum zeigen und die auch in FAUSTS anderem großen Traum („Studierzimmer I") wirksam sind (Dialog 29). In diesen acht Versen *hallet* weniger *die Sage alter Zeiten* als vor allem die Szene „Wald und Höhle" *wider*, in der FAUSTS Rhetorik bloßgelegt wurde. Ich denke an die niedereilenden *Bach und Bächlein - Bächlein* (3308; 3310), *wie ein Wassersturz von Fels zu Felsen* (3350) - oder an die *Liebesklage* - *„Wenn ich ein Vöglein wär!" so geht ihr Gesang* (3318).

B. Das machte verständlicher, warum in diesem *Wechselgesang* die Verse durch die Klangkorrespondenzen rhetorisch so ‚aufgeladen' sind. Es würde an FAUSTS ‚Rede' erinnert, die kein humanes ‚Sprechen' ist. FAUSTS schlechtes, oder genauer: schlecht ausgebildetes Gewissen wird in dem Traum vernehmbar und erinnert an die *Opfer* (3361), die die Umformung der Natur fordert.

A. Wir hätten also zwei Sichtweisen auf die Natur: Nach der einen ist sie das Material, das sich den eigenen Interessen gemäß verändern und neu gestalten läßt. Das Idealbild dieses Zugriffs auf die Natur ist die Überwindung der Schwerkraft. Deshalb ist das Fliegenwollen für dieses Bewußtsein repräsentativ.

B. Die andere Sichtweise wäre dann auf die menschliche, oder sollte ich sagen, auf die moralische Natur gerichtet, auf die Möglichkeit des Menschen, anders als FAUST zu lieben und gut zu sein.

A. Mich irritieren die Verse *Und das Echo, wie die Sage Alter Zeiten, hallet wider*: Nicht die *Sage* wird verglichen mit dem bekannten *Echo*, sondern umgekehrt *das Echo* mit der *Sage alter Zeiten*. Ist das bedeutend?

B. Das ist sehr bedeutend, wenn wir bedenken, daß *Echo* in der *Sage alter Zeiten* keine physikalisch erklärbare Naturerscheinung, sondern eine Nymphe ist, die ursprünglich ‚normal' sprechen konnte. Warum sie ihre eigene Stimme verlor, beschreibt Ovid:

> Dies hatte Juno gewirkt, weil Echo einst, als die Göttin
> hätte die Nymphen können ertappen, die oftmals mit ihrem
> Juppiter lagen am Berg, sie mit Absicht schwatzend zurückhielt,
> bis die Nymphen geflohn. Als Juno es endlich bemerkte,
> sprach sie: ‚Der Zunge, durch die ich gefoppt, sollst du wenig nur mächtig
> bleiben, behalten nur zu kürzester Nutzung der Sprache.'

Und sie tut, wie gedroht. Nun verdoppelt Echo der Reden
Ende und trägt nur die Worte zurück, die sie vorher
gehört hat.[261]

A. Demnach sagt Echo ‚zu allen Sachen ja' wie MARGARETE. Läßt sie sich mit MARGARETE vergleichen?

B. Echo verliebt sich in Narziss und wird von diesem verschmäht, weil er sich nur selbst liebt. Wegen dieser Schmach verbirgt sie sich im „Wald", lebt in „einsamen Grotten":

Aber die Liebe, sie haftet und wächst mit dem Schmerz des
Verschmähtseins,
nimmer ruhender Kummer verzehrt den kläglichen Leib [...].
[...] Nur Stimme und Knochen sind übrig. Die Stimme
blieb, die Knochen sind, so erzählt man, zu Steinen
geworden.[262]

A. Auch MARGARETE kann sich als verschmäht empfinden oder, genauer gesagt: FAUST kann ahnen, daß sie sich so fühlt. Es scheint ihm zu dämmern, daß er ihre Liebe zugunsten seiner faustischen Ziele abgewiesen hat.

B. Vielleicht verdeutlichen MARGARETE/*Echo* in diesem Traum, daß alle, die die faustische Ideologie lieben, enttäuscht werden, weil sie nicht als Individuen und ‚mündige' Menschen gelten, sondern nur das nachzusprechen haben, was andere ihnen vorsagen.

A. Wäre es möglich, daß FAUST in diesem Traum nicht nur MARGARETE als *Echo* hört, sondern sich selbst fühlt als Narziss? Einiges deutet darauf hin, daß er überall nur sich selbst begegnen will und alles haßt, was sich ihm widersetzt. Ich denke an die Sätze im „Studierzimmer": *Mein eigen Selbst zu ihrem Selbst erweitern* (1774), und in „Wald und Höhle": *zeigst Mich dann mir selbst* (3232 f.).

B. Wenn sich FAUST in seinem Traum an *Echo* und Narziss erinnert, könnte dies ausgelöst sein von der Angst, alles, was er aus Eigenliebe zu verwirklichen suche, führe am Ende zu einer **versteinerten** und zerstörten Welt. Damit ist auch angedeutet, daß der faustische Versuch, die anorganische Natur zum Leben zu erwecken, einhergehen kann mit der Verdinglichung der Menschen zur bloßen Materie.

A. Eine solche *Angst* (3362) kennen wir aus „Wald und Höhle", wo FAUST davon spricht, daß er *die* ***Felsen*** *faßte* und MARGARETES Welt *in* ***Trümmern*** *schlug* (3358 f.). Auch *Schuhu* und *Moos* (3273 f.) *hallen* aus dieser Szene *wider*, und *triefendes Gestein* (3274) können wir uns dort denken, wo *Bach und Bächlein nieder* eilen. In den *weiten*, *öden Räumen* geht es bedrohlich zu. *Uhu*[263], *Kauz*[264] und *Kiebitz*[265] verkünden Unheil.

B. Möglicherweise sind diese Nachtvögel auch Gestalten der *Sorge*, die *im tiefen Herzen* ***nistet*** (644), und lassen FAUST davon träumen, daß unter dem Einfluß faustischer Wissenschaft und Technik die Natur außer Kontrolle geraten könnte. Manche Erscheinungen - *Lange Beine, dicke Bäuche!* - sind nicht mehr sicher benennbar, und die *Wurzeln* beispielsweise, die sich noch benennen lassen, verhalten sich nicht mehr ‚naturgemäß': Sie verlassen den Erdboden, sie drohen, den Menschen einzuschränken und festzuhalten.

A. Ja, die gefährlichen ‚Wurzel-*Schlangen*' greifen sich den auf ‚Fort-Schritt' bedachten *Wandrer*. Hinzu kommt die Bedrohung durch die Veränderung der Tiere - *und die Mäuse* ***tausendfärbig*** - und ihre *scharenweise*, massenhafte Ausbreitung.

B. Angesichts der Möglichkeit, die Natur könnte dem Menschen entgleiten und ihn auf eine unvorstellbare Weise beherrschen, ist es nicht überraschend, daß FAUST in seinem Traum die Orientierung verliert und sich von der Natur verspottet fühlt, wenn *Fels und Bäume* ihm *Gesichter schneiden*.

A. Auch in FAUSTS Traum soll MEPHISTOPHELES - wie schon in der Gretchen-Handlung - FAUST die *Zeit der Angst verkürzen* (3362) und ihm wieder Halt geben. Er beruhigt ihn, indem er ihn gerade auf das hinweist, was FAUST im Studierzimmer mit seinem *Verflucht sei Mammon* (1599) verflucht hatte. Kannst du dieser Zauberwelt so etwas wie Realität unterlegen?

B. Der Bericht, den sich FAUST in seinem Traum erstattet, handelt nicht, wie man bei *Mammon* denken könnte, von Gold und Geld, sondern vor allem von *Glut*.

A. *Glut* und Gold unterscheiden sich phonetisch nur durch **einen** Laut. Ist es denkbar, daß FAUST in seiner Vision eine Art Verwandlung des Goldes in eine modernere Form der Energie sieht?

B. Der Harz mit seinen Silber-, Blei-, Kupfer- und Eisen-Vorkommen ist ein Gebirge der Technik. Solche Erz- und Metall-Schätze sind mit *Mammon* zunächst gemeint.

A. Aber FAUST scheint nur auf das Stichwort *glüht* zu reagieren, denn er bemerkt fast nichts als *Glut*. Sieben Verse lang ist sie das Subjekt. Während MEPHISTO von einer gewissermaßen ruhenden ‚Glut' ***im*** *Berg* spricht, erscheint sie FAUST dynamisiert, indem er sie **aus** dem *Berg* fließen sieht:

Hier leuchtet ***Glut*** *aus Dunst und Flor,*
Dann schleicht ***sie*** *wie ein zarter Faden,*
Dann bricht ***sie*** *wie ein Quell hervor.*
Hier schlingt ***sie*** *eine ganze Strecke*
Mit hundert Adern sich durchs Tal,
Und hier in der gedrängten Ecke
Vereinzelt ***sie*** *sich auf einmal.*
Da sprühen Funken in der Nähe
Wie *ausgestreuter goldner Sand.*

B. Daß in der ganzen „Walpurgisnacht" Gold als Metall nur in diesem Vergleich vorkommt, bestätigt deine Vermutung, das Gold werde ersetzt durch die Energie der *Glut*. In seiner Vision sieht FAUST das *im Berg* enthaltene Erz sich in flüssige *Glut* verwandeln, und er sieht zugleich, daß sich diese *Glut* aufhalten, steuern und vereinzeln, also beherrschen läßt.

A. MEPHISTOS Hinweis, daß *man mit Erstaunen sieht, wie im Berg der Mammon glüht*, ‚erstaunte' FAUST nicht, aber jetzt, nach der Beschreibung der *Glut*, ist er fasziniert: *Doch schau! in ihrer ganzen Höhe Entzündet sich die Felsenwand.* Er fängt gewissermaßen erst Feuer, als er die *im Berg* enthaltene *Glut* nach außen kehrt und als riesiges Feuer träumt.

B. Barthold Heinrich Brockes sagte schon um 1730: „Feur, als König der Natur, Ändert Wesen und Figur."[266] Man könnte meinen, der *Palast*, von dem MEPHISTOPHELES spricht, sei der Palast des ‚Königs Feuer', mit dessen Hilfe sich das Wesen der Natur den faustischen Interessen gemäß verändern lasse. Mit *Herr Mammon* ist aber auch auf den uns schon bekannten Teufel (Dialog 29) in Miltons „Paradise Lost" angespielt, von dem es heißt, er habe die Menschen gelehrt, „mit verruchten Händen das Eingeweide ihrer Mutter, der Erde, zu zerwühlen"[267].

A. Diese ‚Lehre' käme dem faustischen Interesse entgegen. FAUST würde nicht mehr nur die *Brüste* der *Natur* (455 f.) fassen, sondern die „Erde" um ihrer Bodenschätze willen so zurichten, daß sie keine „Mutter" mehr wäre. Das hatte schon der *Erdgeist* befürchtet (Dialog 3).

B. Milton schildert, wie Mammon vorgeht, um „in **einer Stunde**" zu verfertigen, was die Menschen „schwerlich in **einem Jahrhundert** mit unaufhörlicher Arbeit und mit unzähligen Händen zu Stande bringen"[268]. Während eine Gruppe seiner Leute aus einem vulkanischen „Berg", der „in seinem Schoße hartes mineralisches Erz führete"[269], aber auch „Rippen von Gold"[270], das Erz herausgrub, „schmelzete unten auf der Ebene ein andrer Haufe in vielen zu dem Ende gemachten

Hütten, die unten mit **Adern** voll **flüssigen** Feuers, das **aus dem See abgezapfet** ward, durchfahren waren, die rohen Klumpen Erzes mit verwundersamer Kunst, sonderte die unterschiedlichen Gattungen, und schäumte die siedenden Schlacken ab. Ein dritter hatte immittelst mancherlei Formen in dem Boden eingegraben, und durch seltsame Gänge aus den Schmelzhütten alle hohlen Rinnen angefüllet; wie der Wind in einer Orgel aus einem Blase-Brette in manche Reihe Pfeifen geführt wird. Urplötzlich stieg ein mächtig großes Gebäude, wie ein Irrwisch-Licht aus der Erden, unter dem Schalle lieblicher Melodien und süßer Stimmen, wie ein Tempel gebauet, wo Pfeiler und dorische Säulen in die Runde gesetzet, und güldene Hauptbalken darüber geleget waren [...]."[271] Nicht das Gold, das FAUST als Wert von Dauer nie interessiert hat, sondern die Geschwindigkeit, mit der der Palast gebaut wird, müßte FAUST beim Anblick des von Mammon errichteten Tempels elektrisieren.

A. Die Arbeitsproduktivität wäre hunderttausendfach gesteigert. Hier ist die Idee der Arbeitsteilung dargestellt, über deren Propagierung durch Adam Smith wir schon gesprochen haben (Dialog 31), und die Möglichkeit, Bauteile vorzufertigen und Bauten auf einmal zu errichten. Milton liefert fast eine technische Anweisung für Gußeisen-Konstruktionen, die dann 1779 mit der ersten gußeisernen Brücke der Welt in die Praxis umgesetzt wurden.

B. Ja, das Gold der neuen Zeit wäre vor allem die Eisen-Glut, deren Funken nützlicher sind als *ausgestreuter goldner Sand.* Schon 1779 läßt Campe seinen Robinson zu einem Stück Gold verächtlich sagen: „Da liege du elender Klumpen, wonach die Menschen so begierig zu sein pflegen! Was nützest du mir! O hätte ich statt deiner ein gutes Stück Eisen gefunden [...] Wie gern gäbe ich dich für eine Handvoll eiserner Nägel oder für irgend ein nützliches Werkzeug hin!"[272]

A. Der Stein der Weisen, den die Alchimisten gesucht haben und mit dessen Hilfe sich alle Stoffe in andere Stoffe, aber am liebsten in Gold verwandeln und veredeln sollten, ist nun in einem viel handgreiflicheren und praktischeren Sinne gedacht. Wenn es gelänge, sich die *Glut* der Erde dienstbar zu machen, sie zu stauen und dann auf einzelne Projekte zu lenken, das wäre ebenfalls ein echt ‚faustisches' Unternehmen.

B. Goethe sagt, für die „Alchymisten" sei „Gold [...] so unbedingt mächtig auf der Erde, wie wir uns Gott im Weltall denken"[273], aber erst FAUST träumt sich mit seiner *Glut* eine Macht „auf der Erde", die ihn „Gott im Weltall" vergleichbar macht. Gegenüber der Chemie der neuen Zeit ist die Alchimie fauler Zauber.

A. Das wurde schon angekündigt, als der *Pudel* (1239) sich durch alchimistische Formeln nicht beeindrucken ließ (Dialog 29). Die Energie, die in den „Eingeweiden" der „Erde" steckt, ist für FAUST nun etwas von dem, *was die Welt Im Innersten zusammenhält.* Diese Erkenntnis scheint ihm in seinem Traum gekommen zu sein, und dies vermittelt ihm das *Glücks*-Gefühl, von dem MEPHISTOPHELES spricht.

B. Wir könnten uns den von FAUST geträumten *Palast* als das durch Glut, Technik und Rationalisierung geschaffene faustische Herrschaftssymbol der modernen Zeit denken, deren Anbruch durch den *morgenrötlich trüben Schein* angekündigt wird.

A. Dann wäre es nicht erstaunlich, daß durch den Sturm, den Glut und Feuer bei diesem Bau verursachen, die *ewig grünen Paläste*, also die Werke der alten Natur, splittern und zerstört werden.

B. Goethe spricht von der „großen **hervorbringenden** und **aufbauenden Kraft** des **Menschen**", durch die „[...] er der Natur ganze **Gebirgslager** abdringt, um sich nach eigenen Ideen **Paläste** zu errichten, **Wälder** umschlägt, um seine Bauten auszuzimmern und zu bedachen, eben so macht sich der **Physiker** zum **Herrn** über ihre Erscheinungen, sammelt Erfahrungen, zimmert und schraubt sie durch künstliche Versuche zusammen, und so steht zuletzt auch ein Gebäude zur Ehre da seines Baumeisters; nur begegnen wir der kühnen Behauptung, das sei nun auch noch Natur, wenigstens mit einem stillen Lächeln, einem leisen Kopfschütteln."[274]

A. Auf FAUST bezogen heißt dies, FAUST **muß** die Natur zerstören und etwas Wider-Natürliches an ihre Stelle setzen.

B. Ja, der faustische Mensch, der seine *Skrupel* (368) überspielt, wird, wenn ihm nicht mehr begegnet als ein „stilles Lächeln" oder ein „leises Kopfschütteln", nicht nur „Gebirgslager" abbauen und „Wälder" abholzen, bis von Natur aus nichts mehr wächst, sondern als „Physiker" und Chemiker keine Ruhe haben, bis er Natur und Mensch so verwandelt hat, daß alles als sein Werk erscheint. Überspitzt könnte man sagen, FAUSTS Vision sei die Götterdämmerung der alten Natur.

A. Indem FAUSTS Traum auf Miltons „Mammon" anspielt und indem die *Felsenwand* sich wie ein gewaltiger Hochofen *entzündet*, wird zugleich an die Technik und die Menschen erinnert, die gebraucht werden, um die ‚Gebäude' der faustischen Wissenschaft zu verwirklichen.

B. Es klingt etwas durch von dem, was in Goethes „Pandora" Prometheus zu den „Schmieden" sagt: „Drum freut es mich, daß [...] ihr das **Feuer** über alles preis't. Die ihr hereinwärts auf den Amboß blikkend wirkt Und hartes Erz nach eurem Sinne zwingend formt. [...] ihr aber seid die Nützenden. Wildstarre Felsen widerstehen euch keineswegs; Dort stürzt von euren Hebeln **Erzgebirg** herab, **Geschmolzen** fließt's, zum Werkzeug umgebildet nun, Zur Doppelfaust. Verhundertfältigt ist die Kraft."[275]

A. Diese Beschreibung bekräftigt, daß FAUST „Werkzeuge", Produktionsmittel schaffen muß, wenn er im großen wirken will.

B. Ist es denkbar, daß in FAUSTS Traum der neue *Mammon* den Produktionsfaktor ‚Kapital' bedeutet, also alles, was erfunden und technisch gebraucht wird, um die Natur industriell auszubeuten und eine neue Erde zu schaffen?

A. Ja. Aber um Kapital zu schaffen und zu benützen, braucht man „Schmiede", arbeitende Menschen vieler Art. Die „Schmiede" des Prometheus, denen keine „wildstarren Felsen" widerstehen, haben etwas mit der *Windsbraut* gemeinsam, die die *übertrümmerten Klüfte* verursacht.

B. Das Wüten dieser *Windsbraut* formiert sich zu einem *wütenden Zaubergesang*, der die Zerstörung der alten Natur und alten Kultur und das, was an ihrer Stelle entstehen soll, zu erläutern scheint.

A. Wenn MEPHISTOPHELES davon spricht, daß die *Säulen ewig grüner* ***Paläste*** *splittern*, heißt das wohl, daß das Feuer des faustischen Prometheus nicht nur neues „Werkzeug" hervorbringen wird, sondern auch neue Gesellschaftsformen.

B. Daß dies Revolutions-Metaphorik ist, zeigt auch ein Zitat, wo Goethe rückblickend auf die Halsband-Affäre (Dialog 19), mit der 1785 die französische Königin in Verbindung gebracht wurde, schreibt: „[...] wie die Halsbandsgeschichte als düstre Vorbedeutung, so ergriff mich nunmehr die **Revolution** selbst als die gräßlichste Erfüllung; den Thron sah ich gestürzt und **zersplittert** [...]."[276] Die durch den Fall *ewig grüner Paläste übertrümmerten Klüfte* kündigen unter diesem Gesichtspunkt eine Welt an, in welcher die Standesklüfte überwunden sind, vielleicht aber auch nur überwunden scheinen, weil die *Klüfte* nicht als ausgefüllt, sondern nur als überdeckt dargestellt werden.

A. Die HEXEN könnten den Produktionsfaktor ‚Arbeit' dieser neuen Gesellschaft vertreten. *Der große Hauf* bzw. *der ganze Hexenhauf*, der zum *Brocken* zieht, würde die „Haufen" gefallener Engel des Miltonschen „Mammon" ersetzen. Aber sind Hexen dafür prädestiniert?

B. Hexen wurde vieles unterstellt, das sie mit FAUST verbindet:

- Sie waren unzufrieden mit der Welt, in der sie lebten.
- Sie wollten neue Erkenntnisse und diese auf die Natur anwenden.
- Sie wollten schnell sein[277], wollten fliegen und damit überhaupt Naturgesetze einschränken oder besser ausnützen.

- Sie wollten alle nur mögliche Lust ohne Tabus ganz genießen.
- Das war ihnen so viel wert, daß sie den christlichen Drohungen mit der Hölle trotzten, ihr Seelenheil riskierten und bereit waren, mit dem Teufel einen Pakt zu schließen, der mit Blut unterzeichnet wird[278].

In FAUST konzentriert sich also das Prinzip des alten Hexenwesens.

A. Wenn die Wünsche und Vorstellungen der im Aberglauben eingebildeten Hexen ein so ideales Medium sind, um darin Faustisches auszubreiten und darzustellen, liegt es nahe, daß FAUST die mit seinem Wesen ‚verwandten' HEXEN in den Sinn kommen, wenn er von Menschen träumt, die beim Bau der industriellen Gesellschaft helfen sollen.

B. Was FAUST will, ist in gewisser Weise auch ‚Hexerei'. Zum Beispiel wünscht er *Bäume, die sich täglich neu begrünen* (1687). Obgleich Ende April neben grüner Saat noch Stoppeln stehen können - am *Ostertage* (598) sah WAGNER *den schwarzen Hund durch Saat und Stoppel streifen* (1147) -, bin ich geneigt, *Die Stoppel ist gelb, die Saat ist grün* auf diesen Wunsch FAUSTS zu beziehen, etwa in dem Sinne, daß die HEXEN ankündigen, die faustische Zeit der Intensivwirtschaft sei nun angebrochen.

A. Sicher ist, daß in der faustischen Welt kein Platz mehr bleibt für etwas ‚**Ewig**-Grünes', denn die *Säulen **ewig** grüner Paläste splittern.* Alles scheint nun schnell wechseln zu müssen. Überhaupt scheint Geschwindigkeit und damit Leistung ein Merkmal dieser HEXEN zu sein.

B. Es fällt mir auf, wie sich in diesem Traum die *Funken* entwikkeln. Zuerst sieht FAUST in den Leuchtkäfern ***Funkenwürmer***, dann vereinzelt sich ihm *Glut* zu sprühenden ***Funken***, und schließlich *sprüht ein Zauberchor, viel tausend Feuer**funken** hervor.*

A. Die Glühwürmchen faszinieren ihn, weil sie fliegen. Bei der Suche nach der Ursache differenziert er das ‚Glühen': Nicht das Leuchten scheint für die Bewegung wichtig zu sein, sondern die Glut. Bewegte oder bewegende Glut sind *Funken.* Deshalb bezeichnet er die Glühwürmchen als *Funkenwürmer.* Dann sieht er eine Möglichkeit, wie *Glut* sich beherrschen und in *Funken* verwandeln läßt. Die vergleicht er mit *ausgestreutem goldnem Sand.* Und schließlich träumt er sich die faustischen Techniker und Arbeiter als *Zauberchor*, dem es gelingt, die Energie der *Glut* so auszunützen, daß die hervorsprühenden *Feuerfunken* das *Sausen* der Geschwindigkeit erzeugen, mit der das HEXEN-Volk zum *Brocken* fliegt. Man könnte meinen, die CHÖRE benützten Raketen.

B. Dieser Gedanke ist nicht abwegig, wenn man bedenkt, daß das damalige Publikum schon Leucht- und Feuerwerksraketen kannte. Was sich die Hexen des Aberglaubens eingebildet haben, daß jeder *Trog* sich in ein Luftschiff verwandeln lasse, möchte FAUST nicht mit Hilfe einer technisch unwirksamen *Salbe*, sondern durch ‚Feuer-Kraft' verwirklichen. Jetzt scheint sich alles zusammenzufinden, was durch die Begriffe *Feuerwagen* (702), *Feuerstrudel* (1154) und *Feuerluft* (2069) vorbereitet ist.

A. Ich habe das Gefühl, daß FAUST hier weit über die zeitgenössischen Luftschiffer hinausträumt. Denn nach Blanchards Kanalüberquerung von 1785 (Dialog 28) blieb die Entwicklung der Luftreise für längere Zeit stecken. Allerdings fuhren Gay-Lussac und Biot 1804 in Paris 4000 m in die Höhe.[279] Kein Wunder, daß bei den kühnen Vorstellungen FAUSTS die alte Natur ein Grauen befällt: Dem *Wind* verschlägt es die Sprache, weil er zum Segeln nicht mehr gebraucht wird, der *Stern flieht* und der *Mond verbirgt sich*. FAUSTS Geschwindigkeit scheint keine Grenzen zu kennen.

B. Die *dreihundert Jahr*, die die STIMME schon steigt und trotzdem noch *unten* ist, ziehen vielleicht eine Grenze zwischen der etwa dreihundertjährigen Hexerei des Aberglaubens, deren Zauber nur behauptet oder in der Phantasie vorhanden war, und dem faustischen HEXEN-Volk der neuen Zeit, das verwirklichen soll, was früher gewünscht wurde.

A. Stimmst du mir zu, daß unter dem Kriterium der Geschwindigkeit auch eine HEXEN-Auslese stattfindet?

B. Ja, wer nicht hoch kommt und deshalb keine Arbeit verrichtet, und wer nicht schnell ist und deshalb wenig leistet, scheint nicht in den oder das CHOR DER HEXEN aufgenommen zu werden, sondern bleibt *ewig* eine einzelne ‚Stimme'.

A. Hier könnte auch dargestellt sein, wie sich die faustische Idee des Individuums auf den Einzelnen auswirkt. Alle in FAUSTS Gefolgschaft reden sich ein, sie hätten die gleiche Chance, *sich zu heben*, und es sei jeder selbst schuld, wenn er es nicht schaffe und *ewig ein verlorner Mann* bleibe. Tatsächlich aber bewegen sie sich in einer Masse.

B. Darauf weist MEPHISTOPHELES mit seinem *Der ganze Strudel strebt nach oben; Du glaubst zu schieben, und du wirst geschoben* (4116 f.) ausdrücklich hin. Alle denken, sie seien ihres Glückes Schmied, sind in Wirklichkeit jedoch in einer Bewegung, die sie nicht selbst bestimmen.

A. Dementsprechend stellen sie sich dar als ‚Haufen', die sich an Leitfiguren orientieren: an *Herr Urian* und *Frau Baubo*.

B. *Urian* ist ein vieldeutiger Begriff. Im Personenverzeichnis zu Goethes „Hanswursts Hochzeit" steht ein „Herr Urian" als „Kuppler"[280]; Adelung, an dessen Wörterbuch sich Goethe gewöhnlich orientierte, bemerkt nur, „Herr Urian" gebrauche man von einem Mann,

„vor welchem man wenig Achtung an den Tag legen will"[281]; und 1795 möchte Lichtenberg, um nicht immer wieder „Teufel" schreiben zu müssen, „dafür so etwas wie *Herr Urian* schreiben"[282]. In Matthias Claudius' Gedicht „Urians Reise um die Welt" ist er nicht viel mehr als ein Großmaul. Und im Grimm steht „Urian" neben anderem auch „für das männliche Glied"[283].

A. Sicher scheint also zu sein, daß in FAUSTS Traum *Herr Urian* als Deckname fungiert.

B. In der Bedeutung ‚Phallus' entspräche *Herr Urian* der *Frau Baubo*, da sie von altersher als „personifizierte Vulva"[284] gilt. Goethe setzt die Kenntnis dieser Bedeutung voraus, wenn er in „Das Römische Carneval" schreibt, „eine Baubo" entweihe „die Geheimnisse der Gebärerin"[285].

A. Auch wenn es mir aufgrund der HEXEN-Verse einleuchtet, daß in der „Walpurgisnacht" Phallus und Vulva Leitfiguren der HEXEN und HEXENMEISTER sein können, so kann ich daran nichts sehen, was für den neuen FAUST charakteristisch wäre. Denn in diesem Sinne leiten *Herr Urian* und *Frau Baubo* Menschen und Tiere seit eh und je.

B. Auf den animalischen Aspekt verweisen *Bock* und *Schwein.* Wenn wir das, was du sagst, einbeziehen, so verdeutlichen diese Leitfiguren doch, daß in der faustischen Welt die Menschen sich zwar heben und schnell bewegen müssen, daß sie leisten und konkurrieren, aber daß sie nur technisch höher und weiter kommen, vielleicht auch ‚tierisch', jedoch nicht menschlich.

A. Das auf *Frau Baubo* bezogene Zitat *So Ehre denn, wem Ehre gebührt* stammt aus dem Kapitel des Römerbriefs, wo Paulus sagt, alle Gebote seien zusammengefaßt „in dem einen Gotteswort": „Du sollst deinen Nächsten lieben wie dich selbst. Die Liebe fügt dem Nächsten in keiner Weise Böses zu [...]." (Rö 13, 9 f.) Sobald man die Verse des HEXEN-Volks an dieser Stelle spiegelt, sieht man, wie sehr ihm personale und soziale Liebe fehlt. Keine HEXE hilft der anderen.

B. Auch *Der Weg ist breit, der Weg ist lang* spielt auf eine Bibelstelle an. In der Bergpredigt heißt es: „Weit ist ja die Pforte und **breit der Weg**, der ins Verderben führt, und viele sind's, die auf ihm hineingehen." (Mt 7,13) FAUST scheint in seinem Traum zu ahnen, daß die faustische Gesellschaft keine Gesellschaft der Liebe sein wird, wie sie in der Bergpredigt entworfen wurde.

A. An diesen Zusammenhang schließen sich die Verse der HEXENMEISTER an. Sie betrachten die Beziehungen zwischen Mann und Frau nur unter dem Gesichtspunkt der Quantität: *Mit **tausend** Schritten macht's* *die Frau [...] Mit* ***einem*** *Sprunge macht's der Mann. Des Bösen Haus* steht hier wohl auch für die faustische Gesellschaft schlechthin, in der auch ‚Liebe' meßbar und damit taxierbar zu sein scheint.

B. Mich erinnert *Doch wie sie sich auch eilen kann, Mit einem Sprunge macht's der Mann* zugleich an MEPHISTOS *Mir geht es wie der Katze mit der Maus* (322). Die *Maus* mag sich bewegen wie sie will, schließlich wird sie doch gefressen.

A. Wie wenig die Frau in einer auf Stärke und Gewalt gegründeten Gesellschaft emanzipiert sein wird, illustrieren die Verse *Die Gabel sticht, der Besen kratzt, Das Kind erstickt, die Mutter platzt.* Denn könnte die hier umschriebene Abtreibung nicht ausdrücken, daß alles, was in dieser Gesellschaft den Fortgang und den Fortschritt behindert, ohne Rücksicht auf die Folgen geopfert werden wird? Die Geschichte MARGARETES nähert sich dieser Vorstellung deutlich an.

B. Ich glaube, daß dieses von den HEXEN vermittelte Horror-Szenarium noch eine weitergehende Bedeutung hat. Abtreibung greift unter - damals sehr hohem - Risiko in einen wesentlichen Naturprozeß ein. Insofern ist sie faustisch.

A. Ja, auch FAUST **muß** in den genetischen Natur-Prozeß eingreifen, wenn er beispielsweise *Bäume* will, die *sich täglich neu begrünen* (1687).

B. Mir erscheint diese *Mutter* auch als Zerrbild der ‚Mutter Natur'. Eine Konsequenz aus solchem Umgang mit der Natur wird sein, daß der neue *Mensch gemacht wird*, in der Retorte oder, wie WAGNER in „Faust II" sagt, in einem *Kolben* (6835 f., 6852), und zwar so, daß er den technischen Anforderungen der faustischen Welt genügt.

A. Mit solchen Aussichten führte der Traum FAUSTS den Zeitgenossen eine Konkurrenz- und Leistungsgesellschaft vor, die sie das Gruseln lehren konnte.

B. Diese Gesellschaft kommt mir vor, als sei sie selbst in der Retorte, wenn MEPHISTOPHELES das HEXEN-Wesen kommentiert:

> *Das drängt und stößt, das ruscht und klappert!*
> *Das zischt und quirlt, das zieht und plappert!*
> *Das leuchtet, sprüht und stinkt und brennt!*
> *Ein wahres Hexenelement!*

Könnte ein Chemiker den Prozeß im Reagenzglas nicht auf ähnliche Weise beschreiben?

A. Und zugleich sind FAUSTS ‚Schmiede' hier so dargestellt, daß das Mechanische, Maschinenhafte ihrer Arbeitswelt sie selbst durchdrungen hat und ihre zwischenmenschlichen Beziehungen beherrscht. Liebe und Sprache sind in dieser Welt technisch beschreibbare Größen (*das drängt und stößt* bzw. *plappert*), und da der *Schwarm der Hexenheit* die *Heide weit und breit* deckt, kann anderes kaum noch gedeihen. -

B. Dieser erste größere Zusammenhang in FAUSTS Traum bewegt sich um die Thematik der *Glut*. Nun verstehe ich besser, warum in MEPHISTOS Beschreibung *Des roten Monds mit später Glut* die Adjektive vertauschbar sind. Die außergewöhnliche Formulierung (Enallage), mit der dieser Vers herausgehoben ist, könnte andeuten, FAUSTS innere Sehnsucht gelte einer Welt, die nicht unter einem *unvollkommenen* Zeichen steht, sondern unter dem ‚vollkommenen' Licht faustischer *Glut*, die - den Kräften des *Mondes* vergleichbar - das Geschehen auf der Erde beeinflußt. Je mehr diese ‚rote Glut' das Leben beherrscht, desto *trüber* - und desto lieber - wird der ‚späte', also der alte *Mond* (als alte Natur) sich *verbergen* und verschwinden.

A. In diesem Traum erfüllt sich FAUSTS Wunsch nach *rotem Gold*, das *in der Hand zerrinnt* (1679 f.), vermutlich auf andere Weise, als er gedacht hat. Indem die *Funken*, die *wie ausgestreuter goldner Sand* ***sprühen***, in die *Feuerfunken* verwandelt werden, die das *Zauberchor* ***sprüht***, ist das *Gold* durch die ‚rinnende', unendlich verwandelbare *rote* Glut ersetzt.

B. Noch in anderer Hinsicht ist *Gold* durch *Glut* ersetzt. Zwar sind Gold - *Nach Golde drängt, Am Golde hängt Doch alles* (2802-04) - und Glut - *Und diese Glut, von der ich brenne* (3064) - bekannte Symbole für Sexualität; es ist auch denkbar, daß umgekehrt Sexualität durch Gold versinnbildlichte Macht repräsentiert. Aber hier ist Sexualität auf neue Weise eine Metapher für die *Glut*, die die faustische Welt - im doppelten Sinne - erzeugt und erhält. Von dieser *Glut* ‚brennt' die durch die FAUST-Figur dargestellte Idee des ‚bürgerlichen Subjekts'.

A. Es überrascht nun nicht mehr, daß der *Mond traurig heransteigt*, wenn er auf eine Welt blicken soll, für die das von MEPHISTOPHELES beschriebene *Hexenelement* die zutreffende Metapher ist.

Dialog 34: *Walpurgisnacht* (4020-4095)

A. Wieder will FAUST einen anderen Weg gehen als MEPHISTOPHELES, und wieder setzt sich dieser schließlich durch. FAUST scheint jetzt in seinem Traum mit der Möglichkeit zu spielen, sich ‚hinreißen' und treiben zu lassen. Und zugleich möchte er nicht *getrennt* sein, sondern MEPHISTOPHELES soll sich - wie schon beim Aufkommen der *Windsbraut* (3936) - um ihn kümmern.

B. Die Regiebemerkung *in der **Ferne*** und MEPHISTOS *Es ist zu **toll*** erinnert daran, wie MEPHISTOPHELES im „Prolog im Himmel" FAUST beschrieben hat: *Ihn treibt die Gärung in die **Ferne**, Er ist sich seiner **Toll**heit halb bewußt* (302 f.). Diese Beziehungen zeigen wieder, daß in der „Walpurgisnacht" FAUSTS Wesen zur Anschauung kommt.

A. Im „Prolog im Himmel" sollte die Einschränkung *halb bewußt* FAUST entschuldigen, nun kann sein Traum das faustische Verantwortungsbewußtsein offenlegen. Zunächst erinnert er daran, daß zum Faustischen die bürgerliche Kategorie des Rechts gehört (Dialoge 29 und 30), das jetzt vor allem dazu dient, das *Haus* (3866), das Eigentum zu sichern.

B. Daß dieses *Hausrecht* ein Gewaltverhältnis begründet, stellt die IRRLICHT-Episode deutlich dar: Für das IRRLICHT ist MEPHISTOPHELES der *Herr vom **Haus***, weil der droht, *sein Flackerleben auszublasen* (3865 f.).

A. Jetzt aber kommt MEPHISTOPHELES ohne solche Drohungen aus. *Platz! süßer Pöbel, Platz!* hört sich freundlicher an.

B. Ungefähr so freundlich wie *Heda! mein Freund! darf ich dich zu uns fodern?* (3857) Auch hier verraten die Ausrufezeichen, wie es gemeint ist.

A. *Süß* ist vor allem ein Begriff FAUSTS. Schon in seinem „Studierzimmer"-Traum läßt er sich von ***süßen** Traumgestalten* umgaukeln (1510), und später, bei Bewußtsein, sagt er: *Wenn nicht das **süße** junge Blut, Heut nacht in meinen Armen ruht, So sind wir um Mitternacht geschieden* (2636-38).

B. ***Süß** Liebchen* (3179) und *die Begier zu ihrem **süßen** Leib* (3328) gehören auch dazu; fast immer drückt *süß* eine sinnliche, sexuelle Neigung aus. Irgend etwas scheint FAUST hier zu hindern, dieser Neigung nachzugeben.

A. Hat *Pöbel* nicht einen verächtlichen Nebensinn?

B. Doch, und der wird verstärkt, wenn FAUST sich als *Doktor* und

MEPHISTOPHELES als - adeligen - *Junker* träumt.

A. Das könnte andeuten, FAUST wolle sich mit dem ‚gemeinen' Volk nicht ‚gemein' machen. Er scheint sich vom *Pöbel*, obgleich er ihm durch MEPHISTOS ***süßer*** *Pöbel* schmeichelt, abgrenzen zu wollen.

B. Mich erinnert dies daran, daß FAUST die *Gesellen* in „Auerbachs Keller" und MARGARETE in dem Glauben läßt, er sei aus einem *edlen Haus* (2177; 2681). Trotz aller Neigung zum *süßen Pöbel* sträubt sich etwas in FAUST, *unter das Pack* gestoßen (1640) zu werden. Das Verhältnis zwischen faustischem ‚Kapitalisten' und arbeitenden Menschen scheint ein Herrschaftsverhältnis sein zu **müssen**.

A. Das hat FAUST aus seiner Begegnung mit dem *Süß Liebchen* MARGARETE, in der diese Distanz durch eine enge Gefühlsbindung verringert war, wohl gelernt. Jetzt erst, in FAUSTS Traum, könnte MEPHISTOPHELES mit Recht sagen: *Denn dir die Grillen zu verjagen, Bin ich als edler Junker hier* (1534 f.). Die *Grillen*, das wäre etwa die Vorstellung, *des Bösen Haus* (3980) sei eine Art ‚Kommune' gleichberechtigter Menschen.

B. Das *Hausrecht*, überhaupt das Recht, soll im ‚Haus des Bösen' die Herrschaft sichern. Um dies nicht zu verwischen, muß der *Herr Doktor*, die wissenschaftliche Autorität, einen *Satz* machen und sich vom *süßen Pöbel* trennen, so verlockend das ‚süße Leben' auch sein mag.

A. Der Begriff des *Bösen* wird ungeschminkt genannt, allerdings so, daß man nicht weiß, ob **der** Böse oder **das** Böse gemeint ist: *geht es zu des Bösen Haus* (3980) und *Dort strömt die Menge zu dem Bösen.*

B. Ich denke, wir können es mit MEPHISTOPHELES halten, der gesagt hatte, ***den*** *Bösen sind sie los* (2509). In FAUSTS „Studierzimmer"-Traum wurde das *Böse* nicht definiert, sondern als allgemein bekannt vorausgesetzt, so daß seine Traumfigur MEPHISTOPHELES nur beispielhaft sagte: *So ist denn alles, was ihr Sünde, Zerstörung, kurz, das Böse nennt, Mein eigentliches Element* (1342-44).

A. Das *Böse* konnte als bekannt vorausgesetzt werden, weil Kant das Sittengesetz formuliert hatte, das jedem Menschen sagt, ob seine Handlung gut oder böse sei. Ein Böses an sich kann es kaum geben.

B. Allerdings hat Kant dann in den 90er Jahren im Menschen einen „natürlichen Hang zum Bösen" aufgedeckt und diesen „ein *radikales*, angebornes, (nichts destoweniger aber von uns selbst zugezogenes) *Böse* in der menschlichen Natur"[286] genannt.

A. *Was ist mit diesem Rätselwort gemeint?* (1337)

B. Ich verstehe es so, daß Kant damit ein ‚Gefälle' zwischen sittlicher und physischer Natur des Menschen bezeichnet, etwa in dem Sinne: „Der Geist ist willig, aber das Fleisch ist schwach." (Mt 26,41)

A. Wäre mit diesem allgemeinen „Hang zum Bösen" FAUST nicht auch hier schon wieder ‚ent-schuldigt'?

B. Kant definiert - ohne einen **wirklichen** Teufel vorauszusetzen -, „teuflisch" sei „eine Gesinnung", die „das Böse als *Böses* zur Triebfeder in seine Maxime"[287] aufnimmt. Das heißt, ein echter „teuflischer" Mensch müßte bewußt **wollen**, dem Sittengesetz zuwider zu handeln.

A. Für FAUST scheint das nicht zuzutreffen. Er ist zwar *so ziemlich eingeteufelt* (3371), aber doch in diesem Sinne nicht „teuflisch".

B. Man kann keiner Handlung ansehen, aus welchem moralischen Grund sie geschieht. FAUST hat vielleicht nicht „in seine Maxime" aufgenommen, dem Sittengesetz zuwider zu handeln, aber doch, sich durch nichts von seinem Streben nach Gottgleichheit abbringen zu lassen. Das Sittengesetz wird durch sein an MEPHISTOPHELES gerichtetes *du hast recht, vorzüglich weil **ich muß*** (3072) verdrängt.

A. Eine solche „Gesinnung" näherte sich dann doch der, die Kant als „teuflisch" bezeichnet. Auch im Traum wendet sich FAUST an MEPHISTOPHELES und vertraut sich der ‚Führung' dieses *Geists des Widerspruchs* ausdrücklich an.

B. Es ist nicht sicher, was der *Geist des Widerspruchs* bedeutet. Von einem *Geist des Widerspruchs* spricht Goethe immer wieder; schließlich wird im Alterswerk diese Bezeichnung so verwässert, daß es in „Wilhelm Meisters Wanderjahren" heißt, der „Geist des Widerspruchs" wohne „in allen Menschen"[288]; so ähnlich steht es auch in „Dichtung und Wahrheit"[289].

A. Das würde heißen, daß auch MEPHISTOPHELES, als *Geist des Widerspruchs*, „in allen Menschen" wohnt. Kennst du nichts, was diesen Begriff etwas ‚griffiger', ich meine, etwas faustischer macht?

B. „Widerspruch" ist auch ein Merkmal moderner Wissenschaft. Goethe sagt, „der unserm Geschlecht eingeborene **Widerspruchsgeist**" finde „Anlaß zur Verneinung des anerkanntesten Wahren". Dabei zieht er den „Widerspruch" dem „Ablehnen" einer Sache vor, weil dieses ein „Verneinen des Interesses" enthalte, „wodurch jedes **wissenschaftliche Streben** völlig aufgehoben wird"[290]. Der „Widerspruch" treibt also „wissenschaftliches Streben" und somit auch Faustisches an.

A. In seiner radikalsten Form entspringt der „Widerspruchsgeist" einem Bewußtsein, das nicht zugeben kann, etwas sei schon von Natur aus gut. Das Urteil des biblischen Gottes über seine Schöpfung, „es war sehr gut" (1 Mo 1,31), akzeptiert FAUST nicht (Dialog 30). Vielleicht hat es mit dieser ‚Anti-Haltung' zu tun, daß FAUST mit Vehemenz *droben* auf dem Berg sein möchte. Kannst du erkennen, was ihn so fasziniert?

B. Das einzig konkret Faßbare ist *Glut und Wirbelrauch*. Es ist also die aufgeheizte und so *Wirbelrauch* verursachende faustische *Glut* (3921), das Gold der modernen Zeit, worüber wir gesprochen haben (Dialog 33). *Glut und Wirbelrauch* scheint das Wahr- und Feldzeichen des Faustischen zu sein.

A. Deutlicher kann wohl kaum gezeigt werden, daß es FAUST zu seinem eigenen Ideal zieht. Er selbst könnte sich *droben* feiern lassen als *Doktor*, als Wissenschaftler, welcher die alten - als böse geltenden - Wünsche des Aberglaubens Wirklichkeit werden läßt.

B. Würde das nicht bedeuten, daß FAUST auf dem Wege wäre, seine Ideologie als das und sich selbst als der *Böse* zu offenbaren?

A. Hinter dem Satan der ursprünglich geplanten Satanshuldigung hätte sich dann FAUST selbst verborgen. Vielleicht hat Goethe diese Szene auch deshalb nicht weiter ausgeführt, weil er damit rechnen mußte, daß der moderne Satan mit dem alten christlichen verwechselt wird.

B. Auf solche Zweideutigkeit der Gipfelszene spielt an: *Da muß sich manches Rätsel lösen. - Doch manches Rätsel knüpft sich auch*. Das mag ein Grund sein, warum MEPHISTOPHELES sich von einem *Raum* angezogen fühlt, den ein *ganz* ***besondrer*** *Schein* erleuchtet. Es ist wohl ein neuer, **spezifisch** faustischer Innen-Raum und durch seine ‚Isolation' vielleicht besser geeignet, das *Rätsel* des *Bösen* zu *lösen*.

A. In dieser neuen „Walpurgisnacht" tauchen dann auch moderne Repräsentanten des Faustischen auf, an deren *muntren Klub* vor Goethe kaum jemand gedacht hat. Schon *Klub* ist ein moderner, von England übernommener Begriff.

B. Der zeitgenössische Neben-Raum, der sich hier auftut, ist vielleicht eine *kleine Welt* in der *großen Welt* der „Walpurgisnacht"-Tradition, aber es ist *kein kleiner Raum*, wie MEPHISTOPHELES ausdrücklich bemerkt. Wenn wir bedenken, daß in FAUSTS zweitem „Nacht"-Monolog *ein kleiner Raum* als Ort individueller *Sorge* ausgewiesen war (640-651), dann könnte ein *Raum*, dessen Ende kaum zu sehen ist, bedeuten, daß er nicht nur private, sondern auch - nicht absehbare - ‚gesellschaftliche' Dimensionen hat.

A. FAUST begegnet in ‚seiner' „Walpurgisnacht" seinem früher geträumten Satz: *Du kannst im Großen nichts verrichten Und fängst es nun im Kleinen an* (1360 f.) (Dialog 29). Aber nun geht es nicht um die physische Umgestaltung oder Vernichtung der *großen Welt*, sondern um die - von gängigen Vorstellungen über Gott und Teufel freie - moralisch-sittliche Beleuchtung seines Unternehmens.

B. Ansatzweise geschah dies schon in „Wald und Höhle", als

FAUST erkannte, daß er MARGARETES *häusliches Beginnen Umfangen in der **kleinen** Welt* (3354-60) untergraben hat. Aber wie auf der Fahrt durch *die **kleine** [...] **Welt*** (2052) sich diese Welt MARGARETES als bedeutend erwies, kann auch hier die ***kleine Welt***, die innerhalb der *großen Welt* des Aberglaubens ‚gemacht' wird, für das Verständnis faustischen Bewußtseins von Bedeutung sein.

A. Inwiefern sollten *junge Hexchen nackt und bloß Und alte, die sich klug verhüllen*, bedeutend sein?

B. Der Maßstab, an dem sie gemessen werden, ist Jugendlichkeit. FAUST wird daran erinnert, daß er möglichst unverbrauchte, leistungsfähige Menschen benötigt. Dieser Thematik scheint sich der Traum nun zuzuwenden.

A. Ich kann nicht sehen, was *Die Müh ist klein, der Spaß ist groß* damit zu tun hat.

B. Dieses Abwägen bekommt dadurch seinen besonderen Charakter, daß sich *Müh* auf *freundlich* bezieht. Es wird ausdrücklich bestätigt, was wir zu *Heda! mein Freund! darf ich dich zu uns fodern?* (3857) gesagt haben (Dialog 33). ‚Freundlichkeit' ist im faustischen Bewußtsein ein kalkulierbarer Aufwands-Faktor, der eingesetzt wird, um aus egoistischen Gründen - *um meinetwillen* - möglichst großen (Lust-)Gewinn herauszuschlagen.

A. Deine Erklärung widerspricht zwar unseren früheren Beobachtungen nicht, aber ich fasse die Stelle anders auf. Wo Menschen verinnerlicht haben, daß es *klug* ist, ihr Alter zu *verhüllen*, sie also den Anschein von Schwäche vermeiden wollen, braucht man tatsächlich keine große *Müh* aufzuwenden, um sie für Leistungen zu gewinnen. Deshalb habe ich gleich an Prostitution gedacht.

B. Auch dieser Aspekt ergänzt, was wir zum IRRLICHT bemerkt haben: Prostitution dient als Modell, wie sich in der faustischen Welt die einzelnen auf dem Arbeitsmarkt feilbieten müssen und ständig in der Angst leben, ihre Jugendlichkeit sei nicht mehr ausreichend.

A. Wie kommen nun in diesen ‚geschäftlichen' Umgang mit Menschen ‚tönende' *Instrumente*, und warum ‚verflucht' MEPHISTOPHELES dieses *Geschnarr*?

B. Es scheint ihm den erhofften *Spaß* zu verderben. Irgend etwas Unliebsames und Störendes, an das man sich *gewöhnen **muß***, ist im faustischen Bewußtsein wohl immer da, das den Genuß verdirbt und es nötig macht, nach einem neuen *Spaß* zu suchen.

A. Vielleicht entspringen diese ‚Mißtöne' einer Stelle in FAUSTS Unterbewußtsein, wo er ahnt, daß er - selbst wenn er wollte - nie *zum*

Augenblicke sagen **kann**, *Verweile doch! du bist so schön!* (1699 f.). Weil der faustische Genuß nicht hält, was *man* sich von ihm versprochen hat, muß FAUST sich ständig vom Alten ab- und Neuem zuwenden. Die Verlockung zum Neuen, auf die durch das *Komm, komm!* und das *Komm mit! Komm mit!* deutlich hingewiesen ist, äußert sich auch in MEPHISTOS *und ich verbinde dich* ***aufs neue***.

B. In der Welt des *Klubs*, die sich in FAUSTS Traum auftut und in die er und MEPHISTOPHELES durch eine Art von ‚Gesträuch' *hinein schlupfen*, scheint man sich *produzieren* zu müssen.

A. Was zeichnet eigentlich einen *Klub* aus?

B. Von Novalis erschien 1799 im „Athenaeum" folgende Definition: „Ein echter Klub ist eine Mischung von Institut und Gesellschaft. Er hat einen Zweck, wie das Institut; aber keinen bestimmten, sondern einen unbestimmten, freien: Humanität überhaupt. Aller Zweck ist ernsthaft; die Gesellschaft ist durchaus fröhlich."[291] Kannst du von solcher „Humanität" etwas in der „Walpurgisnacht" erkennen?

A. Sie wäre auf die Formel gebracht: *Man tanzt, man schwatzt, man kocht, man trinkt, man liebt.* Das kommt mir eher beliebig und auswechselbar vor als human. Humanität setzt Selbstbewußtsein und Autonomie voraus.

B. Und dennoch enthält MEPHISTOS *Nun sage mir, wo es was Bessres gibt* die rhetorische Frage, ob dies nicht das Beste sei, was der Mensch erreichen kann.

A. Die Aufzählung *Man tanzt, man schwatzt, man kocht, man trinkt, man liebt* vermittelt etwas Mechanisches, und von der humanen Freiheit eines „Klubs", wie Novalis ihn beschreibt, sind diese Menschen weit entfernt.

B. Indem jedoch dieser *Klub* auf den von Novalis beschriebenen beziehbar ist, wird deutlich, wie eingeschränkt die Menschen in der faustischen Gesellschaft gedacht sind und wie sehr ihre Freizeit der Arbeitswelt gleicht.

A. Ich weiß noch nichts mit FAUSTS Frage anzufangen: *Willst du dich nun, um uns hier einzuführen, Als Zaubrer oder Teufel produzieren?* Das erinnert an MEPHISTOS Künste in „Auerbachs Keller" (Dialog 21).

B. Die Frage zeugt davon, daß FAUST eine taktische, auf die Gesellschaft bezogene Vorgehensweise erwartet. Wenn man beide Begriffe gegeneinander abgrenzt, setzt *Zaubrer* im modernen Sinn eine aufgeklärte Gesellschaft voraus, die sich mit Zaubertricks unterhalten läßt. Dagegen kann MEPHISTOPHELES sich nur dort als *Teufel produzieren*, wo man an einen Teufel glaubt. MEPHISTOS Entscheidung für den *Pferdefuß* zeigt, daß im faustischen Bewußtsein keine aufgeklärten Menschen Platz haben, sondern eher solche, die mythisch befangen sind.

A. Die Anspielung auf das *Knieband*, den Hosenbandorden mit seinem „Honny soit qui mal y pense" (‚Verachtet sei, wer Böses dabei denkt'), fordert dazu auf, an dieser Stelle ‚Böses zu denken'. Denn es widerspricht dem Sittengesetz, sich so zu verhalten, daß andere Menschen im Mythos verhaftet bleiben. Das hat etwas ‚Böses', etwas „Teuflisches" im Kantschen Sinne an sich.

B. Auf dieses Verhaftetsein im mythischen Denken wird auch durch die Formulierung *Doch ist der Pferdefuß hier* ***ehrenvoll*** *zu Haus* hingewiesen. Denn die ‚Ehre' dieses *ehrenvoll* gehört zum Bewußtsein derjenigen, die sich vor dem *Pferdefuß* erniedrigen. Das bestätigt die *Schnecke*, die mit denen verwandt ist, die *wie die Schneck im Haus schleichen* (3978).

A. In seinem Traum scheint sich FAUST Menschen zu **wünschen**, die - aus welchen Gründen auch immer - vor ihm ‚kriechen' und ihren Herrn als übermenschlich bewundern, auch wenn sie vielleicht nicht mehr zu sagen haben als *Schneckeschnickeschnack* (4256). Immer wieder zeigt sich, wie das Faustische daran interessiert ist, die unaufgeklärten Bewußtseinsstrukturen der Feudalgesellschaft beizubehalten und den Glanz, der der Feudalherrschaft galt, unter etwas anderen Vorzeichen auf die faustische Herrschaft umzuleiten (Dialog 26). Das erinnert mich an Schillers „Wallenstein", falls diese Assoziation hier erlaubt ist.

B. Ja, dieser ‚bürgerliche' Großunternehmer, der dennoch fürstliche Ambitionen hat, stellt viel Faustisches dar. Sein ‚Betrieb' mit seinem ‚Heer' von Arbeitnehmern funktioniert nur, wenn seine ‚Leute' glauben, er sei mit dem „Teufel" im Bunde. Auch dort gibt es den Glauben an das eigene Glück, vermischt mit dem krudesten Aberglauben. Ich denke an die Stellen: „Denn das weiß ja die ganze Welt, Daß der Friedländer einen **Teufel** Aus der Hölle im Solde hält"[292] und „Ja, er hat sich dem **Teufel** übergeben, Drum führen wir auch das lustige Leben."[293]

A. Es gibt noch deutlichere Berührungen und Entsprechungen zwischen wallensteinischer und faustischer Welt. *Komm nur! von Feuer gehen wir zu Feuer, Ich bin der Werber, und du bist der Freier* ist sicher eine Reminiszenz an MEPHISTOS *Du übersinnlicher sinnlicher Freier* (3534) und seine Rolle als *Werber* bei MARGARETE. Da jedoch die „Walpurgisnacht" keine Stelle enthält, wo MEPHISTOPHELES für FAUST wirbt, legt das ‚Lagerleben', das sich in diesem *Raum* abspielt, nahe, bei *Werber* auch an die zu denken, die Rekruten anzuwerben und anzulocken haben. Das ‚werbende' *Komm mit! Komm mit! [...] Ich tret heran und führe dich herein* würde dem entsprechen.

B. Die ‚reihenweise' Anordnung der *Ein Hundert Feuer* vermittelt ebenfalls etwas Militärisches, Uniformes. Soldaten haben für ihren Sold Höchstleistungen zu erbringen und zugleich stumm, unmündig zu funktionieren. Für Selbstverantwortlichkeit ist da kein Platz: *Und die Soldaten Ziehen davon.* (901 f.)

A. Dann wäre die Freiheit, für die die faustische Ideologie in FAUSTS Traum wirbt, die Freiheit einer Leistungsgesellschaft. Sie ist eine ‚unmündige' Freiheit, weil sie sich nur für den Gehorsam zu entscheiden hat. Solche ‚Freie' haben - wie ein *Freier*, der einen *Werber* für sich sprechen läßt -, nur das zu tun, was andere für sie aushandeln.

B. Zum Begriff des *Werbers* gehört, daß er kein langweiliges, mechanisches Dasein verspricht, sondern vor allem ‚Glück', oder *Spaß*, wie MEPHISTOPHELES sagt. Deshalb ist das rationale, meistens von MEPHISTOPHELES repräsentierte Moment der faustischen Idee oft begleitet von FAUSTS Emotionen. In der Gretchen-Handlung wird vorgespielt, wie man mit materiellen und sinnlichen Glücks-Verheißungen ‚Liebe' erzeugt. Das *Schmuckkästchen* (2782//83) ist mit dem Anfangssold vergleichbar, den der Werber als Lockmittel ausbezahlt.

A. Ja, der Begriff des *Werbers* enthält immer etwas Verführerisches. Die faustische Ideologie muß nicht nur, wie wir gesehen haben, ständig neue Bedürfnisse erzeugen (Dialog 30), sondern auch darauf aus sein, um die ‚Gunst' ihrer Leute zu werben, und in ihnen das **Gefühl** zu *produzieren*, daß es nichts *Bessres gibt* als Leistung. MEPHISTOS Beschreibung *Man tanzt, man schwatzt, man kocht, man trinkt, man liebt* könnte ein ‚Werbe-Slogan' sein, der aber zugleich verborgen ausdrückt, was er eigentlich bedeutet: *man tanzt* nach der Musik von andern, *man schwatzt*, weil man nichts zu sagen hat, *man* regeneriert sich, und *man liebt* zum Schluß, falls dafür noch Zeit bleibt.

B. Sobald MEPHISTOS rhetorische Frage *Nun sage mir, wo es was Bessres gibt?* als echte Frage aufgefaßt wird, merkt man, daß sich wohl etwas *Besseres* denken läßt als *Saus* und *Jugendbraus*, die diese Leute nie zur Besinnung und zu sich selbst kommen lassen.

A. Die *alten Herrn*, zu denen MEPHISTOPHELES nun tritt, ‚besinnen' sich und scheinen doch nicht zu sich selbst zu kommen. Es sind wohl diejenigen, die ausgedient haben und nicht weiter gebraucht werden. Vermutlich haben sie nichts mehr ‚nachzulegen', so daß ihre *verglimmenden Kohlen* nicht mehr zu den *Ein Hundert Feuern* und sie nicht mehr zu *Feuer* und *Glut* (3921) zählen, der realen Potenz faustischer Ideologie.

B. Mir kommt es wie höhnende Ironie vor, wenn MEPHISTOPHELES die *alten Herrn* fragt, was sie *hier am Ende* machen, denn das heißt doch auch: ‚Warum seid ihr am Ende?' Sie, diese Alten, können in der Leistungsgesellschaft nicht das ‚Idol' sein, *Von Saus umzirkt und Jugendbraus*, sondern haben ausgedient. Sie sind nicht einmal in der Lage der alten Hexen, von denen MEPHISTOPHELES sagt, daß sie *sich klug verhüllen*; der Schock, nichts mehr oder nicht mehr viel zu gelten, scheint sie zu deprimieren.

A. Wie man in Schillers „Wallenstein" sieht, kann der GENERAL sehr gut die Leistungsgesellschaft symbolisieren. Und daß in einer ‚modernen' Gesellschaft der MINISTER schnell austauschbar und ersetzbar ist, ließ sich an der Französischen Revolution studieren. Aber was haben PARVENU und AUTOR in dieser Reihe zu suchen? Noch in einem Wörterbuch von 1854 ist „Parvenü" nicht mit ‚Emporkömmling', sondern mit „Glückskind, Glückspilz"[294] erklärt.

B. Die Ideologie der Leistungsgesellschaft wirbt mit der Verlokkung, daß sie durchlässig sei und jeder alles erreichen könne. In „Wallensteins Lager" wird dem jungen Rekruten erklärt: „Aus dem Soldaten kann **alles** werden, Denn Krieg ist jetzt die Losung auf Erden."[295] „Und wers zum Korporal erst hat gebracht, Der steht auf der Leiter zur **höchsten Macht**."[296] Obwohl er dreißig Jahre zuvor noch ein „Gemeiner" war, ist Butler zum „Generalmajor" aufgestiegen[297]. Auch Wallenstein selbst,

> Der jetzt **alles vermag und kann**,
> War erst nur ein schlichter Edelmann,
> Und weil er der Kriegsgöttin sich vertraut,
> Hat er sich diese Größ erbaut,
> Ist nach dem Kaiser der nächste Mann,
> Und wer weiß, **was er noch erreicht** und ermißt, *(pfiffig)*
> Denn noch nicht aller Tage Abend ist.[298]

Diese „Kriegsgöttin" ist „Fortuna"[299], unter ihrer Herrschaft *kehrt sich alles um und um, Und eben da wir's fest erhalten wollten.*

A. Zur Glücksgöttin „Fortuna" gehören ‚Einsatz' und Risiko.

B. Entsprechend wird der Rekrut belehrt: „Wer nichts waget, der darf nichts hoffen"[300]. Aber am deutlichsten steht es im Schlußlied:

> Die **Jugend brauset**, das Leben schäumt,
> Frisch auf! eh der Geist noch verdüftet.
> Und **setzet ihr nicht das Leben ein**,

Nie wird euch das Leben gewonnen sein.[301]

A. Darauf spielt ***Jugendbraus*** deutlich an: Der PARVENU als der durch Risiko, Einsatz und Glück Emporgekommene erscheint mir jetzt wichtiger als der GENERAL und der MINISTER. Vor allem weil er inhaltlich nicht festgelegt ist, repräsentiert der PARVENU den Grundtyp des Menschen, den die faustische Welt braucht.

B. Selbst MARGARETE hat etwas von dieser Figur. Auch sie riskierte - wie wir gesehen haben - viel, um sozial aufzusteigen, und auch ihr *kehrt sich alles um*, als sie's *fest erhalten* wollte.

A. Unklar bleibt mir freilich die Rolle des AUTORS in dieser faustischen Welt. Wie die drei anderen beklagt er, daß das *junge Volk jetzt* das Sagen hat.

B. Goethe schrieb 1805, während der Arbeit an der „Walpurgisnacht", über die Situation des „Autors": „Unmöglich ist es, die **Gunst der Menge** bis **an's Ende** zu erhalten. [...] Was der Autor nicht merkt, merkt das Publikum. [...] **Neue Anforderungen** an Gunst werden gemacht, **die Zeit schreitet vor**, eine **frische Jugend** wirkt und man findet die Richtung, die Wendung eines frühern Talentes **veraltet**. Der Schriftsteller, der nicht beizeiten zurückgetreten, der noch immer eine ähnliche Aufnahme erwartet, **sieht einem unglücklichen Alter** entgegen, wie eine Frau, die von den scheidenden Reizen nicht Abschied nehmen will."[302] Das ist ziemlich genau auf den AUTOR beziehbar, und zwar so, daß man nicht von einem „abgehalfterten Aufklärungs-Autor"[303] sprechen kann.

A. Ja, dieser AUTOR ist zukunftsbezogener und viel bedeutender, als es zunächst aussieht. Und er scheint ein Beispiel dafür zu sein, wie es in der neuen Gesellschaft allen gehen wird. Er kann sich einreden, autonom zu sein, sich selbst zu verwirklichen, und ist doch abhängig vom Idol der Jugendlichkeit, vom Zwang, immer auf der Höhe seiner Zeit und ihr möglichst voraus sein zu müssen, wenn er sich auf der *Messe* als dem Markt der Autoren behaupten will.

B. Goethe sagt in einer „Reflexion": „Verleger haben die Autoren und sich selbst für vogelfrei erklärt [...]."[304] Im Konkurrenzkampf ist das gewissermaßen jeder …

A. … nur daß die Tüchtigkeit den Erfolg nicht garantiert.

B. Auf die Autoren läßt sich ein Xenion anwenden, auch wenn es ursprünglich anders gemeint ist:

Hier ist Messe, geschwind, packt aus und schmücket die Bude,
Kommt Autoren, und zieht, jeder versuche sein Glück![305]

Die zeitgenössischen „Autoren" sollen aus dem Lostopf, der die von Goethe und Schiller gemeinsam verfaßten - meist satirischen - Xenien enthält, ein Xenion ziehen, und wenn sie „Glück" haben, kommen sie ungeschoren oder gar belobigt davon. In der faustischen Welt jedoch ist die Existenz **jedes** AUTORS davon abhängig, ob er in seiner ‚schnell-lebigen' Zeit zum richtigen Zeitpunkt das gängige Thema und darüber hinaus auch den richtigen Verleger erwischt.

A. Dieses Glücks-Spiel betrifft also nicht nur Schicksalsschläge, die jeden treffen können, sondern die Grundlagen der gesamten Existenz, da kaum noch etwas als ‚sicher' gelten kann.

B. Der AUTOR erscheint aber wohl nicht nur deshalb in der „Walpurgisnacht", weil er - auch für das Publikum der Feudalgesellschaft nachvollziehbar - ein freies Gewerbe betreibt, das keinen Zunftzwang kennt, keine besondere Ausbildung verlangt und jedem offensteht. In einer Gesellschaft, die auf Fortschritt durch fortwährende Erneuerung baut, muß Altes, auch wenn es bewährt ist, veraltet erscheinen und Neues immerwährend erfunden und auf den Markt gebracht werden (Dialog 30). Auch die faustische Ideologie gilt es ständig aufrechtzuerhalten und möglichst ‚sinnlich' der Einbildungskraft zu vermitteln.

A. Das würde heißen, daß der „Autor" eine unverzichtbare Größe dieser Ideologie ist. Er hätte das ‚Schmiermittel' zu liefern, ohne welches die Maschinerie der Natur- und Weltbeherrschung nicht läuft.

B. Die vier *alten Herrn* verkörpern also wesentliche faustische Dimensionen mit deren Auswirkungen auf die einzelnen Menschen: Für alle wird oder muß das Leben *am Ende* anders sein, als es ihnen versprochen wurde und als sie geglaubt haben; Enttäuschung und Frustration scheinen Merkmale dieser Welt zu sein.

A. Warum parodiert und verspottet MEPHISTOPHELES diese *alten Herrn*? Er tut dies doch?

B. Ja, ich sehe keinen Sinn darin, MEPHISTOS Verse auf ihn selbst zu beziehen. Er erscheint *auf einmal sehr alt*, weil er die vier *Alten* nachäfft, indem er den Begriff *Volk* aus den Versen von GENERAL und AUTOR benützt und indem er das auf einen Nenner bringt, was die *alten Herrn* in Wirklichkeit meinen.

A. Es zeigt sich dabei erneut, wie das Faustische zum Mythischen tendiert; überdies ist uns der *Jüngste Tag* als diesseitiges Drohmittel einer jenseitigen Macht aus dem *Dies irae* (3798) im „Dom" bereits bekannt (Dialog 16). Da für die *alten Herrn* die *Welt* in zweifacher Weise untergeht - als faustische Welt des *Hexenberges*, auf dem sie nichts mehr gelten und den sie nicht mehr *besteigen*, und als physische Welt, die für sie mit dem Tod ihr Dasein verliert - soll über alle Menschen die Katastrophe hereinbrechen.

B. Indem MEPHISTOPHELES diese Alten verspottet, hält er auch FAUST einen Spiegel vor, der kühn davon gesprochen hatte, er wolle sein *eigen Selbst zu ihrem Selbst erweitern und, wie sie selbst,* ***am End*** *auch* er *zerscheitern* (1774 f.). Er erinnert an den Unterschied zwischen einer abstrakten, unsterblichen Idee und den konkreten, der Zeitlichkeit unterworfenen Menschen, die diese Idee verwirklichen sollen und wollen.

A. Zugleich stellt er dar, wie sehr die vier *Herrn* immer nur das *liebe junge Volk* im Blick und dabei so verinnerlicht haben, daß es für ihre Selbsteinschätzung keinen anderen Maßstab gibt.

B. Sie könnten in ihrer Jugend zu dem „jungen Volk" gehört haben, von dem Goethe sagt, „es bildet sich ein, Sein Tauftag sollte der Schöpfungstag sein"[306], und nun im Alter diesen Grundsatz in seine Kehrseite wenden: *Zum Jüngsten Tag fühl ich das Volk gereift.*

A. Dann enthielte MEPHISTOS Spott den Vorwurf, daß sie sich lächerlich machen, wenn sie in der Jugend Leistung und Konkurrenz akzeptiert und für sich ausgenützt haben und jetzt die Konsequenzen nicht tragen wollen.

B. Wenn ins Bewußtsein der ‚Leistungsträger' sickerte, daß sie bald ‚altes Eisen' sind und sich selbst nicht mehr achten können, könnten Angst und Sorge den Enthusiasmus und den Elan hemmen, den die faustische Welt braucht. Deshalb sollen die *alten Herrn* lächerlich und damit unschädlich gemacht werden.

A. MEPHISTOPHELES kommt mir vor, als spiele er hier die Rolle des „Autors" in der faustischen Welt. -

B. Es ist nun die Frage, wie lange in FAUSTS Traum-Bewußtsein die inhumanen Abwehrmechanismen dem Druck standhalten, den ein letzter Rest von Humanität auf ihn ausübt.

A. Ein solcher Druck könnte von der TRÖDELHEXE ausgehen, an der sich FAUST und MEPHISTOPHELES wohl nicht ohne Grund vorbeizudrücken suchen.

Dialog 35: *Walpurgisnacht* (4096-4213)

A. Die Szenerie der *Traum- und Zaubersphäre* beginnt sich mehr und mehr zu verengen, so daß am Ende nur noch FAUST, MEPHISTOPHELES und die Erscheinung eines *schönen Kinds*, das *dem guten Gretchen gleicht*, übrigbleiben. Das läßt erwarten, daß der Weg, den FAUSTS Traum nimmt, mehr und mehr ins Innere des faustischen Wesens führt, möglicherweise so weit, daß FAUST einer moralischen Entscheidung nicht mehr ausweichen kann.

B. Der Weg dorthin ist markiert von vier Frauen-Gestalten, die eine seltsame Reihe bilden: TRÖDELHEXE, *Lilith*, SCHÖNE und *Gretchen*-Erscheinung. Zwei von ihnen sprechen, zwei sind stumm. Die TRÖDELHEXE drängt sich auf, an *Lilith* ist FAUST interessiert, will dann aber doch nichts ‚von ihr wissen', dagegen bewegt er sich sehr lange mit der SCHÖNEN, bis sie ihn irritiert und er sich auf die Erscheinung des *schönen Kinds* konzentriert.

A. Dieser Zusammenhang wird aber nicht nur für FAUST, sondern auch für mich gestört durch den PROKTOPHANTASMIST. Er soll der einflußreiche Berliner Autor und Verleger Friedrich Nicolai sein, der vor allem als Herausgeber der Rezensions-Zeitschrift „Allgemeine Deutsche Bibliothek" und durch die zwölfbändige Beschreibung einer Reise durch Süddeutschland bekannt geworden war und den Goethe und Schiller mit einem Teil ihrer Xenien angegriffen haben. Sind die Bedeutungsmöglichkeiten des Stücks nicht sehr reduziert, wenn ein identifizierbarer Zeitgenosse in ihm herumgeistert? Oder soll das ausdrücken, daß der „Faust" etwas mit der Zeit zu tun hat, in der er entstanden ist?

B. *Tegel* und *Blutegel* spielen eindeutig auf Nicolai an. Denn dieser veröffentlichte 1799 einen vor der „Königlichen Akademie der Wissenschaften" gehaltenen Vortrag[307], in dem er beschrieb, wie er einige Jahre zuvor sogenannte „Phantasmen" gesehen habe: „Diese Gestalten alle erschienen mir in Lebensgröße, so deutlich wie man Personen im wirklichen Leben sieht [...]." Um diese Belästigung zu beenden, „ward beliebt wieder Blutigel an den After zu setzen" …

A. … das war ein üblicher medizinischer Brauch.

B. Ja, Nicolai selbst sagt, er sei „sonst gewohnt gewesen, jährlich zweimal Ader zu lassen"[308]. Dann beschreibt er die Wirkung des Aderlasses: „[...] während der Operation wimmelte das Zimmer von menschlichen Gestalten aller Art, die sich durch einander drängten [...].” Nach etwa fünf Stunden bewegten sich „die Gestalten” „langsamer” und „ihre Farben” wurden „blässer”. „Die Gestalten gingen nicht weg, sie verschwanden auch nicht, welches gleichfalls sonst sehr oft geschehen war. Jetzt zerflossen sie gleichsam in der Luft. Von einigen sogar waren eine Zeitlang einzelne Stücke zu sehen, die nach und nach auch vergingen. [...] Nie habe ich wieder dergleichen gesehn.”[309]

A. Und was hat es mit dem ‚Spuk in Tegel' auf sich?

B. In seinem Vortrag erinnert Nicolai daran, daß man gefragt habe, „ob nicht die Gestalt eines Geistes [...] möchte gesehen, und seine Stimme, oder auch sein Poltern - wie neulich in **Tegel** - gehört werden können”[310]. Dabei verweist er auf einen Bericht „Über das nächtliche Gepolter in Tegel”[311]; dort steht, „man konnte zweifelsfrei feststellen, daß es sich um kein Gespenst, sondern um einen Menschen handeln mußte, der sich im Hause gut auskennt”[312].

A. Dann würde *Wir sind so klug, und dennoch spukt's in Tegel* Nicolai eine Ansicht unterstellen, die er nicht gehabt hat.

B. Oder der Vers bedeutet etwas anderes. - Nach diesem Vortrag wurde Nicolai Mitglied der Preußischen Akademie der Wissenschaften. Das drückt die Achtung aus, die man ihm entgegenbrachte. Es gehörte Mut dazu, sein Inneres und Äußeres so der Öffentlichkeit preiszugeben, auch für einen ‚Aufklärer', als den Nicolai sich vor allem empfand. Goethe selbst nennt ihn später einen „übrigens braven” - das heißt ‚tapferen' - „verdienst- und kenntnisreichen Mann”[313].

A. Aber in der „Walpurgisnacht” verspottet er ihn, denn die „Blutigel”-Geschichte ist einfach lächerlich!

B. Am Spott hat es auch sonst nicht gefehlt. Im selben Jahr berichten die Gebrüder Schlegel im „Athenaeum” sehr ironisch über den Vortrag, und im Jahr darauf läßt Ludwig Tieck in seinem Traum „Das jüngste Gericht” Nicolai mit „den Blutigeln hinten” „vor Gericht” auftreten und eine lächerliche Rolle spielen. Er wird von der „unendlichen Barmherzigkeit” verurteilt, „in die Nichtigkeit sich zu begeben”[314].

A. Mir fällt es schwer zu begreifen, warum Goethe den so verspotteten Zeitgenossen in einem Werk erscheinen läßt, das schon als „Faust-Fragment” zur bedeutendsten deutschen Literatur gezählt wurde (Dialog 27). Was verschafft Nicolai diese Ehre?

B. Darüber konnten sich die Zeitgenossen zum Beispiel bei Fichte informieren, der 1801 eine Schrift gegen ihn veröffentlichte[315] und von ihm sagte, „er hat auf seine Zeitgenossen gewirkt, und ist [...] der Urheber eines großen Teils des Meinungssystems gewesen, welches in seinem Zeitalter die Mittelmäßigkeit zu dem ihrigen gemacht hatte"[316].

A. Gibt es dafür Beispiele?

B. Eines bietet Nicolai in seinem Vortrag selbst, indem er sagt: „Ich behaupte nämlich: diejenigen Geschöpfe meines Ich's, welche zwar auch in meiner Vorstellung enthalten sind, so wie die Vorstellung des Hrn Prof. Fichte, wenn er vor mir steht, die ich aber mit sechs Blutigeln an der meinem Kopfe entgegengesetzten Seite angelegt vertilgen kann, haben nicht die Realität des empirischen Ich's dieses itzt wegen seiner Träumereien verfolgten Philosophen."[317]

A. In diesen Sätzen äußert sich das Bewußtsein eines Menschen, der eigene Erfahrungen verallgemeinert und einer Sache, die er nicht begreift, vielleicht weil er sich nicht damit beschäftigt hat, „Realität" abspricht und sie lächerlich macht.

B Da er sich für den vernünftigen und aufgeklärten Menschen schlechthin hielt, konnte er aufgrund seiner persönlichen Erfahrungen alles, was nicht in seine Vorstellungswelt paßte, zu „Phantasmen" erklären, „deren Realität sechs Blutigel aussaugen können"[318]. Fichte schrieb, Nicolai verdiene es, „als Muster seiner Gattung aufgestellt und der Nachwelt überliefert zu werden"[319].

A. Diese Aufgabe scheint Goethe in seinem „Faust" übernommen zu haben. Eigenartigerweise jedoch plaziert er dieses „Muster seiner Gattung" im Bewußtsein einer Figur, über die wir auch als ‚Muster einer Gattung' sprechen. Wie kommt Nicolai in FAUSTS Traum?

B. ‚Anspielungsweise' geistert er von Anfang an durch die Szene. In seiner Polemik gegen die Xenien vergleicht Nicolai sie mit „**Irrlichtern**", von denen man weiß, „daß diese aus schmutzigen Sümpfen entstehen"[320]. Dann erzählt er, daß es ihn „gar nicht irre" mache, „wenn etwa liederliche Studenten über mich den **wilden Jäger** spielen, und meinen, ich solle glauben, der Teufel und sein **höllisches Heer** führe **in den Lüften über mich** weg, da ich doch recht gut weiß, daß sie versteckt in hohle Fässer heulen"[321]. Auch verkündet er: „Unmut mit der **jetzigen Welt** ist eine gewöhnliche geistige Beschwerde des **Alters** [...] es kommt eine **neue Welt**, die ihren Weg geht und sich um uns nicht bekümmert"[322].

A. Das würde heißen, Nicolai ist als „Muster" im faustischen Bewußtsein nicht nur präsent, sondern liefert auch ‚Kulissen' für FAUSTS Traum-Szenerie. Dazu paßt dann, daß sich in seinem von Goethe für ihn erfundenen Namen deutlich ‚Satan' erkennen läßt (SATAN < PROKTOPHANTASMIST). Man könnte meinen, in ihm ‚konzentriere' sich das faustische Böse.

B. Der Name PROKTOPHANTASMIST erhält noch eine weitere Bedeutung, da er in der Handschrift und in der ersten Buchausgabe „**Brock**tophantasmist" geschrieben wird. In diesem Wortspiel bedeutet er nicht nur ‚Aftergeisterseher', sondern das faustische Bewußtsein, das auf dem ***Brocken*** (3956; 4032) ausgebreitet wird, erscheint zumindest als miterzeugt von dem Bewußtsein, das Nicolai repräsentiert.

A. Dem scheint zu widersprechen, daß der PROKTOPHANTASMIST die *Geister* zu vertreiben sucht.

B. Dies braucht kein Widerspruch zu sein. Auch Nicolai versuchte, „Phantasmen" zu vertreiben, die er selbst erzeugt hatte. FAUSTS Bemerkung *Am meisten ärgert ihn, sobald wir vorwärts gehn* scheint ebenfalls dem faustischen Prinzip zu widersprechen, aber FAUST läßt sich von diesem ‚Ärger' nicht stören und nimmt als selbstverständlich hin, daß der *eben überall* ist.

A. Willst du damit sagen, daß die ‚Aufklärung', die der PROKTOPHANTASMIST vertritt, für FAUST nicht schädlich, sondern nützlich sei und zur faustischen Welt gehöre?

B. Das schließe ich jedenfalls nicht aus. Sollte er hier vorspielen, wie er sich ‚Aufklärung' denkt, dann erscheint sie als einmalige Aktion, die man ein für allemal hinter sich bringen kann. Wenn ***wir aufgeklärt haben***, dann müssen die andern dem blind folgen. Und so entlarvt die Art, wie er von *Geistesdespotismus* spricht, ihn selbst als ‚Aufklärungs-Despot'. Seine Aufklärung ist eine Art Halb-Aufklärung.

A. Die wäre etwa folgendermaßen angedeutet:

- Sie beruht auf Vorurteilen, deshalb entgeht dem PROKTOPHANTASMIST, daß MEPHISTOPHELES nicht auf *ordentlichen Füßen* tanzt, sondern mit einem *Pferdefuß*.
- Sie ist schwatzhaft.
- Sie erreicht die nicht, die aufgeklärt werden sollen: die SCHÖNE fühlt sich nicht betroffen, sondern gelangweilt.
- Sie ist eitel und selbstgefällig, weshalb man den PROKTOPHANTASMIST *begrüßen* sollte; denn nach Grimm heißt „begrüßen" auch, „einen, dessen Genehmigung nötig scheint, darum ansprechen, ehe man die Sache tut"[323].
- Sie ist von beschränktem Horizont, da der PROKTOPHANTASMIST sich *im Kreise* dreht.

B. Das wird noch hervorgehoben, indem in der Rede des PROKTOPHANTASMIST nicht nur das Reimwort *unerhört* wiederkehrt, sondern die Reime zyklisch angeordnet sind: abccba.[324]

A. Auf seine Beschränktheit könnte außerdem hinweisen, daß der

PROKTOPHANTASMIST für ‚Geister austreiben' *exerzieren* statt das richtige Wort ‚exorzieren' sagt; den *Geistesdespotismus* zu **exerzieren** würde heißen, ihn einzuüben, nicht auszutreiben. Wer eine solche Art äußere, oberflächliche Aufklärung betreibt, muß fast zwangsläufig darüber enttäuscht sein, daß seine (schein-)rationalen Beweise nicht viel bewirken. Jetzt verstehe ich die Ironie, mit der der PROKTOPHANTASMIST sagt: *und dennoch spukt's in Tegel.*

B. Möglicherweise gehört der PROKTOPHANTASMIST zu den „Aufgeklärten", von denen August W. Schlegel sagte, daß sie sich berechtigt glaubten, „alle Erscheinungen, die über die Grenze der Empfänglichkeit ihres Sinnes hinauslagen, als Krankheits-Symptome zu betrachten, und freigebig mit den Namen Schwärmerei und **Wahn**sinn bei der Hand zu sein. Sie verkannten durchaus die Rechte der Fantasie und hätten, wo möglich, die Menschen gern ganz von ihr geheilt"[325].

A. Es scheint mir nun folgerichtig zu sein, daß ein enttäuschter (Halb-)Aufklärer schließlich die als *Teufelspack* und *Teufel* verteufeln muß, die er aus mythischer Beschränktheit befreien wollte. Indem er die *Geister* anspricht, erkennt er sie an: *Ich sag's euch Geistern **ins Gesicht**.*

B. In der „Farbenlehre" steht eine Notiz, die hier erhellend sein kann: „Man kommt zwar den wackern Personen früherer Zeiten dadurch zu Hülfe, daß man sie vom **Verdacht der Zauberei** zu befreien sucht; aber nun täte es gleich wieder Not, daß man sich auf eine andere Weise ihrer annähme und sie aus den Händen solcher **Exorzisten** abermals befreite, welche, um die Gespenster zu vertreiben, sich's zur heiligen Pflicht machen, den **Geist** selbst zu verjagen."[326]

A. Das ‚Nützliche' einer solchen Ideologie wäre für FAUST, daß sie mithilft, Menschen und Wissenschaft aus gesellschaftlichem, vor allem aus kirchlichem Irrationalismus zu befreien, aber den Menschen doch nicht zutraut, selbstverantwortlich denken und handeln zu können.

B. Ja, erst eine Aufklärung, die Kants „Wahlspruch der Aufklärung" entspräche, „Habe Mut, dich deines ***eigenen*** Verstandes zu bedienen!"[327], wäre für das faustische Bewußtsein gefährlich, zumal wenn der Mut zum eigenen Verstand ergänzt wäre durch den Mut zum eigenen Gefühl. Eine solche „Aufklärung" würde die Menschen anregen und ihnen dabei helfen, neben selbständigem Denken auch ihr moralisches, ‚menschliches' Empfinden zu gebrauchen, damit sie an ihrer eigenen Aufklärung mitwirken könnten. Diese Art von Aufklärung ist freilich eine unendliche Aufgabe, die sich mit jedem Menschen neu stellt.

A. Der PROKTOPHANTASMIST hätte in der faustischen Welt, wie sie sich in FAUSTS Traum zeigt, so etwas wie eine Alibi-Funktion. Er würde unablässig auf Mißstände der faustischen Gesellschaft hinweisen, aber so, daß sie sich nicht grundsätzlich verändern, und obwohl er nützlich, vielleicht nötig ist, könnte man ihn unablässig verspotten. Das alles leuchtet mir ein. Aber ‚letztendlich' hofft er vor seinem *letzten Schritt Die Teufel und die Dichter zu bezwingen.* Was haben die in FAUSTS Welt miteinander zu tun?

B. Die *Dichter*, wenn es echte Dichter wären, wären die Anwälte einer wahren Aufklärung, die die soziale Natur des Menschen weckt und humanes Bewußtsein und Handeln anregt. Das haben wir in der „Hexenküche" gesehen (Dialog 23). Solche *Dichter* müßten in der faustischen Welt ‚verteufelt' werden, denn nur sie sind für die faustische Ideologie eine Gefahr.

A. Man sollte fast meinen, in FAUSTS Traum tauche deshalb der Begriff *Dichter* auf, weil die HEXEN-Poesie aus der „Hexenküche" nachwirke. Auch MEPHISTOS ***Das ist die Art***, *wie er sich soulagiert* (vgl. 2517; 2560) und die ALTE mit ihrem *Ich biete meinen besten* ***Gruß*** *Dem Ritter mit dem* ***Pferdefuß*** (vgl. 2489 f.) erinnern an diese Szene.

B. Als Folge des HEXEN-*Tranks*' wäre es auch begreiflicher, warum FAUSTS Inneres sich von dem Wort *Dichter* ‚angesprochen' und so irritiert fühlt, daß er nicht mehr *forttanzen* kann. Dieses Wort scheint ihn zu bedrohen.

A. Ich denke, wir sollten zuerst fragen, was die Frauen-Gestalten mit der Situation zu tun haben, in die FAUST sich nun geträumt hat.

B. Du hast recht. Durch den PROKTOPHANTASMIST-Exkurs wissen wir jetzt, welche Art von Ideologie FAUSTS Zielen eher nützt als schadet, vielleicht ist auch durchsichtiger geworden, warum FAUST MARGARETE eher verdummt als aufgeklärt hat. Aber was sich sonst in der Enge des Innen-Raums abspielt, von der wir anfangs gesprochen haben, verstehen wir noch nicht.

A. Bei der TRÖDELHEXE ist mir aufgefallen, daß sie FAUST und MEPHISTOPHELES unmittelbar anspricht und versucht, ihre Bewegung zu beeinflussen. Das ist neu in der „Walpurgisnacht" .

B. Als **TRÖDEL**HEXE verkauft sie vor allem gebrauchte Artikel, aber in dem Wort ‚Trödel' steckt auch etwas wie Zögern, Zurückbleiben, Nicht-schnell-genug-sein. Dadurch würde sie sich von den faustischen HEXEN unterscheiden, die auf den *Brocken* geflogen sind.

A. Mich erinnern ihre Worte an FAUSTS Satz: *Ach! unsre Taten selbst, so gut als unsre Leiden, Sie hemmen unsres Lebens Gang* (632 f.). Aber von welcher *Gelegenheit* spricht sie, wenn sie den beiden *Herren* suggeriert, sie könnten etwas versäumen?

B. Sie scheint gar keine *Waren* zum Verkauf anzubieten, sondern so etwas wie Erinnerungstücke auszustellen. Vielleicht *gleicht* ihr *Laden* auch deshalb *keinem auf der Erde*, weil es hier für FAUST und MEPHISTOPHELES nichts zu **kaufen**, sondern etwas zu erkennen gibt, wenn sie ***aufmerksam*** *nach* den *Waren* blicken.

A. Alles, was sie beschreibt, hat etwas mit *Schaden* zu tun, den *Menschen* anderen *Menschen* zugefügt haben. Ihr ‚Handel' bezieht sich mehr auf ‚Handlungen' als auf *Waren*.

B. Aber sie beschreibt diese Handlungen so, als ob sie nicht von *Menschen* ausgeführt wären: Vom *Dolch* fließt *Blut*, *Gift* ergießt sich, *Schmuck* verführt, und das *Schwert* bricht den *Bund* und ersticht den *Gegenmann hinterrücks*. Damit wird sie wohl die Verantwortungslosigkeit der Täter andeuten.

A. Diese gehäuften Personifizierungen können unterstreichen, daß mit den *Waren* der TRÖDELHEXE *Menschen* ent-personifiziert, also in bloße Dinge verwandelt wurden. Die äußerste Verdinglichung ist der Mord. Eine so ‚geschädigte' *Welt* ist eine Welt der ‚Inhumanität'.

B. Diese Erweiterung der Personen-Schäden auf das, was der ***Welt*** zum *tücht'gen Schaden gereicht*, macht die *Waren* zu Beispielen, oder genauer: zu Symbolen der faustischen Welt, die viel mehr umfaßt als die Welt der Gretchen-Handlung. Auch der *Bund*, der durch ein *Schwert gebrochen* wird, ist eher ein öffentlicher als ein privater Treuebruch.

A. Das würde heißen, daß die TRÖDELHEXE FAUST eine *Gelegenheit* bietet, seine *Welt* als Gesellschaft zu erkennen, in der alles zu *Waren* wird und in der kein menschenwürdiges Recht gilt, sondern der Krieg aller gegen alle herrscht. Der *Schaden*, von dem sie spricht, wurde nicht durch abergläubischen ‚Schadens-Zauber' zugefügt, sondern von ‚Unmenschen' (vgl. 3349), die bereit sind, über Leichen zu gehen.

B. Das wird durch MEPHISTOS *Getan, geschehn! Geschehn, getan* eher bestätigt als bestritten. Die TRÖDELHEXE gehört nicht zu den HEXEN der neuen *Zeiten*, sondern tritt dem faustischen Fortschritt in den Weg. Sie widersteht ihm, indem sie Verletzungen und ‚Unmenschlichkeiten' ausbreitet, die aus der faustischen Ideologie folgen.

A. Sie wäre so etwas wie FAUSTS moralisches Empfinden, seine sittliche Natur, die sich im Traum nicht so unterdrücken und ‚verachten' (vgl. 1851) läßt wie in der wirklichen Welt (Dialog 20).

B. Wie man mit solch einer unbequemen Mahnerin umzugehen hat, führt MEPHISTOPHELES vor: Zuerst versucht er, die TRÖDELHEXE als *Frau Muhme* zu vereinnahmen. Dann ‚entschuldigt' er sie gewissermaßen damit, daß sie vielleicht nicht ‚mitbekommen' hat, wie sich die *Zeiten* geändert haben. Dann formuliert er lakonisch kurz und einprägsam die moralische Maxime der neuen *Zeiten*, und zwar rhetorisch herausgehoben durch die Form des Chiasmus: *Getan*, ***geschehn***! ***Geschehn***, *getan!*, um ihr schließlich - ebenfalls in Form eines Chiasmus - den Rat zu geben: *Verleg sie sich auf* ***Neuigkeiten***! ***Nur Neuigkeiten*** *ziehn uns an!*

A. MEPHISTOPHELES spricht so, als ob jede Tat nicht zugleich eine moralische Qualität hätte, sondern ihr Wert allein von der jeweiligen Zeit abhinge: Wer *die* - faustischen - *Zeiten* **gut** *versteht*, für den rechtfertigen *Neuigkeiten*, und zwar **ausschließlich** *Neuigkeiten* - als Ausdruck des Fortschritts - alle Mittel, auch solche, wie sie die TRÖDELHEXE in ihrem Laden ausbreitet. Moral ist hier keine humane Qualität, sondern eine Funktion der Zeit.

B. In seinem Traum versucht FAUST, mit MEPHISTOS Argumenten unbehelligt an dieser TRÖDELHEXE vorbei zu kommen. Daß dies mißlingen könnte, drückt sein *Daß ich mich nur nicht* ***selbst*** *vergesse!* aus. Er scheint zu befürchten, gegenüber seinem moralisch-sittlichen Empfinden das faustische ***Selbst*** (1774) nicht behaupten zu können.

A. Dann wäre sein emphatisches *Heiß ich mir das doch eine Messe!* ironisch gemeint, etwa in dem Sinne: ‚Ich erwarte eine *Messe*, auf der *Neuigkeiten*, neue *Waren*, neue Möglichkeiten angeboten werden, und stattdessen konfrontiert man mich mit Indizien faustischer Un-Taten, die nicht so leicht verschwinden, wie sie geschehen sind.'

B. Und gleich läßt sich FAUST durch MEPHISTOPHELES in einen allgemeinen Strom eingliedern, in welchem die Verantwortung für den Weg, den er nimmt, einer anonymen Größe zu-‚geschoben' wird. Aber eine neue Irritation hindert FAUST, sich verantwortungslos in einem anonymen *Strudel* zu verlieren. Vielleicht taucht die TRÖDELHEXE in neuer Gestalt als *Lilith*, *Adams erste Frau*, wieder auf.

A. Ich frage mit FAUST: *Wer ist denn das?*

B. Wie diese Gestalt aus der jüdischen Mythologie in FAUSTS Traum kommt, ist sehr rätselhaft. Im Zedler steht: „Diese Lilith soll, den Jüdischen Fabeln nach, Adams erstes Weib, welches GOTT, gleich wie den Adam selber, aus der Erde geschaffen, gewesen sein [...]."[328]

A. Das bezieht sich dann auf den ersten Schöpfungsbericht in der Bibel, wo nur steht: „Und Gott schuf den Menschen [...]. Er schuf sie als Mann und als Weib." (1 Mo 1, 27) Lilith wäre also eine ‚ebenbürtigere' Frau gewesen als die aus Adams Rippe gebildete Eva.

B. Dementsprechend berichtet der Zedler weiter, sie habe „ihm nicht gehorchen wollen"[329]. Anders als Eva, die, weil sie „vom Manne genommen ist", den Gattungs-Namen „Männin" erhält (1 Mo 2, 23) und deren Wille ihrem Mann unterworfen sein soll (1 Mo 3, 16), scheint Lilith auf ein Verhältnis der Gleichwertigkeit und Gleichberechtigung zwischen Mann und Frau bestanden zu haben. „Nach vieler Zänkerei, und Kraft des ausgesprochenen großen Namens Gottes", ist sie „in die Luft hinweg geflohen"[330].

A. *Adams erste Frau* könnte eine Möglichkeit symbolisieren, wie in einer humaneren als der faustischen Welt zwischenmenschliche und gesellschaftliche Beziehungen sein sollten. Weil jedoch in FAUSTS patriarchalischer Welt dafür kein Raum ist, scheint er nichts weiter von *Lilith* wissen zu wollen.

B. Ja, nachdem er zuerst neugierig nach ihr gefragt hatte, geht er stumm an ihr vorbei. Er scheint die ‚Verführung' und zugleich die ‚Bedrohung' zu fürchten, die von dieser emanzipatorischen Gestalt ausgeht. Nirgendwo wird berichtet, daß *Lilith schöne Haare* hat und, *wenn sie damit den jungen Mann erlangt*, ihn *so bald nicht wieder fahren* läßt. Das sind Attribute, die FAUSTS Traum dieser Gestalt verleiht.

A. Im Gegensatz zu dem künstlichen *Schmuck*, mit dem FAUST MARGARETE verführte, und den *Waren*, die die TRÖDELHEXE ausbreitet, ist *Liliths* Schmuck von der Natur geschaffen und scheint etwas Natur-Schönes zu symbolisieren. Aber FAUST befürchtet wohl, die Schönheit dieser Idee würde ihn festhalten und am Fortschritt hindern. FAUST verhält sich gegenüber *Lilith* im Grunde nicht anders als gegenüber der TRÖDELHEXE. - Ist *Lilith* ebenfalls eine Gestalt seines moralischen Empfindens?

B. Jedenfalls ist es nicht undenkbar. Auch durch das gemeinsame Reimwort ***fahren*** sind TRÖDELHEXE und *Lilith* verbunden. Während jedoch die TRÖDELHEXE FAUSTS Unterbewußtsein beunruhigt, weil sie ihm die faustischen Beziehungen als ‚verdinglichte' Beziehungen vorstellt, erinnert ihn *Lilith* vielleicht daran, daß er zwar wie Gott sein will, aber nicht wie der Gott des ersten Schöpfungsberichts.

A. FAUST scheint zu spüren, daß die in der Idee der Freiheit ursprünglich enthaltene Gleichheit der Geschlechter und damit wohl auch der Menschen, die ihm in *Lilith* begegnet, sein Handeln MARGARETE gegenüber nicht bestimmt hat. Diese drängt in seinem Traum mehr und mehr ins Bewußtsein und nimmt Gestalt an. Nachdem unter den *Waren* der TRÖDELHEXE *Gift*, *Schmuck* und *Schwert* auf sie verwiesen haben, wird durch das Arrangement der sich anschließenden Tanz-Szene an das erste Rendezvous in MARTHES Garten erinnert (Dialog 14).

B. Um solcher Bedrohung zu entkommen, imaginiert FAUST zwei Hexen, die nicht nach **ihm** ‚langen', sondern die **er** und MEPHISTOPHELES *greifen* können. Mit dieser Aktivität vergewissert sich wohl FAUST, daß er noch die ‚Oberhand' hat.

A. Er fühlt sich durch die SCHÖNE, die ihn gewissermaßen anstelle MARGARETES entschuldigen soll, so erleichtert und beschwingt, daß er 47 Verse lang ununterbrochen tanzt und sich dabei auch vom PROKTOPHANTASMIST nicht stören läßt.

B. Anders als in MARTHES Garten, wo FAUST MARGARETE mit keinem Wort etwas von sich selbst erzählt hat, erzählt er nun im Traum einen *Traum* und läßt ihn von der SCHÖNEN deuten. Nach der - unliebsamen - Begegnung mit *Lilith* bringt sie ihn mit dem Adam des **zweiten** Schöpfungsberichts in Verbindung, dem faustischen Adam, der *vom Paradiese her* der *Äpfelchen begehrt*.

A. Dann verkörpert die SCHÖNE das faustische Programm, wie Gott zu sein und ihn möglichst zu übertreffen. Sie ist - sozusagen - die Personifikation seiner eigenen Idee. Nur das scheint für ihn ‚schön' zu sein.

B. Daß die vier Tanzenden nicht von Liebe, sondern von Sexualität singen, ist nicht verwunderlich, nachdem FAUST in dieser traumhaften Erinnerung an das erste Rendezvous MARGARETE und MARTHE entpersonalisiert hat, so daß sie nicht als Menschen, sondern als Bäume erscheinen.

A. Ich glaube, weil hier die Aussagen so direkt obszön sind, bedeuten sie noch etwas anderes als Sexualität. Von vornherein hat FAUST die *ALTE mit der Jungen* unter dem Gesichtspunkt taxiert, ob sie *schon was Rechts gesprungen* haben, das heißt - nach dem Grimm - ob sie viel und richtig getanzt haben[331], ob also auch die ALTE noch ‚brauchbar' sei. FAUSTS Träume im Traum scheinen wiederum die Vision einer Welt darzustellen, in der die Menschen nur Instrumente sind und ihre Freude daraus schöpfen, daß man sie ‚gebrauchen' kann (Dialog 33).

B. Ja, es ist eine Welt, in der sich die Menschen an-*bieten*, prostituieren, um zu existieren. Der ALTEN geht es ungefähr so wie den alten Hexen, *die sich klug verhüllen* (4047) müssen, und sie ist nicht mehr weit von der Lage der *alten Herrn* entfernt. Auch sie wird den *Hexenberg* bald *zum letztenmal* ***ersteigen*** (4092), nämlich dann, wenn ihre *Äpfel* niemanden mehr so *reizen*, daß er sagt: *ich* ***stieg*** *hinan*.

A. Wenn die für FAUST ‚schöne' Erinnerung an MARGARETE solch inhumane Implikationen hat, erstaunt es mich nicht, daß TRÖDELHEXE und *Lilith* in seinem Innern weiter rumoren. Bisher hat FAUSTS Traum MEPHISTOPHELES immer wieder benützt, um FAUST vor seinem moralischen Empfinden abzuschirmen. Aber nun scheint die Irritation in

FAUSTS Unterbewußtem so groß zu sein, daß selbst MEPHISTOPHELES aus Takt und Rhythmus kommt. Sein Vers *Was **lässest** du das schöne Mädchen **fahren*** steht isoliert und verbindet sich mit keinem anderen Reim.

B. Dennoch spricht er nicht zusammenhanglos, denn er nimmt den letzten Vers seiner Auskunft über *Lilith* wieder auf: *Wenn sie damit den **jungen** Mann erlangt, So **läßt** sie ihn so bald nicht wieder **fahren**.* Wir sehen jetzt, daß FAUST der Anziehungskraft *Liliths* zu entgehen hofft, indem er selbst nach einer ***Jungen*** ‚greift', die ihn in seinen Bewegungen nicht einschränkt, sondern ihm gefällig ist.

A. Aber das erweist sich wohl als Fehlgriff. FAUSTS Inneres kann das Bild nicht aufrechterhalten, das er sich von der *Jungen* gemacht hat.

B. Wenn wir bedenken, daß im Aberglauben eine Maus, die aus dem Munde springt, die Seele bedeuten kann[332], dann verweist das *rote Mäuschen* auf die Entseelung und Entmenschlichung der Menschen in der faustischen Welt. Hier, im Traum, scheint sich in FAUST wiederum ein kleiner Keim seiner unzulänglich gepflegten moralischen Natur zu regen. Wir sollten darauf achten, ob und wie es seiner faustischen Natur gelingt, auch diese humane Regung zu unterdrücken.

A. MEPHISTOPHELES versucht zu ‚retten', was zu retten ist. Indem er den Gesang der SCHÖNEN von *Paradies* und *Apfelbaum* ***lieblich*** nennt, bezieht er ihn auf den Akt des ‚Wie-Gott-sein-Wollens', denn bei Luther steht: „Und das Weib schauet an, daß von dem Baum gut zu essen wäre, und **lieblich** anzusehen, daß ein lüstiger Baum wäre[333], weil er klug machte. Und nahm von der Frucht und aß und gab ihrem Mann auch da von, und er aß." (1 Mo 3,6) Mit seiner Anspielung erinnert MEPHISTOPHELES wohl nicht nur daran, daß Adam und Eva *schon vom Paradiese her* Faustisches *begehrten* und daß sie ein ‚Recht' hatten - *das ist was **Rechts*** -, sich das zu nehmen, was ihnen als *lieblich* vorgestellt wurde (Dialog 26). Denn zugleich scheint er FAUST überzeugen zu wollen, daß erst **er** mit Hilfe moderner Naturerkenntnisse und einer Halb-Aufklärung, wie sie der PROKTOPHANTASMIST vermittelt, dieses Hauptziel faustischer Freiheit verwirklichen kann.

B. Selbst diese kühne Ermunterung richtet bei FAUST nichts aus. MEPHISTOS zweiter ‚Rettungsversuch' ist wesentlich schwächer. Er sucht das zu verallgemeinern, was FAUST nur als ihn selbst betreffend empfindet: *Das nimmt **man** nicht genau; Genug, die Maus war doch nicht grau.* Auch auf MEPHISTOS *Wer fragt danach in einer Schäferstunde?* reagiert FAUST nicht so, wie es die rhetorische Frage erheischt. Etwas scheint in ihm dagegen zu protestieren, menschliche Verhältnisse so unverbindlich, gleichgültig und egozentrisch einzurichten, daß keiner nach dem anderen *fragt*.

A. Deshalb wohl fühlt er sich selbst genötigt, nach dem *blassen, schönen Kind* zu fragen, das *dem guten Gretchen gleicht* und das ihn an die Schuldzusammenhänge mahnen kann, in die er verstrickt ist.

B. Dieses *gute Gretchen* läßt sich in FAUSTS Unterbewußtsein anscheinend nicht mehr zurückdrängen, auch wenn es zunächst *allein und ferne* steht. Mir kommt es vor, als habe FAUST dadurch allen Willen zur Selbstbehauptung verloren, fast so, als sei ihm selbst das *Mäuschen* aus dem Mund gesprungen.

A. Ich hätte zunächst gedacht, FAUSTS Beobachtung - *Sie schiebt sich langsam nur vom Ort, Sie scheint mit geschloßnen Füßen zu gehen* - bedeute, das *schöne Kind* widersetze sich der faustisch-ruhelosen Bewegung und lasse sich nicht ‚verwenden'; ich hielt sie für ‚frei', weil sie ***sich** schiebt* und also nicht nur *zu schieben* glaubt und *geschoben* wird (4117). Aber die ***geschloßnen** Füße* zeigen an, daß sie ‚aneinandergekettet' sind[334], daß das *schöne Kind* also nicht frei, sondern mit Gewalt am Gehen gehindert ist.

B. Es können hier - wie im Traum üblich - zwei sich widersprechende Möglichkeiten in **einem** Bild dargestellt sein. In den „Wanderjahren" wird gesagt: „Und was man von einzelnen Dingen **bekennt**, **widerspricht** sich öfters."[335] FAUST scheint zu ahnen, er habe verhindert, was *Gretchen* hätte sein können. Obgleich FAUST explizit keine Verantwortung übernimmt, spricht doch aus der - für sich betrachtet sehr übertriebenen - Formulierung *Ich muß **bekennen*** so etwas wie ein Schuldbekenntnis.

A. Dieses ‚Schuldbekenntnis' wäre die Ein-Sicht, daß MARGARETE nicht erst als *einer Toten* eine *liebende **Hand*** gefehlt hat und sie von FAUST nie *liebend* be**hand**elt, sondern als ‚Genuß-Mittel' benutzt worden war.

B. MEPHISTOPHELES möchte FAUST aus seinem moralischen Schwäche-Anfall heraushelfen, indem er auch hier FAUSTS persönliche Empfindung verallgemeinert. Er erweitert sein *das nimmt **man*** und ***Wer** fragt danach* um *dabei wird's **niemand** wohl.* FAUSTS Verantwortung soll gewissermaßen ‚pulverisiert' werden: *Denn **jedem** kommt sie wie sein Liebchen vor.* Damit versucht MEPHISTOPHELES, MARGARETE in die Reihe der HEXEN einzugliedern, die sich in der faustischen Welt prostituieren (Dialog 34), und scheint zugleich auszudrücken: ‚Du brauchst dich nicht schuldiger zu fühlen als jeder andere.'

A. Um dem *schönen Kind* die Wirklichkeit und die Wirksamkeit zu nehmen, verwandelt er es in ein *Zauberbild*, ein *Idol*, und gibt ihm den Namen *Medusa.*

B. Wir haben hier eine vergleichbare Situation, wie sie FAUST in „Wald und Höhle" beschrieben hat: *Er facht in meiner Brust ein wildes*

Feuer Nach jenem schönen Bild geschäftig an. So tauml ich von Begierde zu Genuß, Und im Genuß verschmacht ich nach Begierde. (3247-50) Das *schönste Bild von einem Weibe* (2436), das ihm im *Zauberspiegel* (2430) erschienen war, hatte er auf MARGARETE projiziert, und diesem *Bild* konnte sie nie genügen. (Dialog 24) Jetzt möchte er durch MEPHISTOPHELES die moralische Erkenntnis, nicht gut gehandelt zu haben, die die Erscheinung des ***guten*** *Gretchens* provoziert, dadurch entkräften, daß er MARGARETE in ein lebloses *Zauberbild* auflöst.

A. Was hat *Medusa* mit MARGARETE gemeinsam, außer daß man beiden das *Haupt* abschlägt?

B. Wie *Lilith* - und vielleicht auch wie die *ihre Zöpfe flechtende und aufbindende* MARGARETE (2677//78) - hatte *Medusa* auffallend schöne Haare. Derentwegen verliebte sich Neptun in sie und brachte sie im Tempel der Minerva - wie es im Zedler heißt - „zu Falle"[336]; Ovid spricht deutlicher von einer „Schändung" („vitiasse"). „Daß straflos solches nicht bleibe"[337], bestrafte die empörte Minerva - wie im griechischen Mythos üblich - nicht den göttlichen Täter, sondern das vergewaltigte Opfer. Die schönen Haare der Medusa wurden in Schlangen, und wer sie anblickte, wurde in Stein verwandelt. Schließlich veranlaßte Minerva Perseus, daß er ihr das Haupt abschlug.[338]

A. Wenn ich dies richtig deute, wurde ihr vor allem verwehrt, zu lieben. Dies könnte ein Berührungspunkt mit dem *schönen Kind* sein.

B. Mit dem *schönen Kind*, wie es FAUST erscheint, hat *Medusa* noch mehr gemeinsam. Beispielsweise heißt es im Hederich, den auch Goethe benutzte, zu „Medusa": „Überhaupt haben die alten Künstler sie insgemein als ein **schönes** Frauenzimmer vorgestellet, die einen **wohlgeordneten Kopfputz**, schläfrige, oder **sterbende**, oder **geschlossene Augen** und eine edle und hohe Miene hat, welche einen Schmerz und ein Betrübnis ausdrücket, wovon die Seele gerührt zu sein scheint."[339]

A. Dann könnten FAUSTS Worte sich auch auf *Medusa* beziehen: *Fürwahr, es sind die* ***Augen einer Toten****, Die eine liebende Hand nicht schloß*, und ebenso sein Ausruf: *Welch eine* ***Wonne****! welch ein* ***Leiden****! Ich kann von diesem Blick nicht scheiden.*

B. Ja, Goethe berichtet aus Italien über eine „Medusa Rondanini": „[...] ein wundersames Werk, das, den Zwiespalt zwischen Tod und Leben, zwischen **Schmerz** und **Wollust** ausdrückend, einen unnennbaren Reiz wie irgend ein anderes Problem über uns ausübt."[340]

A. Ein solches „anderes Problem" wäre durch die Gretchen-Handlung dargestellt. Die Zwänge, die auf MARGARETE einwirken und schließlich tödliche Folgen für Mutter, Bruder, Kind und sie selbst haben, sind denen vergleichbar, die die Göttin Minerva auf *Medusa* ausübt. MARGARETE handelt auch unter fremdem Druck und wird schließlich allein für das, was unter dieser Belastung geschah, verantwortlich gemacht und enthauptet.

B. Gemeinsam haben MARGARETE und *Medusa* außerdem, daß sie von ihren Liebhabern nicht unterstützt werden. Nirgendwo wird berichtet, Neptun habe sich gegen seine Nichte Minerva gewendet und Medusa - die von ihm schwanger gewesen sein soll[341] - geholfen, ebensowenig erfährt MARGARETE von FAUST eine Hilfe. Wie wir schon mehrmals bemerkt haben, hat FAUST kein Interesse, Rechts- und Gesellschaftsverhältnisse gerechter und humaner zu machen, als es für seine Zwecke nötig ist.

A. Indem MEPHISTOPHELES FAUSTS *Gretchen*-Erscheinung durch *Medusa* ersetzt, droht er ihm, sein rastloser ‚Vorwärts-Gang' in Richtung ‚Gottgleichheit' könnte *erstarren* und ‚versteinern'. FAUST soll sich nicht vom *Gretchen*-‚Bild' aufgefordert fühlen, Ziel und Weg so zu verändern, daß mit *liebender Hand* ge**hand**elt wird. Es wäre also FAUSTS - durch *Gretchen* personifiziertes und wie *blaß* auch immer scheinendes - moralisches Empfinden, von dem MEPHISTOPHELES befürchtet, es könne FAUST beeinflussen.

B. Auch in FAUSTS Traum soll MEPHISTOPHELES das faustische Streben gegen FAUSTS sittlich-moralische Anwandlungen durchsetzen. FAUST erkennt visionär, was das liebe-lose Handeln für die Betroffenen bedeutet: Selbst wenn sie *das Haupt* noch ‚auf dem Rumpfe' *tragen*, scheinen sie in der faustischen Welt ihren Kopf nicht zu brauchen.

A. Dann würde sich *Wie sonderbar muß diesen schönen Hals Ein einzig rotes Schnürchen schmücken* nicht nur auf die Enthauptung in der Gretchen-Handlung beziehen?

B. Nein. Aber FAUSTS Traum-Vision zeigt, daß MARGARETES Enthauptung in der Logik des Faustischen liegt. Das *Schon zuckt nach* ***jedem*** *Nacken, Die Schärfe, die nach meinem zückt* (4593 f.) bekommt nach der „Walpurgisnacht" eine weitere Dimension (Dialog 18).

A. Würdest du sagen, in FAUSTS Traum habe MEPHISTOPHELES die ‚Gefahr' abgewendet, FAUST könnte sich durch sein moralisches Empfinden oder - wie MEPHISTOPHELES es nennt - durch *die Lust zum Wahn* von seinem Weg abbringen lassen?

B. Wir erfahren nicht, wie FAUST aus seinem Traum erwacht, und können also nur vermuten, daß in FAUSTS Gang zum „Kerker" MARGARETES dieser Traum nachwirkt. Da sich aber FAUST und MEPHISTOPHELES bis zum Ende des Stücks nicht trennen, muß die von MEPHISTOPHELES vertretene Position sich prinzipiell durchgesetzt haben.

A. Dies geschah wohl dadurch, daß MEPHISTOPHELES den *Medusa*-Mythos für FAUST ins Positive wendete. Mit seinem *Perseus hat's ihr abgeschlagen* bietet er ihm die Möglichkeit, statt sich mit Neptun zu identifizieren und an dessen Statt verantwortlich zu handeln, die Stelle des *Perseus* zu übernehmen und sich zu seinem ‚Auftrag' zu bekennen.

B. Vielleicht hatte der unsichtbare GEISTERCHOR auch diesen Halbgott im Sinn (Dialog 30), als er von FAUST sagte, ein *Halbgott* habe *die schöne Welt zerschlagen* (1608-12). Ich habe zunächst gedacht, MEPHISTOPHELES wolle mit seinem *Perseus hat's ihr abgeschlagen* FAUST entschuldigen und die Verantwortung von ihm nehmen. Aber du scheinst es umgekehrt zu sehen.

A. Wenn schon die entfernte Regung des Sittengesetzes, als dessen Personifizierung das *allein und ferne* stehende *schöne Kind* auch gesehen werden kann, *fast* versteinernd wirkt, dann wäre die Konsequenz, zwischen Herz und Kopf einen radikalen Schnitt zu machen und dafür zu sorgen, daß kein moralisches Gefühl und erst recht nichts Sentimentales daran hindert, die faustischen Visionen zu verwirklichen.

B. Für einen solchen Zweck ist freilich *Perseus* das geeignete Identifikationsangebot, denn er ist im griechischen Mythos der ‚herz-lose' ‚Faust' schlechthin. Er ist bereit, unter größter Gefahr das Haupt der Medusa zu holen, sie zu töten, obgleich er mit ihr vorher nichts zu tun hatte. Dazu verwendet er neben Schild und Schwert ‚modernste' Techniken: eine Tarnkappe und Flügelschuhe.

A. Aber die geben ihm die Götter!

B. Es ist Sache FAUSTS, das, was im Mythos Gott und Götter geben, durch Naturbeherrschung selbst und womöglich besser herzustellen. Mit dem Namen *Perseus* erinnert MEPHISTOPHELES an FAUSTS Programm, wie er es etwa im Osterspaziergang entworfen hat (vgl. 1074-1089). Höre, wie faustisch Ovid den „Perseus" beschreibt:

> Dorther von zwistigen Winden gejagt **ins Unendliche**, treibt er
> hierhin jetzt und dorthin dann nach der Weise der Regen-
> Wolke und **blickt aus des Äthers Höh** auf die **weit ihm entrückten**
> **Länder hinab, überfliegt die ganze Fläche des Erdrunds**.[342]

Und wie mit modernsten Waffen „schießt" er beim Kampf mit dem Drachen „plötzlich" „steilauf [...] in die Wolken empor", um sich dann „kopfüber im Sturz durch das Leere jäh hinab auf den Rücken des

Tiers" zu werfen und es zu erlegen.[343] Er scheut sich nicht, das Haupt der Medusa zu instrumentalisieren, und benutzt es, um jeden, der ihm im Wege ist, in Stein zu verwandeln.[344]

A. Wenn sich FAUST in seinem Traum an diese Taten erinnert, dann heißt das zugleich, daß *Perseus* in seinem Unterbewußtsein gegenwärtig ist als Modell, das ihn an seine faustische Aufgabe mahnt und ihm über moralische Skrupel hinweghelfen kann.

B. Goethe schreibt in seinen „Maximen und Reflexionen": „Der Handelnde ist immer gewissenlos, es hat niemand Gewissen als der Betrachtende."[345] FAUST scheint für kurze Zeit in eine Phase des Betrachtens geraten zu sein, aus der er sich aber ‚erholt', wenn man sein Schweigen nach dem Hinweis auf *Perseus* so deuten darf.

A. Daß MEPHISTOPHELES dann unwidersprochen auf Lustbarkeiten verweisen kann, scheint deine Auffassung zu stützen. In uns selbst, die wir *wahrlich ein Theater* mit dem möglichen Titel ‚Vision der faustischen Welt' gesehen haben, müßte sich aber doch die Frage regen, ob dieses faustische Prinzip, das auch die Welt, in der wir beide leben, weitgehend leitet, als unabänderlich hingenommen werden muß.

B. Herder sagt: „Im Traum endlich sind wir die schärfsten Richter. Aus dem tiefsten Grunde holt er die Heimlichkeiten und Neigungen unsres Herzens hervor, stellt unsre Versäumnisse und Vernachlässigungen ans Licht, bringt unsre Feinde uns vor Augen und weckt und warnet und strafet."[346]

A. Das hat FAUSTS Traum auch getan, aber ohne große Folgen für FAUST. Vielleicht sollten wir nicht vergessen, daß dem Publikum dieser Traum auch als sein eigener Traum gezeigt wird (Dialog 32), und das kann sich gegen eine Welt unter dem Sternbild des *Perseus* wehren.

B. Für Herder ist der „Traum" ein Muster für die Dichtung, denn er fährt fort: „So tue es auch unablässig und unvermerkt der Roman, das Märchen. Hiedurch gewinnen sie ein magisches sowohl als moralisches Interesse, an welches, außer dem Drama, keine andere Dichtungsart reichet."[347]

A. Dann spielt der Hinweis auf das *Theater* auch auf solche Zusammenhänge an.

B. Dazu fällt mir ein, daß aus dem abgeschlagenen Haupte *Medusas* Pegasus entspringt, das als Attribut des *Dichters* bekannte geflügelte Pferd. Vielleicht soll die dem Zugriff des *Perseus* entkommene oder durch sein verantwortungsloses Handeln erst notwendig gewordene Dichtung die „Versäumnisse und Vernachlässigungen ans Licht" bringen, um dadurch den Siegeslauf von *Perseus*/FAUST zu verhindern.

Dialog 36: *Walpurgisnachtstraum* (4210-4398)

A. Gehen wir davon aus, daß FAUST in seinem Traum der „Walpurgisnacht" den „Walpurgisnachtstraum" träumt?

B. Das wäre möglich. Im Traum zu träumen ist ja nicht ungewöhnlich. Dagegen spricht vielleicht, daß es sich um eine eigene, abgeschlossene Szene handelt.

A. Dennoch bezieht sie sich durch ihren Namen deutlich auf die „Walpurgisnacht". Es kann nicht ganz falsch sein, wenn wir den nachgeschobenen „Walpurgisnachtstraum" so lesen, als ob er die „Walpurgisnacht" ergänze.

B. Dieses *Stück* taucht in der „Walpurgisnacht" dort auf, wo in der von MEPHISTOPHELES erzählten Geschichte des Medusa-Perseus-Mythos Pegasus entspringen könnte. Aber eine ‚höhere' Dichtung, für die Pegasus repräsentativ wäre, scheint FAUSTS Bewußtsein nicht zu kennen.

A. Hingegen könnte der „Walpurgisnachtstraum" darstellen, was FAUST sich unter Dichtung vorstellt. Wenn er in seinem Traum durch SERVIBILIS ein *Dilettanten*-Theater ankündigen läßt, so muß irgend etwas in ihm wissen, daß dieses keine echte Kunst ist.

B. Oder es offenbart, wie wenig für das faustische Bewußtsein Kunst bedeutet. Was *ein Dilettant* schreibt und *Dilettanten spielen*, scheint für faustische Unterhaltungsbedürfnisse zu genügen.

A. Vielleicht drückt es auch aus, wie gefährlich der faustischen Ideologie eine Dichtung wäre, die über das Dilettantische hinaus ginge.

B. Die folgende Notiz Goethes über die „Ursache des Dilettantism" kann erläutern, wie eng sich Faustisches und Dilettantisches berühren: „Torichtes **Unternehmen**, gerade immer das **Unmögliche** leisten zu wollen, welches die **höchste Kunst** erforderte, wenn man sich ihm je nähern könnte."[348]

A. Ja, „immer das Unmögliche leisten zu wollen", das ist die Formel des Faustischen schlechthin. Deshalb sagt MANTO von FAUST: *Den lieb ich, Der Unmögliches begehrt* (7488) (Dialog 33). Hieße das nicht, im Bereich der Kunst zeige sich die faustische Wissenschaftsmaxime als Dilettantismus?

B. Es ist jedenfalls so denkbar. FAUST würde konfrontiert mit seinem eigenen Verständnis von Kunst. Wenn sich im zweiten Teil FAUST über PARIS' Annäherung an HELENA erregt, sagt MEPHISTOPHELES zu ihm: *Machst du's doch selbst, das Fratzengeisterspiel!* (6546) Hier könnte er dies ebenfalls zu FAUST sagen.

A. Dann wäre das, was FAUST in seinem Traum als Spiel erscheint, von ihm selbst als Autor ‚gemacht', auch wenn er sich dessen, wie beim *Fratzengeisterspiel*, nicht bewußt ist. MEPHISTOS Bemerkung, die *Dilettanten* gehörten auf den *Blocksberg* (4221), verweist auf diesen Zusammenhang, auf den dilettantischen Kunstbegriff als Kehrseite inhumaner Naturbeherrschung.

B. Goethe bemerkt, „der Künstler, der echte Kenner hat ein unbedingtes ganzes Interesse und Ernst [an] der Kunst und am Kunstwerk. Der Dilettant immer nur ein halbes, er treibt alles als ein Spiel, als Zeitvertreib, hat meist noch einen Nebenzweck, eine Neigung zu stillen, der Laune nachzugehen"[349].

A. In „Studierzimmer I" haben wir FAUST schon einmal gesehen, wie er sich in einem Traum gewünscht hat, daß ihm die *Zeit* durch *Künste würdig* vertrieben werde, und zwar mit der Einschränkung, *daß die Kunst gefällig sei* (1432-35). Schon da hat sich das Dilettantische des faustischen Kunstbegriffs gezeigt (Dialog 29). Statt an *zarten Geistern* und *schönen Bildern* (1439 f.) scheint sich FAUST nun nach der „Walpurgisnacht" eher an *Fratzen* ergötzen zu wollen.

B. Aus unserer Sicht produziert FAUST im Drama ein Drama oder - was sich nach Herder nicht sehr davon unterscheiden würde (Dialog 35) - im Traum einen Traum, der ihm zu gefallen scheint. Deshalb greift er hier - anders als beim *Fratzengeisterspiel* - nicht korrigierend ein. Er geht ganz in diesem *letzten Stück von sieben* (4215), also vermutlich einem ‚Sonntagsdichter'-*Stück*, auf und offenbart dadurch das faustische Kunstverständnis.

A. Es dürfte schwierig sein, aus diesen aneinandergereihten, meist unverbundenen Strophen ein Kunstverständnis abzuleiten. Es sei denn, die Zusammenhanglosigkeit wäre bedeutend und ein Charakteristikum dieser Kunst.

B. Vielleicht sehen wir mehr, wenn wir uns der Machart des *Stücks* zuwenden. Dessen Autor greift ganz ungeniert zu Shakespeares „Sommernachtstraum", ersetzt „Sommer-" durch „Walpurgis-", holt sich die Figuren OBERON und TITANIA heraus und produziert den Untertitel „Oberons und Titanias goldne Hochzeit". Auf diesen ‚originellen' Einfall scheint das *Stück* gegründet zu sein.

A. Gleich am Anfang erklärt sich der THEATERMEISTER mit seinen Leuten für überflüssig. Für eine ‚höhere', sich als Kunst äußernde Natur scheint FAUST keinen Sinn zu haben; ihm genügt die Natur, mit der er es auch sonst zu tun hat. *Alter Berg und feuchtes Tal* gehörten schon zur vorausgegangenen *Szene.*

B. Ja, FAUST verwechselt Kunst-Natur mit wirklicher Natur. Für ihn scheint ein künstlerisches Bühnenbild, das Natur darstellt, nichts ‚Bedeutendes' zu sein, sondern ein schlechter Notbehelf für etwas, das man auch unmittelbar haben kann.

A. Daß er aber auch noch ein Natur-ORCHESTER benützt, kommt mir dann doch ironisch verfremdet vor.

B. FAUST ergötzt sich an der Vorstellung, daß es gelingen könnte, der Natur einen ihr fremden *Takt* aufzuzwingen.

A. Dann sieht es so aus, als könne FAUST nicht anders, als müsse er die Natur, wo immer sie ihm begegnet, in Zeitstrukturen zwängen. Denn auch im Titel des Stücks verbirgt sich hinter der *goldnen Hochzeit* des Elfen-Königspaars, also von Naturgeistern, ein Zeit- und Zahlbegriff: *Daß die Hochzeit golden sei, Solln* ***funfzig*** *Jahr sein vorüber.* Während in der „Walpurgisnacht" *Glut* (3921) das Gold ersetzte, könnte man jetzt meinen, Zeit sei Gold. Da fehlt nicht viel zu ‚time is money'.

B. Was immer der HEROLD bedeuten mag, er scheint von dieser Vorstellung so schockiert zu sein, daß er sich bei der Definition der *goldnen Hochzeit* verhaspelt und fast vergißt, daß er Verse sprechen soll. Dagegen ist sein *Aber ist der Streit vorbei, D a s golden ist mir lieber* metrisch korrekt. Demnach unterscheidet er zwischen *golden* als Quantitäts- und *golden* als Qualitätsbegriff.

A. Seltsam ist für mich, daß der „Walpurgisnachtstraum" mit seinem alternativen Titel „Oberons und Titanias goldne Hochzeit" wenig zu tun hat. Der faustische Autor scheint einen Titel gehabt zu haben, aber keine durchdachte Konzeption. Er läßt sich einfach treiben. Und so überrascht es mich nicht, daß er das Thema *Hochzeit* bald aufgibt oder vergißt. Er möchte - wie MEPHISTOPHELES es versprochen hat - möglichst *losgebunden, frei*, erfahren, *was das Leben sei* (1542 f.).

B. Wir haben bisher vorausgesetzt, daß OBERON und TITANIA ‚Naturgeister' seien. Aber genau genommen sind es ‚Kunstgeister', vom echten Künstler Shakespeare erzeugt. Wie sie in FAUSTS Bewußtsein gekommen sind, erfahren wir nicht, vielleicht gehörten sie zu den Ingredienzen der HEXEN-Poesie (Dialog 23). Dagegen scheint sicher zu sein, daß OBERON und TITANIA *aufs neu verbunden* sind, um sich dem Dilettantismus dieses ‚Naturtheaters' zu widersetzen.

A. Das würde erklären, warum OBERON die Initiative ergreift und nach *Geistern* ruft.

B. Sein *So zeigt's in diesen Stunden* kann zugleich heißen, sie sollten zeigen, was ‚geistreiche' Kunst bedeuten kann. Glücklicherweise sind PUCK - aus dem „Sommernachtstraum" - und ARIEL - aus Shakespeares „Sturm" - *wo* er ist und ‚zeigen' es.

A. OBERON verdeutlicht ihnen, daß es keinen Konflikt zwischen ihm und TITANIA gibt. Und da sich ‚Kunstgeister' noch weniger als ‚Naturgeister' der Zeit unterwerfen lassen, wäre das faustische *Stück* bereits hier zu Ende. Aber OBERON scheint die Absicht zu haben, das *Stück* mit Hilfe PUCKS und ARIELS ‚umzufunktionieren', um so vielleicht FAUSTS Dilettantismus herauszustellen.

B. PUCK ist im „Sommernachtstraum" ein Elf, der von sich sagt, „Oft lacht bei meinen Scherzen Oberon", und sich freut, etwas durcheinander zu bringen.[350] Dementsprechend *dreht* er *sich quer* zur ursprünglich konzipierten Richtung und tanzt den geplanten *Reihen* als ‚Schleifer' anstelle des vielleicht gewünschten ‚Hopsers'.

A. Ich kann mir vorstellen, daß er, indem er die geplante Absicht verdreht, etwas vom Faustischen hervorruft, das sonst verborgen bliebe. Wie er bei Shakespeare dem Klaus Zettel einen Eselskopf verpaßt[351] und ihn als den zeigt, der er ist, könnte er jetzt gewillt sein, den faustischen Autor zu bewegen, die *Fratzen* Revue passieren zu lassen, die zum faustischen Bewußtsein gehören. Da PUCK im „Sommernachtstraum" sagt, er könne sich in Tiere und Feuer verwandeln[352], wäre es sogar denkbar, daß **er** im „Walpurgisnachtstraum" die Figuren spielt, die in der Revue auftreten.

B. Dabei kann ARIEL ihm behilflich sein. Er ist im „Sturm" ein unsichtbarer „Luftgeist", vermag aber auch als „Wassernymphe"[353] aufzutreten und Natur und Menschen zu beeinflussen, wie ihm sein Herr befiehlt. *Sang* und *Klang* ist sein eigentliches Medium. Im „Sturm" sagt Ferdinand von diesem *Sang* und *Klang*: „*Der* Ton gehört der Erde nicht."[354] Darauf bezieht sich ***himmlisch*** *reine Töne*.

A. Wie verstehst du ARIELS Selbstbeschreibung: *Viele Fratzen lockt sein Klang, Doch lockt er auch die Schönen.* Mit den *Fratzen* habe ich keine Probleme, das dürfte nicht schwer sein, sie aus dem faustischen Unterbewußtsein hervorzulocken, aber was machen wir mit den ***Schönen***?

B. Vielleicht wünscht sich FAUST auch hier in seinem Traum ein von *zarten Geistern* gesungenes und in ***schönen*** *Bildern* (1439 f.) gebrachtes Spiel, aber die etwas robusteren *Geister* PUCK und ARIEL verfremden seine Wünsche; mag sein, damit sie als Karikaturen deutlicher werden.

A. Wir haben in unserem letzten Gespräch gesagt, für FAUST sei vor allem das schön, was seine eigene Ideologie widerspiegelt.

B. Ja, in diesem ironischen Sinne von schön bezeichneten die *Schö-*

nen solche Gestalten, die der SCHÖNEN entsprechen, mit der FAUST in seinem Traum so gerne und lange getanzt hat. Die lassen sich eher aus FAUSTS Bewußtsein ‚locken' und verfratzen. Laß uns versuchen, wie weit wir mit der Hypothese kommen, daß PUCK und ARIEL in FAUSTS Dilettantismus ein wenig Ordnung bringen und zugleich einen neuen Aspekt des Faustischen darstellen.

A. OBERON selbst ist dann der erste, den die beiden in eine *Fratze* verwandeln. Der Vers *Gatten, die sich vertragen wollen* ist metrisch ziemlich verzerrt. Und die Sentenz, die OBERON lehrhaft verkündet, erscheint angesichts der Gretchen-Handlung voller Spott und Ironie. Liebe soll - mechanischen oder chemischen Prozessen vergleichbar - durch ‚Scheidung' erzeugt werden. MARGARETE hat FAUST immer geliebt und FAUST MARGARETE nie. Das hat sich während der Trennung nicht geändert. Aber vielleicht gelten OBERONS und TITANIAS Liebesregeln nur für *Gatten*, für *Mann* und *Frau*.

B. *Gatten* können der Erhaltung der ‚Gattung', von Dynastien, Besitzverhältnissen und Gesellschaftsstrukturen, auch ohne Liebe dienen. Was OBERON sagt und TITANIA ihm nachspricht, klingt sehr ironisch. Die Möglichkeit, daß Liebende Sprache haben und miteinander sprechen können, kommt FAUSTS Figuren so wenig in den Sinn, wie er niemals mit MARGARETE wirklich gesprochen hat. -

A. In faustischen Begriffen, die uns ähnlich schon bei den HEXEN begegnet sind (Dialog 33), äußert sich auch das PÄRCHEN. Denn Liebe oder Sexualität wird hier nach quantitativen Maßstäben von Leistung und Potenz beurteilt. Dieses PÄRCHEN führt das von OBERON und TITANIA angeschnittene Thema in der Intimsphäre weiter.

B. Wie wir es aus der „Walpurgisnacht" kennen, beruhen Überheblichkeit und Selbstbewußtsein der JUNGEN HEXE auf ihrer Jugend und damit auf ihrer sexuellen Leistungsfähigkeit. Und entsprechend ist die Aggressivität, die mit diesem Bewußtsein erscheint, beeinflußt von der Angst, selbst bald *Puder* und *Rock* nötig zu haben und also nichts mehr wert zu sein. Die Reaktion der MATRONE ist das Pendant dazu.

A. Es könnten alles Masken und Verkleidungen FAUSTS sein, mit denen PUCK und ARIEL den *Maskeradenspott* treiben, von dem der NEUGIERIGE REISENDE spricht. Wenn *Seifenblase* und *Schneckeschnickeschnack* FAUSTS Musik charakterisieren, erscheint er in künstlerischer Hinsicht als *Dilettant*, der sich übernimmt. Was er darstellt, ist aufgeblasen, schillert eine Zeit lang und platzt schließlich.

B. In der 1799 veröffentlichten Abhandlung „Der Sammler und die Seinigen" schreibt Goethe von „Kunstwerken", die „bei denen ihr

Glück" machen, „die im Bilde **nur etwas mehr als nichts** sehen wollen, denen eine **Seifenblase**, die bunt in die Luft steigt, schon allenfalls ein angenehmes Gefühl erregt. Da Kunstwerke dieser Art kaum einen Körper oder andern reellen Gehalt haben können, so bezieht sich ihr Verdienst meist auf die Behandlung, und auf einen gewissen lieblichen Schein. Es fehlt ihnen **Bedeutung** und Kraft und deswegen sind sie im allgemeinen willkommen, **so wie die Nullität in der Gesellschaft**"[355].

A. Ich finde es sehr bedeutend, daß Goethe die ‚Seifenblasen-Kunst' mit etwas Gesellschaftlichem vergleicht. Wenn das Verständnis wahrer Kunst so etwas wie ein geschultes Kunst-Empfinden voraussetzt, dann kann es in einer Welt, in der ‚ästhetische Erziehung' nicht gewünscht ist, ein solches Verständnis kaum geben. Denn der leistungsbezogene Konkurrenzkampf erlaubt nur eine Regeneration der Kräfte, die mit *Man tanzt, man schwatzt, man kocht, man trinkt, man liebt* (4058) umschreibbar ist, aber kaum die Pflege des Sinns für schöne Kunst.

B. Das entspricht der FAUST-Figur, denn einen für Kunst weniger empfänglichen Menschen als FAUST kann man sich schwer vorstellen. Weder HEXEN-*Trank* noch die Verbindung mit HELENA mildern bis zum Schluß des gesamten Dramas seine Inhumanität. Alle Energie, die die technisch-wissenschaftliche Arbeitswelt braucht, fehlt im künstlerischen und damit auch im sittlichen Bereich. Wir haben auch hier das Dilettantische als ‚Kehrseite' faustischer Gesellschaft.

A. Das Dilettantische solcher Kunst wird auch vernehmbar, indem als pars pro toto der DUDELSACK die Instrumente vertritt. Der ist ein so mechanisches Instrument, daß der Spielende außer der Melodie nichts Gestalterisches zur Musik beitragen kann, und selbst das Melodiespiel erlaubt keine Pausen, durch die sich die Musik gliedern ließe. Für mich ist diese Art von Musik wirklich ein ‚Gedudel'.

B. Wenn FAUST solche Musik genügt, dann ähnelt er Klaus Zettel im „Sommernachtstraum", der - als von PUCK verwandelter „Esel" - sagt: „Ich hab ein räsonabel gutes Ohr für Musik; spielt mir ein Stück mit der Maultrommel."[356] Diese Dudelsack- und Seifenblasenmusik könnte ein Gleichnis für den ganzen „Walpurgisnachtstraum" sein, der am Schluß platzt, so daß *alles zerstoben* ist.

A. Auch der GEIST, DER SICH ERST BILDET, ist eine Karikatur faustischer Programmatik, die uns aus der „Walpurgisnacht" bekannt ist. Die Natur so zu beherrschen, daß sich aus den Einzelteilchen verschiedener Gattungen neue Tiere bilden, darüber müßte FAUST frohlocken.

B. An solchen Stellen merkt man - nebenbei gesagt - wieviel Faustisches Goethe selbst in seinem Bewußtsein hatte; er hätte es sonst kaum gestalten können. Zum Beispiel schreibt er über die „Urpflanze": „Die Urpflanze wird das wunderlichste Geschöpf auf der Welt, um welches mich die Natur selbst beneiden soll. Mit diesem **Modell** und dem **Schlüssel** dazu kann man alsdann noch Pflanzen **in's Unendliche** erfinden, die konsequent sein müssen, das heißt, die, wenn sie auch nicht existieren, doch existieren könnten und nicht etwa malerische oder dichterische Schatten und Scheine sind, sondern eine innerliche Notwendigkeit haben. Dasselbe Gesetz wird sich auf **alles übrige Lebendige** anwenden lassen."[357]

A. Bei dem ‚Gebilde' aus *Spinnenfuß und Krötenbauch Und Flügelchen dem Wichtchen* ist freilich eine solche „innerliche Notwendigkeit" nicht zu erkennen.

B. Es wird ja nur die dilettantisch-künstlerische Kehrseite der Naturbeherrschung beschrieben. FAUSTS genetische Neuschöpfungen wären - falls sie der Kontrolle nicht entschlüpfen - immer kontrolliert von ihrer Nützlichkeit, wogegen im geistig-künstlerischen Bereich fantastischen Möglichkeiten keine Grenzen gesetzt sind und ‚unmöglichste' Gebilde - erinnere dich zum Beispiel an Bilder von Hieronymus Bosch - in einer ausgedachten Welt zu existieren vermögen.

A. Das *Gedichtchen* von *Spinnenfuß* und *Krötenbauch* erinnert mich eher an eine Stelle der „Italienischen Reise", wo Goethe die Kunstsammlung des „Prinzen Pallagonia" beschreibt. Er berichtet zum Beispiel von einer „Mythologie mit **fratzenhaften** Zutaten" und von „Tieren: nur Teile derselben, Pferd mit Menschenhänden, Pferdekopf auf Menschenkörper, entstellte Affen [...] Verwechslungen der Köpfe [...] alle Arten von Monstern"[358].

B. Solche Schöpfungen widersprachen Goethes Kunstverständnis. Auch wenn die Mißgeburt, zu der sich der GEIST [...] BILDET, als *Gedichtchen* verniedlicht ist, könnte dafür eine Bemerkung gelten, die Goethe 1799 veröffentlicht hat: „Der Nachahmer schadet der Kunst nie, denn er bringt sie mühsam auf eine Stufe, wo sie ihm der echte Künstler abnehmen kann und muß, der Imaginant hingegen schadet der Kunst unendlich, weil er sie über alle ihre Grenzen hinausjagt, und es bedürfte des **größten Genies**, sie aus ihrer Unbestimmtheit und **Unbedingtheit**, gegen ihren wahren Mittelpunkt, in ihren eigentlichen, angewiesenen Umkreis zurück zu führen."[359]

A. Der „Imaginant" wäre FAUST als ‚Künstler', der die faustische „Unbedingtheit" - *So hab ich dich schon* ***unbedingt*** (1855) - in die Kunst überträgt. Goethes Bemerkung zeigt, daß die faustische dilettantische Kunst keine Kunst des „Genies" ist. Heißt dies nicht, daß ihr die Inspiration durch die Natur fehlt?

B. Ja, der faustische Dilettant ist nicht von der Natur inspiriert und kann ihr deshalb keine „zweite" - höhere - „Natur" als Kunst zurückgeben. Denn dies ist nach klassischem Kunst-Verständnis die Bedingung echter Kunst: „Die Natur scheint um ihrer selbst willen zu wirken, der Künstler wirkt als Mensch, um des Menschen willen." Der „Künstler" gibt, „dankbar gegen die Natur, die auch ihn hervorbrachte, ihr eine **zweite Natur**, aber eine gefühlte, eine gedachte, eine menschlich vollendete zurück. Soll dies geschehen, so muß das **Genie**, der berufne Künstler nach Gesetzen, nach Regeln handeln, **die ihm die Natur selbst vorschrieb**, die ihr nicht widersprechen"[360]. Auch dies schrieb Goethe Ende der neunziger Jahre.

A. Der GEIST, DER SICH ERST BILDET, hat uns tief in Probleme der bildenden Kunst geführt. Verstehst du die Abgrenzung zwischen bildendem Künstler und Dichter: *Zwar ein Tierchen gibt es nicht, Doch gibt es ein Gedichtchen.*

B. Etwa zur selben Zeit, als das „Faust I"-Manuskript an den Verleger gesandt wurde, spricht Goethe von einem Werk des Malers Tischbein als „sichtliches Gedicht"[361]. So gesehen könnte auch das *Gedichtchen* von einem bildenden Künstler sein. Aber Goethe sagt auch: „Dem Dichter kann man wohl verzeihen, wenn er, um eine interessante Situation in der Phantasie zu erregen, seinen Bildhauer in eine selbst hervorgebrachte Statue wirklich verliebt denkt [...]. Das gibt wohl ein lüsternes **Geschichtchen**, das sich ganz artig anhört; für den bildenden Künstler bleibt es ein unwürdiges Märchen."[362]

A. Das würde heißen, daß man der dichtenden Kunst das Dilettantische nicht so deutlich anmerkt wie der bildenden, wohl deshalb, weil ihre Aussagen von der Einbildungskraft des Rezipienten erst ins Bildhafte übersetzt werden müssen, wogegen die bildende Kunst unmittelbar vor Augen steht. - Erkennst du auch im NORDISCHEN KÜNSTLER eine faustische *Fratze*?

B. Dazu müßten wir erst wissen, was ein NORDISCHER KÜNSTLER ist. Für das Subjekt von Goethes „Römischen Elegien", einen nordischen „Dichter", der sich *zur italien'schen Reise* nicht nur *bereitet*, sondern sie macht, erscheint der „Norden" so:

O wie fühl' ich in Rom mich so froh! gedenk' ich der Zeiten,
Da mich ein graulicher **Tag** hinten im **Norden** umfing,
Trüber der Himmel und schwer auf meine Scheitel sich senkte,
Farb- und gestaltlos die Welt um den ermatteten lag,

Und ich über mein Ich, des **unbefriedigten Geistes**
Düstre Wege zu spähn, still in Betrachtung versank.[363]

A. Diese Verse beschreiben tatsächlich eine faustische Landschaft, die statt mit „graulicher Tag" mit „**Trüber Tag**. Feld" wie die „Faust"-Szene überschrieben sein könnte. Des „unbefriedigten Geistes Düstre Wege zu spähn" wäre als Beschreibung FAUSTS denkbar.

B. Goethe selbst hat ihn als einen gekennzeichnet, der „den Besitz des höchsten Wissens, den Genuß der schönsten Güter für unzulänglich achtet, seine Sehnsucht auch nur im mindesten zu **befriedigen**, einen **Geist**, welcher deshalb nach allen Seiten hin sich wendend immer unglücklicher zurückkehrt."[364] Diese Zitate sprechen dafür, daß in Goethes Welt sich mit ‚Nordischem' auch Faustisches verbinden kann.

A. Das ist alles überzeugend, aber deshalb braucht der NORDISCHE KÜNSTLER noch kein *Dilettant* zu sein!

B. In „Der Sammler und die Seinigen" findet sich die Beschreibung eines Künstlertypus, dessen „Arbeit" sehr faustisch ist. Von den „Punktierern" heißt es: „[...] bei diesen ist die Nachbildung nicht das Vorzüglichste, sondern die **Arbeit**. Ein solcher Gegenstand scheint ihnen der liebste, bei dem sie die **meisten** Punkte und Striche anbringen können. [...] ein Künstler dieser Art strebt gleichsam den **Raum in's Unendliche zu füllen** und uns sinnlich zu überzeugen daß man die **Materie in's Unendliche teilen** könne."[365]

A. Ich sehe das Faustische, das die „Materie" atomisieren will (vgl. 382-84), aber nicht den Zusammenhang mit dem NORDISCHEN KÜNSTLER, denn der *ergreift* die Welt nur ***skizzenweise***.

B. Die „Skizzisten" werden in enge Verbindung mit dem „Punktierer" gebracht: „[...] **Skizzisten** nennt man aber diejenigen mit Recht, welche ihr Talent nicht weiter als zu Entwürfen ausbilden und also **nie das Ende der Kunst**, die Ausführung erreichen; so wie der Punktierer den wesentlichen Anfang der Kunst, die Erfindung, das Geistreiche oft nicht gewahr wird. Der Skizzist hat dagegen meist **zu viel Imagination, er liebt sich poetische, ja phantastische Gegenstände** und ist immer ein bißchen übertrieben im Ausdruck."[366]

A. Das würde zeigen, daß auch der NORDISCHE KÜNSTLER etwas vom „Imaginanten" hat, den wir im GEIST, DER SICH ERST BILDET gesehen haben. Sein Hinweis auf Italien deutet doch wohl an, daß dort ‚echte Kunst' zu finden wäre.

B. In der „Einleitung in die Propyläen" steht über die „besten Werke alter und neuer Kunst" in Italien: „Dem deutschen **Künstler**, so wie überhaupt jedem **neuen** und **nordischen**, ist es schwer, ja beinahe unmöglich, von dem Formlosen zur Gestalt überzugehen, und wenn er auch bis dahin durchgedrungen wäre, sich dabei zu erhalten. [...] Das schlechteste Bild kann zur Empfindung und zur Einbildungskraft sprechen, indem es sie in Bewegung setzt, **los** und **frei** macht und sich selbst überläßt; das beste Kunstwerk spricht auch zur Empfindung, aber eine **höhere Sprache**, die man freilich verstehen muß; es fesselt die Gefühle und die Einbildungskraft; **es nimmt uns unsre Willkür**, wir können mit dem Vollkommenen **nicht schalten und walten, wie wir wollen**, wir sind genötigt uns ihm hinzugeben, um uns selbst von ihm, **erhöht** und **verbessert**, wieder zu erhalten."[367] Die dilettantische Kunst, wie sie der „Walpurgisnachtstraum" darstellt, fordert vom Publikum nicht, daß es sich einem „Vollkommenen" hingibt.

A. Man kann sich denken, welche Widerstände faustisches Bewußtsein einer Kunst entgegensetzt, die ihm die „Willkür", also ungezügelte Freiheit, „nimmt" und kein beliebiges ‚Schalten und Walten' mehr zuläßt. Ein ‚erhöhter und verbesserter' FAUST wäre sittlich-moralisch verändert und kein faustischer FAUST mehr.

B. Wenn wir den faustischen Künstler im Gegensatz zum „echten, gesetzgebenden Künstler" sehen, so „strebt" er nicht wie dieser „nach Kunstwahrheit", sondern, „einem blinden Trieb" folgend, „nach **Naturwirklichkeit**; durch jenen wird die Kunst zum höchsten Gipfel, durch diesen auf ihre niedrigste Stufe gebracht"[368]. Denke an unsere Bemerkungen zum *Szenen*-Bild des „Walpurgisnachtstraums".

A. Vielleicht könnte man auch sagen, da der dilettantische Künstler Natur, Kunst und Leben nur reproduziert, kann er im Publikum nur etwas wie den Genuß des Wiedererkennens auslösen, aber er kann es nicht irritieren und dadurch innerlich bewegen.

B. Der NEUGIERIGE REISENDE ist, wenn wir ihn als Repräsentanten dieses Publikums sehen, sehr oberflächlich und entspricht etwa MEPHISTOS *Nur Neuigkeiten ziehn uns an* (4113). Seine Neugierde läßt ihn zwar stutzen, regt ihn aber nicht zur Betrachtung an: Er scheint die „höhere Sprache, die man freilich verstehen muß", nicht zu beherrschen. Denn die läßt sich nicht im Vorübergehen entziffern.

A. Ja, seine Frage *Soll ich den Augen trauen* könnte zeigen, daß er auf „Naturwirklichkeit" aus ist und wenig damit anfangen kann, über Erscheinung und Sinn einer Figur nachzudenken, die seinen Erwartungen nicht entspricht.

B. In der „Italienischen Reise" steht, „ein bloß **neugieriger Reisender** ist wahren Kennern und Liebhabern verhaßt", und zwar, weil er von dem betreffenden „Fach" zu wenig versteht[369]. Von solcher Art scheint diese Figur im „Walpurgisnachtstraum" zu sein.

A. Neugieriger reisender und Orthodox treffen sich darin, daß sie beide ihre Vorurteile auf das projizieren, was sie sehen. Dieselbe Gestalt erscheint dem einen als *schöner Gott*, dem andern als verkappter *Teufel*. Aber während der Reisende noch im *Zweifel* bleibt, braucht der Orthodox nicht einmal hinzusehen, um zu wissen, wie er *Oberon* zu beurteilen hat.

B. Im Begriff des Orthodoxen, der ‚richtigen Lehre', liegt bereits begründet, daß es Falsches gibt, und wenn sich die Lehrmeinung auf den christlichen Gott bezieht, ist alles, was nicht der rechten Lehre entspricht, vom *Teufel*. Erinnerst du dich, wie Faust schon im „Ur-Faust" in der später „Trüber Tag. Feld" überschriebenen Szene versucht, seine Verantwortung auf Mephistopheles abzuwälzen? (Dialog 17) Die faustische Ideologie hat schnell einen *Teufel* zur Hand.

A. Auch deshalb denkt sich - wie wir im „Prolog im Himmel" gesehen haben (Dialog 26) - das faustisch-bürgerliche Bewußtsein einen Herrn, der Faust einen *Teufel* (343) zugibt. Es stimmt, Faust hat eine Tendenz zum Rechthaberischen, und dies könnte der Grund sein, warum ihm sein Traum-Bewußtsein die Maske des Orthodox aufsetzt. Aber was hat es in diesem Zusammenhang mit den *Göttern Griechenlands* auf sich?

B. Dies ist ein wörtliche Anspielung auf Schillers Gedicht „Die Götter Griechenlandes", in welchem er die Entgöttlichung der Natur als Folge des Christentums, das keinen anderen Gott neben sich duldet, beklagt. Was aus der „Natur" geworden ist, steht in folgenden Versen:

> Unbewußt der Freuden, die sie schenket,
> Nie entzückt von ihrer Herrlichkeit,
> Nie gewahr des Geistes, der sie lenket,
> Selger nie durch meine Seligkeit,
> Fühllos selbst für ihres Künstlers Ehre,
> Gleich dem toten Schlag der Pendeluhr,
> Dient sie knechtisch dem Gesetz der Schwere,
> Die **entgötterte Natur**.[370]

A. Faust wäre der Nutznießer dieser mechanisierten, dem „toten Schlag der Pendeluhr" vergleichbaren und durch sie meßbaren „Natur". Die Möglichkeit faustischer Naturbeherrschung beruht auch auf der Verteufelung des alten Mythos. Jetzt verstehe ich noch besser, daß

FAUST und ORTHODOX zusammengehören.

B. In Goethes unveröffentlichten „Zahmen XENIEN" finden sich die Verse:

> Zwei Gegner sind es, die sich boxen,
> Die Arianer und Orthodoxen.
> Durch viele Säcla dasselbe geschicht,
> Es dauert bis an das Jüngste Gericht.[371]

Grotesk ist bei diesem ‚Boxkampf', daß es um so abstrakte Spitzfindigkeiten wie die Frage geht, ob ‚der Sohn' der Dreieinigkeit **geschaffen** oder **gezeugt** sei. Die sogenannten Orthodoxen haben sich offiziell mit ihrem „gezeugt, nicht geschaffen" durchgesetzt, wie es noch heute im christlichen Glaubensbekenntnis heißt.

A. Das würde bedeuten, auch im Christentum wäre die „Natur" nicht so „entgöttert", wenn sich die Arianer behauptet hätten und Gottes Sohn ‚geschaffen', also ein Teil der ‚Schöpfung' wäre.

B. Weil das Christentum alles Göttliche aus der außermenschlichen Natur ‚hinausgeboxt' hat, kann es sich bis heute damit arrangieren, wie in der modernen bürgerlichen Welt die Natur zerstört und umgewandelt wird.

A. Vom Begriff her ist der PURIST nicht weit vom ORTHODOX entfernt, auch ihm geht es um die reine Lehre oder reine Sprache. Aber was er sagt, könnte eher von einem Sittenlehrer gesprochen sein.

B. Wenn aus der Maske des PURISTEN FAUST blickt, wäre es denkbar, daß sich sein sittlich-moralisches Defizit, das wir schon öfter bemerkt haben, als pedantische Reinheits-Vorstellung äußert. Goethe sagt einmal, auf die Sprache bezogen: „Der pedantische Purismus ist ein absurdes Ablehnen weiterer Ausbreitung des Sinnes und Geistes."[372]

A. FAUST müßte dann Angst haben vor allem „Sinn und Geist", der seine Ideologie in Frage stellen könnte. So gesehen wäre Jugend und Jugendlichkeit, auf die das Faustische gründet, für dieses zugleich eine Bedrohung, sobald die Jugend ‚aus der Reihe tanzt'. Dies dürfte der Grund sein, warum sich PURIST und MATRONE gegen die JUNGE HEXE verbinden.

B. Aus der Reihe des *Taktes* tanzen die *Musikanten.* Sie machen vor, daß Jugendlichkeit nicht nur Leistungsfähigkeit verleiht, sondern auch ein ‚System' verunsichern kann. ORTHODOX UND PURIST, vielleicht auch KAPELLMEISTER sind als Repräsentanten solcher Ideologien denkbar, die zunächst Freiheit verheißen und dann, wenn sie an der Macht sind, restriktiv werden müssen, um an der Macht zu bleiben.

A. Die nach zwei Seiten sprechende WINDFAHNE könnte ebenfalls dem sittlich-moralischen Defizit FAUSTS entspringen und auf eine faustische ‚Zweiseitigkeit' verweisen.

B. Ihre Verse enthalten nichts ‚Wetterwendisches'. *Nach der einen Seite* wird ein Zustand beschrieben, und *nach der anderen Seite* werden Folgen genannt, die die WINDFAHNE aufgrund ihrer Vorurteile aus ihren Beobachtungen erwartet. Die *Gesellschaft*, von der sie spricht, kann das *Hexenheer* sein, von dem zweimal die Rede ist.

A. Zunächst sagt die WINDFAHNE, was dieses *Hexenheer* unter faustischen Interessen sein könnte: Eine ‚wünschenswerte' *Gesellschaft* aus wenn auch nicht asketischen, so doch sehr disziplinierten Menschen, die sich lange enthalten, ihre Geschlechtskraft in Leistung sublimieren und sich in ein bürgerliches Gesellschafts-System einfügen. Da aber die *Junggesellen* diese Hoffnung nicht zu erfüllen scheinen und die *Bräute* nicht *lauter* sind, soll die *Hölle* sie verschlingen.

B. Das fügt sich zu dem, was wir zu ORTHODOX, PURIST und KAPELLMEISTER gesagt haben. Aus diesen Masken spricht eine andere Art von faustischer Angst, als wir sie aus „Wald und Höhle" kennen (Dialog 24). Es ist die Befürchtung, daß sich gerade die Eigenschaften, die eine faustische Gesellschaft braucht, auf Dauer nicht so kanalisieren lassen, wie es das System verlangt, und möglicherweise zerstörend wirken.

A. Dem Publikum wird damit wohl gezeigt, daß die Emanzipation von *Hölle* und *Teufel* (369), wenn sie mit keinem gebildeten und gefestigten moralischen Bewußtsein verbunden ist, sehr leicht wieder zu *Teufel* und *Hölle* zurückführt. Als ‚Kinder' *Satans*, ihres *Herrn Papa*, haben auch die XENIEN eine besondere Beziehung zur *Hölle*.

B. Sie gehören zu einer Gruppe von Masken, die sich um HENNINGS gruppiert. August von Hennings wird - abgesehen von dem schon 1782 verstorbenen *Mieding* - als einziger Zeitgenosse auf dem *Blocksberg* mit Namen genannt. Seine Zeitschrift „Genius der Zeit" erschien von 1794 bis 1800 und wurde dann in „Genius des neunzehnten Jahrhunderts" umbenannt. Diese Zeitschrift ist gemeint, deshalb der Name CI-DEVANT - also ‚vormals' - GENIUS DER ZEIT. Und der MUSAGET ist ebenfalls eine von Hennings herausgegebene Zeitschrift.

A. Das würde heißen, daß HENNINGS eine bestimmte Sparte zeitgenössischer Literatur vertritt. Sind seine Zeitschriften besonders gut oder besonders schlecht?

B. Der „Genius der Zeit " galt als die beste und beliebteste Zeitschrift, wenngleich Goethe „eine besondere Abneigung wider dies Journal" gehabt haben soll[373]. Im allgemeinen aber wurden er und Schiller darin neben Wieland als die bedeutendsten Dichter der Zeit behandelt. Das änderte sich ein wenig, nachdem Schillers „Musen-Almanach auf das Jahr 1797" erschienen war, in welchem er und Goethe mit ihren „Xenien" Personen oder Institutionen zeitgenössischer Öffentlichkeit angriffen. Auch der „Genius der Zeit" bekam ein - verhältnismäßig mildes - Xenion:

G.d.Z.
Dich, o Dämon! erwart' ich und deine herrschenden Launen,
Aber im härenen Sack schleppt sich ein Kobold dahin."[374]

Dennoch muß Hennings sich sehr getroffen gefühlt haben. Zwar blieb er, wenn er über den Streit und die Antworten schrieb, die der „Musen-Almanach" ausgelöst hatte, noch - verhältnismäßig - zurückhaltend. Aber er veröffentlichte gehässige Rezensionen über Goethes „Hermann und Dorothea" und „Wilhelm Meisters Lehrjahre".

A. Der Xenien-Streit lag fast zehn Jahre zurück, als Goethe das „Faust"-Manuskript absandte. Welchen Sinn sollte es haben, ihn in einem Drama wieder aufzuwärmen, das viel mehr zukunfts- als vergangenheitsorientiert ist? Diese Verse können kaum mehr sein als eine Anspielung. Ich sehe im Auftreten HENNINGS und seiner Zeitschriften eher einen Hinweis, daß „Faust" ein aktuelles Stück ist und im Zusammenhang mit der zeitgenössischen Literatur und Kultur diskutiert werden soll.

B. Dann ist mit HENNINGS jemand zum Repräsentanten dieser Kultur gewählt, der von der Öffentlichkeit bestätigt wurde. Denn sein „Genius der Zeit" hat sich - anders als Schillers „Horen" oder Goethes „Propyläen" - gehalten und sich - mit anderem Namen - ins neue Jahrhundert hinüber behauptet. Hennings Zeitschriften - die im damals dänischen Altona erschienen - hatten eine bürgerlich-liberale Tendenz und können deshalb auch für moderne Strömungen der Zeit stehen.

A. Was aber haben diese Masken mit FAUST zu tun? Die XENIEN erscheinen als *Insekten* verkleidet. Dafür brauchen sie übrigens nicht viel zu tun: Sie schreiben KS statt X und nehmen noch ein T dazu: KSENIEN T > INSEKTEN.

B. Schon im Xenien-Streit wurden die Xenien als *Insekten* empfunden. Eine Gegenschrift hieß „Mücken-Almanach", und Wieland sprach von einem „Gewimmel von Schmetterlingen, Bienen, Hummeln, Wespen, Hornissen, Schrötern und Laubkäfern"[375].

A. Damit rücken sie in die Nähe von *Fliegenschnauz*, *Mückennas* und *Grill im Gras*. Sie könnten zu den faustischen *Musikanten* gehören.

B. Daß sie zu FAUST gehören, legt auch ihr Hinweis nahe, *Satan* sei ihr *Herr Papa*. Denn FAUST hatte sich MEPHISTOPHELES als *Fliegengott* (1134) und *Herrn* der *Fliegen*, *Wanzen* und *Läuse* (1516 f.) geträumt (Dialog 29).

A. Würde das nicht bedeuten, daß diese XENIEN etwas mit der Inhumanität der faustischen Ideologie zu tun hätten? Das käme mir vor, als ob Goethe sich nachträglich von ihnen distanzierte.

B. Das ist denkbar. Zumindest hat er bemerkt, daß sie, die ursprünglich gegen Mittelmäßigkeit und Seichtheit der Kultur losgeschickt wurden, die erhoffte Wirkung nicht hatten. Er schrieb später: „Sie wurden als höchster Mißbrauch der Pressefreiheit von dem Publikum verdammt."[376]

A. Mit HENNINGS ausdrücklichem Hinweis, daß sie ***naiv zusammen scherzen***, ist vielleicht auch angedeutet, wie naiv es war, von diesen satirischen Epigrammen zu erwarten, daß sie ‚schlechte' *Herzen* in *gute* verwandeln, das heißt, Menschen moralisch bessern könnten.

B. Aber nicht nur die XENIEN werden in enge Verbindung mit der faustischen Gesellschaft gebracht, sondern auch MUSAGET, der ‚Musenführer'. Er hält die Art von Journalismus, die er vertritt, für geeignet, FAUSTS Gefolgschaft zu steuern.

A. Sollen wir die Ironie übersehen, mit der vom *deutschen Parnaß* gesprochen wird? *Mit rechten Leuten wird man was* deutet auf eine Gesellschaft von Opportunisten. Und ein Musenberg mit einem *breiten Gipfel*, wo sich viele tummeln können, spottet wohl jeder Qualität.

B. Löwen, der als erster Faust auf den Brocken versetzt hat (Dialog 32), schrieb ein Gedicht „An den Harz", in dem steht: „Dein Blocksberg wird nie zum **Parnaß**. Es singen nie dichtrische Lippen, Wo man stets wuchert, selten liest.[377] Hier steht der „Blocksberg" für eine Gesellschaft, in der aus ökonomischen Gründen keine Zeit für Dichtung und damit auch keine für Kunst bleibt.

A. Das hätte diese Gesellschaft mit der faustischen gemeinsam. Deren *Parnaß* wäre dann gedacht als *breiter* Raum für Literaten; der eigentliche *Gipfel* aber fehlte, auf dem echte Dichter heimisch sein könnten. -

B. Inzwischen hat sich DER NEUGIERIGE REISENDE einem seltsamen *Mann* zugewendet, dessen Namen er aufgrund einer Art von Steckbrief erfragen will: Er ist *steif*, *geht mit stolzen Schritten* und ***schnopert***, das heißt, er ‚schnuppert' wie ein Tier.

A. Auch hier wirkt FAUSTS Traum aus der ersten „Studierzimmer"-Szene nach, wo er den *Pudel* gefragt hatte: *An der Schwelle was **schnoperst** du hier?* (1187) Aber leider geben die Verse statt des gesuchten Namens ein neues Rätsel: *„Er spürt nach Jesuiten".* Ist dies eine eindeutige Zuordnung?

B. Ich kenne nur eine Stelle, wo davon die Rede ist, und zwar bezogen auf Friedrich Nicolai. Fichte stellt die Frage, ob ihm niemals einer „zu verstehen gegeben" habe, „daß er zwar [...] in der Fähigkeit, die feinsten Machinationen **der Jesuiten zu wittern**, [...] seinesgleichen nicht habe, daß er aber in der eigentlich sogenannten höhern Philosophie nicht dieselbe Stärke besitze"[378].

A. Dann wäre der NEUGIERIGE REISENDE auf einen berühmten Reisenden aufmerksam geworden, dem wir schon in der „Walpurgisnacht" begegnet sind.

B. Wichtiger, als den gesuchten *Mann* mit einem Zeitgenossen zu identifizieren, ist für mich, daß sich in der faustischen Welt so etwas wie Gesinnungsschnüffelei zeigt. Die innere Leere des Faustischen eröffnet demnach keinen Raum für Toleranz. Nicolai ließ kaum eine Gesinnung neben der seinigen gelten.

A. Diese Diskrepanz von - behaupteter - Auf**klär**ung und gegenteiligem Handeln äußert sich auch im Bekenntnis des KRANICHS: *In dem **klaren** mag ich gern Und auch im trüben fischen.*

B. Im Grimm steht, „sprichwörtlich war der **stolze Gang** des Kranichs"[379]. Die ***stolzen Schritte*** des gesuchten *Manns* lassen sich also auch auf die Maske des KRANICHS beziehen. Wenn dieser, wie Goethe im Alter zu Eckermann gesagt haben soll, auf den Schweizer Pfarrer, Philosophen, Theologen und Physiognomen Johann Kaspar Lavater anspielt, dann könnte die ‚Vermischung' von Nicolai und Lavater die Tendenz der sogenannten Aufklärung andeuten, in ihr Gegenteil umzuschlagen. Ich denke daran, wie Goethe Lavater charakterisiert hat (Dialog 22).

A. Es gibt ein Xenion auf Lavater mit der Überschrift „Der Prophet", das die moralische Instabilität thematisiert:

Schade daß die Natur nur Einen Menschen aus dir schuf,
    Denn zum würdigen Mann war und zum Schelmen der Stoff.[380]

Die Zeitgenossen konnten nicht wissen, daß mit dem KRANICH möglicherweise Lavater gemeint war. Aber sie konnten die kommentierenden Verse *Darum seht ihr den frommen Herrn Sich auch mit Teufeln **mischen*** auf dieses Xenion beziehen. Und die Nähe des KRANICHS zu FAUST konnten sie daran sehen, daß dieser sich im Osterspaziergang mit dem *Kranich* vergleicht (vgl. 1092-99).

B. Eine von Goethe nicht veröffentlichte, 1790 geschriebene Bemerkung heißt: „Nur nicht Lavater sein und Sinn mit Unsinn ver**mischen**"[381]. Lavater ist nur ein Beispiel. Dem faustischen Bewußtsein fehlen die Kriterien, in moralisch-geistiger Hinsicht „Sinn" und „Unsinn" auseinanderzuhalten.

A. Von FAUST selbst könnte man ja meinen, er fische *im klaren* und *im trüben*, indem er sich mit einem *Teufel* ‚gemischt' hat.

B. Wir haben gesagt, MEPHISTOPHELES repräsentiere die wissenschaftlich-technischen Möglichkeiten der modernen bürgerlich-industriellen Welt, aber in moralischer Hinsicht kann FAUSTS Verbindung mit ihm andeuten, daß sein naturwissenschaftlicher „Sinn" ihn nicht vor mythischem und mystischem „Unsinn" bewahrt.

A. Ein Charakteristikum dieser ‚Bewußtseins-Trübung' wäre wohl, daß die Betreffenden nicht wissen, was sie tun. So gibt sich das WELTKIND aufgeklärt und von den *Frommen* distanziert. Indem es jedoch meint, sie zu kritisieren, spricht es selber wie ein Pfarrer: *glaubet mir*, und könnte - der Form nach - an den *Konventikeln* der *Frommen* teilnehmen.

B. Nicht nur die *Frommen* bilden auf dem *Blocksberg* Zusammenkünfte, sondern auch die Philosophen. Daß sie mit *Trommeln* angekündigt werden, deutet wohl auf das Plakative und Marktschreierische ihrer Lehren. Sie repräsentieren die Möglichkeiten und Widersprüche, von denen wir gesprochen haben. Ihre Einteilung in philosophische Richtungen kennzeichnet sie als Ideologen: Sie suchen nicht nach Wahrheit, sondern haben sie und richten ihre logischen Schlußfolgerungen so ein, daß diese ihre Wahrheit bestätigt wird.

A. Das trifft freilich nur für DOGMATIKER, SUPERNATURALIST und SKEPTIKER zu. Daß der SKEPTIKER etwas mit FAUST zu tun hat, ist keine Frage. FAUST selbst hat *Teufel* auf *Zweifel* gereimt (368 f.), und sein Zweifel daran, daß die Natur schon ist, was sie sein könnte, gehört zu seinem Wesen. Gleichzeitig ist er einer von denen, die den ***Flämmchen** auf der Spur gehn* und *sich nah dem **Schatze*** glauben: In der Szene „Vor Gretchens Türe" fragt er: *Rückt wohl der **Schatz** indessen in die Höh, Den ich dort hinten **flimmern** seh?* (3664 f.) Es bewahrheitet sich mehr und mehr, daß sich FAUST in unterschiedlichen Masken zeigt.

B. Diese von FAUST geträumten Philosophen sind, wie die anderen Figuren auch, Dilettanten. Kein wahrer ‚Idealist' würde das, was ihm real begegnet, als Produkt seiner Phantasie bezeichnen. Fichte hat sich darüber beklagt, daß Nicolai aus der „neueren Philosophie" folgere, „wenn alles, was da ist, das Ich selbst sei, ein Mensch, der eine wilde Schweinskeule äße, sich selbst äße"[382].

A. Entsprechen REALIST und IDEALIST nicht den *zwei Seelen* in FAUSTS *Brust* (1112)?

B. Doch. Schiller sagt vom „Realisten", „er ist im Besitze, die Erde ist sein, und es ist Licht in seinem Verstande, und Zufriedenheit wohnt in seiner Brust. Der Idealist hat lange kein so gutes Schicksal. [...] er zerfällt mit sich selbst; weder sein Wissen noch sein Handeln kann ihm Genüge tun"[383].

A. Das klingt - allerdings nur zusammengenommen - sehr faustisch, denn „Zufriedenheit wohnt" nie in FAUSTS „Brust".

B. Noch besser paßt zu dieser Stelle, was Schiller über die „Karikaturen" von „Idealist" und „Realist" sagt. Vom „Realisten" als „Karikatur" heißt es: „Er ist daher auch weiter nichts, als was die äußern Eindrücke zufällig aus ihm machen wollen, seine Selbstheit ist unterdrückt, und **als Mensch** hat er absolut keinen Wert und keine Würde."[384] Deutlich ist zu sehen, daß der REALIST, der *zum erstenmal Nicht fest auf* seinen *Füßen* steht, seinen ‚Zu-Stand' abhängig macht von dem, was die „äußeren Eindrücke zufällig aus ihm machen wollen".

A. Dennoch würde ich nicht sagen können, FAUST habe „keinen Wert und keine Würde".

B. Er ist ja nicht nur Realist. Und wir dürfen nicht übersehen, daß Schiller vom Realisten „als Mensch", als humanem Wesen spricht. Human handelnd haben wir FAUST an keiner Stelle gesehen.

A. Das ist wahr. - Auch der IDEALIST verliert seine Selbständigkeit und wird von seiner *Phantasie* ‚beherrscht'. Gehört dies auch zur „Karikatur"?

B. Den „Idealisten" als „Karikatur" nennt Schiller „Phantast". Beurteile selbst, ob er sich nicht mit dem IDEALISTEN, den seine ***Phantasie*** beherrscht, berührt: „[...] der **Phantast** verläßt die Natur aus bloßer Willkür, um dem Eigensinne der Begierden und den Launen der Einbildungskraft desto ungebundener nachgeben zu können. Nicht in die Unabhängigkeit von physischen Nötigungen, in die **Lossprechung von moralischen** setzt er seine Freiheit. [...] weil die **Phantasterei** keine Ausschweifung der Natur, sondern der Freiheit ist, also aus einer an sich achtungswürdigen Anlage entspringt, die ins Unendliche perfektibel ist, so führt sie auch zu einem unendlichen Fall in eine bodenlose Tiefe und kann nur **in einer völligen Zerstörung sich endigen.**"[385]

A. Dies erinnert mich sehr an FAUSTS *mein eigen Selbst zu ihrem Selbst*

erweitern** Und, wie sie selbst, am End auch ich **zerscheitern (1774 f.). Die Gesellschaft, die die faustischen Masken darstellen, wird immer bedrohlicher. -

B. Gegen Ende dieses Maskentanzes kommen die, die aus der vor-,faustischen' Gesellschaft überdauert haben. Durch DIE GEWANDTEN ist wohl angedeutet, daß aus der alten Welt genügend - ein *Heer* - ,sorglose' Schmarotzer übrigbleiben, die wie in der feudalen Welt auch hier auf Kosten anderer zu leben wissen, auch wenn die alten Werte ,auf den Kopf' gestellt sind. Sie sind eher Opportunisten als die WINDFAHNE.

A. Dagegen scheinen DIE UNBEHILFLICHEN eine Art ,Lumpenproletariat' zu bilden. In der weitgehend verantwortungslosen faustischen Welt braucht sich niemand für einen andern verpflichtet zu fühlen.

B. Ich bin nicht sicher, ob diese Figuren andeuten, daß das alte Feudalsystem ausgedient hat und es zu Recht durch eine bürgerliche Gesellschaft abgelöst wird, oder ob gezeigt ist, daß in der rücksichts- und verantwortungslosen faustischen Welt sich auch alte Strukturen behaupten werden.

A. Die IRRLICHTER sprechen eher für die zweite Möglichkeit. Wenn du dich erinnerst, daß in der „Walpurgisnacht" ein IRRLICHT als ,Führer' gedient hat (vgl. 3869 f.), dann ist es vielleicht nicht zu weit hergeholt, in diesem IRRLICHT den Prototyp derjenigen zu sehen, die aus dem *Sumpfe* aufsteigen, das sehr schnell vergessen und die alten höfischen, ,glänzenden' Umgangsformen neu installieren.

B. Ich glaube, daß die STERNSCHNUPPE noch einen anderen Aspekt der faustischen Gesellschaft thematisiert, für den vielleicht Wallenstein, vor allem Schillers Wallenstein, das Vorbild war. In einer Gesellschaft, in der das moralische Bewußtsein nicht gebildet und gepflegt und damit eine innere Unsicherheit begünstigt wird, ist es naheliegend, auf einzelne Menschen Hoffnung und Macht zu übertragen, aber auch, daß diese nur ,vorüberfliegend' als Leitfiguren erscheinen und bald wieder verschwinden.

A. FAUST selbst verlangte *der Ehre schöne Götterlust, die wie ein Meteor verschwindet* (1684 f.). MEPHISTOS auf FAUST bezogener Wunsch *Ach läg er nur noch immer in dem Grase* (291) unterstützt deine Auffassung, daß auch die *im Grase* liegende STERNSCHNUPPE eine Maske FAUSTS ist ...

B. ... so wie das *Platz um Platz* der MASSIVEN sich mit MEPHISTOS *Platz! süßer Pöbel, Platz!* (4023) verbinden läßt. Es kommt mir konsequent vor, daß die Maskerade auf die nackte, zerstörerische Gewalt der MASSIVEN hinausläuft, wie sie sich auch im fünften Akt von „Faust II" zeigt. Mich irritiert dabei nur die groteske Bemerkung *So gehn die Gräschen nie-*

der. Wo man wie *Elefantenkälber* auftritt, betrifft das nicht nur *Gräschen.*

A. Es könnte hier - bei aller Ironie - ausgedrückt sein, daß faustische Ideologie die Tendenz hat, Auswirkungen ihrer Gewalt zu verharmlosen. Daß die STERNSCHNUPPE *im Grase* liegt, kann auf die *Gräschen* bezogen nur euphemistisch gesagt sein. Im Gegensatz zum Kollektivbegriff ‚Gras' erinnern die *Gräschen* daran, daß von der Gewalt Einzelne betroffen sind und vielleicht schon in einem frühen Entwicklungsstadium - der aufgehenden Saat vergleichbar - ‚unterdrückt' werden.

B. Ja, es ist so etwas wie der ‚Niedergang' des Individuums angedeutet, obgleich die faustische Ideologie vorgibt, auf der Autonomie des Individuums zu beruhen. - Vielleicht kannst du auch erklären, wie das *Geister kommen, Geister auch, Sie haben plumpe Glieder* zu verstehen ist.

A. Ich sehe es so: PUCK und ARIEL sind nun nicht mehr wie am Anfang die körperlosen *Geister* des *Sang* und *Klang*, sondern als Körper maskiert. Es ist deutlich, daß sie - zumindest PUCK - sich dabei mit *plumpen Gliedern* und auf plumpe Weise den *mastig* auftretenden MASSIVEN angleichen, denn *mastig* bedeutet hier soviel wie ‚fett' und damit schwerfällig. Dieses Angleichen betrifft selbst den Versbau, da PUCK die reimlosen Versenden der MASSIVEN nachahmt. Warum er dies tut, ist mir freilich ein Rätsel.

B. Vielleicht ahmt er die MASSIVEN nicht nach, sondern hält ihnen stand, um anzudeuten, daß ***der** Geist*, als den ARIEL die *liebende Natur* bezeichnet, nicht notwendig vor der faustischen Gewalt kapituliert.

A. Das hieße, daß FAUST in seinem Traumbewußtsein ahnt, er sei kein ‚Günstling' der *liebenden Natur*, obwohl er gegenüber MARGARETE vorgab, *die höchsten Gaben Der liebevoll austeilenden Natur* (3104 f.) zu kennen. *Zu des Geistes Flügeln*, die er sich auf dem Osterspaziergang in einem *schönen* (Tag-)*Traum* geträumt hatte, wird gewiß ein *körperlicher Flügel sich gesellen* (1090 f.), aber **die** *Flügel*, mit denen *die liebende*, also eine höhere, humane *Natur* ihre ‚Lieblinge' begabt, scheinen ihm verwehrt zu sein.

B. Keine der Masken FAUSTS ist fähig, ARIELS *leichter Spur* zu folgen. Dessen Aufforderung klingt wie höhnische Ironie. Da ROSE ein Anagramm von EROS ist, könnten ***liebende*** *Natur* und ***Rosen**hügel* zusammengehören.

A. Und wenn *Oberon*, der *schöne Gott*, die Personifizierung dieser *liebenden Natur* ist, dann kann sich FAUST eine noch so schöne *goldne Hochzeit* von OBERON und TITANIA imaginieren, er und seine Welt werden von allem ausgeschlossen sein, was auf dem *Rosenhügel* geschieht.

B. Seltsam ist, daß Goethe die ursprünglich 42 Strophen, die wir nun zu verstehen versucht haben, 1828 in der Ausgabe letzter Hand um zwei weitere ergänzte. Diese neu eingefügten Verse von TANZMEISTER und FIEDLER[386] sind die einzige Änderung in „Faust I". Das beweist, wie wichtig ihm der „Walpurgisnachtstraum" war. Aber was sollte dadurch ergänzt oder korrigiert werden?

A. Vielleicht reagierte er damit auf eine zwanzigjährige Rezeptionsgeschichte, in der niemand etwas mit diesem ,Traum' anfangen konnte. Deutlich nimmt er den Begriff des ,Plumpen', den wir schon von den MASSIVEN und von PUCK her kennen, nochmals auf. Möglicherweise sind die beiden Strophen eher als Ergänzung zu den Schlußstrophen zu sehen.

B. Zugleich ist das, was TANZMEISTER und FIEDLER sagen, auf die Gruppe der fünf Philosophen bezogen. Sie können nicht von der ***liebenden*** *Natur* beflügelt sein, wenn dieses *Lumpenpack* sich ***haßt***. Als *Lumpenpack* werden sie auf anagrammatische Weise nochmals an das Plumpe angeschlossen (LUMPENPACK > PLUMP).

A. TANZMEISTER und FIEDLER beschreiben nicht nur, was sie sehen, sondern entblößen das Innere der Philosophen. Auch wenn sich *Und gäb sich gern das Restchen* harmlos anhört, so verweist es doch darauf, wie unerbittlich und inhuman sich Philosophen bekämpfen können. Dies haben beispielsweise die persönlichen Verhältnisse zwischen Fichte, Schelling und Hegel gezeigt.

B. Es scheint die Schwerfälligkeit ihrer Systeme zu sein, die sie hindert, so zu tanzen, daß der TANZMEISTER zufrieden sein könnte.

A. Warum wohl diese Tanz-Metaphorik? Ich sehe die Verbindung zur Philosophie noch nicht.

B. Normalerweise heißt Tanzen, seinen Körper im Einklang mit Musik zu bewegen. Auch bei einem streng geregelten Tanz bleibt dem Tänzer die Anmut seiner Bewegungen, um seine Individualität auszudrücken. An solcher Anmut scheint es diesen Tänzern zu mangeln. Statt sich darauf einzulassen, versucht *jeder, wie er kann*, sich aus dem Medium des Tanzes herauszuziehen.

A. Der Vergleich mit *Orpheus*, der - laut Hederich - „nicht nur die Menschen, sondern auch die wilden Tiere, ja selbst die Bäume und Felsen, nach sich gezogen, wie nicht weniger die Flüsse in ihrem Laufe, und die Winde in ihrem Blasen, aufgehalten"[387] hat, verweist dann wohl auf das Tierische, Nicht-Menschliche, Inhumane einer derart in sich zerrissenen faustischen Ideologie.

B. Die Anspielung auf diesen Mythos zeigt überdies, daß auch mit Hilfe des Gesangs, der Kunst, eine Veränderung der Natur denkbar ist, nicht nur durch faustische Technik. Die Natur würde dabei nicht durch

Manipulationen gezwungen, sondern wäre ‚von sich aus' bereit, dem schönen Gesang zu entsprechen. Ich könnte auch sagen, der schöne Gesang ermöglichte der Natur, die schöne Natur zu werden, die in ihr selbst angelegt ist.

A. Das würde heißen, daß schöne Kunst nicht nur ein Maßstab der Natur, sondern auch für die Natur wäre. Was du hier sagst, kommt mir freilich sehr mythisch vor. Die Personifikation der Natur ist doch nur eine Hilfskonstruktion, die man nicht wörtlich nehmen kann. Wie soll man sich in einer modernen Welt die Zustimmung der Natur denken?

B. Dafür hat Goethe 1827, also etwa zur selben Zeit, als er die beiden Strophen schrieb, ein Gleichnis formuliert, in welchem er „Orpheus" durch „die belebenden Töne seiner Leier" eine Stadt bauen läßt: „Die von kräftig gebietenden, **freundlich lockenden** Tönen schnell ergriffenen, aus ihrer massenhaften Ganzheit gerissenen Felssteine mußten, indem sie sich enthusiastisch herbeibewegten, sich kunst- und handwerksgemäß gestalten, um sich sodann in rhythmischen Schichten und Wänden gebührend hinzuordnen. Und so mag sich Straße zu Straßen anfügen! An wohlschützenden Mauern wird's auch nicht fehlen. Die Töne verhallen, aber die **Harmonie** bleibt. Die Bürger einer solchen Stadt wandeln und weben zwischen ewigen Melodien; der Geist kann nicht sinken, die Tätigkeit nicht einschlafen, das Auge übernimmt Funktion, Gebühr und Pflicht des Ohres, und die Bürger am gemeinsten Tage fühlen sich in einem ideellen Zustand: ohne Reflexion, ohne nach dem Ursprung zu fragen, werden sie des **höchsten sittlichen und religiösen Genusses** teilhaftig."[388]

A. Im übertragenen Sinne bedeutete dies wohl, daß Menschen, die durch schöne Kunst gebildet wären, von sich aus so handelten, wie es Natur und Kunst unter dem Einfluß des „Orpheus" tun.

B. Für das Verständnis des „Walpurgisnachtstraums" ist aber auch die Fortsetzung des Gleichnisses wichtig: „In einer schlecht gebauten Stadt [...] lebt der Bürger unbewußt in der Wüste eines düstern Zustandes; dem fremden Eintretenden jedoch ist es zu Mute, als wenn er **Dudelsack**, Pfeifen und Schellen**trommeln** hörte und sich bereiten müßte, Bären**tänzen** und Affen**sprüngen** beizuwohnen."[389]

A. Ja, es ist nun deutlich zu sehen, daß die als *Lumpenpack* bezeichneten Philosophen diesen *Bestjen* und ihrem Verhalten zugeordnet werden. Jetzt verstehe ich den Vers *Und fragt nicht, wie es aussieht*: Das Aussehen, die ästhetische Qualität, der Anteil von Anmut und Schönheit, wäre das Maß, an dem das Handeln und auch das Denken sich auszurichten hätte, damit der Mensch mit sich als sittlichem Wesen übereinstimmen kann.

B. Da in FAUSTS sittlichem Bewußtsein kein *Orpheus* singt, da er weder ästhetisch erzogen noch gebildet ist, da er ganz ohne echte Kunst und künstlerische Schönheit lebt, kann er keines „höchsten sittlichen und religiosen Genusses teilhaftig" werden. Aber im Unter- oder Unbewußten scheint sich die sittliche, die soziale Natur zu regen und ihm im Traum vor Augen zu stellen, wie dilettantisch sein Kunstbegriff ist und wie die faustische Welt, die die Masken gestalten, mit diesem dilettantischen Kunstbegriff zusammenhängt. -

A. Ich denke, unsere Hypothese hat uns sehr geholfen, den „Walpurgisnachtstraum" zu deuten: Shakespeares ‚Kunstgeister' oder Geister einer höheren, *liebenden Natur* haben FAUSTS Traum so arrangiert, daß die dargestellten Larven das Dilettantische und Halbgebildete der faustischen Geistes- und Bewußtseinswelt ent-larven.

B. Vor allem haben sie durch ihr Arrangement des Traums gezeigt, wie nötig dem faustischen Bewußtsein echte Kunst wäre, wie sie vielleicht Pegasus repräsentiert, und was eine solche Kunst bewirken könnte.

A. Besonders beeindruckend ist, daß Aspekte der faustischen Welt nicht nur wie ein Panorama ausgebreitet, sondern zugleich konkret differenziert und typisiert werden. Der „Walpurgisnachtstraum" erscheint mir jetzt als Versuch Goethes, seinem Publikum zu veranschaulichen, wie viele Gesichter FAUST hat, und vor allem, daß auch solche Menschen und Systeme die faustische Ideologie begünstigen können, von denen man zunächst glaubt, FAUST würde von ihnen bekämpft.

Dialog 37: Schluß-Gespräch

A. Obgleich der „Walpurgisnachtstraum" leise und zart ausklingt, kommen mir die beiden Szenen in der *Gegend von Schierke und Elend* vor wie der mächtige Schlußakkord dieses ersten Teils. Beide beleuchten die ganze Handlung so umfassend, daß die drei Schluß-Szenen des Dramas vielleicht an Bedeutung verlieren.

B. Hätte Goethe wie schon 1790 bei der Veröffentlichung des „Faust-Fragments" die drei „Ur-Faust"-Szenen wiederum nicht aufgenommen, würde Wesentliches fehlen. Er führt die Gretchen-Handlung so zum Ende, daß sie als Konsequenz der Wissenschafts-Handlung erkennbar ist, und demonstriert dadurch, daß die beiden Schluß-Träume ihre Entsprechungen und Folgen in der wirklichen Welt haben. Ich finde, das Crescendo der „Kerker"-Szene ist ein würdiger Ausklang dieses Dramas.

A. Dann beschließen die „Walpurgis"-Visionen nur die Reihe der übergeordneten Kommentar-Szenen. - Die Annahme, daß FAUST die „Walpurgisnacht" nicht erst vom *Wechselgesang* an geträumt habe, hat uns geholfen, diese Szene zu verstehen. Als Bewußtsein FAUSTS, oder genauer: als faustisches Bewußtsein, eröffnet sie ein Panorama von Möglichkeiten, wie ich dies nicht erwartet hätte.

B. Mich hat die sittlich-moralische Dimension dieses Bewußtseins nicht weniger beeindruckt als die wissenschaftlich-technische Vision, die sich in diesem Traum auftut. Es ist dargestellt, wie sich in FAUST die schon im „Faust-Fragment" von MEPHISTOPHELES erwähnte *Vernunft* (1851) regt (Dialog 19), und zugleich, wie rudimentär diese *Vernunft* entwickelt ist, so daß sie FAUST nicht zu bewegen vermag, verantwortungsvoll, human zu handeln.

A. Der *besondre Schein* (4027), mit dem das spezifisch *Böse* der faustischen Welt beleuchtet wird, erlaubt einen tiefen Blick in diese Welt. Man sieht, wie groß das moralische Vakuum eines Bewußtseins ist, das sich von religiöser Bevormundung befreit und dennoch nicht besser handelt, als wenn es *den Bösen* nicht *los* (2510) wäre.

B. Die Art, wie es MEPHISTOPHELES in der Rolle eines Anti-Gewissens gelingt, die zaghaften Regungen der sittlichen Natur unwirksam zu machen, verdeutlicht auch, wie nötig diese Natur Stütze und Pflege hat. Es ist FAUSTS ‚Wie-Gott-sein-wollen', sein Streben, die physische Natur nach eigenen Vorstellungen ‚handeln' zu lassen, welches dem sittlichmoralischem Empfinden verwehrt, sich zu behaupten.

A. Es kommt mir vor, als sei es Goethe - im ganzen „Faust" - mehr um diese moralische Haltlosigkeit und wie sie sich verhindern lasse gegangen, als um die Darstellung, wie das faustische Bewußtsein in seinem radikalen Freiheitsdrang die Welt verändern werde.

B. Ja, er hat dieses wesentliche Problem immer mitgestaltet. Denn wenn die wissenschaftlich-technischen Möglichkeiten der Neuzeit unter dem Maßstab, dem Regulativ der Humanität verwirklicht würden, wären Zerstörung der Erde und Zerstörung zwischenmenschlicher Beziehungen nicht so sehr zu befürchten.

A. Dann ist das faustische Streben weniger charakterisiert durch seinen Drang, die Welt zu erforschen und auszubeuten, als vielmehr durch die Schwäche seiner sittlichen Vernunft.

B. Kant schreibt zu dieser Problematik: „Mathematik, Naturwissenschaft, Gesetze, Künste, selbst Moral etc. füllen die Seele noch nicht gänzlich aus; es bleibt immer noch ein Raum in ihr übrig, der für die bloße reine und spekulative Vernunft abgestochen ist, und dessen **Leere** uns zwingt, in **Fratzen** oder Tändelwerk, oder auch Schwärmerei dem Scheine nach Beschäftigung und Unterhaltung, im Grunde aber nur **Zerstreuung** zu suchen, um den **beschwerlichen Ruf der Vernunft** zu übertäuben, die ihrer Bestimmung gemäß etwas verlangt, was sie vor sich selbst befriedige, und nicht bloß zum Behuf anderer Absichten oder zum Interesse der Neigungen in Geschäftigkeit versetze."[390]

A. Das hört sich an wie eine Begründung, warum FAUST in seinem Traum - wie schon im geträumten „Studierzimmer I" - Unterhaltung wünscht und warum das Unterhaltungsstück - von den Shakespearschen Geistern abgesehen - mit „Fratzen" ausgefüllt ist, als würde philosophisch erläutert, warum der „Walpurgisnachtstraum" sich dort anschließt, wo sich die „Leere" und Entschlußlosigkeit der faustischen „Vernunft" erwiesen hat.

B. In der „Walpurgisnacht" ist FAUST dem „beschwerlichen Ruf" der „Vernunft" nicht gefolgt, der durch die Erscheinung des *guten Gretchens* an ihn ergangenen ist. Deshalb ist er ‚gezwungen', seine Hinwendung zu *Perseus* durch „Zerstreuung" „zu übertäuben". Der Leere der „Vernunft" entspricht die Leere der Kunst.

A. Da Kants Bemerkung kein Kommentar zu „Faust" ist, sondern die Menschen seiner Zeit, also das Publikum des „Faust", beschreibt, ist der „Walpurgisnachtstraum" nicht nur die Konsequenz aus der „Walpurgisnacht", sondern folgt auch aus der moralischen Leere derjenigen, die ihn im wachen Zustand betrachten.

B. Ja, vielleicht spielt Goethe auch deshalb auf den „Sommernachtstraum" an, weil dort Puck am Schluß - in Schlegels Übersetzung - sagt:

> [...] ihr alle schier
> Habet nur geschlummert hier
> Und geschaut in Nachtgesichten
> Eures **eignen Hirnes** Dichten.

Dies könnte PUCK am Schluß des „Walpurgisnachtstraums" auch sagen und würde damit das ergänzen, was wir schon zur „Ersten Walpurgisnacht" bemerkt haben (Dialog 32). FAUSTS Träume sind zugleich Träume derjenigen, denen „Faust" vorgespielt wird.

A. Das dürfte ein weiterer Grund sein, warum in diesen Träumen Figuren aus der Welt des Publikums agieren. Das „Faust"-Drama wurde ja nicht geschrieben, damit die - ausgedachten - Figuren dieses Dramas etwas verstehen, sondern damit die Zeitgenossen des Autors sich darin spiegeln und erkennen.

B. Wenn dieses Publikum die Anspielung auf den „Sommernachtstraum" als Aufforderung begreift, über den Begriff von Kunst nachzudenken, dann sieht es, daß bei Shakespeare die Naturgeister, oder, wie wir gesagt haben, die ‚Kunst-Geister' die Liebenden zusammenführen und verhindern, daß Herma enthauptet wird.

A. Unter diesem Aspekt fällt mir auf, daß der „Walpurgisnachtstraum" keine Auswirkung auf die Gretchen-Handlung zu haben scheint. In der faustischen Welt schaffen es die von Shakespeare entlehnten Figuren nur, den faustischen Dilettantismus bloßzulegen als eine Pseudokunst, der die Kraft fehlt, Liebe zu bewirken.

B. Aber sie schaffen es immerhin auch, daran zu erinnern, daß das faustische Bewußtsein durch echte Kunst verhinderbar oder veränderbar wäre. Mir kommt der „Walpurgisnachtstraum" nicht nur wie ein Spiegel des Publikums vor, sondern zugleich wie ein Urteil über die zeitgenössischen Poeten. Auf diesen Gedanken bringt mich die Bemerkung Goethes: „Die Kunst gibt sich selbst Gesetze und gebietet der Zeit. Der Dilettantismus folgt der Neigung der Zeit."[391]

A. Das würde bedeuten, daß die inhumanen Tendenzen im faustischen Bewußtsein deshalb so beherrschend sind, weil die Kunst fehlt, die sie in die Schranken weisen könnte. Daß es dem faustischen *Parnaß* (4317) nicht an Leuten, an Quantität mangelt, haben wir gesehen.

B. Im „West-östlichen Divan" heißt es entsprechend:

Wisse daß mir sehr mißfällt,
Wenn so viele singen und reden!
Wer treibt die Dichtkunst aus der Welt?
Die Poeten![392]

A. Die massenhafte Verbreitung einer Literatur von dilettantischer Qualität ist wohl ein Wesensmerkmal faustischer Welt. Je mehr ihr das Bewußtsein fehlt, daß dem wahren „Poeten" nur „Dichtkunst" entspricht, desto nötiger hat sie die HEXEN-Poesie aus der „Hexenküche" (Dialog 22).

B. Nach unseren Gesprächen wird deutlich, wie großzügig Goethe mit dem Begriff ‚Hexe' umgeht. Damit bezeichnet er die als Allegorie humaner Dichtung dargestellte HEXE der „Hexenküche" und die auch eher human gestaltete TRÖDELHEXE, aber auch HEXEN und HEXENMEISTER der inhumanen faustischen Gesellschaft. Er gebraucht ‚Hexe' also dort, wo er eine mögliche, aber noch nicht wirkliche Welt vor Augen führen will.

A. Wenn wir dies bedenken, wird es immer wahrscheinlicher, daß „Hexenküche" und „Walpurgisnacht" von Anfang an zusammen konzipiert waren. Goethe hätte aber zuerst die mögliche ‚Heilung' des faustischen Bewußtseins gestaltet und dann erst in der „Walpurgisnacht" gezeigt, was dieses poesielose Bewußtsein bewirkt und warum es durch echte Kunst regeneriert werden müßte.

B. Sobald man in der HEXE der „Hexenküche" die Repräsentantin des echten Dichters sieht, kann man sie nicht mehr mit der - als verfremdete MARTHE erscheinenden - ALTEN in der „Walpurgisnacht" identifizieren.

A. Aber die Anspielungen auf die HEXE sind an dieser Stelle, wie wir gesehen haben, unverkennbar (Dialog 35).

B. Auch diese Anspielungen signalisieren, daß „Walpurgisnacht" und „Hexenküche" zusammengehören. Ich halte es für möglich, in der „Walpurgisnacht" so etwas wie eine ‚verlängerte', oder ausgeweitete „Hexenküche" zu sehen: Die Dimension der Jugend ist in der ganzen Szene wahrnehmbar. FAUSTS Traum inszeniert, wie eine Gesellschaft sich unter dem Idol ständiger Jugendkraft entwickelt. Sexuelle Leistungsfähigkeit ist zur ökonomischen Leistungsfähigkeit erweitert.

A. Dies entspräche der Stimulierung durch den *Zauberspiegel* (2430). Aber wo bleibt die Regenerierung durch Poesie?

B. Setzen wir voraus, daß MEPHISTOPHELES die HEXE als Repräsentantin der höheren, humanen Natur begriffen hat, dann bezieht sich der *Gefallen*, den er ihr *auf Walpurgis* tun will (2589 f.), vor allem auf die Wirkung der Poesie.

A. So hätte MEPHISTOPHELES es der HEXE *zu Gefallen* getan, als er *auf Walpurgis* FAUST von den HEXEN-Massen isolierte und ihn mehr und mehr mit seiner *Vernunft* als einer moralischen Instanz konfrontierte.

B. Genauer müßten wir sagen, der *Trank* (2578) der HEXE wirke in FAUST wenigstens so nach, daß es sich TRÖDELHEXE, *Lilith* und *Gretchen*-Erscheinung imaginiert; denn die drei Frauengestalten appellieren an sein Verantwortungsbewußtsein.

A. Da aber dieser *Trank* auch hier wie nach der „Hexenküche" ohne große Wirkung bleibt, scheint Goethe von der ‚Potenz' echter Kunst nicht viel zu halten.

B. Er soll 1804 in einem Gespräch gesagt haben: „Wenn das wahrhaft Schöne und Gute Eingang gefunden hat, so ist das Schlechte auf ewig verbannt."[393] Aber in seiner Dichtung erlaubt er sich in dieser Hinsicht keine Illusionen.

A. Vielleicht ist FAUST - als Figur - doch schon zu verfestigt und seine moralische Vernunft schon zu verkümmert, als daß er sich nachhaltig verändern könnte. Goethe scheint den Eindruck vermeiden zu wollen, daß es, um human zu handeln, genüge, wenn man sich einmal einen *Schluck* (2582) ‚Poesie' gönne.

B. Ja, die Menschen müßten von jung auf Poesie, überhaupt Kunst, als notwendig erfahren, um als Menschen, nicht bloß als Säugetiere, zu leben. Goethe schrieb 1796: „[...] auf junge Leute müssen wir denken, mit denen man sich in Rapport und Harmonie setzen kann, von älteren, bei denen sich die Ideen schon fixiert und die sich schon eine eigenen Lebensweise vorgesetzt haben, ist nichts zu hoffen."[394] Und im „Vorspiel auf dem Theater" steht: *Wer fertig ist, dem ist nichts recht zu machen; Ein Werdender wird immer dankbar sein.* (182 f.) Die faustische Ideologie hat etwas von einer ‚fixen Idee', der nur schwer beizukommen ist und die - wie die Geschichte zeigt - bis heute kaum verändert werden konnte.

A. FAUST wird immerhin so verändert, daß er den Weg zu MARGARETES „Kerker" nimmt. Vielleicht sollten wir dies nicht gering schätzen.

B. So laß uns diesem Weg folgen.

A. Im „Ur-Faust" waren die Szenen „Trüber Tag. Feld" und „Nacht, offen Feld", durch die sich FAUST zum „Kerker" bewegt, vor allem mit dieser letzten Szene verbunden. Nun knüpft „Trüber Tag.

Feld" einerseits im Bereich der eigentlichen Handlung an die VALENTIN-Szene an (Dialog 31); man weiß jetzt sicher, was mit *Blutschuld von deiner Hand* gemeint ist. Andererseits folgt sie unmittelbar den „Walpurgisnacht"-Szenen und ist besonders durch FAUSTS unveränderten Vorwurf *Und mich wiegst du indes in abgeschmackten Zerstreuungen* auf diese beziehbar.

B. Was irritiert dich daran?

A. Mich stört, daß der Eindruck entstehen könnte, beide Brocken-Szenen, aber vor allem der „Walpurgisnachtstraum", hätten mit FAUST nichts zu tun, sondern seien unbedeutende, von MEPHISTOPHELES veranstaltete *Zerstreuung*. Zum Glück wurde der „Ur-Faust" entdeckt, und wir wissen nun, daß MEPHISTOPHELES schon von *Zerstreuung* sprach, als noch an keine „Walpurgisnacht" gedacht war.

B. Genau genommen wissen wir das nicht.

A. Zumindest wissen wir, daß Goethe diese Szenen aus dem „Ur-Faust" übernommen hat, ohne sich darum zu bekümmern, ob sie noch zu „Faust I" passen. Sonst hätte er die Stelle gestrichen, wo FAUST den *großen, herrlichen Geist* anbetet und ihn leicht vorwurfsvoll fragt, *warum an den Schandgesellen mich schmieden, der sich am Schaden weidet und am Verderben sich letzt*. Denn diese Version des Verhältnisses von FAUST und MEPHISTOPHELES stimmt mit dem „Prolog im Himmel" nicht überein.

B. Dies ist weniger ein Widerspruch zum „Prolog im Himmel" als vielmehr zur gesamten Handlung des Dramas. Indem „Trüber Tag. Feld" dem „Prolog" nicht angepaßt wurde, wird unser Verständnis des „Prologs" eher gestützt.

A. Du hast recht. Der „Prolog im Himmel" hat mit der eigentlichen Handlung, die ‚auf Erden' spielt, unmittelbar nichts zu tun, sondern offenbart die ideologische Voraussetzung, vielleicht sogar den Grund, warum der „Faust" geschrieben wurde oder geschrieben werden mußte (Dialog 26).

B. Wir haben die Bedeutung der Brocken-Szenen so gut begründet, daß sie mit unbedeutenden *Zerstreuungen* nicht mehr charakterisiert werden können. In ihrem neuen Zusammenhang deutet diese Formulierung an, daß FAUST seine eigene Welt und deren Konsequenzen nicht begreift. Und da der unbeirrbar auf Fortschritt bedachte und die Zukunft bedenkende MEPHISTOPHELES wesentliche Dimensionen des faustischen Bewußtseins repräsentiert, widerspräche es unserer Deutung nicht, wenn von ihm der Impuls ausginge, Visionen und Konsequenzen der faustischen Welt vor die innere Anschauung FAUSTS zu bringen.

A. Ja, und soweit dann die *abgeschmackten Zerstreuungen* dem „Walpurgisnachtstraum" gälten, wäre auch so betrachtet - und durch Kants vorhin zitierte Ausführungen gestützt - sichergestellt, daß diese *Fratzen* (4241) essentiell zu FAUST gehören. Das erklärt vielleicht, warum er aus seinen Träumen nicht erquickt erwacht. Es ist die Konfrontation mit den Visionen seiner eigenen Ideologie und mit seinen eigenen Masken, die ihn verwirrt und ihm die Fassung nimmt.

B. Wie sehr er die Kontrolle über sich selbst verliert, haben wir gesehen, als wir über die „Ur-Faust"-Szene sprachen (Dialog 17). Er ist konfus, weder seines Verstandes noch seiner Worte mächtig. MEPHISTOPHELES braucht ihn mit unangenehmen Wahrheiten nur kurz zu reizen, und schon macht er den Nächstbesten für das verantwortlich, was er selbst getan hat. Man sieht, daß die nicht moralisch fundierte faustische Herrschaft nur scheinbar auf Freiheit beruht, sich deshalb von Leidenschaft und Laune steuern läßt und sich jederzeit als ‚Tyrannei' entpuppen kann. Der *nichtswürdige Geist*, als den FAUST MEPHISTOPHELES bezeichnet, ist eher FAUST selbst.

A. Freiheit und Befreiung sind auch das Thema der letzten Szene, über die wir ebenfalls schon als „Ur-Faust"-Szene gesprochen haben (Dialog 18). Aber anders als die beiden vorangehenden Szenen ist sie - nicht nur durch die Verwandlung in Verssprache - an einigen Stellen verändert. Wirft das *Ist gerettet!* der STIMME *von oben* nicht auf den ganzen „Faust" eine neues Licht? Sollte nun doch eine überirdische Macht in die irdische Handlung eingreifen?

B. Dieses *von oben* ertönende *Ist gerettet* knüpft innerhalb des Dramas zunächst an die Szene „Prolog im Himmel" an, die ebenfalls neu hinzugekommen ist. Dort haben wir den HERRN und seine hohen Worte begriffen als Wunschprojektion der faustischen Ideologie (Dialog 26), und auch das *Ist gerettet!* käme dieser Ideologie gelegen.

A. Es wäre wie ein Freibrief für alle, die Menschen im Diesseits unmenschlich behandeln. Hier würde am konkreten Fall gezeigt, wozu der *alte*, aus dem Geschehen auf Erden verdrängte *Herr* zu gebrauchen ist: Er hätte großzügig zu tolerieren, wenn im Diesseits Gerechtigkeit verweigert wird, und im Jenseits dafür zu entschädigen.

B. Du siehst selbst, daß diese neue Stelle unser „Faust"-Verständnis nicht verändert. Sie ist, unter einem transzendenten Aspekt betrachtet, höhnische Ironie. Goethe hat einmal geschrieben: „Du hältst das Evangelium wie es steht für die göttlichste Wahrheit, mich würde eine **vernehmliche Stimme vom Himmel** nicht überzeugen, daß das Wasser brennt und das Feuer löscht, daß ein Weib ohne Mann gebiert, und daß ein Toter aufersteht; vielmehr halte ich dieses für Lästerungen gegen den großen Gott und seine Offenbarung in der Natur."[395]

A. Das überzeugt mich. Aber vielleicht sind wir nicht gezwungen, das *Ist gerettet!* nur auf den „Prolog im Himmel" zu beziehen. Denn ebenfalls neu ist, daß MARGARETE selbst sagt: *Ich bin gerettet!* Die STIMME *von oben* ist also von MARGARETES Stimme bereits vorbereitet, und diese STIMME *von innen* ist es auch, die den Schluß des Dramas formuliert mit ihrem *Heinrich! Heinrich!*

B. Dann wäre die christliche Vorstellung, Gott greife nach Belieben ins Geschehen der Natur, ins gesellschaftliche und ins private Leben ein, konfrontiert mit der Frage, was eine dem Menschen und der menschlichen Natur würdige Rettung sein könnte. Wir haben schon in der „Ur-Faust"-Szene gesehen, daß MARGARETE sich von FAUST emanzipiert und zu einer eigenen Verantwortlichkeit findet. Dieser Gesichtspunkt scheint jetzt noch verstärkt worden zu sein.

A. Verstärkt worden ist aber auch MARGARETES Hinwendung zu den christlichen Heiligen, und *die Hölle* macht ihr nun ausdrücklich Angst: *O laß uns knien, die Heil'gen anzurufen* und *Unter der Schwelle siedet die Hölle! Der Böse [...] macht ein Getöse!* Werden damit nicht alle ihre Emanzipationsversuche zurückgenommen?

B. Wenn MARGARETE eine glaubwürdige Figur sein soll, dann kann sie sich ohne Hilfe nicht völlig aus einer Erziehung befreien, wie sie von ihrer Mutter repräsentiert wird und wie sie der BÖSE GEIST im „Dom" demonstriert. Die Art, wie diese inhumane Erziehung ‚vorgeführt' wird, rechtfertigt MARGARETES Emanzipationsversuche, auch wenn sie nicht ganz gelingen.

A. In dieser Szene geht es nicht nur um die Befreiung aus der Bevormundung durch die Kirche, sondern vielleicht noch mehr darum, FAUST und seiner Ideologie nicht mehr hörig zu sein.

B. Indem MARGARETE als Wahnsinnige dargestellt ist, kann glaubwürdig gezeigt werden, daß sie trotz Höllenangst nichts bereut und daß sie sich von FAUST weitgehend distanziert. Im Wahnsinn handelt sie selbstbestimmt und menschenwürdig. Hier ist sie emanzipiert. Dieses Handeln zeigt die neue Fassung dort, wo sich MARGARETE aus der faustischen Geschwindigkeit ‚ausklinkt':

> FAUST *(fortstrebend). Komm mit! Komm mit!*
> MARGARETE. *O weile!*
> *Weil ich doch so gern, wo du weilest. (Liebkosend.)*
> FAUST. *Eile!*
> *Wenn du nicht eilest,*
> *Werden wir's teuer büßen müssen.*

A. Auch das ***fortstrebend*** klingt aus dem „Prolog im Himmel" herüber. Und die *Eile* füllt hier einen ganzen Vers. Auffallender kann sie kaum dargestellt werden.

B. Aber alle Drohung nützt nichts: MARGARETE vertritt die *Weile*, die der faustischen *Eile* fehlt. Wenn es ihr gelänge, FAUST zum ‚Weilen' zu bewegen, wäre vielleicht eine liebe-vollere Zukunft für sie denkbar. Aber so klingt ihr ***Geschwind, geschwind****, Rette dein armes Kind!* wie blanker Hohn auf FAUSTS Geschwindigkeit.

A. Das *O weile!* hat auch einen Bezug zu FAUSTS *Werd ich zum Augenblicke sagen: Verweile doch! du bist so schön!* (1699 f.) An seiner Statt sagt nun MARGARETE zu dem die Zeit verkörpernden FAUST, **er** solle verweilen. Genau das, was er für nichtswürdig hält, wäre für sie das schöne, liebens- und lebenswerte Leben.

B. Darauf läßt sich FAUST auch hier nicht ein. Ihm geht es nur um die Befreiung MARGARETES, und die kann er sich ohne Geschwindigkeit nicht denken. Es werden nicht nur Geschwindigkeit und Verweilen einander gegenübergestellt, sondern auch Freiheit als äußere Ungebundenheit und Freiheit als innere Möglichkeit, sittlich-verantwortungsvoll zu handeln.

A. Dann wären - neben allem anderen, das diese Szene vor Augen führt - FAUST und MARGARETE Personifikationen der beiden Formen von Freiheit, von denen du sprichst. Und diese ‚Freiheiten' scheinen miteinander zu ringen. Das beginnt mit FAUSTS *Still, still, ich komme dich zu befreien.* Dem antwortet MARGARETE: *Ich bin frei, mir soll niemand wehren.* Hier glaubt MARGARETE noch, in FAUST ihre Freiheit zu finden, aber es stellt sich für sie bald heraus, daß er sie nicht versteht und nichts von ihrer Freiheit begreift. Deshalb die Frage: *Und weißt du denn, mein Freund,* ***wen*** *du befreist*?

B. Zunächst könnte man meinen, MARGARETE erkenne FAUST nicht, aber es ist eher umgekehrt: FAUST erkennt nichts von MARGARETE. Er geht keinen Moment auf sie ein. Wieviel MARGARETE dagegen von FAUST erkennt, verdeutlichen die neuen Verse:

> *Mir ist's als müßt ich mich zu dir zwingen,*
> *Als stießest du mich von dir zurück;*
> *Und doch bist du's und blickst so gut, so fromm.*

Sie empfindet ihre Beziehung als Zwangsverhältnis. Und der letzte dieser Verse wird in sein Gegenteil verkehrt, indem MARGARETE auf FAUSTS Antwort *Fühlst du, daß ich es bin, so komm!* den ***einen*** *Schritt* verweigert, der sie *ins Freie* und damit in die faustische Freiheit brächte. Weil sie fühlt, daß FAUSTS Gewalt sich hinter seinem ‚guten' und ‚frommen' Blick verbirgt, daß dieses Maskenhafte das wahre Wesen FAUSTS ist, ‚kommt' sie nicht.

A. DAS Maskenhafte FAUSTS kennen wir aus dem „Walpurgisnachtstraum". Und die verantwortungslose Freiheit FAUSTS äußert sich beispielsweise in der Aufforderung: *Laß das Vergangne vergangen sein, Du bringst mich um!* MARGARETE, die kurz davor ist, hingerichtet zu werden, wird in dieser Situation von FAUST die Verantwortung dafür aufgeladen, daß **er** umgebracht werden könnte, wenn man ihn faßte. Hier sieht man, daß MEPHISTOS *Getan, geschehn! Geschehn getan!* (4111) in der „Walpurgisnacht" zum faustischen Bewußtsein gehört. Mit einem *Es irrt der Mensch solang er strebt* (317) läßt sich jede faustische Untat wegwischen.

B. Durch eine - scheinbar - kleine Veränderung hat Goethe MARGARETES Erkenntnisfähigkeit gestärkt. Während FAUST im „Ur-Faust" selbst sagte, *Dein* ***Mörder*** *wird dein Befreyer*, und er dadurch so etwas wie Schuldbewußtsein äußerte, sagt nun MARGARETE: *Laß mich! Nein, ich leide keine Gewalt! Fasse mich nicht so* ***mörderisch*** *an!* **Sie** ist es jetzt, die das Mörderische dieser ‚Liebe' formuliert.

A. Indem FAUST nicht mehr wie im „Ur-Faust" MARGARETE *wütend um den Hals fasst*, bis er *über ihrer Betäubung die Arm Kette* aufschließen kann, er also äußerlich gesehen etwas sanfter mit ihr verfährt, wird ihre Aussage noch gewichtiger. Jetzt ist sie die ganze Szene hindurch ohne *Betäubung*. FAUSTS Heuchelei wird bloßgestellt, wenn er pathetisch die - ebenfalls neu eingefügten - Worte sagt: *Und ihr Verbrechen war ein guter Wahn!* Als ob er befugt wäre, dies zu beurteilen.

B. MARGARETE sieht das anders: *Schön war ich auch, und* ***das*** *war mein Verderben.* Sie erkennt oder ahnt nun, daß FAUST sich für äußere Eigenschaften interessierte, nicht für den Menschen MARGARETE. Wir könnten ihr bestätigen, daß er zu ihr ***schönes*** *Fräulein* (2605) und zu sich selbst *dieses Kind ist schön* (2609) sagte, weil er das ***schönste*** *Bild von einem Weibe* (2436) auf sie projizierte.

A. Und als das ***schöne*** *Kind* sich in seinem Unterbewußtsein als ***gutes*** *Gretchen* (4188), das heißt als Person zeigte, die ‚schön' **handelt**, blieb er schon dort nicht bei ihr. Der neuformulierte Maßstab, an dem MARGARETE FAUST mißt, heißt: *Bist du ein Mensch, so fühle meine Not.* Diese Erwartung erfüllt FAUST mit seiner Freiheit nicht.

B. MARGARETE scheint von FAUST nicht nur zu erwarten, daß sein *Ich bleibe bei dir* schon hier im „Kerker" gilt, sondern vielleicht noch mehr, daß er für ihre gemeinsamen Verbrechen und seine eigenen einsteht. In Wielands „Oberon", auf den der alternative Titel zum „Walpurgisnachtstraum" anspielt, werden Oberon und Titania wieder vereinigt, weil zwei sich treu Liebende bereit sind, sich um ihrer Liebe willen verbrennen zu lassen. Daran gespiegelt, ist FAUSTS Liebe kalt.

A. Da MARGARETES moralisches Empfinden sensibler ist als das von FAUST, spürt sie, daß sie in der faustischen Freiheit, *in der Fremde*, nur *mit bösem Gewissen* leben würde. Sie weiß oder ahnt, daß sie sich ihrer Verantwortung nicht durch die Flucht an einen anderen Ort entzieht. Während FAUST - wie in der „Walpurgisnacht" - sich gegen MARGARETE entscheidet, entscheidet sich MARGARETE für sich selbst und damit für ihre innere Freiheit. Sie sagt nicht mehr wie im „Ur-Faust": *Ihr heiligen Engel bewahret* ***meine Seele***, sondern: *Ihr Engel! Ihr heiligen Scharen, Lagert euch umher,* ***mich*** *zu bewahren.*

B. Philosophisch gesehen ist dies zwar kein großer Unterschied, aber mit der christlichen Bedeutung von Seele als Hintergrund wird das Gewicht doch zugunsten des autonomen sittlichen Subjekts verschoben. MARGARETE weiß in ihrem Wahnsinn, daß sie **sich** und ihre moralische Freiheit verliert, wenn sie FAUSTS Freiheit gewinnt.

A. MARGARETE wäre also *gerettet*, weil sie sich von FAUST emanzipiert und selbstverantwortlich handelt?

B. Ja, so verstehe ich es. Beachtlich ist auch, daß das Opfer das letzte Wort in dieser „Tragödie" hat und dabei den Täter benennt. Vielleicht gehört auch dies zu ihrer ‚Rettung'.

A. Indem Goethe den Schluß so gestaltet, scheint er sich auf die Seite MARGARETES zu stellen. Die STIMME *von oben* könnte auch seine Stimme sein. - Hat Goethe mit diesem Stück genug getan, um als verantwortungsvoller Dichter vor der Geschichte bestehen zu können?

B. Er scheint es nicht so empfunden zu haben, sonst hätte er im Titel nicht - indirekt - einen zweiten Teil der „Tragödie" angekündigt. In dem um 1800 gedichteten „Abschied" (Dialog 33) bezeichnete er die Handlung des „Faust" als „Barbareien" und „Zaubereien"[396]. Die „Barbareien" und „Zaubereien" der faustischen Welt darzustellen war also seine Absicht. Daß ihm dies schon mit dem ersten Teil gelungen ist, haben unsere Gespräche gezeigt.

A. Dann kann niemand Goethe für die „Barbareien" des 20. Jahrhunderts mitverantwortlich machen, deren sich wir Deutschen zu schämen haben: Ein wirkliches und in der Allgemeinheit wirkendes Verständnis des ersten Teils hätte genügt, sie zu verhindern.

B. Ja, Goethes „Faust" kann vor der Geschichte besser bestehen als sein Publikum.

A. Ohne die vier, wenn wir den „Walpurgisnachtstraum" als selbständiges Stück dazunehmen: fünf Kommentar- oder Spiegelszenen wäre es freilich kaum möglich gewesen, FAUST und MARGARETE so viel Bedeutung zu geben, daß sich an ihrer Liebe, oder besser: Unliebe so weitreichende Bewußtseinsstrukturen demonstrieren lassen.

B. Diese Kommentarszenen und die Inszenierungen der Träume FAUSTS sind geniale Kunstgriffe, die das faustische Bewußtsein auffächern und bloßlegen. Erst dadurch wird das Bedeutungsniveau der Gretchen-Handlung so angehoben, daß sie sich von *Bärbelchens* Geschichte unterscheidet.

A. Übrigens hat Goethe schon am Ende des „Egmont" einen Traum der Hauptfigur in Szene gesetzt. Dort heißt es in der Regiebemerkung: „Er entschläft [...]. Hinter seinem Lager scheint sich die Mauer zu eröffnen, eine glänzende Erscheinung zeigt sich. Die Freiheit in himmlischem Gewande, von einer Klarheit umflossen, ruht auf einer Wolke. Sie hat die Züge von Clärchen [...]."[397]

B. Was wir beobachtet und begründet haben, würde auch stimmen, wenn es sich nur im „Faust" fände. Noch 1826 schreibt Goethe im Entwurf einer Ankündigung: „Faust aus einer schweren, langen Schlafsucht, während welcher **seine Träume** sich **vor den Augen des Zuschauers sichtbar umständlich begeben**, ins Leben zurückgerufen [...]."[398] Das zeigt, wie bewußt Goethe mit dem Traum gearbeitet hat.

A. Hätten seine Zeitgenossen alles so sehen und verstehen können, wie wir es getan haben?

B. Das ist ausgeschlossen. Was Goethe im „Faust" dargestellt hat, konnte er selber nicht genau wissen, sondern nur ahnen. Er hat gewissermaßen die ‚Tendenzen' seiner Zeit aufgespürt und literarisch ‚durchgespielt'. Erst die vergangenen 200 Jahre haben dann gezeigt, daß er in seinem Drama das Prinzip gestaltet hatte, welches die Handlungen der Menschen in der modernen Welt weitgehend bestimmt. Wir sehen jetzt im einzelnen, was das faustische Bewußtsein konkret bewirkt. Und die Probleme, die im „Faust" ‚rumoren', erweisen sich als unsere eigenen.

A. Das würde heißen, Goethes „Faust" ist uns viel näher, als er den Zeitgenossen - einschließlich Goethe - sein konnte. Seine wahre Bedeutung ‚entpuppte' sich erst im Laufe der Zeit.

B. Dies gilt für alle Dichtung, die späteren Generationen bedeutend erscheint. Die Rezipienten solcher Kunst tragen zu deren Bedeutung nicht viel weniger bei als die Künstler selbst. Goethe konnte zum Beispiel nicht ahnen, daß man schon nach 150 Jahren im Weltraum Satelliten installieren würde, die sich mit der gleichen Geschwindigkeit wie die Erde bewegen. Was FAUST als *schöner Traum* (1089) bezeichnet (Dialog 28), ist für uns Wirklichkeit, und wir können davon nicht absehen, wenn wir eine solche Stelle lesen …

A. … auch davon nicht, daß sich zu FAUSTS *Geistes Flügeln* inzwischen allenthalben *körperliche Flügel* (1090 f.) gesellt haben und daß die dem Menschen mögliche Geschwindigkeit unvorstellbare Ausmaße erreicht hat.

B. So sehr wir uns bemüht haben, das Drama aus den Voraussetzungen seiner Entstehungszeit zu begreifen: es ist nicht mehr derselbe „Faust", der er bei seinem Erscheinen war. -

A. Du hast schon, als wir über die „Hexenküche" sprachen, eine Stelle zitiert, wo Goethe seinen ganzen „Faust I" ein „Hexenprodukt" nennt (Dialog 23). Demnach könnte sein „Faust" selbst als die HEXEN-Poesie fungieren, die das Bewußtsein des Publikums humaner, also sozialer und ‚freundlicher' machen soll.

B. Das Zitat lautet: „Mein Faust ist zwar im vorigen Jahre ziemlich vorgerückt, doch wüßt ich bei diesem **Hexenprodukte** die **Zeit der Reife** nicht voraus zu sagen."[399] Es entspricht dem, was du sagst, wenn es im „Abschied" heißt:

> **Begünstige die Muse** jedes Streben
> Und Lieb' und Freundschaft **würdige das Leben**.[400]

Dies ist nicht nur - wie man vielleicht denken könnte - ein semantischer, sondern auch ein syntaktischer Chiasmus, denn neben „Muse" ist „Leben", nicht „Lieb' und Freundschaft", Subjekt. „Leben" steht hier für eine bürgerliche Welt, die frei ist von der faustischen Inhumanität. Beide Bereiche sollen sich ‚begünstigen' und ‚würdigen': Kunst darf kein Hemmschuh für wissenschaftlichen, ökonomischen und politischen Fortschritt sein, und die Verbesserungen der ‚Lebensqualität' dürfen gewaltlose und damit menschenwürdige Beziehungen zwischen den Menschen nicht verhindern. Das wird durch die dritte Strophe des „Abschieds" ergänzt, die mit den Versen endet: „Wir ehren froh mit immer gleichem Mute Das Altertum und jedes neue Gute."

A. „Jedes neue Gute" ließe sich vielleicht auch als ‚jedes gute Neue' lesen. Schon in dem Gedicht „Das Göttliche" steht programmatisch: „Edel sei der Mensch, hilfreich und gut!". Hier scheint nicht nur definiert zu sein, was in der bürgerlichen Welt „edel" heißen soll, sondern auch, daß Gutsein sich als ‚Hilfreichsein' verwirklicht. Und daran fehlt es FAUST und seiner Ideologie. Er trägt nur zum Schein das *Kleid* eines *edlen Junkers* (1535-46) und ist nur zum Schein aus *einem edlem Haus* (2177; 2681).

B. Nach Goethe ist in jedem Menschen von Natur aus Menschlichkeit, Humanität angelegt. Wir haben immer wieder davon gesprochen, daß sie sich nicht von selbst entwickelt, sondern ständig gepflegt, und das heißt, ständig gebildet werden muß. Der Mangel an solcher Bildung gilt Goethe als die größte Bedrohung einer zukünftigen bürgerlichen Welt. Für ihn gab es keine andere Möglichkeit, die „Barbareien" des ‚Fortschritts' zu verhindern, als die Stärkung des moralischen Empfindens durch echte, aus „Lieb' und Freundschaft" entsprungene Kunst, vor allem durch Dichtung, durch Poesie, wie wir sie aus der „Hexenküche" kennen. Ohne Poesie bleibt nur die liebe-lose faustische Welt.

Anmerkungen

Siglen:

DW	Deutsches Wörterbuch von Jacob und Wilhelm Grimm. Leipzig 1854 ff.
HE	Herder, Johann Gottfried: Sämtliche Werke. Hrsg. von B. Suphan. Berlin 1877 ff.
HWA	Handwörterbuch des deutschen Aberglaubens. Hrsg. von Hanns Bächtold-Stäubli. Berlin 1927 ff.
LE	Lessing, Gotthold Ephraim: Werke. Hrsg. von J. Petersen und W. v. Olshausen. Berlin 1925.
KA	Kant, Immanuel: Werke. Hrsg. von der Königlich Preußischen Akademie der Wissenschaften. Berlin 1910 ff.
OV	Ovidius Naso, Publius: Metamorphosen. In deutsche Hexameter übertr. und hrsg. von Erich Rösch. 10. Auflage. München und Zürich 1983.
SCH	Schiller, Friedrich: Sämtliche Werke. Hrsg. von Gerhard Fricke und Herbert G. Göpfert. 6. Auflage. München 1980.
WA	Goethe, Johann Wolfgang: Werke. Hrsg. im Auftrag der Großherzogin Sophie von Sachsen. Weimar 1887 ff. (Römische Zahlen = Abteilung; arabische Zahlen = Bandzahl.)
ZE	Zedler, Heinrich: Großes vollständiges Universallexikon aller Wissenschaften und Künste. Halle 1732-1754.

1 LE. Bd. 4. S. 58.
2 LE. Bd. 4. S. 60.
3 LE. Bd. 4. S. 58.
4 LE. Bd. 4. S. 58.
5 LE. Bd. 4. S. 60.
6 Vgl. Marlowe, Christopher: Doktor Faust. In: Dietrich, Margret (Hrsg.): Faust. Vollständige Dramentexte. München 1970. S. 57-111; S. 59-62.
7 WA I 2. S. 5.
8 Vgl. dazu: Benjamin, Walter: Ursprung des deutschen Trauerspiels. In: W. B.: Schriften. Bd. 1. Hrsg. von Th. W. und G. Adorno. Frankfurt a. Main 1955. S. 141-365. S. 201 und S. 211.
9 KA. Bd. 3. S. 75.
10 DW. Bd. 5. Sp. 378.
11 DW. Bd. 14,1,1. Sp. 337.
12 DW. Bd. 4,1,6. Sp. 199-201.
13 Nathan der Weise I 3. (LE. Bd. 2. S. 186.)
14 DW. Bd. 16. Sp. 1267-69.
15 DW. Bd. 16. Sp. 1275.
16 Emilia Galotti IV 7. (LE. Bd. 2. S. 149.)
17 WA IV 9. S. 139.
18 WA III 2. S. 1.
19 HE. Bd. 14. S. 226.
20 KA. Bd. 5. S. 208.
21 WA II 4. S. 100.
22 Im „Faust-Fragment" steht *der Menschheit* ***Kronen***. Wörter wie ‚Krone', ‚Zunge' usw. haben im älteren Deutsch und in süddeutschen Dialekten in allen Fällen außer dem Nominativ oft ein ‚-n'. Goethe hat später in „Faust I" mit *der Menschheit Krone* die Bedeutung präzisiert.
23 WA I 1. S. 84.
24 WA IV 5. S. 79.
25 DW. Bd. 5. Sp. 577.
26 KA. Bd. 8. S. 35.
27 Thomasius, Christian: Vom Teufel, von Zauberern und Hexen. Ausgewählte Stücke aus „Kurtze Lehrsätze von dem Laster der Zauberei" vom Jahre 1703. In: Deutsche Literatur in Entwicklungsreihen. Reihe Aufklärung. Bd. 1: Aus der Frühzeit der deutschen Aufklärung. Hrsg. von Fritz Brüggemann. Darmstadt 1972. S. 104.
28 Zitiert nach: Helferich, Christoph: Geschichte der Philosophie von den Anfängen bis zur Gegenwart und östliches Denken. 2. Auflage. Stuttgart

1992. S. 223.
29 DW. Bd. 6. Sp. 1280.
30 WA I 23. S. 251.
31 WA I 42,2. S.199.
32 DW. Bd. 14,2. Sp. 781.
33 KA. Bd. 4. S. 395.
34 WA I 23. S. 218.
35 WA II 6. S. 219.
36 Campe, Joachim Heinrich: Zweiter Brief aus Paris, während der Revolution geschrieben. In: Braunschweigisches Journal philosophischen, philologischen und pädagogischen Inhalts. Bd. 3. 1789. Elftes Stück. November 1789. S. 310-318.
37 Ebenda. S. 306.
38 Ebenda. S. 308 f.
39 Über die ästhetische Erziehung des Menschen in einer Reihe von Briefen. 5. Brief. (SCH. Bd. 5. S. 570-669; S. 580.)
40 HWA. Bd. 3. Sp. 1839.
41 OV. 7. Buch. V. 159-293. (S. 240-247.)
42 WA I 15,2. S. 198.
43 WA I 40. S. 332.
44 WA IV 12. S. 205.
45 HE. Bd. 5. S. 213.
46 HE. Bd. 5. S. 216.
47 HE. Bd. 5. S. 537.
48 HE. Bd. 13. S. 115.
49 WA IV 4. S. 115.
50 WA IV 5. S. 300.
51 WA II 5,2. S. 300.
52 HWA. Bd. 2. Sp. 201.
53 Vgl. dazu: Binder, Alwin, und Dietrich Scholle: Ça ira. Deutsche politische Lyrik vom Mittelalter bis zum Vormärz. Teil I: Unterrichtsmodelle und Analysen. Teil II: Text- und Arbeitsbuch. Frankfurt a. M. 1978. S. 62-74 bzw. S. 28-39.
54 Im „Faust-Fragment" steht vor den Versen 2540: *Die Tiere [...] bringen dem Mephistopheles eine* ***zerbrochene*** *Krone mit großem Geschrei.* Nach diesen Versen steht jedoch: *Sie gehn ungeschickt mit der Krone um und* ***zerbrechen*** *sie in zwei Stücke, mit welchen sie herum springen.* Dieser - in „Faust I" korrigierte - Widerspruch zeigt, daß auch im „Faust-Fragment" *die Tiere* **keine** *zerbrochene Krone* bringen.
55 HE. Bd. 13. S. 386.

56 HE. Bd. 13. S. 332 f.

57 HE. Bd. 13. S. 353.

58 WA IV 9. S.184.

59 Moritz, Karl Philipp: Über die bildende Nachahmung des Schönen. Braunschweig 1788 / Heidelberg 1924. S. 32 f. - Goethe hat sich dazu öffentlich geäußert. (WA I 47. S. 84-90.) Die wohlwollende Besprechung der Schrift seines Freundes sagt nichts darüber aus, wie sich Moritzens Theorie zum faustischen Bewußtsein verhält.

60 Ebenda. S. 35 f.

61 Ebenda. S. 33.

62 Torquato Tasso I 2. (WA I 10. S. 111.)

63 Torquato Tasso II 1. (WA I 10. S. 148 f.)

64 Herder, Johann Gottfried: Briefwechsel mit seiner Gattin. Vom August 1788 bis Juli 1789. Hrsg. von H. Düntzer und F. G. v. Herder. Gießen 1859. S. 273 f.

65 Moritz: Über die bildende Nachahmung. A.a.O. [Anm. 59.] S. 26.

66 Torquato Tasso III 2. (WA I 10. S. 180.)

67 ZE. Bd. 54. Sp. 390.

68 ZE. Bd. 54. Sp. 392.

69 ZE. Bd. 54. Sp. 386.

70 WA II 8. S. 64 f.

71 Meiners, Christoph: Geschichte des Ursprungs, Fortgangs und Verfalls der Wissenschaften in Griechenland und Rom. Bd. 1. Lemgo 1781. S. 481.

72 Ebenda. S. 481.

73 Vgl. dazu: Streller, Siegfried: Glasperlenspiele Goethes. In: Sinn und Form 9. 1957. S. 1042-1054.

74 Wörterbuch der deutschen Sprache. Hrsg. von J. H. Campe. Teil 3. Braunschweig 1809. S. 179.

75 Ebenda. S. 35.

76 Spinoza: Ethica. Die Ethik. In: Spinoza: Opera. Werke. Bd 2: Tractatus de intellectus emendatione. Ethica. Darmstadt 1967. S. 84-557; S. 239. - Goethe nennt sich Spinozas „leidenschaftlichen Schüler" und „entschiedensten Verehrer". (WA I 28. S. 289.)

77 Plutarch: Moralische Abhandlungen. Aus dem Griechischen übersetzt von J. F. S. Kaltwasser. Frankfurt a. M. 1783-1800. Bd 7. S. 10.

78 Meiners: Geschichte des Ursprungs. A.a.O. [Anm. 71.] S. 521 f.

79 WA I 4. S. 150.

80 WA I 27. S. 217.

81 HE. Bd. 6. S. 341 f.

82 HE. Bd. 6. S. 342.

[83] HE. Bd. 6. S. 415.
[84] HE. Bd. 6. S. 380.
[85] HE. Bd. 6. S. 394.
[86] WA I 1. S. 353.
[87] HE. Bd. 6. S. 396.
[88] HE. Bd. 13. S. 184 f.
[89] WA I 42,2. S. 137.
[90] WA IV 4. S. 275.
[91] ZE. Bd. 54. Sp. 762.
[92] ZE. Bd. 54. Sp. 682.
[93] KA. Bd. 5. S. 308.
[94] WA IV 8. S. 101.
[95] WA II 11. S. 9.
[96] WA II 3. S.121.
[97] Plutarch: Warum weissagt die Pythia jetzt nicht in Versen? In: Plutarch: Über Gott und Vorsehung, Dämonen und Weissagung. Religionsphilosophische Schriften. Eingel. und neu übertr. von K. Ziegler. S. 71-105; S. 77.
[98] Luck, Georg. Hexen und Zauberei in der römischen Dichtung. Zürich 1962. S. 5.
[99] WA IV 14. S. 1.
[100] WA I 51. S. 151.
[101] HE. Bd. 13. S. 179.
[102] Gersch, Hubert: Geheimpoetik. Die „Continuatio des abentheurlichen Simplicissimi" interpretiert als Grimmelshausens verschlüsselter Kommentar zu seinem Roman. Tübingen 1973. S. 67.
[103] WA I 32. S. 115.
[104] Vgl. Gersch: Geheimpoetik. A.a.O. [Anm. 102.] S. 91 f.
[105] WA IV 43. S. 197.
[106] SCH. Bd. 5. S. 584.
[107] WA II 6. S. 139 f.
[108] HE. Bd. 23. S. 244 f.
[109] WA I 32. S. 276.
[110] WA IV 9. S. 213.
[111] Plutarch: Warum weissagt die Pythia jetzt nicht in Versen?. A.a.O. [Anm. 97.] S.97.
[112] Torquato Tasso I 3. (WA I 10. S.123.)
[113] WA I 32. S. 115.
[114] HE. Bd. 11. S. 294 f.
[115] HE. Bd. 13. S. 172.

[116] HE. Bd. 13. S. 60.
[117] HE. Bd. 13. S. 146.
[118] HE. Bd. 13. S. 171.
[119] HE. Bd. 13. S. 355.
[120] HE. Bd. 13. S. 358.
[121] HE. Bd. 13. S. 358.
[122] Nathan der Weise II 5. (LE. Bd. 2. S. 213.)
[123] WA I 47. S. 88.
[124] WA I 47. 88 f.
[125] HE. Bd. 13. S. 380.
[126] Moritz, Karl Philipp: Die Unschuldswelt. In: K. P. M.: Schriften. zur Ästhetik und Poetik. Kritische Ausgabe. Hrsg. von H. J. Schrimpf. Tübingen 1962. S. 53-57; S. 56.
[127] Ebenda. S. 56.
[128] Ebenda. S. 56.
[129] Quintilian, Marcus Fabius: Ausbildung des Redners. Hrsg. und übers. von H. Rahn. 2. Teil. Darmstadt 1975. S. 781.
[130] [Longinus]: Die Schrift Über das Erhabene. Deutsch mit Einleitung und Erläuterungen von H. F. Müller. Heidelberg 1911. S. 44 f.
[131] HE. Bd. 14. S. 233.
[132] HE. Bd. 13. S. 357.
[133] Moritz, Karl Philipp: Die Unschuldswelt. A.a.O. [Anm. 126.] S. 55.
[134] Moritz, Karl Philipp: Einheit - Mehrheit - Menschliche Kraft. In: K. P. M.: Schriften [Anm. 126.] S. 28-31; S. 29.
[135] HE. Bd. 13. S. 160.
[136] HE. Bd. 13. S. 160 f.
[137] HE. Bd. 7. S. 8.
[138] HE. Bd. 7. S. 40.
[139] HE. Bd. 7. S. 40 f.
[140] HE. Bd. 7. S. 43.
[141] HE. Bd. 7. S. 25.
[142] HE. Bd. 7. S. 26.
[143] HE. Bd. 7. S. 28.
[144] HE. Bd. 7. S. 87.
[145] HE. Bd. 7. S. 84.
[146] HE. Bd. 7. S. 85.
[147] Moritz, Karl Philipp: Über die bildende Nachahmung des Schönen. In: K. P. M.: Schriften. [Anm. 59.] S. 87.
[148] Ebenda. S. 87.

[149] Herder, Johann Gottfried: Briefwechsel mit seiner Gattin. A.a.O. [Anm. 64.] S. 258.

[150] HE. Bd. 7. S. 128.

[151] WA I 1. S. 261. - Vgl. meinen Aufsatz: „*Amors Tempel.* Zu Goethes Elegie *Saget Steine mir an*", der im Goethe-Jahrbuch 2002 erscheinen soll.

[152] HE. Bd. 7. S. 127.

[153] WA IV 9. S. 195.

[154] Moritz: Einheit - Mehrheit. A.a.O. [Anm. 134.] S. 29.

[155] WA I 30. S. 226. - Zum Folgenden vgl.: Binder, Alwin: Goethes *Groß-Cophta* als Anaylse unmündiger Gesellschaft. In: Goethe, Johann Wolfgang: *Der Groß-Cophta.* Stuttgart: Reclam 1989. S. 144-175.

[156] Vgl. Binder, Alwin: Das Vorspiel auf dem Theater. Poetologische und geschichtsphilosophische Aspekte in Goethes Faust-Vorspiel. Bonn 1969.

[157] DW. Bd. 14,2. Sp. 1919.

[158] Leibniz, Gottfried Wilhelm: Die Theodizee von der Güte Gottes, der Freiheit des Menschen und dem Ursprung des Übels. Teil 3. Darmstadt 1985. S. 39.

[159] KA. Bd. 5. S. 148.

[160] HE. Bd. 13. S. 383.

[161] Zitiert nach: DW. Bd. 12,1. Sp. 932.

[162] DW. Bd. 7. Sp. 2316 f.

[163] Hobbes, Thomas: Leviathan. Übersetzt von J. Mayer. Stuttgart 1980. S. 118.

[164] Schelling, Friedrich Wilhelm: Über Dante in philosophischer Beziehung. In: F. W. S.: Werke. Hauptband 3. München 1965. S. 574.

[165] Zitiert nach: Saine, Thomas P.: Von der Kopernikanischen bis zur Französischen Revolution. Die Auseinandersetzung der deutschen Frühaufklärung mit der neuen Zeit. Berlin 1987. S. 144.

[166] WA II 3. S. 205.

[167] WA II 3. S. 161.

[168] HE. Bd. 13. S. 147.

[169] Hobbes: Leviathan. A.a.O. [Anm. 163.] S. 188 f.

[170] Ebenda. S. 189.

[171] Engel, Johann Jakob: Entzückung des Las Casas. In: J. J. Engel: Schriften. Bd 2. Berlin 1801. (Zuerst abgedr. unter dem Titel: „Entzückung des Las Casas oder: Quellen der Seelenruhe" in: „Horen". Jahrgang 1795. Drittes Stück. S. 70-79.)

[172] Ebenda. S. 290 f.

[173] Fichte, Johann Gottlieb: Die Bestimmung des Menschen. Hrsg. und mit einem Nachwort vers. von Th. Ballauff und I. Klein. Stuttgart 1981. S. 177.

[174] KA. Bd. 8. S. 21 f.

[175] Fichte, Johann Gottlieb: Einige Vorlesungen über die Bestimmung des Gelehrten. Fünfte Vorlesung. In: J. G. F.: Gesamtausgabe der Bayerischen Akademie der Wissenschaften. Bd. I,3. Stuttgart 1966. S. 65. f.

[176] Fichte: Die Bestimmung des Menschen. A.a.O. [Anm. 173.] S. 106.

[177] WA II 3. S. 213 f.

[178] HE. Bd. 23. S. 526.

[179] Swedenborg, Emanuel: Vom Himmel und von den wunderbaren Dingen desselben; wie auch von der Geisterwelt und von dem Zustand des Menschen nach dem Tod; und von der Hölle; so wie es gehöret und gesehen worden von Emanuel Swedenborg. Aus der zu London 1758 gedruckten lateinischen Urschrift getreulich übersetzt, und mit Anmerkungen begleitet; nebst einem Vorbericht von des Verfassers rühmlichen Leben und Schriften. O. O. 1775. S. 139. (Eine andere Ausgabe dieser Übersetzung ist 1776 in Frankfurt am Main erschienen.)

[180] KA. Bd. 1. S. 319.

[181] KA. Bd. 1. S. 319.

[182] HE. Bd. 16. S. 570.

[183] HE. Bd. 10. S. 329.

[184] [Jacob, August]: Über den Prolog zu Faust von Goethe. Berlin 1850. S. 21.

[185] WA I 5,2. S. 102.

[186] WA II 6. 218 f.

[187] WA I 48. S. 110.

[188] Gräf, Hans Gerhard: Goethe über seine Dichtungen. Bd 4. Frankfurt a. M. 1904. S. 225.

[189] Ebenda. S. 225 f.

[190] Schelling, Friedrich Wilhelm: Philosophie der Kunst. In: F. W. Sch.: Texte zur Philosophie der Kunst. Ausgew. und eingel. von W. Beierwaltes. Stuttgart 1982. S. 139-281; S. 235. - Friedrich Schlegel schrieb über den „Faust" (gemeint ist das „Faust-Fragment"), „daß er zu dem Größten gehört, was die Kraft des Menschen je gedichtet hat". (Athenaeum. Eine Zeitschrift von A. W. und F. Schlegel. Berlin 1798. Reprograph. Nachdruck.. Darmstadt 1992. Bd. 3. S. 174.)

[191] SCH. Bd. 1. S. 256.

[192] Historia von D. Johann Fausten, dem weitbeschreyten Zauberer und Schwarzkünstler. 1587. In: Deutsche Volksbücher. Hrsg. von K. O. Conrady. Reinbek 1968. S. 59-143; S. 68.

[193] Jean Paul: Des Luftschiffers Giannozzo Seebuch. In: J. P.: Werke. Bd. 6. München 1975. S. 925-1010; S. 972.

[194] Vgl. Meyers Konversations-Lexikon. 6. Auflage. Bd. 12. Leipzig 1906. S. 820.

[195] Salzmann, Christian Gotthilf: Carl von Carlsberg oder über das menschliche Elend. Bd. 5. Leipzig 1788. S. 325.

[196] WA IV 5. S. 24 .

[197] SCH. Bd. 5. S. 613.

[198] Ebenda. S. 613.

[199] Ebenda. S. 613.

[200] WA I 2. S. 81.

[201] WA II 4. S. 119.

[202] Fichte: Die Bestimmung des Menschen. A.a.O. [Anm. 173.] S. 16.

[203] Ebenda. S.143 f.

[204] Schelling: Philosophie der Kunst. A.a.O. [Anm. 190.] S. 166.

[205] HE. Bd. 13. S. 420.

[206] Wilhelm Meisters Lehrjahre VII 1. (WA I 23. S. 10-12.)

[207] Milton, Johan: Episches Gedichte von dem Verlohrnen Paradiese. Uebersetzet und durchgehends mit Anmerckungen über die Kunst des Poeten begleitet von J. J. Bodmer. Zürich 1742. (Faksimiledruck. Stuttgart 1965.) S. 62 f.

[208] HE. Bd. 7. S. 356.

[209] WA IV 5. S. 108.

[210] DW. Bd. 12,1. Sp. 1936.

[211] Lichtenberg, Georg Christoph: Schriften und Briefe. Hrsg. von W. Promies. Bd. 3. München 1972. S. 276.

[212] Historia von D. Johann Fausten. A.a.O. [Anm. 192.] S. 71 f.

[213] HE. Bd. 14. S. 239.

[214] Bloch, Ernst: Das Prinzip Hoffnung. Bd. 2. Frankfurt a. M. 1973. S. 764.

[215] DW. Bd. 14, 1, 2. Sp. 673.

[216] SCH. Bd. 5. S. 584.

[217] Wilhelm Tell III 3. V. 1809. (SCH. Bd. 2. S. 976.)

[218] DW. Bd. 1. Sp. 1702.

[219] KA. Bd. 5. S. 161.

[220] KA. Bd. 4. S. 429.

[221] KA. Bd. 4. S. 429 f.

[222] DW. Bd. 6. Sp. 74.

[223] Smith, Adam: Der Wohlstand der Nationen. Aus dem Englischen übertr. von H. C. Recktenwald. München 1978. (Vollständige Ausgabe nach der 5. Auflage - letzter Hand - von 1789.) S. 10-14.

[224] Ebenda. S. 662 f.

[225] KA. Bd. 8. S. 35.

[226] WA I 42,2. S. 183.

227 Schöne, Albrecht: Götterzeichen Liebeszauber Satanskult. 3. Auflage. München 1993. S. 125.
228 Scheibe, Siegfried: Zur Entstehungsgeschichte der Walpurgisnacht in Faust I. In: Sitzungsberichte der deutschen Akademie der Wissenschaften zu Berlin. Klasse für Sprachen, Literatur und Kunst. 1965. Nr. 4. S. 7-62; S. 52.
229 Schöne: Götterzeichen. A.a.O. [Anm. 227.] S. 210.
230 WA I 14. S. 307.
231 Vgl. Schöne: Götterzeichen. A.a.O. [Anm. 227.] S. 125.
232 Bekker, Balthasar: Bezauberte Welt. Neu übers. von J. M. Schwager, durchges. und vermehrt von J. S. Semler. Bd. 3. Leipzig 1782. S. 697.
233 Vgl. WA III 2. S. 315.
234 Bekker: Bezauberte Welt. A.a.O. [Anm. 232.] Bd. 2. S. 254.
235 Bekker: Bezauberte Welt. A.a.O. [Anm. 232.] Bd. 3. S. 22.
236 Bekker: Bezauberte Welt. A.a.O. [Anm. 232.] Bd. 2. S. 253.
237 ZE. Bd. 12. Sp. 1978.
238 Bekker: Bezauberte Welt. A.a.O. [Anm. 232.] Bd. 3. S. 696.
239 Ebenda. S. 697.
240 WA IV 19. S. 77.
241 HE. Bd. 23. S. 290 f.
242 Gnothi Sauton. Magazin zur Erfahrungsseelenkunde. Bd. 7. 3. Stück. Berlin 1789. S. 10.
243 Praetorius, Johannes: Blockes-Berges Verrichtung. Leipzig 1669. S. 129.
244 Löwen, Johann Friedrich: Die Walpurgis Nacht. Ein komisches Gedicht in drey Gesängen. In: J. F. L.: Poetische Werke. Hamburg 1760. S. 275-334.
245 Ebenda. S. 293.
246 WA IV 12. S. 380.
247 Löwen Friedrich: Die Walpurgis Nacht. A.a.O. [Anm. 244.] S. 277.
248 WA IV 12. S. 382 f.
249 WA I 1. S. 212 f.
250 WA 15,1. S. 345.
251 Die Piccolomini I 4. (SCH. Bd. 2. S. 329 f.)
252 WA II 2. S. 69.
253 WA II 2. S. 69.
254 KA. Bd. 4. S. 429.
255 Vgl. WA II 9. S. 161.
256 WA II 9. S. 236.
257 DW. Bd. 2. Sp. 70.
258 DW. Bd. 9. Sp. 1181.

259 Der Gang nach dem Eisenhammer. V. 87 f. (SCH. Bd. 1. S. 384.)

260 Vgl. Wagenbreth, Otfried: Goethe und der Ilmenauer Bergbau. Weimar 1983. S. 57.

261 OV. 3. Buch. V. 362-69. S. 107.

262 OV. 3. Buch. V. 395-99. S. 107.

263 DW. Bd. 11,2. Sp. 750.

264 DW. Bd. 5. Sp. 366.

265 DW. Bd. 5. Sp. 657.

266 Brockes, Barthold Heinrich: Auszug der vornehmsten Gedichte aus dem Irdischen Vergnügen in Gott. Faksimiledruck nach der Ausgabe von 1738. Stuttgart 1965. S. 527.

267 Milton: Episches Gedichte. A.a.O. [Anm. 207.] S. 43.

268 Ebenda. S. 44

269 Ebenda. S. 42.

270 Ebenda. S. 43.

271 Ebenda. S. 44 f.

272 Campe, Joachim Heinrich: Robinson der Jüngere. Stuttgart 1981. S. 96.

273 WA II 3. S. 207.

274 WA II 4. S. 428.

275 WA I 50. S. 307.

276 WA I 33. S. 264.

277 Vgl. Praetorius: Blockes-Berges Verrichtung. A.a.O. [Anm. 243.] S. 418 und S. 424.

278 Vgl. ebenda. S. 398, und: ZE. Bd. 12. Sp. 1981.

279 Vgl. Meyers Konversations-Lexikon. A.a.O. [Anm. 194.] S. 820.

280 WA I 38. S. 439 und S. 445.

281 Adelung, Johann Christoph: Grammatisch-kritisches Wörterbuch der Hochdeutschen Mundart. Bd. 4. 2. Auflage. Leipzig 1801. Sp. 962.

282 Lichtenberg: Schriften und Briefe. A.a.O. [Anm. 211.] S. 811.

283 DW. Bd. 11,3. Sp. 2444.

284 Der Kleine Pauly. Lexikon der Antike. Bd. 1. München 1975. Sp. 845.

285 WA I 32. S. 270.

286 KA. Bd. 6. S. 32.

287 Ebenda. S. 37.

288 WA I 25,1. S. 21.

289 Vgl. WA I 27. S. 217.

290 WA II 8. S. 124.

291 Athenaeum. A.a.O. [Anm. 190.] Bd. 1. S. 82.

292 Wallensteins Lager. V. 352-54. (SCH. Bd. 2. S. 274-311. S. 288.)

293 Ebenda. V. 378 f. (S. 288.)
294 Wörterbuch von Werner Herx. 2. Auflage. Chemnitz 1854. S. 596.
295 Wallensteins Lager. V. 427 f. (A.a.O. [Anm. 292.] S. 290.)
296 Ebenda. V. 435 f. (S. 290.)
297 Vgl. ebenda. V. 441-44. (S. 290.)
298 Ebenda. V.450-56. (S. 291.)
299 Ebenda. V. 421. (S. 290.)
300 Ebenda. V. 424. (S. 290.)
301 Ebenda. V. 1104 f. (S. 311.)
302 WA I 45. S. 180.
303 Schöne: Götterzeichen. A.a.O. [Anm. 227.] S. 112 f.
304 WA I 42,2. S. 252.
305 WA I 5,1. S. 206.
306 WA I 2. S. 233.
307 Neue Berlinische Monatsschrift. Mai 1799. S. 321-360.
308 Ebenda. S. 330.
309 Ebenda. S. 337-340.
310 Ebenda. S. 325.
311 Berlinische Blätter. Blatt 6. Mittwoch, den 8. November 1797. S. 161-179.
312 Ebenda. S. 170.
313 WA I 28. S. 228.
314 Tieck, Ludwig: Schriften. Bd. 9. Berlin 1828. S. 352 f.
315 Fichte, Johann Gottlieb: Friedrich Nicolais Leben und sonderbare Meinungen. In: J. G. F.: Ausgewählte Werke. Bd. 3. Darmstadt 1962. S. 645-739.
316 Ebenda. S. 705.
317 Neue Berlinische Monatsschrift. A.a.O. [Anm. 307.] S. 359.
318 Ebenda. S. 359 f.
319 Fichte: Friedrich Nicolais Leben. A.a.O. [Anm. 315.] S. 658.
320 Nicolai, Friedrich: Anhang zu F. Schillers Musen-Almanach für das Jahr 1797. Berlin [1797]. In: F. N.: Gesammelte Werke. Bd 4. Hildesheim 1985. S. 3 f.
321 Ebenda. S. 5.
322 Ebenda. S.115.
323 DW. Bd. 1. Sp. 1314.
324 Vgl. Frankenberger, Julius: Walpurgis. Zur Kunstgestalt von Goethes Faust. Leipzig 1926. S. 94.
325 Schlegel, August Wilhelm: Allgemeine Übersicht des gegenwärtigen Zustandes der deutschen Literatur. In: A. W. Sch.: Vorlesungen über Ästhetik I. [1798-1803.] Paderborn 1989. S. 484-544; S. 527.

326 WA II 3. S. 240 f.
327 KA. Bd. 8. S. 35.
328 ZE. Bd. 17. Sp. 1219.
329 Ebenda. Sp. 1219.
330 Ebenda. Sp 1219.
331 Vgl. DW. Bd. 10,2,1. Sp. 84.
332 Vgl. HWA. Bd. 6. Sp. 41.
333 Im revidierten Luthertext heißt die Stelle: „daß er eine Lust für die Augen wäre und verlockend, weil er klug machte".
334 Vgl. DW. Bd. 9. Sp. 697.
335 WA I 42,2. S. 185.
336 ZE. Bd. 20. Sp. 147.
337 OV. 4. Buch. V. 798-801. S. 163 f.
338 Vgl. Hederich, Benjamin: Gründliches mythologisches Lexikon. Leipzig 1770. (Reprograph. Nachdruck 1986.) Sp. 1548.
339 Vgl. ebenda. Sp. 1551.
340 WA I 32. S. 322.
341 Vgl. Der Kleine Pauly. A.a.O. [Anm. 284.] Bd. 2. S. 852.
342 OV. 4. Buch. V. 621-24. S. 155.
343 OV. 4. Buch. V. 710-20. S. 159 f.
344 Vgl. Hederich: Gründliches mythologisches Lexikon. A.a.O. [Anm. 338.] Sp. 1952 f. - OV. 5. Buch. V. 236-249. (S. 175 f.)
345 WA I 42,2. S. 138.
346 HE. Bd. 23. S. 297.
347 Ebenda. S. 297.
348 WA I 48. S. 251.
349 WA I 47. S. 303.
350 Ein Sommernachtstraum II 1. („I jest to Oberon, and make him smile.") (Shakespeare: Ein Sommernachtstraum. [Englisch und Deutsch. Übers. von A. W. Schlegel.] Hrsg. von L. L. Schücking. O. O. und o. J. S. 16.)
351 Ein Sommernachtstraum III 2. („An ass's nole I fixed on his head.") (Ebenda. S. 32.)
352 Vgl. Ein Sommernachtstraum III 1. („Sometimes a horse I'll be, sometimes a hound, A hog, a beadless bear, sometimes a fire.") (Ebenda. S. 29.)
353 Der Sturm I 2. („Re-enter *Ariel* like a water-nymph." - „Fine apparition! My quaint Ariel.") (Shakespeare: Der Sturm. [Englisch und Deutsch. Übers. von A. W. Schlegel.] Hrsg. von L. L. Schücking. O. O. und o. J. S. 108.)
354 Der Sturm I 2. („This is no mortal business, nor no sound That the earth owes; - I hear it now above me.") (Ebenda. S. 108.)

355 WA I 47. S. 200.

356 Ein Sommernachtstraum IV 1. („I have a reasonable good ear in music: let us have the tongs and the bones.") (Shakespeare: Ein Sommernachtstraum. A.a.O. [Anm. 350] S. 45.)

357 WA I 31. S. 240.

358 WA I 31. 112 f.

359 WA I 47. S. 197.

360 WA I 45. S. 260 f.

361 WA I 2. S.160.

362 WA I 45. S. 263.

363 WA I 1. S. 242.

364 WA I 15,2. S. 198.

365 WA I 47. S. 153.

366 WA I 47. S. 154.

367 WA I 47. S. 20-22.

368 WA I 47. S. 23.

369 WA I 31. S. 120.

370 SCH. Bd. 1. S. 172.

371 WA I 5,1. S. 130.

372 WA I 42,2. S. 239.

373 Boas, Eduard: Schiller und Goethe im Xenienkampf. Teil 1. Stuttgart 1851. S. 140.

374 WA I 5,1. S. 242.

375 Boas: Schiller und Goethe. A.a.O. [Anm. 373.] Teil 2. Stuttgart 1851. S. 62.

376 WA I 35. S. 64.

377 Löwen, Johann Friedrich: An den Harz. In: J. F. L.: Poetische Werke. A.a.O. [Anm. 244.] S. 193.

378 Fichte: Friedrich Nicolais Leben. A.a.O. [Anm. 315.] S. 673.

379 DW. Bd. 5. Sp. 2022.

380 WA I 5,1. S. 208.

381 WA I 53. S. 348.

382 Fichte: Friedrich Nicolais Leben. A.a.O. [Anm. 315.] S. 690.

383 SCH. Bd. 5. S. 775.

384 Ebenda. S. 779 f.

385 Ebenda. S. 780.

386 In der Ausgabe von 1828 steht „Fideler". Das kann ‚Fideler' betont werden und bedeutete dann ‚lustiger Mensch'. Es kann aber auch ein Druckfehler des Worts ‚Fiedler' sein. In Zusammenhang mit dem ebenfalls neu eingefügten „TANZMEISTER" spricht viel für die Form FIEDLER.)

[387] Vgl. Hederich: Gründliches mythologisches Lexikon. A.a.O. [Anm. 338.] Sp. 1811.

[388] WA I 48. S. 213.

[389] WA I 48. S. 213 f.

[390] KA. Bd. 4. S. 381.

[391] WA I 47. S. 324.

[392] WA I 6. S. 134.

[393] Goethes Gespräche. Hrsg. von F. Frhr. v. Biedermann. Bd. 1. Leipzig 1909. S. 368.

[394] WA IV 11. S. 66.

[395] WA IV 6. S. 36.

[396] WA I 15,1. S. 344.

[397] WA I 8. S. 303.

[398] WA I 15,2. S. 200 f.

[399] WA IV 14. S. 1.

[400] WA I 15,1. S. 345.

Zeit und Text

Münstersche Studien zur neueren Literatur
herausgegeben von Prof. Dr. Ernst Ribbat und Prof. Dr. Lothar Köhn (Universität Münster)

Maria Cäcilie Pohl
Paul Fleming
Ich-Darstellung, Übersetzungen, Reisegedichte
Bd. 1, 1993, 421 S., 30,90 €, br., ISBN 3-89473-579-1

Melanie Schütte
Facetten des "Menschen"
Studien zur Biographie und zum Erzählwerk Eugen Roths
Bd. 2, 1993, 248 S., 24,90 €, br., ISBN 3-89473-670-4

Uwe Schadwill
Poeta Judex
Eine Studie zum Leben und Werk des Dichterjuristen E. T. A. Hoffmann
Der Autor versucht in seiner Studie "POETA JUDEX" die spannungsreiche Wechselwirkung zwischen E. T. A. Hoffmanns Dichter- und Richterberuf aufzuzeigen. Indem er die literarischen und juristischen Arbeiten des Romantikers vor dem Hintergrund seines Lebens und seiner Zeit miteinander vergleicht, gelangt er zu dem Schluß, daß Hoffmann nicht nur keine 'Doppelexistenz' führte, daß es ihm nicht nur gelang, sein juristisches Denken in sein poetisches Verfahren zu integrieren, sondern daß eben dieses sich in einem hohen Maß gerade aus seinem Denken, seinem Ethos und seiner Erfahrung als Richter speist.
Bd. 3, 1993, 568 S., 35,90 €, br., ISBN 3-89473-717-4

Ulrike Schlieper
Die "andere Landschaft"
Handkes Erzählungen auf den Spuren Cézannes
In einer Zeit der flüchtigen Fernsehbilder lenkt Peter Handke die Aufmerksamkeit bewußt auf die Ruhe der Gemälde Cézannes. Die *Lehre der Sainte-Victoire* von 1980 denkt jene Prophezeiung des Malers vom Beginn dieses Jahrhunderts fort, die gerade heute wieder aktuell wirkt: "Man muß sich beeilen, wenn man noch etwas sehen will. Alles verschwindet."
Das Interesse dieser Arbeit gilt Handkes Versuch, in Auseinandersetzung mit der (Bild-)Landschaft Cézannes und den Erzählprinzipien Adalbert Stifters eine Form des Schreibens zu entfalten, die es möglich macht, die "andere Landschaft" des noch nicht durch die Macht des Sekundären vereinnahmten Seins neu zu entdecken. Dabei soll gezeigt werden, daß Handke bereits seit den Anfängen seines Schreibens zu dieser Landschaft literarisch unterwegs ist.
Bd. 4, 1993, 328 S., 30,90 €, br., ISBN 3-89473-718-2

Thomas Düllo
Zufall und Melancholie
Untersuchungen zur Kontingenzsemantik in Texten von Joseph Roth
Joseph Roth – ein vermeintlich unmoderner Autor, ein kulturpessimistischer Kritiker der Weimarer Republik, ein melancholischer und rückwärtsgewandter Verklärer der österreichisch-ungarischen Doppelmonarchie während seines Exils? Gegenüber diesem geläufigen Urteil wird in der vorliegenden Monographie ein anderer Joseph Roth, ein neuer im bekannten kenntlich. 'Zufall und Melancholie' fragt danach, wie ein sensibler Traditionalist den Kontingenzdruck der Moderne literarisch und ästhetisch meistert. Damit werden Roths neusachliche und kulturkritische Texte, die moderner anmutenden Flaneurs- und Stadttexte, die filmkritischen Schriften und die Darstellungen des melancholischen Klimas der Doppelmonarchie in neue Horizonte gerückt. Die Schlüsseltexte dieser problemgeschichtlichen Arbeit über die Zufalls- und Melancholiesemantik in Roths Werk bilden der frühe Roman 'Die Rebellion', die neusachliche Erzählung 'April' und die 'Geschichte der 1002. Nacht' sowie einige Denkbilder aus den zwanziger Jahren.
Bd. 5, 1994, 371 S., 30,90 €, br., ISBN 3-89473-819-7

Frank Werner Raepke
Auf Liebe und Tod
Symbolische Mythologie bei Robert Müller – Hermann Broch – Robert Musil
Gegenstand dieser Arbeit ist das durch die mythogene Topik von Liebe und Tod repräsentierte Darstellungsproblem literarischer Mythologie: in Zeiten eines verschärften Bilderverbots das Absolute neu erfinden zu müssen. Die untersuchten Autoren erweisen sich einerseits als Erben klassischer Kulturkritik, die seit Rousseau Eros und Tod in einer zirkulären Denkfigur als Arche und Telos jener, Neue Mythologie genannten triadischen Geschichtsphilosophie konzipiert. Indem sie metapherntheoretische Begriffe ins Zentrum ihrer Werke stellen – Tropen (Müller), Symbol (Broch) und Gleichnis (Musil) –, reflektieren sie jedoch auf neue Weise, daß der Mythos als Erfindung der Moderne gerade von der Unmöglichkeit symbolischer Versöhnung lebt.
Bd. 6, 1994, 288 S., 24,90 €, br., ISBN 3-89473-788-3

Woo-Young Lim
Experimente der Selbst-Darstellung
Dramaturgien des jungen Goethe (1765–1786)
Goethe war ein Mann des Theaters und ein leidenschaftlicher Experimentator mit allen in seiner

LIT Verlag Münster – Hamburg – Berlin – London
Grevener Str./Fresnostr. 2 48159 Münster
Tel.: 0251 – 23 50 91 – Fax: 0251 – 23 19 72
e-Mail: vertrieb@lit-verlag.de – http://www.lit-verlag.de

Zeit möglichen Dramaturgien. Die vorliegende Studie beschreibt die Vielfalt der vom jungen Goethe bis zur Italienreise geschriebenen Dramentexte und erläutert ihren Zusammenhang mit den kulturellen Prozessen des 18. Jahrhunderts. In einer Interpretation der "Theatralischen Sendung" werden die Linien zusammengengeführt. Noch ein Goethe-Buch? Ja, aber ein notwendiges und interessantes.
Bd. 7, 1994, 312 S., 30,90 €, br., ISBN 3-8258-2246-X

Torsten Hitz; Angela Stock (Hg.)
Am Ende der Literaturtheorie?
Neun Beiträge zur Einführung und Diskussion
In den letzten Jahren war zunehmend die Tendenz der Literaturtheorie zu beobachten, sich immer mehr davon zu entfernen, Theorie der Literatur im engeren Sinne zu sein. Sie entwickelte sich zur Texttheorie, zur Theorie des allgemeinen Diskursgeschehens, schließlich zur Theorie der kulturellen Praktiken, von denen Schreiben, gar literarisches Schreiben, nur noch eine unter unzähligen sein konnte.
Dieser Sammelband läßt die Entwicklung von der Theorie der Literatur zur allgemeinen Theorie (des Diskurses? der Sprache? der Medien? der Kultur?) noch einmal Revue passieren. Er versteht sich aber nicht als ein Abgesang auf die Literaturtheorie, sondern als ein Versuch, die wichtigsten Positionen der letzten Jahre aus heutiger Perspektive zu beleuchten. Neben Hermeneutik, Psychoanalyse und Intertextualität werden auch Diskurstheorie, Dekonstruktion, Feminismus und New Historicism sowie neueste Entwicklungen analysiert. Historisierung und Aktualisierung ergänzen sich, so daß die Aufsätze sowohl als Einführungen als auch als Diskussionsbeiträge gelesen werden können.
Bd. 8, 1995, 184 S., 17,90 €, br., ISBN 3-8258-2487-X

Sabine Fischer-Kania
Geschichte entworfen durch Erzählen
Uwe Johnsons "Jahrestage"
"Geschichte ist ein Entwurf". So heißt es in der letzten Eintragung der Romantetralogie *Jahrestage* von Uwe Johnson (1934–1984). Diese Sentenz wirft, poetologisch gelesen, prinzipielle Fragen des Verhältnisses zwischen Literatur und Historiographie auf, thematisiert deren Analogie und Differenz. "Geschichte" erscheint als offenes Konstrukt. Unter Rückgriff auf rezeptionsästhetische und intertextuelle Kategorien und Verfahren wird in der vorliegenden Monographie untersucht, inwiefern sich diese an exponierter Stelle des Romans postulierte Vorstellung von Geschichte auf mehreren Ebenen der *Jahrestage* entdecken läßt. Es wird gezeigt, wie das epochale Romanwerk Uwe Johnsons als breit angelegter Geschichtsdiskurs, der in eine Pluralisierung *der* Geschichte mündet, gelesen werden kann.
Bd. 9, 1996, 272 S., 24,90 €, br., ISBN 3-8258-2746-1

Volker Zumbrink
Metamorphosen des kranken Königssohns
Die Shakespeare-Rezeption in Goethes Romanen "Wilhelm Meisters Theatralische Sendung" und "Wilhelm Meisters Lehrjahre"
Noch einmal werden hier die "Hamlet"-Passagen in Goethes "Wilhelm Meister" analysiert. So freilich, daß in der intertextuellen Lektüre der "ganze" Goethe und der "ganze" Shakespeare in spannungsreichen Kontakt miteinander und daneben mit zahlreichen zeitgenössischen, aber auch späteren Texten geraten. Zugleich wird auf neue Weise gezeigt, wie das morphologische Denken Goethes sich nicht nur in Details, sondern im narrativen Gesamtprojekt des "Wilhelm Meister" realisiert hat.
Bd. 10, 1997, 520 S., 40,90 €, br., ISBN 3-8258-3205-8

Phillan Joung
Passion der Indifferenz
Essayismus und essayistisches Verfahren in Robert Musils "Der Mann ohne Eigenschaften"
Das zentrale Anliegen dieser Arbeit ist die Bestimmung der radikalen Modernität Musils durch die Analyse und Interpretation der poetischen Strukturen *im Mann ohne Eigenschaften*. Unter Berücksichtigung seiner Applikationen der Synästhesie, Traumlogik und Kinematographie sowie bisher vernachlässigter literar- bzw. kunsthistorischer Beziehungen – insbesondere zu Paul Valérys *Poésie pure* und zur ästhetischen Avantgarde um 1900 – wird sein emphatischer Kunst- und Literaturbegriff nachgewiesen, mithin die Avanciertheit seiner Romanpoetologie als einer „Poetik reiner Aktualität und Erregung" gegen die herrschenden erkenntnistheoretischen und geschichtsphilosophischen Deutungen. Dabei erweisen sich die Kategorien „Verschiebung" und „Verdichtung" aus Musils Essay *Ansätze zur neuen Ästhetik* als besonders geeignet für die Beschreibung der methodischen und formalästhetischen Dignität des Essayistischen sowie der phänomenologischen und wahrnehmungsästhetischen Dimensionen Musilscher Poetologie, die wesentliche Aspekte für eine erneute, nach-kantische Debatte um die „Ästhetik des Erhabenen" enthält.
Bd. 11, 1997, 360 S., 35,90 €, br., ISBN 3-8258-3281-3

Ingeborg Nerling-Pietsch
Herders literarische Denkmale
Formen der Charakteristik vor Friedrich Schlegel
Bd. 12, 1997, 236 S., 24,90 €, br., ISBN 3-8258-3287-2

Jörg Ennen
Götter im poetischen Gebrauch
Studien zu Begriff und Praxis der antiken Mythologie um 1800 und im Werk H. v. Kleists
Antike Mythologie ist allgegenwärtig in der Poesie der Goethezeit. Die vorliegende Studie erörtert die sprachlich-symbolischen Dimensionen des mythologischen Diskurses um 1800 im Blick auf die literarhistorischen Voraussetzungen und individuellen Ausprägungen. Den Zielpunkt der Untersuchung bildet die Dichtung Heinrich von Kleists, welche erstmals vollständig unter mythologiegeschichtlicher Perspektive interpretiert wird. Auch für Kleist gilt wie für nahezu alle bedeutenden Autoren der Epoche, daß die Erneuerung der Literatur mit einer Neubestimmung des Mythos verbunden ist.
Bd. 13, 1998, 400 S., 25,90 €, br., ISBN 3-8258-3613-4

Lothar Köhn
Literatur – Geschichte
Beiträge zur deutschen Literatur des 19. und 20. Jahrhunderts. Mit einer Einführung von Thomas Düllo
Von *Literatur – Geschichte* zu reden, setzt den Anspruch voraus, daß es sich immer um eine literarische Sinn-Rekonstruktion handelt, in der ein Text auf die irritierende Ereignisgeschichte und Problemgeschichte antwortet. Diesen "Antworten" aus dem 19. und 20. Jahrhundert gehen die hier versammelten Aufsätze aus unterschiedlichsten Perspektiven nach. Der literaturwissenschaftlich interessierte Leser erhält Einblick in die Erkenntnisleistung, die die Texte von E. T. A. Hoffmann, der Droste, von Fontane, Tucholsky, Broch, Christa Wolf und anderen in ihrer Auseinandersetzung mit dem "Projekt Moderne" bereithalten. Vor dem Hintergrund dieser Diagnose werden die Texte nie als hermetische Artefakte interpretiert, sondern stets im Spiegel der sie konstituierenden Kontexte und Diskurse. Ergänzt werden diese Einzelinterpretationen durch historiographische und problemgeschichtliche Überblicke zu den Epochen der Romantik, der Zwanziger Jahre und der DDR.
Die aus den letzten Jahrzehnten stammenden und zum Teil unveröffentlichten Aufsätze können sowohl als Einführungen als auch als Diskussionsbeiträge gelesen werden.
Bd. 14, 2000, 400 S., 25,90 €, br., ISBN 3-8258-4069-7

Sibylle Plassmann
Die humane Gesellschaft und ihre Gegner in den Dramen von J. E. Schlegel
Johann Elias Schlegel (1719 – 1749) stellt in seinen Dramen Modelle sozialen Lebens dar. Bei dem Aufbau einer humanen Gesellschaft stellt sich die Frage, wie einerseits die Gemeinschaft vernünftig organisiert werden und andererseits ein jeder seine individuelle Menschlichkeit bestmöglich verwirklichen kann. Variierende Konstellationen von Vernunft und Unvernunft, Anpassung und Abweichung, Gemeinschaftssinn und Egoismus dienen der dramatischen Zuspitzung. Diese führt zu einem differenzierten, häufig kritischen Bild der menschlichen Möglichkeiten, welches Schlegel von dem oft uneingeschränkt optimistischen Diskurs seiner Zeit abhebt.
Bd. 15, 2000, 320 S., 30,90 €, br., ISBN 3-8258-4868-x

Markus Kippel
Die Stimme der Vernunft über einer Welt des Wahns
Studien zur literarischen Rezeption der Hexenprozesse (19. – 20. Jahrhundert)
Die Geschichte der Hexenverfolgungen – aufrüttelndes Beispiel eines historischen Massenwahns – ist eines der schaurigsten Kapitel abendländischer und damit auch deutscher Geschichte. Im Gefolge der wissenschaftlichen Erforschung des Phänomens konstituierte sich in der ersten Hälfte des 19. Jahrhunderts jene literarische Spezies, die im Mittelpunkt dieser Untersuchung steht: die epischen "Dichtungen um Hexenprozesse". Die Mehrzahl der behandelten Autoren – unter ihnen Tieck, Meinhold, Raabe, Storm, Fontane, Ganghofer und Erika Mitterer – aus dem beleuchteten Zeitraum von 1832 bis 1993 falsifizieren das frühneuzeitliche Hexenbild aus aufgeklärter Perspektive, indem sie zeigen, daß der Glaube an Hexen abwegig war und durch abergläubische Borniertheit, Bigotterie und nicht ausschließlich religiösen Fanatismus motiviert wurde.
Als erste Darstellung des Sachgebiets überhaupt eröffnet dieser interdisziplinäre Forschungsbeitrag durch dezidierte Text-für-Text-Analysen unter Berücksichtigung historischer Vorlagen vielfältige Einsichten über ein die Epochengrenzen überschreitendes anthropologisches Problem.
Bd. 16, 2001, 328 S., 25,90 €, br., ISBN 3-8258-5226-1

Brigitte Riemann
Das Kabarett der DDR: "... eine Untergrundorganisation mit hohen staatlichen Auszeichnungen ... "?
Gratwanderungen zwischen sozialistischem Ideal und Alltag (1949 – 1999)
Dass der Osten Deutschlands "anders tickt",

musste mittlerweile auch der Westen zur Kenntnis nehmen. Auskunft über Mentalitäten und Wertesysteme in den neuen Bundesländern kann das politisch-literarische Kabarett der DDR wie kaum eine andere Kunstgattung geben. Als Vermittler im sozialistischen Alltag, vor allem aber als unmittelbarer Kommentator der 1949 beginnenden deutschen Teilungsgeschichte – ab 1989 dann der Herbst- und Wendeereignisse – übte es die Funktion eines Stimmungsbarometers für das politische und soziale Klima in Ostdeutschland aus. Erstmals in diesem Umfang werden die jeweils ganz eigenen Kabarettgeschichten der drei bekanntesten DDR-"Berufskabaretts" anhand ausgewählter Textbeispiele erzählt: die der Berliner "Distel", der Leipziger "Pfeffermühle" und der Dresdner "Herkuleskeule".

Bd. 17, 2001, 320 S., 25,90 €, br., ISBN 3-8258-5610-0

Hyun-Seung Yuk

Das Prinzip 'Ironie' bei Martin Walser

Zu den Poetik-Vorlesungen und den Erzählwerken der mittleren Phase

Zum 75. Geburtstag von Martin Walser (geboren 24. März 1927) wird hier eine Studie vorgelegt, die ins Zentrum seines Denkens und Schreibens zielt: Die philosophisch-poetologischen Vorlesungen „Selbstbewusstsein mit Ironie" werden im vergleichenden Blick auf Friedrich Schlegel, Kierkegaard und Kafka analysiert. Auf dieser Grundlagen werden für sieben Romane und Novellen neue Interpretationsperspektiven entwickelt. Dabei zeigt sich die unverbrauchte Aktualität gerade der früheren Erzählwerke Walsers.

Bd. 18, 2002, 208 S., 20,90 €, br., ISBN 3-8258-5920-7

Germanistik

Shelley Laura Frisch

The dialectic of signs

The origin of language debate in German Romanticism

Bd. 16, Frühj. 2003, ca. 272 S., ca. 25,90 €, br., ISBN 3-8258-4305-x

Dariusz Marciniak

Die Diktion des poeta doctus

Zur Essayistik und Rhetorik von Walter Jens

Wie spricht der größte Redner Deutschlands? Walter Jens – der Chamäleon der literarischen Formen ist der Antike und gleichzeitig der Moderne verpflichtet. Er versteht sich als universaler Kunsthandwerker, der mit "Pumpen und Röhren" arbeiten kann. Sein Kunsthandwerk ist "zu bestimmten Tageszeiten regelmäßig und sorgfältig auszuführen". Wer ihn verstehen will, muß sich nicht nur mit seinem Sujet, sondern vor allem mit seinem Genre beschäftigen. Zur Debatte steht die Frage, ob Jens rhetorische Essays, essayistische Reden oder ein eigenes Genre entwickelt hat. Kann er uns, Leser des technischen 21. Jahrhunderts immer noch unterhalten, erziehen und rühren?

Bd. 17, 2000, 256 S., 25,90 €, br., ISBN 3-8258-4696-2

Marianne Schuller; Claudia Reiche; Gunnar Schmidt (Hg.)

BildKörper

Verwandlungen des Menschen zwischen Medium und Medizin

Den Körper aufzeichnen, bezeichnen – das ist nicht nur die Aufgabe der Medizin, auch die Literatur beschäftigt sich mit dem Körper. Beide, Medizin und Literatur, haben es mit dem Problem zu tun, welcher Körper erscheint, wenn er aus seinem biologischen Sein in ein symbolisches System transformiert wird. Die Beiträge in diesem Band beschäftigen sich aus literatur- und kulturwissenschaftlicher Perspektive mit Bildern, die vom Menschen gemacht werden und die auf diese Weise den Menschen als Erkennbares erzeugen. Sie thematisieren Bilder in einem mehrfachen Sinne: Ikonografie, Fotografie und gerechnetes Bild, literarisch evoziertes Bild und unsichtbares Vorstellungsbild. An Gegenständen aus der Zeit von ungefähr 1800 bis heute wird jene Spannung erörtert, dic aus der Medialisierung des Körpers entspringt und die ihn in eine kulturelle Sache verwandelt. Medizin, Literatur und Kunst stehen dabei nicht als eigensinnige Bereiche nebeneinander. Die Beiträge dieser Sammlung widmen sich den Bewegungen von Sphäre zu Sphäre, von Diskurs zu Diskurs und den Stellen, an denen sie sich kreuzen. Dieses kulturwissenschaftliche Konzept, das die Risse und Räume zwischen den Systemen im Auge hat, soll ein Beitrag zu einer Kulturwissenschaft der Zwischenräume sein.

Bd. 18, 1998, 280 S., 38,80 €, br., ISBN 3-8258-3874-9

Abdel Hamid Marzouk

Ägypten in der deutschsprachigen Reiseliteratur der Gegenwart am Beispiel von Gisela Bonn

Bd. 19, 2001, 240 S., 25,90 €, br., ISBN 3-8258-4074-3

Elsbeth Schmidhäuser

Kafka über Kafka

'Der Proceß' – gelesen und gesehen

Für Kafkas Proceß-Roman wird allgemein eine weitgehend 'einsinnige', auf die subjektive Wahrnehmung des Helden beschränkte Erzählperspektive anerkannt. Kaum aber werden daraus Konsequenzen für die Interpretation gezogen. Denn was in totaler Subjektivität erlebt und so auch erzählt wird, kann nicht ungeprüft als tatsächliches Geschehen übernommen werden. Diese

Einsicht hat die Verfasserin veranlaßt, im 'Proceß' nach Kriterien zu suchen, die es erlauben, das erzählte Geschehen einer Realitätsprüfung zu unterziehen. Erstaunliches kam dabei zu Tage, und nicht zuletzt die Überraschung, daß Kafkas Text eine solche Überprüfung, ist sie erst einmal in Gang gesetzt, kräftig unterstützt. Aus kritischer Sicht entpuppt sich K.s Proceß als ein paranoischer Krankheitsprozeß des Josef K., der sich vor allem in Projektionen äußert. Der Berichterstatter dieses Geschehens bleibt ungenannt. Gleich einem intimen Zeugen, der alles mitgemacht hat, identifiziert er sich scheinbar ganz mit K.s Nöten und versäumt doch nicht, durchblicken zu lassen, daß nicht alles unbedingt so gewesen sein muß, wie es den Anschein hat. Dieses versteckte Doppelspiel des Erzählers mit K.s Schicksal und ein zusätzliches Spiel mit dem unwissend gehaltenen Leser hält Franz Kafka in seinem berühmten Roman bis zu K.s bitterem Ende virtuos aufrecht. Nur mit der dauernden den Selbstversicherung, daß es so, wie es primär erzählt wird, nicht gewesen sei kann, vermag sich der Leser gegenüber einem dermaßen suggestiven Werk des selbständig denkendes Wesen zu behaupten.

Bd. 20, 2001, 248 S., 25,90 €, gb., ISBN 3-8258-4970-8

Thomas Taylor

Der Einzug des Nichts ins Sein

Erkenntnistheoretische und philosophisch-hermeneutische Überlegungen zu Kafkas Roman *Das Schloß*

Es ist das Ziel der vorliegenden Arbeit, eine neue auslegerische Herangehensweise an Kafkas Roman-Fragment *Das Schloß* darzustellen. Mit Blick auf die Vielfalt auseinandergehender und widersprüchlicher Deutungen des Werkes ist eine umfassendere und begrifflichere Auseinandersetzung mit dem Werk geboten, die vorhergehende Ausdeutungen zwar nicht verwerfen, ihnen aber einen Primat absprechen und dadurch ihnen untereinander eine Versöhnungsmöglichkeit verschaffen. Die dafür angewandte philosophisch-hermeneutische Methode ermöglicht dies, indem auf eine durchgreifende Vereinfachung der gedanklichen Intelligibilitätsmomente gesetzt wird.

Bd. 21, 2001, 304 S., 20,90 €, br., ISBN 3-8258-4951-1

Ekaterine Shaverdashvili

Deutsch als Fremdsprache

Zur Grundlegung eines Curriculums für den Deutschunterricht in Georgien. Rahmenbedingungen, historische Entwicklung und gegenwärtige Tendenzen

Der politisch-gesellschaftliche Umbruch in den Ländern der ehemaligen Sowjetunion, wie er sich seit dem Ende der 80er Jahre vollzogen hat, hat auch zu tiefgreifenden Veränderungen in der Sprachenpolitik und – in ihrem Gefolge – in der Fremdsprachendidaktik geführt. Für diese Länder – dazu ist Georgien zu rechnen – müssen nach generationenlanger Unselbständigkeit die Richtlinien der Sprachenpolitik neu bestimmt und die Grundlagen für ein eigenständiges curriculares Konzept der Fremdsprachendidaktik nach dem gegenwärtigen Stand der internationalen Fachdiskussion entwickelt werden Das Ziel der vorliegenden Arbeit ist es, in der gegenwärtigen Umbruchsituation die Grundlagen für die Erstellung eines modernen curricularen Konzepts für den Deutschunterricht an georgischen Schulen zu schaffen.

Bd. 23, 2000, 336 S., 25,90 €, br., ISBN 3-8258-5092-7

Elisabeth Strowick; Susanne Gottlob; Claudia Jost (Hg.)

"Was ist Kritik?"

Fragen an Literatur, Philosophie und digitales Schreiben

In der Wiederaufnahme des gleichnamigen Titels von Foucault wird die Frage "Was ist Kritik?" in Hinblick auf Literatur, Philosophie, Kunst und Neue Medien aktualisiert. Während Kritik üblicherweise die Tätigkeit der Beurteilung nach bestimmten Maßstäben, d. h. ein Verfahren der Anwendung von Kriterien bezeichnet – klassisch die Literaturkritik, die Theaterkritik, die Kunstkritik –, geht dieser Band den Konstitutionsbedingungen des Urteils und der Kriterien selbst nach. Die Aufsätze entwickeln Verfahren von Kritik anhand von Lektüren zu Kafka, Hölderlin, Jarry, Kleist, Büchner, Keun, Kierkegaard, Luxemburg, Foucault, Deleuze, zu minimal art, Internetprotokollen und digital ink. Der Versuch einer Kritik der Kritik stellt sich dem Problem der Form und greift auf, was Foucault die Triebkraft des Kritischen genannt hat: den entschiedenen Willen wie die dezidierte Kunst, nicht dermaßen regiert zu werden.

Bd. 24, 2000, 392 S., 20,90 €, br., ISBN 3-8258-5130-3

Alwin Binder

Faustische Welt

Interpretation von Goethes *Faust* in dialogischer Form. Urfaust – Faust-Fragment – Faust I

Bd. 25, 2002, 464 S., 24,90 €, br., ISBN 3-8258-5924-x

LIT Verlag Münster – Hamburg – Berlin – London
Grevener Str./Fresnostr. 2 48159 Münster
Tel.: 0251 – 23 50 91 – Fax: 0251 – 23 19 72
e-Mail: vertrieb@lit-verlag.de – http://www.lit-verlag.de